# L'ESPRIT DANS LE RÉCIT DE LUC

## UNE RECHERCHE DE COHÉRENCE DANS LA PNEUMATOLOGIE DE L'AUTEUR IMPLICITE DE LUC-ACTES

Thèse présentée à

La Faculté Libre de Théologie Évangélique

Vaux-sur-Seine

en vu d'obtenir le grade de

Docteur en théologie

par

Randall A. Harrison

Février 2007

SOMMAIRE

CHAPITRE I : COMMENT DISCERNER LA PERSPECTIVE LUCANIENNE DE
    L'ESPRIT ? .................................................................................................. 1
INTRODUCTION ............................................................................................... 1
    I. LES QUESTIONS ENCORE DÉBATTUES ............................................. 5
        **Quelle est la signification de la réception de l'Esprit dans Luc-Actes ?** ........ 5
            Une deuxième bénédiction ........................................................................ 5
                *Hermann Gunkel* ................................................................................. 5
                *Eduard Schweizer* ............................................................................... 6
                *Roger Stronstad* .................................................................................. 6
            Une partie de la conversion-initiation ....................................................... 9
                *John Stott* ........................................................................................... 9
                *James Dunn* ...................................................................................... 12
        **D'où vient le concept de l'Esprit dans Luc-Actes ?** ................................ 17
            L'Esprit de prophétie : Robert Menzies .................................................. 17
            L'Esprit de prophétie : Max Turner ........................................................ 22
        **Quel est le schéma organisateur pour comprendre la fonction de l'Esprit**
        **dans Luc-Actes ?** ...................................................................................... 31
            L'histoire du salut : Hans Conzelmann .................................................. 32
            L'accomplissement des prophéties : Paul S. Minear .............................. 35
    II. LES CONCLUSIONS ............................................................................. 38
        **Les questions clés, passages importants et conclusions probables** ........ 38
        **La méthodologie** ..................................................................................... 39

CHAPITRE II : COMMENT CHERCHER LA COHÉRENCE PNEUMATOLOGIQUE
    DANS L'ŒUVRE DE LUC ? ........................................................................ 41
INTRODUCTION .............................................................................................. 41
    I. LE TEXTE DE LUC-ACTES ................................................................... 43
    II. LE POINT DE VUE RECHERCHÉ ET LES CONCEPTS DE RECHERCHE ... 47
    III. LE SURVOL DE L'ORGANISATION DE L'ENSEMBLE DU TEXTE ........ 51
    IV. L'EXAMEN DES MODALITÉS EMPLOYÉES DANS LES ÉPISODES
        PNEUMATOLOGIQUES CLÉS ............................................................. 55
        **Le narrateur biblique** .............................................................................. 56
        **La narration biblique** .............................................................................. 58
        **L'exploitation des perspectives** ............................................................. 59
        **L'exploitation du temps** ......................................................................... 62
            L'ordre ..................................................................................................... 63
            La durée .................................................................................................. 65
            La fréquence ........................................................................................... 66
        **L'exploitation des ambiguïtés** ............................................................... 67
            Les lieux d'indétermination et les négations .......................................... 67

   Exemples de Luc-Actes ................................................................68
   L'attente messianique ..................................................................70
   La stratégie de l'auteur implicite et sa pneumatologie ........................71
 V.  CONCLUSIONS ET PROPOSITIONS ..............................................73

**CHAPITRE III : COMMENT LUC ORGANISE-T-IL SON RÉCIT ?** ................76
 INTRODUCTION ............................................................................76
 I.  LE PACTE DE LECTURE DANS LA PRÉFACE ...............................83
  **L'auteur implicite** ......................................................................84
  **Le lecteur implicite** ...................................................................85
  **L'effet anticipé sur le lecteur** ....................................................86
  **Les moyens pour atteindre cet effet** ..........................................87
  **Le rôle du Saint-Esprit** .............................................................89
 II.  LA RÉCURRENCE DES PROPHÉTIES ET LEURS ACCOMPLISSEMENTS
  ..................................................................................................90
  **Les types de prophéties accomplies** ..........................................91
   Les prophéties citées de l'Ancien Testament ..............................92
   Les prophéties nouvelles annoncées par un personnage dans le récit ..........95
  **La manière dont le récit se divise et s'organise autour des prophéties** ........99
  **Le rôle du Saint-Esprit** ...........................................................101
 III.  LA RÉCURRENCE DE COMPARAISONS ET PARALLÉLISMES ..........105
  **Quelques exemples qui marquent la continuité** .......................109
   Les parallèles avec l'Ancien Testament .................................109
   Les parallèles dans le récit ....................................................113
  **Un exemple de comparaison et discontinuité** ...........................117
  **Le rôle du Saint-Esprit** ...........................................................120
 IV.  LA RÉCURRENCE DE PIVOTS ...................................................120
  **Qui change ?** ..........................................................................121
  **Quel est le changement ?** ........................................................122
  **Quand le changement a-t-il lieu ?** ...........................................123
  **Le rôle du Saint-Esprit** ...........................................................125
  **Le deuxième pivot** ..................................................................125
 V.  LA RÉCURRENCE DE SOMMETS ...............................................125
  **Le sommet de la Passion** ........................................................126
  **Le sommet de la proclamation** ................................................128
  **Le rôle du Saint-Esprit** ...........................................................129
 VI.  CONCLUSIONS ........................................................................130
  **La cohérence des cinq schémas organisateurs** .........................130
  **Les aspects évidents de la pneumatologie de Luc-Actes** ...........132
  **Les passages importants à analyser** .......................................133

**CHAPITRE IV : COMMENT LUC ÉCRIT-IL SON RÉCIT ? PREMIÈRE PARTIE :**
   **L'ATTENTE ESCHATOLOGIQUE** ............................................135
 INTRODUCTION ..........................................................................135
 I.  L'INTRODUCTION PROPHÉTIQUE (Lc 1.5-2.52) ...........................137
  **Les perspectives** .....................................................................137

    **L'activité de l'Esprit dans les récits de naissance** ............................140
        Le vocabulaire ..........................................................................141
        L'Esprit et la puissance ............................................................143
        L'Esprit et l'influence éthique ..................................................146
    **La pneumatologie de l'introduction prophétique** ...............................150
  II. **LE MINISTÈRE DE JEAN (Lc 3.1-20)** ................................................151
    **L'exploitation du temps (Luc 3.1-20 dans le fil de l'intrigue)** .................151
    **L'intertextualité** ..................................................................................153
    **Les perspectives** ..................................................................................161
        Les perspectives dans le récit du ministère de Jean-Baptiste (Lc 3.1-20) ...162
        La perspective du lecteur implicite ..........................................164
        La perspective de Jean-Baptiste ...............................................166
        La perspective de l'auteur implicite (sa stratégie) ....................168
    **La pneumatologie du ministère de Jean** ............................................174

**CHAPITRE V : COMMENT LUC ÉCRIT-IL SON RÉCIT ? DEUXIÈME PARTIE :
L'ATTENTE RÉALISÉE DANS LE MINISTÈRE DE JÉSUS** .........176
  INTRODUCTION ............................................................................................176
  I. **LA DESCENTE DE L'ESPRIT SUITE AU BAPTÊME DE JÉSUS (Lc 3.21-22)**
.................................................................................................................178
    **L'emploi du vocabulaire associé à l'Esprit** ........................................178
    **L'intertextualité** ..................................................................................180
    **Les observations pour la pneumatologie de Luc-Actes** ....................185
  II. **LES ÉPREUVES DE JÉSUS (Lc 4.1 [2x])** ................................................187
    **L'emploi du vocabulaire associé à l'Esprit** ........................................188
        πλήρης πνεύματος ἁγίου ........................................................188
        ἤγετο ἐν τῷ πνεύματι ...............................................................196
    **L'intertextualité** ..................................................................................198
    **La stratégie de l'auteur dans le fil de l'intrigue** ................................206
        La délivrance des ennemis .......................................................207
        L'établissement du royaume ....................................................210
    **Les observations importantes pour la pneumatologie de Luc-Actes** .........211
  III. **L'INAUGURATION DU MINISTÈRE DE JÉSUS (Lc 4.14, 18)** ..............213
    **L'emploi du vocabulaire associé à l'Esprit** ........................................213
        ἐν τῇ δυνάμει τοῦ πνεύματος ..................................................213
        πνεῦμα κυρίου ἐπ' ἐμέ ...............................................................220
    **L'intertextualité** ..................................................................................222
        La structure de Lc 4.18-19 ........................................................224
        Les échos dans Luc-Actes .........................................................228
        La typologie prophétique ..........................................................234
    **La stratégie de l'auteur dans le fil de l'intrigue** ................................236
    **Les observations importantes pour la pneumatologie de Luc-Actes** .........241

**CHAPITRE VI : COMMENT LUC ÉCRIT-IL SON RÉCIT ? TROISIÈME PARTIE :
L'ATTENTE RÉALISÉE DANS LE MINISTÈRE DES DISCIPLES** ..246
  INTRODUCTION ............................................................................................246

I. LES ANTICIPATIONS DE LA PENTECÔTE ............................................................. 247
   **L'emploi du vocabulaire associé à l'Esprit** ........................................................ 247
      ἐγὼ ἀποστέλλω τὴν ἐπαγγελίαν τοῦ πατρός μου ἐφ' ὑμᾶς ............................ 248
      ἕως οὗ ἐνδύσησθε ἐξ ὕψους δύναμιν ............................................................... 251
      ἐντειλάμενος τοῖς ἀποστόλοις διὰ πνεύματος ἁγίου ...................................... 253
      ὑμεῖς δὲ ἐν πνεύματι βαπτισθήσεσθε ἁγίῳ .................................................... 255
      λήμψεσθε δύναμιν ἐπελθόντος τοῦ ἁγίου πνεύματος ἐφ' ὑμᾶς ....................... 262
   **La stratégie de l'auteur dans le fil de l'intrigue** ................................................ 265
      La perspective des apôtres ............................................................................... 267
      La perspective du lecteur ................................................................................. 268
      La stratégie de l'auteur ................................................................................... 270
   **Les observations importantes pour la pneumatologie de Luc-Actes** ........... 272
II. LA PENTECÔTE ET SON EXPLICATION ............................................................. 276
   **L'emploi du vocabulaire associé à l'Esprit** ........................................................ 276
      ἐπλήσθησαν πάντες πνεύματος ἁγίου ............................................................ 276
         *La réception de l'Esprit en réponse à la prière* .......................................... 278
         *La durée de la 'plénitude' de l'Esprit* ....................................................... 279
         *Le parler en langues* .................................................................................. 283
      ἐκχεῶ ἀπὸ τοῦ πνεύματός μου ἐπὶ πᾶσαν σάρκα καὶ προφητεύσουσιν ...... 284
         *La signification de « toute chair »* ............................................................. 285
         *La signification de « répandre »* ............................................................... 286
         *La signification de « ils prophétiseront »* ................................................. 288
         *L'intertextualité* ......................................................................................... 292
      τήν τε ἐπαγγελίαν τοῦ πνεύματος τοῦ ἁγίου λαβὼν παρὰ τοῦ πατρός, ἐξέχεεν τοῦτο ὃ ὑμεῖς βλέπετε καὶ ἀκούετε ............................................................ 295
         *La perceptibilité de l'Esprit* ....................................................................... 296
         *La stratégie de l'auteur dans le fil de l'intrigue* ....................................... 297
      καὶ λήμψεσθε τὴν δωρεὰν τοῦ ἁγίου πνεύματος. ὑμῖν γάρ ἐστιν ἡ ἐπαγγελία ............................................................................................................................ 299
         *La présence de l'Esprit sans effet perceptible* ........................................... 300
         *Le lien entre le salut et le don de l'Esprit* ................................................. 302
         *Les liens logiques entre la repentance, le baptême au nom de Jésus et la réception de l'Esprit* ................................................................................... 308
         *Les perspectives* .......................................................................................... 310
         *La stratégie de l'auteur dans le fil de l'intrigue* ....................................... 315
         *La signification du don de l'Esprit* ........................................................... 316
   **Les sommaires de la vie communautaire** ........................................................ 317
   **Les observations importantes pour la pneumatologie de Luc-Actes** ........... 319
III. LES ÉCHOS DE LA PENTECÔTE ......................................................................... 322
   **Les preuves dans la communauté de Jérusalem** ........................................... 323
      Les allusions à l communauté de l'exode et au prophète comme Moïse ..... 323
      Les signes et les prodiges ................................................................................. 325
      L'assurance ....................................................................................................... 327
      Le rejet et la persécution ................................................................................. 331
      La croissance .................................................................................................... 333
   **Les preuves chez les Samaritains** ..................................................................... 335

      La stratégie de l'auteur dans le fil de l'intrigue .................................335
      La réception de l'Esprit chez les Samaritains ...................................338
  **Les preuves chez les païens** .............................................................345
      Le thème de l'accomplissement des prophéties .................................346
      Le mandat prophétique de Paul ........................................................348
      Le ministère prophétique de Paul .....................................................352
         *Les allusions aux prophètes* .......................................................352
         *L'accomplissement des prophéties* ...........................................355
         *La conduite par l'Esprit* ............................................................356
      La réception de l'Esprit chez Corneille ............................................358
         *Le lien entre la repentance, le baptême et la réception de l'Esprit* ......360
         *Le rappel de l'expression « baptisés dans l'Esprit-Saint »* ...............362
      La réception de l'Esprit chez les Éphésiens .....................................364
         *Sont-ils déjà « chrétiens » ?* ......................................................365
         *Quels sont les liens entre la foi, le baptême, l'imposition des mains et la*
         *réception de l'Esprit ?* .............................................................367
  **Les observations importantes pour la pneumatologie de Luc-Actes** .........374

**CHAPITRE VII : QUEL RÔLE L'ESPRIT JOUE-T-IL DANS LA COMMUNAUTÉ DES CROYANTS DANS LUC-ACTES ?** ............................377
  INTRODUCTION ................................................................................377
  I. LE RÔLE DE L'ESPRIT DANS LA STRATÉGIE DE LUC ....................378
  II. LE CRITÈRE DE COHÉRENCE ET UNE ANALYSE DES PERSPECTIVES
    ......................................................................................................380
    **Le logion de Jean-Baptiste** ...........................................................381
    **L'appel de Pierre** ........................................................................382
  III. LES CONCLUSIONS SUR LA PNEUMATOLOGIE DE L'AUTEUR
      IMPLICITE ....................................................................................383
    **L'onction prophétique** .................................................................383
    **La portée des expressions à grand débat** ....................................386
      Baptisé d'Esprit Saint ...................................................................387
      Rempli de l'Esprit ........................................................................387
      Recevoir (le don de) l'Esprit ........................................................388
    **La cohérence de la pneumatologie de l'auteur implicite** ...............390
  IV. LES PROBLÈMES À RÉSOUDRE ....................................................390
    **Le problème de l'emploi des mêmes termes dans la littérature paulinienne**
    ......................................................................................................391
    Rempli ἐν πνεύματι (Éph 5.18) ......................................................391
    Baptisés ἐν πνεύματι (1 Co 12.13) .................................................393
    **Le problème de l'évaluation des textes de Luc** ............................394

APPENDICES ........................................................................................396

INDEX DES AUTEURS ........................................................................403

CHAPITRE I

COMMENT DISCERNER LA PERSPECTIVE LUCANIENNE DE L'ESPRIT ?

**INTRODUCTION**

Notre objectif est de mieux comprendre le rôle que Luc[1] accorde à l'Esprit de Dieu dans son œuvre à deux volumes de Luc-Actes[2]. En particulier nous voulons comprendre son rôle dans la vie de la communauté des croyants. Un grand nombre d'expressions sont utilisées dans Luc-Actes pour décrire cette relation entre l'Esprit de Dieu et la communauté des croyants. Certaines de ces expressions ; « être rempli de l'Esprit », « être baptisé dans l'Esprit », « recevoir l'Esprit », « le don de l'Esprit », sont devenues des sujets à grand débat depuis plus d'un siècle. Comme Max Turner l'a constaté : « Il n'y a pas à présent de consensus : les œuvres publiées sur la perspective lucanienne de l'Esprit offrent des théories disparates et rivales »[3].

Après plus d'un siècle de débat, reste-t-il encore un espoir de pouvoir atteindre un consensus ? Il est probable que les expériences ecclésiastiques de chaque exégète l'empêchent de bien voir les arguments rivaux. Malgré ce handicap, il y a des développements prometteurs dans le débat. En 1970, dans son œuvre, *Baptism in the Holy Spirit. A Re-examination of the New Testament Teaching on the Gift of the Spirit in Relation to Pentecostalism Today*, James Dunn a essayé d'étudier de nouveau le

---

[1] Par « Luc » nous voulons dire l'auteur implicite de l'œuvre dont la définition sera abordée au chapitre 2. Qu'il s'agisse réellement ou non de Luc, le médecin et compagnon de Paul dans ces voyages missionnaires, ne nous concerne pas dans cette étude. Nous laisserons cette question à d'autres.
[2] Nous acceptons comme présupposée la position quasi unanime que l'Évangile selon Luc et les Actes des apôtres sont deux volumes d'une même œuvre écrite ou rédigée par un seul auteur. Pour une position contre l'unité de Luc-Actes, voir Mikeal C. PARSONS et Richard I. PERVO, *Rethinking the Unity of Luke and Acts*, Minneapolis, Fortress Press, 1993. Pour un résumé des arguments pour l'unité voir I. Howard MARSHALL, « Acts and the 'Former Treatise' », *The Book of Acts in Its First Century Setting*, vol. 1 *Ancient Literary Setting*, éd. Bruce W. Winter et Andrew D. Clarke, Grand Rapids, Eerdmans, 1993, p. 172-177.
[3] *Power from on High, The Spirit in Israel's Restoration and Witness in Luke-Acts*, JPTSS 9, éd. John Christopher Thomas, Rick D. Moore et Steven J. Land, Sheffield, Sheffield Academic Press, 1996, p. 12. [Sauf autre indication c'est nous qui traduisons de l'anglais ou de l'allemand.]

Nouveau Testament afin de répondre aux questions soulevées par la position rivale pentecôtiste[4]. Par cet effort, il a lancé un vrai débat entre les deux positions, caractérisé par un respect théologique mutuel. Parce que Dunn a répondu aux arguments des exégètes pentecôtistes, les pentecôtistes ont eu quelqu'un avec qui dialoguer. Par exemple, en 1984, une réponse de Howard M. Ervin est sortie, intitulée *Conversion-Initiation and the Baptism in the Holy Spirit : A Critique of James D. Dunn, Baptism in the Holy Spirit*[5]. Le débat amical actuel entre Robert P. Menzies et Max Turner est exemplaire[6]. La réponse de James Dunn, « Baptism in the Spirit : A Response to Pentecostal Scholarship on Luke-Acts»[7], continue dans cette atmosphère de débat amical.

Un deuxième développement prometteur est l'accent nouveau dans l'étude sur Luc-Actes des méthodologies littéraires, en particulier, l'analyse narrative. L'article de Paul S. Minear, « Luke's Use of the Birth Stories », discuté à la fin de ce chapitre, penche dans cette direction avec ses arguments pour l'unité thématique de Luc-Actes. Robert Tannehill, dans son œuvre à deux volumes, *The Narrative Unity of Luke-Acts : A Literary Interpretation*[8], a développé ce type d'argument pour l'unité de Luc-Actes et a préparé le chemin pour d'autres analyses narratives. William H. Shepherd, dans *The Narrative Function of the Holy Spirit as a Character in Luke-Acts*, a examiné la fonction du Saint-Esprit en tant que personnage dans Luc-Actes. Shepherd a défendu la thèse que « le personnage du Saint-Esprit signale que la narration est digne de confiance »[9]. Le lecteur et les personnages dans le récit peuvent avoir confiance chaque fois qu'un fait est confirmé par l'Esprit. Mais Shepherd a limité son examen du texte à cette thèse, en laissant de côté d'autres aspects de l'activité de l'Esprit. Par exemple, il renonce à la possibilité de trouver un concept lucanien, « cohérent et normatif », de la réception de l'Esprit[10]. Il aurait pu, en étudiant la relation de la fonction de donner confiance avec d'autres thèmes du livre, en déduire d'autres aspects de la pneumatologie de Luc-Actes. Par exemple, pour que l'Esprit puisse signaler « que la narration est digne de confiance »,

---

[4] Philadelphia, Westminster Press, p. 3.
[5] Peabody, MA, Hendrickson Publishers.
[6] Voir, p. ex., l'expression de l'appréciation mutuelle des deux auteurs, William W. MENZIES et Robert P. MENZIES, *Spirit and Power, Foundations of Pentecostal Experience*, Grand Rapids, Zondervan, 2000, p.88 et TURNER, p. 11.
[7] *Journal of Pentecostal Theology* 3, 1993, pp. 3-27, voir esp. 3-6.
[8] Philadelphia, Fortress Press, 1986 et 1990.
[9] SBL Dissertation Series 147, Atlanta, Scholars Press, 1994, p. 101.

sa présence doit être vérifiable et non supposée. Comment Luc a-t-il démontré cette visibilité de l'Esprit, et quelles en sont les implications ? Nous sommes persuadés que nous n'avons pas encore épuisé les possibilités de ce type d'analyse pour répondre, non seulement à notre recherche de pneumatologie, mais à beaucoup d'autres thèmes dans Luc-Actes[11].

Entreprendre une étude de la pneumatologie dans toute l'œuvre de Luc-Actes, comprenant cinquante-deux chapitres et environ un quart du Nouveau Testament, est une tâche trop énorme pour nous attacher au détail, surtout si nous voulons comprendre les liens entre la pneumatologie et d'autres thèmes majeurs de l'œuvre. Il y a une obligation à limiter les recherches. En même temps il ne faut pas trop limiter l'étendue de cette étude de peur d'éliminer des éléments nécessaires à la compréhension de la logique de Luc. Une des grandes difficultés qui empêche les chercheurs de trouver un consensus sur la pneumatologie de Luc-Actes est le grand nombre des données liées à la discussion. Personne ne peut maîtriser tous les matériaux. Il est inévitable de baser une telle étude sur certaines présuppositions tirées d'une évaluation des études déjà faites.

Les études critiques déjà faites sur la pneumatologie de Luc sont nombreuses. Des survols critiques d'un certain nombre de ces œuvres existent déjà et il ne s'agit pas de répéter leur travail ici[12]. Il faut plutôt profiter de leur travail afin de déterminer quelques conclusions dont la probabilité a été établie par les études précédentes, et afin d'orienter nos recherches vers les passages importants à examiner et vers quelques questions clés dont les réponses sont encore débattues. Avec ces outils en main nous pourrons procéder à l'examen des données internes de l'œuvre.

Un examen des survols critiques de Menzies, Turner et Hur révèlent trois questions pertinentes pour notre thèse : (1) Quelle est la signification de la réception de l'Esprit dans Luc-Actes ? (2) D'où vient le concept de l'Esprit dans Luc-Actes ? et (3) Quel est le schéma organisateur pour comprendre la fonction de l'Esprit dans Luc-

---

[10] Ibid., p. 22.
[11] Une autre analyse narrative qui vise une meilleure compréhension de la pneumatologie de Luc-Actes est Ju HUR, *A Dynamic Reading of the Holy Spirit in Luke-Acts*, JSNTSS 211, Sheffield, Academic Press, 2001.
[12] Voir François BOVON, *Luc le théologien. Vingt-cinq ans de recherches (1950-1975)*, Neuchâtel/Paris, Delachaux et Niestlé, 1978, p.211-254, Robert Menzies, *Empowered for Witness, The Spirit in Luke-Acts*, JPTSS 6, éd. John Christopher Thomas, Rick D. Moore et Steven J. Land, Sheffield, Sheffield Academic Press, 1994, p. 18-44, TURNER, p. 20-85, et HUR, p. 13-33.

Actes ? Pour chaque question nous limiterons notre évaluation à deux positions opposées, tout en sachant que les exégètes ont présenté tout un éventail de réponses intermédiaires. Par exemple, sur la question de la signification de la réception de l'Esprit, nous avons choisi la position que l'Esprit accorde une deuxième bénédiction ou don supplémentaire, d'un côté, et la position que le don fait partie de la conversion de l'autre. Même si certains auteurs expriment un point de vue qui allie ces deux positions, l'examen des deux positions opposées permettra de survoler les points essentiels du débat. Pour chaque position opposée nous avons choisi des auteurs représentatifs, souvent ceux qui sont le plus cités par les autres. Pour les deux dernières questions nous avons pu limiter la discussion à un auteur principal pour chaque position : Robert Menzies et Max Turner pour la question du concept lucanien de l'Esprit et Hans Conzelmann et Paul Minear pour le schéma organisateur. Pour la première question sur la signification de la réception de l'Esprit nous avons choisi plusieurs auteurs afin de pouvoir représenter plusieurs aspects des deux positions.

La première question est la plus importante et représente l'essentiel de la problématique de notre thèse. Donc, il faudra toute la thèse pour y répondre. Les deux autres questions sont étroitement liées à la première. Pour chaque question nous voulons résumer les deux positions, signaler les éléments qui alimentent le débat, noter où un consensus a été trouvé et éliminer des conclusions tirées d'une mauvaise méthodologie. Pour la première question, nous décrirons aussi les observations textuelles qu'une bonne réponse doit pouvoir expliquer.

Dans ce premier chapitre nous essayerons de focaliser notre attention sur la méthodologie des auteurs. Nous voulons montrer les faiblesses de certaines méthodologies et la nécessité d'une étude synchronique pour répondre à nos questions. Nous croyons que la meilleure procédure pour trancher entre les positions divergentes sera de chercher, en priorité, une cohérence des données internes de l'œuvre. Ce premier chapitre montrera pourquoi une telle étude synchronique est nécessaire.

## II. LES QUESTIONS ENCORE DÉBATTUES

### Quelle est la signification de la réception de l'Esprit dans Luc-Actes ?

De loin, le sujet le plus débattu de la pneumatologie de Luc-Actes est celui que nous avons déjà signalé : la signification des expériences de la réception de l'Esprit décrites par les expressions telles que « être baptisé dans l'Esprit », « être rempli de l'Esprit », « recevoir l'Esprit », et « le don de l'Esprit ». La réception de l'Esprit dans Luc-Actes, est-elle une expérience postérieure à la conversion, c'est-à-dire une deuxième bénédiction ou un *donum superadditum* rendant le croyant ou le disciple de Jésus capable d'accomplir sa mission de témoin ? Ou fait-elle partie de la conversion ; un élément de l'initiation à la foi chrétienne ?

### Une deuxième bénédiction

*Hermann Gunkel.* Le débat moderne a dû commencer par les observations de l'école de l'histoire des religions (*Religionsgeschichteschule*) dont l'œuvre de Hermann Gunkel est la mieux connue. Il a remarqué une distinction nette entre l'enseignement de Paul et la vue populaire de l'Esprit qu'il a cru trouver dans les Actes des apôtres. Pour cette première communauté, ce qu'il n'était pas possible d'attribuer au monde naturel venait de l'influence de l'Esprit[13]. Certaines expériences du quotidien de la communauté chrétienne primitive ont rendu la présence de l'Esprit « un fait indubitable »[14]. La glossolalie (Ac 10.44, 46 ; 19.6) était l'activité de l'Esprit la plus frappante et la plus caractéristique, mais les prophéties (Ac 11.27 ; 20.23 ; 21.10), les visions (Ac 7.55) et les directives « qui s'imposent avec une puissance irrésistible » (Ac 13.2) étaient aussi inexplicables et dues à l'influence de l'Esprit[15].

---

[13] Hermann GUNKEL, *Die Wirkungen des heiligen Geistes nach der populären Anschauung der apostolischen Zeit und der Lehre des Apostels Paulus*, 2ᵉ éd., Göttingen, Dandenhoed & Ruprecht, 1899, p. 20.
[14] Ibid., p. 4.
[15] Ibid., p. 14, 18, 21.

Selon cette vue, l'Esprit n'était pas l'auteur des changements religieux et moraux de la communauté chrétienne[16]. Gunkel explique, par exemple, que Simon le magicien (Ac 8.18) n'aurait pas voulu acheter un don ayant pour effet des changements religieux et moraux. C'est plutôt le don de la prophétie que l'on pourrait exploiter pour un profit. Et quand il y avait une association de l'Esprit avec les aspects moraux et religieux, il s'agissait d'une « intensification de l'ordinaire ». Par exemple, lorsque l'Esprit est associé à la sagesse, il s'agit d'une sagesse qui distingue certains chrétiens des autres et à laquelle on ne peut résister (Ac 6.3, 10)[17]. Pour Gunkel, l'apôtre Paul est l'innovateur qui a accordé à l'Esprit une abondance de fonctions chrétiennes que ni le Judaïsme, ni la première communauté chrétienne n'avaient accordées au pouvoir surnaturel de l'Esprit[18].

*Eduard Schweizer.* Eduard Schweizer a suivi un raisonnement semblable. Il a distingué la pneumatologie de Luc non seulement de celle de Paul, mais aussi de celle de Matthieu et Marc. Selon Schweizer, le concept de l'Esprit dans l'Évangile selon Matthieu et dans l'Évangile selon Marc suit la notion de l'Ancien Testament où l'Esprit est le pouvoir d'accomplir certains actes[19]. Luc, par contre, adopte le concept typique du Judaïsme de l'Esprit de prophétie, où la fonction de l'Esprit est plus ou moins limitée à une inspiration prophétique. Des guérisons et miracles seraient donc attribués à d'autres sources telles que le nom de Jésus ou la puissance[20]. Robert Menzies développe cette position[21].

*Roger Stronstad.* Tandis que Gunkel examinait les phénomènes de l'église primitive d'un point de vue externe, à une époque où la communauté des croyants de son temps ne bénéficiait pas « d'expériences analogues »[22], les interprètes pentecôtistes affirment avoir expérimenté des phénomènes semblables à ceux des Actes[23]. Roger

---

[16] Ibid., p. 6.
[17] Ibid., p.7-8.
[18] Ibid., p. 71.
[19] Eduard SCHWEIZER, « πνεῦμα », *Theologisches Wörterbuch zum Neuen Testament*, Vol. 6, éd. Gerhard Kittel et Gerhard Friedrich, Stuttgart, Kohlhammer, p. 394.
[20] SCHWEIZER, p. 405.
[21] *Empowered for Witness*. Son œuvre sera examinée plus bas.
[22] GUNKEL, p. 4.
[23] Voir, p. ex., Howard M. Ervin, *Le baptême de l'Esprit : Une recherche biblique*, trad. par Daniel Thévenet, Deerfield, IL, Éditions Vida, 1996, p. 17.

Stronstad représente la position pentecôtiste classique d'une deuxième bénédiction qui s'appuie sur cinq épisodes dans le livre des Actes des apôtres qui parlent du don de l'Esprit : (1) aux disciples le jour de la Pentecôte (2.1-41), (2) aux croyants à Samarie (8.5-25), (3) à Saul de Tarse (9.1-22), (4) à la maison de Corneille (10.44-48), et (5) aux disciples à Éphèse (19.1-7)[24]. À la liste de Stronstad il faut ajouter les disciples dans la réunion de prière après l'arrestation et la délivrance de Pierre et Jean (4.23-31).

La position pentecôtiste met en valeur deux éléments dans ces passages. Le premier est celui que l'école de l'histoire des religions a déjà remarqué : les manifestations extraordinaires qui sont associées au don de l'Esprit. Le jour de la Pentecôte les apôtres « furent tous remplis du Saint-Esprit et se mirent à parler en d'autres langues, selon que l'Esprit leur donnait de s'exprimer »[25] (Ac 2.4). Pierre et ceux qui l'ont accompagné étaient convaincus que « le don du Saint-Esprit était aussi répandu » sur la maison de Corneille parce qu'ils « les entendaient parler en langues et glorifier Dieu » (Ac 10.45, 46). Lorsque Paul a imposé les mains aux disciples à Éphèse « le Saint Esprit vint sur eux, et ils parlaient en langues et prophétisaient » (Ac 19.6). Lorsque les croyants en Samarie ont reçu le Saint-Esprit, aucune manifestation n'est mentionnée, mais Simon, le magicien, a vu quelque chose qu'il a voulu acheter (Ac 8.18-19). La position pentecôtiste serait d'accord avec Gunkel qu'il s'agit de manifestations prophétiques. En conclusion, les manifestations extraordinaires, qui accompagnent le don de l'Esprit, renforcent l'idée qu'il s'agit d'une bénédiction supplémentaire.

Le deuxième élément relevé par les pentecôtistes correspond aussi à une observation de Gunkel : que l'Esprit n'était pas l'auteur des changements religieux et moraux. Ce qui est important pour la position pentecôtiste est le laps de temps entre la conversion des croyants et leur réception de l'Esprit. Les apôtres avaient déjà tout laissé pour suivre Jésus (Lc 5.11, 28). Dans l'économie du royaume, cet acte de tout laisser et suivre Jésus était la garantie de bénédictions dans l'âge présent et la vie éternelle dans l'âge à venir (Lc 18.28-30). Lorsqu'ils ont été remplis du Saint-Esprit le jour de la Pentecôte, les disciples étaient non seulement des croyants, mais déjà des témoins et envoyés (apôtres) de Jésus (Lc 24.48 ; Ac 1.6). Selon les instructions de Jésus ils devaient

---

[24] Roger STRONSTAD, *The Charismatic Theology of St. Luke*, Peabody, MA, Hendrickson Publishers, 1984, p. 5.

seulement attendre une « puissance d'en haut » pour pouvoir accomplir leur mission de témoins (Lc 24.49 ; Ac 1.4-8). Suite à l'arrestation et la délivrance miraculeuse de Pierre et de Jean, les croyants ont demandé à Dieu une assurance pour annoncer « la parole » accompagnée « des guérisons, des miracles et des prodiges » (Ac 4.23-30). « Ils furent tous remplis du Saint-Esprit » (Ac 4.31). Vraisemblablement, ces « tous » sont ceux qui avaient déjà été remplis du Saint-Esprit. Ceux qui ont entendu la prédication de Philippe en Samarie, qui leur avait annoncé « la bonne nouvelle du royaume de Dieu et du nom de Jésus-Christ », ont « cru » et « se firent baptiser » (Ac 8.12). Mais ils ont dû attendre la venue, la prière et l'imposition des mains de Pierre et Jean pour recevoir le Saint-Esprit (Ac 8.14-17). De façon semblable, Saul de Tarse a rencontré le Seigneur sur le chemin de Damas : une conversion foudroyante (Ac 9.1-9). Mais il a dû attendre la prière et l'imposition des mains d'Ananias pour être rempli du Saint-Esprit (Ac 9.10-18). Les disciples à Éphèse ont aussi reçu le Saint-Esprit « lorsque Paul leur eut imposé les mains », après leur baptême « au nom de Jésus » (19.1-7). Même si les évènements semblent se suivre rapidement, Luc les raconte comme deux actes qui se succèdent. Le laps de temps entre la conversion et la réception du don est une preuve que « le don » ne fait pas partie de la conversion-initiation du croyant.

Il est important de noter que ces auteurs—ceux de l'école de l'histoire des religions et ceux de la position pentecôtiste—ont observé les mêmes phénomènes sans vouloir prouver les mêmes notions. Le fait que deux groupes d'interprètes différents, pour deux motifs différents, ont remarqué les mêmes phénomènes, donne à l'existence de ces phénomènes plus de crédibilité. Pour l'école de l'histoire des religions, les descriptions de Luc-Actes soutiennent l'idée d'un développement de la pneumatologie de l'église primitive. Pour elle, l'église primitive représentée dans les Actes des apôtres (ci-après, les Actes) n'avait pas une pneumatologie développée, mais elle décrivait son expérience de l'Esprit par les termes de l'Ancien Testament et du Judaïsme qu'elle connaissait.[26] Dans cette perspective, l'enseignement de Paul représente, soit une correction, soit un développement de la position décrite dans les Actes[27]. Pour les auteurs pentecôtistes, ces phénomènes soutiennent leur expérience d'une deuxième bénédiction :

---

[25] Sauf autre indication les citations bibliques viennent de la traduction de Louis SECOND, la Nouvelle édition de Genève, 1979.
[26] GUNKEL, p. 3-6.

une puissance pour témoigner. L'interprétation du don de l'Esprit dans Luc-Actes doit expliquer les données qu'ont relevées ces auteurs : son association évidente avec les actes extraordinaires prophétiques et sa dissociation apparente d'avec la conversion. C'est la dissociation apparente qui pose le plus de problèmes pour la position opposée. On doit montrer soit que ces « croyants », « disciples », etc., n'étaient pas encore réellement chrétiens, soit que leur expérience était une exception à la norme. La première piste logique est représentée par James Dunn et la deuxième par John Stott.

**Une partie de la conversion-initiation :**

James Dunn et John Stott ont écrit afin de prendre position par rapport au mouvement charismatique grandissant et à son précurseur pentecôtiste[28]. Nous commencerons avec l'œuvre de Stott, afin d'aborder quelques problèmes méthodologiques, avant de passer à l'œuvre de Dunn, qui a exercé beaucoup plus d'influence sur la discussion de la pneumatologie de Luc-Actes[29].

*John Stott.* Se basant sur la pneumatologie de Jean (3.3-8) et de Paul (Ro 8.9, 14-16) John Stott a établi le fait que tout chrétien a l'Esprit résidant et agissant en lui[30]. Il cite les Actes, chapitre 2, verset 38, pour montrer le schéma normal de la repentance et du baptême qui en résultent avec le pardon des péchés et la réception de l'Esprit[31]. Néanmoins il affirme que les apôtres ont reçu le don de l'Esprit avant le jour de la Pentecôte, et qu'ils ont été baptisés de l'Esprit le jour de la Pentecôte. Selon Stott, l'expérience des 120 est une exception à la règle des Actes, chapitre 2, verset 38, due aux

---

[27] Ibid., p. 57-76.
[28] James DUNN, voir la préface et p. 1-4, John STOTT, *Baptism and Fullness, The Work of the Holy Spirit Today*, 2ᵉ éd., Downers Grove, IL, InterVarsity Press, 1976, p. 7-8.
[29] Voir l'évaluation de son importance dans MENZIES, p. 30, et dans TURNER, p. 48. La plus grande partie de l'évaluation suivante de Stott et de Dunn est déjà parue dans Randy HARRISON, « La plénitude de l'Esprit », *Les cahiers de l'école pastorale*, 33, sept. 1999, p. 8-10.
[30] STOTT, p.19-21.
[31] Ibid., p. 25.

circonstances historiques. Pour lui, la « *norme* » est le cas des 3.000 autres qui ont reçu simultanément le pardon de leurs péchés et le don de l'Esprit[32].

Le problème de cette interprétation est que ni la réception préalable de l'Esprit par les apôtres, ni la réception simultanée des 3.000 n'est racontée par Luc. La lecture naturelle des Actes laisserait comprendre que les apôtres ont reçu le don du Saint-Esprit le jour de la Pentecôte. La réception *simultanée* des 3.000 est une supposition venant surtout d'une extrapolation des pneumatologies de Jean et de Paul. Le récit de Luc ne raconte pas l'expérience de la réception du don de l'Esprit des 3.000.[33] Leur réception a été promise par Pierre (Ac 2.38), mais le texte laisse les détails de la réalisation de cette promesse dans l'ambiguïté. Stott donne deux raisons pour justifier de telles interprétations. D'abord il dit qu'un passage « *descriptif* » doit être interprété à la lumière de ce qui est « *didactique* » [italiques dans l'original][34]. Deuxièmement, il fait appel au contexte de toute la Bible en disant qu'il ne faut « jamais expliquer un passage de la Bible d'une manière qui le mette en contradiction avec un autre »[35].

Lorsque Stott parle de passages *descriptifs* ou *didactiques*, il parle de genre. Il est vrai que genre est important dans l'interprétation. Mais l'idée de subordonner un genre des Écritures (narration) à un autre (épîtres) est inacceptable. Avec cette démarche la théologie de Luc risque d'être éclipsée. Elle doit être subordonnée à la manière dont Stott comprend « les passages didactiques ». Le contexte de Luc est contourné pour donner la place à un contexte « plus digne ». Craig Keener proteste qu'une telle démarche « viole les règles de base de l'interprétation biblique et que sa pratique risque de compromettre la doctrine de l'inspiration biblique », parce que l'apôtre Paul affirme que « *toute* Écriture est inspirée de Dieu, et utile pour enseigner » (1 Ti 3.16)[36]. Ceci veut dire que tous les

---

[32] Ibid., p. 28-29. Il a aussi conclu que la réception de l'Esprit des croyants samaritains (Actes 8) était une exception (p. 31-34).
[33] Howard ERVIN, *Le baptême de l'Esprit*, p. 72-77, propose que l'expérience des 3.000 est racontée dans Ac 4.31. Sa proposition a deux problèmes qui la rendent invraisemblable. D'abord elle nécessite un grand lieu de rencontre pour les 3.000 personnes. Deuxièmement, la thèse d'Ervin, doit éliminer la possibilité d'une personne remplie de l'Esprit deux fois. Ainsi, il suggère que Pierre, étant déjà rempli de l'Esprit (Ac 2.4 ; 4.8), soit exclu de « tous » qui « furent remplis du Saint-Esprit » (Ac 4.31), alors que le texte laisse entendre qu'il est encore présent.
[34] STOTT, p. 14-17.
[35] Ibid., p. 22. C'est une citation tirée de l'Article 20 des 39 Articles de la Church of England. trad. en français, *Du baptême à la plénitude : L'œuvre du Saint-Esprit en notre temps*, Monnetier-Mornex, Éditions Emmanuel, p. 22.
[36] Craig KEENER, *3 Crucial Questions about the Holy Spirit*, Grand Rapids, Baker Book House, 1996, p. 186. Voir sa discussion p. 186-89.

passages des Écritures sont *didactiques.* Même la catégorie de Stott ne convient pas pour distinguer les passages. Roger Stronstad souligne le fait que la démarche de Stott ne correspond ni à la pratique de Paul (Ro 15.4)[37], ni au buts historiographiques et théologiques de Luc (Lc 1.1-4, Ac. 1.1)[38]. Suivant le modèle de l'historiographie de l'Ancien Testament, Luc poursuit une « intention historico-théologique »[39].

C'est à cause d'arguments comme ceux de Stott que James Shelton avertit que l'effort pour « harmoniser le message du Nouveau Testament » peut causer la perte des « messages distinctifs et importants » de chaque auteur[40]. Shelton propose l'emploi de la critique rédactionnelle afin de découvrir « les contributions et points de vue distinctifs de chaque auteur »[41]. Dans la critique rédactionnelle les exégètes cherchent à comprendre pourquoi le rédacteur a organisé et rédigé ses sources afin d'arriver au texte actuel. Pour Luc-Actes c'est l'œuvre de Hans Conzelmann en 1954, *Die Mitte der Zeit*, qui est la plus connue de ce type d'approche.[42] W. C. van UNNIK écrit que, « Dans ces études, Luc n'est plus vu comme un personnage dans l'ombre qui rassemble des morceaux ... mais comme un grand théologien qui a très consciemment et délibérément planifié et exécuté son œuvre »[43]. L'accent distinctif de chaque auteur est devenu plus important que l'harmonisation de l'ensemble des auteurs. Écrivant en 1980, Unnik parle de la découverte de Luc en tant que théologien comme étant « le grand gain de la phase présente des études de Luc-Actes »[44]. I. Howard Marshall réclame comme un fait indiscutable la différence des théologies de Paul et de Luc[45]. À la lumière de ces

---

[37] STRONSTAD, *Charismatic Theology*, p. 6-7.
[38] Roger STRONSTAD, *The Prophethood of All Believers : A Study in Luke's Charismatic Theology*, JPTSS 16, éd. John Christopher Thomas, Rickie D. Moore et Steven J. Land, Sheffield, Sheffield Academic Press, 1999, p.22-27.
[39] STRONSTAD, *Charismatic Theology*, p. 9.
[40] James SHELTON, *Mighty in Word and Deed : The Role of the Holy Spirit in Luke-Acts*, Peabody, MA, Hendrickson Publishers, 1991, p. 2.
[41] Ibid., p. ix, 1.
[42] La critique rédactionnelle et l'œuvre de Conzelmann seront évaluées plus bas, p. 22-24, 36-45. Pour une discussion des commencements de la critique rédactionnelle et l'importance de Conzelmann, voir I. Howard Marshall, *Luke : Historian and Theologian*, Downers Grove, IL, InterVarsity Press, 1988, p. 13-18.
[43] W. C. van UNNIK, « Luke-Acts, a Storm Center in Contemporary Scholarship », *Studies in Luke-Acts*, éd. Leander E. Keck et J. Louis Martyn, Philadelphia, Fortress Press, 1980, p. 23.
[44] Ibid., p. 24.
[45] MARSHALL, *Historian and Theologian*, p. 220. Marshall poursuit cette pensée en déclarant que la théologie paulinienne est une présupposition de la théologie lucanienne, une présupposition qui nous semble forcée. Comme Dunn, il utilise Ro. 8.9 comme une base pour interpréter Luc-Actes, p. 198.

développements dans l'étude de Luc-Actes, la méthodologie proposée par James Dunn semble valable :

> La méthode … est d'étudier chaque auteur et chaque livre séparément et (d'essayer) d'esquisser ses accents théologiques ; seulement après avoir placé le texte dans le contexte de la pensée et de l'intention de l'auteur (dans la mesure où elle est exprimée dans son écrit), à ce moment seul le théologien biblique peut se sentir libre de permettre une interaction entre le texte et d'autres textes venant d'autres livres[46].

Les études rédactionnelles ont fait ressortir les thèmes distinctifs de Luc, mais, il faut examiner le développement et l'interaction de ces thèmes dans l'ensemble de son œuvre afin de comprendre leur raison d'être et leur contenu. Dunn, lui-même a suivi le développement et l'interaction de la pneumatologie de Luc-Actes, mais un examen de son travail montrera qu'il n'a pas tout à fait suivi ses propres conseils. Son étude du texte de Luc est régie et prédéterminée par la pneumatologie de Paul.

*James Dunn.* En 1926 deux œuvres ont déjà fort critiqué les conclusions de Gunkel : *Der Heilege Geist in den Lukasschriften* par Hans von Baer[47] et *Der Geist Gottes im Neuen Testament* par Friedrich Büchsel[48]. Mais, c'est James Dunn qui a le plus influencé la discussion récente sur la pneumatologie de Luc-Actes[49]. Il y a deux conclusions que Dunn a héritées de ces auteurs qui sont importantes pour son interprétation. Comme Büchsel, il a souligné l'importance de la relation filiale de Jésus, confirmée par la voix céleste à son baptême (Lc 3.22). En accentuant le caractère unique de l'événement, il essaie de réfuter l'argument pentecôtiste, basé sur les parallèles entre les expériences de Jésus et celles de ses disciples, à savoir que la descente de l'Esprit sur Jésus à son baptême était un modèle pour les disciples.[50] Comme von Baer, il a souligné la division de Luc-Actes en trois phases ou époques de l'histoire du salut, aussi dans le but d'accentuer les différences entre l'expérience de Jésus et celle de ses disciples[51]. Nous laisserons la discussion des parallèles, des différences, de l'histoire du salut, etc.

---
[46] DUNN, *Baptism*, p. 39.
[47] Stuttgart, Kohlhammer, 1926.
[48] Gütersloh, Bertelsmann, 1926. Voir TURNER, p. 29.
[49] Voir MENZIES, *Empowered*, p. 30 et TURNER, p. 48.
[50] DUNN, *Baptism*, p. 23-32. Selon l'index Dunn fait référence à Büchsel 12 fois mais il ne cite pas une dépendance à Büchsel pour souligner l'importance de la relation filiale.

pour la section sur le schéma organisateur de Luc-Actes.[52] Ce qui est intéressant pour notre discussion maintenant est le dialogue de Dunn avec les pentecôtistes sur les épisodes déjà mentionnés.

À partir de sa division en trois phases, Dunn explique sa thèse que le baptême dans le Saint-Esprit fait partie intégralement d'un processus d'initiation à la foi chrétienne qu'il appelle « conversion-initiation »[53]. Pour expliquer les épisodes dans les Actes, il commence par la présupposition que Luc a établi les Actes, chapitre 2, verset 38, comme « le modèle et la norme de la conversion-initiation chrétienne »[54]. Il remarque que « c'est le seul verset des Actes qui lie directement les uns aux autres les trois éléments les plus importants de la conversion-initiation : la repentance, le baptême d'eau et le don de l'Esprit ».[55] Dans son argumentation il fait appel à Jean (3.3-8) et à Paul (Ro 8.9) pour prouver que le don de l'Esprit est ce qui « fait d'un homme un chrétien » et que ceci vient « *à* la conversion »[56]. Ensuite, Dunn doit montrer la vérité de ces affirmations dans le récit des Actes.

Pour chaque épisode Dunn trouve un ou plusieurs détails qui indiquent que la foi des « croyants » était insuffisante pour la conversion et la réception de l'Esprit. Pour Dunn, les apôtres ont seulement eu une foi authentique pour recevoir le salut le jour de la Pentecôte. Comme preuve de cette affirmation audacieuse il cite Actes, chapitre 11, verset 17 : « Dieu leur a accordé le même don qu'à nous qui avons cru au Seigneur Jésus-Christ ». La traduction qu'il donne en anglais dit, « when we believed » (quand nous avons cru). Il se base sur le mot « quand » pour indiquer que leur réception de l'Esprit est arrivée au même moment que leur foi a atteint le niveau de l'engagement chrétien[57]. Si l'on voulait introduire une signification temporelle par le participe aoriste, une action antécédente serait plus probable qu'une action simultanée.[58] Nous insistons sur le fait que

---

[51] DUNN, *Baptism*, p. 24-28. Pour sa dépendance sur Baer et Conzelmann sur la division en trois phases voir p. 25, n. 7.
[52] Voir notre discussion, p. 31-37.
[53] DUNN, *Baptism*, p. 24-25, 90-102.
[54] Ibid., *Baptism*, p. 90. La traduction en français ici et par la suite vient de « Conversion-Initiation in the Acts of the Apostles », *Hochma* 5, 1977. Citation ici p. 22.
[55] DUNN, *Baptism*, p. 91, "Conversion-Initiation", p. 22.
[56] DUNN, *Baptism*, p. 94-95. "Conversion-Initiation", p. 26, [italiques dans l'original].
[57] DUNN, *Baptism*, p. 52.
[58] Voir A. T. ROBERTSON, *A Grammar of the Greek New Testament in the Light of Historical Research*, Nashville, Broadman Press, 1934, p. 860. Il dit qu'une action antécédente n'est pas une signification

c'est le contexte qui doit déterminer la signification du participe et non pas le participe qui détermine la signification du contexte. Ni le grec, ni le contexte n'indique que ces deux choses se passent au même moment. « Qui avons cru » est la traduction d'un participe aoriste qui précise le « nous ». Qui sont-ils? Ils sont ceux qui ont cru. Pierre veut montrer les points en commun de l'expérience apostolique et de celle de la maison de Corneille. Ils ont tous reçu le Saint-Esprit et ils ont cru au Seigneur Jésus. La conclusion de Pierre est que Dieu ne fait pas de distinction (voir Ac 10.34-35).

Dunn interprète les autres expériences de la réception de l'Esprit de la même manière. Les Samaritains ont basé leur foi sur les miracles de Philippe et non pas sur Jésus. La preuve est le comportement de Simon le magicien[59]. L'aveuglement de l'apôtre Paul montre qu'il n'était pas encore tout à fait converti[60]. Les disciples à Ephèse n'étaient pas des disciples de Jésus mais de Jean. L'imposition des mains et le baptême devaient faire partie d'un seul et même rite[61]. Dans chaque instance l'interprétation de Dunn est présupposée et il se lance à la recherche des indices qui pourraient appuyer son interprétation. Par ce processus il contourne le sens clair du vocabulaire de Luc pour chercher des indices cachés. Nous devons croire que les personnes qui ont entendu la prédication de la bonne nouvelle, ont cru, se sont fait baptiser au nom du Seigneur Jésus, qui sont appelées disciples, frères, témoins de la résurrection et apôtres ne sont pas réellement des chrétiens (Ac 1.15, 22, 26 ; 8.12 ;19.1) !  On a l'impression que Dunn a déjà tiré sa conclusion sur les récits des Actes avant de les lire. Il veut seulement prouver ce qu'il pense déjà. Cette conviction vient des passages de Paul. Max Turner analyse la thèse de Dunn et conclut qu'il n'a pas évité la tentation de lire les Actes « à travers les lunettes de Paul ». Sa façon de décrire le Saint-Esprit dans Luc-Actes est « paulinienne »[62].

Bien que l'évaluation de Dunn présentée ici soit assez négative, deux de ces arguments pèsent fortement en faveur d'une position qui attache le don de l'Esprit à la conversion. D'abord, cette position s'accorde beaucoup plus facilement à celle de

---

inhérente dans le participe aoriste, mais que le participe aoriste est le plus souvent utilisé pour montrer une action antécédente.
[59] DUNN, *Baptism*, p. 64-65.
[60] Ibid., p. 75-78.
[61] Ibid., p.83-89.
[62] Max TURNER, « The significance of receiving the Spirit in Luke-Acts : A survey of modern scholarship », Trinity Theological Journal, 2NS, 1981, p. 152. *Power from on High*, p. 52.

l'apôtre Paul (Ro 8.9). Deuxièmement, le lien établi par Pierre entre la repentance, le baptême d'eau et le don de l'Esprit à la fin de son message le jour de la Pentecôte semble être programmatique (2.38-39).

Ce deuxième argument est suffisamment convaincant pour attirer un nombre grandissant d'interprètes vers une position médiane. James Shelton, par exemple, dit que « Luc n'est pas opposé à une association de l'Esprit à la conversion », mais que, pour lui, son rôle essentiel demeure l'inspiration et la puissance pour le témoignage. L'association à la conversion n'est qu'un intérêt « périphérique » de sa pneumatologie[63]. Craig Keener voit la conversion et une puissance prophétique dans la promesse du don de l'Esprit annoncée par Pierre[64]. Robert Tannehill parle du rôle de l'Esprit à la Pentecôte pour donner plein pouvoir à la mission, mais il dit que « l'Esprit n'est pas seulement un moyen pour arriver à une fin mais une partie des bénédictions du salut »[65]. Max Turner veut associer le don de l'Esprit à une définition plus élargie du salut et l'attacher ainsi à « la norme » de « conversion-initiation »[66]. Ju Hur parle d'un « *effet* double » de la réception de l'Esprit suivant les « deux versets programmatiques » (Ac 1.8 ; 2.38-39) : puissance pour accomplir la mission et le don du salut pour ceux qui sont baptisés au nom de Jésus[67]. William Shepherd renonce carrément au projet de trouver une doctrine « cohérente » et « normative » de la réception de l'Esprit dans le récit de Luc[68].

L'interprétation de la réception de l'Esprit dans Luc-Actes doit rendre compte de l'association de ce don au grand thème du salut eschatalogique, d'une manière qui rende justice à la fonction programmatique d'Actes, chapitre 2, verset 38[69]. À ce propos, nous citons Gonzalo Haya-Prats : « Tous les exégètes sont d'accord pour admettre au moins un certain rapport de l'Esprit avec la vie chrétienne dans le livre des Actes »[70]. Mais, il nous

---

[63] SHELTON, p. 15, 129-130, 135.
[64] Craig KEENER, *The Spirit in the Gospels and Acts : Divine Purity and Power*, Peabody, MA, Hendrickson Publishers, 1997, p. 197.
[65] Robert TANNEHILL, *Volume two : The Acts of the Apostles*, p. 12-13.
[66] Max TURNER, *Baptism in the Holy Spirit*, Cambridge, Grove Books, 2000, p.11-12, 15-16, *Power from on High*, p. 145, 358, 384, 422, 435-38. Turner est probablement sur une bonne piste lorsqu'il parle d'une définition plus large du salut, mais il brouille la discussion avec l'emploi de la terminologie plus restreinte de « conversion/initiation » de Dunn. Nous préférons parler du salut eschatologique dont l'Esprit et ses manifestations sont la preuve principale de sa venue. Voir notre discussion d'Ac 2.38-39, ch. 6.
[67] HUR, p. 229-30 [italiques dans l'original].
[68] SHEPHERD, p. 22.
[69] Nous montrerons que cette fonction programmatique s'étend à tout le récit de la Pentecôte, ch. 6.
[70] Gonzalo HAYA-PRATS, *L'Esprit force de L'église : Sa nature et son activité d'après les Actes des Apôtres*, Lectio Divina 81, trad. par José J. Romero et Hubert Faes, Paris, Éditions Cerf, 1975, p. 120.

semble inapproprié de faire d'un seul verset une moule pour reformuler la compréhension des autres récits. Il vaudra mieux procéder à l'inverse en essayant de comprendre la prophétie de Pierre à travers les accomplissements racontés plus tard dans le récit[71]. Un autre commentaire de Haya-Prats est aussi approprié :

> L'interprétation d'un texte par l'ensemble de l'œuvre a parfois, il est vrai, le danger de supprimer un thème par le simple fait qu'il ne se répète plus dans l'œuvre. Cependant, dans la mesure où il est possible d'interpréter le texte d'un auteur, il n'est pas permis de supposer toute une ligne de pensée différente de celle qui est la plus couramment exprimée dans l'œuvre, en s'appuyant seulement sur un texte très douteux et qui s'explique parfaitement à l'intérieur même de la ligne de pensée de l'œuvre[72].

D'un autre côté, la position pentecôtiste, qui interprète la prophétie de Pierre par l'ensemble du texte, voit seulement l'offre d'une deuxième bénédiction aux pénitents[73]. Cette interprétation est aussi insuffisante dans le contexte des Actes, chapitre 2. La prophétie de Pierre semble se référer à la dernière phrase de la prophétie de Joël ; « quiconque invoquera le nom du Seigneur sera sauvé » (2.21), et à la question de l'assistance ; « que ferons-nous ? » (2.37). Leur question n'est pas de savoir comment recevoir une deuxième bénédiction, mais comment éviter les conséquences d'avoir crucifié le Christ (2.36), c'est à dire, comment être sauvés.

Avant de passer à d'autres questions, il est profitable de résumer les éléments de réponse nécessaires pour résoudre notre première question : *Quelle est la signification de la réception de l'Esprit dans Luc-Actes ?* La réponse doit expliquer, en priorité, son association évidente et étendue aux actes extraordinaires prophétiques. Deuxièmement, il faut trouver une solution à l'énigme de l'attachement et du non-attachement du don de l'Esprit à la conversion. Comment le don de l'Esprit est-il associé étroitement à la conversion dans Actes, chapitre 2, verset 38, et dissocié de la conversion dans plusieurs récits des Actes ? Les autres questions abordées seront étroitement liées à la première. La

---

Haya-Prats, lui-même, voit « l'inauguration des temps eschatologiques » (p. 70, 199) dans le don de l'Esprit à la Pentecôte et une extension possible de l'activité de l'Esprit à la vie de la communauté dans « *la place des sommaires dans la structure* actuelle de l'œuvre » (p. 155-56, [italiques dans l'originale]). En même temps, il peut affirmer que « les thèmes de l'inhabitation, de l'Esprit de filiation divine, sont totalement absents chez Luc » (p. 28).

[71] Nous montrerons plus tard comment la logique de cette démarche s'accorde à la stratégie de Luc concernant l'accomplissement des prophéties, ch. 6.
[72] HAYA-PRATS, p. 137.
[73] Voir, p. ex., STRONSTAD, *Charismatic Theology*, p. 57, 69.

réponse que nous donnons à chacune d'elles déterminera, en partie, la réponse à notre question principale.

## D'où vient le concept de l'Esprit dans Luc-Actes ?

Jusqu'à quel point suit-il le concept du judaïsme intertestamentaire de l'Esprit, c'est à dire, 'l'Esprit de prophétie' ? La notion juive de l'Esprit de la période intertestamentaire avait une tendance à réduire l'activité de l'Esprit à l'inspiration prophétique : les Écritures, visions, prophéties, révélations ou paroles de sagesse[74]. Le consensus des études récentes est que le concept lucanien de l'Esprit vient essentiellement et en grande partie de ce concept juif[75]. Certains interprètes réduiraient exclusivement l'activité de l'Esprit dans Luc-Actes à cette notion réduite de 'l'Esprit de prophétie'[76]. D'autres voient des indices d'un concept plus large de la notion de 'l'Esprit de prophétie,' et dans le judaïsme intertestamentaire, et dans Luc-Actes. En plus de l'inspiration prophétique, ils y voient des actes de puissance et des éléments sotériologiques et éthiques attribués à l'activité de l'Esprit[77]. Afin d'introduire et de comprendre l'enjeu de cette question nous allons procéder à une brève évaluation du débat entre Robert Menzies et Max Turner.

### L'Esprit de prophétie : Robert Menzies

Commençons par l'édition révisée de Robert Menzies : *Empowered for Witness : The Spirit in Luke-Acts*[78]. Menzies a développé la notion, déjà remarquée par Weiss,

---

[74] Voir MENZIES, *Empowered for Witness*, p. 48-102 et TURNER, *Power from on High*, p. 82-138.
[75] Voir SHEPHERD, p. 22, MENZIES, *Empowered for Witness*, p. 226-28 et TURNER, *Power from on High*, p. 431.
[76] Voir MENZIES, *Empowered for Witness*, p. 226-28 et HAYA-PRATS, p. 37-44.
[77] Voir TURNER, *Power from on High*, p. 105-38, 431-438 et SHELTON, p. 74-82, 127-130. Shelton attribue les actes de puissance à l'Esprit, mais dit que l'association de l'Esprit à la conversion est « périphérique ».
[78] MENZIES, *Empowered for Witness*, contient la traduction des citations non bibliques, un chapitre sur la subséquence et un chapitre sur la glossolalie qui ne sont pas dans sa thèse du doctorat: *The Development of Early Christian Pneumatology with Special Reference to Luke-Acts*, JSSNTSup 54, Sheffield, JSOT Press, 1991.

Pfleiderer, Gunkel, Schweizer et Hill[79], qu'il y a une discontinuité entre la pneumatologie de Paul et la pneumatologie de Luc. Le but de Menzies était de donner une explication détaillée de cette discontinuité, montrant que Luc « n'attribue jamais de fonctions sotériologiques à l'Esprit », et qu'il « dépeint de façon constante l'Esprit comme source d'inspiration prophétique »[80].

Menzies se sert d'abord d'un survol du concept juif de l'Esprit venant de la littérature intertestamentaire afin de soutenir sa thèse[81]. Il réussit à démontrer une tendance juive à souligner une association très étroite entre l'Esprit et l'inspiration prophétique. Il remarque, par exemple que les traducteurs de la Septante ont inséré une référence à l'Esprit dans deux cas de prophétie. Ces références à l'Esprit ne sont pas dans le texte des Massorètes (Nb 23.7 ; Za 1.6)[82]. Les insertions et omissions dans les œuvres de Josèphe sont convaincantes. La parole de l'ânesse de Balaam inspirée par l'Esprit (*Ant.* 4.108), le retrait des mentions de l'activité de l'Esprit accompagnant les actes de puissance de Samson (*Ant.* 5.287 ; 5.294 ; 5.301 ; voir Jg 14.16, 19 et 15.14-15) et la manque d'attribution à l'Esprit de la sagesse et de la capacité des artisans du tabernacle (*Ant.* 3.200 ; voir Ex 28.3 ; 32.3 et 35.31) sont quelques exemples[83]. Les Targums contiennent de nombreux exemples d'additions et d'omissions soutenant cette association presque exclusive entre l'Esprit et l'inspiration prophétique[84].

Mais, en raison de quelques exceptions, Menzies est obligé de nuancer ses conclusions. Il écrit, par exemple, que dans la littérature de la diaspora « l'Esprit de Dieu est *presque* toujours la source d'activité prophétique » [c'est nous qui soulignons][85]. Dans la *Sagesse de Salomon* et dans la littérature qumrânienne une signification sotériologique est attribuée au don de l'Esprit[86]. Les Targums « *tendent* à associer l'Esprit exclusivement à l'inspiration prophétique » [c'est nous qui soulignons][87]. Ainsi, ces conclusions que « la littérature du judaïsme intertestamentaire identifie de façon constante l'expérience de l'Esprit à l'inspiration prophétique » et que « l'inspiration de

---

[79] MENZIES, *Empowered for Witness*, p. 18-27.
[80] Ibid., p. 44.
[81] Ibid., p. 48-102.
[82] Ibid., p. 50.
[83] Ibid., p. 54-56.
[84] Ibid, p. 90-94.
[85] Ibid., p. 62.
[86] Ibid., p. 82.

l'Esprit ... est presque toujours associée à la parole inspirée » semblent un peu exagérées[88]. Menzies modère ces conclusions générales avec un langage plus nuancé dans le paragraphe qui suit, mais ce sont les conclusions générales qui sont à la base de ses interprétations de Luc-Actes[89].

Un autre élément important pour la thèse de Menzies est l'attente de l'Esprit dans l'âge à venir dans la littérature rabbinique. Il commence par le fait que la Bible hébraïque anticipait une effusion universelle de l'Esprit dans les derniers jours (Nb 11.29 ; Jl 3.1-2 ; Ez 36.27 ; 37.14 ; 39.29 ; Es 44.3 ; Za 12.10)[90]. Menzies montre comment les rabbins croyaient que l'Esprit était parti d'Israël à cause de son péché (*MHG* Gn 135, 139-40 ; *MHG* Ex 438 ; *Rt R. Proem.* 2 ; *Sif. Dt* §173)[91]. Dans les derniers jours ils attendaient l'effusion de l'Esprit dans les termes de Joël comme « une restauration de l'Esprit de prophétie » (*MHG* Gn 139-40 ; *Nb R.* 15.25 ; *Dt R.* 6.14 ; *Lm R.* 4.14 ; *Midr. Ps* 14.6 ; 138.2)[92]. Menzies remarque aussi que les rabbins ont généralement interprété la promesse d'Ézéchiel, chapitre 36, versets 26 et 27, comme le retrait du penchant méchant dans les derniers jours, et le plus souvent sans mentionner l'activité de l'Esprit. En outre, cet effacement du penchant méchant est vu comme une nécessité préalable au don de l'Esprit de prophétie (*Dt R.* 6.14 ; *Midr. Ps* 14.6)[93]. Puisque c'est effectivement la promesse d'Ézéchiel qui est à la base de la réflexion néotestamentaire sur l'activité sotériologique de l'Esprit[94], cette perspective rabbinique est importante pour la thèse de Menzies.

Les conclusions de Menzies doivent aussi être nuancées par des exceptions[95]. En plus, l'emploi de la littérature rabbinique est particulièrement miné. D'abord il y a un problème de datation. Bien que la présence de traditions exégétiques anciennes soit reconnue dans les Targums, leur rédaction tardive rend contestable toute conclusion que

---

[87] Ibid., p. 101.
[88] Ibid., p. 102.
[89] Ibid., p. 102, 111, 113, 115, 117, etc.
[90] Ibid., p. 95.
[91] Ibid., p. 95.
[92] Ibid., p. 95.
[93] Ibid., p. 95-101. Les deux références sont un peu ambiguës, mais les références où le Saint Esprit est accordé comme une récompense favorisent l'interprétation de Menzies (cf. *Lev R.* 35.7; *Nb R.* 10.5; 15.20; *Rt R.* 4.3; *Cant R.* 1.1.8-9; *Eccl R.* 2.8.1).
[94] La promesse de Jr. 31.33 est aussi importante pour cette discussion. Menzies en parle dans une note, *Empowered fro Witness*, p. 95.
[95] Voir, par exemple, MENZIES, *Empowered for Witness*, p. 95-96.

l'on peut en tirer[96]. Deuxièmement, Menzies est obligé de supposer que certains textes plus ambigus soient « en harmonie » avec la perspective de l'Esprit de prophétie présentée ailleurs[97]. Ainsi, ses conclusions sont entremêlées d'un vocabulaire d'incertitude : « généralement », « ordinairement », « probablement », « peut », « presque toujours », « les seules exceptions »[98]. Cette incertitude est justifiée. Malheureusement, elle trouve peu de place dans ses conclusions tirées sur Luc-Actes[99].

La deuxième tâche de Menzies est de montrer l'influence de cette perception juive dans le texte de Luc-Actes pour former le portrait lucanien de l'Esprit[100]. Afin d'accomplir cette tâche Menzies emploie la critique rédactionnelle. Suivant les conclusions de Schweizer, il croit que Luc a rédigé ses sources afin d'éviter l'association de l'Esprit aux actes de puissance. L'exemple classique est celui de l'Évangile selon Luc, chapitre 11, verset 20. À la place de « l'Esprit de Dieu » dans l'Évangile selon Matthieu (12.28), Luc raconte que Jésus a chassé les démons « par le doigt de Dieu ». Donc, selon le raisonnement de Menzies, Luc a remplacé « l'Esprit de Dieu » par « le doigt de Dieu » afin d'éviter l'association de l'Esprit de Dieu à l'exorcisme des démons[101].

L'hypothèse d'une dissociation entre l'Esprit et les actes de puissance est retenue dans l'exégèse de Menzies à travers Luc-Actes, malgré les indices parfois contraires. Par exemple, lorsque Luc attribue la naissance miraculeuse de Jésus à l'Esprit, Menzies explique comment cette association est due à la tradition de ses sources[102]. Chaque fois que Luc associe la puissance ($\delta\acute{\upsilon}\nu\alpha\mu\iota\varsigma$) à l'Esprit (Lc 1.17, 35 ; 4.14 ; 24.49 ; Ac 10.38), Menzies prétend que c'est précisément parce que les activités qui suivent mélangent les actes de puissance et les inspirations prophétiques. Luc a donc besoin d'introduire deux

---

[96] Ibid., p. 83-84, 90, 97-98.
[97] Ibid., p. 97.
[98] Ibid., p. 101-102.
[99] Ibid., p. 107, 187. Dans sa discussion des prophéties dans Luc chapitres 1 et 2, il parle du silence prophétique attesté dans la littérature intertestamentaire sans mentionner une possibilité d'exception (p. 107). Dans sa discussion de l'interprétation du don de l'Esprit dans Actes chapitre 2, Menzies introduit encore le même vocabulaire d'incertitude, mais sa conclusion est exprimée de manière certaine : l'interprétation qui voit un nettoyage moral venant d'Ézéchiel chapitre 36 "n'a aucune base … dans les attentes *dominantes* juives" [italiques de moi-même]. Le mot « dominantes » laisse la place pour des exceptions ; elles ne sont pas dans les attentes dominantes, et permet l'emploi de l'expression absolue : « n'a aucune base » (p. 187).
[100] Ibid., p. 104-228.
[101] Ibid., p. 112-13, 161-63.
[102] Ibid., p. 111, 115-16.

sources[103]. Sur ce point les arguments de Menzies sont peu convaincants. La critique rédactionnelle a bien souligné une distinction dans l'œuvre de Luc, mais elle n'a pas réussi à expliquer les détails du récit de Luc.

L'insistance de Menzies sur 'la puissance' est un bon exemple qui montre des difficultés que les analystes littéraires reprochent à la critique rédactionnelle[104].

1) L'identité des sources est contestable. Menzies accepte l'hypothèse de deux sources (Marc et Q) pour l'Évangile selon Luc. C'est une hypothèse spéculative qui est fortement critiquée[105]. Les sources des Actes sont encore plus difficiles à discerner.

2) Une différence entre les trois évangiles synoptiques peut être due à une source non connue et donc, ne pas être une rédaction de la main de Luc.

3) L'importance des textes incorporés dans l'œuvre sans travail rédactionnel est minimisée. Un auteur choisit ses textes en fonction de ses buts. Ce qu'il ne rédige pas peut être aussi important que ce qu'il rédige. Menzies, en attribuant l'association de l'acte de puissance de la naissance miraculeuse de Jésus à une source, minimise son importance dans le récit de Luc-Actes. C'est une démarche imposée à l'auteur par l'interprète.

4) Discerner la motivation de l'auteur dans ses rédactions est aussi une spéculation. Menzies base sa spéculation sur sa notion du concept de 'l'Esprit de prophétie', mais c'est la critique rédactionnelle et non pas le concept qui détermine cette interprétation. Le concept peut accorder la puissance à l'activité de l'Esprit. Selon Menzies, cette possibilité est exprimée dans l'Évangile selon Matthieu et dans l'Évangile selon Marc[106].

5) La compétence littéraire de Luc plaide en faveur d'un récit bien tissé ensemble : un tout sans couture notable. Menzies ne voit ni l'unité de l'ensemble ni la place de la puissance de l'Esprit dans l'ensemble de l'œuvre.

---

[103] Ibid., p. 113-116.
[104] Pour une discussion des difficultés, voir F. Scott SPENCER, « Acts and Modern Literary Approaches », *The Book of Acts in Its First Century Setting*, vol. 1 *Ancient Literary Setting*, éd. Bruce W. Winter et Andrew D. Clarke, Grand Rapids, Eerdmans, 1993, p. 385-86, Charles H. Talbert, « Shifting Sands : the Recent Study of the Gospel of Luke », *Interpretation* 30, 1976, p. 392-95.
[105] MENZIES, *Empowered*, p. 104. Pour d'autres solutions au problème synoptique voir les notes bibliographiques de SHELTON, p. 108 n. 5.
[106] MENZIES, *Empowered*, p. 116-19.

6) Dans ses efforts pour trouver le schéma théologique qui a déterminé la rédaction lucanienne, Menzies a refoulé le thème littéraire de la présentation de Jésus comme un prophète « puissant en œuvres et en paroles » par l'onction du Saint-Esprit (Lc 24.19 ; cf. Ac 7.22). Menzies reconnaît l'identification de Jésus en tant que prophète[107], mais, dans son désir de dissocier la puissance de l'activité de l'Esprit, il néglige le développement de ce thème à partir de l'inauguration de son ministère (Lc 4.14s ; Ac. 10.38)[108].

Une étude synchronique est nécessaire afin de remédier à ses difficultés et à évaluer la probabilité des interprétations divergentes.

### L'Esprit de prophétie : Max Turner

Max Turner tâche de réfuter les arguments de Robert Menzies en suivant la même méthodologie d'une étude préalable de la perspective du judaïsme intertestamentaire[109]. Turner est d'accord avec Menzies sur la tendance dominante dans le judaïsme à « associer l'Esprit à la sagesse, la révélation et la parole inspirée » que l'on peut appeler « 'l'Esprit de prophétie' ». Il dit que ce n'est même pas un sujet à controverse[110]. Il accorde même que, là où les contextes « n'*exigent* pas une autre compréhension, ... une référence à l'Esprit pourrait normalement être comprise comme une référence à 'l'Esprit de prophétie' »[111]. Le reproche majeur qu'il fait à Menzies est d'utiliser « la compréhension dominante de l'Esprit dans le judaïsme », pour en faire « un concept 'rigide' de 'l'Esprit de prophétie', qui lui permet d'*exclure* du domaine de l'Esprit des activités qui étaient auparavant régulièrement attribuées à l'Esprit dans la tradition

---

[107] Ibid., p. 156, n. 1.
[108] Pour une bonne discussion de ce thème voir SHELTON, p. 74-82.
[109] Les arguments de Turner sont publiés dans : *Power from on High*, surtout p. 62-66, 82-138, mais Menzies revient à travers ses œuvres en tant que son opposant principal, *The Holy Spirit and Spiritual Gifts in the New Testament Church and Today*, éd. révisée, Peabody, MA, Hendrickson Publishers, 1998, p. 1-56 et « The Spirit of Prophecy and the Ethical/Religious Life of the Christian Community », *Spirit and Renewal : Essays in Honor of J. Rodman Williams*, éd. Mark W. Wilson, JPTSup 5, Sheffield, Sheffield Academic Press, 1994, p. 166-190.
[110] TURNER, *Power from on High*, p. 89.
[111] Ibid., *Power*, p. 90 [italiques dans l'original]. Nous sommes persuadés que Turner, lui-même, ne suit pas toujours ce principe.

biblique »[112]. C'est un reproche justifié. Comme nous venons de le constater, même si Menzies nuance ses conclusions de quelques exceptions, il ignore ces exceptions et réinterprète des passages dans Luc-Actes selon sa notion plus ou moins fixe de 'l'Esprit de prophétie'.

Max Turner donne une définition plus nuancée de 'l'Esprit de prophétie'. Il explique d'abord que ce n'est pas un terme fixe de la période intertestamentaire. Le terme n'est presque pas utilisé dans la littérature pré-chrétienne. Turner dit qu'il n'y en a qu'un exemple (*Jub.* 31.12)[113]. Turner utilise le terme comme « une étiquette pour un concept semi-stable que l'on peut tracer du judaïsme pré-chrétien jusqu'aux Targums »[114]. Les dons typiquement associés à ce concept sont une révélation charismatique (connaissance révélée par Dieu dans une vision, un songe, une parole, etc.), une sagesse charismatique, une parole prophétique envahissante et une louange prophétique envahissante[115]. Contre Menzies, Turner a raison de dire que la révélation charismatique n'est pas forcément liée à un oracle prophétique[116]. Avec raison, Turner ne limite pas l'activité de 'l'Esprit de prophétie' aux dons typiques. Dans la littérature intertestamentaire il y a d'autres manifestations divines associées à l'Esprit qui ne sont pas typiques, mais que le concept de 'l'Esprit de prophétie' n'exclut pas. Selon Turner, des œuvres de puissance et de renouvellement éthique font partie de cette « extension » du concept[117].

Les distinctions fines des catégories de Turner montrent le caractère perspicace de son travail. La description des dons 'prototypiques' et l'extension à d'autres activités du concept de 'l'Esprit de prophétie' est une amélioration nécessaire au concept trop limité de Menzies[118]. Il serait difficile d'étudier le sujet de façon sérieuse sans parler de l'œuvre de Turner. Malgré la qualité de son travail, il faut signaler une certaine tendance à banaliser ou à démythifier l'activité de l'Esprit. Dans sa description de la sagesse charismatique, Turner distingue deux types ; un type accordé pour un événement en particulier qu'il appelle une « communication de sagesse charismatique » et un autre qui

---

[112] Ibid., p. 90 [italiques dans l'original].
[113] Ibid., p. 89.
[114] Ibid., p. 91.
[115] Ibid., p. 91-101.
[116] Ibid., p. 95.
[117] Ibid., p. 91-92.

fait partie d'un processus où la sagesse est accumulée, qu'il appelle une « infusion de sagesse charismatique ». Selon Turner, la communication de cette sagesse est « un événement dans la psyché d'un individu où la cognition est perçue comme étant changée par Dieu de telle sorte que l'analyse d'une situation particulière ou le maniement d'une habileté ou d'un problème sont améliorés ». Il ajoute que l'infusion de sagesse « dénote une série de tels événements », qui « ne sont pas forcément perçus par le bénéficiaire, mais peut-être déduits par les observateurs »[119]. Sa description ressemble un peu à 'l'intensification de l'ordinaire' de Gunkel[120], mais Turner perd, dans sa description, le caractère visible et extraordinaire remarqué par Gunkel. C'est pourquoi nous la qualifions de banalisation ou de démythification. C'est une description plausible qui est en résonance avec l'expérience de beaucoup aujourd'hui. Qui n'a pas connu une personne à la fois douée et pieuse dont l'habileté pourrait être attribuée à une influence divine ? Mais justement, cette explication est une supposition venant, non des éléments textuels, mais de notre expérience d'aujourd'hui. La référence textuelle est souvent ambiguë. On doit se demander si les auteurs et premiers lecteurs auraient compris l'activité de l'Esprit de la même façon.

Examinons quelques exemples de Turner afin de voir d'autres compréhensions possibles. Turner voit dans la communication de l'Esprit, qui était sur Moïse, aux soixante-dix anciens (Nb 11.17-29) un exemple de l'infusion de sagesse charismatique dans le but de les rendre capables de juger/diriger[121]. Le texte ne mentionne pas cette capacité, mais il dit tout simplement que les soixante-dix ont prophétisé. Deux interprétations de cet événement seraient plus plausibles, dans le texte actuel, que celle de Turner. Premièrement, on pourrait supposer que le don de l'Esprit accordait aux bénéficiaires des connaissances venant de l'Esprit pour trancher les affaires où la connaissance humaine aurait été insuffisante. Dans la terminologie de Turner on pourrait parler de révélations charismatiques au pluriel. C'est l'interprétation qui s'accorde le mieux avec la citation de Philon donnée par Turner pour expliquer la relation entre la

---

[118] Voir Roger STRONSTAD, Revue d'*Empowered for Witness*, Pneuma 20, n. 1, printemps 1998, p. 118. et James SHELTON, Revue de *Power from on High*, Pneuma 21, n. 1, printemps 1999, p. 163-64 pour une évaluation semblable.
[119] TURNER, *Power from on High*, p. 95.
[120] Voir notre discussion p. 3.
[121] TURNER, *Power from on High*, p. 95-96.

révélation charismatique et la sagesse charismatique. En parlant de l'enseignement de Moïse sur le sabbat Philon a écrit, « Je n'ai guère besoin de dire que les conjectures de cette sorte sont de parenté très proche aux prophéties. Car l'intelligence n'aurait pu viser si droit s'il n'y avait pas aussi l'Esprit divin qui la guidait à la vérité elle-même (*Vit. Mos.* 2.265) »[122]. Deuxièmement, on pourrait supposer que le don de l'Esprit soit accordé visiblement afin de confirmer au peuple que les soixante-dix anciens avaient une autorité divine, sans inférer une capacité supplémentaire. On pourrait supposer les mêmes interprétations pour l'exemple de Josué (Nb 27.18). La supposition de Turner est que l'Esprit « pourvoyait aux dons appropriés à la tâche de Josué »[123].

Notre but n'est pas de plaider pour une interprétation différente, mais de montrer que celle de Turner est une supposition basée sur la logique de son expérience et non pas sur une constatation des textes. Une interprétation qui s'accorde avec la compréhension de l'Esprit de Menzies ou de Gunkel est aussi plausible, et peut-être plus soutenue par les indices du contexte. Nous devons avouer que dans le livre des Nombres ces indices ne sont pas conclusifs. Les effets duratifs de l'expérience de l'Esprit restent ambigus. Mais, là où le contexte est ambigu, il serait préférable de supposer une interprétation plus proche du concept dominant plutôt qu'une interprétation basée sur des observations de la vie de l'Église d'aujourd'hui.

Nous devons nous souvenir de cette description de sagesse charismatique lorsque nous évaluons l'interprétation de Turner du même don dans Luc-Actes. Il dit, à propos du choix des 'diacres' « pleins d'Esprit-Saint et de sagesse » (Ac 6.3), que l'église à Jérusalem n'avait pas à discerner entre ceux qui avaient une sagesse humaine et ceux qui avaient une sagesse spirituelle, mais à choisir ceux qui « se distinguaient des autres par leur sagesse spirituelle (avec l'inférence que d'autres en avaient en quantité moins remarquable) »[124]. L'énoncé et l'inférence qui l'accompagne sont tous les deux des suppositions semblables à celle déjà donnée pour les soixante-dix anciens. Mais le contexte de Luc-Actes est moins ambigu que celui des Nombres. La description des hommes « pleins d'Esprit et de sagesse » (Ac 6.3) est suivie de l'exemple d'Étienne. Les Juifs qui discutaient avec lui « ne pouvaient résister à sa sagesse et à l'Esprit par lequel il

---

[122] Ibid., p. 97.
[123] Ibid., p. 96.
[124] Ibid., p. 410. Son inférence est tiré de l'adjectif 'remplis' (πλήρεις).

parlait » (Ac 6.10). Cette événement de paroles inspirées est l'accomplissement de la prophétie de Jésus : « Je vous donnerai des paroles et une sagesse telles que vos adversaires ne pourront leur résister ou les contredire » (Lc 21.15). En plus, le récit du choix d'hommes « pleins d'Esprit-Saint et de sagesse » pour faire la distribution aux veuves (Ac 6.1-6) est précédé d'un récit où les dirigeants avaient besoin d'une révélation charismatique dans la distribution des biens de la communauté (Ac 5.1-11). Bien que le cas d'Ananias et de Saphira soit particulier, le besoin de discernement ou de révélation charismatique afin de faire une distribution équitable ne l'est pas. Les croyants se plaignaient déjà d'une distribution inéquitable. Un lecteur, conscient de la capacité révélatrice de l'Esprit, chercherait, peut-être, un don semblable dans les qualifications attendues pour ceux qui accompliraient cette tâche. Ces indices soutiennent une interprétation plus proche de celle de Gunkel qui voit une distinction plus nette entre ce don et la sagesse ordinaire.

L'exemple de Beetsaleel[125] (Ex 35.30-31) est plus difficile à comprendre selon la même manière. Il serait possible d'admettre une certaine mesure de révélation charismatique accordée aux artisans afin de pouvoir fabriquer les articles du tabernacle selon le modèle révélé à Moïse (Ex 25.9, 40 ; 26.30), mais l'association serait supposée. Il vaut peut-être mieux le comprendre à la manière de Turner comme une habileté remarquable dont on reconnaît la source divine. Il est intéressant de noter que c'est justement à propos de l'habileté de ces artisans que Josèphe choisit d'éliminer la référence à l'Esprit[126]. C'est un argument pour la position de Menzies. Là où une compréhension de révélation charismatique est difficile à concevoir, la référence à l'Esprit est supprimée.

Ce qui est le plus important dans ces arguments n'est pas la conclusion, mais la méthodologie employée pour l'atteindre. L'arrière plan historico-religieux est important. Nous sommes redevables à Menzies, Turner et d'autres d'avoir fourni des résumés importants du concept de 'l'Esprit de prophétie', à partir duquel nous devons comprendre la pneumatologie de Luc. Luc n'a pas écrit dans le vide. Afin d'être compris par son époque, sa pneumatologie doit partir de la compréhension de l'époque. Ceci dit, cette étude historico-critique ne peut que donner des possibilités d'interprétation. Ces

---

[125] Ibid., p. 95.

possibilités doivent être évaluées par un examen des indices internes du document afin de déterminer la probabilité de chaque possibilité. Il faut une étude synchronique.

De la même façon nous donnons raison à Turner pour la question de l'association de l'Esprit aux actes de puissance. Turner est d'accord avec Menzies que le concept dominant de 'l'Esprit de prophétie' a une tendance à dissocier les actes de puissance de l'Esprit. Tous les deux acceptent aussi qu'il y a des exceptions à cette tendance[127]. Turner donne plus d'exemples que Menzies et réussit à affaiblir la force de l'argument de Menzies[128]. Mais, c'est l'étude des emplois dans Luc-Actes qui donne raison à Turner[129]. À notre avis, l'association des actes de puissance à 'l'Esprit de prophétie' dans la période intertestamentaire est assez limitée parce que la grande majorité des actes de puissance prophétiques vétérotestamentaires ont eu lieu très tôt dans l'histoire biblique, à travers les ministères de Moïse, Élie et Élisée. Dans l'Ancien Testament de tels actes de puissance sont plutôt rares. À l'époque intertestamentaire ces actes existaient dans la mémoire d'une période très éloignée. Mais, dans Luc-Actes, Moïse, Élie et Élisée sont justement les trois prophètes sur lesquels est modelée l'image prophétique de Jésus[130].

L'évaluation de la discussion de Turner sur l'influence éthique et sotériologique de 'l'Esprit de prophétie' n'est pas aussi simple. Turner commence par un résumé des arguments soutenant un concept de 'l'Esprit de prophétie' ayant une influence seulement secondaire sur la vie éthique et religieuse. Il donne sept arguments :

1) Normalement, le don de 'l'Esprit de prophétie' était accordé seulement à quelques privilégiés.
2) Typiquement, les bénéficiaires du don ont expérimenté, de façon occasionnelle, les dons de révélation, sagesse et puissance charismatique.
3) Il y avait une croyance « répandue (mais pas universelle) » que 'l'Esprit de prophétie' avait été enlevé d'Israël jusqu'aux derniers jours.
4) Des éléments importants de la tradition juive pouvaient être interprétés dans le sens que la justice était une nécessité préalable à la réception de 'l'Esprit de prophétie'.

---

[126] Voir notre discussion, p. 18.
[127] TURNER, *Power from on High*, p. 105.
[128] Ibid., p. 107-118.
[129] Ibid., p. 156-58. Turner lui-même ne souligne pas l'importance de cette étude. Pour une argumentation plus soutenue de l'association des actes de puissance à l'activité de l'Esprit voir SHELTON, p. 74-82 et C. K. BARRETT, *The Holy Spirit and the Gospel Tradition* Londres, SPCK, 1958, p. 70-77.
[130] Voir Lc 4.25-27, cf. 1 R 17.9 ; 2 R 5 ; 9.31, 59-62, cf. 1 R 19-21 ; Lc 24.19, cf. Ac 7.22 ; Ac 3.22, etc.

5) D'autres textes ont promis que 'l'Esprit de prophétie' serait restauré aux derniers jours à un Israël repentant et purifié.
6) D'autres textes peuvent soutenir l'idée que la justice ou certains actes de justice méritaient le don de 'l'Esprit de prophétie'.
7) Dans peut-être la majorité des cas il est difficile de discerner un élément éthique dans le don de 'l'Esprit de prophétie'[131].

Étant donné que Turner semble accepter ces arguments (avec quelques modifications), il est difficile de comprendre comment il peut dire que « l'Esprit de prophétie était largement anticipé comme le pouvoir fondamental d'un renouvellement éthique »[132]. C'est vrai qu'il cite des exemples venant de sources variées et répandues[133], mais ces exemples doivent représenter sûrement le point de vue minoritaire, étant donné le poids et le nombre d'exemples contraires donnés par Menzies et confirmés par Turner[134]. Deux arguments de Turner sont très importants pour soutenir sa position si forte. Premièrement, il essaie de supprimer la distinction d'un effet secondaire de l'Esprit, soutenue par Gunkel, Schweizer, Menzies et d'autres. Deuxièmement, il essaie de montrer que l'interprétation des textes clés du temps messianique soutenaient ce point de vue minoritaire.

Turner semble avoir mal compris ou mal représenté la position de Gunkel et Schweizer. D'abord il leur attribue une supposition : « ...parce que 'l'Esprit de prophétie' donne révélation et sagesse il ne peut être perçu comme une puissance éthique »[135]. Pour Gunkel, il ne s'agit pas d'une conclusion basée sur une supposition mais de deux conclusions (qu'elles soient bonnes ou mauvaises) tirées du texte des Actes[136], et d'un examen de la littérature juive[137]. Ensuite, Turner s'oppose au contraste remarqué par Gunkel entre la sagesse qui « *informe* » une personne et l'Esprit qui « la

---

[131] *Power from on High*, p. 119-121. Turner cite des exemples dans les notes de « The Spirit of Prophecy », p. 169-72.
[132] TURNER, *Power from on High*, p. 121.
[133] Ibid., p. 123-33.
[134] Les arguments de Menzies sont convaincants sur ce point, *Spirit and Power*, p. 91-93. Ses arguments visent plutôt à une autre œuvre de Turner, *The Holy Spirit and Spiritual Gifts*, où il parle du même sujet, p. 14-15.
[135] TURNER, *Power from on High*, p. 121.
[136] GUNKEL, p. 6. Le concept exprimé par Schweizer ressemble plus à une conclusion basée sur le travail des autres, « πνεῦμα », p. 407.
[137] GUNKEL, p. 10.

*saisit* » [italiques de Turner]¹³⁸. D'abord la tournure de la phrase de Turner n'est pas une bonne représentation de celle de Gunkel. La traduction en anglais auquel il fait référence et l'original en allemand parlent de la sagesse comme un professeur, mais c'est la personne qui « apprend » la sagesse et non la sagesse qui l'« informe »¹³⁹. La différence est capitale pour l'argument de Gunkel. Une personne acquiert la sagesse ; c'est un processus humain. Paul est « saisi » par l'Esprit ; c'est quelque chose qui lui arrive, qu'il expérimente. Gunkel dit que « la théologie de l'apôtre Paul est l'expression de son expérience »¹⁴⁰. Ensuite, Turner essaie d'effacer la différence de vocabulaire en parlant du pouvoir d'un discours ou d'un enseignement de nous saisir ou nous transformer. Ailleurs, il utilise même l'exemple de Hitler pour prouver son point de vue, disant que si Gunkel l'avait entendu, il aurait été convaincu de « la puissance transformatrice des discours de Hitler qui a 'saisi' sa nation »¹⁴¹. Encore une fois Turner montre sa tendance à banaliser ou démythifier les données. Il parle du pouvoir de la parole de transformer qui est compréhensible et humain. Gunkel parle d'une puissance supra humaine, surnaturelle et inexplicable, qui a saisi Paul et l'a transformé (Ph 3.12). Il utilise le même vocabulaire pour la réception de l'Esprit dans les Actes. Gunkel est toujours persuadé que la preuve de l'activité de l'Esprit est ce qui est inexplicable par une capacité humaine. Il voit un développement dans ce que Paul a discerné comme une activité surnaturelle et inexplicable à la conversion, alors que Luc n'avait discerné cette sorte d'activité que dans les actes extraordinaires¹⁴². Il est possible que Turner ait aussi démythifié le pouvoir de Hitler. Son influence puissante venait-elle d'un esprit ?

La tradition associée à Ézéchiel, chapitre 36, versets 26 et 27, est importante pour les arguments de Turner. Turner a raison de voir une influence éthique attribuée à l'Esprit dans le *Targum Ézéchiel*¹⁴³. Les textes cités de la littérature rabbinique sont plus ambigus, mais ils laissent la place pour une interprétation qui permet une attribution

---

[138] TURNER, *Power from on High*, p. 122, GUNKEL, p. 79.
[139] Hermann GUNKEL, *The Influence of the Holy Spirit : The Popular View of the Apostolic Age and the Teaching of the Apostle Paul*, trad. par Roy A. Harrisville et Philip A. Quanbeck II, Philadelphia, Fortress Press, 1979, p. 100.
[140] GUNKEL, *Die Wirkungen*, p. 79.
[141] TURNER, « The Spirit of Prophecy », p. 173.
[142] GUNKEL, *Die Wirkungen*, p. 6, 58, 61-62, 73, 75.
[143] TURNER, *Power from on High*, p. 123-24.

d'effet éthique à l'Esprit[144]. On doit dire, par contre, que les arguments de Menzies sont convaincants. La littérature rabbinique a généralement présenté la transformation du cœur comme une nécessité préalable à la réception de l'Esprit[145]. En outre, il n'y a pas d'allusion claire à la promesse d'Ézéchiel dans Luc-Actes, alors que, la position dominante présentée par Menzies est bien représentée dans la citation de Joël, où la promesse de l'effusion de l'Esprit est accompagnée de prophétie (Jl 3.1-5 ; Ac 2.17-21), et dans la manière de Luc de comprendre la venue de l'Esprit sur Jésus (Lc 3.21 ; 4.18-30 ; voir És 61.1-2 ; 58.6).

Turner voit dans les traditions concernant la prophétie d'Esaïe, chapitre 11, versets 1 à 4, des éléments importants pour soutenir sa thèse. Surtout le fait que 'l'Esprit de prophétie' qui reposera sur le Messie sera « l'Esprit de la connaissance et de la crainte de l'Éternel » (11.2). Selon Turner, ce passage « envisage une forte influence éthique de l'Esprit de prophétie sur le Messie »[146]. La critique de Menzies sur ce point est convaincante. Les Juifs du premier siècle n'auraient pas compris dans ces textes que l'Esprit donnait au Messie la sagesse nécessaire pour que le Messie puisse « vivre en bonne relation avec Dieu ». Il est plutôt plausible que l'Esprit accorderait au Messie des charismes prophétiques pour bien gouverner[147]. Le récit de Luc semble souligner cette perspective (Lc 4.18, 19). Menzies remarque que Turner acquiesce à la position que l'onction de Jésus était expliquée dans Luc comme une puissance pour sa mission. Il attribue le silence, en ce qui concerne l'influence éthique et morale de l'Esprit sur le Messie, à un manque d'intérêt des auteurs du Nouveau Testament. Ils s'intéressent plutôt à la preuve que Jésus était le Messie de l'Esprit, rendu puissant pour sa mission[148]. Encore une fois c'est une donnée du texte de Luc qui détermine la valeur de l'interprétation.

Notre but n'est pas de démolir tous les arguments de Turner. Il a bien réussi à ouvrir la porte à une compréhension plus large du concept de 'l'Esprit de prophétie' qui se trouve sous-jacente au récit de Luc. Ce qui est important pour notre thèse c'est que ni Menzies ni Turner ne peuvent déterminer une interprétation de l'activité de l'Esprit de

---

[144] Ibid., p. 130-31.
[145] Voir notre discussion, p. 19, MENZIES, *Spirit and Power*, p. 92.
[146] TURNER, *Power from on High*, p. 132.
[147] MENZIES, *Spirit and Power*, p. 92.
[148] TURNER, *The Holy Spirit and Spiritual Gifts*, p. 34.

Luc-Actes à partir d'une étude historico-critique seule. Menzies et Turner ont raison d'insister sur l'importance des présuppositions communes aux lecteurs et à l'auteur[149]. Menzies montre assez clairement la tendance dominante d'associer les activités de l'Esprit à la révélation, la sagesse et la prophétie. Là où le contexte n'exige pas une autre interprétation, il serait normal de retenir celle-là. Turner montre aussi clairement que nous ne devons pas limiter nos possibilités à cette notion limitée de l'Esprit. Turner a raison de dire que la notion « que l'Esprit de prophétie *pourrait* être compris comme une influence éthique importante semble quasiment indéniable ». Mais, l'extrapolation de cette conclusion, qui dit que « l'effusion promise de l'Esprit de prophétie sur tout Israël pouvait *seulement* être attendue afin de transformer la vie de la nation devant Dieu » [c'est nous qui soulignons], est une forte exagération[150]. L'idée de Menzies que la transformation du cœur doit précéder le don de l'Esprit est non seulement possible, mais semble être l'attente dominante dans la littérature rabbinique[151].

Menzies et Turner ont, tous les deux, exagéré la force de leurs arguments pour déterminer le rôle de l'Esprit dans Luc-Actes. Une étude qui ne prendrait pas en considération l'arrière-plan décrit par Menzies et Turner risque d'introduire dans l'interprétation des idées étrangères à la compréhension de Luc et de ses lecteurs. Mais, une étude qui développerait un concept fixe ou rigide à partir d'une compréhension de cet arrière-plan risque d'ignorer le contexte de Luc-Actes. Nous proposons une étude synchronique à partir du consensus des présuppositions communes de l'époque.

## Quel est le schéma organisateur pour comprendre la fonction de l'Esprit dans Luc-Actes ?

La troisième question est liée à la structure de Luc-Actes. Comment Luc a-t-il organisé son œuvre et dans quel but ? Nous avons choisi Hans Conzelmann et Paul Minear pour ce débat. Hans Conzelmann a proposé une structure de Luc-Actes basée sur 'l'histoire du salut' (*Heilsgeschichte*), où il a divisé l'œuvre en trois phases ou époques

---

[149] Voir la discussion de Max TURNER, « Readings and Paradigms : A Response to John Christopher Thomas » *Journal of Pentecostal Theology* 12, 1998, p. 24-26.
[150] TURNER, *Power from on High*, p. 133.

très distinctes : la phase d'Israël jusqu'à la fin du ministère de Jean-Baptiste, la phase du ministère de Jésus et la phase de l'Église[152]. Selon ce schéma la fonction de l'Esprit a changé avec le changement de phases ou époques. Nous avons déjà remarqué que Dunn a retenu ce schéma avec modifications pour analyser la fonction de l'Esprit dans Luc-Actes[153]. La critique de Paul S. Minear de l'œuvre de Conzelmann est souvent citée.[154] Minear et d'autres exégètes proposent un schéma construit sur l'accomplissement des prophéties pour mieux comprendre l'activité de l'Esprit dans Luc-Actes[155]. Dans ce schéma les ministères de Jean-Baptiste, Jésus et les disciples font tous partie de l'âge de l'accomplissement des prophéties.

## L'histoire du salut : Hans Conzelmann

En 1970, I. Howard Marshall a écrit que l'œuvre de Conzelmann (*Die Mitte der Zeit*) « a déterminé la direction de beaucoup d'études récentes », parce qu'il a employé une nouvelle méthode d'étude que l'on a appelé *Redaktionsgeschichte* (l'histoire de rédaction)[156]. Ward Gasque partage la même opinion de l'importance de l'œuvre de Conzelmann, mais il se hâte d'ajouter que pratiquement chaque point de sa thèse a été « contesté par un exégète compétent »[157]. Nous avons choisi d'examiner brièvement son œuvre, pas seulement à cause de son importance et de l'influence de sa thèse sur la pneumatologie de Luc-Actes, mais aussi afin de pouvoir évaluer sa méthodologie.

Selon Conzelmann, la première phase d'études de Luc avait déjà été achevée, c'est-à-dire, la détermination des sources de tradition de Marc et Q. La deuxième phase

---

[151] Voir p. 19.
[152] Hans CONZELMANN, *Die Mitte der Zeit, Studien zur Theologie des Lukas*, 7ᵉ éd., Beiträge zur Historischen Theologie 17, éd. Gerhard Ebeling, Tubingue, J.C.B. Mohr (Paul Siebeck), 1993 [orig. 1954], p. 139-41. Conzelmann n'était pas la première personne à proposer un tel schéma. Il cite Baer comme source de son schéma en trois phases, (p. 140, n. 1).
[153] Voir p. 12 et DUNN, *Baptism*, p. 40.
[154] Voir, p. ex., DUNN, *Baptism*, p. 32, MENZIES, *Empowered from on High*, p. 121, MARSHALL, *Historian and Theologian*, p. 97, SHELTON, p. 27 n. 3, SPENCER, p. 387.
[155] Paul S. MINEAR, « Luke's Use of the Birth Stories », *Studies in Luke-Acts*, éd. Leander E. Keck et J. Louis Martyn, Philadelphia, Fortress Press, 1980, p. 118-125. STRONSTAD, *Charismatic Theology*, p. 2-5. MENZIES, *Empowered for Witness*, p. 119-22, 138 et SHELTON, p. 16, 24-26.
[156] MARSHALL, *Historian and Theologian*, p. 13-14.
[157] Ward GASQUE, *A History of the Criticism of the Acts of the Apostles,* Beiträge zur Geschichte der biblixchen Exegese 17, Tubingue, J.C.B. Mohr (Paul Siebeck), 1975, p. 293.

qu'il voulait entamer dans *Die Mitte der Zeit* était d'examiner la théologie de Luc, lui-même, dans l'ensemble de son œuvre : l'Évangile et les Actes des apôtres. Pour achever cette tâche il croyait nécessaire de distinguer ce qui venait de la tradition et ce qui venait de Luc. Il croyait pouvoir trouver la théologie de Luc dans ce qu'il a écrit et rédigé[158]. Donc, il a conclu que « ce qui le distingue n'est pas qu'il pense dans les catégories de promesse et accomplissement, car c'est ce qu'il a en commun avec d'autres ». Pour Conzelmann, ce qui est important est sa façon d'employer les traditions afin de créer une image de l'histoire du salut[159].

Conzelmann était convaincu que la tradition a présenté le retour de Jésus dans l'immédiat, et que l'existence de l'Église à une période éloignée de la période de Jésus présentait un problème théologique. Ce délai de la *parousie* était pour Conzelmann sous-jacent au texte. Luc a résolu ce problème en fixant trois époques distinctes de l'histoire du salut : la période d'Israël, la période du ministère de Jésus et la période de l'Église[160].

La division entre la période d'Israël et la période du ministère de Jésus est basée essentiellement sur deux observations. La première est ce que Conzelmann considère comme un verset clé. Dans l'Évangile selon Luc, chapitre 16, verset 16, nous lisons : « La loi et les prophètes ont subsisté jusqu'à Jean ; depuis lors, le royaume de Dieu est annoncé, et chacun use de violence pour y entrer ». Il cite ce verset ou y fait allusion au moins 17 fois[161]. Jean-Baptiste est donc le dernier prophète de la période d'Israël. Jésus commence la période du milieu (d'où vient le titre du livre – *Die Mitte der Zeit*) avec l'annonce du royaume de Dieu. Conzelmann a souligné le fait que Luc ne met pas dans la bouche de Jean-Baptiste l'annonce du royaume comme le fait Matthieu (Mt 3.2; cf. Lc 3.3)[162]. C'est ainsi que Conzelmann s'est servi des différences entre Luc et ses sources afin de soutenir sa thèse.

Chaque fois que le texte ne soutient pas sa thèse, Conzelmann a attribué l'information aux sources que Luc a insérées, sans changement, dans son projet. Par exemple, dans son désir d'éliminer certaines traces de continuité avec l'Ancien Testament, Conzelmann a dit que les mentions nombreuses d'Abraham et la typologie

---

[158] CONZELMANN, p. 1, 4.
[159] Ibid., p. 5.
[160] Ibid., p. 6-9.
[161] Ibid., p. 9, 14, 17(3x), 20(2x), 33 n.3, 92, 103, 104(2x), 105, 149 n.2, 150, 173, 205.
[162] Ibid., p. 17.

apparente des figures de Moïse et d'Élie viennent de la tradition et des sources de Luc[163]. L'exemple le plus flagrant de ce procédé est le fait de laisser les deux premiers chapitres carrément de côté[164].

La deuxième observation est la division géographique des deux époques. Conzelmann a pensé que Luc a rédigé ses sources afin d'isoler Jean Baptiste dans la région du Jourdain et d'éloigner Jésus de cette région afin d'isoler les deux sphères d'activités et de souligner les deux phases de l'histoire du salut. Il s'est servi encore de la critique rédactionnelle afin de soutenir sa thèse[165].

La division entre la période du ministère de Jésus et la période de l'Église est basée sur les événements importants à la jonction de ces deux périodes et sur les différences notées entre ces deux époques. Conzelmann avait un autre verset clé pour cette division. Pour lui la transition est signalée dans l'Évangile de Luc au chapitre 22, versets 35 et 36. Conzelmann a souligné surtout les mots « mais maintenant » en disant que le « maintenant » de la période de l'Église se distingue de la période du ministère de Jésus avant. Il dit, par exemple, que Satan était absent pendant la période du ministère de Jésus et présent encore dans la période de l'Église (voir Lc 4.13; 22.3, 35-36)[166]. Paul Minear a compté au moins 17 références à ces versets[167].

Nous montrerons plus tard que les événements mentionnés par Conzelmann, la résurrection, l'ascension et la Pentecôte, forment une sorte de pivot dans le récit de Luc-Actes, et que des changements importants y sont associés. Les changements les plus importants pour notre discussion sont ceux qui se rapportent à l'activité de l'Esprit. Conzelmann a remarqué qu'avant son exaltation Christ était « le seul porteur de l'Esprit ». Il a différencié l'expérience du Christ de celle des disciples. Sur Jésus l'Esprit est descendu « sous une forme corporelle » (Lc 3.22). Jésus n'a pas été baptisé « de feu » (3.16)[168]. Jésus n'a pas été subordonné à l'Esprit. Conzelmann s'est servi encore de la

---

[163] Ibid., p. 154-5.
[164] Ibid., p. 12, 150. Il commence sa discussion par le chapitre 3.
[165] Ibid., p. 12-15.
[166] Ibid., p. 9.
[167] MINEAR, p. 124. Il cite les pages de la traduction en anglais, Hans CONZELMANN, *The Theology of St. Luke*, trad. par Geoffrey Buswell, Philadelphia, Fortress Press, 1982. Dans l'original les références sont p. 5, 9, 30, 44, 73(2x), 74, 75(2x), 84, 94 n.1, 143 n.1, 158, 174 n.1, 186, 218, 219.
[168] CONZELMANN, *Die Mitte der Zeit*, p. 167. Conzelmann affirme que la communauté a été baptisée de feu. Ceci n'est pas clair du tout. Nous aborderons la question plus tard, ch. 6.

critique rédactionnelle afin de soutenir ce point, disant que Luc évite le vocabulaire de Marc qui pourrait indiquer une subordination (comparer Lc 4.1, 14 et Mc 1.12)[169].

En ce qui concerne l'activité de l'Esprit, les données contraires à la thèse de Conzelmann ne peuvent être écartées par un appel à la tradition. L'emploi du même vocabulaire pour la plénitude de l'Esprit pour Jésus et pour ses disciples (Lc 4.1 ; Ac 6.3, 5 ; 7.55 ; 11.24), ainsi que l'association de l'Esprit à la puissance dans les deux périodes (Lc 4.14 ; 24.49 ; Ac 1.8), sont attribués à la main de Luc dans la critique rédactionnelle. Conzelmann a minimisé l'importance du même vocabulaire et a même cru que l'association de l'Esprit à la puissance soutenait sa thèse. Il a écrit, « Que Luc pensait consciemment à la structure de ces époques se montre par le positionnement de l'association Esprit/puissance aux deux jonctions »[170].

### L'accomplissement des prophéties : Paul S. Minear

Le but de la composition de Paul S. Minear, intitulée « Luke's Use of the Birth Stories », était de résumer sommairement un grand nombre de données soutenant l'homogénéité des deux premiers chapitres de l'Évangile selon Luc avec le reste de Luc-Actes, et puis de suggérer des implications pour la théologie de Luc[171]. Les études de vocabulaire, de style et de constructions grammaticales lucaniens sont intéressantes et ajoutent au poids de ses arguments[172]. Mais, c'est la présentation de l'homogénéité des intérêts et thèmes, en particulier, le thème de l'accomplissement des prophéties, qui nous intéresse le plus[173]. Citant Robert Schubert, Minear affirme que les histoires de naissance des deux premiers chapitres font partie du schéma de Luc construit sur l'accomplissement des prophéties. Les personnages prophétiques de ces histoires proclament l'accomplissement des promesses de l'Ancien Testament et ils font eux-mêmes des prophéties qui seront accomplies dans le texte de Luc-Actes. Ainsi, ils sont déjà des exemples de l'effusion de l'Esprit promise dans l'Ancien Testament et citée dans les

---

[169] Ibid., p. 168.
[170] Ibid., p.168-71. Citation p. 171.
[171] MINEAR, p. 111.
[172] Ibid., p. 112-15.
[173] Ibid., p. 115-120.

Actes. De telles données confirment des liens structurels et théologiques entre Luc chapitres 1 et 2 et d'autres passages de Luc-Actes.

Se basant sur ces données, Minear a critiqué l'œuvre de Conzelmann[174]. On peut résumer la critique de Minear : il souligne deux difficultés essentielles du raisonnement de Conzelmann. La première est le poids disproportionné qu'il a accordé à des versets clés. À propos de l'Évangile selon Luc, chapitre 16, verset 16, Minear dit, « … rarement un exégète a placé tant de poids sur une interprétation si douteuse d'un logion si difficile ». La critique est semblable pour Luc chapitre 22, versets 35 et 36. Dans chaque cas Minear a souligné le caractère présupposé des postulats indiscutables de Conzelmann. Ni syntaxe, ni contexte, ni *Formgeschichte*, ni *Redactionsgeschichte* ne sont discutés pour ces versets. L'interprétation est présupposée, « invulnérable » et « indiscutable ». L'interprétation de ces versets clés « détermine l'interprétation de beaucoup d'autres passages »[175].

La deuxième difficulté que Minear a reprochée à Conzelmann est son exclusion des deux premiers chapitres du texte de Luc en raison des questions concernant leur authenticité.[176] Minear a estimé, avec raison, que Conzelmann n'aurait pu soutenir sa thèse de trois époques distinctes s'il avait pris en considération les deux premiers chapitres. Dans ces chapitres Jean-Baptiste fait partie de l'accomplissement des promesses eschatologiques (Lc 1.17 ; Mal 4.6). L'inauguration de l'âge eschatologique est célébrée dans les cantiques de ces passages par l'emploie de la première personne (1.55, 69-75, 78, 79). Minear a jugé que les éléments utilisés par Conzelmann pour distinguer ses époques suggèrent plutôt une continuité dans ces deux chapitres[177].

Ces arguments nous rappellent des reproches déjà faits à l'emploi de la critique rédactionnelle dans l'œuvre de Robert Menzies[178]. Comme Menzies, Conzelmann appuie ses arguments sur une reconstruction hypothétique des sources, afin de soutenir une thèse

---

[174] Les critiques de Conzelmann sont nombreuses. Voir, par exemple, Walter WINK, « John the Baptist in the Gospel of Luke », *John the Baptist in the Gospel Tradition*, Cambridge, Cambridge University Press, 1968, p. 46-57, et MARSHALL, *Historian and Theologian*, p. 77-79, 85-88, 107-11, 129-33, etc. Nous avons choisi celle de Minear parce qu'elle est bien connue, courte et simple et parce qu'elle montre bien le problème de méthodologie.

[175] MINEAR, p. 122, 124.

[176] Ibid., p. 121. Voir CONZELMANN, *Die Mitte der Zeit*, p. 109.

[177] MINEAR, p. 121-25. Minear remarque, p. ex., que Conzelmann voit dans l'œuvre du Saint-Esprit un moyen pour distinguer ses époques (p. 124). La façon de parler de l'œuvre de l'Esprit dans Lc ch. 1-2 soutient une continuité (Lc 1.15, 35, 41, 67 ; 2.25, 26). Voir SHELTON, p. 15-16.

basée sur une situation historique supposée. Il minimise les textes incorporés sans travail rédactionnel. Minear, par contre, souligne la compétence littéraire de Luc et l'intégrité de son texte et conteste, ainsi, la reconstruction des sources et la spéculation relative à l'histoire de Conzelmann. Dans ses efforts pour trouver un schéma théologique qui a déterminé la rédaction lucanienne, Conzelmann a aussi refoulé les thèmes littéraires de Luc, en particulier, son thème de l'accomplissement des prophéties.

Nous n'avons pas caché notre jugement sur les méthodes employées. Nous trouvons la spéculation relative à l'histoire de Conzelmann, appuyée par la critique rédactionnelle trompeuse et inadéquate. Les données tirées d'études synchroniques de l'ensemble de Luc-Actes, rassemblées par Minear, sont beaucoup plus convaincantes. Des études récentes, surtout des analyses littéraires et narratives, ont élaboré les détails du thème de l'accomplissement des prophéties. Notre analyse se servira de ces études et montrera que ce thème est certainement un des thèmes majeurs qui a déterminé la structure de Luc-Actes.

Faire des reproches à la méthodologie de Conzelmann ne veut pas dire éliminer toutes ses observations. Certaines sont importantes pour notre réflexion sur le texte. Conzelmann a remarqué des différences entre les expériences de Jean-Baptiste, de Jésus et des disciples de Jésus : par exemple, que Jésus était le seul « porteur » de l'Esprit pendant la période de son ministère. Conzelmann a aussi raison de situer des transitions dans le texte au baptême de Jésus et à la Pentecôte. On peut y constater des changements importants. En même temps, Conzelmann n'a pas retenu les parallèles, nombreux et clairs, entre les expériences des personnages de ces trois périodes, qui soutiennent une continuité et militent contre une division en trois époques distinctes[179]. La question essentielle pour notre thèse est de savoir lequel de ces deux aspects domine la perspective lucanienne de l'Esprit : les différences entre l'expérience de Jésus et ses disciples ou la continuité et les parallèles entre eux. Max Turner a raison de dire qu'un accent sur les parallèles poussera l'interprète vers une position pentecôtiste (R. Menzies, R.

---

[178] Voir notre discussion, p. 20-21.
[179] CONZELMANN accepte une certaine mesure de continuité. Par exemple, à propos de l'observation de la loi juive il a écrit, « ... les époques se détachent ; mais cela ne crée aucune cassure entre elles ; les éléments de la précédente restent », *Die Mitte der Zeit*, p. 149-50.

Stronstad)[180]. L'interprétation conversion/initiation a tendance à minimiser les parallèles et à accentuer les différences (Dunn, Turner).

## III. LES CONCLUSIONS

Dans l'introduction nous avons fait état de plusieurs buts pour notre évaluation des positions divergentes. Nous voulions noter des questions clés, des passages importants et quelques conclusions probables à partir des études déjà faites. Les conclusions devront être soutenues et développées par les détails de l'analyse qui suivra. Plus important que les conclusions elles-mêmes est le besoin d'une méthodologie synchronique que nous avons démontré pour la suite des investigations.

**Les questions clés, passages importants et conclusions probables**

*La signification de la réception de l'Esprit dans Luc-Actes.* La réception de l'Esprit est surtout associée aux actes extraordinaires dans Luc-Actes (Lc ch. 1, 2, 4 ; Ac ch. 2, 4, 8, 10, 19). Dans les Actes la réception de l'Esprit est, à la fois, associée au don du salut (Ac 2.38-39) et dissociée de la conversion dans plusieurs épisodes (Ac ch. 2, 4, 8, et peut-être 19). Il faut comprendre la promesse annoncée par Pierre (Ac 2.38-39), concernant le don de l'Esprit, à la lumière des accomplissements racontés plus tard dans le récit, sans minimiser l'importance de l'association de cette promesse au salut. La réponse aux deux autres questions déterminera en partie la réponse donnée à celle-ci.

*Le concept lucanien de l'Esprit.* Il y a un consensus parmi les exégètes selon lequel le concept lucanien de l'Esprit vient essentiellement du concept juif de la période intertestamentaire que l'on peut appeler 'l'Esprit de prophétie'. La tendance dominante limitait les fonctions de 'l'Esprit de prophétie' à l'inspiration prophétique ; aux dons typiques des révélations, de la sagesse et des prophéties. Ces dons n'étaient pas forcément liés à un oracle prophétique. 'L'Esprit de prophétie' pouvait aussi être conçu

---

[180] TURNER, *Power from on High*, p. 36.

comme source d'actes de puissance ou de transformations éthiques et religieuses. Là où le contexte n'exige pas une autre interprétation, normalement, il serait logique de supposer une interprétation selon la tendance dominante. Luc a fourni ce contexte exigeant l'inclusion des actes de puissance dans les activités de l'Esprit. L'association de l'influence éthique, morale et sotériologique à l'Esprit n'est pas explicite et moins évidente à trouver dans Luc-Actes.

*Le schéma organisateur qui aide à comprendre la fonction de l'Esprit.* Il faut prendre en considération l'ensemble de Luc-Actes pour comprendre sa structure. Les deux premiers chapitres de l'Évangile selon Luc sont liés à la suite par le thème de l'accomplissement des prophéties. Il existe des moments de transition au baptême de Jésus (Lc ch. 3-4) et au complexe d'événements de la mort de Jésus jusqu'à la Pentecôte (Lc ch. 24 ; Ac ch. 1-2), qui signalent des changements importants. Mais ces changements ne divisent pas l'œuvre de Luc en trois époques distinctes de l'histoire du salut. Les parallèles et le vocabulaire indiquent plutôt une continuité entre l'expérience de Jésus et les autres personnages inspirés par l'Esprit (Lc ch. 1-4, Ac ch. 1-2). Il vaut mieux voir tout le récit de Luc-Actes comme faisant partie de l'accomplissement des prophéties qui concernent l'âge à venir.

**La méthodologie**

Que pouvons-nous dire sur la méthodologie. Comment pouvons nous trancher entre toutes ces positions divergentes ? Max Turner suggère trois bons critères : (1) une continuité avec l'arrière plan de Luc, (2) une cohérence avec l'œuvre de Luc, et (3) une compréhension satisfaisante de la place de la pneumatologie de Luc dans la pneumatologie du Nouveau Testament[181]. Pour James Dunn[182] et John Stott[183], le troisième critère semble être le plus important. Nous ne voulons pas éliminer ce critère, mais la logique de l'interprétation nous pousse à le mettre en dernier. Même Dunn est

---

[181] Ibid., p. 12-13.
[182] DUNN, « *Conversion-Initiation* », p. 25-26. Voir l'évaluation de TURNER, *Power from on High*, p. 48-53.
[183] STOTT, p. 15-22.

d'accord en principe[184]. Max Turner[185] et Robert Menzies[186] ont, tous les deux, consacré une grande partie de leurs études au premier critère : la continuité avec l'arrière plan de Luc. Malheureusement, leurs conclusions s'opposent l'une à l'autre[187], et Turner avoue, lui-même, qu'il n'a pas répondu de façon satisfaisante au critère de cohérence[188]. D'une façon différente, Conzelmann s'est aussi soucié de l'arrière-plan de Luc. Minear s'est intéressé à la cohérence avec l'œuvre de Luc.

Dans notre traitement des questions du concept de l'Esprit chez Luc, et des schémas organisateurs, nous avons montré une préférence pour une étude synchronique, qui correspond au deuxième critère de cohérence interne. Ceci n'élimine pas le besoin d'autres approches. Les études de la critique rédactionnelle (Conzelmann, Menzies) nous aident à signaler certaines distinctions dans l'œuvre de Luc. Les études de l'arrière-plan historique (Menzies, Turner) nous aident à réduire le champ d'interprétations possibles. Mais, afin d'évaluer la probabilité des interprétations, nous avons constaté qu'une étude synchronique, qui a pour but de rechercher la cohérence avec le texte entier de Luc-Actes, est indispensable. La composition de Minear est représentative d'une telle étude. Il y a un nombre grandissant de ces études. Parmi elles nous avons déjà mentionné les œuvres de Tannehill, Shepherd et Hur. Celles-ci, et bien d'autres études synchroniques serviront de base pour notre analyse de la pneumatologie de Luc-Actes.

---

[184] DUNN, *Baptism*, p. 39. Voir la citation, p. 10.
[185] TURNER, *Power from on High*, p. 82-138.
[186] MENZIES, *Empowered for Witness*, p. 48-102.
[187] Ibid., p. 102, TURNER, *Power*, p. 138.
[188] TURNER, *Power from on High*, p. 12-13. Il dit qu'un exposé satisfaisant prendrait trop d'espace. Étant donné que son œuvre dépasse déjà 500 pages, nous sommes prêts à lui faire grâce pour cette insuffisance.

## CHAPITRE II

## COMMENT CHERCHER LA COHÉRENCE PNEUMATOLOGIQUE DANS L'ŒUVRE DE LUC ?

### INTRODUCTION

Ayant établi la nécessité d'une étude synchronique pour trancher entre les possibilités d'interprétation de la pneumatologie de Luc-Actes, nous voulons maintenant décrire la méthodologie que nous allons suivre dans cette étude. Le but de notre thèse est de rechercher une cohérence globale dans la pneumatologie de Luc-Actes permettant une interprétation satisfaisante sur des points à grand débat. Le chapitre premier a déjà soulevé une incohérence apparente en ce qui concerne la réception de l'Esprit. Elle semble être liée au salut dans la prédication de Pierre (Ac 2.38-39), mais apparaît ailleurs comme une expérience subséquente à la conversion (Ac 2.1-4 ; 8.12-17 ; 19.1-6). Une autre incohérence apparente sera examinée dans cette thèse. L'expression « baptisé d'Esprit Saint » semble avoir une signification dans la bouche de Jean-Baptiste (Lc 3.16) et une autre dans le livre des Actes des apôtres (Ac 1.5 ; 11.16). Ces passages et les expressions pneumatologiques qu'ils contiennent sont justement le matériau pour des sujets à grand débat. Une pneumatologie cohérente pour l'œuvre de Luc-Actes doit concilier ces données apparemment divergentes.

La logique de notre recherche vient d'un principe que plusieurs approches littéraires ont en commun, c'est-à-dire la présupposition d'un monde narratif dont l'examen des données internes doit permettre d'établir la cohérence[1]. Cette présupposition semble raisonnable dans le cas de la pneumatologie de Luc-Actes. L'Esprit joue un rôle considérable dans le récit. Il est invraisemblable que l'auteur laisse

---

[1] Daniel MARGUERAT et Yvan BOURQUIN parlent d'une affinité sur ce point entre la sémiotique et l'analyse narrative, *La Bible se raconte : Initiation à l'analyse narrative*, Paris-Genève-Montréal, Cerf-Labor et Fidès-Novalis, 1998, p. 14. Cf. Jean-Louis SKA, Jean-Pierre SONNET et André WENIN, « L'analyse narrative des récits de l'Ancien Testament, Cahiers Evangile 107, Paris, Cerf, 1999, p. 5. Comparer avec la description de Mark Allen POWELL du troisième élément distinguant l'analyse littéraire de l'analyse historico-critique, *What is Narrative Criticism?* Guides to Biblical Scholarship, éd. Dan O. Via, Jr., Minneapolis, Fortress Press, Augsburg Fortress, 1990, p. 7-8.

des incohérences dans son récit sur ce grand thème unificateur par un souci de fidélité à ses sources[2]. Nous montrerons qu'une telle confusion serait même nuisible à son projet. Si l'on peut trouver une manière cohérente de comprendre les données pneumatologiques, il semble raisonnable d'attribuer cette pneumatologie à l'auteur plutôt qu'une pneumatologie incohérente.

Comment chercher à comprendre la cohérence des données pneumatologiques dans l'œuvre de Luc ? Si nous proposons qu'une cohérence existe, il faut inférer une certaine incompréhension des données apparemment incohérentes. D'où vient cette incompréhension ? Nous suggérons deux sources d'incompréhension. Premièrement, il est possible que l'auteur présente des idées divergentes dans le but de modifier une idée par une autre. Nous croyons que c'est le cas pour le logion de Jean-Baptiste. Deuxièmement, il est possible que nous ayons une compréhension des expressions ambiguës qui vient non du récit de Luc mais d'une source hors texte. Nous croyons que c'est souvent le cas pour les expressions concernant la réception et l'activité de l'Esprit dans Luc-Actes. Les interprètes laissent souvent leur compréhension de la pneumatologie néotestamentaire définir les termes ambigus dans Luc-Actes.

La solution aux deux problèmes d'interprétation est liée à une étude de la stratégie de l'auteur. Si l'auteur laisse Jean-Baptiste présenter une idée différente de la sienne, il doit avoir une raison logique pour le faire. Si l'on arrive à comprendre pourquoi il le fait, on peut saisir la cohérence de sa présentation. Il faut étudier les termes pneumatologiques ambigus à partir du texte de Luc-Actes et voir comment ces ambiguïtés sont exploitées afin de pouvoir discerner la cohérence de leur emploi. Parfois l'auteur laisse expressément une ambiguïté dans le texte afin que le lecteur découvre la signification dans le développement de son récit. C'est pourquoi nous voulons non seulement analyser l'emploi du vocabulaire associé à l'Esprit, mais aussi la stratégie de l'auteur dans le développement de son récit et les implications de cette stratégie pour sa pneumatologie. Ces deux pistes révéleront la cohérence de la pneumatologie de l'auteur.

---

[2] Cette possibilité est retenue par J. E. L. OULTON, « The Holy Spirit, Baptism, and Laying on of Hands in Acts », *Expository Times*, 66, no. 8, mai 1955, p. 236, G. W. H. LAMPE, « The Holy Spirit in the Writings of St. Luke », *Studies in the Gospels. Essays in Memory of R.H. Lightfoot*, éd. D.E. Nineham, Oxford, Basil Blackwell, 1957, p. 200, et Ernest F. SCOTT, *The Spirit in the New Testament*, New York, George H. Doran, 1923, p. 89.

43

Comment discerner la stratégie de Luc et les implications de cette stratégie pour sa pneumatologie ? La logique de notre analyse vient essentiellement du raisonnement propre à l'analyse narrative, mais les outils employés viennent d'un mélange d'approches littéraires[3]. Selon Daniel Marguerat et Yvan Bourquin, l'analyse narrative est une « lecture de type pragmatique étudiant les effets de sens dégagés par la disposition du récit ; elle présuppose que cette disposition concrétise une stratégie narrative déployée en direction du lecteur »[4]. La question importante est, « Par quelle stratégie l'auteur organise-t-il le déchiffrement du sens par le lecteur »[5] ? Ainsi, une étude de la disposition du texte peut aider l'analyste à discerner la stratégie de l'auteur et les implications pour sa pneumatologie. Cette étude sera faite en deux étapes : (1) un survol de l'organisation de l'ensemble du texte (péritexte et macro-récit[6]) dans l'intégrité de sa forme finale et (2) un examen des modalités employées dans les épisodes pneumatologiques clés dans l'ordre séquentiel du texte. En préparation pour cette étude il faut définir le texte, le point de vue recherché et les concepts de recherche à utiliser.

## I. LE TEXTE DE LUC-ACTES

Dans une approche littéraire on étudie le texte dans l'intégrité de sa forme finale[7]. Avant de faire une étude littéraire de Luc-Actes il faut déterminer la forme finale du texte. De nombreuses variantes existent, surtout pour les Actes[8]. Une analyse littéraire ou

---

[3] Nous sélectionnerons et ordonnerons de façon éclectique les concepts qui semblent appropriés à notre entreprise. Jean ZUMSTEIN, décrit la méthodologie d'Allan Culpepper de façon semblable, « Analyse narrative, critique rhétorique et exégèse johannique » *La Narration: Quand le récit devient communication*, Lieux Théologiques 12, Sous la direction de P. Bühler et J.-F. Habermacher, Genève, Labor et Fidès, 1988, p. 39.
[4] *La Bible se raconte*, p. 13.
[5] Ibid., p. 10.
[6] Le péritexte se réfère aux « énoncés précédant ou suivant immédiatement le texte et qui en conditionnent la lecture ». Le macro-récit se réfère à « l'entité narrative maximale conçue comme un tout par le narrateur ». Ibid., p. 159-60, 44. Dans l'analyse narrative l'étude de l'intrigue se limite au récit. Nous avons choisi d'étudier l'ensemble du texte parce que la préface de l'Évangile selon Luc (1.1-4) donne non seulement une clé de lecture pour le récit mais aussi une clé de son organisation et de sa stratégie.
[7] Ibid., p. 14. POWELL, *What is Narrative Criticism?*, p. 7. Meir STERNBERG, *The Poetics of Biblical Narrative : Ideological Literature and the Drama of Reading,* Indiana Literary Biblical Series, éd. Robert M. Polzin, Bloomington, Indiana, Indiana University Press, 1985, p. 75.
[8] Carlo MARTINI, « La tradition textuelle des Actes des Apôtres et les tendances de l'Église ancienne », *Les Actes des Apôtres : Traditions, rédaction, théologie,* J. Kremer, éd., Gembloux, Belgique, Éditions J.

narrative peut examiner la cohérence et le message communiqué pour n'importe quel texte, mais sa validité devient suspecte si l'intégrité du texte est douteuse. Selon Mikeal Parsons une analyse narrative est « estropiée (sinon réduite à une incapacité totale) si la théologie et le style littéraire reflétés dans le document sont ceux d'un scribe du troisième siècle et non pas ceux de l'auteur (des auteurs) »[9]. Nous pensons que sa position est trop sévère. Néanmoins, nous devons avouer que le choix d'une variante peut changer les conclusions de l'analyse. Notre souhait est de baser l'analyse sur le texte le plus proche de l'original de l'auteur. Une analyse narrative ou littéraire dépend d'une étude critique textuelle préliminaire. Comme Mark Allen Powell le dit, « On ne peut poursuivre des recherches orientées vers le texte sans d'abord établir quelle version du texte il faut étudier »[10].

Le problème textuel majeur des Actes et, de façon moins importante, de l'évangile, est de connaître le rapport entre le texte alexandrin et « le texte occidental »[11]. Le texte critique de la Société Biblique est basé surtout sur le texte alexandrin[12]. Le « texte occidental » est presque dix pour cent plus long, contenant 1600 mots en plus[13]. On peut résumer les explications de l'existence de ces deux familles de textes en trois théories : 1) le texte occidental est une révision du texte alexandrin contenant des additions et corrections (Westcott et Hort, Ropes, Zunts, Lake et Cadbury, Haenchen, Epp, Martini), 2) Le texte alexandrin est une révision plus courte du texte occidental (Clark, Streeter, Menoud, Black), et 3) les deux textes viennent du même auteur (Blass,

---

Duculot et Leuven University Press, 1979, p. 22. Il estime que le nombre doit être « dans l'ordre des milliers ».

[9] *The Departure of Jesus in Luke-Acts : The Ascension Narratives in Context*, JSNTSS 21, Sheffield, Sheffield Academic Press, 1987, p. 125.

[10] « What is 'Literary' », p. 44.

[11] Paul TAVARDON, *Le texte alexandrin et le texte occidental des Actes des Apôtres. Doublets et variantes de structure*, Cahiers de la revue biblique 37, Paris, Gabalda, 1997, p. 1. Par texte alexandrin nous voulons dire non seulement le ms. *Codex Alexandrinus* mais aussi toute la famille de variants associée à ce texte. Le « texte occidental » représente une reconstitution de textes d'une même famille dont le *Codex Bezae* est le représentant le plus complet. Voir M.-É. BOISMARD, *Le texte occidental des Actes des apôtres*, éd. nouvelle, Études Bibliques, Nouvelle Série, 40, Paris, Éditions Gabalda, 2000, pour une présentation des différents témoins du texte occidental (p. 13-46), et une reconstitution en grec, et puis traduite en français (p. 47-429). Voir *Codex Bezae : Studies from the Lunel Colloquium, June 1994*, éd. par D.C. Parker et C.-B. Amphoux, Leyde/New York/Collogne, E.J. Brill, 1996, pour des études variées sur *Codex Bezae*.

[12] Bruce METZGER écrit, « In reviewing the work of the Committee on the book of Acts as a whole, one observes that more often than not the shorter, Alexandrian text was preferred » (*A Textual Commentary on the Greek New Testament*, Stuttgart, United Bible Society, 1971, p. 272).

[13] MARTINI, « La tradition textuelle », p. 29.

Delebecque)¹⁴. Étant donné qu'il n'y a pas de consensus, la critique textuelle de nos jours propose une méthodologie éclectique, où la priorité n'est donnée à aucune famille de variantes, et les variantes de plusieurs traditions sont examinées dans le but de discerner le texte original¹⁵.

Comment peut-on discerner ce texte original ? Évidemment on parle de probabilités et non de certitudes. La règle de base est de choisir « la leçon qui explique l'origine des autres »¹⁶. Trois types d'indices sont examinés dans ce choix : 1) les indices externes de la fiabilité des manuscrits ; date, distribution géographique et relation généalogique des témoins, 2) les indices internes du document ; style, vocabulaire, contexte et cohérence ; et 3) les probabilités de transcription ; annotations, éclaircissements, harmonisations, et erreurs des copistes¹⁷. De façon très générale on peut dire que les conclusions tirées de ces indices dépendent du poids accordé à chaque type d'indice. Par exemple, Bruce Metzger donne la priorité aux indices externes et choisit le plus souvent la leçon du *Codex Alexandrinus* et les leçons longues du papyrus P⁷⁵ ¹⁸. Ceux qui choisissent, en général, les leçons plus longues du texte occidental soulignent le caractère lucanien ou la cohésion de son style et de son vocabulaire¹⁹. Ceux qui choisissent, en général, les leçons plus brèves, qu'elles viennent du texte alexandrin ou du texte occidental, donnent la priorité aux transcriptions les plus probables²⁰.

---

[14] Voir la revue de littérature de Paul TAVARDON, *Le texte alexandrin et le texte occidental*, p. 1-41 ; aussi de W.A. STRANGE, *The Problem of the Text of Acts*, Society for New Testament Studies Monograph Series 71, Cambridge/New York, Cambridge University Press, 1992, p. 1-34.
[15] METZGER, *A Textual Commentary*, p. 271-72.
[16] M.-J. LAGRANGE, *Introduction à l'étude du Nouveau Testament, 2ᵉ partie, Critique Textuelle II, La Critique Rationnelle*, 2ᵉ éd., Paris, Gabalda, 1935, p. 21. Cf. aussi Bruce M. METZGER, *The Text of the New Testament : Its Transmission, Corruption, and Restoration*, 3ᵉ éd., New York/Oxford, Oxford University Press, 1992, p. 207.
[17] METZGER, *The Text of the New Testament*, p. 209-10.
[18] METZGER, *A Textual Commentary*, p. 272, 191-93. Cf. PARSONS, *Departure*, p. 34-35.
[19] Voir, p. ex., M.-E. BOISMARD, « The Texts of Acts : A Problem of Literary Criticism », *New Testament Textual Criticism : Its Significance for Exegesis*, Essays in Honour of Bruce M. Metzger, éd. Eldon Jay Epp et Gordon D. Fee, Oxford, Clarendon Press, 1981, p. 153, et M. WILCOX, « Luke and the Bezan Text of Acts », *Les Actes des Apôtres : Traditions, rédaction, théologie*, éd. J. Kremer, Gembloux, Belgique, Éditions J. Duculot et Leuven University Press, 1979, p. 451-55, Jenny READ-HEIMERDINGER, *The Bezan Text of Acts : A Contribution of Discourse Analysis to Textual Criticism*, JSNT Supplement Series 236, Sheffield, Sheffield Academic Press, 2002, p. 350 ; « Les Actes dans le Codex de Bèze : Leur intérêt et leur valeur », *Dossiers d'archéologie* 279, 2003, p. 45.
[20] Voir, p. ex., B.F. WESTCOTT et F.J.A. HORT, *Introduction to the New Testament in the Original Greek*, Peabody MA, Hendrickson Publishers, 1988, orig. publié par Harper and Brothers, 1882, p. 175, et PARSONS, *Departure*, p. 38-41.

Il y a plusieurs variantes plus longues du texte occidental qui méritent notre attention. En particulier, le texte occidental des Actes contient plusieurs références qui mettent l'accent sur l'activité de l'Esprit plus que ne le fait le texte alexandrin (6.10 ; 8.18, 35, 39 ; 11.17 ; 15.7, 29, 32 ; 17.15 ; 19.1 ; 20.3 ; 26.1)[21]. La meilleure explication pour ces variantes est qu'elles sont l'œuvre d'un interpolateur qui voulait, soit éclairer ou préciser le sens, soit souligner l'activité de l'Esprit[22]. Le fait que le style et le vocabulaire soient lucaniens n'est pas un obstacle majeur à cette explication, parce que l'interpolateur pourrait imiter ces éléments[23]. Dans ce cas il est logique de parler, comme Ernst Haenchen, du « plus ancien commentateur »[24].

La question des leçons plus longues du texte alexandrin est plus difficile à trancher. Westcott et Hort ont retenu les textes plus brefs du texte occidental (*Western non-interpolations*, Lc 22.19-20 ; 24.3, 6, 12, 36, 40, 51, 52)[25]. Le comité de la Société Biblique a préféré les textes plus longs du texte alexandrin, mais avec un désaccord fortement exprimé par la minorité[26]. Les arguments de Mikeal Parsons en faveur des leçons brèves du texte occidental sont assez persuasifs[27] mais la réfutation de A. W. Zwiep semble donner de meilleures explications pour l'ensemble des données[28]. Vu le caractère partagé des indices, il vaut mieux ne pas prendre une décision définitive et tenir compte des deux possibilités dans l'analyse.

---

[21] Voir Matthew BLACK, « The Holy Spirit in the Western Text of Acts », *New Testament Textual Criticism : Its Significance for Exegesis*, Essays in Honour of Bruce M. Metzger, éd. Eldon Jay Epp et Gordon D. Fee, Oxford, Clarendon Press, 1981, p. 159-70, et Peter HEAD, « Acts and the Problem of its Texts », *The Book of Acts in Its First Century Setting*, vol. 1 *Ancient Literary Setting*, éd. Bruce W. Winter et Andrew D. Clarke, Grand Rapids, Eerdmans, 1993, p. 434-35. Eldon Jay EPP, *The Theological Tendency of Codex Bezae Catabrigiensis in Acts*, Society for New Testament Studies, Monograph Series 3, éd. Matthew Black, Cambridge University Press, 1966, p. 116-18. Le texte occidental de Luc montre un accent semblable (11.2). Voir METZGER, *Textual Commentary*, p. 154-56.

[22] LAGRANGE, *Critique Rationnelle*, p. 390-91, EPP, *Theological Tendency*, p. 116-18. Il n'est pas nécessaire d'attribuer cet accent sur l'Esprit à une influence Montaniste. L'accent est « tout à fait en accord avec les idées et habitudes de l'auteur ». Voir James Hardy Ropes, *The Text of Acts, The Beginnings of Christianity : The Acts of the Apostles. Vol. 3,* éd. F. J. Foakes Jackson et Kirsopp Lake, Grand Rapids, Baker Book House, 1979, p. ccxxxiv.

[23] Joël DELOBEL, « The Text of Luke-Acts. A Confrontation of Recent Theories », *The Unity of Luke-Acts*, éd. J. Verheyden, Leuven, Leuven University Press, 1999, p. 100-101. Contre M.-E. BOISMARD, « The Texts of Acts », p. 153.

[24] *The Acts of the Apostles. A Commentary*, Philadelphia, Westminster Press, 1971, p. 53.

[25] *Introduction*, p. 175-77, Appendix p. 63-64, 71-73.

[26] METZGER, *Textuel Commentary*, p. 176-77, 183-84, 186-87, 189-93.

[27] *Departure*, p. 29-52.

[28] « The Text of the Ascension Narratives (Luke 24.50-3 ; Acts 1.1-2, 9-11) », *New Testament Studies* 42, 1996, p. 219-44.

En général, le texte de la Société Biblique[29] servira de base pour notre analyse de Luc-Actes, et le texte occidental sera considéré comme un texte secondaire, utile en tant que commentaire du texte. Étant donné la longueur des passages analysés, les variantes ne seront considérées dans l'analyse que si leur contenu change les conclusions.

## II. LE POINT DE VUE RECHERCHÉ ET LES CONCEPTS DE RECHERCHE

Le chapitre premier a montré l'incapacité de l'approche historico-critique à définir la pneumatologie de l'auteur de Luc-Actes. Elle ne peut que donner des possibilités d'interprétation. Il faut une étude synchronique afin d'évaluer la probabilité de chaque possibilité. Mais, dans une étude des données internes du texte, on ne cherche plus la pneumatologie de l'auteur réel du texte. On cherche la pneumatologie qui est communiquée par le texte, soit ce qui est explicitement enseigné, soit ce qui est logiquement inféré par les données du texte. On cherche la pneumatologie de l'auteur implicite du texte.

Le concept de l'*auteur implicite* a été introduit par Wayne Booth. Pour Booth l'auteur implicite est une création du véritable auteur qui est une « version implicite de lui-même »[30]. Seymour Chatman clarifie ce concept. Par implicite Chatman veut dire l'auteur « reconstruit par le lecteur à partir du récit »[31]. Jean Zumstein le définit comme « la somme des choix faits par l'auteur réel et reflétés dans le texte »[32]. Selon Daniel Marguerat et Yvan Bourquin il est « l'image de l'auteur telle qu'elle se révèle dans l'œuvre par ses choix d'écriture et le déploiement d'une stratégie narrative »[33].

Nous cherchons un élément du *point de vue* de l'auteur implicite de Luc-Actes : sa pneumatologie. Selon Jean-Noël Aletti, le point de vue de l'auteur, c'est-à-dire sa « conception du monde », « ses valeurs » et « son idéologie », est « souvent non

---

[29] *The Greek New Testament*, éd. Barbara Aland, Kurt Aland, Johannes Karavidopoulos, Carlo M. Martini, et Bruce M. Metzger, 4ᵉ édition rév., en collaboration avec l'Institute for New Testament Textuel Research, Stuttgart, Deutsche Bibegesellschaft, 2000, et la 3ᵉ édition de l'United Bible Society informatisée, créée par Timothée et Barbara Friberg, 1975. Notre choix de ce texte critique est surtout pour des raisons pratiques.
[30] *The Rhetoric of Fiction*, Chicago, The University of Chicago Press, 1961, p. 70.
[31] *Story and Discourse : Narrative Structure in Fiction and Film*, Itaca et Londres, Cornell University Press, 1978, p. 148. Traduction de Marguerat et Bourquin, *La Bible se raconte*, p. 20.
[32] « Analyse narrative », p. 41.
[33] MARGUERAT et BOURQUIN, *La Bible se raconte*, p. 22.

explicitement exprimé »³⁴. C'est le cas pour la pneumatologie de Luc³⁵. Ni le narrateur, ni aucun personnage ne décrit sa pneumatologie. On peut inférer certains aspects de la pneumatologie de Luc en étudiant ce que l'Esprit fait et comment les autres personnages du récit interagissent avec l'Esprit. Par exemple, William Shepherd a très bien décrit une fonction du personnage de l'Esprit dans le récit. Le Saint-Esprit « signale que la narration est digne de confiance »³⁶. On peut aussi inférer que l'Esprit inspire les Écritures et les prophéties et donne aux disciples une puissance pour témoigner. Pour d'autres aspects, tel un concept lucanien de la réception de l'Esprit, une étude de la stratégie de l'auteur est nécessaire. C'est pourquoi l'accent de Marguerat et Bourquin sur « le déploiement d'une stratégie narrative » est si important. L'auteur implicite communique son point de vue non seulement par ce qu'il choisit d'inclure dans son texte, mais aussi par la manière dont il choisit de déployer ce contenu.

L'auteur implicite choisit et déploie ses matériaux pour communiquer un message à un *lecteur implicite*. Seymour Chatman a proposé un « lecteur implicite » en contrepartie de « l'auteur implicite » de Wayne Booth, qui serait aussi « présupposé par le récit »³⁷. Marguerat et Bourquin fournissent une définition claire en français :

> Ce lecteur implicite est l'image modélisée correspondant au lectorat imaginé par l'auteur dans son travail d'écriture : compétences de savoir, attitudes, préoccupations, réactions que l'auteur (à tort ou à raison) prête à son futur lecteur, et qui conditionnent l'élaboration de son récit³⁸.

Umberto Eco utilise le terme « lecteur modèle » qui est présupposé et créé par le texte. Afin d'être efficace dans sa communication d'un message, un auteur doit choisir un code qu'il a en commun avec ses lecteurs. Donc, il doit présupposer un modèle parmi ses lecteurs possibles qu'Eco appelle le lecteur modèle ; un lecteur capable de comprendre ses codes. Ses choix de codes linguistiques, styles littéraires, vocabulaires, etc., donnent des indices des compétences présupposées du lecteur modèle. Les compétences

---

[34] Jean-Noël ALETTI, Maurice GILBERT, Jean-Louis SKA et Sylvie de VULPILLIERES, *Vocabulaire raisonné de l'exégèse bibliques : les mots, les approches, les auteurs*, Paris, Éditions du Cerf, 2005, p. 78. Aletti limite le terme au point de vue de l'auteur et utilise le terme focalisation pour désigner « la perspective à partir de laquelle personnages et actions sont décrits ». Dans cette thèse « point de vue » a une signification générique. La source du point de vue (auteur, personnage, etc.) sera précisée.
[35] Par convenance nous donnons le nom de Luc à l'auteur implicite.
[36] *The Narrative Function of the Holy Spirit as a Character in Luke-Acts*, SBL Dissertation Series 147, Atlanta, Scholars Press, 1994, p. 101.
[37] *Story and Discourse*, p. 149-50.
[38] *La Bible se raconte*, p. 21.

nécessaires pour la compréhension du texte, mais présupposées absentes chez le lecteur, doivent être créées par le texte[39].

Le concept du lecteur implicite (ou du lecteur modèle) est très important pour comprendre le point de vue de l'auteur implicite. L'auteur implicite présuppose toujours un certain répertoire[40] en commun avec ses lecteurs. Le lecteur moderne n'a pas le même répertoire. Sur certains sujets le lecteur moderne connaît plus que le lecteur implicite. Par exemple, le lecteur moderne a une connaissance de la pneumatologie du Nouveau Testament. Ni l'auteur implicite, ni le lecteur implicite n'a cette connaissance. S'il ne fait pas attention, le lecteur moderne, ayant une connaissance de la pneumatologie néotestamentaire, peut facilement introduire une compréhension anachronique dans l'interprétation du texte.

Sur d'autres sujets, le lecteur moderne a moins de connaissances que le lecteur implicite. L'emploi de certaines expressions associées à l'expérience de l'Esprit, rempli d'Esprit, mouvement de l'Esprit sur quelqu'un, la réception de l'Esprit, etc., semble indiquer que ces expressions font partie du répertoire présupposé. C'est probablement pourquoi l'auteur implicite ne ressent pas le besoin de les définir. Le lecteur moderne a tendance à définir ces expressions à partir de son expérience ou à partir de sa connaissance d'autres expressions pneumatologiques du Nouveau Testament. Par exemple, une ressemblance est souvent présupposée entre l'expression « rempli de l'Esprit » dans Luc-Actes et le concept paulinien de « vivre selon l'Esprit » ou de « marcher selon l'Esprit » produisant le « fruit de l'Esprit »[41]. Une telle démarche risque d'introduire des concepts incohérents dans le texte de Luc-Actes.

---

[39] Umberto ECO, *The Role of the Reader : Explorations in the Semiotics of Texts*, Bloomington, Indiana University Press, 1984, p. 7-8. Nous ne faisons pas de distinction entre le lecteur modèle d'Eco et le lecteur implicite de Chatman. Les auteurs semblent souligner différents aspects du même concept.

[40] John A. DARR donne la définition suivante du répertoire : « toutes les capacités et connaissances que les lecteurs d'une culture particulière sont censés posséder afin de pourvoir lire avec compétence : (1) langue ; (2) normes sociales et scripts culturels ; (3) littérature classique et canonique ; (4) conventions littéraires ... et (5) faits historiques et géographiques connus communément », *On Character Building : The Reader and the Rhetoric of Characterization in Luke-Acts*, Louisville, KY, Westminster/John Knox Press, 1992, p. 171. Voir aussi Meir STERNBERG, *The Poetics of Biblical Narrative : Ideological Literature and the Drama of Reading*, Indiana Literary Biblical Series, éd. Robert M. Polzin, Bloomington, Indiana, Indiana University Press, 1985, p. 18-19.

[41] Voir, p. ex., Max TURNER, *Power from on High : The Spirit in Israel's Restoration and Witness in Luke-Acts*, Journal of Pentecostal Theology Supplement Series 9, éd. John Christopher Thomas, Rickie D. Moore et Steven J. Land, Sheffield, Sheffield Academic Press, 1996, p. 409-10.

Comment peut-on connaître le répertoire du lecteur implicite ? Le texte peut en donner des indices, mais il ne peut tout dire. Par exemple, dans Luc-Actes l'auteur cite des textes de la Septante. Il y fait aussi souvent allusion. Ces allusions présupposent une assez bonne connaissance de la Septante de la part de ses lecteurs. Si un lecteur aujourd'hui veut comprendre le texte selon la perspective du lecteur implicite, il doit se familiariser avec cet « intertexte »[42]. Mais une connaissance de l'intertexte ne suffit pas. Il faut aussi savoir comment le lecteur implicite l'interprète. Pour cela, il faut un certain recours à l'approche historico-critique afin de donner les possibilités d'interprétation. Les études sur « l'Esprit de prophétie » dans le chapitre premier en sont des exemples. Il sera avantageux de suivre une démarche semblable, mais moins extensive, pour la notion de l'attente messianique à l'époque du Nouveau Testament.

Comme on l'a constaté au chapitre premier, l'approche historico critique aboutit à une impasse dans la recherche de la compréhension présupposée de ces expressions pneumatologiques (rempli d'Esprit, baptisé d'Esprit, etc.) et conduit à la nécessité d'une étude synchronique. Comment une étude synchronique peut-elle éliminer la lacune dans notre compréhension du répertoire pneumatologique présupposé par l'auteur implicite ? Jean Zumstein décrit la logique nécessaire pour trouver une issue à cette impasse. Concernant l'importance du concept de lecteur implicite, il écrit, « L'enjeu exégétique est évident : si l'on parvient à élaborer l'image du lecteur telle qu'elle est construite par le texte, on est en mesure de déterminer la fonction rhétorique du récit, c'est-à-dire l'intention et le rôle du récit par rapport à son lecteur supposé »[43]. Zumstein propose de se servir du lien entre le répertoire du lecteur implicite et la fonction rhétorique du récit pour déterminer la fonction rhétorique à partir des connaissances du lecteur implicite. Inversement, nous proposons de nous servir du même lien pour déterminer le répertoire du lecteur implicite à partir de la fonction rhétorique du récit. Nous montrerons que, si l'on parvient à élaborer certaines fonctions rhétoriques du récit et le rôle joué par l'Esprit dans ces fonctions, on sera en mesure d'inférer certains aspects pneumatologiques du répertoire du lecteur et de l'auteur implicite.

---

[42] Intertexte se réfère à l'environnement textuel plus large que l'œuvre dans lequel se trouve le texte, c.-à-d., aux textes dans lesquels l'auteur puise, consciemment ou inconsciemment, pour donner signification à son texte. Voir Joel B. GREEN, *The Gospel of Luke*, NICNT, éd. Ned B. Stonehouse, F.F. Bruce et Gordon D. Fee, Grand Rapids, Eerdmans, 1997, p. 13.
[43] « Analyse narrative », p. 43.

## III. LE SURVOL DE L'ORGANISATION DE L'ENSEMBLE DU TEXTE

Le besoin d'étudier l'organisation de l'ensemble du texte afin de déterminer la stratégie de l'auteur découle de la logique de l'analyse narrative[44]. L'étude de l'intrigue ou de l'organisation d'un récit est typiquement associée à l'approche narrative, mais elle n'est pas limitée à cette approche. D'autres approches littéraires recherchent aussi la structure logique du texte. Afin de mieux préciser la logique de l'auteur implicite, nous avons choisi d'associer à cette recherche un vocabulaire tiré de l'analyse littéraire pour décrire l'organisation textuelle de Luc-Actes. Une analyse narrative typique de l'intrigue de Luc-Actes montrera pourquoi nous avons fait ce choix.

Souvent la description de la structure du récit dans une analyse narrative suit la description d'Aristote où le récit s'articule autour d'un renversement, ou le développement de cette description dans un schéma quinaire : situation initiale, nouement, action transformatrice, dénouement, situation finale[45]. Au chapitre premier nous avons déjà mentionné un schéma organisateur important pour l'œuvre de Luc-Actes : le lien logique entre les prophéties et leurs accomplissements dont Luc se sert pour organiser son récit. C'est une clé de lecture thématique pour le récit de Luc. Une description de ce thème suivant le schéma quinaire est tout à fait possible mais un peu forcée dans le macro-récit de Luc-Actes. Luc développe une intrigue de révélation, c'est-à-dire une « intrigue dont l'Action Transformatrice consiste en un gain de connaissance sur un personnage de l'histoire racontée »[46]. Dans le récit de Luc-Actes le personnage collectif des apôtres gagne la « certitude » (Lc 1.4) que Jésus est « le Messie » (Ac 2.36). Dans la situation initiale, des personnages font allusion aux prophéties de l'Ancien Testament annonçant la venue du Messie, établissant une attente messianique typique et créant un besoin de réaliser cette attente (1.5-3.18). Le nouement concerne la venue de Jésus (le Messie) et le fait qu'il n'a pas accompli ces prophéties selon l'attente créée au début du récit (3.21-23.56). La série d'évènements de la résurrection jusqu'à l'effusion de

---

[44] Voir l'introduction du chapitre, p. 43.
[45] MARGUERAT et BOURQUIN, *La Bible se raconte*, p. 53-64.
[46] Ibid., p. 73.

l'Esprit à la Pentecôte est l'action transformatrice du récit, transformant la perspective des personnages sur les prophéties accomplies en Jésus (Lc 24-Ac 2). Le dénouement concerne la compréhension de ces accomplissements par un cercle de plus en plus grand de personnages (Ac 2-28). Dans la situation finale, des personnages ont compris et annoncent la bonne nouvelle concernant l'accomplissement des prophéties (Ac 28.31).

Bien que le schéma quinaire explique certains liens logiques dans le thème de l'accomplissement des prophéties, la description n'est pas assez précise pour notre projet d'interprétation. Premièrement, 'l'intrigue quinaire' du macro-récit est plus complexe. Un autre thème, suggéré par les prophéties dans la situation initiale (Lc 2.31-32 ; 3.6), devient le sujet d'un deuxième nouement après la première action transformatrice, c'est-à-dire la proclamation universelle de l'Évangile. Bien que Jésus (Lc 24.47 ; Ac 1.8) et Pierre (Ac 2.21, 39) annoncent cette proclamation universelle, les apôtres ne la comprennent pas. L'action transformatrice pour ce nouement n'arrive qu'au moment de la « Pentecôte » chez les païens (Ac 10). Le dénouement concerne l'adoption de ce principe par l'Église (Ac 11-15) et son application dans le monde païen (Ac 13-28). Dans la situation finale, l'Évangile est proclamé aux nations (28.28-31). Dans Luc-Actes, les deux 'intrigues quinaires' sont superposées.

Deuxièmement, le schéma quinaire n'est pas assez détaillé pour expliquer l'importance de la disposition de certaines prophéties pour discerner la pneumatologie de l'auteur implicite. Le macro-récit de Luc-Actes se divise logiquement en quatre grandes séquences narratives[47] : une introduction prophétique dont le thème unificateur est des paroles prophétiques eschatologiques énoncées par une série de personnages (Lc 1.5-2.52), une séquence sur le ministère de Jean-Baptiste (Lc 3.1-20), une sur le ministère de Jésus (Lc 3.21-Ac 1.11) et une sur le ministère du personnage collectif des apôtres (Ac 1.12-28.31). Une prophétie importante à la compréhension de la pneumatologie de Luc se trouve au début et à la fin des trois dernières séquences. Ces prophéties servent à organiser le récit. Une description précise de cette organisation de la composition de Luc est essentielle à la recherche de cohérence dans sa pneumatologie.

---

[47] Ibid., « suite de micro-récits articulés l'un à l'autre par un thème unificateur ou un personnage commun ». Il est à noter que le découpage du récit en séquences narratives ne coïncide pas avec le découpage en schéma quinaire. Ce fait souligne le fait de la complexité de l'intrigue et de la nécessité d'un vocabulaire plus précis pour décrire l'organisation logique. Pour la description et la justification de ces séquences narratives et l'importance de la disposition des prophéties, voir ch. 3.

Certaines approches littéraires ont développé un vocabulaire précis pour parler de l'organisation logique du texte[48]. Elles reconnaissent le fait que des récits s'articulent souvent autour d'un 'renversement' ou d'une 'action transformatrice', mais elles ne limitent pas la description de l'organisation textuelle à ce seul schéma. Elles essaient de catégoriser toutes les possibilités de schémas logiques employés par les auteurs pour organiser un texte. Nous sommes influencé par une méthodologie d'études inductives des textes développée par Robert A. Traina[49] et David R. Bauer[50]. La méthodologie cherche à discerner les divisions logiques d'une œuvre et les liens logiques de composition qui les lient ensemble et qui servent à organiser le texte. Dans sa présentation de schémas narratifs (*narrative patterns*), Mark Allen Powell résume 15 liens logiques de composition (*compositional relationships*) tirés de l'œuvre de David Bauer[51]. Selon Powell, « les analystes narratifs s'intéressent à ces schémas compositionnels en raison de ce qu'ils révèlent sur l'auteur implicite »[52]. Puisque nous recherchons la pneumatologie de l'auteur implicite, nous nous y intéressons aussi.

---

[48] Nous employons le mot 'texte' ici parce que l'objet de ces études ne se limite pas au récit. Pour Luc-Actes, p. ex., le lien logique entre le péritexte (Lc 1.1-4 ; repris en Ac 1.1-3) et le macro-récit (Lc 1.5-Ac 28.31) est considéré ensemble avec les liens de composition à l'intérieur du récit.
[49] Robert A. TRAINA, *Methodical Bible Study : A New Approach to Hermeneutics*, Grand Rapids, Francis Asbury Press, 1985.
[50] *The Structure of Matthew's Gospel : A Study in Literary Design*, JSNTSS 31, éd. David Hill, Bible and Literature Series 15, éd. David M. Gunn, Sheffield, Almond Press, 1988.
[51] *What is Narrative Criticism?*, p. 32-33. Voici des 15 liens de composition proposes par Bauer dans *The Structure of Matthew's Gospel*, p. 13-20, et résumé par Powell :
1. Répétition – récurrence des éléments semblables ou identiques
2. Contraste – association ou juxtaposition des choses dissemblables ou opposées
3. Comparaison – association ou juxtaposition des choses semblables
4. Rapport de cause à effet – mouvement de cause à effet ou de l'effet à sa cause
5. Climax – mouvement de l'intensité dramatique du moins intense au plus intense
6. Pivot – le point tournant ou un changement a lieu
7. Particularisation/généralisation – exposer en détails/résumer
8. Annonce de but – l'auteur annonce son but et structure sa narration pour l'atteindre
9. Préparation ou introduction – matériel inclus afin de préparer le lecteur pour ce qui suit.
10. Sommaire – un résumé des éléments présentés en détail ailleurs
11. Interrogation – une question ou un problème suivi de la réponse
12. Inclusion – une répétition au début et à la fin d'un livre, d'une section, ou d'un péricope
13. Alternance – répétition successive des éléments selon le schéma a,b,a,b.
14. Chiasme – répétition des éléments dans l'ordre inverse selon le schéma a,b,b,a
15. Intercalation – insertion d'une unité littéraire à l'intérieur d'une autre

[52] Ibid., p. 33. Selon la logique de Powell que nous adoptons aussi, ces descriptions de l'organisation du texte, qui viennent d'une approche littéraire, peuvent être subsumées sous la logique de l'approche narrative (p. 32-34).

Au chapitre trois nous examinerons cinq schémas organisateurs importants pour la pneumatologie de Luc-Actes dont Luc se sert dans la logique de sa composition. (1) Dans sa préface, l'auteur implicite annonce le but de son projet à son lecteur implicite. (2) Les grandes divisions de l'œuvre sont définies et logiquement liées ensemble par une récurrence de cause à effet entre des prophéties et leurs accomplissements. (3) Une récurrence de comparaisons et de parallélismes soutient la structure établie par le thème unificateur de l'accomplissement des prophéties. (4) Dans la discussion sur l'intrigue du récit, nous avons déjà mentionné une récurrence de pivots, où la connaissance du personnage collectif des apôtres est transformée. (5) On peut aussi constater deux sommets importants au niveau pragmatique du récit[53], un concernant le sort de Jésus en fin de l'évangile de Luc et un concernant la proclamation de l'évangile en fin des Actes des apôtres. Les pivots et les sommets sont aussi étroitement liés au thème de l'accomplissement des prophéties. Tous ces schémas organisateurs sont liés au but déclaré par l'auteur implicite et au thème de l'accomplissement des prophéties qui lui sert de moyen pour atteindre son but.

Chacun de ces schémas est aussi lié à la pneumatologie de Luc-Actes. William Shepherd a montré comment l'Esprit de Dieu fonctionne dans le récit pour accomplir le but explicite de l'auteur dans sa préface : donner la « certitude » au lecteur concernant des enseignements qu'il a reçus[54]. Nous avons déjà vu l'importance du thème de l'accomplissement des prophéties pour la pneumatologie de Luc-Actes au chapitre premier[55]. Nous avons aussi fait un commentaire sur l'importance des parallèles entre l'expérience de Jésus en rapport avec l'Esprit et celle de ses disciples[56]. Les parallèles avec les prophètes de l'Ancien Testament sont aussi liés à la pneumatologie de Luc-Actes. Nous montrerons l'importance des évènements charnières de l'Ascension et de la Pentecôte, deux événements étroitement liés à la pneumatologie, pour le développement du personnage collectif appelé « disciples » ou « apôtres ». Les deux grands sommets du

---

[53] On distingue entre une intrigue de révélation, où l'action transformatrice consiste en un gain de connaissance, et une intrigue de résolution, où l'action transformatrice opère au niveau pragmatique, MARGUERAT et BOURQUIN, *La Bible se raconte*, p. 72-74. Ce qui est le plus important pour le lecteur implicite est le gain de la connaissance. Mais au niveau des personnages dans le récit la tension dramatique ou le suspense monte deux fois vers un sommet pragmatique en fin de chaque volume.
[54] *The Narrative Function of the Holy Spirit*, p. 101-257.
[55] Ch. 1, p. 35-38.
[56] Ch. 1, p. 37-38.

récit, un à la fin de chaque volume, correspondent à deux thèmes pour lesquels les lecteurs ont besoin de « certitude ». Nous montrerons comment le récit se dirige vers le sommet à la fin et comment l'Esprit agit pour mener l'histoire vers ce sommet.

## IV. L'EXAMEN DES MODALITÉS EMPLOYÉES DANS LES ÉPISODES PNEUMATOLOGIQUES CLÉS

Nous proposons une analyse de la stratégie de l'auteur implicite en deux étapes. Dans la première étape, la stratégie globale repérable à partir d'une étude de la composition de l'œuvre sera analysée. Il faut discerner comment l'auteur implicite compte atteindre son but déclaré dans la préface. Il organise son matériau selon une certaine stratégie qui gère la composition de l'ensemble de l'œuvre. Dans la deuxième étape, nous voulons étudier certaines modalités employées par l'auteur implicite pour communiquer son message au lecteur implicite. On s'intéresse à la manière dont le message est communiqué. Selon Ska, Sonnet et Wenin, on « s'interroge sur le comment de la narration ». Il faut « étudier la 'stratégie narrative', c'est-à-dire les modalités concrètes que le narrateur[57] met en place dans le récit pour communiquer avec le destinataire et lui présenter son monde de valeurs et ses convictions »[58]. Dans cette deuxième étape les modalités concrètes mises en places par le narrateur dans les épisodes pneumatologiques clés seront analysées. Les deux études sont complémentaires. L'étude de la stratégie globale indique les passages importants à analyser au niveau des micro-récits. La stratégie des modalités concrètes employées au niveau des micro-récits contribue à la stratégie globale du macro-récit.

Certaines 'modalités concrètes' sont particulièrement utiles dans l'analyse du thème de l'accomplissement des prophéties dans Luc-Actes. Deux de ces modalités, *l'exploitation des perspectives* et *l'exploitation du temps*, sont très bien expliquées dans

---

[57] Afin de rester fidèle aux auteurs que nous citons et à leurs idées, nous sommes souvent obliges d'employer le terme narrateur, bien que nous cherchons le point de vue de l'auteur implicite. L'emploi de ces termes sera précisé dans la section consacrée au narrateur biblique (p. 56-59). Pour le moment il suffit de savoir que les modalités mises en place par le narrateur sont les mêmes que celles employées par l'auteur implicite.
[58] « L'analyse narrative », p. 7.

l'œuvre devenue classique de Gérard Genette, « Discours du récit : essai de méthode »[59]. Pour la troisième modalité, *l'exploitation des ambiguïtés* ou « blancs » du texte, certains concepts tirés du livre *The Act of Reading : A Theory of Aesthetic Response* par Wolfgang Iser seront examinés. L'exemple du logion de Jean-Baptiste concernant celui qui « baptisera du Saint-Esprit » (Lc 3.16) sera employé dans l'analyse de ces trois modalités concrètes afin de montrer l'utilité des ces analyses pour l'interprétation des textes pneumatologiques difficiles de Luc-Actes. Avant d'examiner ces modalités, il faut brièvement analyser la notion du narrateur biblique et celle de la narration biblique.

## Le narrateur biblique

L'objet de notre recherche est le point de vue de *l'auteur implicite*. Mais, selon la citation de Ska, Sonnet et Wenin, c'est *le narrateur* qui met en place les modalités concrètes pour communiquer son point de vue. Le narrateur est la voix qui raconte le récit. Selon Jean Zumstein, il guide le lecteur « à travers l'action et lui indique la perspective à partir de laquelle il convient d'aborder le récit »[60]. Son but est de persuader le lecteur d'adopter son point de vue évaluatif et idéologique. Ainsi, il contrôle le contenu et la manière dont le lecteur « voit » et « entend » les personnages et les événements[61].

Les narratologues distinguent entre auteur (implicite ou réel) et narrateur[62]. Selon Seymour Chatman, l'auteur implicite « n'est pas le narrateur, mais plutôt le principe qui a inventé le narrateur, ainsi que tous les autres éléments du récit »[63]. Cette distinction est particulièrement intéressante dans l'œuvre de Luc-Actes, parce que l'auteur implicite déclare le but de son œuvre hors du récit dans une préface (Lc 1.1-4). Le narrateur ne commence à raconter son histoire qu'à partir du verset cinq. Ce but déclaré est extrêmement important pour l'analyse de la stratégie de l'auteur implicite. Donc, nous ne pouvons pas limiter notre analyse de stratégie aux modalités mises en place par le

---

[59] *Figures III*, Paris, Éditions du Seuil, 1972, p. 65-282. Suivant Szevetan Todorov, Genette sépare ces 'modalités concrètes' en deux catégories, celle du *temps* et celle du *mode* (p. 74).
[60] « Analyse narrative », p. 41.
[61] Voir Robert C. TANNEHILL, *The Narrative Unity of Luke-Acts : A Literary Interpretation, Volume one : The Gospel According to Luke*, Philadelphia, Fortress Press, 1991, p. 3.
[62] ALETTI, GILBERT, SKA et VULPILLIERES, *Vocabulaire raisonné*, p. 77.
[63] *Story and Discourse*, p. 148. Traduction de Marguerat et Bourquin, *La Bible se raconte*, p. 20.

narrateur. Il faut aussi prendre en considération la stratégie de l'auteur implicite indiquée dans la préface.

Il faut signaler que, dans la littérature biblique, le point de vue du narrateur ne se distingue pas de celui de l'auteur implicite. Meir Sternberg constate que les narrateurs bibliques ont les mêmes points de vue et la même autorité, s'adressent à la même audience et poursuivent la même stratégie que les auteurs implicites[64]. Donc, discerner le point de vue du narrateur équivaut à discerner celui de l'auteur implicite. Dans cette thèse nous employons souvent le terme narrateur pour maintenir une fidélité aux œuvres auxquelles les idées sont empruntées, toute en sachant que, dans Luc-Actes, le point du vue et la stratégie du narrateur représentent fidèlement ceux de l'auteur implicite. Le terme auteur implicite est employé dans l'analyse de la stratégie globale et du point de vue global de l'œuvre.

Les auteurs bibliques font leur récit dans la perspective d'un narrateur omniscient et entièrement fiable ; un trait qu'ils ont en commun avec la majorité des auteurs de l'antiquité. Dans les récits bibliques, cette omniscience est l'équivalent de l'inspiration prophétique exercée sur l'histoire[65]. Le narrateur de Luc-Actes est omniscient et entièrement fiable comme les autres narrateurs bibliques. En effet, John A. Darr remarque qu'il partage la qualité de fiabilité et d'autorité avec Dieu (représenté par le Saint-Esprit et les anges) et avec Jésus[66]. Mais, le narrateur de Luc-Actes diffère de la plupart des auteurs bibliques en ce qu'il change de voix, de la première personne à la troisième[67].

---

[64] *Poetics*, p. 74.
[65] Ibid., p. 12, 34.
[66] « Discerning the Lukan Voice : The Narrator as Character in Luke-Acts », *Society of Biblical Literature 1992 Seminar Papers*, éd. Eugene H. Lovering Jr., Atlanta, Scholars Press, 1992, p. 264.
[67] Parmi les livres bibliques et deutérocanoniques qui introduisent un narrateur à la 1ᵉ personne sont Ezra, Néhémie, 1 Esdras, Tobit, 2 Maccabees; voir William S. KURTZ, « Narrative Approaches to Luke-Acts », *Biblica* 68, 1987, p. 205-6.

## La narration biblique

Le récit de Luc-Actes a d'autres traits en commun avec l'historiographie biblique[68]. Les trois premiers chapitres de Luc-Actes (Lc 1.5-3.20) ressemblent le plus à ce genre. Ces chapitres copient le style, le vocabulaire et les scènes typiques de la version des Septante. Les discours sont remplis de citations et allusions. Les personnages ressemblent aux personnages de la Septante. Elisabeth et Zacharie sont « justes devant Dieu » comme Noé (Lc 1.6 ; Gn 7.1), et « sans enfants » et « avancés en âge » comme Abraham et Sarah (Lc 1.7 ; Gn 15.2 ; 18.11). Ils « marchaient dans tous les commandements » de Dieu comme Abraham (Lc 1.6 ; Gn 12.4 ; 22.3[69] ; 26.5) et comme David (1 R 3.14). Elisabeth était « stérile » (Lc 1.7 ; Gn 11.30) et a conçu un fils en sa « vieillesse » comme Sarah (Lc 1.36 ; Gn 21.2). Il y a une multitude d'exemples dans Luc-Actes. Marguerat dit que « Les livres historiques de la LXX présentent l'analogie la plus proche »[70]. Ce type de données suscite chez le lecteur une attente pour une continuation de l'histoire biblique[71]. Toutes ces données soulignent l'importance de l'intertexte de la Septante pour comprendre les citations et des allusions dans le récit de Luc.

Mais le genre de l'historiographie biblique est important non seulement pour comprendre la signification des citations et des allusions, mais aussi pour comprendre les modalités de narration. Il est intéressant de comparer les modalités importantes présentes dans la littérature vétérotestamentaire et les modalités importantes pour notre thèse qui sont présentes dans Luc-Actes. On retrouve les modalités suivantes dans la liste de Meir Sternberg : l'exploitation du temps, l'exploitation des points de vue (ou perspectives),

---

[68] Nous ne donnerons ici qu'un résumé de quelques traits importants. Pour une description plus détaillée de ces traits voir Robert ALTER, *The Art of Biblical Narrative*, Basic Books, 1981, Shimon BAR-EFRAT, *Narrative Art in the Bible*, trad. par Dorothea Shefer-Vanson, JSOTSS 70, BLS 17, Sheffield, Almond Press, 1989, Adele BERLIN, *Poetics and Interpretation of Biblical Narrative*, Sheffield, Almond Press, 1983, SKA, SONNET, et WENIN, « L'analyse narrative », p. 5-67, et STERNBERG, *Poetics*.
[69] Notez l'emploi du verbe « marcher » (πορεύομαι) dans l'obéissance d'Abraham (Gn 12.4 ; 22.3).
[70] Daniel MARGUERAT, « Luc-Actes : une unité à construire », *The Unity of Luke-Acts*, éd. J. Verheyden, Leuven University Press, 1999, p. 107.
[71] Voir John DRURY, « Luke », *The Literary Guide to the Bible*, éd. Robert Alter et Frank Kermode, Harvard University Press, 1987, p. 419-20, Ward GASQUE, « A Fruitful Field », *Interpretation* 42, 1988, p. 120 et surtout Brian S. ROSNER, « Acts and Biblical History », in *The Book of Acts in Its First Century Setting, vol. 1, Ancient Literary Setting*, éd. Bruce W. Winter et Andrew D. Clarke, Grand Rapids, Eerdmans, 1993, p. 65-82.

l'exploitation des ambiguïtés, l'emploi des analogies dans des parallélismes, comparaisons, contrastes, récurrences et chiasmes, l'emploi du développement des personnages dans la stratégie et l'emploi des schémas compositionnels[72].

## L'exploitation des perspectives

La perspective est « *la régulation de l'information narrative* » par le narrateur selon le « point de vue » de, ou selon les capacités de connaissance de tel ou tel personnage ou groupe de personnages[73]. Si nous employons l'image du cinéaste, la perspective correspond à l'angle de la caméra. Il est possible de suivre les images d'une perspective extérieure (qui correspond à celle du narrateur omniscient). L'effet sur l'audience change lorsque la caméra fait semblant de « voir » à travers les yeux d'un individu (qui correspond à la perspective d'un personnage). Dans sa discussion sur la perspective, Genette insiste sur la distinction entre *mode* et *voix*. Le *mode* correspond à la question, « *Quel est le personnage dont le point de vue oriente la perspective narrative ?* », ou « *qui voit ?* » et la *voix* correspond à la question « *qui est le narrateur ?* » ou « *qui parle* »[74]? Ce qui nous intéresse ici est la réponse à la question : *qui voit* ?

Cette sorte de « focalisation » est un des moyens les plus efficaces pour influencer l'évaluation des lecteurs. Shimon Bar-Efrat estime que la technique est très importante dans la littérature biblique, où l'auteur implicite essaie d'amener les lecteurs à adopter son point de vue sur la vie, le bien et le mal, Dieu et son activité dans le monde[75]. Adèle Berlin explique comment les multiples points de vue dans la narration biblique influencent le lecteur. Le lecteur devient « un participant actif » en essayant de comprendre le récit. « Parce qu'on lui donne des points de vue différents et qu'il voit les choses de perspectives différentes, il doit lutter pour établir son propre point de vue »[76].

Comment le narrateur (l'auteur implicite) utilise-t-il ces perspectives pour faire adopter son point de vue évaluatif et idéologique ? Meir Sternberg réduit la narration

---

[72] Voir aussi la liste de STERNBERG, *Poetics*, p. 39.
[73] GENETTE, « Discours du récit », p. 184.
[74] Ibid., p. 203.
[75] *Narrative Art in the Bible*, p. 16.
[76] BERLIN, *Poetics*, p. 82.

biblique à trois perspectives de base : le narrateur qui raconte, le lecteur qui reçoit, et les personnages qui agissent. Le récit tourne, donc, autour de trois relations de base : entre le narrateur et les personnages, entre le narrateur et le lecteur, et entre le lecteur et les personnages[77]. Le narrateur omniscient et entièrement fiable se trouve en contraste avec des personnages faillibles. Il en sait toujours plus que les personnages. Les deux autres relations varient selon la stratégie du narrateur[78]. Le narrateur contrôle l'information qu'il donne au lecteur, parfois plus, parfois moins, selon sa stratégie. Parfois le lecteur en sait davantage que les personnages. Parfois les personnages en savent davantage que le lecteur. Marguerat et Bourquin signalent que Luc donne un excellent exemple des deux types de perspective dans le dernier chapitre de son Évangile. D'abord, les disciples sur le chemin d'Emmaüs en savent moins que le lecteur, parce qu'ils ne reconnaissent pas Jésus (Lc 24.15-16). Ensuite, ils savent davantage que le lecteur, parce que le lecteur ne sait pas le contenu des explications de Jésus sur toutes les Écritures (Lc 24.27)[79].

Le point de vue de l'auteur implicite est ce que nous cherchons. Par le narrateur qu'il crée, il communique son point de vue à travers le récit. Parfois le narrateur communique directement et explicitement au lecteur. L'auteur implicite se sert, donc, de la deuxième relation de base mentionnée par Sternberg, celle entre le narrateur et le lecteur. Le narrateur dit, par exemple, que « la parole de Dieu fut adressée à Jean » (Lc 3.2), et le lecteur a tendance à y croire. Même quand il n'y a pas de commentaire explicite, le point de vue du narrateur et de l'auteur implicite est présent. Lorsque son point de vue est implicite, il implique le lecteur dans le travail d'interprétation.

C'est l'identification du lecteur avec les personnages, ou la dernière relation de base de Sternberg, que le narrateur utilise souvent afin d'induire le lecteur à son point de vue. Le narrateur présente des personnages et leur perspective, tout en laissant des indices sur la façon dont il faut évaluer leur perspective. Ainsi, il contrôle la relation entre le lecteur et les personnages. Marguerat et Bourquin disent que la liberté du lecteur de s'identifier à tel ou tel personnage est « pilotée, en sous-main, par le narrateur »[80]. D'abord, le narrateur crée des personnages qui ressemblent aux lecteurs. Jean-Baptiste est

---

[77] STERNBERG, *Poetics*, p. 130.
[78] Ibid., p. 130.
[79] *La Bible se raconte*, p. 92.
[80] Ibid., p. 86.

au-dessus du lecteur moyen par ses actions, mais, par ses doutes (Lc 7.19-20), il devient un être réel, semblable aux lecteurs, qui ont besoin de certitude (Lc 1.4). Marguerat et Bourquin affirment que « plus leur vie coïncide avec celle (réelle ou fantasmée) du lecteur, plus ces personnages exerceront d'attrait sur le lecteur »[81]. Ensuite, le narrateur compte sur l'évaluation des personnages pour convaincre son lecteur.

Mark Allen Powell décrit trois types de sentiments que le lecteur peut éprouver pour un personnage ou groupe de personnages : empathie, sympathie et antipathie[82]. Marguerat et Bourquin constatent que, « Le lecteur peut éprouver un sentiment d'*empathie* pour ceux qui lui sont semblables, qui l'émeuvent ou qui représentent pour lui un idéal »[83]. Jean-Baptiste a beaucoup d'attrait pour le lecteur étant un personnage semblable à lui (avec des doutes, Lc 7.19), émouvant (emprisonné injustement, Lc 3.20), et idéal (un grand prophète de Dieu qui a osé défier les autorités, Lc 1.76 ; 3.1-19). Lorsque Jésus l'appelle à croire en lui (Lc 7.22-23), le lecteur se sent directement concerné. Le fait que le narrateur reste silencieux quant à la réponse de Jean-Baptiste encourage le lecteur à faire cette démarche à sa place[84].

La thèse déjà évoquée de William Shepherd ne tient pas compte de la présentation complexe de la perspective de Jean-Baptiste. Shepherd montre comment le narrateur utilise l'indice de l'inspiration du Saint-Esprit d'un personnage pour indiquer sa fiabilité. La conclusion de Shepherd est vraie mais un peu simpliste. Les indices donnés par Luc pour évaluer la perspective de Jean-Baptiste sont plus complexes. Shepherd a raison de dire que Jean-Baptiste et son message sont fiables[85]. Mais il néglige de signaler les doutes de Jean-Baptiste quant à l'identité de Jésus (Lc 7.18-33), tous les contrastes entre Jésus et Jean (Lc ch. 1-2 ; 7.28 ; 16.16 ; Ac 19.1-6), et le besoin des apôtres de modifier leurs attentes par rapport au message de Jean (Ac 1.4-8). Nous sommes d'avis que la fiabilité de Jean doit être nuancée. Son message est fiable, mais sa compréhension est faillible et il a dû modifier ses attentes (Lc 7.18-22).

---

[81] Ibid., p. 84.
[82] *What is Narrative Criticism?*, p. 64-65.
[83] *La Bible se raconte*, p. 87-88.
[84] Notez que l'appel de Jésus n'est pas adressé exclusivement à Jean: « Heureux celui pour qui je ne serai pas une occasion de chute » (Lc 7.23).
[85] *Narrative Function*, p. 127.

Le narrateur se sert du jeu des perspectives pour aider son lecteur à adopter son point de vue. Il présente la perspective de Jean et montre qu'il faut la modifier. Au début des Actes, le narrateur évoque les paroles de Jean et, à leur sujet, donne la perspective de Jésus. Les apôtres ont dû aussi modifier leurs attentes par rapport au message de Jean (Ac 1.5-8). La perspective de Jean et celle des apôtres ressemblent probablement à celle du lecteur implicite. Ainsi, lorsque ces personnages doivent modifier leurs attentes, le lecteur est amené à modifier les siennes.

Adèle Berlin décrit une autre relation qui influence la perspective : la relation entre personnages[86]. À partir de l'analogie de l'art, elle explique que notre perception des choses représentées vient des relations. Il n'y a pas de taille ou de couleur « correcte » pour un objet. La perception de l'objet dépend de sa relation avec les autres objets environnants. Il en va de même pour le récit. La perception d'un personnage ou d'un événement dépend des autres personnages ou d'événements qui l'entourent[87]. Le narrateur biblique peut créer ces relations par interaction entre personnages ou par analogie. Par exemple, les personnages, tels que Jean-Baptiste, Jésus et les disciples de Jésus, sont mis en relief par leur interaction avec les autorités religieuses et civiles. Un autre exemple est la manière dont le narrateur compare Jean-Baptiste à Jésus, ou les disciples à Jésus. Chaque fois c'est la relation avec d'autres personnages qui détermine comment le lecteur perçoit tel ou tel personnage.

## L'exploitation du temps

L'œuvre de Gérard Genette, « Le discours du récit » dans *Figures III*[88] est devenue classique pour l'étude de la temporalité. Genette donne une description des « distorsions temporelles » créées par la dualité temporelle qui existe entre *l'histoire racontée*[89] et la *mise en récit*[90] de cette histoire[91]. C'est-à-dire, un auteur change *l'ordre*,

---

[86] Cette relation ne constitue pas une autre 'relation de base'. Selon les catégories de Sternberg, la relation de base est entre le lecteur et les personnages. Mais, l'auteur utilise les relations entre personnages pour influencer la relation entre le lecteur et les différents personnages.
[87] *Poetics*, p. 135-36. Berlin se réfère à E. H. Gombrich, *Art and Illusion*, Londres, Pantheon, 1960 pour son illustration.
[88] P. 67-267.
[89] Ce que raconte le récit, reconstruit selon l'ordre chronologique qu'il suppose. Voir MARGUERAT et BOURQUIN, *La Bible se raconte*, p. 28.

*la durée* et *la fréquence* des événements par rapport au temps réel de ces mêmes événements. Chaque auteur exploite ces distorsions temporelles pour ses buts. Luc n'est pas une exception.

**L'ordre**

Les distorsions de *l'ordre*, Genette les appelle *anachronies*[92]. Il distingue les rappels du passé ou *analepses*[93] et les anticipations du futur ou *prolepses*[94]. Il distingue aussi entre les anachronies qui répètent un événement (*répétitives*) et celles qui comblent une lacune (*complétives*)[95]. Une anachronie peut se référer à un événement hors du récit (*hétérodiégétique*), ou à un événement à l'intérieur du récit (*homodiégétique*)[96]. Ces distinctions aident à analyser l'exploitation de la temporalité d'un auteur. Luc-Actes est rempli de ces anachronies.

L'analyse des anachronies de Genette peut nous aider à comprendre le thème important de l'accomplissement des prophéties[97]. Il y a des rappels du passé (hétérodiégétiques) qui obligent le lecteur à sortir du récit et à se rappeler les prophéties de l'Ancien Testament. Certaines sont citées (voir, p. ex., És 61.1-2, 58.6 et Lc 4.18-19). Luc fait allusion à d'autres (voir, p. ex., És 9.1 et Lc 1.79). Ces rappels ne sont pas limités aux prophéties. Luc raconte certains événements à la manière des histoires de l'Ancien Testament (voir, p. ex., 1 R 19.19-21 et Lc 9.61-62). D'autres rappels visent des événements dans Luc-Actes (homodiégétiques, voir, p. ex., Ac 10.38 et Lc 4.18-19ss). Tous ces rappels sont au service de buts théologiques. Les rappels des prophéties d'Ésaïe situent les ministères de Jean et de Jésus dans les temps eschatologiques (Lc 1.79 ; 4.18-19). Le parallèle avec l'histoire d'Élie et Élisée aide le lecteur à identifier Jésus comme un grand prophète (Lc 9.61-62 ; cf. Lc 7.16 ; 9.8, 19). La prédication de Pierre rappelle

---

[90] Comment est raconté le récit, Ibid.
[91] GENETTE, « Le discours », p. 77.
[92] Ibid., p. 79.
[93] Ibid., p. 90-105.
[94] Ibid., p. 105-115.
[95] Ibid., p. 92, 95.
[96] Ibid., p. 91-92.
[97] Voir ch. 1, p. 35-38.

au lecteur le passage important qui annonce et résume le ministère de Jésus (Ac 10.38 ; cf. Lc 4.18-19).

Dans l'œuvre de Proust, Genette remarque que « l'usage le plus typique du rappel est sans doute … celui par lequel un événement déjà pourvu en son temps d'une signification voit après coup cette première interprétation remplacée par une autre »[98]. L'usage le plus typique chez Luc est probablement de soutenir la fiabilité de son récit (Lc 1.4) par un appel au plan de Dieu qui se déroule comme prévu par la prophétie. Mais Luc semble aussi se servir des rappels pour remplacer une première interprétation. Un exemple pertinent pour la discussion de la pneumatologie lucanienne est encore celui de la prophétie de Jean-Baptiste. Jean prophétise que celui qui vient « baptisera du Saint-Esprit et de feu » (Lc 3.16). Le contexte littéraire parle surtout du jugement eschatologique (Lc 3.7, 9, 17). Il y a peut-être une allusion aux prophéties d'Ésaïe (11.1-4), où il s'agit aussi du jugement eschatologique, achevé par « le souffle (רוּחַ) de ses lèvres », et d'un « feu qui ne s'éteint point » symbolisant ce jugement (Lc 3.17 ; cf. És 66.24). Le problème de cette interprétation est que les deux rappels de cette prophétie dans les Actes des apôtres ne la soutiennent pas (Ac 1.5 ; 11.16). L'usage décrit par Genette résoudrait le problème de l'interprétation de cette prophétie. Selon cet usage, la prophétie de Jean ferait partie des attentes eschatologiques non-accomplies dans le récit de Luc, mais suscitées par Luc dans les premiers chapitres, et qui doivent être remplacées par une autre interprétation. Au début des Actes, Jésus rappelle cette prophétie et remplace la première interprétation par une qui introduit une bénédiction accordant la puissance de l'Esprit aux disciples (1.4-8). Plus tard, Pierre rappelle cette parole de Jésus afin de montrer que la même bénédiction est accordée aux païens (Ac 11.15-17).

L'analyse des prolepses ou anticipations est encore plus fructueuse que l'analyse des rappels. Les prolepses jouent un rôle d'annonces, créent une attente chez le lecteur et « se réfèrent d'avance à un événement qui sera en son temps raconté tout au long »[99]. Ces attentes créées et résolues dans le récit de Luc font partie de sa stratégie narrative. Des attentes sont créées par des paroles prophétiques depuis le début de son récit (Lc 1.13-20,

---

[98] GENETTE, « Le discours », p. 98. Genette utilise *A la recherche du temps perdu*, une œuvre de Proust pour illustrer son commentaire sur le récit (p. 67-69), texte établi par Pierre Clarac et André Ferré, collection de la Pléiade, Gallimard, t. I : nov. 1955; II : janv. 1956 ; III : mai 1956.
[99] GENETTE, « Le discours », p. 111.

31-37, 46-55, 67-79 ; 2.10-12, 29-35 ; 3.16-17, etc.). Les anticipations peuvent susciter des attentes qui ne seront pas résolues selon la compréhension des personnages présents à l'annonce. Il faut attendre le moment du récit où l'événement est raconté tout au long pour bien comprendre l'annonce. Nous venons de voir l'exemple de la prophétie de Jean. Un autre exemple important pour la pneumatologie de Luc est la promesse faite par Pierre le jour de la Pentecôte (Ac 2.38-39). C'est le passage considéré comme important dans notre survol de questions pertinentes au chapitre premier.

**La durée**

Par « *durée* » Genette veut dire la vitesse de la narration. Le jeu du temps est entre la durée de l'histoire et la durée du récit. Il distingue quatre vitesses : 1) une *pause* descriptive a lieu quand le temps de l'histoire s'arrête pour permettre une description dans le récit, 2) dans une *scène*, le plus souvent dialoguée, le temps de l'histoire est (théoriquement) égal au temps du récit, 3) pour un *sommaire*[100] le temps de l'histoire est résumé dans le temps du récit, et 4) une *ellipse* dans le récit représente un bond dans le temps de l'histoire. Luc se sert de toutes ses vitesses dans son récit. La généalogie de Jésus est une longue pause descriptive entre son baptême et sa tentation (Lc 3.23-38). Luc utilise aussi quelques ellipses (voir, p. ex., Lc 1.26). Les scènes dialoguées (Lc 1.13-20, 28-38, 42-55, 68-79 ; 2.10-14, 29-35, 48-49 ; 3.7-14, 16-17, 22, etc.) intercalées de sommaires représentent le style préféré de Luc. Le lecteur remarquera que ces scènes dialoguées correspondent, en grande partie, aux prophéties proleptiques signalées ci-dessus. Les sommaires servent à introduire le lieu, les personnages, le temps et les circonstances des scènes, et à décrire la suite des scènes. Luc donne priorité aux scènes dialoguées[101], et ainsi aux paroles prophétiques. Les sommaires, pauses et ellipses servent à aider à la compréhension de ces paroles. Nous voyons comment un examen de la vitesse de narration souligne le thème de l'accomplissement des prophéties déjà mis en valeur par les distorsions de l'ordre.

---

[100] Genette signale que le terme, *summary*, donné dans la critique de langue anglaise, n'a pas d'équivalent en français. *Sommaire* est l'abréviation de *récit sommaire* (Ibid., p. 129).
[101] Nos exemples viennent de Luc 1-3. La priorité des scènes dialoguées est encore plus prononcée dans la suite.

## La fréquence

Par « *fréquence* » Genette veut dire le nombre de fois où un événement est raconté. Dans un *récit singulatif* chaque événement est raconté une fois. Le *récit répétitif* raconte plusieurs fois ce qui s'est passé une fois. Dans le *récit itératif* ce qui s'est passé plusieurs fois n'est raconté qu'une seule fois[102]. Le récit singulatif est, bien sûr, le plus fréquent. Le sommaire peut être un bon exemple de récit itératif (voir, p.ex., Ac 2.42-47 ; 4.32-35). Nous avons déjà vu le triple récit répétitif de la prophétie de Jean-Baptiste (Lc 3.16 ; Ac 1.5 ; 11.16). Trois exemples de récit répétitif sont frappants dans Luc-Actes ; le double récit de l'Ascension (Lc 24.44-53 ; Ac 1.3-11), le triple récit de la réception de l'Esprit dans la maison de Corneille (Ac 10.1-48 ; 11.4-18 ; 15.7-9) et le triple récit de la conversion de Saul (Ac 9.1-22 ; 22.1-16 ; 26.4-20). Un des buts de ces répétitions est de souligner les thèmes qui y sont répétés. Nous avons déjà mentionné le thème de l'accomplissement des prophéties[103]. Un autre thème est la souffrance prophétisée des porte-parole de Dieu[104]. On retrouve aussi le thème des témoins[105], qui annoncent la repentance et le pardon des péchés[106] aux païens ou à toutes les nations[107]. L'Esprit joue un rôle important dans le déroulement de ces thèmes. Il rend les disciples puissants pour témoigner (Lc 24.49 ; Ac 1.8) et atteste que les païens sont agréés par Dieu (Ac 10.47-48 ; 11.17 ; 15.8-9). Le rôle de l'Esprit est mentionné, mais ambigu, dans le triple récit de la conversion de Saul (Ac 9.17).

Il est intéressant de noter que les tendances lucaniennes dans l'exploitation du temps correspondent, en grande partie, à celles des auteurs de l'Ancien Testament. Des rappels et des anticipations sont fréquemment employés dans le service du thème de l'accomplissement des prophéties. On y remarque la même priorité donnée aux scènes dialoguées intercalées de sommaires ayant très peu de pauses descriptives. La narration de l'Ancien Testament contient de nombreux exemples de répétitions semblables à celles des Actes, ainsi que des sommaires itératifs.

---

[102] GENETTE, « Le discours », p. 146-48.
[103] Lc 24.44, 46-47, 49 ; Ac 1.4-8 ; 10.10-20, 43 ; 11.5-12, 16 ; 9.6, 10-12, 15-16, 22 ; 22.10, 14-15 ; 26.6, 16-18, 22-24, 27.
[104] Lc 24.46 ; Ac 1.3 ; 9.16.
[105] Lc 24.48 ; Ac 1.8 ; 10.39 ; 11.4 ; 9.15 ; 22.15 ; 26.16.
[106] Lc 24.47 ; Ac 10.43 ; 11.18 ; 22.16 ; 26.18.
[107] Lc 24.47 ; Ac 1.8 ; 10.35 ; 11.18 ; 15.7 ; 9.15 ; 22.21 ; 26.17.

Les études de la narration de l'Ancien Testament ont déjà démontré l'utilité de cette sorte d'analyse pour éclairer le sens du texte[108]. Robert Tannehill a montré l'utilité d'une étude des distorsions du temps pour comprendre la structure de Luc-Actes[109]. Mais il n'a pas cherché à en comprendre les implications pour la pneumatologie de Luc. Les quelques exemples ci-dessus montrent qu'une telle analyse de Luc-Actes pourrait aussi nous aider à discerner la pneumatologie de Luc. Nous avons déjà touché à la résolution de deux problèmes majeurs d'interprétation pour la pneumatologie de Luc : 1) le problème de cohérence entre l'interprétation de la prophétie de Jean-Baptiste donnée par lui-même et l'interprétation donnée par les deux autres rappels, et 2) le problème de cohérence entre la promesse prophétique de Pierre (Ac 2.38-39) et les récits qui racontent son accomplissement.

## L'exploitation des ambiguïtés

### Les lieux d'indétermination et les négations

La description des *lieux d'indétermination* (*places of indeterminacy*) ou « *blancs* » (*gaps*) de Wolfgang Iser commence par une analyse de la perception d'une interaction interpersonnelle, empruntée à R. D. Laing[110]. Selon Laing, les individus ne peuvent expérimenter les expériences des autres. Il y a une distance (*gap*) entre nos expériences qui doit être comblée par l'interprétation pour que la communication ait lieu[111]. On comprend l'expérience d'un autre dans les catégories de sa propre expérience. Dans la lecture il y a une interaction entre le lecteur et le texte. Le texte crée un lieu d'indétermination qui est rempli par une projection du lecteur. Pour que la communication du texte soit efficace, « cette activité du lecteur doit être contrôlée, en quelque sorte par le texte » au fur et à mesure de la lecture. Ce qui est implicite au début

---

[108] Voir, p. ex., ALTER, *Art*, p. 63-113, BAR-EFRAT, *Narrative Art*, p. 141-196, STERNBERG, *Poetics*, p. 264-440.
[109] *Narrative Unity: Luke*, p. 15-73, 294-298, etc.
[110] *The Act of Reading : A Theory of Aesthetic Response*, Baltimore et Londres, Johns Hopkins University Press, 1978, p. 165. Iser cite 2 œuvres de Laing: *Interpersonal Perception: A Theory and a Method of Research*, New York, 1966, et *The Politics of Experience*, Harmondsworth, 1968.
[111] ISER, *The Act of Reading*, p. 165-66.

de la lecture devient parfois explicite plus tard et le lecteur est obligé de modifier ses projections et interprétations[112].

Un deuxième élément dans la structure d'indétermination d'Iser est ce qu'il appelle « *négations* ». Par « négation » Iser veut dire le processus où les textes « évoquent des éléments familiers ou déterminés afin de les annuler. Ce qui est annulé reste en vue et suscite une modification dans l'attitude du lecteur envers ce qui est familier ou déterminé »[113]. Le familier ou le déterminé est une norme du répertoire[114] du lecteur qui, selon Iser, subit une modification par son inclusion dans un nouveau contexte. L'intérêt pour cette norme du lecteur est stimulé lorsque sa validité est annulée. « Alors, le familier semble obsolescent … créant un blanc dynamique ». Le lecteur se trouve entre le familier qui n'est plus valable et une nouvelle interprétation qui n'est pas encore définie[115]. Selon Iser, la négation est toujours partielle ; la norme n'est pas entièrement rejetée. La négation souligne seulement certains aspects problématiques de la norme qu'il faut réévaluer et modifier[116]. Des exemples de Luc-Actes serviront à éclairer les notions d'Iser.

**Exemples de Luc-Actes**

Les prophéties sont très souvent ambiguës et peuvent servir d'exemples de lieux d'indétermination et de négations. Dans Luc-Actes les prophéties internes servent à structurer le récit[117]. Plusieurs de ces prophéties sont ambiguës. François Bovon appelle cette ambiguïté « le flou prophétique ». Il cite, comme exemple, l'annonce de *l'exode* (« un terme vague et suggestif »), dans la conversation de Jésus avec Moïse et Elie (Lc 9.31), que Jésus « allait accomplir à Jérusalem »[118]. Le récit ne précise pas si les disciples

---

[112] Ibid., p. 167-169. Citation, p. 167.
[113] Ibid., p. 169.
[114] Pour le terme « répertoire », voir p. 49, n. 40 et la discussion d'Iser, *The Act of Reading*, p. 53-85. Iser liste 3 éléments du répertoire : (1) d'autres œuvres dont on a des allusions dans le texte, (2) les normes sociales et historiques, et (3) toute la culture de laquelle le texte est sorti (p. 69).
[115] Ibid., p. 212-13.
[116] Ibid., p. 213.
[117] Voir la section consacrée à la récurrence des prophéties et leurs accomplissements au ch. 3.
[118] François BOVON, « Effet de réel et flou prophétique dans l'œuvre de Luc », *A cause de l'évangile : Etudes sur les synoptiques et les Actes*, Lectio Divina 123, Paris, Cerf, 1985, p. 355-56.

ont entendu le contenu de la discussion. Les autres évangiles ne mentionnent pas le contenu (Mt 17.1-9 ; Mc 9.2-10). Le narrateur omniscient[119] choisit de résumer la conversation par « le départ (*exode*) qu'il allait accomplir à Jérusalem ». Le lecteur doit être frappé par le terme peu commun « *exode* ». Étant donné la présence de Moïse, peut-être rappelle-t-il l'exode au temps de Moïse et songe-t-il à un exode analogue : une délivrance de la puissance romaine. Mais, le lecteur sait que cette délivrance n'a pas eu lieu. C'est une négation d'une norme de son répertoire. La présentation de Jésus dans les premiers chapitres aurait suscité l'image et l'attente d'un Messie libérateur politique. L'emploi d'un terme étroitement associé à la libération accomplie par Moïse aurait renforcé cette attente. Mais le lecteur sait que Jésus n'a pas accompli cette libération politique. Le lecteur a besoin de remplacer cette première interprétation par une autre.

Il est peu probable que le lecteur songe à l'Ascension, même si l'Ascension de Jésus a déjà eu lieu lorsque le lecteur rencontre le texte. Les autres évangiles ne mentionnent même pas l'Ascension[120]. Le lecteur a un autre indice dans l'expression « être enlevé » (ἀναλήμψεως) un peu plus loin dans le récit (Lc 9.51 ; cf. 2 R 2.9 LXX). Cet indice aurait-il été suffisant ? Nous croyons que le lecteur aurait eu du mal à donner une signification cohérente à cette conversation et qu'il serait resté dans l'attente de l'accomplissement explicite de l'annonce. L'auteur laisse le lecteur en suspens. Ce n'est qu'au moment du deuxième récit de l'Ascension, quand l'ange décrit le départ de Jésus avec la forme verbale de la même racine, (« a été enlevé » [ἀναλημφθεὶς] Ac 1.11), que le lecteur est capable d'interpréter, avec un peu de certitude, la première annonce de cet événement[121].

Nous sommes persuadé que les prophéties des premiers chapitres de l'Évangile fonctionnent de la même façon. Des promesses des temps eschatologiques y sont rappelées. Il y a la promesse du messager qui prépare le chemin du Seigneur (Lc 1.16-

---

[119] Pour une description du narrateur omniscient voir MARGUERAT et BOURQUIN, *La Bible se raconte*, p. 17.
[120] La mention de l'ascension dans Mc 16.19 étant une addition tardive au texte.
[121] Nous n'écartons pas la possibilité que le terme « exode » puisse aussi se référer à la mort de Jésus ou aux événements de la mort jusqu'à l'ascension. Nous signalons tout simplement que le récit indique un lien, probablement le lien le plus important, avec l'ascension par la répétition verbale. Pour une discussion des parallèles entre Lc 9 et Ac 1 voir J. G. DAVIES, « The prefigurement of the Ascension in the Third Gospel », *Journal of Theological Studies* 6, 1955, p. 229-33.

17 ; cf. Mal 4.6). L'ange Gabriel rappelle la promesse d'un règne sans fin du trône de David (Lc 1.32-33 ; cf. 2 Sa 7.12-13). Zacharie parle du peuple « racheté » (λύτρωσιν) et d'« un Sauveur qui nous délivre de nos ennemis » (Lc 1.68, 71 ; cf. Ex 15.13 ; És 49.25). Ce sont des prophéties vagues, mais suggestives, qui auraient pu susciter des attentes eschatologiques et messianiques. Luc exprime ces attentes dans une description du témoignage de la prophétesse Anne qui « parlait de Jésus à tous ceux qui attendaient la délivrance (λύτρωσιν) de Jérusalem » (Lc 2.38). Suite à la souffrance et à la mort de Jésus, un disciple sur le chemin d'Emmaüs exprime la déception collective des disciples : « nous espérions que ce serait lui qui délivrerait (λυτροῦσθαι) Israël » (Lc 24.21). Après sa résurrection, lorsque Jésus annonce la venue imminente de l'Esprit, les apôtres expriment une attente semblable en demandant à Jésus : « Seigneur, est-ce en ce temps que tu rétabliras le royaume d'Israël ? » (Ac 1.4-6).

**L'attente messianique**

Nous savons que les attentes messianiques et eschatologiques de la période étaient très variées. Craig Blomberg distingue six attentes messianiques différentes, mais il atteste qu'un grand nombre dans le judaïsme « attendait un roi *guerrier* qui aiderait les Juifs à se débarrasser des chaînes de Rome »[122]. Il écrit encore que, « les attentes populaires christologiques ne laissaient pas de place à un Messie *souffrant* »[123]. Eduard Lohse parle de l'attente la plus populaire, développée parmi les Pharisiens, où Dieu susciterait un roi d'après le modèle de David, qui libérerait Israël et la conduirait à une gloire future, rappelant la prophétie de Nathan que Dieu affirmerait « pour toujours le trône de son royaume » (2 Sa 7.13), dont l'expression la plus claire se trouve dans les Psaumes de Salomon[124]. J. H. Charlesworth affirme que les actes de Jésus n'étaient

---

[122] *Jesus and the Gospels : An Introduction and Survey*, Nashville, Broadman and Holman Publishers, 1997, p. 410.
[123] Ibid., p. 119.
[124] *Umwelt des Neuen Testaments*, Göttingen, Vandenhoeck & Ruprecht, 1974, p. 138-39. Lohse cite PssSol 17.4, 21, 27, 32, 45-46.

« décidément pas ceux que l'on associe souvent au Messie », en particulier sa souffrance[125].

Il n'est pas nécessaire de bien définir l'attente messianique et eschatologique sous-jacente aux paroles de Luc afin de comprendre sa stratégie. Le texte présuppose une attente, qui aurait été stimulée par les termes associés aux prophéties eschatologiques, et qui a été déçue par la souffrance et la mort de Jésus. Cette attente fait partie de la norme du répertoire du lecteur implicite du récit. C'est cette norme qui doit subir une réévaluation et une modification pour inclure la souffrance du Christ. Il est intéressant, mais pas nécessaire à nos arguments, de comparer cette attente textuelle à la description de l'attente populaire décrite ci-dessus. Luc veut modifier l'interprétation des prophéties eschatologiques de ses lecteurs. Notez combien de fois il souligne que la souffrance de Jésus et de ses disciples est un accomplissement des prophéties. Jésus prédit sa propre souffrance, de manière explicite (Lc 9.22, 44 ; 17.25 ; 18.31-33 ; 22.14), en parabole (Lc 20.9-16) et par les symboles de la cène (Lc 22.14-20). Sa souffrance est déclarée un accomplissement des prophéties de l'Ancien Testament par Jésus lui-même (Lc 24.25-27, 44-46), par Pierre (Ac 3.18) et par Paul (Ac 17.2-3 ; 26.22-23). C'est le sort de tous les prophètes (Lc 13.33-34) ainsi que des disciples (Lc 12.11 ; 21.12-19 ; Ac 9.16). L'association de la souffrance aux prophètes est tellement étroite qu'elle devient une sorte de symbole de l'approbation de Dieu en sorte que les apôtres étaient « joyeux d'avoir été jugés dignes de subir des outrages pour le nom [de Jésus] » (Ac 5.41).

## La stratégie de l'auteur implicite et sa pneumatologie

La stratégie de Luc semble être liée au but explicite de sa préface. Luc écrit un récit « des événements qui se sont accomplis » afin de donner une « certitude » à ses lecteurs implicites (Lc 1.1-4). Le but présuppose une incertitude chez ses lecteurs. Nous avançons l'idée qu'une partie de cette incertitude vient de la norme de leur répertoire qui est transgressée par la souffrance et par la mort de Jésus. Luc crée une empathie entre ses lecteurs et les disciples qui ont les mêmes incertitudes. Nous avons déjà remarqué que le

---

[125] « From Messianology to Christology : Problems and Prospects », *The Messiah : Developments in Earliest Judaism and Christianity*, éd. James H. Charlesworth, Minneapolis, Fortress Press, 1992, p. 8.

lecteur est attiré par les personnages qui lui ressemblent. Le personnage collectif des disciples ressemble le plus au lecteur implicite. Les disciples ne comprenaient pas les annonces de souffrance (Lc 9.45 ; 18.34). Quand les disciples sur le chemin d'Emmaüs expriment leur déception, le lecteur se sent représenté dans le récit. Lorsque les disciples sont amenés à adopter une nouvelle interprétation, le lecteur est influencé par leur exemple.

Nous sommes persuadé que la prophétie de Jean-Baptiste fonctionne de la même manière. Sa prophétie suscite des attentes eschatologiques qui sont aussi tenues par Jean. Le texte nous montre que même Jean, l'auteur de la prophétie, a des doutes concernant l'identité messianique de Jésus. Jean demande : « Es-tu celui qui doit venir, ou devons-nous en attendre un autre ? » (Lc 7.19). Apparemment, Jésus n'avait pas suivi la norme du répertoire concernant le Messie. Selon le discours de Jean, ce répertoire attendait un juge eschatologique (Lc 3.7, 9, 17). La réponse de Jésus à la question de Jean fait allusion à un autre passage prophétique et eschatologique déjà cité par Jésus (Lc 7.22 ; 4.18-19), qui attribue d'autres actes au Messie. Le texte ne précise pas si Jean a compris l'explication de Jésus, laissant le lecteur insatisfait. Il doit se demander si Jean a résolu ses doutes. S'il s'identifie avec les doutes de Jean, il s'interroge sur ses propres doutes et incertitudes. Nous pensons que le lecteur implicite n'est pas capable de comprendre l'accomplissement de ces prophéties à ce moment dans le récit. L'épisode sert à susciter une réévaluation de l'interprétation du lecteur concernant l'identité et la mission du Messie, et à créer une attente pour une modification satisfaisante.

Faut-il encore souligner l'importance de cette discussion pour notre recherche sur la pneumatologie de Luc ? Nous avons suggéré que l'introduction de l'expression « baptisé d'Esprit » dans le discours de Jean-Baptiste fait partie d'une stratégie de l'auteur implicite pour modifier la compréhension des attentes eschatologiques de ses lecteurs. Nous avons constaté que Jean, lui-même, avait besoin de modifier ses attentes. Ainsi, l'interprétation de cette expression se modifie avec le développement du récit. Ceci ne veut pas dire qu'il faut rejeter carrément l'interprétation de Jean. Cette interprétation reste vraie tout en ayant besoin de modifications. Mais, l'interprétation correcte n'est pas, non plus, un compromis entre la position de Jean et celle des Actes des apôtres.

L'interprétation doit prendre en considération le développement du récit et la modification des attentes eschatologiques.

« Baptisé d'Esprit » est justement une des expressions dont la signification est fortement débattue. Il est évident que l'ambiguïté de cette expression et d'autres expressions semblables joue un grand rôle dans la diversité d'interprétations de la réception de l'Esprit dans Luc-Actes. Si nous pouvons montrer comment ces ambiguïtés sont exploitées par l'auteur implicite dans le service de ses buts, nous pouvons mieux comprendre ces expressions.

## V. CONCLUSIONS ET PROPOSITIONS

Le thème du Saint-Esprit est lié à l'organisation logique de l'ensemble de l'œuvre. Le Saint-Esprit est présenté dans l'œuvre comme un personnage fiable qui inspire des paroles fiables engendrant une certitude concernant les enseignements reçus. C'est ainsi que le Saint-Esprit est lié à la stratégie de l'auteur implicite dans la réalisation de son but déclaré (Lc 1.4). C'est la conclusion de la thèse de William Shepherd. Notre thèse cherche à préciser la stratégie de l'auteur implicite afin d'inférer d'autres aspects dans sa pneumatologie.

À plusieurs reprises nous avons utilisé l'exemple de Jean-Baptiste et son message du Puissant qui « baptisera du Saint-Esprit et de feu » (Lc 3.16). Notre présentation un peu répétitive[126] de l'exemple de Jean-Baptiste montre comment des analyses de l'exploitation des *perspectives*, de la *temporalité* et des *lieux d'indétermination* mènent vers la même conclusion que l'auteur implicite se sert des modalités concrètes dans une stratégie pour modifier la compréhension du lecteur implicite. L'auteur implicite utilise la *perspective* de Jean pour influencer l'évaluation du lecteur implicite. Dans ses doutes concernant l'attente messianique Jean ressemble au lecteur implicite et suscite chez lui un

---

[126] Le caractère répétitif de notre présentation est dû en parti au fait que Genette et Iser décrivent le même phénomène de modification, mais de deux approches différentes. L'approche de Genette est celle de l'auteur et sa stratégie. L'approche d'Iser est celle du lecteur et sa compréhension. Genette décrit comment l'auteur utilise le jeu des perspectives et les rappels pour modifier une première interprétation. Iser décrit comment l'attitude et la compréhension du lecteur sont modifiées dans le processus de la lecture. Dans l'exemple de Jean-Baptiste, la compréhension du lecteur et la première interprétation de la prophétie se rejoignent.

sentiment d'empathie. Lorsque Jean est appelé à modifier ses attentes eschatologiques, le lecteur ressent le même appel (Lc 7.18-22). Par *l'exploitation du temps*, des rappels et des annonces, l'auteur implicite montre comment les attentes eschatologiques liées au message de Jean doivent être modifiées (Ac 1.4-8). En d'autres termes, l'ambiguïté de la prophétie de Jean crée un *lieu d'indétermination* suscitant des projections de la part du lecteur implicite qui doivent subir une *négation* et être remplacées par une nouvelle interprétation dans les Actes des apôtres. Ces quelques observations de l'emploi des modalités concrètes dans la stratégie de l'auteur implicite montre l'utilité de ce type d'analyse pour le message de Jean et indique probablement qu'une telle analyse sera utile pour d'autres passages ambigus relatifs à la pneumatologie de Luc-Actes.

Comment procéder à cette analyse ? Nous proposons une analyse en deux étapes. L'illustration du cinéaste servira encore à expliquer comment procéder pour les deux tâches. D'abord, nous reculerons la caméra pour obtenir une vue d'ensemble, une vue panoramique. C'est la perspective qui vient de multiples lectures. Nous recherchons la logique de l'organisation de la composition de l'auteur implicite. Nous voulons comprendre le rôle joué par l'Esprit Saint dans la stratégie de l'ensemble de l'œuvre. Nous poserons des questions sur la structure de l'ensemble de l'œuvre. Comment l'auteur implicite présente-t-il son récit ? Où commence le récit ? Où se termine-t-il ? Comment le récit se déroule-t-il du début à la fin ? Quels sont les étapes et les schémas organisateurs du récit ? Quels sont les liens rhétoriques de composition ?

La deuxième étape cherchera la perspective du gros plan sur les passages qui parlent de l'Esprit dans Luc-Actes. Nous avancerons la caméra pour une lecture séquentielle des mentions de l'Esprit, en essayant de comprendre chaque passage dans le développement du récit. Nous recherchons l'effet sur le lecteur. Nous poserons des questions sur les modalités et sur les techniques utilisées par l'auteur implicite afin d'atteindre cet effet. Comment l'intrigue et les personnages se développent-ils ? Comment l'auteur implicite communique-t-il son point de vue ? Comment exploite-t-il les perspectives ? Comment induit-il le lecteur à adopter ses évaluations sur tel ou tel personnage ? Comment ce jeu de perspectives implique-t-il le lecteur dans l'interprétation ? Comment l'auteur implicite exploite-t-il le temps ? Quels sont les lieux d'indétermination importants ? Pourquoi l'auteur implicite a-t-il choisi de laisser une ambiguïté ou de remplir un lieu d'indétermination plus tard dans le récit ? Quelles sont les conclusions que nous pouvons en tirer pour la pneumatologie de Luc-Actes ?

Les deux perspectives, la vue panoramique de l'ensemble de l'œuvre et le gros plan des mentions de l'Esprit, doivent être considérées ensemble pour en tirer des conclusions. Ainsi, la vue panoramique aidera à choisir les passages qui exigent une vue en gros plan. Pendant la lecture séquentielle il sera aussi utile de changer l'angle de la caméra de temps à autre pour montrer comment les modalités vues dans le gros plan servent à renforcer la structure de l'ensemble de Luc-Actes.

CHAPITRE III

COMMENT LUC ORGANISE-T-IL SON RÉCIT ?

## INTRODUCTION

Dans cette première étape de notre analyse, nous voulons voir le plan de l'ensemble de Luc-Actes, qui nous aidera à définir la signification des parties. Notre compréhension de la fonction d'un épisode dans le récit est « renforcée, enrichie et modifiée » par des liens avec d'autres épisodes[1]. Sous jacente à cette notion se trouve la conviction que le récit est structuré, qu'il y a des liens logiques entre les parties. L'analyse narrative s'attend à trouver des progressions logiques de cause à effet[2]. Allen Culpepper explique le raisonnement sous-jacent,

> Afin d'établir une cohérence interne et de communiquer la signification du récit, les évangélistes ont sélectionné, modelé et arrangé le matériel pour que leur séquence établisse une certaine progression et causalité. Action et dialogue ont été employés afin d'établir différents thèmes ou motifs qui se répètent à travers les évangiles, et le narrateur et les personnages ont dû coopérer à la communication du sens du récit[3].

Ce que nous recherchons est la structure du récit. Cette structure peut être explicite ou implicite, appliquée consciemment ou inconsciemment. L'auteur façonne son récit selon une certaine logique avec des schémas organisateurs plus ou moins repérables à partir du texte. Peter Brooks dit que la plupart des « œuvres durables de littérature … nous guident » vers leur interprétation[4].

---

[1] Robert C. TANNEHILL, *The Narrative Unity of Luke-Acts : A Literary Interpretation, Volume one : The Gospel according to Luke,* Philadelphia, Fortress Press, 1991, p. 172.
[2] Voir Mark Allan POWELL, *What is Narrative Criticism?* Guides to Biblical Scholarship, éd. Dan O. Via, Jr., Minneapolis, Fortress Press, 1990, p. 40-42.
[3] *Anatomy of the Fourth Gospel: A Study in Literary Design*, Philadelphia, Fortress Press, 1983, p. 85.
[4] *Reading for the Plot : Design and Intention in Narrative*, New York, Alfred A. Knopf, 1984, p. xii.

La structure d'un récit s'appelle son *intrigue*. Différents auteurs soulignent différents aspects de l'intrigue. E. M. Forster souligne l'aspect de la causalité[5]. Peter Brooks souligne la succession temporelle[6]. Daniel Marguerat et Yvan Bourquin parlent du « principe unificateur »[7]. La définition de M. H. Abrams est souvent répétée : « Dans une œuvre dramatique ou narrative, l'intrigue est la structure de ses actions telles qu'elles sont disposées et ordonnées en vue de produire un effet particulier au niveau émotionnel et artistique »[8]. À partir de définitions variées Alan Culpepper énumère quatre aspects importants de l'intrigue : séquence, causalité, unité et pouvoir affectif[9]. Un bon sommaire de l'intrigue tiendra compte de ces quatre aspects.

Ayant décidé de décrire la structure de Luc-Actes, nous sommes obligés d'avouer la difficulté de la tâche. Ce que nous cherchons n'est pas une structure universelle applicable à tous les textes, mais une structure repérable à partir d'un texte précis. Le nombre de possibilités de liens pouvant éclairer la structure de Luc-Actes n'est pas infini. Mais il est quasiment hors de portée d'un être humain. Selon Jan P. Fokkleman, « le lecteur cherche les liens entre chaque élément et tous les autres éléments »[10]. Peter Brooks compare le problème à celui d'un détective. Il cite Sherlock Holmes, « 'La difficulté principale dans votre cas ... est dans le fait qu'il y a trop d'indices. Ce qui a été vital a été couvert et caché par ce qui a été non pertinent' »[11]. La comparaison illustre le fait qu'il y a trop d'indices. Mais elle exagère la difficulté, parce que les histoires de détectives font exprès de cacher des indices importants, ce qui n'est probablement pas le cas pour Luc-Actes. Néanmoins, le jugement entre ce qui est vital et ce qui n'est pas pertinent sera toujours basé sur une certaine mesure de subjectivité. James Muilenburg

---

[5] « The Plot », *Approaches to the Novel: Materials for a Poetics*, éd. Robert Scholes, San Francisco, Chandler Publishing Company, 1961, p. 147.
[6] *Reading for the Plot*, p. 12.
[7] *La Bible se raconte : Initiation à l'analyse narrative*, Paris/Genève/Montréal, Cerf/Labor et Fides/Novalis, 1998, p. 54.
[8] *A Glossary of Literary Terms*, Chicago, Holt Rinchaut et Winston, 1988, p. 139. Trad. par MARGUERAT et BOURQUIN, *La Bible se raconte*, p. 55.
[9] *Anatomy*, p. 80.
[10] *Reading Biblical Narrative : An Introductory Guide*, trad. par Ineke Smit, Louisville, Kentuky, Westminster/John Knox Press, 1999, p. 77.
[11] *Reading for the Plot*, p. 29, citant Sir Arthur Conan DOYLE, « The Naval Treaty », *The Complete Sherlock Holmes*, vol. 1, p. 540.

constate que l'objection de subjectivité dans la recherche des accents de composition est souvent soulevée et que la tâche nécessite une « sensibilité littéraire »[12].

Cette subjectivité est démontrée par le grand nombre de réponses données à la question de structure. Au chapitre premier nous avons étudié la description de trois périodes de l'histoire du salut proposée par Hans Conzelmann à partir de deux versets clés et d'une situation historique supposée. Paul Minear a compris plutôt une organisation construite sur le thème de l'accomplissement des prophéties. Odette Mainville pense que tout le récit de Luc-Actes tourne autour d'un verset clé dans le discours de Pierre (Ac 2.33), qui « *est le sommet de l'œuvre de Luc* »[13]. G.W.H. Lampe estime que « le fil conducteur qui traverse l'ensemble des deux parties de l'œuvre de Luc est le thème de l'opération de l'Esprit de Dieu »[14]. David W. Pao croit que la clé herméneutique de l'œuvre de Luc est la présence, en arrière plan, du nouvel exode d'Ésaïe (cf. Lc 3.4-6 ; És. 40.3-5)[15].

Même si nous nous limitons aux auteurs qui font une analyse narrative de Luc-Actes, les solutions sont différentes. Robert Tannehill affirme que le principe unificateur de Luc-Actes est le dessein de Dieu (βουλή τοῦ θεοῦ)[16]. William S. Kurtz croit que l'essentiel de l'intrigue de Luc-Actes imite l'intrigue du récit d'Élie et d'Élisée dans le livre de Siracide (48.1-16)[17]. La description de Ju Hur renferme plusieurs thèmes majeurs : « *la voie du témoignage, pour chercher et sauver le peuple de Dieu, engendrée par Jésus* (dans l'Évangile) *et ses témoins* (dans les Actes), *à travers la puissance et la direction du Saint Esprit selon le dessein de Dieu* »[18].

Chaque auteur défend sa thèse avec des observations tirées de l'œuvre de Luc. Chaque sommaire de l'intrigue explique certains éléments du récit et en ignore d'autres. Le problème est de savoir où chercher des indices pour déterminer comment Luc a

---

[12] « Form Criticism and Beyond », *Journal of Biblical Literature* 88, 1969, p. 9.
[13] *L'Esprit dans l'œuvre de Luc*, Héritage et Projet 45, éd. André Charron, Richard Bergeron et Guy Couturier, Ville Mont-Royal, Québec, Éditions Fides, 1991, p. 340.
[14] « The Holy Spirit in the Writings of St. Luke », *Studies in the Gospels. Essays in Memory of R.H. Lightfoot*, éd. D.E. Nineham, Oxford, Basil Blackwell, 1957, p. 159.
[15] *Acts and the Isaianic New Exodus*, Grand Rapids, Baker Academic, 2000, p. 38.
[16] *Luke*, p. 2.
[17] « Intertextual Use of Sirach 48.1-16 in Plotting Luke-Acts », *The Gospels and the Scriptures of Israel*, éd. Craig A. Evans et W. Richard Stegner, JSNTSS 104, Studies in Scripture in Early Judaism and Christianity 3, Sheffield, Sheffield Academic Press, 1994, p. 308-24.
[18] *A Dynamic Reading of the Holy Spirit in Luke-Acts*, Journal for the Study of the New Testament Supplemental Series 211, Sheffield, Sheffield Academic Press, 2001, p. 185.

distingué entre ce qui est vital est ce qui est moins pertinent. Quels sont les dispositifs que Luc a utilisés pour structurer son œuvre ? Quels sont « les signaux qui balisent et orientent le parcours de la lecture »[19] ? Le dispositif mentionné le plus souvent parmi les interprètes est la répétition, et en particulier le parallélisme[20]. Plusieurs font référence à l'intertextualité, les citations ou la typologie[21]. Parmi les autres dispositifs observés sont : la *syncrisis* (comparaison et contraste)[22], la géographie et le motif de voyage[23], les mandats de mission et les paroles interprétatives données par des personnages fiables[24], les conflits[25], les sommaires et les discours[26], et l'inclusion[27].

Faut-il tenir compte de tous ces indices ? Le nombre semble prohibitif. Faut-il renoncer carrément à décrire la structure ou l'intrigue de l'œuvre ? La réponse est non ! La structure est trop importante pour l'interprétation. La difficulté de préciser avec certitude les détails de la structure n'empêche pas de déterminer certains liens rhétoriques et certains schémas organisateurs de façon suffisamment sûre. Le commentaire de Jonathan Culler, dans un article sur la définition des unités de narration, semble approprié :

> … l'analyse de la structure de l'intrigue doit être théoriquement possible… nous pouvons, avec un peu de confiance, discuter si, oui ou non, le sommaire d'une intrigue est exacte, si oui ou non, un incident en particulier ou une partie d'un

---

[19] MARGUERAT et BOURQUIN, *La Bible se raconte*, p. 7.
[20] Voir, p. ex., Rebecca I. DENOVA, *The Things Accomplished Among Us: PropheticTradition in the Structural Pattern of Luke-Acts*, Journal for the Study of the New Testament Supplement Series 141, Sheffield Academic Press, 1997, p. 105; Wallace MARTIN, *Recent Theories of Narrative*, Ithaca/Londres, Cornell University Press, 1986, p. 167; Norman R. PETERSEN, *Literary Criticism for New Testament Critics*, Guides to Biblical Scholarship, éd. Dan O. Via, Jr., Philadelphia, Fortress Press, 1978, p. 46; et CULPEPPER, *Anatomy*, 87.
[21] Voir, p. ex., MARGUERAT et BOURQUIN, *La Bible se raconte*, p. 163; TANNEHILL, *Narrative Unity : Luke*, p. 21, 69 et KURTZ, « Intertextual Use », p. 308-24.
[22] MARGUERAT et BOURQUIN, *La Bible se raconte*, p. 161-63 ; John A. DARR, *On Character Building: The Reader and the Rhetoric of Characterization in Luke-Acts*, Louisville, KY, Westminster/John Knox Press, 1992, p. 40.
[23] Hans CONZELMANN, *Die Mitte der Zeit, Studien zur Theologie des Lukas*, 7e éd., Beiträge zur Historischen Theologie 17, éd. Gerhard Ebeling, Tubingue, J.C.B. Mohr (Paul Siebeck), 1993 [orig. 1954], p. 12-15, voir ch. 1, p. 34 ; DARR, *On Character Building*, p. 40 ; Luke Timothy JOHNSON, *The Literary Function of Possessions in Luke-Acts*, SBL Dissertation Series 39, éd. Howard C. Kee et Douglas A. Knight, Missoula, MT, Scholars Press, 1977, p. 23. Mikeal C. PARSONS, *The Departure of Jesus in Luke-Acts : The Ascension Narratives in Context*, JSNTSS 21, Sheffield Academic Press, 1987, p. 77.
[24] TANNEHILL, *Luke*, p. 21.
[25] Jack Dean KINGSBURY, *Conflict in Luke: Jesus, Authorities, Disciples*, Minneapolis, Fortress Press, 1991, p. 71 ; PARSONS, *Departure*, p. 77.
[26] JOHNSON, *Possessions*, p. 23.
[27] Daniel MARGUERAT, « Luc-Actes : une unité à construire », *The Unity of Luke-Acts*, éd. J. Verheyden, Leuven University Press, 1999, p. 63.

discours est important pour l'intrigue, et si oui, quelle est sa fonction, ... Certes, ces notions ne sont pas explicitement définies ... Nous pouvons parfois hésiter à dire si, oui ou non, un élément en particulier joue un rôle signifiant dans l'intrigue ou si, oui ou non, un sommaire de l'intrigue est exact, mais notre capacité de reconnaître des cas limites, de prédire là où des désaccords sont probables, montre précisément que nous savons de quoi nous parlons : nous comprenons bien. Le fait que nous pouvons en discuter et vérifier des affirmations sur des intrigues plaide fortement en faveur de la présupposition que la structure de l'intrigue est en principe analysable[28].

Comment entamer cette tâche de décrire la structure de l'œuvre à la fois possible et difficile ? Comment pouvons-nous déterminer des liens rhétoriques et des schémas organisateurs de façon suffisamment sûre ? Afin de réduire le danger de subjectivité, nous avons suivi les cinq propositions suivantes :

1)  Premièrement nous proposons la lecture et relecture du texte[29]. Nous avons l'impression que certains interprètes se perdent dans les détails du texte et oublient le contenu de l'ensemble. Une vue panoramique exige un parcours rapide du contenu sans s'arrêter sur les détails. Ce sont les lectures multiples qui aident à développer une *sensibilité littéraire* d'un texte en particulier. Kenneth Gros Louis recommande de commencer l'analyse par six à huit lectures[30]. Un retour à la lecture au fur et à mesure des recherches est aussi important. Lorsqu'il s'agit d'un texte aussi long que Luc-Actes il est parfois avantageux de parcourir le texte en lisant la première et la dernière phrase de chaque épisode afin de se rappeler le contenu de l'ensemble en vitesse.

2)  La deuxième proposition concerne l'écoute d'autres lectures[31]. D'autres exégètes souligneront des détails différents. Le processus d'évaluation au moyen d'autres lectures portera son fruit. D'abord, l'importance de certains détails sera plus évidente. Par exemple, il est difficile pour un seul lecteur d'apercevoir toutes les possibilités de parallélisme dans Luc-Actes. Même si nous n'acceptons pas les arguments en faveur de tel ou tel parallélisme, il est enrichissant de les évaluer. Ensuite, l'évaluation d'autres

---

[28] « Defining Narrative Units », *Style and Structure in Literature : Essays in the New Stylistics*, éd. Roger Fowler, Ithaca, NY, Cornell University Press, 1975, p. 124.
[29] Pour faciliter la vue panoramique nos relectures ont été surtout en français et en anglais.
[30] « Some Methodological Considerations », *Literary Interpretations of Biblical Narratives II*, éd., Kenneth R. R. Gros Louis et James S. Ackerman, Nashville, Abingdon Press, 1982, p. 22.
[31] Cette proposition n'est pas nouvelle. Les études exégétiques suivent cette proposition de principe. Nous la mentionnons pour indiquer notre position qu'une analyse narrative ne devrait pas être exempte de cette démarche.

lectures peut signaler des faiblesses de méthodologie qu'il faut éviter. Nous avons constaté, par exemple, que l'auteur de Luc-Actes se sert de très nombreuses images de l'Ancien Testament et qu'il y a une tendance parmi les exégètes à favoriser une image aux dépens d'une autre. David Pao, par exemple, a souligné l'allusion au nouvel exode d'Ésaïe dans l'œuvre de Luc au point de minimiser les allusions aux prophètes Élie et Élisée et de sauter la prophétie importante de Joël dans le discours de Pierre (Ac 2.17-21)[32]. Nous sommes d'accord avec Ward Gasque qu'une préoccupation avec « *un seul* motif théologique dominant » induit le lecteur en erreur. Il vaut mieux penser à « une variété de buts et de thèmes »[33]. L'évaluation de la lecture des autres peut aussi faire ressortir des indices reconnus par la majorité des exégètes. Pour certains dispositifs on pourrait dire qu'il y a un consensus. Le caractère programmatique du discours de Nazareth (Lc 4.16-30) en est un exemple. C'est-à-dire, le discours de Nazareth sert à programmer la manière de raconter la suite du récit.

3)  Troisièmement, afin d'éviter l'erreur de trop favoriser certains indices au dépens des autres, nous proposons de soutenir notre description de la structure de l'œuvre par plusieurs types d'indices. Dans Luc-Actes nous montrerons que les dispositifs suivants se soutiennent mutuellement dans l'organisation de l'œuvre : des citations importantes de la LXX, des prophéties, des allusions typologiques, des indications de géographie, des parallélismes, des changements de personnages importants et des indications explicites concernant certaines périodes de temps.

4)  Quatrièmement, la description de la structure d'une œuvre devrait s'accorder avec les données explicites dans le texte concernant le but de l'écrit. Dans Luc-Actes nous montrerons que la structure de l'œuvre s'accorde avec le but donné par l'auteur implicite dans sa préface.

5)  Finalement, notre dernière proposition vient du père de la réflexion narratologique. Jan Fokkleman dit que la description de l'intrigue faite par Aristote avec « un commencement, un milieu et une fin » semble très simple mais elle est

---

[32] *Isaianic New Exodus*, p. 10, 109. Il dit qu'il « a établi l'importance de *toutes* [C'est nous qui soulignons.] les affirmations programmatiques qui contrôlent la narration de Luc-Actes... (Luc 4.16-30 ; 24.44-49 ; Actes 1.8 ; 13.46-47 ; 28.25-28) ».

[33] *A History of the Criticism of the Acts of the Apostles*, Beiträge zur Geschichte der biblischen Exegese 17, Tübingue, J.C.B. Mohr (Paul Siebeck), 1975, p. 303.

« extrêmement efficace »[34]. Cette simple définition signale trois pistes importantes à examiner. Premièrement, il faut examiner le commencement, parce que c'est par là que l'auteur implicite introduit son histoire. Deuxièmement, il faut examiner la fin, parce que c'est à partir de la fin que les significations des épisodes deviennent claires. Jonathan Culler explique que c'est lorsque le lecteur « perçoit des structures téléologiquement organisées qu'il commence à comprendre l'intrigue »[35]. P. Goodman dit, « Au début tout est possible ; au milieu les choses deviennent probables ; à la fin tout est nécessaire »[36]. Finalement, il faut examiner la différence entre le commencement et la fin et chercher comment ce changement a eu lieu. Selon Daniel Marguerat et Yvan Bourquin, Aristote voyait « l'intrigue s'articuler autour d'un Renversement »[37]. Robert Brawley décrit le changement entre le commencement et la fin de Luc-Actes dans les termes de Victor Shklovsky : un mouvement de la prédiction vers sa réalisation et d'une mauvaise compréhension vers une rectification[38].

Dans la suite de ce chapitre nous proposons d'examiner la structure de Luc-Actes à travers cinq schémas organisateurs : le pacte de lecture dans la préface, la récurrence de prophéties et leurs accomplissements, la récurrence de comparaisons et contrastes, la récurrence de pivots et la récurrence de sommets. Nous sommes parvenus à ces schémas par la lecture et la relecture du texte et par l'évaluation d'autres lectures. Nous montrerons comment ces schémas s'accordent avec le but explicite dans la préface, se soutiennent mutuellement et contribuent au développement de l'intrigue du commencement vers la fin. Nous montrerons également comment cette organisation de la matière peut éclairer le rôle du Saint-Esprit dans le récit.

---

[34] *Reading Biblical Narrative*, p. 76.
[35] « Defining Narrative Units », p. 137.
[36] *The Structure of Literature*, Chicago, University of Chicago Press, 1954, p. 14.
[37] *La Bible se raconte*, 54. Voir ARISTOTLE, *Poetics*, éd. et trad. par Stephen Halliwell dans *The Loeb Classical Library*, éd. G. P. Goold, vol. 23, Harvard University Press, 1995, p. 90, lignes 1455b.24-29.
[38] *Centering on God : Method and Message in Luke-Acts*, Louisville, KY, Westminster/John Knox Press, 1990, p. 59.

## I.     LE PACTE DE LECTURE DANS LA PRÉFACE

Conformément aux conventions littéraires gréco-romaines, Luc commence son œuvre par une préface (Lc 1.1-4)[39] et entame sa deuxième partie par une préface secondaire (Ac 1.1-3)[40]. Que la première préface s'applique aux deux volumes de l'œuvre de Luc est « généralement reconnu parmi les commentateurs aujourd'hui »[41]. Depuis qu'Henry J. Cadbury a signalé la difficulté de préciser la signification des termes dans la préface de Luc, à cause de sa brièveté et de l'ambiguïté de son langage[42], les commentateurs hésitent à définir l'architecture de l'œuvre à partir de la préface[43]. Une analyse littéraire ou narrative, tout en reconnaissant l'ambiguïté du début, peut laisser la suite du récit éclairer la signification. Cadbury, lui-même, dit que les parallèles de Luc donnent « le meilleur commentaire »[44]. Il encourage un recours au co-texte des Actes pour préciser le sens de τὴν ἀσφάλειαν (Lc 1.4) disant que des passages semblables dans les Actes indiquent « une connotation apologétique »[45]. Sa réticence à raisonner de façon semblable pour la signification de πεπληροφορημένων (Lc 1.1), est peut-être due à une présupposition concernant le but de l'écrit[46]. Bien qu'il reconnaisse que le mot πληροφορέω est un synonyme plus longue et plus sonore du mot πληρόω, il rejette, sans

---

[39] L'addition de la phrase « il a semblé bon à moi *et au Saint-Esprit…* » (Lc 1.3), dans quelques versions latines et gothiques, est un bon exemple d'une interpolation des copistes tirée d'Ac 15.28 (« il a paru bon au Saint-Esprit et à nous… »). Voir Bruce M. METZGER, *A Textual Commentary on the Greek New Testament*, Stuttgart, United Bible Society, 1971, p. 129 et Joseph A. FITZMYER, *The Gospel According to Luke I-X : Introduction, Translation and Notes*, The Anchor Bible 28, New York/ Londres, Doubleday, 1981, p. 296. L'addition suit la tendance de la tradition occidentale à souligner davantage l'activité de l'Esprit.
[40] David E. AUNE, *The New Testament in Its Literary Environment*, Library of Early Christianity, éd. Wayne A. Meeks, Philadelphia, Westminster Press, 1987, p. 120-21.
[41] FITZMYER, *Luke I-X*, p. 9. L'exception donnée par Fitzmyer est Ernst HAENCHEN, *Die Apostelgeschichte*, Kritische-eregetischer Kommentar über das Neue Testament 14, éd. Heinrich August Wilhelm Meyer, Göttingen, Dandenhoed & Ruprecht, 1965, p. 105, n. 3. HUR, *A Dynamic Reading*, p. 193, fournit une bibliographie de 9 commentateurs qui soutiennent ce propos, et 4 qui sont contre.
[42] « Commentary on the Preface of Luke », *The Beginnings of Christianity Part I : The Acts of the Apostles*, vol. 2 Prolegomena II, Criticism, éd. F.J. Foakes Jackson et Kirsopp Lake, Londres, Macmillan, 1922, p. 489.
[43] Voir, p. ex., W. C. van UNNIK, « Once more St. Luke's Prologue », *Neotestamentica* 7, *Essays on the Gospel of Luke and Acts*, Pretoria South Africa, La Société du Nouveau Testament, 1973, p. 9 et C. F. EVANS, *Saint Luke*, Trinity Press International New Testament Commentaries, éd. Howard Clark Kees et Dennis Nineham, Londres/Philadelphia, SCM Press/Trinity Press International, 1990, p. 106.
[44] CADBURY, « Preface », p. 489-90.
[45] Ibid., p. 510.
[46] Ibid. Il croit que l'œuvre a été écrite pour la défense du christianisme, ce qui le pousse à un recours au co-texte des Actes pour préciser une signification apologétique du terme τὴν ἀσφάλειαν. La signification d'« accomplissement de l'Écriture » serait moins cohérente pour un tel but.

motivation explicite, la signification d'« accomplissement de l'Écriture » souvent employée dans Luc-Actes pour cette famille de mots[47].

Quelles sont les données pertinentes suggérées dans la préface ? John A. Darr dit que ces versets servent non seulement à « focaliser l'attention sur 'des choses qui se sont accomplies » (Lc 1.1), mais aussi, à préparer le lecteur à comprendre et à répondre aux événements du récit d'une certaine manière[48]. Marguerat et Bourquin écrivent que la préface dicte « les normes du *pacte de lecture* » et donne au texte « une clef de lecture à qui veut le comprendre conformément à l'intention de son concepteur »[49]. Le pacte de lecture est l'« ensemble de conventions par lesquelles le narrateur programme la réception du texte par le lecteur et circonscrit l'acte de lecture »[50]. Nous voulons discerner ce que la préface nous laisse comprendre sur l'auteur implicite, sur le lecteur implicite, sur l'effet anticipé sur le lecteur et sur les moyens par lesquels l'auteur implicite compte atteindre cet effet. Nous voulons aussi comprendre le rôle du Saint-Esprit dans les moyens utilisés par l'auteur implicite pour accomplir son but.

## L'auteur implicite

À la différence du plus grand nombre d'auteurs de l'historiographie gréco-romaine, l'auteur implicite de Luc-Actes ne s'identifie pas[51]. Il suit probablement la convention de l'historiographie biblique. Mais, il se réfère à lui-même deux fois dans la préface. D'abord, il parle des « événements qui se sont accomplis *parmi nous* » (Lc 1.1). Cadbury a probablement raison de dire que ce *parmi nous* « s'accorde mieux aux événements récents des Actes qu'aux événements de l'Évangile »[52]. Luc se présente comme participant aux événements. Les passages dans les Actes où le narrateur parle à la première personne appuient cette affirmation (Ac 16.10-17 ; 20.5-15 ; 21.1-18 ; 27.1-28.16). William Kurtz remarque que ce procédé correspond à la manière des auteurs de l'époque helléniste, comme Josèphe, qui décrivent des événements plus anciens à partir de la tradition, et qui renouvellent leur récit avec des événements plus récents auxquels

---

[47] Ibid., p. 495-96.
[48] *On Character Building*, p. 54.
[49] *La Bible se raconte*, p. 159.
[50] Ibid., p. 160.
[51] Voir Charles H. TALBERT, *Reading Luke : A Literary and Theological Commentary on the Third Gospel*, New York, Crossroad Publishing Company, 1982, p. 10; EVANS, *Saint Luke*, p. 116.

ils affirment avoir participé[53]. Deuxièmement, l'auteur implicite parle de « ce que *nous* ont transmis ceux qui ont été des témoins oculaires … et ministres de la parole » (Lc 1.2). Dans les deux cas le lecteur implicite est aussi représenté par le « nous ».

## Le lecteur implicite

Même si le lecteur implicite a un nom, « Théophile », et un titre, « excellent » (Lc 1.3), son identité reste ambiguë. Selon la convention littéraire de l'époque, la dédicace implique que l'œuvre a été adressée au public et non pas à une personne[54]. Néanmoins, la préface signale quelques détails importants du lecteur implicite. D'abord, les événements du récit sont probablement déjà connus du lecteur implicite, puisqu'ils ont été accomplis « parmi nous » (Lc 1.1). Ce ne sont pas les événements en eux-mêmes qui sont importants pour le récit, mais la « manière suivie » de « les exposer par écrit » (Lc 1.3). Le lecteur implicite fait partie aussi du groupe, avec l'auteur implicite, ayant reçu la transmission de la tradition (Lc 1.2). Le lecteur n'est pas quelqu'un de *l'extérieur* mais quelqu'un de *l'intérieur*. Il a déjà reçu « des enseignements » (Lc 1.4). Apparemment le lecteur implicite n'a besoin d'apprendre ni les événements ni les enseignements que Luc va exposer[55]. Il semble plutôt avoir besoin de « certitude » (ἀσφάλεια) sur des choses dont il a déjà une certaine connaissance (Lc 1.4)[56].

Avant de quitter le sujet du lecteur implicite il serait utile de signaler un aspect qui ne vient pas de la préface. Joseph B. Tyson a analysé les connaissances et capacités du lecteur implicite à partir de l'information donnée par l'auteur implicite à travers le récit.

---

[52] « Preface », p. 496.
[53] « Narrative Approaches to Luke-Acts », *Biblica* 68, 1987, p. 210.
[54] Voir CADBURY, « Preface », p. 490 ; C. F. EVANS, *Luke*, p. 133.
[55] Ceci ne veut pas dire que le lecteur connaît tous les événements et tous les enseignements présentés dans le texte. Luc va certainement ajouter certains éléments dans le processus de donner la certitude sur les choses déjà reçues.
[56] Henry CADBURY a raison de souligner la connotation apologétique du terme ἀσφάλεια, « Préface », p. 509-10. Partout ailleurs dans Luc-Actes l'emploie métaphorique du terme a cette connotation (Ac 2.36 ; 21.34 ; 22.30 ; 25.26). La traduction « certitude » est préférable pour souligner cette connotation. La TOB traduit le terme par « solidité » dans Lc 1.4, mais par « certitude » dans Ac 2.36 et 22.30, par « certain » dans Ac 21.34 (l'adjectif, ἀσφαλὲς), et par « sûre » dans Ac 25.26). Contre CADBURY, l'apologie de l'ensemble n'est probablement pas adressée premièrement à un « non chrétien », mais à quelqu'un de l'intérieur. Une apologie est souvent adressée aux deux : le non chrétien qui exprime les arguments et le chrétien pour qui ces arguments créent un doute.

Il a conclu que ses caractéristiques ressemblent à ceux des craignant Dieu dans le récit[57]. Sans nous prononcer sur sa conclusion globale, le fait pertinent pour notre discussion est que le lecteur implicite a une connaissance de la version grecque de l'Ancien Testament et reconnaît son autorité[58]. Cette conclusion s'aligne avec les inférences tirées de la préface. Le lecteur implicite semble connaître les Écritures, les événements importants de l'Évangile et les enseignements essentiels de la tradition chrétienne de l'époque. C'est quelqu'un de l'intérieur, peut-être un chrétien, à qui manque une certaine assurance.

## L'effet anticipé sur le lecteur

Le but explicite de l'auteur dans sa préface est exprimé en termes de l'effet anticipé sur le lecteur. C'est de donner « la certitude » au lecteur, concernant l'enseignement que le lecteur a déjà reçu (Lc 1.4). Cadbury a averti contre une application « trop sérieuse » de ce but précis en raison de la nature conventionnelle du vocabulaire[59]. Plusieurs éléments nous poussent à prendre une position contraire à celle de Cadbury. Nous avons déjà mentionné sa présupposition sur le but de l'écrit, qui pourrait expliquer sa réticence. De plus il ne tient pas compte des passages qui appuieraient ce but explicite, disant qu' « aucun passage n'est rédigé comme si l'auteur enlevait un doute religieux avec l'itération d'un fait et la présentation de nouveaux faits »[60]. Nous avons déjà suggéré que Luc employait d'autres méthodes pour exprimer et enlever des doutes. Ce sont les personnages du récit qui expriment les doutes et reçoivent une présentation des faits qui vise à les enlever[61]. L'étude de Cadbury examine le vocabulaire de la préface en le comparant au vocabulaire d'autres préfaces. Il ne se soucie pas du développement des thèmes et des personnages dans le récit. Il a raison de ne pas vouloir exiger un sens trop précis basé uniquement sur le vocabulaire utilisé dans la préface. C'est plutôt une analyse du récit qui aide à déterminer ce sens.

---

[57] Joseph B. TYSON, *Images of Judaism in Luke-Acts*, Columbia SC, University of South Carolina Press, 1992, p. 24-39.
[58] Ibid. p. 35.
[59] « Preface », p. 490.
[60] *The Making of Luke-Acts*, Londres, SPCK, 1958, p. 302, premièrement publié, New York, Macmillan Company, 1927.

## Les moyens pour atteindre cet effet

Luc évoque au moins quatre moyens utilisés par lui dans le but de donner une certitude au lecteur. Trois de ces moyens sont évoqués par un vocabulaire conventionnel de préfaces gréco-romaines : la fiabilité des sources en tant que « témoins oculaires » (αὐτόπται), le soin de ses recherches « exactes » (ἀκριβῶς) et la « manière suivie » (καθεξῆς) de sa présentation[62]. Le troisième, l'arrangement ou l'agencement des matériaux dans la présentation, intéresse les analystes de la narration depuis Aristote, qui parlait aussi du lien entre l'agencement des faits, ou l'intrigue (μῦθος), et l'effet sur le lecteur, ou une réaction émotive (κάθαρσις)[63]. David P. Moessner a montré combien la logique de composition de Luc ressemble à la logique de Dionysius de Halicarnassus dans *En Thucidide*. Cette ressemblance s'étend non seulement au vocabulaire mais aux « présuppositions partagées concernant le rôle que joue la mise en intrigue dans la narration pour réaliser l'intention d'un auteur afin d'atteindre l'impact désiré sur son auditoire »[64]. Cet impact est directement lié à « la structuration des événements ou à l'intrigue »[65]. Les éléments importants pour cette structuration sont les divisions, la séquence, le commencement et la fin du récit[66].

Robert Tannehill explique comment cette structuration des événements ou une exposition « suivie » (καθεξῆς, Lc 1.3) peut conduire le lecteur à une assurance concernant les événements racontés. Une telle assurance n'est pas le résultat d'un récit purement chronologique. Le narrateur influence le lecteur en contrôlant l'ordre et la vitesse du récit[67]. Tannehill utilise l'exemple du récit raconté de « manière suivie » (Ac 11.4) par Pierre pour répondre aux reproches de ses concitoyens sur le fait qu'il avait

---

[61] Ch. 2, p. 61-62, 72-74.
[62] Pour une discussion du vocabulaire conventionnel de la préface voir CADBURY, « Preface », p. 489-510 ; Loveday ALEXANDER, *The Preface to Luke's Gospel : Literary Convention and Social Context in Luke 1.1-4 and Acts 1.1*, Society for New Testament Studies Monograph Series 78, éd. Margaret E. Thrall, Cambridge, Cambridge University Press, 1993, p.102-142 ; et C. F. EVANS, *Luke*, p. 115-136.
[63] ARISTOTE, *Poetics*, p. 46 (1449b.23-28), 72, 74 (1453b.3-6, 11-13) ; Voir les explications de David P. MOESSNER, « Dionysius's Narrative 'Arrangement' (οἰκονομία) as the Hermeutical Key to Luke's Re-Vision of the 'Many' », *Paul, Luke and the Graeco-Roman World: Essays in Honour of Alexander J.M. Wedderburn*, éd. Alf Christophersen, Carsten Claussen, Jörg Frey et Bruce Longenecker, JSNTSS 217, Sheffield, Sheffield Academic Press, 2002, p. 151-53.
[64] « Dionysius », p. 156-62, citation p. 158.
[65] Ibid., p. 158.
[66] Ibid., p. 159-162.
[67] Voir ch. 2, p. 62-67.

mangé avec les « incirconcis ». Cet acte de Pierre, vu tout seul, sans le placer dans le contexte d'un récit, a l'air d'une transgression de la loi de Dieu aux yeux de ses concitoyens. Pierre raconte son expérience « d'une manière suivie » afin de convaincre ses interlocuteurs que son acte a une autre signification. Tannehill remarque que le récit de Pierre est raconté, non pas dans l'ordre strictement chronologique, mais dans l'ordre où il l'a expérimenté lui-même. Son auditoire, qui lui ressemble, est convaincu, comme Pierre l'a été en premier[68].

L'effet du récit de Pierre sur le lecteur doit être encore plus marqué. Le lecteur aurait dû être convaincu de la signification donnée par le narrateur au même événement dans le chapitre dix. Au chapitre onze son assurance est augmentée non seulement par le deuxième récit de l'événement et l'assurance de Pierre, mais aussi par le fait que « les apôtres et les frères qui étaient dans la Judée » ont été convaincus de la même signification (Ac 11.1-18). Nous signalons ici que cet épisode de Pierre représente un autre exemple où l'auteur se sert de l'empathie pour influencer le lecteur. Au chapitre deux nous avons examiné l'exemple de Jean Baptiste et l'exemple des disciples sur le chemin d'Emmaüs pour le problème de l'identité de Jésus[69]. Ici le lecteur pourrait aussi s'identifier avec le personnage de Pierre, qui devait modifier sa compréhension du plan de Dieu pour les païens. L'empathie pour le personnage de Pierre, qui avait une difficulté semblable, semble être un outil dans la main du narrateur pour influencer le lecteur.

Le quatrième moyen, évoqué dans la préface pour atteindre ce but, donner de l'assurance au lecteur, est celui des événements « accomplis » ($\pi\epsilon\pi\lambda\eta\rho o\phi o\rho\eta\mu\epsilon\nu\omega\nu$) parmi nous (Lc 1.1). Dans son étude sur le but de Luc-Actes, Robert Maddox discerne le même lien entre le sujet de l'œuvre, ou les événements « accomplis parmi nous », et son but de « permettre aux lecteurs de percevoir la 'fiabilité' du message qu'ils ont entendu »[70]. Il est vrai que l'accomplissement des événements n'est pas mentionné explicitement comme un moyen pour atteindre ce but, mais le vocabulaire correspond à une notion de légitimation reconnue à l'époque[71]. Le vocabulaire est loin d'être conventionnel par

---

[68] *Luke*, p. 10-11.
[69] Voir ch. 2, p. 72.
[70] *The Purpose of Luke-Acts*, Göttingen, Vandehoeck & Ruprecht, 1982, p. 186.
[71] Voir TALBERT, *Reading Luke*, 1982, p. 2-4 ; Robert L. BRAWLEY, *Luke-Acts and the Jews : Conflict, Apology, and Conciliation*, SBL Monograph Series 33, éd. Adela Yarbro Collins, Atlanta, Scholars Press, 1987, p. 49-63 ; et Philip Francis ESLER, *Community and Gospel in Luke-Acts : The Social and Political*

rapport aux préfaces gréco-romaines. Cadbury remarque que ce mot (πληροφορέω) est rare dans la littérature grecque pré-chrétienne[72]. C'est l'étude des papyrus qui a pu déterminer que ce mot doit être compris comme un synonyme de πληρόω[73]. Comme πληρόω et d'autres verbes composés avec πληρόω font partie d'un thème lucanien important, c'est son emploie dans Luc-Actes qui doit suggérer sa signification dans la préface. Ainsi, ce verbe au passif fait allusion aux événements accomplis par Dieu ; une signification qui n'est pas limitée à l'accomplissement des Écritures mais qui ne l'exclut pas non plus[74]. Bien sûr le lecteur ne pourrait que soupçonner cette signification au début, et pourrait aussi bien en comprendre une autre plus ordinaire, mais la lecture du récit ne tardera pas à la préciser. Prédictions et accomplissements remplissent la narration, en particulier dans les deux premiers chapitres.

### Le rôle du Saint-Esprit

William Shepherd a déjà souligné l'importance du lien entre la pneumatologie de Luc-Actes, le besoin d'assurance mentionné dans la préface et le thème de l'accomplissement des prophéties. Nous n'allons pas répéter ses arguments ici. Il a raison de dire que l'Esprit de Dieu fonctionne dans le récit pour signaler au lecteur une fiabilité[75]. Nous avons déjà montré le besoin de nuancer cette conclusion[76]. Ce n'est pas le personnage qui est entièrement fiable, mais ce que le personnage fait ou dit, inspiré par l'Esprit, qui est fiable. Une telle conclusion semble évidente. Contrairement à Shepherd,

---

*Motivations of Lucan Theology*, Cambridge/New York/Melbourne, Cambridge University Press, 1987, p. 16-20. Selon Esler légitimation est « les moyens par lesquels une institution s'explique et se justifie auprès des ses membres » (p. 16-17).

[72] « Preface », p. 495. Voir aussi FITZMYER, *Luke I-IX*, p. 292.

[73] Voir M.-J. LAGRANGE, « Le Sens de Luc 1.1 d'après les papyrus », *Bulletin d'ancienne littérature et d'archéologie chrétiennes* 2, 1912, p. 96-100.

[74] Voir Darrell L. BOCK, *Luke Vol. 1 : 1.1-9.50*, Baker Exegetical Commentary on the New Testament, éd. Moisés Silva, Grand Rapids, Baker Books, 1994, p. 56-7 ; FITZMYER, *Luke I-IX*, p. 180, 293 ; Luke Timothy JOHNSON, *The Gospel of Luke*, Sacra Pagina 3, éd. Daniel J. Harrington, Collegeville, MN, The Liturgical Press, 1991, p. 27 ; contre CADBURY, « Preface », p. 496 ; voir la discussion de ses présuppositions ci-dessus, p. 82-83, 85 et n. 44 ; et M.-J. LAGRANGE, *Évangile selon Saint Luc*, 3e éd., Paris, Gabalda, 1927, p. 4.

[75] *The Narrative Function of the Holy Spirit as a Character in Luke-Acts*, SBL 147, Scholars Press, Atlanta, 1994, p. 101, 112, 119, 121, 196, 246.

[76] Ch. 2, p. 61.

nous ne croyons pas que le lecteur implicite ait des doutes sur la fiabilité de Dieu[77]. La question importante n'est pas, Dieu est-il fiable ? mais, Qui est agréé par Dieu ? ou Quel enseignement est agréé par Dieu ?

Comment le lecteur saura-t-il qu'une personne et son enseignement sont agréés par Dieu ? Certes, Luc le signale par la mention de l'Esprit. Mais, sans preuve visible ou extraordinaire, cette mention n'aurait pas eu l'effet souhaité chez le lecteur. La « preuve » la plus souvent associée à l'Esprit de Dieu dans l'Ancien Testament et dans la littérature juive inter testamentaire est la prophétie, et en particulier, son aspect extraordinaire de prédictions accomplies[78]. C'est pourquoi l'auteur implicite soulève le sujet important des événements « accomplis » dés la préface. C'est aussi pourquoi le thème de l'accomplissement des prophéties est si important dans la structure de l'œuvre de Luc.

## II. LA RÉCURRENCE DES PROPHÉTIES ET LEURS ACCOMPLISSEMENTS

Le thème de l'accomplissement des prophéties a déjà été soulevé dans le chapitre premier dans la discussion de Robert Minear portant sur les récits de naissance[79]. Son article a été choisi à cause de ses arguments contre Conzelmann et à cause de son influence dans le débat sur l'histoire du salut dans Luc-Actes. L'importance de ce thème dans la structure de Luc-Actes est reconnue par un grand nombre d'exégètes. Minear exprime une dette envers Paul Schubert et Nils Dahl[80]. L'analyse du thème de « proof-from-prophecy » par Schubert dans quelques passages clés l'a conduit à la conclusion que ce thème est « l'idée théologique centrale de Luc à travers son œuvre à deux volumes » et « un trait dominant de la structure littéraire de l'évangile dans son ensemble »[81]. Dahl montre comment le motif de l'accomplissement des prophéties

---

[77] SHEPHERD, *Narrative Function*, p. 246. Il dit que l'œuvre de Luc est « une apologie de la fiabilité de Dieu ».
[78] Voir, p. ex., Dt 18.15-22 ; És 38.7 ; 44.26 ; 55.11 et ch. 1, p. 17-31.
[79] Ch. 1, p. 35-38.
[80] *To Heal and to Reveal : The Prophetic Vocation According to Luke*, New York, Seabury Press, 1976, p. 85.
[81] « The Structure and Significance of Luke 24 », *Neutestamentliche Studien für Rudolf Bultmann su seinem siebzigsten Geburtstag am 20. August 1954*, 2ᵉ éd. corrigé, Berlin, Alfred Tömelmann, 1957, p. 176, 178. Il analyse le thème dans Lc 1-2, 4, 7, 9, 24 et Actes 28.

domine le récit historique d'Étienne (Ac 7), appuyant aussi la thèse de Schubert[82]. Luke Timothy Johnson a montré comment Luc s'est servi du thème de l'accomplissement des prophéties pour en faire son « dispositif littéraire le plus important » de l'oeuvre[83]. Stephen Farris a signalé la présence du thème aux « jonctions clés » de l'œuvre (Lc 3.2 ; 4.21 ; 24.27 ; Ac 2.16 ; 13.32)[84]. William Shepherd croit que le récit lucanien est structuré selon le schéma de l'accomplissement des prophéties[85]. Jerry Lynn Ray a montré comment la prophétie est « un élément essentiel dans la structure littéraire de Luc-Actes »[86].

Il ne suffit pas de dire que les prophéties jouent un rôle essentiel dans la narration de Luc. Il faut aussi préciser comment ces prophéties fonctionnent dans la structure du récit. Le thème de l'accomplissement des prophéties est important également pour l'Évangile selon Matthieu, mais de façon tout à fait différente. Dans l'Évangile selon Matthieu l'auteur souligne l'accomplissement d'un passage de l'Ancien Testament en tant que preuve apologétique[87]. Un événement dans la vie de Jésus a accompli une prophétie de l'Ancien Testament, montrant que Jésus est le Christ. La présentation de Luc est plus compliquée. Afin de mieux comprendre ce grand thème de Luc-Actes, nous examinerons les différents types de prophéties accomplies, la manière dont le récit se divise et s'organise autours de ces prophéties et les données qui soutiennent cette organisation. Ensuite, nous signalerons comment le rôle du Saint-Esprit est souligné dans des prophéties clés de l'œuvre.

### Les types de prophéties accomplies

Deux types de prophéties servent à organiser le projet de Luc : des prophéties citées de l'Ancien Testament dont au moins une partie est accomplie dans le récit de Luc-Actes et des prophéties nouvelles[88] annoncées par un personnage dans le récit[89].

---

[82] « The Story of Abraham in Luke-Acts », *Studies in Luke-Acts*, éd. Leander E. Keck et J. Louis Martyn, Philadelphia, Fortress Press, 1980, p. 139-158.
[83] *Possessions*, p. 15-19 et citation, *Luke*, p. 16.
[84] *The Hymns of Luke's Infancy Narratives : Their Origin, Meaning and Significance*, JSNTSS 9, Sheffield, JSOT Press, 1985, p. 153.
[85] *Narrative Function*, p. 245.
[86] *Narrative Irony in Luke-Acts : The Paradoxical Interaction of Prophetic Fulfillment and Jewish Rejection*, Mellen Biblical Press Series 28, Lampeter, Dyfed, Wales, 1996, p. 71-76.
[87] Voir, p. ex., Mt. 1.22 ; 2.15 ; 8.17 ; 12.17 ; 13.35 et 21.4.
[88] Pour une définition voir la section consacrée à ces prophéties ci-dessous.

## Les prophéties citées de l'Ancien Testament

Joseph Fitzmyer a compté quarante-cinq exemples de citations de l'Ancien Testament introduites explicitement par une formule dans Luc-Actes dont trois sont citées deux fois[90]. Le texte de la Société Biblique indique, avec des lettres en gras, encore quinze exemples qui ne sont pas explicitement introduits[91]. Environs un quart de ces citations n'ont pas de lien direct au thème des prophéties accomplies. Elles montrent plutôt un souci pour l'obéissance à la loi ou aux préceptes de l'Ancien Testament[92]. Un autre quart est cité dans le récit de l'histoire vétérotestamentaire d'Étienne dans un but pédagogique[93]. Ce récit est structuré par le motif de l'accomplissement des prophéties. L'histoire du peuple d'Israël est vue comme l'accomplissement des promesses faites à Abraham (Ac 6.6-7)[94].

Le plus grand nombre de citations dans Luc-Actes visent à identifier Jésus comme le Messie promis dans l'Ancien Testament et à avertir les auditeurs de leur responsabilité de l'accueillir et de l'écouter. Dans l'Évangile, Jésus cite des versets énigmatiques sur l'identité du Messie. Il est « la pierre qu'ont rejetée ceux qui bâtissent » (20.17). Il doit s'asseoir à la droite du Seigneur (20.42-43 et 22.69). Il est « le Fils de l'homme venant sur une nuée » (21.27). Il doit être « mis au nombre des malfaiteurs » (22.37). La signification de ces prophéties devient claire par la suite. Jésus a été rejeté par les autorités juives et crucifié avec des malfaiteurs (Lc 22.52 ; 23.33). Il est monté au ciel où il est assis à la droite de Dieu et doit revenir sur une nuée (Ac 1.9-11 ; 2.34). Dans les Actes des Apôtres, Pierre et Paul reprennent les mêmes idées dans leurs discours afin de montrer que Jésus est le Messie (Ac 2.22-36 ; 4.11 ; 13.32-41). Pierre cite le même verset

---

[89] La prophétie n'est pas uniquement prédictive, mais, comme le judaïsme contemporain Luc s'intéresse surtout aux prédictions venant de l'Ancien Testament. Voir, Brigid Curtin FREIN, "Narrative Predictions, Old Testament Prophecies and Luke's Sense of Fulfilment," *New Testament Studies* 40 (1994), p. 22-23.

[90] « The use of the Old Testament in Luke-Acts », *Society of Biblical Literature 1992 Seminar Papers*, éd. Eugene H. Lovering Jr., Atlanta, Scholars Press, 1992, p. 533-34. Pour toute la discussion suivante voir appendice A.

[91] *The Greek New Testament*, éd. Barbara Aland, Kurt Aland, Johannes Karavidopoulos, Carlo M. Martini, et Bruce M. Metzger, 4ᵉ édition rév., en collaboration avec l'Institute for New Testament Textuel Research, Stuttgart, Deutsche Bibegesellschaft, 2000. Pour une discussion des 12 exemples dans les Actes voir Bill T. ARNOLD "Luke's characterizing use of the Old Testament in the Book of Acts", *History, Literature, and Society in the Book of Acts*, éd. Ben Witherington, III, Cambridge University Press, 1996, p. 283-99.

[92] Lc 2.23, 24 ; 4.4, 8, 10, 11, 12, 10.27 ; 18.20 ; 19.46 ; 20.28 ; Ac 23.5.

[93] Ac 7.3, 5, 6-7, 18, 27-28, 30, 32-34, 35, 37, 40, 42-43, 49-50.

[94] Voir Dahl, « The Story of Abraham », p. 143.

que Jésus a utilisé pour confondre les scribes, à fin de prouver par l'Écriture que Jésus est Seigneur et Christ (Lc 20.42-43 ; Ac 2.34-36 ; cf. Ps 110.1).

Toutes ces prophéties sur l'identité messianique de Jésus ont pour point de référence la série d'événements de la Passion jusqu'à l'Ascension. Le voyage de Jésus vers Jérusalem (Lc 9.31, 51), les prophéties de Jésus sur sa Passion (Lc 9.22, 44 ; 13.32-33 ; 17.25 ; 18.31-33) et plusieurs références générales aux prophéties de l'Ancien Testament (Lc 18.31 ; 24.25-27, 44-47 ; Ac 3.18, 21, 24 ; 10.43 ; 13.27 ; 26.22-23 ; 28.23) visent le même point culminant. Il s'agit du sommet du premier volume et du pivot dans le récit de Luc-Actes, signalés et soutenus par l'accomplissement des prophéties[95].

Le deuxième volume a aussi un sommet. C'est le rejet de l'évangile par les Juifs et la proclamation de l'Évangile aux nations. Ce sommet est aussi signalé dans des prophéties et dans l'accomplissement des prophéties : des citations de l'Ancien Testament (Lc 3.6 ; 8.10 ; Ac 2.17 ; 13.47 ; 15.16-17 ; 28.26-27), et des prophéties des personnages dans le récit (Lc 2.32 ; 24.47 ; Ac 1.8 ; 2.39 ; 9.15)[96].

Une dernière catégorie très importante de citations prophétiques est celle des prophéties qui annoncent ou préparent un ministère eschatologique. Il y en a trois dans cette catégorie relativement plus longues et stratégiquement placées dans le récit de Luc-Actes : la citation qui inaugure le ministère de Jean (Lc 3.4-6), celle qui inaugure le ministère de Jésus (Lc 4.18-19) et celle qui inaugure le ministère des apôtres (Ac 2.17-21). Ces citations ont plusieurs traits en commun qui signalent leur importance.

1) Elles sont plus longues. Celles qui introduisent les ministères de Jean et de Jésus sont les plus longues de l'Évangile et celle qui introduit le ministère des apôtres est le plus longue du récit de Luc-Actes.
2) Elles introduisent le début du ministère et le premier discours du personnage en question[97].
3) Pour chaque citation le nom du prophète cité est mentionné[98].

---

[95] Voir p. 120-28.
[96] Voir p. 128-9.
[97] La citation de Jean est l'introduction du narrateur à son discours. Pour les deux autres la citation est l'introduction de l'orateur lui-même.
[98] C'est le cas pour environ un quart des citations dans Luc-Actes.

4) Chaque péricope contenant ces citations mentionne le moment précis de l'histoire où la prophétie est explicitement accomplie. Le narrateur donne une série d'indications sur le moment historique où Jean a commencé son ministère de prédication « selon » une prophétie d'Ésaïe (Lc 3.1-4). À propos de la citation lue au début de son ministère à Nazareth, Jésus a dit, « Aujourd'hui cette parole de l'Écriture ... est accomplie » (Lc 4.21). Afin d'expliquer l'événement de la Pentecôte, Pierre a dit, « c'est ici ce qui a été dit par le prophète Joël » (Ac 2.16).

5) Les contenus de ces citations se ressemblent. Celle de Jésus et celle des apôtres soulignent l'importance de l'intervention de l'Esprit et décrivent un ministère prophétique « puissant en paroles et en œuvres » (cf. Lc 24.19 ; Ac 7.22). Celle de Jean se limite à l'aspect de la parole, mais l'intervention de l'Esprit sur son ministère est prophétisée plus tôt dans le récit (Lc 1.15). Celle de Jean et celle des apôtres annoncent l'étendue universelle du salut. Le discours de Jésus après la citation laisse entendre l'extension de son ministère aux païens.

Certains exégètes veulent ajouter la citation du premier discours de Paul (Ac 13.47 ; cf. És 49.6) à la liste des citations stratégiquement placées[99]. Nous croyons que cette citation contribue plutôt au crescendo des prophéties et événements qui montent vers le sommet à la fin de Luc-Actes. Plusieurs traits mentionnés ci-dessus manquent à cette citation dans le discours de Paul. D'abord, elle est plus brève. La plus longue dans la série des citations liées au thème de « se tourner » vers des païens se trouve à la fin du livre (Ac 13.47 ; 15.16-17 ; 28.26-27). On voit dans ces passages « une intensification progressive » du thème[100]. Deuxièmement, le discours de Paul ne se trouve pas au début de son ministère, et la citation conclut au lieu d'introduire le discours. L'auteur aurait pu donner à cette prophétie une importance programmatique pareille aux autres en la citant

---

[99] Voir, p. ex., Benoît STANDAERT, « L'art de composer dans l'œuvre de Luc, » *A cause de l'évangile : Etudes sur les synoptiques et les Actes*, Lection Divina 123, Paris, Cerf, 1985, p. 324-25 ; Robert C. TANNEHILL, *The Narrative Unity of Luke-Acts : A Literary Interpretation, Volume two : The Acts of the Apostles*, Minneapolis, Fortress Press, 1994, p. 160 ; DENOVA, *Things Accomplished*, p. 99. Charles H. TALBERT, *Literary Patterns, Theological Themes and the Genre of Luke-Acts,* SBL Monograph Series 20, Missoula MT, Scholars Press, 1974, p. 23-24 divise les Actes entre ch. 12 et 13, mais ne mentionne pas l'importance des citations pour cette division. Robert WALL, « Israel and the Gentile Mission in Acts and Paul: A Canonical Approach », éd. I. Howard MARSHALL et David PETERSON, *Witness to the Gospel : The Theology of Acts*, Grand Rapids, Eerdmans, 1998, p. 449, a choisi la deuxième citation dans la série (Ac 15.16-17) pour diviser et structurer le livre. Ses conclusions ne sont pas convaincantes, mais elles montrent que la décision de souligner l'importance de la première citation n'est pas évidente.
[100] MADDOX, *Purpose*, p. 44. RAY, *Narrative Irony*, p. 112.

au commencement de son ministère. L'auteur a choisi plutôt d'y faire allusion dans les paroles d'Ananias (Ac 9.15) ; ce qui soutient la thèse d'un crescendo vers le sommet. Ce qui est énigmatique devient de plus en plus clair et explicite. Troisièmement, le nom du prophète n'est pas mentionné. Enfin, le moment de l'histoire où la prophétie est accomplie n'est pas explicitement mentionné.

Il est vrai que le contenu (ministère prophétique et étendue universelle) ressemble aux autres, mais la fonction de la prophétie diffère légèrement des autres. Les citations associées à Jean, à Jésus et aux apôtres servent à expliquer les événements du récit immédiat et à préfigurer ou à prédire les activités qui suivent. Celle associée à Paul, même si elle sert à préfigurer les activités qui suivent, sert d'abord à justifier sa décision et l'activité qu'il a choisie d'accomplir.

**Les prophéties nouvelles annoncées par un personnage dans le récit**

Par prophéties nouvelles nous voulons dire toutes les annonces ou promesses d'événements futurs, données par des personnages dans le récit, qui ne sont pas une citation de l'Ancien Testament[101], même si elles évoquent très souvent des prophéties vétérotestamentaires. Par exemple, la prophétie de Zacharie (Lc 1.68-79) évoque explicitement des promesses prophétiques de l'Ancien Testament (Lc 1.70). Mais la manière d'exprimer ces promesses est nouvelle. C'est une annonce de la réalisation de ces prophéties dans les temps eschatologiques déjà arrivés. Luc signale que cette nouvelle annonce est aussi une prophétie inspirée par l'Esprit de Dieu (Lc 1.67)[102]. On trouve de telles paroles prophétiques dans les autres évangiles, mais Luc en multiplie des exemples en racontant un grand nombre de paroles prophétiques annoncées par un grand nombre de personnages. L'accent prophétique signalé par ces exemples est lucanien. Ces prophéties sont très nombreuses et très importantes dans Luc-Actes.

Le plus souvent ces prophéties nouvelles commencent à s'accomplir à l'intérieur du récit. Ces prolepses internes sont très importantes pour la structure de Luc-Actes[103]. À

---

[101] Nous ne voulons pas inférer que les prophéties citées de l'Ancien Testament ne sont pas nouvelles. Elles sont aussi nouvelles parce qu'elles sont citées dans un nouveau contexte.

[102] Pour deux prophéties citées de l'Ancien Testament Luc précise aussi que le personnage annonçant la réalisation de la prophétie est inspiré de l'Esprit (Lc 4.14-21 ; Ac 2.1-21).

[103] Luke Johnson signale qu'il y a deux façons dont les personnages de Luc-Actes prononcent ces prophéties. Premièrement, il y a des annonces prophétiques explicites, telles que les annonces de la passion

partir des premiers chapitres de l'Évangile, les personnages dans le récit, des anges ou des individus sous l'influence de l'Esprit, annoncent les événements à venir[104]. Ces couches de prédictions sont superposées les unes aux autres. D'abord nous voyons les annonces de la naissance et du futur ministère de Jean-Baptiste (Lc 1.13-17) et de Jésus (1.31-35). Le récit ne tarde pas à raconter la naissance de ces deux héros (1.57-66 ; 2.1-7). Chaque naissance est suivie de prophéties nouvelles annonçant des aspects du futur ministère du héros (1.67-79 ; 2.8-12 et 2.34-35). Dans la suite les prophéties des personnages importants, Jean-Baptiste, Jésus et les disciples ou apôtres, balisent la lecture de l'ensemble de Luc-Actes.

Un examen de ces prophéties nouvelles et de leur répartition révèle certains sujets importants et certains schémas. Il est possible de diviser ces prophéties en trois catégories en fonction de l'époque de leur accomplissement.

1) Il y a des prophéties d'un événement singulier dont l'accomplissement est *presque immédiat*[105]. L'ange Gabriel a annoncé à Zacharie qu'il serait muet (Lc 1.20). Tout de suite après « il ne put leur parler » (Lc 1.22).

Une autre forme de parole prophétique dont l'accomplissement est presque immédiat est celle que nous appelons *ordres prophétiques*[106]. Le personnage prophétique ordonne à un autre personnage de faire quelque chose, et un miracle a lieu comme résultat. Jésus ordonne à Simon de jeter ses filets. Lorsqu'il obéit, « ils prirent une grande quantité de poissons » (Lc 5.4-6). Jésus et ses disciples ordonnent aux esprits mauvais de sortir et les esprits sortent (Lc 4.31-37 ; 8.26-39 ; Ac 16.16-18). Les guérisons sont racontées de façon semblable (Lc 4.38-39 ; 5.12-13 ; Ac 3.1-8). Les exorcismes et les guérisons font partie de la mission prophétique de Jésus « pour proclamer aux captifs la délivrance » et « pour renvoyer libre les opprimés » (Lc 4.18)[107]. C'est aussi la mission

---

de Jésus (Lc 9.22, 44 ; 18.32). Deuxièmement, le narrateur raconte un événement qui correspond à l'essentiel du discours que vient de prononcer un personnage. Le rejet de Jésus par ses compatriotes de Nazareth suite au discours de Jésus où il dit, qu' « aucun prophète n'est bien reçu dans sa patrie » en est un exemple. *Possessions*, p. 16-19. La suite est surtout une analyse des annonces explicites.

[104] Voir Charles H. TALBERT, « Promise and Fulfillment in Lucan Theology », *Luke-Acts : New Perspectives form the Society of Biblical Literature*, éd. Charles H. Talbert, New York, Crossroad, 1984, p. 94-98.

[105] Voir appendice B, Catégorie 1.

[106] Par « ordre prophétique » nous ne voulons pas dire que le personnage prononce une prophétie produisant le miracle, mais qu'il parle avec l'autorité d'un prophète. Le miracle est la réalisation attendue par sa parole, et donc, une sorte d'accomplissement prophétique.

[107] TANNEHILL, *Luke*, p. 65.

que Jésus a conférée à ses disciples (Lc 9.1-2). Ces deux types de paroles prophétiques, les ordres prophétiques et les prophéties dont l'accomplissement est presque immédiat, établissent l'autorité et la capacité du personnage de prédire et faire se réaliser l'avenir et ainsi de garantir au lecteur la validité des autres prophéties.

D'autres ordres prophétiques sont destinés à conduire les disciples vers l'accomplissement des prophéties. Pierre reçoit une vision et un ordre prophétique qui le conduisent à annoncer l'évangile aux païens de la maison de Corneille (Ac 10.9-11.18). Paul est envoyé en mission par l'Église d'Antioche par un ordre prophétique (Ac 13.1-4). Plus tard il change la destination de sa mission pour se rendre en Macédoine suite à une vision et un ordre prophétique sous forme de prière (Ac 16.6-10). Chaque fois l'accomplissement de la prophétie se trouve dans l'obéissance à la parole. L'obéissance à ces paroles conduit les disciples à accomplir les prophéties prédictives et programmatiques de Jésus d'annoncer le message de l'évangile à « toutes les nations » et « jusqu'aux extrémités de la terre » (Lc 24.47 ; Ac 1.8). Il est intéressant de noter que tous ces passages font référence à la participation du Saint-Esprit (Ac 1.8 ; 10.19 ; 13.2 ; 16.6). Le Saint-Esprit a un rôle important à jouer pour conduire les disciples vers l'accomplissement des prophéties.

2) Il y a des prophéties dont l'accomplissement a lieu *pendant la vie et le ministère du prophète*[108]. Dans cette catégorie il y a deux thèmes importants, déjà mentionnés dans la rubrique des prophéties citées, dont les prophéties nouvelles soutiennent la progression vers un sommet à la fin de chaque volume. Le premier thème est la Passion. Jésus annonce sa Passion explicitement (Lc 9.22, 44 ; 18.31-33) et implicitement (13.32-33 ; 17.25 ; 20.9-19 ; 22.19-22). Ces prophéties trouvent leur parallèle dans les annonces de la souffrance de Paul (Ac 9.16 ; 21.11). Le deuxième thème progressif est l'extension universelle du salut. En plus des citations mentionnées ci-dessus, il y une répétition de prophéties nouvelles, basées, sans doute, sur des prophéties vétérotestamentaires, qui soulignent ce même sujet (Lc 2.30-32 ; 24.47 ; Ac 1.8 ; 2.39). Les annonces implicites ne manquent pas non plus pour ce sujet[109].

---

[108] Voir appendice B, Catégorie 2.
[109] Certaines possibilités sont : Lc 4.25-27 ; 6.17 ; 7.1-10 ; 10.1-20 ; 11.29-32 ; 13.29 ; 14.15-24 et 21.12-13. Voir Thomas L. JANE, *Luke and the Gentile Mission : Gospel anticipates Acts*, Publications Universitaires Européennes, Série 23, Théologie, vol. 571, Frankfurt am Main, Peter Lang, 1996, p. 43-47.

3) Il y a des prophéties dont l'accomplissement a lieu *pendant la vie et le ministère du (des) successeur(s)*. On peut distinguer des prophéties ou prolepses externes (dont l'accomplissement aura lieu *après* la période du récit)[110] et des prophéties ou prolepses internes (dont l'accomplissement a lieu *dans* le récit)[111]. Presque toutes les prophéties internes semblent être mixtes. C'est-à-dire, que l'accomplissement de la prophétie commence dans le récit et continue après la fin du récit[112]. On peut distinguer deux types de prophéties mixtes : celles qui prédisent seulement ce qui arrivera aux successeurs du prophète et celles qui mandatent les successeurs à coopérer à l'accomplissement.

Dans la première catégorie sont les prophéties qui avertissent les disciples de la persécution à venir (Lc 11.49 ; 12.49-53 ; 21.12-19). Par ces prophéties Jésus prévient ses disciples et les prépare pour des temps difficiles. Par ces mêmes prophéties, le lecteur est informé que la persécution a été prévue par Dieu. Au lieu d'être une cause de découragement, la persécution devient une preuve de la véracité des paroles de Jésus et de l'élection des disciples, et ainsi, une source de joie (cf. Ac 5.41). Ces prophéties servent à établir un élément répété dans la description stéréotypée des hommes de l'Esprit[113]. On serait tenté de mettre les prophéties sur la réception de l'Esprit dans cette catégorie, mais les disciples sont mandatés à y participer par la prière (Lc 11.13) et par une attente dans la ville de Jérusalem (Lc 24.49).

Les prophéties qui mandatent les successeurs à coopérer à l'accomplissement servent, à la fois, à définir et à prédire la mission des protagonistes. Les prophéties des deux premiers chapitres de l'Évangile servent à introduire les missions de Jean et de Jésus. Jean aura un ministère de préparation pour la venue de Jésus (Lc 1.17, 76) où il donne « à son peuple la connaissance du salut par le pardon de ses péchés » (1.77). Jésus « régnera sur la maison de Jacob » (Lc 1.33) et causera « la chute et le relèvement de beaucoup en Israël » (2.34). Jean-Baptiste prédit la venue d'un puissant qui « baptisera du Saint-Esprit et de feu » (Lc 3.16). Jésus a anticipé trois aspects importants de la mission des disciples : l'extension universelle du salut (Lc 24.47 ; Ac 1.8), le besoin de

---

[110] Catégorie 3a. Les prophéties non-accomplies dans Lc-Ac concernent la destruction de Jérusalem (Lc 19.43-44 ; 21.20-24), des troubles catastrophiques (21.8-11, 25-26 ; 23.29-30), le retour de Jésus (Lc 12.40 ; 17.26-36 ; 21.27-33 ; Ac 1.11) et le jugement dernier (Lc 3.9, 17 ; 11.51 ; 13.24-30).
[111] Catégorie 3d.
[112] Catégorie 3m. Les seules exceptions sont les prolepses qui concernent le ministère de Jean-Baptiste dont les répercussions s'étendent hors du récit.

témoignage (Lc 5.10 ; 24.48 ; Ac 1.8), et la réception du Saint-Esprit qui donnera une puissance pour témoigner (Lc 11.13 ; 24.49 ; Ac 1.5, 8). Une dernière prophétie à la fin du livre anticipe une continuation de ces aspects dans la suite de la mission des disciples (Ac 28.28).

### La manière dont le récit se divise et s'organise autour des prophéties

Pour comprendre comment Luc se sert des prophéties dans l'organisation de son œuvre, il faut examiner plutôt les prophéties dont l'accomplissement a lieu dans le récit. Shimon Bar-Efrat explique l'importance de ces « anticipations ». Elles donnent « une interprétation des événements à l'avance et ainsi rendent le lecteur simultanément conscient des développements actuels et de leur signification ». Elles nous aident à « saisir les liens de cause à effet » entre événements[114]. Laissons de côté des prophéties dont l'accomplissement est presque immédiat. Ces anticipations servent à structurer des micro-récits. Les prophéties dont l'accomplissement a lieu pendant la vie et le ministère du prophète servent à souligner la progression de deux thèmes importants vers un sommet en fin de chaque volume, donc, à structurer des grandes sections de l'œuvre. Les prophéties sur la Passion de Jésus mènent vers la fin de l'Évangile et les prophéties sur l'extension universelle du salut mènent vers la fin des Actes et vers la fin de l'ensemble de Luc-Actes. Mais, ce sont surtout les prophéties dont l'accomplissement a lieu pendant la vie et le ministère du (des) successeur(s) qui servent à établir les liens logiques entre les différentes sections du récit. Chaque section est l'accomplissement de la section précédente et prédit la section suivante.

Après l'introduction prophétique des deux premiers chapitres, le récit suit le ministère de trois personnages importants : Jean-Baptiste, Jésus et le personnage collectif des disciples. Chacun de ces ministères se termine par une prophétie nouvelle importante (Lc 3.16-17 ; Lc 24.47-49 ; Ac 1.5, 8 ; 28.28). L'étude des citations a placé une prophétie citée importante au début de ces mêmes sections (Lc 3.4-6 ; 4.18-19 ; Ac 2.17-21). Ainsi, on peut diviser Luc-Actes en quatre sections dont les trois dernières correspondent, en général, aux divisions de Conzelmann et aux périodes des ministères de Jean (Lc 3.1-20),

---

[113] Voir le tableau, p. 37.
[114] *Narrative Art in the Bible*, trad. par Dorothea Shefer-Vanson, JSOTSS 70, BLS 17, Sheffield, Almond Press, 1989, p. 179.

de Jésus (Lc 3.21-Ac 1.11) et des disciples (Ac 1.12-28.31). Le lecteur se souviendra que nous avons réfuté la division de Conzelmann de l'histoire du salut en trois périodes très distinctes[115]. Mais Conzelmann a effectivement trouvé des transitions dans le récit de Luc-Actes. Ces divisions littéraires sont définies par le schéma organisateur de l'accomplissement des prophéties.

Vers le début de chaque section une prophétie de l'Ancien Testament est citée et annoncée accomplie (Lc 3.4-6, cf. És 40.3-5 ; Lc 4.18-21, cf. És 61.1-2 ; 58.6 ; Ac 2.16-21, cf. Jl 2.28-32 [TM 3.1-5]). La prophétie décrit le ministère futur de chaque personnage ou groupe de personnages et sert à programmer la manière de le raconter. En même temps chaque personnage ou groupe de personnages commence à accomplir les prophéties des sections précédentes. Chaque section contient certaines prophéties qui seront accomplies dans la section suivante, et d'autres qui doivent s'accomplir plus tard.

La prophétie nouvelle qui marque la fin de chaque section semble particulièrement importante pour la suite du récit. Jean-Baptiste annonce la venue d'un puissant qui « baptisera du Saint-Esprit et de feu » (Lc 3.15-17). Le « puissant » vient tout de suite dans la section suivante (Lc 3.21 ; 4.14). Mais son baptême dans le Saint-Esprit doit attendre le début de la dernière section (Ac 2.1-4 ; cf. Ac 1.4-8). À son tour Jésus annonce plusieurs aspects futurs du ministère des disciples dont le dernier est la double promesse de la puissance du Saint-Esprit pour témoigner « jusqu'aux extrémités de la terre » (Lc 24.47-49 ; Ac 1.8). Tout au début de la section suivante, les disciples reçoivent la puissance du Saint-Esprit (Ac 2.1-4). L'accomplissement du témoignage répandu s'ensuit à travers la dernière section selon le programme 'géographique'[116] de la prophétie. À la fin de la dernière section se trouve une autre prophétie citée de l'Ancien Testament, annoncée accomplie, qui résume un aspect du ministère des disciples : le rejet de leur message par le peuple juif (Ac 28.25-27, cf. És 6.9-10). Cette parole est suivie d'une dernière prophétie nouvelle qui reflète des prophéties déjà en train de s'accomplir (Ac 2.39 ; 9.15 ; 13.47 ; 15.16-17 ; 23.11) et doit s'accomplir dans l'avenir des lecteurs : « Sachez donc que ce salut de Dieu a été envoyé aux païens, et qu'ils l'écouteront » (Ac 28.28).

---

[115] Voir ch. 1, p. 32-39.
[116] Voir la discussion de l'expansion géographique, p. 128.

Nous pouvons résumer la discussion ci-dessus par le tableau suivant :

| Prononcées sur ↓ par → | Lc1.5 -----2.52<br>Anges, etc. | Lc 3.1-20<br>Narrateur sur Jean | Lc 3.21----------------------Ac1.11<br>Jésus | Ac1.12---------------Ac28.31<br>Disciples | Futur |
|---|---|---|---|---|---|
| Jean (naissance) | → * | | | | |
| Jean (ministère) | → | * | | | |
| Jésus (naissance) | → * | | | | |
| Jésus (ministère) | → | | * | * | * |
| Jean | | "→ * * | | | |
| Jésus | | → | * | * | * |
| Jésus | | | "→ * * * * * * * * * * * | | |
| Disciples | | | →→ | * | * |
| Disciples | | | | "→ * * * * * * * * | * |
| Disciples | | | | * * * "→→ | * |

"→ = prophétie citée de l'A.T. ; → = prophétie nouvelle ; * = accomplissement[117]

## Les données qui soutiennent cette organisation

Il y a d'autres données qui soutiennent la division littéraire de l'œuvre selon les ministères respectifs de Jean, Jésus et les disciples. La plus évidente est celle qui est sous-entendue par la description de chaque section. Il y a *un changement net de protagoniste*. À la différence des autres Synoptiques, le narrateur écarte Jean-Baptiste du récit avant de raconter le baptême de Jésus et la venue de l'Esprit (Lc 3.21 ; Mt 3.13-15 ; Mc 1.9). Jésus est aussi écarté du récit avant le commencement du ministère des disciples (Ac 1.9-11). On ne trouve pas de changement de protagoniste aussi net pour le commencement du ministère de Paul.

Conzelmann a souligné le cadre géographique, deux versets clés qui, pour lui, divisent le récit en trois époques, et les changements constatés entre les époques[118]. Sans accepter toutes ses conclusions, nous sommes d'accord sur le fait que les divisions dans le texte sont signalées par le cadre géographique et le premier verset clé de Conzelmann (Lc 16.16)[119]. En effet, deux fois Jésus distingue le ministère de Jean du royaume de

---

[117] Les symboles ne représentent pas le nombre exact des prophéties ou accomplissements.
[118] Ch. 1, p. 33-34.
[119] Le 2ᵉ v. clé de CONZELMANN (Lc 22.35-36) n'est pas assez explicite pour indiquer une division.

102

Dieu annoncé par lui (Lc 7.28 ; 16.16), qui s'est approché dans les actes de puissance (Lc 10.11 ; 11.20).

D'autres passages soutiennent la décision de diviser le texte au commencement du ministère de Jean (Lc 3.1), au baptême de Jésus (Lc 3.21) et après son Ascension (Ac 1.11). La meilleure indication d'une césure du texte au début du ministère de Jean est le *synchronisme chronologique* qui commence la section (Lc 3.1-2). C'était une convention littéraire grecque pour commencer une nouvelle étape narrative[120]. On peut aussi noter un changement de contenu. Dans les deux premiers chapitres le narrateur introduit plusieurs personnages dans un récit assez complexe. Au chapitre trois le narrateur focalise sur le personnage de Jean, son ministère et les réactions à son ministère.

Les deux autres césures sont signalées dans le texte surtout par les *indications explicites* de la notion des « débuts » (ἀρχή/ἄρχω) [121]. Pierre décrit le ministère de Jésus « depuis (ἀρξάμενος) le baptême de Jean jusqu'au ( ἕως) jour où il a été enlevé » (Ac 1.22). Les principaux sacrificateurs parlent de l'enseignement de Jésus « depuis la Galilée, où il a commencé (ἀρξάμενος), jusqu'(ἕως)ici [Jérusalem] » (Lc 23.5). Pierre précise que Jésus a « commencé (ἀρξάμενος) en Galilée à la suite du baptême que Jean a prêché » (Ac 10.37). Le verset suivant (Ac 10.38) parle de l'onction et du ministère de Jésus de manière à rappeler le discours de Jésus à Nazareth (Lc 4.18-21) et la venue de l'Esprit sur lui à son baptême (Lc 3.21-22). Cette « *mise en abyme* » ou « reprise miniaturisée du récit » permet au narrateur de résumer la vie de Jésus en soulignant les points significatifs[122]. Pour Pierre le « début » du ministère de Jésus est sa réception de l'Esprit (Lc 3.21-22), comme elle est comprise dans sa première prédication (Lc 4.18-21).

Ces passages de « début » indiquent aussi la fin de la section : le jour où Jésus « a été enlevé » (Ac 1.22). Le narrateur parle du commencement du ministère de Jésus « jusqu'au jour où il fut enlevé au ciel » (Ac 1.1-2). Le narrateur avait déjà introduit la

---

[120] AUNE, *Literary Environment*, p. 133.
[121] Pour la suite voir É. SAMAIN, « La notion de APXH dans l'œuvre lucanienne », *L'Évangile de Luc : Problèmes littéraires et théologiques Mémorial Lucien Cerfaux*, éd. F. Neirynck, Bibliotheca Ephemeridum Theologicarum Lovaniensium 32, Gembloux, Belgique, Éditions J. Duculot, 1973, p. 299-328 et David P. MOESSNER, "The Meaning of ΚΑΘΕΞΗΣ in the Lukan Prologue as a Key to the Dinstictive Contribution of Luke's Narrative among the 'Many'", *The Four Gospels 1992. Festschrift Frans Neirynck*, éd. F. Van Segbroick, C.M. Tuckett, G. Va, Belle, J. Verheyden, Vol. 2, Bibliotheca Ephemeridum Theologicarum Lovaniensium, Leuven University Press, 1992, p. 1518-19, 1526.
[122] Voir MARGUERAT et BOURQUIN, *La Bible se raconte*, p. 137-39, citation p. 150.

notion de cette fin au moment où « Jésus prit la résolution de se rendre à Jérusalem » notant que la décision a été prise du fait que « le temps où il devait être enlevé (ἀναλήμψεως) du monde approcha » (Lc 9.51), employant le même vocabulaire que les deux hommes vêtus de blanc ont utilisé pour décrire l'Ascension (Ac 1.11, ἀναλημφθεὶς). Cette fin est racontée deux fois suivant la convention littéraire grecque de « récapitulation et reprise »[123]. Ce procédé permet au narrateur de répéter et souligner la prophétie-mandat importante qui introduit la section suivante. La répétition souligne encore davantage l'aspect de la réception de l'Esprit, du fait que les trois prophéties de cette réception se trouvent au centre d'une construction chiasmatique[124]. Jacques Dupont note que ce procédé d'entrelacement suit le conseil de Lucien de Samosate où « la finale d'un développement doit annoncer et amorcer l'étape suivante ; et celle-ci doit commencer en revenant sur ce qui a déjà été raconté »[125]. Cette constatation est importante pour fixer la fin logique de l'étape du ministère de Jésus dans Luc-Actes. Elle ne se trouve pas au dernier verset de l'Évangile mais à la fin de la reprise (Ac 1.11).

Un deuxième « début » est signalé par Pierre lorsqu'il compare l'expérience dans la maison de Corneille à la venue de l'Esprit sur les apôtres. « Le Saint-Esprit descendit sur eux, comme sur nous au commencement (ἀρχῇ) » (Ac 11.15). Ce moment de départ est aussi anticipé par la prophétie de Jésus « que la repentance et le pardon des péchés seraient prêchés … à commencer (ἀρξάμενοι) par Jérusalem » (Lc 24.47). Le début de l'accomplissement de cette prophétie était au moment de la Pentecôte (Ac 2.38). Le texte de Luc-Actes mentionne donc deux « commencements » et envisage une « fin » qui correspondent aux transitions citées ci-dessus. Notons aussi que la venue de l'Esprit est étroitement liée aux deux « commencements ». Le Saint-Esprit a le rôle d'inaugurer les ministères de Jésus et des disciples et, ainsi, les nouvelles phases du récit.

Le fait que d'autres « débuts » ou « fins » ne sont pas explicitement indiqués dans le texte soutient notre décision de ne pas créer une autre division majeure pour le

---

[123] AUNE, *Literary Environment*, p.117.
[124] Voir Appendice C et Richard E. ZEHNLE, *Peter's Pentecost Discourse : Tradition and Lucan Reinterpretation in Peter's Speeches in Acts 2 and 3*, SBL Monograph Series 15, éd. Robert A. Kraft, Abingdon Press, New York, 1971, p. 98-99.
[125] « La question du plan des Actes des Apotres à la lumière d'un texte de Lucien de Samosate », *Novum Testamentum* 21 (1979), p. 224-25. Voir LUCIAN, « How to Write History », Loeb Classical Library, éd. G. P. Goold, Lucian VI, trad. par K. Kilburn, Cambridge/Londres, Harvard University Press, 1990, p. 66-67, paragraphe 55. Pour une description de cet entrelacement voir TANNEHILL, *Luke*, p. 295-6.

ministère de Paul. Nous croyons que Pierre, Étienne, Philippe et Paul sont tous des représentants d'un groupe de témoins dont le ministère de l'ensemble commence à la Pentecôte. Ces protagonistes interviennent en tant que représentants d'un groupe plus large. « Pierre se présentant avec les onze éleva la voix … » (Ac 2.14). « Pierre, de même que Jean, fixa les yeux … » (Ac 3.4). « Pierre et Jean parlaient au peuple … » (Ac 4.1). « Pierre et les apôtres répondirent … » (Ac 5.29). « Ils [les apôtres] ne cessaient d'enseigner, et d'annoncer la bonne nouvelle de Jésus-Christ » (Ac 5.42).

Étienne et Philippe ne sont pas explicitement les représentants d'un groupe, mais l'ordre de la narration amène le lecteur à cette conclusion. Sept diacres sont choisis, tous « pleins d'Esprit-Saint et de sagesse » (Ac 6.3-6). Ensuite, le récit raconte l'histoire de deux de ces diacres (Ac 6.8-7.60 et 8.5-40). La transition entre les deux histoires nous dit que « tous, excepté les apôtres, se dispersèrent » et que « ceux qui avaient été dispersés allaient de lieu en lieu, annonçant la bonne nouvelle de la parole » (Ac 8.4). L'histoire où Philippe « annonçait la bonne nouvelle » (Ac 8.12) suit directement cette parole de transition (Ac 8.5-40). La conclusion logique de cette narration est que tous les autres diacres « se dispersèrent » et annonçaient aussi « la bonne nouvelle ». Le cas de Philippe n'est que l'exemple choisi par le narrateur pour ses buts.

Même Paul est le représentant d'un ensemble de témoins. « Le Saint-Esprit dit : Mettez-moi à part Barnabas et Saul pour l'œuvre à laquelle je *les* ai appelés » (Ac 13.2). « *Ils* annoncèrent la parole de Dieu … » (Ac 13.5). « Paul et Barnabas entrèrent dans la synagogue des Juifs, et ils parlaient … » (Ac 14.1). « Quand *ils* eurent évangélisé cette ville… » (Ac 14.21). Parmi ceux qui ont participé au ministère ensemble avec Paul était l'auteur implicite (Ac 16.10ss). Pierre, Jean et les apôtres ; Étienne, Philippe et les diacres ; Paul, Barnabas et les autres accompagnateurs ; tous sont hérauts de la bonne nouvelle (εὐαγγελίζω, Ac 5.42 ; 8.4 ; 14.21 ; 16.10 ; etc.).

Ces divisions sont aussi soutenues par le *cadre géographique* du récit[126]. Les références à la géographie vont de pair avec les mentions de « début » et de « fin » citées ci-dessus (Lc 9.51 ; 23.5 ; 24.47 ; Ac 1.8 ; 10.37). Le ministère de Jean se trouve dans les « environs du Jourdain » (Lc 3.3). Celui de Jésus commence en Galilée (Lc ch. 4-9) et chemine vers son *enlèvement* (ἀναλήμψεως) à Jérusalem (Lc ch. 9 à Ac 1.11, voir, en

---
[126]Voir CONZELMANN, *Die Mitte*, p. 12-15.

particulier, Lc 9.31, 51). Le ministère des disciples commence à Jérusalem et chemine vers les extrémités de la terre (Ac 1.12-28.28 ; cf. Ac 1.8).

Il y a d'*importants changements* qui ont lieu à chaque transition. Le royaume de Dieu est annoncé à partir du ministère de Jésus (Lc 4.18, 43 ; 16.16). Pendant cette période Jésus est le seul porteur de l'Esprit. Les actes de puissance : miracles, guérisons, exorcismes, commencent au début de la période de Jésus et continuent dans la période des disciples. Au commencement de la période des disciples, les disciples reçoivent le Saint-Esprit (Ac 2.1-4) et témoignent avec puissance et assurance (Ac 2.14-36 ; 4.31 ; cf. Lc 22.54-62).

## Le rôle du Saint-Esprit

L'analyse des prophéties de Luc-Actes a révélé plusieurs prophéties importantes pour la structure de l'œuvre. Ce sont les prophéties au début et à la fin des divisions majeures de l'œuvre, qui encadrent les ministères de Jean, de Jésus et des disciples de Jésus (Jean, Lc 3.4-6, 16-17 ; Jésus, Lc 4.18-19 ; 24.47-49/Ac 1.5, 8 ; les disciples de Jésus, Ac 2.17-21 ; 28.28). Le Saint-Esprit joue un rôle important dans toutes les prophéties qui marquent les divisions entre ces sections, c'est-à-dire, les prophéties concernant le ministère de Jésus et le ministère des disciples de Jésus (Lc 3.16-17 ; 4.18-19 ; 24.47-49 ; Ac 1.5, 8 ; 2.17-21). La réception et l'activité de l'Esprit sont un thème parmi trois qui sont étroitement liés dans ces passages. La réception de l'Esprit rend celui qui le reçoit capable d'accomplir sa mission de proclamation. Ce ministère de proclamation doit s'étendre jusqu'aux païens.

## III. LA RÉCURRENCE DE COMPARAISONS ET PARALLÉLISMES

Un autre dispositif qui soutient la structure établie par le motif de l'accomplissement des prophéties est la récurrence de comparaisons et parallélismes. Le penchant de Luc pour les parallélismes est bien connu[127]. John A. Darr affirme comme un

---

[127] Andrew C. CLARK, *Parallel Lives : The Relation of Paul to the Apostles in the Lucan Perspective*, Paternoster Biblical and Theological Monographs, Carlisle, Cumbria, UK et Waynesboro, GA, Paternoster Press, 2001, p. 102.

fait reconnu que « les portraits de Jean-Baptiste, de Jésus et des disciples sont peints principalement de la palette des matériaux prophétiques de la Septante »[128]. Il liste quinze auteurs, à titre d'exemple, écrivant entre 1958 et 1989, qui soutiennent cette affirmation[129]. Brian S. Rosner cite dix auteurs qui suggèrent que Luc a suivi des modèles de l'Ancien Testament dans la composition des épisodes dans les Actes[130]. Les parallélismes entre les personnages du récit, surtout entre Jésus, Pierre et Paul, ont été aussi très souvent remarqués[131]. Daniel Marguerat qualifie, avec raison, le parallélisme entre les activités de Jésus et celles des apôtres de « fait établi »[132]. En général, on peut dire qu'il y a un large consensus sur l'existence de ces parallèles, mais que les exégètes ne sont pas d'accord sur tel ou tel parallèle en particulier et sur la signification de ces parallèles[133].

L'emploi des parallélismes fait partie de la *syncrisis*, un procédé rhétorique bien connu dans les études grecques à l'époque du Nouveau Testament. Elle faisait partie des études grecques de la rhétorique[134]. Le procédé était déjà constamment utilisé dans l'Ancien Testament[135]. John A. Darr est convaincu que les lecteurs gréco-romains auraient très vite reconnu ce procédé dans la comparaison de Jean et Jésus au début de l'Évangile[136]. Le procédé consiste à « mettre en parallèle l'activité de plusieurs personnages, soit en vue de les comparer, soit en vue de marquer la continuité de l'un à

---

[128] *On Character Building*, p. 158.
[129] Ibid., note 11, p. 158-59.
[130] « Acts and Biblical History », *The Book of Acts in Its First Century Setting*, vol. 1, *Ancient Literary Setting*, éd. Bruce W. Winter et Andrew D. Clarke, Grand Rapids, Eerdmans, 1993, p. 71-73.
[131] Voir JOHNSON, *Possessions in Luke-Acts*, p. 22-23, n. 3 et les survols de littérature dans CLARK, *Parallel Lives*, p. 63-73, A.J. MATTILL, Jr., « The Jesus-Paul Parallels and the Purpose of Luke-Acts: H.H. Evans Reconsidered », *Novum Testamentum* 17, 1975, p. 15-21, F. NEIRYNCK, « The Miracle Stories in the Acts of the Apostles. An Introduction », *Les Actes des Apôtres : Traditions, rédaction, théologie*, éd. J. Kremer, Gembloux, Belgique, Éditions J. Duculot et Leuven University Press, 1979, p. 172-95 et Susan Marie PRAEDER, « Jesus-Paul, Peter-Paul, and Jesus-Peter Parallelisms in Luke-Acts : A History of Reader Response », SBL Seminar Papers 23, éd. Kent Harold Richards, Chico CA, Scholars Press, 1984, p. 23-34.
[132] « Saul's Conversion (Acts 9, 22, 26) and the Multiplication of Narrative in Acts », *Luke's Literary Achievement : Collected Essays*, éd. C. M. Tuckett, JSNTSS 116, Sheffield Academic Press, 1995, p. 131-32.
[133] Voir Benjamin E. WILLIAMS, *Miracle Stories in the Biblical Book Acts of the Apostles*, Queenston, Ontario, Mellen Biblical Press, 2001, p. 3 et PRAEDER, « Parallelisms », p. 38. Praeder montre un certain scepticisme quand à l'interprétation des parallélismes, mais dit que « les parallélismes eux-mêmes donnent une certaine continuité à l'histoire de l'interprétation ».
[134] CLARK, *Parallel Lives*, p. 185.
[135] Robert ALTER, *The Art of Biblical Narrative*, Basic Books, 1981, p. 91.
[136] *On Character Building*, p. 58.

l'autre »[137]. Marguerat et Bourquin disent que Luc est « le champion » de ce procédé[138]. Les parallélismes augmentent la conscience des ressemblances et des dissemblances entre personnages[139]. Tzvetan Todorov a distingué « deux types principaux de parallélisme : celui des fils de l'intrigue, qui concerne les grandes unités du récit ; et celui des formules verbales (les 'détails') »[140]. On trouve les deux dans Luc-Actes.

Il faut faire attention de ni sous-estimer ni surestimer l'importance des parallélismes dans Luc-Actes. Ils viennent enrichir la lecture et soutenir les grands thèmes de l'œuvre. Selon Benoît Standaert les « nombreux échos, rappels, parallélismes et effets de contraste » sont reliés « entre eux en une grande symphonie »[141]. Jean-Noël Alletti a peut-être raison d'appeler la *syncrisis* « la technique narrative dominante de Luc »[142]. Mais il ne faut pas en faire « le schéma architectural de base régissant Luc-Actes »[143]. Il faut distinguer entre technique et structure. Nous croyons pouvoir appuyer la thèse que la technique des parallélismes soutient la structure déjà établie par l'accomplissement des prophéties. Mais il faut d'abord aborder quelques difficultés dans l'identification et l'interprétation des parallélismes.

La première difficulté concerne les critères pour déterminer quels sont les parallèles intentionnels de l'auteur. Étant donné l'absence d'indications explicites pour la plupart de ces parallèles, le risque de subjectivité est très fort. Les parallèles apparents peuvent révéler seulement la manière typique de raconter un genre de récit en particulier ou simplement une expression du style de Luc au lieu d'un parallélisme intentionnel[144]. L'œuvre de Charles H. Talbert sur les parallèles de Luc-Actes est probablement la plus connue[145]. Elle a été fortement critiquée. Paul Minear, par exemple, a écrit que l'œuvre de Talbert était « un excellent exemple d'industrieuse et ingénieuse 'parallélomania' »[146]. Joseph Fitzmyer trouve les détails de son analyse douteux et demande, « Qui voit les

---

[137] MARGUERAT et BOURQUIN, *La Bible se raconte*, p. 161.
[138] Ibid.
[139] TANNEHILL, *Luke*, p. 20.
[140] Ibid.
[141] STANDAERT, « L'art de composer », p. 324.
[142] Jean-Noël ALETTI, *Quand Luc raconte. Le récit comme théologie*, Paris, Éditions du Cerf, 1998, p. 69.
[143] TALBERT, *Reading Luke*, p. 115.
[144] WILLIAMS, *Miracle Stories*, p. 4-5, 177-78.
[145] *Literary Patterns*. Mark Allen POWELL, *Fortress Introduction to the Gospels*, Minneapolis, Fortress Press, 1998, p. 87, dit que Talbert est « le plus responsable d'avoir discerné ces parallèles ».
[146] « Review of C.H. Talbert, *Literary Patterns, Theological Themes and the Genre of Luke-Acts* », Journal of the American Academy Religion 45, 1977, 85-86.

correspondances, Luc ou Talbert »[147]? Luke Timothy Johnson critique les œuvres de Morganthaler, Goulder et Talbert. Il dit que les similarités entre les passages cités par Talbert sont souvent « plus apparentes que réelles », et qu'elles viennent souvent de « la paraphrase » de Talbert[148].

Andrew Clark a raison de suggérer que l'aspect un peu forcé de l'analyse de Talbert a tendance à rendre les parallèles valables suspects[149]. Par exemple, dans sa liste de trente-deux correspondances séquentielles entre l'Évangile et les Actes, Talbert donne une série de sept parallèles entre Paul et Jésus pour le voyage à Jérusalem dont la seule vraie correspondance est le voyage à Jérusalem[150]. Que le voyage à Jérusalem par les deux protagonistes soit un parallèle intentionnel semble possible, mais que chaque référence ait sa correspondance est invraisemblable. La thèse de Talbert de l'arrangement des deux volumes en parallèle ne tient pas compte non plus des événements extrêmement importants qui ne suivent pas le même ordre. Par exemple, l'épisode du martyr d'Étienne, dont les parallèles avec la mort de Jésus sont reconnus[151], se trouve vers le début de la deuxième volume et non pas à la fin.

Ne laissons pas la faiblesse de ses études mettre en doute les parallélismes valables. Même si l'on conclut que les correspondances entre la veuve ressuscitée dans le ministère de Pierre (Ac 9.36-43) et le fils de la veuve ressuscité (Lc 7.11-17) ou la fille de Jaïrus ressuscitée (Lc 8.49-56) dans le ministère de Jésus, sont dues au style ou à la forme du récit[152], un point parallèle très important existe toujours : le fait que Pierre a aussi ressuscité un mort ! Jésus et les apôtres sont remplis de l'Esprit-Saint ! Ils ont guéri les malades ! Le commencement de leurs ministères respectifs a signalé un accomplissement des Écritures ! Il ne faut jamais minimiser l'importance de ces parallèles inouïs.

---

[147] *Luke I-IX*, p. 97.
[148] JOHNSON, *Possessions*, p. 23.
[149] *Parallele Lives*, p. 4.
[150] *Literary Patterns*, p. 17.
[151] Voir Simon LEGASSE, Stephanos : histoire et discours d'Etienne dans les Actes des apôtres, Lectio Divina 147, Paris, CERF, 1992, p. 119-24, 129, 146-47, 220 ; CLARK, *Parallel Lives*, p. 264-67.
[152] WILLIAMS, *Miracle Stories*, p. 177, signale que le récit d'Ac 9.36-43 ressemble plus au récit de Mc 5.35-43. À notre avis le rejet du parallèle uniquement à cause d'une théorie de rédaction n'est pas valable. L'analyse narrative prendrait en considération les habitudes de l'auteur implicite et le pouvoir des détails du récit de rappeler l'événement précédent. Vu l'importance du parallèle de la résurrection dans chaque péricope, les détails ont aussi probablement une importance.

Nous devons laisser l'évaluation de l'ensemble des parallèles dans Luc-Actes pour nous concentrer sur certains parallèles qui accompagnent et soutiennent les autres schémas organisateurs de l'œuvre : l'accomplissement des prophéties et le premier grand pivot. Nous allons nous contenter de quelques exemples qui marquent la continuité entre les prophètes de l'Ancien Testament, Jésus et les disciples de Jésus, et d'un exemple de comparaison entre Jean et Jésus.

### Quelques exemples qui marquent la continuité

L'auteur de Luc-Actes emploie des parallélismes à deux niveaux : (1) Il met en parallèle les personnages et les événements de son récit et des personnages et des événements de l'Ancien Testament (en particulier, à la version LXX), et (2) Il met en parallèle les personnages et événements dans le récit. Nous examinerons d'abord comment ces parallèles marquent la continuité.

**Les parallèles avec l'Ancien Testament**

Il y a, par exemple, de nombreux parallèles avec des passages de l'Ancien Testament dans les deux premiers chapitres de l'Évangile[153]. Les annonces de naissance (Lc 1.5-25, 26-38) suivent une sorte de scène typique de l'Ancien Testament (Gn 16.7-13 ; 17.1-3, 15-21 ; 18.1-2, 10-15)[154]. Tannehill remarque que des éléments importants dans les naissances de Jean et de Jésus rappellent le récit de la naissance de Samuel (1 Sa 1-2)[155]. Luc se sert abondamment du langage de l'Ancien Testament[156]. Ces parallèles servent à soutenir une continuité entre les récits de l'Ancien Testament et le récit de Luc-Actes.

---

[153] Voir Raymond E. BROWN, *The Birth of the Messiah : A Commentary on the Infancy Narratives in the Gospels of Matthew and Luke*, New York, Doubleday, p. 156-59 et TANNEHILL, *Luke*, p. 15, 18-19.
[154] Pour une discussion de scènes typiques dans l'A.T. voir ALTER, *The Art of Biblical Narrative*, p. 47-62.
[155] *Luc*, p. 18.
[156] Ibid., p. 19. Il donne les exemples suivants : cf. Lc 1.25 et Gn 30.23 ; Lc 1.41 et Gn 25.22 LXX ; Lc 1.42 et Jg 5.24 ; Lc 2.25 et És 40.1 ; 49.13 ; Lc 2.38 et És 52.9. Il y a de nombreux exemples dans BROWN, *The Birth of the Messiah*, p. 235-495.

Ces liens de continuité deviennent plus importants pour notre thèse dans les allusions typologiques aux prophètes de l'Ancien Testament. Jésus se compare, par exemple, aux prophètes Élie et Élisée dans son discours inaugural à Nazareth (Lc 4.24-27). La comparaison continue par des parallèles implicites[157]. Le récit de la résurrection du fils d'une veuve à Naïn (Lc 7.11-17) rappelle, par plusieurs détails, le récit du fils de la veuve de Sarepta (1 R 17.17-24)[158] déjà mentionné par Jésus dans le récit (Lc 4.26). Les parallèles entre la guérison du serviteur d'un centenier romain (Lc 7.1-10) et la guérison de Naaman (2 R 5.1-14) sont un peu moins frappants. Mais, étant donné la mention de Naaman par Jésus (Lc 4.27), et le placement du récit juste avant le récit du fils ressuscité de la veuve, nous croyons que les parallèles sont intentionnels. Ces actes de puissance soulignent la continuité et montrent que Jésus est « un grand prophète » (Lc 7.16) comme Élie et Élisée. Ces parallèles ont pour effet la prolongation du thème de l'accomplissement des prophéties[159]. En agissant comme les grands et puissants prophètes, Jésus remplit le rôle du prophète oint, et accomplit la prophétie citée dans son premier discours (Lc 4.18-19).

D'autres parallèles avec l'histoire d'Élie et Élisée semblent très clairs. Le chapitre neuf de l'Évangile contient plusieurs échos du récit d'Élie et Élisée. Le désir des disciples de Jésus de faire tomber du feu du ciel (Lc 9.54) rappelle un événement pareil dans la vie d'Élie (2 R 1.10, 12). L'interlocution entre Jésus et des disciples éventuels (Lc 9.59-62) rappelle la rencontre entre Élie et Élisée (1 R 19.19-21)[160]. Étant donné la présence de rappels typologiques d'Élie dans le passage, l'enlèvement (Lc 9.51, ἀναλήμψεως) de Jésus semble être une allusion à l'ascension d'Élie (2 R 2.10, 11, ἀναλαμβανόμενον, ἀνελήμφθη,

---

[157] Pour une discussion de ces parallèles voir, p. ex., J.-D. DUBOIS, « La figure d'Élie dans la perspective lucanienne », *Revue d'Histoire et Philosophie Religieuse* 53, 1973, p. 167-73 et James B. SHELTON, *Mighty in Word and Deed: The Role of the Holy Spirit in Luke-Acts*, Peabody, Mass., Hendrickson Publishers, 1991, p. 18-19 et 28-29, n. 5.
[158] Voir la comparaison des textes dans Félix GILS, *Jésus prophète d'après les évangiles synoptiques*, Orientalia et biblica lovaniensia 2, Louvain, Université de Louvain, 1957, p. 26, n. 1.
[159] Cet aspect a été souligné par Darrell L. BOCK, *Proclamation from Prophecy and Pattern : Lucan Old Testament Christology*, Journal for the Study of the New Testament Supplemental Series 12, Sheffield, JSOT Press, 1987. Nous rejetons sa thèse que la motivation de Luc était plus la proclamation que l'apologétique (p. 88-89, 149). RAY, *Narrative Irony*, a raison de dire que cette conclusion dépend de sa position sur le but de Luc-Actes (p. 98).
[160] Ces deux parallèles font remarquer une discontinuité entre le ministère de Jésus et celui des prophètes Élie et Élisée, mais le caractère général de l'ensemble des parallèles entre Jésus et le cycle Élie/Élisée souligne la continuité.

cf. Sir 48.9 ; 1 Mac 2.58)[161]. La même racine est utilisée pour parler de l'ascension de Jésus (Ac 1.2, 11, 22, ἀνελήμφθη, ἀναλημφθείς, cf. 1 Ti 3.16).

Le parallèle verbal entre « les jours accomplis de son enlèvement » (Lc 9.51, ἐν τῷ συμπληροῦσθαι τὰς ἡμέρας τῆς ἀναλήμψεως αὐτοῦ) et « le jour accompli de la Pentecôte[162] » (Ac 2.1, ἐν τῷ συμπληροῦσθαι τὴν ἡμέραν τῆς πεντηκοστῆς) appuie cette interprétation. Le verbe συμπληρόω n'est utilisé que trois fois dans le Nouveau Testament, tous dans Luc-Actes.[163]. Selon Andrew Clark, « les termes rares sont plus probablement significatifs »[164]. Dans ce parallèle il y a la conjonction d'un terme rare et la même construction grammaticale exacte : une tournure, équivalente à une subordonnée temporelle, construite avec le même infinitif passif (ἐν τῷ συμπληροῦσθαι) et le même accusatif-sujet (« jour[s] », τὰς ἡμέρας ou τὴν ἡμέραν), suivi d'un génitif, complément de nom, indiquant un événement important dans le récit de Luc-Actes. Il est important de noter que les mêmes deux événements, l'ascension et l'effusion de l'Esprit, sont liés dans le discours de Pierre (Ac 2.33), et dans le récit de l'ascension d'Élie (2 R 2.1-15). Il faut aussi noter que le verbe συμπληρόω est un verbe composé de la même famille de verbes employés dans le thème de l'accomplissement des prophéties[165]. Selon Thomas L. Brodie, le récit d'Élie et d'Élisée aurait servi de base pour l'organisation de Luc-Actes en deux parties, divisées par l'ascension et l'effusion de l'Esprit[166]. Cette interprétation correspond aux observations ci-dessus sur le schéma organisateur de l'accomplissement des prophéties, qui divise l'œuvre au même endroit, et aux parallèles entre Jésus et ses disciples et Élie et son disciple, Élisée. Comme l'Esprit d'Élie a été conféré sur Élisée afin de permettre à Élisée de continuer le ministère d'Élie, ainsi Jésus a conféré l'Esprit sur les disciples afin de les rendre capables de continuer son ministère.

---

[161] Voir Joel B. GREEN, *The Gospel of Luke*, The New International Commentary on the New Testament, Grand Rapids, Eerdmans, 1997, p. 403.
[162] C'est notre traduction pour montrer le parallèle avec Lc 9.51.
[163] Le 3ᵉ est au sens littéral (Lc 8.23).
[164] *Parallel Lives*, p.75. Clark cite M. D. GOULDER, *Type and History in Acts,* Londres, SPCK, 1964, p. 10, qui dit, « the rarer the better ».
[165] πληρόω, Lc 1.20 ; 4.21 ; 9.31 ; 21.24 ; 22.16 ; 24.44 ; Ac 1.16 ; 3.18 ; 7.23 ; 7.30 ; 9.23 ; 12.25 ; 13.25, 27 ; 14.26 ; 19.21 ; 24.27 ; πληροφορέω, Lc 1.1 ; συμπληρόω, Lc 9.51 ; Ac 2.1 ; ἐκπληρόω, Ac 13.33 ; ἐκπλήρωσις, Ac 21.26.
[166] « Luke-Acts as an Imitation and Emulation of the Elijah-Elisha Narrative », *New Views on Luke and Acts*, éd. Earl Richard, Collegeville, Minnesota, The Liturgical Press, 1990, pp. 82-83.

Le portrait prophétique de Jésus et de ses disciples n'est pas limité à la typologie d'Élie et Élisée. Les échos du cycle Élie/Élisée font partie d'une typologie prophétique généralisée. Luc utilise aussi la typologie du prophète comme Moïse (Ac 3.19-26 ; 7.35-37). Il y a des allusions implicites en plus de ces références explicites. Lors de la transfiguration, Moïse et Élie apparaissent tous les deux pour parler de l'« exode » (Lc 9.31). Dans la même péricope les disciples entendent la voix du ciel disant « écoutez-le » (Lc 9.35). Les deux paroles sont probablement des échos du prophète Moïse (cf. Dt. 18.15). Ce même chapitre contient des échos clairs du cycle Élie/Élisée (Lc 9.51-56). Une seule image typologique ne suffit pas. Il faut une accumulation d'images d'anciens prophètes pour peindre l'image typologique de Jésus. Jésus est un prophète comme Moïse en ce qu'il est puissant en paroles et en œuvres (Lc 24.18 ; Ac 7.22) et rejeté par ceux à qui il a été envoyé (Ac 7.35-36, 52). Comme Moïse il apparaît dans la gloire, participe à un « exode », et il faut l'écouter (Lc 9.29-36). Il est un prophète comme Élie et Élisée en ce qu'il guérit les malades, ressuscite les morts (Lc 7.1-17) et confère l'Esprit à ses disciples suite à son Ascension (Ac 2.33). Il est comme le serviteur oint d'Ésaïe (És 42.1, 6-7 ; 61.1-2) en ce qu'il annonce la bonne nouvelle aux pauvres, libère les captifs et ouvre les yeux de l'aveugle (Lc 4.18-19 ; 7.22)[167]. Luc « nous a légué un portrait de Jésus où s'harmonisent les traits caractéristiques des figures prophétiques les plus diverses »[168].

La typologie prophétique n'est pas limitée à Jésus. C'est Jean-Baptiste et non pas Jésus qui est présenté par Luc comme « le prophète Élie » qui doit venir (Lc 1.17 ; 7.27 ; cf. Mal 3.1 ; 4.5-6, TM 3.1, 23-24). L'introduction de Jean est faite dans les mêmes termes que l'introduction d'un prophète dans l'Ancien Testament (Jér 1.1-2 ; Lc 3.1-2)[169]. Des échos des prophètes de l'Ancien Testament sont aussi utilisés pour peindre le portrait prophétique des disciples dans le livre des Actes. Parfois ces correspondances n'ont aucun parallèle dans la vie de Jésus. Par exemple, Philippe est enlevé par l'Esprit comme Élie et Ézéchiel (1 R 18.12 ; 2 R 2.16 ; Éz 11.24). L'appel de Paul ressemble à celui d'Ézéchiel (Ac 9.4 ; 26.16 ; Éz 1.28-2.1). Dieu encourage Paul par des paroles qui

---

[167] Voir aussi Eric FRANKLIN, *Christ the Lord : A Study in the Purpose and Theology of Luke-Acts*, Westminster Press, Philadelphia, 1975, p. 67-68.
[168] Gils, *Jésus prophète*, p. 164.
[169] TANNEHILL, *Luke*, p. 47.

ressemblent à un encouragement adressé à Jérémie (Ac 18.9-10, Jér 1.5-8). Par ces exemples Luc marque la continuité entre les prophètes de l'Ancien Testament et les disciples chrétiens ; une continuité qui ne passe pas obligatoirement par l'exemple de Jésus.

**Les parallèles dans le récit**

Les nombreux parallèles entre Jésus et ses disciples dans le livre des Actes sont une caractéristique du style de Luc qui a attiré l'attention des exégètes depuis plusieurs siècles[170]. L'analyse des citations de Luc-Actes a déjà souligné le parallèle entre l'inauguration du ministère de Jésus et celle de ses disciples[171]. Le ministère des deux commence par une citation, qui est elle-même, occasionnée par une expérience avec l'Esprit-Saint (Lc 3.21-22 ; 4.18-19 ; Ac 2.1-4, 16-21). La citation explique comment l'Esprit est venu sur les protagonistes afin de les rendre capables d'exercer un ministère prophétique. L'existence de ce parallélisme et son caractère programmatique pour la suite sont soutenus par un très grand nombre d'exégètes[172]. Robert Tannehill donne les parallèles suivants pour les deux passages :

- une réception de l'Esprit en réponse à la prière (Lc 3.21-22 ; Ac 1.14 ; 2.2-4)
- un discours inaugural contenant une longue citation des Écritures qui se réfère à la réception de l'Esprit (Lc 4.18 ; Ac 2.17-18)
- des indices sur la mission qui commence dans la citation
- des rappels que la mission accomplit les prophéties de cette citation dans la narration qui suit
- une offre de « délivrance » (ἄφεσις, Lc 4.18 ; Ac 2.38)
- un rejet du protagoniste suivant le discours.[173]

---

[170] Pour un résumé et une évaluation de l'histoire des recherches des parallèles voir CLARK, *Parallel Lives*, p. 63-72 et PRAEDER, « Parallelisms », p. 23-39.
[171] Ch. 3, p. 93-94, 99-100.
[172] Pour une liste de quelques auteurs voir les notes bibiliographiques dans R. F. O'TOOLE, « Parallels between Jesus and His Disciples in Luke-Acts : A Further Study », *Biblische Zeitschrift* 27, 1983, p. 195 et Max TURNER, *Power from on High: The Spirit in Israel's Restoration and Witness in Luke-Acts*, Journal of Pentecostal Theology Supplement Series 9, éd. John Christopher Thomas, Rickie D. Moore et Steven J. Land, Sheffield, Sheffield Academic Press, 1996, p. 343.
[173] *Acts*, p. 29 ; « The Composition of Acts 3-5 : Narrative Development and Echo Effect », SBL Seminar Papers 23, éd. Kent Harold Richards, Chico CA, Scholars Press, 1984, p. 230. TANNEHILL signale que le

Étienne Samain signale aussi des parallèles littéraires dans les réactions des auditeurs : l'étonnement, suivi d'une question sur l'identité de la figure prophétique (Lc 4.22 ; Ac 2.7)[174].

Ces parallèles font partie d'une série de parallèles d'un intérêt particulier pour le sujet de la pneumatologie de Luc-Actes. Ce sont les parallèles dans la description des personnages « prophétiques ». Paul Minear parle d'une succession de prophètes dans Luc-Actes : Jean-Baptiste, « le prophète comme Élie » ; Jésus, « le prophète comme Moïse » ; et les apôtres, « les prophètes comme Jésus »[175]. Luke Timothy Johnson parle des « hommes de l'Esprit » qui partagent une « description stéréotypée ». Les apôtres, Étienne, Philippe, Barnabas et Paul sont tous des « Hommes de l'Esprit qui … proclament la Parole de Dieu avec assurance et puissance, certifient cette prédication par l'accomplissement des signes et des prodiges, et stimulent parmi leurs auditeurs une réponse d'approbation ou de rejet »[176]. Ces « hommes de l'Esprit » sont à leur tour modelés d'après Jésus, le prophète comme Moïse (Ac 3.20-24 ; 7.37)[177].

Différents aspects de cette description stéréotypée ont été relevés par d'autres études. G. W. H. Lampe avait déjà signalé les parallèles concernant leurs expériences par rapport à l'Esprit et aux miracles[178]. Norman Petersen a souligné l'aspect des « incidents de rejet » du messager prophétique[179].

Le récit des Actes ajoute d'autres aspects à la description stéréotypée des « hommes de l'Esprit ». Par exemple, chaque homme de l'Esprit reçoit un mandat où il est chargé de sa tâche[180]. La prière joue un grand rôle dans la préparation de chacun.

---

dernier parallèle, le rejet du protagoniste, se manifeste plus lentement dans le livre des Actes. Dans les chapitres 4 et 5 les apôtres sont en conflit avec le Sanhédrin. Au chapitre 7 il y a le commencement d'une grande persécution.

[174] « Le discours programme de Jésus à la synagogue de Nazareth Luc 4.16-30 », *Foi et vie*, 11, 1971, p. 41.
[175] *To Heal and to Reveal*, p. 81-147.
[176] *Possessions*, p. 38-58, citation p. 58.
[177] Ibid., p. 60-76.
[178] « The Holy Spirit », p. 193-96. Voir aussi François BOVON, *Luc le théologien. Vingt-cinq ans de recherches (1950-1975)*, Neuchâtel/Paris, Delachaux et Niestlé, 1978, p. 221.
[179] *Literary Criticism*, p. 83-91, citation p. 83. Voir aussi, DENOVA, *The Things Accomplished*, p. 131.
[180] Pour une étude des mandats dans Lc-Ac, voir Benjamin J. HUBBARD, « The Role of Commissioning Accounts in Acts », *Perspectives on Luke-Acts*, éd. Charles H. Talbert, Perspectives in Religious Studies, Special Studies Series 5, 1978, T. & T. Clark, Edinburgh, p. 187-198. Pour Jésus et Moïse, Luc donne un rapport du mandat (Lc 4.18-19 ; Ac 7.34-35) plutôt qu'un récit du mandat. Hubbard n'inclut pas le mandat d'Étienne et Philippe (Ac 6.1-3) dans sa liste, vraisemblablement, parce que le récit ne contient pas une intervention explicite de « la main de Dieu » qui conduit l'église (p. 198). Leur mandat vient des douze

Suite au rejet de son message par une partie des auditeurs, l'homme de l'Esprit est arrêté et doit donner témoignage devant des autorités religieuses ou civiles. L'arrestation fait partie des souffrances, persécutions où afflictions causées par ceux qui rejettent son message. Le tableau suivant résume cette description stéréotypée :

|  | Jésus | Moïse | Pierre et apôtres | Étienne | Philippe | Paul et Barnabas |
|---|---|---|---|---|---|---|
| Mandat | Lc 4.18-19 | Ac 7.34-35 | Ac 1.8 | Ac 6.3-6 | Ac 6.3-6 | Ac 13.1-3 |
| Prière | Lc 3.21 |  | Ac 1.14 | Ac 6.6 | Ac 6.6 | Ac 13.3 |
| Rempli de l'Esprit[181] | Ac 10.38 |  | Ac 2.4 ; 4.8, 31 | Ac 6.3, 5 ; 7.55 | Ac 6.3 | Ac 9.17 ; 11.24 |
| Paroles avec assurance παρρησία παρρησιάζομαι | (Lc 24.19) ; Ac 10.36 | Ac 7.22 | **Ac 2.29**[182] ; **4.13, 29, 31** | Ac 6.10 | Ac 8.4 | **Ac 9.27, 28 ; 13.46 ; 14.3 ; 19.8 ; 26.26 ; 28.31** |
| Signes et prodiges τέρατα σημεῖα δυνάμεις | (Lc 24.19) ; **Ac 2.22** ; 10.38 | **Ac 7.22, 36** | **Ac 2.43 ; 5.12** | **Ac 6.8** | Ac 8.6, 13 | **Ac 14.3 ; 15.12 ; 19.11** |
| Approbation ou rejet | Ac 2.23, 36 ; 10.39 | Ac 7.27, 35, 39 | Ac 2.41 ; 4.2, 4, 21 | Ac 6.11-14 ; 7.54, 57-59 | Ac 8.12 | Ac 14.4 ; 28.24 |
| Arrestation | Lc 22.54 |  | Ac 4.3, etc. | Ac 6.12 |  | Ac 16.19, 21.27, etc. |
| Témoignage | Lc 22.66-23.3 |  | Ac 4.8s, etc. | Ac 7.1s | [Ac 8.26-39][183] | Ac ch. 23-26 |
| Souffrance/ Persécution | Lc 24.46 ; Ac 2.23 | [Ac 7.52][184] | Lc 21.12-17 ; Ac 5.40-41 | Ac 7.58 | [Ac 8.1][185] | Ac 16.22-23 ; 21.30-33[186] |

Nous signalons que toute cette description des « hommes de l'Esprit » a été prévue par les paroles prophétiques de Jésus. Le mandat des disciples a été prononcé par Jésus (Ac 1.8). Il a promis le Saint-Esprit à ceux qui prient (Lc 11.13). Il a prophétisé que les disciples recevraient la puissance du Saint-Esprit pour témoigner (Ac 1.8). Qu'ils seraient témoins et prêcheraient la repentance et le pardon des péchés (Lc 24.47-48). Pour préparer les disciples au ministère, Jésus leur en a donné un avant-goût, en leur accordant

---

apôtres (Ac 6.2-3), mais il semble que son inspiration divine est attestée par la croissance de l'église (Ac 6.7).

[181] La partie encadrée par lignes grasses représente les conclusions de Johnson. Johnson s'est limité à la description de Jésus et aux autres données dans les Actes. Nous avons ajouté des descriptions de Jésus données dans l'Évangile et les correspondances appropriées dans les Actes.

[182] Les références en gras représentent les répétitions des mots clés en grec.

[183] Philippe n'a pas été arrêté, mais une des raisons pour inclure le récit de son témoignage au ministre de Candace est peut-être pour montrer qu'il a aussi témoigné à une autorité.

[184] Le texte infère que tous les prophètes ont été persécutés. Donc, par association Moïse a été persécuté.

[185] Ce verset précède directement le récit sur Philippe et parle de la persécution générale qui a causé la dispersion des disciples dont Philippe fait partie.

le pouvoir de chasser les démons et guérir les malades (Lc 9.1-2 ; 10.9). La réponse différenciée, approbation ou rejet, est aussi prévue (Lc 9.4 ; 10.8-11). Jésus leur a promis l'aide du Saint-Esprit lorsqu'ils seraient menés devant les autorités (Lc 12.11-12). Jésus a prédit qu'ils seraient arrêtés, persécutés, et menés devant les autorités et mis à mort, mais qu'il leur donnerait des paroles et une sagesse pour répondre et prendrait soin d'eux (Lc 21.12-17). Ils doivent même se réjouir au temps de la persécution parce que cela prouve qu'ils sont comme des prophètes (Lc 6.22-23 ; cf. Ac 5.4). Toute cette description se résume dans le dicton de Jésus, « tout disciple accompli sera comme son maître » (Lc 6.40)[187]. Jésus, lui-même est le modèle de leur ministère. Les disciples continuent ce que Jésus « a commencé de faire et d'enseigner » (Ac 1.1).

Les nombreux parallèles soutiennent le schéma organisateur de l'accomplissement des prophéties et montrent la continuité entre Jésus et ses disciples. L'onction prophétique fait partie de ces parallèles. Comme l'Esprit sur Jésus le rend « puissant en œuvres et en paroles » (Lc 4.18-19, 24.19), les hommes d'Esprit ont été aussi remplis de l'Esprit prophétique afin de proclamer la parole avec assurance et accomplir des signes et des prodiges (Ac 2.17-19 ; 4.29-31).

Luke Johnson exprime l'importance de ce dernier doublet de termes : « signes et prodiges » (τέρατα καὶ σημεῖα)[188]. Le terme « signes » est une addition à la citation de Joël (Ac 2.19 ; cf. Jl 3.3 LXX). Les deux mêmes termes sont repris dans le co-texte immédiat pour décrire le ministère de Jésus (Ac 2.22). Selon Johnson, pratiquement tous les emplois de ce doublet dans la version des Septante décrivent l'œuvre de Dieu pendant l'exode[189], et sont donc une référence au ministère de Moïse. Étant donné que le chapitre suivant identifie Jésus comme le prophète « comme » Moïse (Ac 3.20-25), Johnson dit qu'il n'est pas étonnant que « 'signes et prodiges' deviennent dans les Actes une sorte d'écriture abrégée pour identifier les figures qui possèdent l'Esprit de façon extraordinaire »[190], en contraste avec d'autres qui « ne sont pas décrits comme des prophètes » tels que Cornélius, Ananias de Damas, Énée, Tabitha, Rhode, Timothée,

---

[186] Le tableau ne donne que quelques exemples parmi beaucoup.
[187] BRAWLEY, *Centering on God*, p. 52-53.
[188] *Possessions*, p. 44-45.
[189] Ibid., p. 45. Johnson donne des exemples suivants : Ex 4.8, 9, 17, 28, 30 ; 7.3, 9 ; 10.1, 2 ; 11.9-10 ; Nb 14.11-12 ; Dt 4.34 ; 6.22 ; 7.19 ; 11.3 ; 26.8 ; 29.3 ; Ps 77.43 ; 104.27 ; 134.9.
[190] Ibid.

Lydie, Priscille et Aquilas[191]. Johnson a raison de souligner l'importance de la répétition verbale de ces termes. Mais, sa décision de distinguer ces personnages des autres personnages, qui, selon lui, « ne sont pas décrits comme des prophètes » est une présupposition non-fondée de sa part. Certains de ces personnages moins « extraordinaires » exercent aussi des dons prophétiques. Cornélius parle en langues, le don expliqué par Pierre comme l'accomplissement de l'effusion du don prophétique (Ac 2.16-18). Ananias a reçu des instructions et une prophétie dans une vision, et a accompli le signe d'une guérison (Ac 9.10-18)[192].

## Un exemple de comparaison et discontinuité

La comparaison élaborée entre Jean-Baptiste et Jésus dans les deux premiers chapitres de l'Évangile est reconnue par quasiment tous les exégètes[193]. Plusieurs auteurs croient que les parallèles continuent dans les chapitres trois et quatre[194]. Il est vrai que les éléments parallèles existent : l'ascendance de chacun est donnée (Lc 3.2, 23-38) ; ils passent tous les deux par « le désert » (Lc 3.2 ; 4.1s) ; le ministère de chacun est introduit par une citation du prophète Ésaïe (Lc 3.4-6 ; 4.18-19) ; et les deux annoncent « la bonne nouvelle » (Lc 3.18 ; 4.43). Mais ces parallèles sont beaucoup moins marqués que la comparaison presque formelle des deux premiers chapitres. John A. Darr donne une meilleure explication à partir d'une analyse de l'effet sur le lecteur. Une comparaison comme celle entre Jean et Jésus dans les deux premiers chapitres conditionne la lecture de chaque passage où ces protagonistes sont mentionnés plus tard dans le récit[195]. Donc, la comparaison continue non seulement à travers les chapitres trois et quatre, mais à travers Luc-Actes. Nous comptons onze passages où Luc décrit un contraste entre Jean et Jésus dans la suite du récit. Les sujets de contraste sont : le jeûne de leurs disciples (Lc

---

[191] Ibid., p. 41.
[192] Les guérisons font partie des « signes » dans Lc-Ac. Voir Ac 4.16, 22 ; 8.6-7.
[193] Pour différentes analyses de ces parallèles voir BROWN, *The Birth of the Messiah*, p. 248-53, 292-98, 408-12, R. LAURENTIN, *Structure et Theologie de Luc 1-2*, Paris, Lecoffre, 1964, p. 23-33, Augustin GEORGE, « Le parallèle entre Jean-Baptiste et Jésus en Luc 1-2 », *Études sur l'œuvre de Luc*, Paris, Éditions Gabalda, 1978, p. 43-65, Joel B. GREEN, *The Theology of the Gospel of Luke*, New Testament Theology, éd. James Dunn, Cambridge University Press, 1995, p. 51-55.
[194] BROWN, *The Birth of the Messiah*, p. 250, n. 44. CLARK, *Parallel Lives*, p. 107. Fearghus Ó FEARGHAIL, *The Introduction to Luke-Acts : A Study of the Role of Lk 1.1-4.44 in the Composition of Luke's Two-Volume Work*, Analecta Biblica 126, Rome, Editrice Ponificio Istituto Biblico, 1991, p. 29, 34.

5.33-39), le plus grand parmi ceux qui sont nés des femmes et le plus petit dans le royaume (Lc 7.28), un prophète et le Christ (Lc 9.7-9, 18-20), la prière de leurs disciples (Lc 11.1), le baptême d'eau et le baptême d'Esprit (Ac 1.5 ; 11.16), Jésus qui est plus digne que Jean (Ac 13.23-25), et le baptême de Jean et le baptême au nom de Jésus (Ac 18.25 ; 19.1-6). Les deux autres fois où Jean est mentionné, c'est à propos de son baptême qui indique le début du ministère de Jésus (Ac 1.22 ; 10.37). Les ressemblances dans la comparaison montrent que Jésus et Jean font partie de l'ère de l'accomplissement des prophéties, mais les dissemblances montrent que Jésus est supérieur à Jean. Les ressemblances mettent en relief le contraste[196], qui est souligné à travers le récit. Jean est le précurseur qui prépare la venue du Sauveur. Jésus est le Sauveur qui apporte le salut.

Il est intéressant de comparer le ministère de Jean-Baptiste à la description stéréotypée des « hommes de l'Esprit ». L'ange communique son mandat à son père lorsque « toute la multitude du peuple était … en prière » (Lc 1.8-17). Sa vie de prière n'est pas mentionnée, mais la mention que « la parole de Dieu fut adressée à Jean » (Lc 3.2) montre qu'il y a une communication claire entre Dieu et son prophète. Il est difficile d'imaginer la réception d'une telle communication sans une communication dans le sens inverse dans la prière. Il est rempli de l'Esprit dès le sein de sa mère (Lc 1.15). Il annonce la parole avec assurance (Lc 3.2b-9). La réponse à son message est divisée entre ceux qui se font baptiser par lui et ceux qui rejettent son message (Lc 7.29-30). Il a été arrêté par Hérode (Lc 3.18-20). Nous n'avons pas le récit de son témoignage devant Hérode, mais nous savons qu'il l'a repris « au sujet d'Hérodias, femme de son frère, et pour toutes les mauvaises actions qu'il avait commises » (Lc 3.19). Hérode l'a fait décapiter (Lc 9.9). La rubrique totalement absente de sa description est « les signes et les prodiges »[197]. C'est d'autant plus frappant du fait que Jean devait marcher « avec l'Esprit et la puissance d'Élie » (Lc 1.17), un prophète bien connu pour les signes et le prodiges accomplis dans son ministère. C'est une grande différence entre le ministère de Jean-Baptiste et celui de Jésus et celui des disciples de Jésus. Aucun personnage de Luc-Actes avant Jésus

---

[195] *On Character Building*, p. 68.
[196] LAURENTIN, *Structure*, p. 33-42.
[197] Cette inférence implicite dans l'Évangile selon Luc est rendue explicite dans l'Évangile selon Jean : « Jean n'a fait aucun miracle » (10.41).

n'accomplit des signes ou des prodiges. Ils sont remplis de l'Esprit et puissants en paroles, mais non pas puissants en œuvres.

Dans le ministère de Jésus ces œuvres sont associées à l'arrivée du royaume (Lc 4.31-44 ; 9.2,11 ; 10.9-11). C'est un élément montrant la supériorité du ministère de Jésus. Nous avons rejeté la distinction nette de Conzelmann entre la période de Jésus et la période de Jean-Baptiste. Ils font tous les deux partie de la période d'accomplissement des anciennes prophéties ; ce que l'Ancien Testament appelle « les derniers jours » (voir Ac 2.17). Mais la comparaison montre une différence claire. Le royaume n'est pas encore clairement présent dans le ministère de Jean. Les signes et prodiges dans le ministère de Jésus montrent de façon claire que le royaume s'est approché. Dès lors, le royaume est proclamé (Lc 16.16) et la supériorité de ceux du royaume est visible (Lc 7.28). Ainsi, la période de Jean est une sorte de transition. L'ère de l'accomplissement des prophéties a déjà commencé, mais le royaume commence à se dévoiler concrètement dans le ministère de Jésus.

Les distinctions et contrastes entre la période de Jésus et la période de l'Église ne sont pas aussi marqués. On ne trouve pas de contraste explicite tels ceux qui distinguent les ministères de Jésus et de Jean. Les disciples suivent le modèle de Jésus. Leur ministère est décrit dans des termes qui rappellent le ministère de Jésus. La narration soutient une continuité très marquée entre ces deux périodes. La seule différence vraiment soulignée par le texte est l'étendue du ministère.

Il est clair que Luc veut montrer les parallèles entre Jésus et certains disciples dans les Actes, et surtout en ce qui concerne les signes et prodiges. Les répétitions verbales sont évidentes. Mais il ne faut pas limiter l'onction prophétique aux individus qui remplissent toutes les catégories de la description stéréotypée de Johnson. Au lieu de limiter arbitrairement la discussion à quatre aspects et à un groupe de personnages qui occupent une place plus importante dans le récit, il vaut mieux regarder l'ensemble des parallèles où les prophéties de Jésus sont accomplies, et qui sont applicables à un nombre indéfini de disciples. Il est évident que les personnages dont on parle plus longuement, ont aussi une description plus complète. Ce sont évidemment des dirigeants du mouvement. D'autres personnages exercent des dons prophétiques et font partie du personnage collectif des disciples qui continuent le ministère de Jésus.

## Le rôle du Saint-Esprit

Le Saint-Esprit joue un rôle très important dans la description parallèle entre Jésus et ses disciples. Une expérience avec l'Esprit Saint (Lc 3.21 ; Ac 2.4) est à l'origine de la citation prophétique qui inaugure leurs ministères respectifs (Lc 4.18-19 ; Ac 2.17-21). Dans chaque cas la citation, elle-même, souligne l'importance de l'Esprit pour l'exercice du ministère des personnes dotées de l'Esprit. Le lien est tel que l'on peut les appeler, à juste titre, les « hommes de l'Esprit ».

Les parallèles entre ces « hommes de l'Esprit » et certains personnages prophétiques de l'Ancien Testament viennent enrichir et soutenir cette continuité entre Jésus et ses disciples. Les allusions et les mentions explicites des grands prophètes Moïse, Élie et Élisée soulignent les actes de puissance dans le ministère de Jésus et dans celui de ses disciples. L'allusion à l'ascension d'Élie et au transfert de l'Esprit à Élisée soutient la continuité entre Jésus et ses disciples déjà signalée par de nombreux parallèles entre eux. Le contraste, signalé à travers Luc-Actes, entre Jésus et Jean-Baptiste, fait ressortir davantage le même parallèle entre Jésus et ses disciples. Ils sont des « hommes de l'Esprit » puissants « en paroles et en œuvres ».

## IV. LA RÉCURRENCE DE PIVOTS

Les pivots et les sommets viennent d'une analyse de l'intrigue du récit. L'intrigue d'un récit est une autre façon de parler de sa structure. Chaque récit mène vers une conclusion, un but. Dans les paroles d'Aristote, le récit a un commencement, un milieu et une fin (ἀρχὴν καὶ μέσον καὶ τελευτήν)[198]. Le récit se développe du commencement vers la fin. Ce développement s'appelle l'intrigue dans le langage de l'analyse narrative. L'analyse narrative essaie de suivre ce développement en faisant attention aux liens de causalité.

Dans son commentaire sur l'intrigue de la tragédie, Aristote a remarqué que le récit se structure autour d'un point de « renversement » ou de « transformation » (μετάβατις). Tout ce qui précède ce point il l'appelle « nouement » (δέσις), et ce qui suit

---

[198] *Poetics*, p. 54, 1450b.26.

« dénouement » (λύσις)¹⁹⁹. Le nouement introduit et développe le problème ou la complication que le récit doit résoudre. Le nouement peut commencer avant le récit et va jusqu'au moment du renversement. Le dénouement va du début du renversement ou de la transformation jusqu'à la fin du récit. Selon Marguerat et Bourquin, « Aristote voit donc l'intrigue s'articuler autour d'un Renversement, qui fait basculer le destin du héros »²⁰⁰. La description d'Aristote n'est peut-être pas valable pour tous les récits modernes, mais elle est utile dans l'analyse de la plupart des récits de l'Antiquité. Le récit de Luc-Actes n'est pas une exception.

L'analyse narrative appelle le renversement ou le moment charnière de l'intrigue un « pivot ». Le récit de Luc-Actes s'articule aussi autour d'un pivot/renversement. Conzelmann a placé une transition autour du complexe d'événements de la Passion jusqu'à la Pentecôte et a noté des changements entre les périodes avant et après ce moment de transition. Les changements notés par Conzelmann ne méritent pas la révision de l'histoire du salut en trois époques, mais ils indiquent un moment de transition important dans le texte qui correspond au renversement d'Aristote. Nous trouvons utile d'examiner le renversement qui a lieu à ce moment, en répondant à trois questions : Qui change ? Quel est le changement ? et Quand le changement a-t-il lieu ?

### Qui change ?

Pour comprendre l'intrigue, il ne s'agit pas de déterminer quel personnage est le plus important, mais quel personnage subit un changement important. C'est pour cela que les critiques littéraires sont attentifs aux changements des personnages au cours du récit²⁰¹. Bien que Dieu soit le personnage le plus souvent mentionné²⁰², il ne subit pas de changement. Jésus est certainement le personnage le plus important de l'Évangile et il subit des changements. Il naît. Il vit. Il voyage. Il meurt. Il est enlevé au ciel. Mais, bien que sa présence soit ressentie dans les Actes, il est évident que l'histoire racontée dans les Actes tourne autour des disciples de Jésus.

---

¹⁹⁹ Ibid., p. 90, 1455b.24-29.
²⁰⁰ *La Bible se raconte*, p. 54.
²⁰¹ GROS LOUIS, « Some Methodological Considerations », p. 18-19.
²⁰² 122 fois dans Lc et 166 fois dans Ac. Voir KINGSBURY, *Conflict in Luke*, p. 11.

La transformation sur laquelle le récit est « pivoté » est celle des disciples de Jésus ; un personnage collectif. Même les protagonistes très importants dans le récit des Actes sont introduits comme étant des représentants du groupe. Pierre se présente avec les onze (Ac 2.14). Étienne et Philippe sont présentés aux apôtres avec cinq autres (Ac 6.5-6). Saul (Paul) est mis à part avec Barnabas qui est mentionné en premier (Ac 13.2). Luc dépeint les disciples à travers l'évangile collectivement comme un personnage sincère qui suit Jésus avec dévouement, mais comme un personnage faible, avec peu de foi, qui ne comprend pas la mission de Jésus. Le récit des Actes les dépeint comme n'ayant plus de doute et proclamant le message de l'évangile avec assurance. C'est une transformation évidente et importante dans la stratégie de Luc. Si nous avons raison dans notre évaluation du lecteur implicite, c'est-à-dire, qu'il sympathise avec les disciples, la transformation des disciples aura aussi son effet chez le lecteur. Le lecteur sera encouragé à vivre la même transformation[203].

## Quel est le changement ?

Depuis la préface l'auteur a signalé un « nouement » : le besoin de certitude, qui infère certains doutes. Nous avons suggéré que l'auteur fait exprimer ces doutes par des personnages dans le récit, Jean-Baptiste et des disciples sur le chemin d'Emmaüs, créant une empathie entre ces personnages et le lecteur. Un doute important concerne l'identité de Jésus. Est-il celui qui devait venir (Lc 7.20), qui délivrerait Israël (Lc 24.21) ? Dans les Actes les disciples le proclament ouvertement comme le Christ (Ac 2.36 ; 5.42 ; 8.5 ; 9.22 ; 17.3 ; 18.5, 28 ; 28.31).

La proclamation ouverte du Christ n'est pas le seul changement noté par Luc. Les disciples sont remplis de l'Esprit (Ac 2.4). Ils « prophétisent » et agissent comme des anciens prophètes. Ils opèrent des signes et prodiges[204]. On serait tenté d'inclure le partage des biens dans cette liste de changements occasionnés par les événements du pivot, surtout du fait que ce partage est décrit dans deux sommaires suivant de près deux

---

[203] Voir TANNEHILL, *Luke*, p. 261.
[204] Voir le tableau p. 37.

expériences avec l'Esprit (Ac 2.42-47 ; 4.32-37)[205]. Mais le partage des biens est moins frappant que les autres changements, parce que les premiers disciples avaient déjà quitté leurs biens (Lc 5.11, 28 ; 18.28) et vivaient en communauté pendant le ministère terrestre de Jésus (Lc 8.1-3). Certes, les deux sommaires décrivent une intensification de ce thème. Ce changement semble faire partie de la bonne réponse à l'appel à la repentance de Jean et de Jésus (cf. Lc 3.11 ; 19.8-9). C'est un changement qui fait partie du message du salut chez Luc (Lc 4.18), mais qui est lié à la repentance dans le récit et pas uniquement au pivot.

## Quand le changement a-t-il lieu ?

Il est intéressant de noter que le doute et la mauvaise compréhension des disciples persistent après la résurrection. « Ils croyaient voir un esprit » (Lc 24.37). « Dans leur joie, ils ne croyaient point encore » (Lc 24.41). Leur dernière question adressée à Jésus a été, « Seigneur, est-ce en ce temps que tu rétabliras le royaume d'Israël ? » (Ac 1.6). Ils sont convaincus que Jésus est le Christ, mais leur notion du Christ semble être encore liée à la notion d'une délivrance politique dans l'immédiat. Le changement des disciples devient réellement visible le jour de la Pentecôte lorsqu'ils sont remplis de l'Esprit. Pierre, qui avait renié le Seigneur trois fois quelques semaines avant, annonce l'Évangile avec assurance devant la foule à Jérusalem (Ac 2.14-36). Certaines indications montrent que le changement se prépare tout de suite après l'Ascension. Les disciples persévèrent dans la prière (Ac 1.14), et prennent des décisions en tant que la communauté des derniers jours prévue par les Écritures (Ac 1.15-26).

Le pivot du récit correspond à la division déjà signalée par le schéma organisateur de l'accomplissement des prophéties. La section du ministère de Jésus mène vers les événements du renversement : la mort de Jésus, la Résurrection et, surtout, l'Ascension. Le changement dans la conduite des disciples commence à se réaliser tout de suite après, dans la section consacrée au ministère des disciples, avec l'effusion de l'Esprit. Le

---

[205] SHEPHERD, *Narrative Function*, p. 167, 170-71, TURNER, *Power from on High*, p. 412-15, Matthias WENK, *Community-Forming Power : The Socio-Ethical Role of the Spirit in Luke-Acts*, Journal of Pentecostal Theology Supplemental Series 19, éd. John Christopher Thomas, Rickie D. Moore et Steven J. Land, Sheffield, Sheffield Academic Press, 2000, p.259-73.

lecteur, bénéficiant de la connaissance du narrateur, anticipe ce changement à partir de la Résurrection. Selon le vocabulaire d'Aristote, l'Évangile selon Luc jusqu'à la mort de Jésus est le nouement du récit. Le dénouement ou la résolution du problème commence à partir de la Résurrection, l'Ascension et l'effusion de l'Esprit, qu'Aristote appellerait le renversement.

L'idée d'un pivot à la jonction de Luc-Actes n'est pas nouvelle. G.W.H. Lampe a appelé Pentecôte « le grand point décisif » du récit[206]. Luke Johnson dit que Jérusalem est « l'endroit du pivot »[207]. Earl Richard place le pivot à l'Ascension[208]. Robert Tannehill a décrit « le changement crucial » dans le portrait des disciples qui a eu lieu à travers Pâques et Pentecôte[209]. Il est évident qu'une grande transformation a lieu à travers les événements de la Résurrection, l'Ascension et la Pentecôte.

On peut représenter la perspective du personnage collectif des disciples, ainsi que le lecteur qui sympathise avec eux par le graphique suivant :

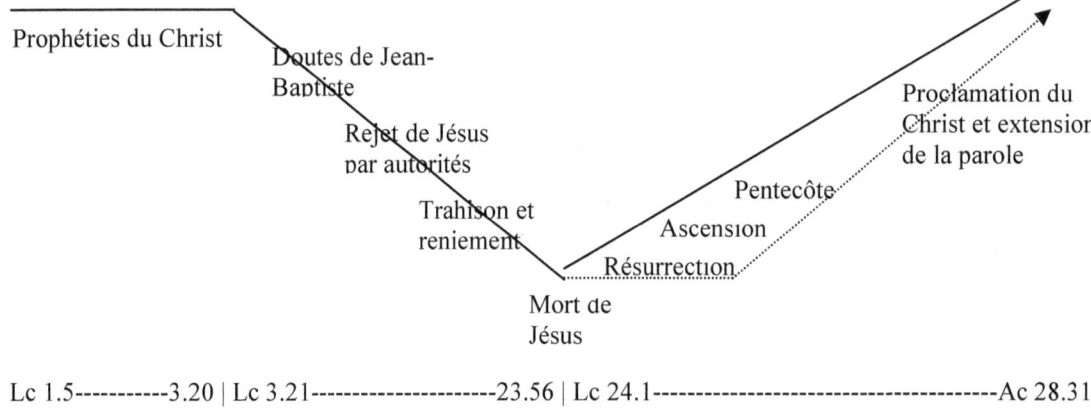

Lc 1.5----------3.20 | Lc 3.21---------------------23.56 | Lc 24.1----------------------------------------Ac 28.31

Les événements, depuis les prophéties en début du récit, vont decrescendo jusqu'à la mort de Jésus. À partir de la Résurrection l'espoir et le caractère des événements montent. Le pivot est renforcé par un mouvement physique réel. Mais le changement dans la conduite des disciples ne commence à monter qu'à partir de l'Ascension (la flèche pointillée).

---

[206] « The Holy Spirit », p. 192.
[207] *Luke*, p. 15.
[208] "Luke: Author and Thinker," *New Views on Luke and Acts*, éd. Earl Richard, Collegeville, Minnesota, The Liturgical Press, 1990, p. 32.
[209] Citation, *Luke*, p. 9. Voir aussi *Acts*, p. 71 et « The Composition of Acts 3-5 », p. 235-37.

## Le rôle du Saint-Esprit

Il faut noter que le Saint-Esprit joue un rôle crucial dans la transformation des disciples de Jésus. Dans l'Évangile ils sont vacillants, faibles et déloyaux. La résurrection n'a pas suffi pour les transformer. Ils sont toujours dans l'ombre après la résurrection. Après la réception de l'Esprit il y a d'énormes changements. Ils donnent témoignage à Jésus ouvertement et ils opèrent des miracles au nom de Jésus. La communauté des croyants s'accroît en vitesse. Cette puissance et cette croissance viennent tout de suite après la réception de l'Esprit, et elles sont attribuées explicitement à l'activité de l'Esprit (Ac 1.8 ; 9.31).

## Le deuxième pivot

Au chapitre deux nous avons discerné un deuxième nouement et un deuxième pivot important pour le récit de Luc-Actes[210]. Les disciples avaient besoin d'adopter l'idée de la proclamation universelle de l'évangile. Ce deuxième pivot est aussi important dans la stratégie de l'auteur implicite. Il représente probablement un deuxième sujet dont le lecteur implicite a besoin de « certitude » (Lc 1.4). Le Saint-Esprit joue aussi le rôle de signaler la fiabilité de cette révélation. Pierre est conduit par l'Esprit pour annoncer l'évangile aux païens (Ac 10.19), et la réception de l'Esprit est la preuve de l'approbation des païens (Ac 10.44-48 ; 11.15-18).

## V. LA RÉCURRENCE DE SOMMETS

Notre graphique indique une autre structure importante pour la compréhension de Luc-Actes : la récurrence de sommets[211]. Le premier sommet ne paraît pas être un sommet parce qu'il est le point le plus bas du graphique. Normalement le terme

---

[210] Ch. 2, p. 52.
[211] Nous signalons que ces sommets sont à un deuxième niveau d'intrigue. Le premier niveau d'intrigue concerne l'ensemble de Luc-Actes et un gain de connaissance pour les personnages et le lecteur implicite. C'est à ce niveau que nous avons repéré les deux pivots. À ce niveau le sommet et le pivot coïncident au moment de l'effusion de l'Esprit et la révélation que cet événement donne. Suivant une logique pareille, Odette MAINVILLE peut appeler Ac 2.33 « *le sommet de l'œuvre de Luc* », *L'Esprit dans l'œuvre de Luc*, p. 340. Le deuxième niveau de l'intrigue concerne seulement les personnages à l'intérieur du récit. Le lecteur implicite est déjà au courant de ces « sommets » depuis le début du récit. La tension dramatique expérimentée par les personnages mène vers les deux sommets que nous analysons.

« sommet » est associé au point le plus haut. Mais, dans ce graphique, le point plus bas a été choisi à cause du caractère négatif de l'intensité émotionnelle au moment de la mort de Jésus[212]. Le deuxième moment intense dans la tension dramatique du récit se trouve à la fin du livre des Actes. Ces deux sommets ont été déjà mentionnés dans la discussion du thème de l'accomplissement des prophéties. Quelques détails en plus nous aideront à mieux comprendre la stratégie de Luc.

### Le sommet de la Passion

Il y a une augmentation d'intensité négative dans la tension dramatique du récit vers le point culminant du rejet et de la mort de Jésus. Dans l'épisode de son premier discours, Jésus a évoqué le thème du prophète rejeté, anticipant la réaction de ceux de la synagogue de Nazareth, et préfigurant son rejet à Jérusalem plus tard (Lc 4.24-29). Le lecteur est déjà prédisposé à un tel sort par l'arrestation de Jean-Baptiste (Lc 3.20). La comparaison entre Jean et Jésus dans les premiers chapitres suggère au lecteur de se demander si Jésus subira un sort pareil. Lorsqu'il apprend l'exécution de Jean, la même question se pose (Lc 9.7-9).

L'opposition des autorités juives continue en augmentant à travers tout le récit de l'Évangile. Au début, ce ne sont que des murmures et des critiques (Lc 5.30-31 ; 6.2). Ensuite, ils sont furieux et se demandent ce qu'ils feraient à Jésus (Lc 6.11). Plus tard, ils « cherchèrent à mettre la main sur lui » (Lc 20.19). Finalement, ils « cherchaient les moyens de faire mourir Jésus » (Lc 22.2). L'intensité de l'hostilité arrive à son comble lorsque les disciples mêmes de Jésus s'associent à son rejet par trahison, par reniement et par abandon (Lc 22.3-4, 21, 47-62 ; 23.49).

À partir du chapitre neuf, Jésus annonce sa propre passion (Lc 9.22, 44-45 ; 18.31-34), et sa décision de voyager vers Jérusalem (Lc 9.51). Dans la dernière annonce, la passion est associée à son voyage à Jérusalem. Ainsi, toutes les références à la destination de Jérusalem font évoquer le sort qu'il y subira (Lc 9.31, 51, 53 ; 13.22, 33-34 ; 17.11 ; 18.31 ; 19.11, 28, 37). Ces références deviennent de plus en plus fréquentes au fur et à mesure que le récit s'avance. L'association à la passion de Jésus devient aussi

---

[212] Voir la discussion du sommet dans MARGUERAT et BOURQUIN, *La Bible se raconte*, p. 63.

de plus en plus claire. Au chapitre treize Jésus parle en général de « Jérusalem, qui tue les prophètes » (Lc 13.34). Au chapitre dix-huit, l'association est annoncée clairement dans une prophétie de Jésus (Lc 18.31-33). Lorsqu'il fait allusion à sa passion dans une parabole, même les autorités juives comprennent (Lc 20.9-19).

La réalisation du souhait des autorités, de l'arrestation et de la mort de Jésus, n'est pas une surprise pour le lecteur. Il a sûrement cette connaissance avant de commencer sa lecture (Lc 1.4). Si nous croyons, à juste titre, que la déception des disciples sur le chemin d'Emmaüs (Lc 24.21) représente aussi une déception du lecteur implicite[213], ces événements sont une source de l'incertitude que Luc veut rectifier (Lc 1.4). Jésus n'a pas délivré Israël, selon la compréhension des disciples. Leur espoir pour le rétablissement du royaume disparaît avec la mort de Jésus. Mais, la manière dont Luc raconte l'histoire conduit le lecteur à conclure que ces événements ne sont pas un accident, une malchance ou même une preuve contre l'identité prophétique de Jésus. Jésus a tout prédit. Son sort est le sort normal de tous les prophètes. Sa conclusion que ces événements accomplissent ce qui a été écrit « dans la loi de Moïse, dans les prophètes, et dans les psaumes » (Lc 24.44-46)[214], est renforcée par le fait qu'il les a prédits lui-même. Mais le lecteur doit attendre les discours dans les Actes pour connaître le contenu des explications de Jésus sur ces prophéties de l'Ancien Testament (Ac 2.23-36 ; 4.8-12 ; 13.32-41).

Jerry Lynn Ray explique l'ironie de la présentation de Luc. Dans leur opposition à Jésus, les autorités juives le nient comme leur Messie. Mais leur rejet et la passion qui en résulte témoignent en faveur de son identité messianique, parce que ces événements sont l'accomplissement des prophéties des Écritures[215]. Ainsi, le sommet d'une forte intensité négative déclenche l'action transformatrice ou le moment charnière sur lequel le récit est pivoté. Par la Résurrection, l'Ascension et la Pentecôte les disciples de Jésus seront transformés. Si nous avons raison de penser que le lecteur implicite sympathise avec les disciples, alors nous pouvons dire qu'il sera aussi amené à une transformation par sa lecture.

---

[213] Voir ch. 2, p. 71-72.
[214] Joseph FITZMYER constate que les citations de Luc-Actes viennent justement de ces parties de l'Ancien Testament « The Use of the Old Testament », p. 532-33.
[215] *Narrative Irony*, p. 8-9.

Le fait que le thème du rejet et des doutes sur l'identité messianique de Jésus arrive à son comble dans le dernier chapitre de l'Évangile ne veut pas dire qu'il s'arrête là. Par les événements de la Résurrection, l'Ascension et la Pentecôte l'attitude des disciples change. Mais, la résistance des autorités juives continue à travers les Actes[216]. Les auditeurs de la proclamation des disciples doivent choisir entre l'accueil du message des disciples, que Jésus est le Messie promis de l'Ancien Testament, et la participation au rejet du message par les autorités juives. C'est une autre raison pour croire que le lecteur implicite est aussi censé être transformé à ce moment dans le récit. Continuer dans l'incertitude équivaut à un transfert d'empathie pour les disciples à une empathie pour les autorités juives ; une position difficile pour quelqu'un de l'intérieur et pour le lecteur qui accepte l'évaluation des personnages donnée par le narrateur.

**Le sommet de la proclamation**

Il y a dans le livre des Actes une augmentation d'intensité dramatique dans la proclamation de l'Évangile au monde païen. La double prophétie de Jésus introduisant la section du ministère des disciples (Lc 24.47-49 ; Ac 1.4-5, 8) anticipe une expansion géographique du témoignage des disciples à partir de Jérusalem. Cette expansion est indiquée par les cercles géographiques de plus en plus grands (Ac 8.1 ; 13.4s ; 28.16) et par les répétitions du refrain de la parole qui se répand de plus en plus (Ac 6.7 ; 12.24 ; 19.20, ηὔξανεν ; 13.49, διεφέρετο). L'accomplissement de ces prophéties n'est probablement pas limité à une expansion géographique. Il y a certainement aussi une allusion à la proclamation de l'Évangile aux païens[217].

Cette proclamation de l'Évangile aux nations accomplit des prophéties de l'Ancien Testament (Lc 3.6 ; 8.10 ; Ac 2.17 ; 13.47 ; 15.16-17 ; 28.26-28). Les échos de ces prophéties de l'Ancien Testament se trouvent dans plusieurs prophéties données par des personnages dans le récit : Siméon (Lc 2.32), Jésus (Lc 24.47 ; Ac 1.8), Pierre (Ac

---

[216] Jerome NEYREY explique comment les procès des disciples dans les Actes sont une continuation du procès de Jésus dans l'Évangile, « The Trials of Jesus in Luke-Acts », *The Passion According to Luke : A Redaction Study of Luke's Soteriology*, Theological Inquiries : Studies in Contemporary Biblical and Theological Problems, éd. Lawrence Boadt, New York, Paulist Press, 1985, p. 69-107.

[217] Voir Ac 26.20, où l'expansion du ministère de Paul est décrite dans les termes qui rappellent Ac 1.8, mais où les « extrémités de la terre » sont remplacées par les « païens ». Voir aussi David W. PAO, *New*

2.39) et Ananias (Ac 9.15). Il faut noter que ces prophéties traversent toute l'œuvre de Luc-Actes. Le sommet, donc, est le sommet, non seulement des Actes, mais de toute l'œuvre de Luc-Actes. Nils Dahl dit que « tout le récit se dirige vers le salut des Gentils »[218].

Dans l'Évangile et au début des Actes le thème du salut des nations reste caché aux yeux des disciples. Le vocabulaire est ambigu pour eux. Ce n'est qu'au moment où Pierre est convaincu par une vision et par une preuve indéniable de la réception de l'Esprit par les païens, que le thème devient clair pour les disciples (Ac 10.1-11.18). Est-ce aussi le moment où le lecteur implicite est censé comprendre ? Le grand nombre d'allusions[219] à ce thème aurait peut-être aidé le lecteur implicite à devancer et anticiper la conclusion des disciples. Ensuite, Paul cite une prophétie d'Ésaïe (49.6 ; Ac 13.47) afin de justifier son ministère envers les païens. Ce thème s'intensifie jusqu'au sommet où Paul arrive à Rome, la capitale du monde païen, et prêche « le royaume de Dieu … en toute liberté et sans obstacle » (Ac 28.31).

Les deux sommets de l'œuvre sont reliés par le thème du rejet qui est aussi associé à la proclamation de l'Évangile parmi les païens. Les disciples se tournent vers les païens, au moins en partie, à cause du rejet de l'évangile par les autorités juives (Ac 8.1-4 ; 13.45-46 ; 28.22-28). Jerry Lynn Ray signale encore le caractère ironique du récit de Luc. En voulant empêcher l'annonce de l'Évangile, les Juifs réussissent à promouvoir sa proclamation parmi les nations et, ainsi, à accomplir les prophéties de l'Ancien Testament[220].

### Le rôle du Saint-Esprit

Le rôle du Saint-Esprit est plus évident dans l'inauguration des ministères qui mènent vers les deux sommets que dans l'intensification et l'aboutissement de ces sommets. Mais son activité d'inspiration est probablement sous-entendue dans les prophéties de Jésus et de l'Ancien Testament qui prévoient et annoncent sa Passion (Lc

---

*Exodus*, p. 93-95. Pao souligne l'importance du sens « théopolitique » de la même expression dans Ac 13.47 sans exclure un certain sens géographique.
[218] « The Purpose of Luke-Acts », *Jesus in the Memory of the Early Church*, Minneapolis, Augsburg Publishing House, 1976, p. 95.
[219] Voir, p. ex., JANE, *Luke and the Gentile Mission*, p. 43-47.
[220] *Narrative Irony*, p. 8-9.

9.22, 44 ; 18.31-33 ; 24.44-46). L'Esprit n'est pas mentionné dans ces passages, mais le lien entre l'Esprit et la prophétie est explicite ailleurs dans Luc-Actes (Ac 1.16 ; 4.25 ; 11.28 ; 21.11 ; 28.25) et bien connu dans la littérature juive de l'époque[221]. Il y a aussi des prophéties, inspirées par l'Esprit, qui annoncent l'expansion du salut vers les païens bien avant que les personnages dans le récit ne les comprennent (Lc 2.31 ; 3.6 ; 24.47 ; Ac 1.8 ; 2.17, 39). Le Saint-Esprit a aussi un rôle à jouer pour diriger les disciples vers l'accomplissement de ces prophéties (Ac 13.2 ; 16.6-10).

## VI. CONCLUSIONS

À partir de cette analyse de cinq schémas organisateurs, nous voulons tirer des conclusions sur trois aspects différents de l'œuvre de Luc. D'abord, nous décrirons la cohérence de ces cinq schémas. Ensuite, nous voulons noter certains aspects de la pneumatologie de Luc-Actes qui sont déjà évidents. Finalement, nous déterminerons les passages importants qu'il faut analyser plus en détail pour découvrir et préciser d'autres aspects de cette pneumatologie.

### La cohérence des cinq schémas organisateurs

Au début de ce chapitre nous avons avancé l'hypothèse qu'une bonne description de la structure de l'œuvre serait soutenue par plusieurs types d'indices. Notre analyse a examiné ces différents types d'indices surtout sous la rubrique de l'accomplissement des prophéties, lorsque nous avons voulu établir les grandes sections de l'œuvre et les liens logiques entre ces sections. À plusieurs reprises nous avons constaté que l'analyse d'autres schémas organisateurs a appuyé les mêmes sections et transitions dans le texte. La liste ci-dessous résume les données qui soutiennent les deux aspects de notre organisation du texte :

---

[221] Voir Robert P. MENZIES, *Empowered for Witness : The Spirit in Luke-Acts*, Journal of Pentecostal Theology Supplement Series 6, éd. John Christopher Thomas, Rick D. Moore et Steven J. Land, Sheffield, Sheffield Academic Press, 1994, p. 48-102b. Il est vraisemblable que toutes ces prophéties reflètent la réalisation de la prophétie de Joël citée et éditée par Pierre : « je répandrai de mon Esprit ; et ils prophétiseront » (Ac 2.18 ; Jl 2.29)

a) la division du texte narratif en quatre sections importantes : une introduction prophétique (Lc 1.5-2.52) ; le ministère de Jean (Lc 3.1-20) ; le ministère de Jésus (Lc 3.21-Ac 1.11) ; et le ministère des disciples de Jésus (Ac 1.12-28.31).

b) et la relation de cause à effet entre ces sections selon le motif de l'accomplissement des prophéties.

Nous constatons, donc, les données suivantes :

1) Un changement net de protagonistes,
2) Une prophétie importante citée de l'Ancien Testament au début des trois dernières sections,
3) Une prophétie nouvelle importante à la fin des trois dernières sections,
4) Un synchronisme chronologique au début du ministère de Jean,
5) Des divisions géographiques qui correspondent aux trois dernières sections,
6) Des indications explicites qui délimitent le « début » et la fin du ministère de Jésus et le « début » du ministère des disciples,
7) Des changements importants à chaque transition,
8) Un contraste entre Jean et Jésus qui distingue leurs ministères,
9) Des parallèles entre Jésus et ses disciples qui correspondent aux sections de leurs ministères respectifs,
10) Une allusion typologique au transfert de l'Esprit entre Élie et Élisée qui correspond à la transition entre Jésus et ses disciples, et
11) Un renversement ou une transformation dans le personnage collectif des disciples qui correspond à la même transition.

Nous voulons maintenant proposer un sommaire de l'intrigue qui montre la cohérence des cinq schémas organisateurs. Nous croyons que le but explicitement exprimé dans la préface, de donner « la certitude » au lecteur, est un but réel de l'auteur implicite, dont le besoin est exprimé par des personnages dans le récit. Deux sujets qui posent un problème pour la certitude du lecteur sont la mort de Jésus et l'identité des bénéficiaires du message de Jésus, c'est-à-dire le rejet de Jésus et de ses disciples par les autorités juives et l'expansion de l'Évangile parmi les païens. Comment Jésus peut-il être le Messie quand il est mort sans délivrer Israël ? Comment son Évangile peut-il être vrai si les autorités juives l'ont rejeté et si les bénéficiaires sont de plus en plus des païens[222] ? La tension dramatique de la description et de la résolution de ces deux problèmes s'intensifie vers un sommet en fin de chaque volume.

Les moyens pour donner la certitude au lecteur sont tous liés à l'accomplissement des prophéties. Les ministères prophétiques de Jésus et de ses disciples sont l'accomplissement des prophéties de l'Ancien Testament. Leurs ministères se ressemblent et ressemblent aux ministères des grands prophètes anciens. Les prophéties de ces personnages dans le récit balisent le texte et définissent les liens logiques entre les parties. Tout concorde pour montrer que l'histoire de Jésus et de ses disciples est la suite légitime du récit de l'Ancien Testament. Leur histoire est « le commencement » de l'accomplissement des derniers jours annoncés dans l'Ancien Testament. La passion du Messie, le rejet par les Juifs et l'expansion parmi les païens font partie de ces annonces. La stratégie de l'auteur implicite est de montrer comment les disciples de Jésus sont arrivés à ces conclusions. Les doutes des disciples concernant l'identité de Jésus sont enlevés par les événements du pivot de l'histoire : la Résurrection, l'Ascension et la Pentecôte. À partir de la Pentecôte les disciples sont transformés. Ils annoncent avec assurance que Jésus est le Christ. Les doutes concernant le sort des Juifs et des païens sont enlevés par l'expérience de Pierre et confirmés par l'expérience de Paul.

## Les aspects évidents de la pneumatologie de Luc-Actes

Le Saint-Esprit n'est ni « *le* fil conducteur » ni « *le* thème essentiel » du récit, comme Lampe l'a proposé[223]. Une description de son activité ne fait pas partie du but de l'auteur implicite, et l'œuvre n'est pas organisée autour de lui. Cette constatation est importante pour une évaluation de la pneumatologie de Luc-Actes. On ne doit pas espérer découvrir une pneumatologie détaillée dans tous ses aspects. Le Saint-Esprit joue un rôle important dans l'intrigue de Luc-Actes et les aspects de son activité seront plus au moins liés à ce rôle. Parler d'autres aspects peut devenir un exercice de spéculation.

---

[222] M. L. STRAUSS croit que les promesses à caractère « nationalistes » dans les deux premiers chapitres de Luc suscitent implicitement ces deux questions, *The Davidic Messiah in Luke-Acts: The Promise and its Fulfillment in Lukan Christiolgy*, JSNTSS 110, Sheffield, JSOT Press, 1995, p. 338.
[223] « The Holy Spirit », p. 159-60. C'est nous qui soulignons.

Même s'il n'est pas « le thème essentiel », le Saint-Esprit est extrêmement important dans le développement de l'intrigue. Il est étroitement lié à chaque élément de l'intrigue décrit ci-dessus. Il joue un grand rôle dans l'inspiration et dans l'accomplissement des prophéties. D'abord il inspire les prophéties[224]. Ensuite, il rend les protagonistes (Jésus et ses disciples) capables d'accomplir leur mission de proclamation annoncée dans les prophéties (Lc 4.18-19 ; Ac 1.8). Il est l'inaugurateur des ministères prophétiques de Jésus et de ses disciples[225]. Puis, il les dirige dans l'accomplissement des prophéties. Il est, à la fois, la source du ministère prophétique (Lc 4.18-19 ; Ac 2.17-18) et le personnage qui conduit les disciples vers l'accomplissement des prophéties[226]. Son rôle est extrêmement important dans la transformation des disciples. Il accorde une puissance pour témoigner et des dons prophétiques qui accompagnent ce témoignage (Ac 1.8 ; 2.17-18). Cette transformation par l'Esprit semble être en parallèle avec l'histoire d'Élie et Élisée[227]. Les parallèles entre Jésus et ses disciples sont tels que l'on peut appeler tous ces personnages « hommes de l'Esprit ». Son rôle de légitimation est clair dans les citations clés au début des sections sur le ministère de Jésus et sur le ministère de ses disciples (Lc 4.18-19 ; Ac 2.17-18), et également dans l'histoire de Corneille (Ac 10.1-11.18). Ainsi il joue un rôle essentiel dans le but de donner « la certitude » (Lc 1.4) au lecteur. Si l'auteur peut montrer clairement que les personnages et les événements du récit sont conduits ou inspirés par l'Esprit, le lecteur peut être certain de l'agrément divin.

## Les passages importants à analyser

Alors que toutes les mentions de l'Esprit peuvent apporter des renseignements sur la pneumatologie de Luc-Actes, certains sont plus importants pour comprendre le rôle de l'Esprit, en raison de leur emplacement dans des textes clés, liés à la structure. Les citations prophétiques de l'Ancien Testament qui inaugurent les ministères de Jésus et de ses disciples (Lc 4.18-19 ; Ac 2.17-21) sont programmatiques et essentielles à la compréhension de l'œuvre et de sa pneumatologie. Ces prophéties inaugurales annoncent

---

[224] Voir p. 53.
[225] Voir p. 25-27.
[226] Voir p. 20.
[227] Voir p. 33-34.

le début d'un ministère inspiré par l'Esprit et servent à programmer la manière dont le récit de ce ministère sera conduit. D'autres prophéties, énoncées par des personnages dans le texte, balisent le texte et dévoilent les liens logiques entre les sections importantes. Les prophéties des anges (Lc 1.13-17, 31-35 ; 2.10-14), de Zacharie (Lc 1.67-79) et de Siméon (Lc 2.25-35) préparent le lecteur pour les ministères de Jean et de Jésus. La prophétie de Jean anticipe les ministères de Jésus et de ses disciples (Lc 3.16-17) La double prophétie de Jésus anticipe le ministère des disciples (24.46-49 ; Ac 1.4-5, 8). Chacune de ces prophéties est un peu ambiguë et doit être analysée non seulement dans son contexte littéraire immédiat mais à la lumière de ses accomplissements dans le texte.

# CHAPITRE IV

## COMMENT LUC ÉCRIT-IL SON RÉCIT ?

## PREMIÈRE PARTIE : L'ATTENTE ESCHATOLOGIQUE

### INTRODUCTION

Ayant décrit la structure globale de Luc-Actes et ayant tiré certaines conclusions sur sa pneumatologie, nous pouvons maintenant procéder à la deuxième tâche, l'analyse des modalités ou techniques de la narration que Luc utilise pour faire adopter son point de vue. Pour chaque grande division de l'œuvre nous voulons examiner les modalités qui éclairent davantage la pneumatologie de Luc.

Étant persuadé que la théologie lucanienne est inextricablement liée à son récit[1], notre analyse suivra la lecture séquentielle. La stratégie de l'auteur se découvre dans la lecture séquentielle de son œuvre. Néanmoins, nous nous servirons de la compréhension de la structure de l'ensemble afin de situer chaque péricope dans le fil de l'intrigue. Une comparaison des différentes parties du récit peut aussi nous aider à suivre le développement d'un thème et à comprendre la stratégie de l'auteur implicite dans les choix de sa présentation.

Il est possible de découvrir certains aspects de la stratégie de l'auteur implicite par une analyse du jeu des perspectives[2]. Pour comprendre la perspective de l'auteur implicite il faut tenir compte de l'ensemble de l'œuvre. Mais il ne faut pas l'analyser comme un traité théologique, donnant le même poids à toutes les données. L'auteur implicite tente d'amener son lecteur à adopter son point de vue. Il se sert du jeu des perspectives pour le faire. Il présente la perspective d'un ou de plusieurs personnages. Ces perspectives sont évaluées et parfois modifiées par le développement du récit. Il faut

---

[1] Voir Beverly Roberts GAVENTA, « Toward a Theology of Acts: Reading and Rereading », *Interpretation* 42, 1988, p. 150 ; Luke Timothy JOHNSON, *The Gospel of Luke*, Sacra Pagina 3, éd. Daniel J. Harrington, Collegeville, MN, The Liturgical Press, 1991, p. 4 ; Robert C. TANNEHILL, « The Composition of Acts 3-5 : Narrative Development and Echo Effect », SBL Seminar Papers 23, éd. Kent Harold Richards, Chico CA, Scholars Press, 1984, p. 217.
[2] Voir Ch. 2, p. 59-62.

se souvenir que l'auteur implicite essaie d'influencer le lecteur par ce jeu de perspectives. Donc, une analyse de la théologie de l'auteur doit tenir compte du développement des perspectives dans le récit. Nous sommes persuadés que les difficultés des exégètes pour trouver une pneumatologie cohérente dans Luc-Actes proviennent d'un manque de compréhension des perspectives présentées[3].

Trois autres modalités importantes pour discerner la pneumatologie de Luc-Actes sont l'exploitation du temps, l'intertextualité et les lieux d'indétermination. Par exemple, l'exploitation du temps doit être analysée à travers le thème de l'accomplissement des prophéties. Il faut analyser comment les prophéties annoncent la suite et donnent des indications pour l'interprétation des événements ultérieurs et comment les accomplissements racontés dans les événements ultérieurs servent à modifier les attentes suscitées par les prophéties. Nous voulons comprendre comment le lecteur implicite découvre progressivement la perspective de l'auteur implicite par la révision de ses attentes[4].

Dans les trois chapitres suivants l'activité de l'Esprit sera analysée dans chacune des quatre grandes divisions de l'œuvre : l'introduction prophétique (Lc 1.5-2.52) et le ministère de Jean (Lc 3.1-20) au chapitre quatre, le ministère de Jésus (Lc 3.21-Ac 1.11) au chapitre cinq et le ministère des disciples (Ac 1.12-28.31) au chapitre six. Les

---

[3] Les auteurs suivants parlent d'incohérence, de contradictions ou d'ambiguïté dans la pneumatologie de Luc-Actes : William H. SHEPHERD, Jr., *The Narrative Function of the Holy Spirit as a Character in Luke-Acts*, SBL 147, Scholars Press, Atlanta, 1994, p. 22 ; James B. SHELTON, *Mighty in Word and Deed: The Role of the Holy Spirit in Luke-Acts*, Peabody, MA, Hendrickson Publishers, 1991, p. 135-36 ; F. J. FOAKES JACKSON et Kirsopp LAKE, « The Development of Thought on the Spirit, the Church, and Baptism », *The Beginnings of Christianity Part I, The Acts of the Apostles Vol. I, Prolegomena I, The Jewish, Gentile and Christian Backgrounds*, éd. F.J. Foakes Jackson et Kirsopp Lake, Grand Rapids, Baker Book House, 1979, p. 325-27 ; J.E.L. OULTON, « The Holy Spirit, Baptism, and Laying on of Hands in Acts », *Expository Times*, Vol. 66, no. 8, mai 1955, p. 236 ; Ernest F. SCOTT, *The Spirit in the New Testament*, New York, George H. Doran, 1923, p. 89 ; E. TROCMÉ, « Le Saint-Esprit et l'Église d'après le livre des Actes », *L'Esprit Saint et l'Église : l'avenir de l'Église et de l'œcuménisme*, Académie Internationale des Sciences Religieuses, Paris, Fayard, 1969, p. 20 ; Gerhard KRODEL, « The Function of the Spirit in the Old Testament, the Synoptic Tradition, and the Book of Acts », *The Holy Spirit in the Life of the Church : From Biblical Times to the Present*, éd. Paul D. Opsahl, Minneapolis, Augsburg Publishing House, 1978, p. 32. D'autres parlent de normes ou de règles et d'exceptions : François BOVON, *Luc le théologien. Vingt-cinq ans de recherches (1950-1975)*, Neuchâtel/Paris, Delachaux et Niestlé, 1978, p. 231. TURNER, Max, *Power from on High: The Spirit in Israel's Restoration and Witness in Luke-Acts*, Journal of Pentecostal Theology Supplement Series 9, éd. John Christopher Thomas, Rickie D. Moore et Steven J. Land, Sheffield, Sheffield Academic Press, 1996, p. 358-60 ; J.H.E. HULL, *The Holy Spirit in the Acts of the Apostles*, Cleveland et New York, World Publishing, 1967, p. 89, 119 ; I. Howard MARSHALL, *Luke : Historian and Theologian*, Downers Grove, Illinois, InterVarsity Press, 1998, p. 201.

mentions de l'Esprit dans les prophéties importantes qui précèdent et qui suivent immédiatement les deux grandes transitions, le commencement du ministère de Jésus et le commencement du ministère des disciples, seront examinées plus en détail. L'analyse essaiera de tenir compte de la progression du récit, et se servira du jeu des perspectives, de l'exploitation du temps, de l'intertextualité et des ambiguïtés dont le texte éclaire le sens ultérieurement, afin de pouvoir mieux discerner la pneumatologie de Luc-Actes.

## I. L'INTRODUCTION PROPHÉTIQUE (Lc 1.5-2.52)

### Les perspectives

Il est essentiel de comprendre que le lecteur bénéficie des renseignements privilégiés dans l'introduction prophétique. Les paroles des anges, de Zacharie, d'Élisabeth, de Marie, de Siméon et d'Anne sont inconnues des personnages ultérieurs dans le récit. À l'exception de Marie ces personnages inspirés dans l'introduction prophétique disparaissent du récit sans communiquer leur connaissance aux autres personnages. Il est dit de Marie qu'elle « gardait toutes ces choses, et les repassait dans son cœur » (Lc 2.19). Les personnages ultérieurs dans le récit doivent apprendre ce que le lecteur et Marie savent déjà[5].

Quelle est cette perspective dont le lecteur bénéficie ? Robert Tannehill affirme que cette introduction est « imprégnée de l'espérance de l'Ancien Testament et célèbre son accomplissement »[6]. Deux aspects de cet espérance sont clairement rappelés dans cette introduction : l'arrivée d'un précurseur pour préparer au Seigneur un peuple selon la prophétie de Malachie (Lc 1.17 ; Mal 4.5-6 [LXX 3.22-23] ; Sir 48.10) ; et l'arrivée d'une figure royale davidique qui délivrera Israël de ses ennemis (Lc 1.32-33, 69-71 ; 2 S 7.13-14 ; És 49.25). Un troisième aspect, un peu moins apparent dans l'introduction, est l'arrivée de l'effusion de l'Esprit. Le grand nombre d'individus influencés par l'Esprit

---

[4] Robert L. BRAWLEY, *Centering on God : Method and Message in Luke-Acts*, Louisville, KY, Westminster/John Knox Press, 1990, p. 45.
[5] Joel B. GREEN, *The Theology of the Gospel of Luke*, Cambridge University Press, 1995, p. 42 ; *The Gospel of Luke*, The New International Commentary on the New Testament, Grand Rapids, Eerdmans, 1997, p. 48-49.
[6] *The Narrative Unity of Luke-Acts : A Literary Interpretation, Volume one : The Gospel according to Luke*, Philadelphia, Fortress Press, 1991, p. 17.

devait rappeler la promesse de l'effusion de l'Esprit (Lc 1:15, 35, 41, 67; 2:25, 26, 27 ; És 44.3 ; Jl 2.28-29)[7]. Bien que notre comparaison des ministères de Jean-Baptiste, de Jésus et des disciples de Jésus ait montré un contraste considérable, on ne peut nier l'effusion de l'Esprit qui a lieu dans l'introduction prophétique. Il n'est pas nécessaire de supposer une « cessation de prophétie » pour reconnaître le début de l'accomplissement de la promesse de l'effusion de l'Esprit[8]. Nulle part dans l'Ancien Testament nous ne trouvons une telle concentration de personnages et de messages inspirés par l'Esprit de Dieu[9]. Cet éclatement de l'Esprit fait partie d'un ensemble de données qui signalent aux personnages et au lecteur que le temps eschatologique et messianique est arrivé[10].

Plusieurs auteurs signalent aussi les parallèles entre ces individus inspirés et ceux du livre des Actes. James Shelton constate que Luc utilise les mêmes termes pour décrire l'expérience des personnages dans l'introduction et les disciples dans les Actes[11]. David Ravens énumère plusieurs parallèles entre les récits de l'enfance et l'emploi de la promesse de Joël par Pierre. Les personnages qui reçoivent l'Esprit prophétisent. Parmi ceux qui bénéficient de l'expérience de l'Esprit on trouve des serviteurs et des servantes (Lc 1.38, 2.29 ; Ac 2.18, δοῦλος et δούλη). Un vieillard (πρεσβύτερος) voit une vision (Lc 1.22 ; Ac 2.17). Les mêmes types de personnages sont inspirés par l'Esprit, et les mêmes types d'activités en résultent[12].

Ces parallèles suffisent pour montrer que les récits de l'enfance sont au moins un avant-goût de l'effusion de l'Esprit à la Pentecôte, mais ils ne faut pas pousser cette conclusion trop loin. Par exemple, l'affirmation de James Shelton que « la différence entre les expériences avec le Saint-Esprit des fidèles avant et après Pentecôte *n'est pas*, dans le principe, qualitative mais quantitative »[13] ne représente pas bien les données. Elle

---

[7] GREEN, *Theology*, p. 9.
[8] Contre TURNER, *Power from on High*, p. 164.
[9] David RAVENS, *Luke and the Restoration of Israel*, JSNT supplement Series 119, Sheffield Academic Press, 1995, p. 25-26. On trouve des groupes de prophètes sur qui l'Esprit tombe et qui prophétisent, mais leurs messages ne sont pas assez importants pour être enregistrés dans le récit (p. ex., 1 S 10.10-11 ; 19.20).
[10] Fearghus Ó FEARGHAIL, *The Introduction to Luke-Acts : A Study of the Role of Lk 1.1-4.44 in the Composition of Luke's Two-Volume Work*, Analecta Biblica 126, Rome, Editrice Ponificio Istituto Biblico, 1991, p. 124-27.
[11] *Mighty in Word and Deed*, p. 15.
[12] *Luke and the Restoration of Israel*, p. 27. Le parallèle de la vision n'est pas verbal. Dans Ac 2.17 ce sont les jeunes gens qui voient des visions. Les vieillards ont des songes. Le terme utilisé pour vision est aussi un synonyme. Le parallèle est surtout dans le type d'activité inspiré par l'Esprit.
[13] *Mighty in Word and Deed*, p. 16.

ignore la perspective des personnages dans les récits de l'enfance et le développement du récit. Les récits de l'enfance font déjà ressentir un changement quantitatif. Certes, le discours de Pierre annonce une effusion encore plus élargie, mais cette effusion élargie est déjà préfigurée dans les récits de l'enfance. Notre comparaison entre Jean-Baptiste et les disciples, développée dans le récit de Luc-Actes, a souligné une différence encore plus significative. Les fidèles après Pentecôte sont puissants en paroles et en œuvres tandis que les fidèles des récits de l'enfance sont puissants seulement en paroles[14].

La perspective de l'arrivée du temps eschatologique et messianique pose un problème pour le lecteur. L'annonce de son arrivée est claire, et elle vient de la part de personnages fiables, mais elle est en conflit avec la situation actuelle racontée dans le récit. Le salut par un Messie davidique est annoncé et défini dans les termes d'une délivrance des ennemis d'Israël (Lc 1.69-74)[15]. Mais, le lecteur sait que Jésus n'a ni vaincu les Romains, ni redonné la souveraineté à la nation d'Israël, ni rétabli les frontières de leur territoire et le trône davidique à Jérusalem[16]. Pourquoi l'auteur suscite-t-il de telles attentes ? Il semble qu'il veut affirmer, dès le départ, l'identité messianique de Jésus et obliger ses lecteurs à poser la question : comment ces promesses sont-elles accomplies en Jésus[17] ? La suite du récit raconte la « découverte progressive » de ce qui est annoncé dans l'introduction. Après l'introduction, les personnages dans le récit doivent découvrir l'identité de Jésus. Leurs conclusions vacillent en fonction de leurs attentes qui doivent être modifiées par le récit (cf. Lc 7.20 ; 24.21)[18]. Le problème du lecteur devient de moins en moins problématique au fur et à mesure que les personnages dans le récit découvrent les preuves de l'identité de Jésus et comprennent la nouvelle signification donnée à la tâche du Messie.

---

[14] Ch. 3, p. 118-19.
[15] Robert C. TANNEHILL, « 'Cornelius' and 'Tabitha' Encounter Luke's Jesus », *Gospel Interpretation : Narrative-Critical & Social-Scientific Approaches*, éd. par Jack Dean Kingsbury, Harrisburg, PA., Trinity Press International, 1997, p. 136.
[16] M. L. STRAUSS, *The Davidic Messiah in Luke-Acts: The Promise and its Fulfillment in Lukan Christiolgy*, JSNTSS 110, Sheffield: JSOT Press, 1995, p. 74.
[17] Ibid. p. 338.
[18] BRAWLEY, *Centering on God*, p. 45. SHEPHERD, *The Narrative Function of the Holy Spirit*, p. 117, n. 49 ; Ju HUR, *A Dynamic Reading of the Holy Spirit in Luke-Acts*, Journal for the Study of the New Testament Supplemental Series 211, Sheffield, Sheffield Academic Press, 2001, p. 203, n. 69 ; Joel B. GREEN, « 'Salvation to the end of the earth' (Acts 13.47): God as Saviour in the Acts of the Apostles », éd. I. Howard MARSHALL et David PETERSON, *Witness to the Gospel : The Theology of Acts* (Grand Rapids : Eerdmans, 1998), p. 92.

Étant donné que l'effusion de l'Esprit fait partie des promesses attachées à l'arrivée du temps eschatologique et messianique, et que la perspective sur certaines de ces promesses se développe et se modifie au cours du récit, il est logique de supposer que la notion de cette effusion et de l'activité de l'Esprit se développe et se modifie. Afin de pouvoir suivre ce développement il est nécessaire de mieux préciser la perspective du début.

## L'activité de l'Esprit dans les récits de naissance

Presque la moitié des mentions de l'Esprit de Dieu dans l'Évangile selon Luc se trouve dans les récits de naissance. L'Esprit de Dieu est mentionné neuf fois dans ces deux premiers chapitres[19], deux fois dans le chapitre trois, trois fois dans le chapitre quatre et seulement quatre autres fois dans tout le reste de l'Évangile[20]. On doit se demander pourquoi l'Esprit de Dieu joue un si grand rôle dans l'introduction de l'Évangile, et pourquoi son rôle est si peu mentionné dans la suite. Dans le chapitre trois nous avons constaté que le Saint-Esprit est l'inaugurateur des ministères de Jésus et de ses disciples[21]. On peut logiquement supposer qu'il est aussi l'inaugurateur des temps eschatologiques. Le commencement des temps eschatologiques est marqué par une intensification de l'activité de l'Esprit. On pourrait aussi supposer, qu'une fois cette inauguration confirmée par l'activité de l'Esprit, l'auteur n'ait plus besoin de signaler son activité dans chaque micro-récit. Même s'il est peu mentionné dans la suite, l'Esprit demeure sous-jacent à l'activité de Jésus à travers son ministère (Ac 10.38).

Nous avons aussi déjà constaté que le concept lucanien de l'Esprit vient essentiellement du concept du judaïsme intertestamentaire de l'Esprit de prophétie. C'est-à-dire que les dons typiquement associés à l'activité de l'Esprit sont une révélation charismatique (connaissance révélée par Dieu dans une vision, un songe, une parole, etc.), une sagesse charismatique (cognition divinement altérée de façon perceptible rendant le bénéficiaire mieux capable d'analyser et de répondre à une situation), une

---

[19] Lc 1.15, 17, 35, 41, 67, 80 ; 2.25, 26, 27. Dans deux cas il n'est pas clair si c'est l'esprit humain ou l'Esprit de Dieu (Lc 1.17, 80).
[20] Lc 3.16, 22 ; 4.1(2x), 14, 18 ; 10.21 ; 11.13 ; 12.10, 12. Il y a aussi une concentration de références à l'Esprit dans les Actes des apôtres.
[21] Ch. 3, p. 103, 129, 133.

parole prophétique envahissante et une louange prophétique envahissante[22]. L'activité de l'Esprit dans les récits de naissance en est un bon exemple. Élisabeth, Zacharie et Siméon s'expriment en louanges prophétiques et prononcent des paroles prophétiques sous l'influence de l'Esprit (Lc 1.41-45, 67-79 ; 2.25-35). Siméon reçoit une révélation charismatique qu'il ne mourra pas avant de voir le Christ (Lc 2.26). La suite du récit révèle que l'influence de l'Esprit sur Jean-Baptiste se manifeste aussi en paroles prophétiques (Lc 1.15-17 ; 3.3-18).

Mais, le concept de l'Esprit dans les récits de naissance n'est pas limité à ces dons typiques. L'Esprit de Dieu est clairement associé à un acte de puissance (Lc 1.35). Une influence éthique de l'Esprit a été aussi proposée. Avant de procéder à l'examen de ces deux notions, il est utile d'examiner le vocabulaire utilisé pour l'activité de l'Esprit.

**Le vocabulaire**

Nous avons déjà signalé que les récits de naissance suscitent chez le lecteur le sentiment de lire une continuation de l'histoire biblique telle qu'elle est racontée dans la version des Septante[23]. Nous voulons maintenant examiner l'influence de cet intertexte dans la description de l'activité de l'Esprit. Apparemment, Luc emprunte son vocabulaire pour décrire les expériences avec l'Esprit à la version grecque de l'Ancien Testament[24]. Jean-Baptiste, Zacharie et Élisabeth sont « remplis » (πίμπλημι) de l'Esprit, une expression utilisée seulement par Luc dans le Nouveau Testament[25]. L'expression n'est pas utilisée dans la Septante mais le verbe composé (ἐμπίπλημι) est employé en parlant de l'Esprit huit fois[26]. L'expression de Luc semble être empruntée au livre de Siracide (48.12), où il est dit qu'Élisée « a été rempli de son Esprit » (ἐνεπλήσθη πνεύματος αὐτοῦ)

---

[22] Ch. 1, p. 17, 23. La terminologie vient de TURNER, *Power*, p. 91-101.
[23] Ch. 2, p. 58. Pour des exemples et une discussion des liens intertextuels voir John DRURY, *Tradition and Design in Luke's Gospel : A Study in Early Christian Historiography*, Londres, Darton, Longman & Todd, 1976, p. 185-86 et surtout R. E. BROWN, *The Birth of the Messiah: A Commentary on the Infancy Narratives of Matthew and Luke*, New York, Doubleday, 1977, p. 256-499.
[24] A. GEORGE, « L'Esprit Saint dans l'œuvre de Luc, » *Revue Biblique* 85, 1978), p. 528 ; Odette MAINVILLE, *L'Esprit dans l'œuvre de Luc*, Héritage et Projet 45, éd. André Charron, Richard Bergeron et Guy Couturier, Ville Mont-Royal, Québec, Éditions Fides, 1991, p. 323-32. Voir sa bibliographie d'œuvres soutenant cette affirmation, n. 5, p. 323-24.
[25] Lc 1.15, 41, 67 ; Ac 2.4 ; 4.8, 31 ; 9.17 ; 13.9. Le synonyme πληρόω est employé une fois par Luc (13.52) et une fois par Paul (Eph 5.18) en conjonction avec l'Esprit et l'adjectif πλήρης seulement par Luc (Lc 4.1 ; Ac 6.3, 5 ; 7.55 ; 11.24.

en parlant de l'Esprit d'Élie (une allusion à 2 R 2.9, 15)[27]. Dans le chapitre trois nous avons suggéré que Luc fait allusion au même passage de Siracide dans l'annonce et le récit de l'Ascension[28].

L'expression, l'Esprit « sur » quelqu'un, est souvent utilisée dans la Septante[29]. Parmi ces emplois deux passages sont cités par Luc pour décrire respectivement l'expérience de Jésus et de ses disciples (És 61.1/Lc 4.18 ; Jl 3.1-2/Ac 2.17-18). C'est aussi une expression préférée de Luc. L'Esprit vient « sur » Marie (1.35)[30], « sur » Jésus (3.22 ; 4.18), et « sur » les disciples (Ac 1.8 ; 2.17-18 ; 10.44-45 ; 11.15 ; 19.6), et était « sur » Siméon (2.25).

Il est intéressant de voir combien le vocabulaire de Luc s'accorde avec les descriptions d'Élie et d'Élisée où apparaît l'Esprit. Nous avons déjà mentionné l'expression être « rempli de l'Esprit ». Dans le récit de l'ascension d'Élie, « l'Esprit d'Élie repose 'sur' Élisée » (2 R 2.15), et, dans le récit de Luc l'Esprit « était 'sur' » Siméon (Lc 2.25). Zacharie mentionne explicitement Élie en décrivant le futur ministère de Jean-Baptiste. « Il marchera devant lui [Dieu] dans l'Esprit et la puissance d'Élie » (ἐν πνεύματι καὶ δυνάμει Ἠλίου, Lc 1.17)[31]. Le vocabulaire semble rappeler le récit de l'ascension d'Élie, où Élisée demande une double portion « de son Esprit » (ἐν πνεύματί σου, 2 R 2.9). L'expérience est suivie d'un acte de puissance : le partage des eaux du Jourdain. L'expression « ἐν πνεύματι » décrit aussi Siméon lorsqu'il est « poussé par l'Esprit » pour rencontrer Jésus au Temple (Lc 2.27)[32]. La même expression sans préposition décrit la croissance de Jean-Baptiste. Il se fortifiait « dans l'Esprit » (πνεύματι, Lc 1.80)[33]. Dans la prophétie de l'ange Gabriel la puissance du « Très-Haut »

---

[26] Ex 28.3 ; 31.3 ; 35.31 ; Dt 34.9 ; Sir 39.6 ; 48.12 ; Mic 3.8 ; És 11.3. Luc utilise le même verbe composé sans parler de l'Esprit (Lc 1.53 ; 6.25 ; Ac 14.17).
[27] Joseph A. FITZMYER, « The Role of the Spirit in Luke-Acts », *The Unity of Luke-Acts*, éd. J. Verheyden, Leuven University Press, 1999, p. 179.
[28] Ch. 3, p. 110-11.
[29] Nb 11.17, 25, 26, 29 ; 23.7 ; Jg 3.10 ; 11.29 ; 14.6, 19 ; 15.14 ; 1 S 10.6, 10 ; 11.6 ; 16.13 ; 19.20, 23 ; 2 R 2.9, 15 ; 2 Chr 15.1 ; 20.14 ; Jl 3.1, 2 ; És 11.2 ; 32.15 ; 42.1 ; 44.3 ; 59.21 ; 61.1 ; Éz 2.2 ; 3.24 ; 11.5.
[30] FITZMEYER, « The Role of the Spirit », p. 179-80, voit une allusion possible à És 32.15, le seul verset de la LXX qui utilise le verbe ἐπέρχομαι avec l'Esprit.
[31] C'est notre traduction.
[32] Ici πνεύματι est précédé d'un article.
[33] Il est possible de comprendre par πνεύματι l'esprit humain. Mais, la répétition de πνεύματι dans le contexte de ces deux chapitres et la description d'un personnage prophétique favorisent la traduction « l'Esprit ».

est en parallèle avec l'Esprit (Lc 1.35). Élie a ressuscité un mort par « la parole du « Très-Haut » (Sir 48.5).

Quelle est la signification de ces échos de la Septante ? Quelle est l'influence de ce vocabulaire sur le lecteur ? Le vocabulaire emprunté à l'Ancien Testament fait partie de la ressemblance à l'historiographie biblique qui donne l'impression au lecteur que Luc raconte la continuation du récit biblique. Les personnages et leurs expériences avec l'Esprit ressemblent aux prophètes de l'Ancien Testament. Le lecteur comprendra que les personnages dans les récits de l'enfance ont expérimenté l'Esprit d'une manière semblable aux grands prophètes de l'Ancien Testament.

Mais ressemblance ne veut pas dire équivalence. La description de l'activité de l'Esprit laisse entendre qu'une nouvelle ère est arrivée : l'ère des « derniers jours ». L'un des personnages, Jean-Baptiste, joue le rôle d'Élie, annoncé pour les derniers jours par le prophète Malachie (4.5 ; Lc 1.17). Même si la notion de cessation de la prophétie n'était pas universelle, et que l'on ne doive pas forcément conclure que l'activité de l'Esprit dans ces deux chapitres représente « la restauration de l'Esprit »[34], l'intensification de l'activité de l'Esprit est un fait indéniable. Il y a une augmentation du nombre de personnages et de messages inspirés par l'Esprit. Dans l'Ancien Testament son influence était limitée à quelques individus, et rarement à plus d'une personne à la fois. Dans ces deux chapitres sept personnages font une expérience avec l'Esprit Saint[35]. Il y a aussi deux expériences dont il n'y a pas de parallèle dans l'Ancien Testament : Jean-Baptiste est rempli de l'Esprit pendant qu'il est encore dans le sein de sa mère (Lc 1.15, 41), et la conception miraculeuse de Jésus est attribuée à la puissance de l'Esprit (Lc 1.35).

## L'Esprit et la puissance

Dans le premier chapitre nous avons adopté la conclusion de Max Turner contre Robert Menzies sur l'attribution des actes de puissance à l'activité de l'Esprit[36]. Il y a un lien très étroit entre les deux termes. Les deux termes sont utilisés ensemble non

---

[34] Ch. 1, p. 19, 28.
[35] Jean, Élisabeth, Zacharie, Marie, Jésus et Siméon explicitement et Anne de façon implicite par la mention qu'elle était prophétesse et par la révélation qu'elle avait des événements en cours.

seulement dans Luc-Actes (1.17, 35 ; 4.14 ; Ac 1.8 ; 10.38), mais aussi dans Ésaïe (11.2) et dans un manuscrit à Qumran (1QH7.6). La puissance chez Luc est la puissance de l'Esprit (Lc 4.14). La puissance et l'Esprit sont des termes parallèles et co-référentiels de ce qui a créé le miracle de la naissance de Jésus (Lc 1.35)[37]. Le terme de la puissance est utilisé à la place de l'Esprit pour parler de l'effusion de l'Esprit à la Pentecôte (Lc 24.49 ; Ac 1.8 ; cf. Ac 2.4).

L'analyse de la perspective du lecteur appuie cette conclusion. Le lecteur rencontre les références à la puissance (δύναμις) de manière séquentielle. Dans la première référence il est dit de Jean-Baptiste qu'il marchera « dans l'Esprit[38] et la puissance d'Élie » (ἐν πνεύματι καὶ δυνάμει Ἠλίου, Lc 1.17). Max Turner donne cet exemple parmi sept hendiadys avec le terme πνεῦμα dans Luc-Actes (Lc 1.17 ; 3.16 ; Ac 6.3, 5 ; 10.38 ; 11.24 ; 13.52)[39]. C'est-à-dire que les deux termes expriment une seule idée. L'absence d'une répétition de la préposition appuie cette conclusion. Mais le lien n'est pas seulement grammatical. Un rappel de la communication de l'Esprit d'Élie doit forcément susciter une attente des actes de puissance par le moyen de l'Esprit. Après avoir vu Élisée partager les eaux du Jourdain avec le manteau d'Élie, les fils des prophètes tirent la conclusion que « l'Esprit d'Élie repose sur Élisée » (2 R 2.14-15). D'autres actes de puissance semblables à ceux d'Élie s'ensuivent (2 R 2-8). Avec une telle annonce le lecteur serait dans l'attente des actes de puissance dans le ministère de Jean[40]. Le lecteur reconnaît la ressemblance avec Élie dans son zèle sans compromis pour proclamer la parole de Dieu et dans « sa capacité de dénoncer le mal même au péril de sa propre vie » (Lc 3.19-20)[41]. Mais le fait que Luc ne raconte pas de miracle accompli par Jean laisse le lecteur sur sa faim (Lc 3.1-20).

---

[36] Ch. 1, p. 27.
[37] TURNER, *Power*, p. 157.
[38] Il est possible de comprendre Lc 1.17 et 2 R 2.15 comme références à l'esprit humain. Plusieurs traductions indiquent cette préférence par une lettre minuscule. Nous avons choisi une lettre majuscule pour les deux références pour des raisons de contexte littéraire. Il est clair dans 2 R 2.14-15 que l'Esprit qui partage les eaux n'est pas un esprit humain. Dans Lc 1.17 l'expression est précédée immédiatement par la mention que Jean sera rempli du Saint-Esprit.
[39] TURNER, *Power*, p. 263, n. 154.
[40] Joel B GREEN, *The Gospel of Luke*, The New International Commentary on the New Testament, Grand Rapids, Eerdmans, 1997, p. 78.
[41] Léopold SABOURIN, *L'Évangile de Luc : Introduction et commentaire*, Rome, Editrice Pontificia Università Gregoriana, 1985, p. 59.

Le lien entre l'Esprit et la puissance dans la deuxième référence à la puissance est encore plus clair (Lc 1.35). L'ange Gabriel utilise un parallélisme synonymique pour décrire le moyen ou l'agent de la naissance miraculeuse. Les deux propositions, « le Saint-Esprit viendra sur (ἐπέρχομαι ἐπὶ) toi » et « la puissance du Très Haut te couvrira de son ombre » décrivent le même événement et servent de commentaire réciproque. Ce sont deux expressions de la Septante qui expriment la présence et la puissance de Dieu qui agit sur les êtres humains. Nous avons déjà parlé de l'Esprit « sur » quelqu'un. La deuxième expression (δύναμις ὑψίστου ἐπισκιάσει σοι) rappelle la présence glorieuse de Dieu au Tabernacle (Ex 40.35)[42]. L'Esprit Saint est clairement à l'origine d'un acte de puissance, la naissance miraculeuse de Jésus, et clairement associé à la puissance de Dieu. Même si cet acte est unique, l'association à la puissance et la manière de l'Esprit d'agir « sur » les êtres humains ne sont pas uniques. En outre, les parallèles entre ces deux expressions et la promesse de l'Esprit à la Pentecôte sont très clairs pour Luc. Jésus a dit, « Vous recevrez une puissance (δύναμις), le Saint-Esprit survenant sur (ἐπέρχομαι ἐπι) vous » (Ac 1.8), cette puissance étant « la puissance d'en haut » (Lc 24.49).

La troisième référence à la puissance donne la description la plus explicite de la relation entre la puissance et le Saint-Esprit. Jésus revient du désert « dans la puissance de l'Esprit » (ἐν τῇ δυνάμει τοῦ πνεύματος, Lc 4.14). L'Esprit est la source de la puissance de Jésus. Cette même relation est exprimée par d'autres mots dans la parole d'Ésaïe citée par Jésus. L'Esprit est sur Jésus comme une onction pour accomplir son ministère (Lc 4.18-19).

Nous constatons que les trois premières références à la puissance (δύναμις) dans Luc-Actes sont étroitement liées à l'Esprit. Avec une telle introduction le lecteur fera l'association de la puissance à l'Esprit, même si l'un ou l'autre n'est pas mentionné[43]. Ainsi, lorsque Jésus ordonne aux esprits impurs de sortir « avec autorité et puissance », le lecteur présume que c'est la puissance de l'Esprit qui le rend capable de le faire (Lc 4.36). Et, lorsque « la puissance du Seigneur se manifeste par des guérisons », le lecteur

---

[42] Le même verbe (ἐπισκιάζω) est utilisé à la transfiguration et pour parler de l'ombre de Pierre qui a guéri les malades (Lc 9.34 ; Ac 5.15).
[43] Robert H. STEIN, *Luke*, The New American Commentary, Vol. 24, éd. David S Dockery, Nashville, Broadman Press, 1992, p. 76.

présume que c'est la puissance de l'Esprit qui guérit les malades (Lc 5.17). Sans indication contraire le lecteur continuera à tirer les mêmes conclusions.

Si l'on adopte la théorie que ces rapprochements proviennent des sources de Luc et non pas de Luc lui-même et que, par là, des tensions apparaissent dans les textes[44], il faut croire, soit que les thèmes de la puissance et de l'Esprit n'étaient pas assez importants dans son projet pour les harmoniser, soit que Luc était trop inapte pour les harmoniser, soit que son respect pour les sources l'a empêché de les harmoniser. Les trois cas nous semblent invraisemblables. Contre la première supposition on peut noter que la répétition de ces thèmes dans Luc-Actes montre leur importance. Une analyse littéraire de son œuvre montre l'habileté de Luc, rendant la deuxième supposition invraisemblable. Finalement, il est difficile de croire que Luc accorde un respect si grand à des sources dont la pneumatologie ne susciterait pas son adhésion.

Au lieu de supprimer le lien entre l'Esprit Saint et la puissance, Luc le souligne. Ce lien est essentiel à sa logique. Afin de chasser les doutes de son lecteur concernant l'identité de Jésus et celle de la communauté des croyants qui résultent de la proclamation de son évangile, Luc doit montrer que Jésus et ses disciples sont animés et conduits par Dieu. Il ne suffit pas de le dire. La puissance de l'Esprit, qu'elle soit visible par prophéties accomplies ou par des actes de puissance, atteste la validité des paroles de Jésus et de ses disciples. Nous trouvons la conclusion de Howard M. Ervin appropriée : « Si l'on ôte le thème de la puissance de l'Évangile de Luc et des Actes, ou même si on le relègue à une place inférieure, la théologie de Luc sur le Saint-Esprit devient en grande partie inintelligible »[45].

**L'Esprit et l'influence éthique**

L'influence éthique directe de l'Esprit sur la vie intérieure du fidèle ne semble pas intéresser l'auteur de Luc-Actes dans les récits de naissance. Certes, une communauté

---

[44] Voir, par ex., Robert P. MENZIES, *Empowered for Witness : The Spirit in Luke-Acts*, Journal of Pentecostal Theology Supplement Series 6, éd. John Christopher Thomas, Rick D. Moore et Steven J. Land, Sheffield, Sheffield Academic Press, 1994, p.111-19. MENZIES croit que Luc adapte ses sources justement dans le but d'attribuer les actes de puissance à « la puissance » et non à l'Esprit, mais ses arguments ne sont pas convaincants. Voir SHELTON, *Mighty in Word and Deed*, p. 74-82 et C. K. BARRETT, *The Holy Spirit and the Gospel Tradition* Londres, SPCK, 1958, p. 70-77.

d'une conduite exemplaire fait partie de l'attente du salut (Lc 1.74-75). Et le ministère, inspiré par l'Esprit, de Jean-Baptiste a pour effet un changement de conduite qui prépare Israël pour la venue du Messie et le salut qu'il apporte (Lc 1.16-17). Mais il n'y a pas de lien clair et direct entre cette conduite et l'influence *intérieure* de l'Esprit. Le lien doit être inféré du vocabulaire, ou des allusions à d'autres textes ou de la séquence des textes de Luc-Actes. Comme ce lien ne fait pas partie de la stratégie claire de Luc-Actes, les arguments ont tendance à être spéculatifs.

Matthias Wenk constate que la description de Jean-Baptiste qui « sera rempli de l'Esprit » est en contraste avec la notion d'être rempli de l'alcool (Lc 1.15). Il propose que cette comparaison souligne l'influence éthique de l'Esprit[46]. Bien que l'abus d'alcool soit sanctionné dans l'Ancien Testament (Prov 20.1 ; És 5.11, 22 ; 28.7 ; 29.9), l'idée que la sainteté exige l'abstinence d'alcool n'est pas solidement fondée. Des liqueurs fortes font partie de ce que l'Israélite pouvait acheter et « manger devant l'Éternel » afin de se réjouir avec sa famille (Dt 14.26). Jésus, lui-même, était connu comme « un buveur » (Lc 7.34). Devons-nous croire que la vie éthique de Jean-Baptiste a surpassé celle de Jésus ? La référence à l'abstinence d'alcool fait plutôt allusion à la consécration des sacrificateurs et au vœu de Naziréat (Lv 10.8-11, 18-21 ; Nb 6.1-21). L'idée dominante est la consécration ou la mise à part pour Dieu. Samson, l'exemple le plus célèbre du Naziréat, n'avait certainement pas une conduite exemplaire. Mais l'influence de l'Esprit était reconnue dans ses actes de puissance (Jg 13-16).

Wenk voit un deuxième lien entre l'Esprit et l'influence éthique dans le lien de cause à effet[47] entre la conception de Jésus par l'Esprit et le terme descriptif de cet enfant : « saint » (Lc 1.35)[48]. Certes, le terme « saint » a une connotation éthique ailleurs dans les Écritures[49]. Il serait difficile de prouver qu'il n'y a pas de trace de cette connotation ici. Mais ici le lien semble venir du fait que la conception a lieu par la puissance du 'Saint'-Esprit. Le résultat est que l'enfant sera 'Saint' et appelé 'Fils de

---

[45] *Le Baptême de l'Esprit : Une recherche biblique*, trad. Daniel Thévenet, Deerfield, Vida, 1996, p. 20.
[46] Matthias WENK, *Community-Forming Power : The Socio-Ethical Role of the Spirit in Luke-Acts*, Journal of Pentecostal Theology Supplemental Series 19, éd. John Christopher Thomas, Rickie D. Moore et Steven J. Land, Sheffield, Sheffield Academic Press, 2000, p. 154.
[47] La conjonction διὸ exprime effectivement une relation de cause à effet. C'est la signification que WENK donne au terme « saint » qui n'est pas cohérente avec le contexte littéraire.
[48] Ibid. p. 169.
[49] Voir, p. ex., Lv 19.2 ; 20.7-8 ; 1 P 1.15-16.

Dieu'. Les deux termes semblent plutôt souligner sa relation privilégiée avec Dieu, ou sa mise à part[50]. Le parallèle avec Jean-Baptiste, où la même notion est soulignée, appuie cette interprétation. Dans l'ensemble de Luc-Actes le terme « saint » semble plutôt souligner la notion de consécration au lieu d'une conduite exemplaire. Il est utilisé soixante-treize fois dans Luc-Actes dont cinquante-cinq fois avec l'Esprit. Les dix-huit autres fois l'adjectif décrit des choses ou des personnes mais jamais une conduite[51].

Max Turner accepte la signification « consacré au Seigneur » pour le terme « saint » dans ce passage[52]. Mais il croit qu'il y a une allusion aux prophéties d'Ésaïe (11.1-4ss). Selon Turner on doit comprendre que ces allusions introduisent les notions de la puissance et de l'influence éthique au concept de « l'Esprit de prophétie ». Donc, le terme « saint » comporte aussi le sens de justice dans ce passage[53]. La conclusion de Turner est basée sur deux suppositions : qu'il y ait une allusion aux prophéties d'Ésaïe (en particulier, És 11.1-4 et 32.15), et que le lecteur ait compris par ces allusions que l'Esprit donne au fidèle une capacité de vivre dans la pureté. Nous avons déjà constaté que Luc cite deux passages où l'Esprit vient « sur » le fidèle (És. 61.1 ; Jl 2.28). N'est-il pas plus logique de croire que, pour Luc, l'ange fait allusion à un de ces passages ? Nous verrons que l'activité de l'Esprit dans ces deux passages se réfère davantage à la prophétie et aux actes de puissance. Même si nous accordons à Turner une allusion aux chapitres onze et trente-deux d'Ésaïe, la conclusion que l'Esprit donne une force intérieure pour vivre dans la sainteté n'est pas évidente. La référence à la sagesse et à la crainte de l'Éternel semble se référer plutôt à la capacité de gouverner et juger le peuple (És 11.1-4). La notion de purification associée à la venue de l'Esprit « sur nous » (És 32.15) semble se référer à une purification de la nation par l'élimination des méchants pour que les justes puissent vivre en paix et dans la prospérité (És 29-33). L'anéantissement des méchants par le souffle ou par l'Esprit de Dieu est une image

---

[50] Joseph A. FITZMYER, *The Gospel According to Luke I-X : Introduction, Translation and Notes*, The Anchor Bible 28, New York/ Londres, Doubleday, 1981, p. 352 ; Eduard SCHWEIZER, *The Good News According to Luke*, trad. par David E. GREEN, Atlanta, John Knox Press, 1984, p. 30.
[51] Nom (1.49); prophètes (1.70; Ac.3.21); alliance (1.72); premier-né (2.23); Jésus (4.34; Ac.3.14; 4.27, 30); anges (9.26; Ac.10.22); temple (Ac.6.13; 21.28); terre (Ac.7.33); croyants (Ac.9.13, 32, 41; 26.10)
[52] TURNER, *Power*, p. 158, n. 61.
[53] Ibid. p. 158-59. Voir p. 119-37 de TURNER pour comprendre les bases de ses conclusions et notre discussion de ses thèses au ch. 1, p. 22-30.

fréquente dans cette première partie d'Ésaïe (4.4 ; 11.4, 15 ; 27.8 ; 28.6 ; 30.28 ; 34.16 ; 42.1).

Il n'est pas justifié d'éliminer l'idée d'une influence éthique dans le livre d'Ésaïe ou même dans ces passages cités. Cette notion est présente. Mais nous croyons que la conclusion que cette influence ressemble à la notion néo-testamentaire d'une puissance intérieure pour vivre dans la sainteté est un anachronisme. Les personnages du récit de Luc n'ont pas expérimenté les effets à long terme de la présence de l'Esprit dans une communauté de croyants. Ils n'ont pas, non plus, bénéficié de la théologie plus systématique de Paul (Ro 8, par ex.). Luc, lui-même, donne peu d'indices qu'il a bénéficié de cette théologie. Au premier plan, la purification accomplie par le souffle de Dieu est l'anéantissement des méchants. Cette perspective est reflétée dans l'attente dominante de la littérature rabbinique que la transformation du cœur doit précéder le don de l'Esprit[54]. Lorsqu'un interprète veut souligner la notion d'une puissance intérieure, il fait appel surtout aux prophéties d'Ézéchiel (36.25-27)[55].

Luc, bien sûr, n'est pas obligé d'adopter la perspective dominante de son époque sur Ésaïe ou sur l'activité de l'Esprit. Il est capable de donner une autre signification à l'activité de l'Esprit. Mais s'il veut donner une autre signification, il doit la communiquer clairement au lecteur. Nous croyons que, si l'auteur avait voulu communiquer une signification plus liée à l'influence éthique sur la vie de l'individu, il n'aurait pas laissé autant d'ambiguïté pour le lecteur. La signification « mise à part » convient mieux au contexte littéraire immédiat et serait la plus facilement comprise par le lecteur.

L'influence éthique de l'Esprit dans l'introduction ressemble beaucoup à son activité typique dans l'Ancien Testament. Les individus reçoivent une inspiration prophétique de l'Esprit. Cette impulsion de l'Esprit les rend capables de discerner la volonté et la parole du Seigneur et de la proclamer aux autres. Cette parole, à son tour, a une puissante influence sur ses auditeurs. Les uns accueillent cette parole et changent de vie. Les autres, surtout les autorités, rejettent cette parole et persécutent le prophète. Il n'y a pas d'indice clair dans l'introduction prophétique que l'Esprit donne une force intérieure aux auditeurs pour changer de conduite.

---

[54] Voir les arguments au ch. 1, p. 28-30.

## La pneumatologie de l'introduction prophétique

La pneumatologie de l'introduction prophétique est surtout en continuité avec celle de l'Ancien Testament. Les personnages inspirés de l'Esprit font ce qui est typiquement associé à l'activité de l'Esprit dans l'Ancien Testament : ils ont des révélations, ils annoncent des paroles prophétiques, et ils éclatent en louanges. Même les nouveautés ont leur racine dans la pneumatologie de l'Ancien Testament. L'augmentation du nombre de personnages et de messages inspirés semble être, au moins, le début de l'accomplissement de la prophétie de Joël citée plus tard dans le récit de Luc-Actes (Ac 2.17-21 ; Jl 2.28-32). Même la conception miraculeuse de Jésus est décrite dans les termes qui rappellent l'activité de l'Esprit dans l'Ancien Testament. L'Esprit de Dieu vient sur un personnage biblique et un acte de puissance a lieu.

Il ne s'agit pas dans l'introduction prophétique d'une continuation du statu quo de la fin de l'Ancien Testament et de la période inter testamentaire. La continuité s'exprime plutôt par une multiplication des mêmes types d'activités de l'Esprit. Le texte rappelle à la fois la période des grands prophètes, tels Élie et Élisée, et la période de l'effusion de l'Esprit annoncée dans les passages eschatologiques de l'Ancien Testament. L'Esprit Saint est l'inaugurateur de cette nouvelle ère.

Cette section introduit aussi une attente de délivrance des ennemis d'Israël (Lc 1.71). Cette délivrance n'est pas clairement liée à l'activité de l'Esprit dans l'introduction prophétique. Mais, la prophétie de Zacharie parle d'un « puissant Sauveur » (κέρας σωτηρίας) davidique. David et d'autres libérateurs de l'Ancien Testament délivraient Israël par la puissance de l'Esprit (cf. 1 Sam 16.13 ; Jg 3.10 ; 6.34 ; 11.29). Nous avons aussi remarqué la possibilité d'une allusion à l'anéantissement des méchants par le souffle de l'Esprit dans les passages d'Ésaïe (És 29-33). Cette fonction de l'Esprit sera développée et modifiée dans la suite du récit.

---

[55] Voir, par ex., John N. OSWALT, *The Book of Isaiah Chapters 1-39*, New International Commentary on the Old Testament, Grand Rapids, Eerdmans, 1986, p. 279.

## II. LE MINISTÈRE DE JEAN (Lc 3.1-20)

Dans l'introduction de ce chapitre nous avons identifié quatre modalités de la narration qui nous aideront à discerner la pneumatologie de Luc : le jeu des perspectives, l'exploitation du temps, l'intertextualité et les lieux d'indétermination. Au chapitre deux de notre thèse la prophétie importante de Jean-Baptiste (Lc 3.16-17) a servi d'exemple pour décrire ces différentes modalités[56]. Nous avons remarqué, par exemple, que la prophétie de Jean est ambiguë et représente un lieu d'indétermination et que la perspective et les attentes présentées dans sa prophétie avaient besoin de modification plus tard dans le récit. L'interprétation de la prophétie de Jean-Baptiste est très importante pour établir la pneumatologie de Luc-Actes. En conséquence, nous voulons développer l'exemple donné au chapitre deux afin d'en tirer des conclusions. Nous croyons que les clés herméneutiques pour interpréter la prophétie de Jean sont : 1) le contexte littéraire ou la place de cette prophétie dans le fil de l'intrigue de Luc-Actes, un élément étroitement lié au thème de l'accomplissement des prophéties, et donc, à l'exploitation du temps, 2) l'intertexte, soit les textes cités par l'auteur implicite, soit les textes auxquels il fait allusion, et 3) la perspective selon laquelle le récit se déroule. Les deux premières clés ont été longuement discutées par d'autres interprètes. Les possibilités d'interprétation sont nombreuses. Nous aborderons très brièvement ces deux aspects de la problématique. La dernière clé, celle de la perspective, fera le sujet d'une discussion détaillée.

Il faut insister encore sur une lecture séquentielle. Nous constatons que beaucoup d'interprétations s'égarent à cause d'une perspective tirée d'un texte ultérieur dans le récit et dont le lecteur n'est pas conscient au chapitre trois. Les échos ultérieurs dans le texte peuvent aider à l'interprétation du texte si nous faisons attention à la progression ou au développement du récit.

### L'exploitation du temps (Luc 3.1-20 dans le fils de l'intrigue)

Au chapitre trois de notre thèse nous avons constaté que le fil de l'intrigue de Luc-Actes se construit autour du thème de l'accomplissement des prophéties. Ce thème

---
[56] Ch. 2, p. 61-62, 64, 72.

aide à établir le lien logique entre cette section sur le ministère de Jean et les autres sections de l'œuvre. L'introduction prophétique contient des prophéties dont une partie est accomplie et développée dans le ministère de Jean. La prophétie de Zacharie annonce que Jean sera appelé « prophète du Très Haut » (1.76). Au chapitre trois la présentation de Jean suit le modèle de la présentation typique des grands prophètes de l'Ancien Testament. On peut noter d'abord l'introduction élaborée donnant le nom du prophète, parfois le nom de son père, la mention d'une ou plusieurs autorités pour indiquer la période de son ministère (3.1-2a), et l'annonce de la venue de la parole de Dieu ou du Seigneur (3.2b)[57]. On peut aussi noter la prédication qui appelle à la repentance (3.3), la polémique contre la pratique des rites sans une conduite conséquente (3.7-14) et la persécution par les autorités (3.19-20).

Les deux prophéties sur Jean qui annoncent son ministère prophétique pour préparer la venue du Seigneur sont accomplies (Lc 1.15-17, 76-77). On peut noter les parallèles de contenu (le pardon des péchés, ἄφεσις ἁμαρτιῶν) et de description (préparer, ἑτοιμάζω) de ses deux prophéties et le ministère de Jean (Lc 3.3-4). À son tour, le ministère de Jean contient une prophétie qui sera partiellement accomplie dans la suite du récit (3.16-17). La relation entre la prophétie et son accomplissement doit être exploitée dans l'interprétation des deux éléments. Mais, étant donné le caractère ambigu de la prophétie et le fait que les prophéties ne sont que partiellement réalisées dans le récit de Luc-Actes, nous devons faire très attention à ne pas tirer des conclusions qui ne correspondent pas au déroulement du récit.

Par exemple il est souvent dit que pour Luc la signification de l'expression « il vous baptisera dans l'Esprit-Saint » (Lc 3.16) est donnée dans les évènements de la Pentecôte[58]. Nous ne voulons pas contredire cette conclusion. Luc veut certainement en arriver là. Mais, a-t-il commencé par là ? Le Jean du récit aurait-il compris cette

---

[57] Cf. TANNEHILL, *Luke*, p. 47. Il mentionne l'introduction des prophètes Osée, Michée, Joël, Jonas, Aggée, Sophonie et Jérémie. Mais I. Howard MARSHALL montre que le synchronisme élaboré de Luc ressemble plus aux historiens grecs (Thucydide 2.2 ; Polybius 1.3 et Jos. Ant. 18.106), *The Gospel of Luke : A Commentary on the Greek Text*, New International Greek Testament Commentary, éd. I. Howard Marshall et W. Ward Gasque, Grand Rapids, Eerdmans, 1978, p. 133. Voir aussi C. F. EVANS, *Saint Luke*, Trinity Press International New Testament Commentaries, éd. Howard Clark Kees et Dennis Nineham, Londres/Philadelphia, SCM Press/Trinity Press International, 1990, p. 231 et David E. AUNE, *The New Testament in Its Literary Environment*, Library of Early Christianity, éd. Wayne A. Meeks, Philadelphia, Westminster Press, 1987, p. 133.
[58] Voir, par ex., I. Howard MARSHALL, *Luke*, p. 146 et C.F. EVANS, *Luke*, p. 243.

signification ? Le lecteur implicite est-il censé comprendre cette signification au chapitre trois de l'Évangile ? Si non, quel est le but de l'auteur implicite de l'introduire ici de façon si ambiguë ? Toutes ces questions peuvent trouver une réponse dans l'analyse des perspectives. Avant de passer à cette analyse nous voulons considérer l'influence d'autres textes sur la signification de la prophétie de Jean.

## L'intertextualité

L'exemple le plus clair de l'intertextualité est une citation introduite comme telle dans le texte. Le narrateur nous informe que le ministère de Jean est l'accomplissement d'une prophétie d'Ésaïe (40.3-5; Lc 3.4-6). L'importance de cette description prophétique est soulignée par la répétition de certains termes clés dans l'œuvre de Luc-Actes[59]. Jésus et ses disciples proclament le même message de la repentance en vue du pardon des péchés (βάπτισμα μετανοίας εἰς ἄφεσιν ἁμαρτιῶν, Lc 3.3 ; 5.32 ; 24.47 ; Ac 2.38 ; 5.31 ; 13.38). « La voie (ὁδός) » ou « la voie du Seigneur » (ὁδός κυρίου) devient un terme pour indiquer l'essentiel du message des disciples (Ac 13.10 ; 16.17 ; 18.25 ; 19.9, 23 ; 22.4 ; 24.14, 22). Les images contrastées entre ce qui est « droit » (εὐθύς) et ce qui est « tortueux » (σκολιός) se répètent dans la prédication des disciples (Ac 2.40 ; 8.21 ; 13.10). L'étendue universelle du message à « toute chair » (πᾶσα σάρξ) se répète dans la prédication de Pierre (Ac 2.17) et dans le déroulement du livre des Actes. « Le salut de Dieu » (τὸ σωτήριον τοῦ θεοῦ) résume aussi le message qui doit être envoyé aux païens dans la conclusion de Luc-Actes (28.28).

L'importance de cette citation d'Ésaïe et d'autres citations du même prophète[60] justifient la recherche de parallèles dans le livre d'Ésaïe[61] qui peuvent éclairer la signification des passages ambigus tels que la prophétie de Jean où le « plus puissant…

---

[59] TANNEHILL note plusieurs parallèles et affirme que ce passage révèle le but de Dieu qui est sous-jacent dans toute la narration de Luc-Actes, *Luke*, p. 47

[60] James A. SANDERS mentionne 3 passages cités avec formule Lc 3.4-6 (És 40.3-5); 4.18-19 (És 61.1-2 et 58.6); 22.37 (És 53.12) et les phrase explicites suivantes Lc 2.30-32 (És 52.10; 42.6; 49.6); 7.22 (És 26.19; 29.18; 35.5-6; 61.1); 8.10 (És 6.9-10); 19.46 (És 56.7); et 20.9 (És 5.1-2), « Isaiah in Luke », *Luke and Scripture : The Function of Sacred Tradition in Luke-Acts*, Craig A. Evans et James A. Sanders, éd., Minneapolis MN, Fortress Press, 1993, p. 19-20.

[61] Nous ne limitons pas les allusions de Luc aux prophéties d'Ésaïe. Les images employées dans ce passage se trouvent aussi ailleurs dans l'Ancien Testament et dans la littérature juive inter testamentaire.

baptisera du Saint-Esprit et de feu » (Lc 3.16)[62]. La difficulté de cette démarche se trouve dans le grand nombre d'allusions possibles et dans la capacité de discerner ce que Luc veut souligner par ces allusions. Nous notons les allusions possibles suivantes :

1) la promesse de l'effusion de l'Esprit (És 32.15 ; Lc 3.16 ; cf. Joël 2.28-29 cité dans Ac 2.17-18),
2) la métaphore de jugement par le feu (És 1.31 ; 4.5 ; 5.24 ; 9.17-18 ; 10.16-17 ; 26.11 ; 29.6 ; 30.27-33 ; 33.11, 14 ; 47.14 ; 66.15-16, 24 ; Lc 3.9, 16 ; 12.49 ; 17.29-30),
3) la métaphore de jugement par le souffle de Dieu (רוּחַ traduit par πνεῦμα, És 4.4 ; 11.4 ; 30.28, 33.11 ; Lc 3.16 ; traduit par ἄνεμος, És 17.13 ; 41.16),
4) l'idée de la « colère » (ὀργή) à venir (És 13.9 ; Lc 3.7),
5) la métaphore de pierres comme descendants d'Abraham (És 51.1-2 ; Lc 3.8),
6) la métaphore de l'abattement des arbres infructueux comme image de jugement (És 6.13 ; 10.33-34 ; 32.19 ; Lc 3.9 ; 13.6-9),
7) la métaphore de jugement par le vannage (És 17.13 ; 29.5 ; 40.24 ; 41.2, 15-16 ; 47.14 ; Lc 3.17),
8) la métaphore de jugement par un feu qui ne s'éteint pas (És 66.24 ; Lc 3.17), et
9) l'idée de l'annonce de la bonne nouvelle (És 40.9 ; 52.7 ; 60.6 ; 61.1 ; Lc 3.18 ; 4.18 ; etc.) [63].

Ces allusions méritent quelques observations. Premièrement, il y a une accumulation considérable de métaphores de jugement. Le vocabulaire et les images employés par Jean sont employés dans le livre d'Ésaïe pour décrire un jugement eschatologique effectué par une figure royale qui est une bonne nouvelle pour ceux qui sont délivrés. Deuxièmement, les images sont juxtaposées de façon semblable dans les deux livres. Par exemple, dans le livre d'Ésaïe, le souffle (רוּחַ, πνεῦμα) de Dieu est comparé à un torrent d'eau (30.28) ou de souffre (30.33) et à un feu dévorant (33.11). Le souffle (רוּחַ, ἄνεμος) est aussi associée au vannage (41.15-16). Le vent de la tempête et

---

[62] L'emploie du livre d'Ésaïe comme clé herméneutique pour toute l'œuvre n'est pas justifié. C'est la position de David W. PAO, *Acts and the Isaianic New Exodus*, Grand Rapids, Baker Academic, 2000, p. 38-39. Le contexte littéraire de Luc doit déterminer l'étendu et le contenu de l'influence d'Ésaïe.

[63] Pour une discussion de ces allusions voir FITZMYER, *Luke I-IX*, p. 468-69, 474, GREEN, *Luke*, p. 177-78, MARSHALL, *Luke*, p. 141, 147-48, John NOLLAND, *L'Évangile de Luke 1-9.20*, Word Biblical Commentary, vol 35a, Word Books, Dallas, 1989, p. 148, et SABOURIN, *Luc*, p. 117.

le feu sont deux images mentionnées en parallèle pour le jugement de Dieu (29.6). Dans la prophétie de Jean, l'annonce du baptême dans l'Esprit-Saint (ἐν πνεύματι ἁγίῳ) se trouve juste avant la description du vannage où la paille est brûlée dans un feu qui ne s'éteint pas (3.16-17). Finalement, toutes les images de jugement dans la péricope de Jean ont un lien possible et logique avec le feu. Les vipères qui fuient la colère à venir suscitent l'image des animaux qui fuient devant une incendie de la forêt (3.7). Les arbres infructueux seront jetés au feu (3.9). La paille du vannage brûlera dans un feu qui ne s'éteint pas (3.17). Le souffle (πνεῦμα) de Dieu sépare la paille du blé pour être brûlée (3.16-17).

Si l'auteur implicite fait réellement allusion à toutes ces images d'Ésaïe, il est difficile de conclure que l'expression de Jean-Baptiste « être baptisé d'Esprit » est autre qu'une métaphore du jugement eschatologique de Dieu. En effet, de nombreux interprètes insistent que le logion original de Jean devait avoir cette signification[64]. Les arguments en faveur de cette interprétation sont les suivants :

1) Le contexte littéraire de la phrase grecque (3.15-17) s'accorde avec cette signification. Le vannage du verset 17 serait, donc, une image des deux éléments du baptême : le souffle sépare le blé de la paille et le feu brûle la paille. Opter pour une autre interprétation oblige l'interprète à séparer les deux métaphores. Jean serait en train de changer de sujet au milieu de sa phrase[65].

2) Cette signification s'accorde avec le reste du message de Jean (3.7-17). Sa réponse serait une continuation de son message donné au verset neuf. La repentance est cruciale parce que la venue de celui qui effectuera le jugement eschatologique est imminente. François BOVON écrit, « les images de l'arbre (v. 9) et du blé (v. 17) impliquent un appel à la repentance et une menace dans le style prophétique de l'Ancien Testament »[66].

---

[64] Voir, par ex., BARRETT, *The Holy Spirit and the Gospel Tradition*, p. 125-26; François BOVON, *L'évangile selon Saint Luc (1.1-9.50)*, Commentaire du Nouveau Testament IIIa, Genève, Labor et Fides, 1991, p.173 ; SABOURIN, *L'Évangile de Luc*, p. 117 ; C.F. EVANS, *Saint Luke*, p. 243.

[65] Pour un exemple de la séparation des métaphores, voir M.-J. LAGRANGE, *Évangile selon Saint Luc*, 3ᵉ éd., Paris, Gabalda, 1927, p. 112.

[66] *Saint Luc*, p. 173.

3) Le terme « baptiser » (βαπτίζω) a la signification d'accabler, d'écraser ou d'abattre dans le livre d'Ésaïe (21.4 LXX, ἡ ἀνομία με βαπτίζει, *l'iniquité m'accable*)[67]. Max TURNER constate que les emplois métaphoriques de ce terme dans la littérature extra biblique ont la même signification[68].

4) La présence d'une seule préposition (ἐν) pour les deux éléments (Esprit-Saint et feu) et un seul complément objet direct (ὑμᾶς) pour les récipients montrent qu'il s'agit d'un seul « baptême » auquel tous participent. J. D. G. DUNN écrit avec raison qu' « Esprit-et-feu ensemble décrivent un seul acte purgatoire de jugement messianique que les repentis et les non repentis devraient tous les deux expérimenter, les premiers comme une bénédiction et les derniers comme destruction »[69].

5) Jésus emploie les métaphores de feu et de baptême plus tard dans le récit où les résultats sont aussi une division entre des personnes (Lc 12.49-53). Les deux phrases de Jésus : « Je suis venu jeter un feu sur la terre », et « Il est un baptême dont je dois être baptisé » sont certainement énigmatiques. Donc, il ne serait pas trop sage de baser notre interprétation uniquement sur ce passage. Mais certains indices sont en faveur des significations semblables à celles que nous avons données pour les mêmes termes dans la prophétie de Jean.

D'abord la métaphore du feu semble se référer au jugement eschatologique. Le passage se trouve dans une série de péricopes qui mettent les auditeurs de Jésus en

---

[67] βαπτίζω n'est employé que 4 fois dans la LXX. La signification des 3 autres emplois est de se plonger dans l'eau ou de laver qch. avec de l'eau dans un acte de purification (2 R 5.14 ; Jdt 12.7 ; Sir 34.25). Pour la position que βαπτίζω veut dire 'overwhelmed' dans le logion de Jean voir I. H. MARSHALL, « The Meaning of the verbe 'to Baptize' », *Evangelical Quarterly* 45, 1973, p. 130-40 et Max TURNER, « Spirit Endowment in Luke-Acts : Some Linguistic Considerations », *Vox Evangelica* 12, 1981, p. 45-63. TURNER a changé d'avis plus tard adoptant la signification 'purifier', *Power*, p.180-86.

[68] *Power*, p. 182, voir ex. dans note 41, p. 182-83.

[69] J.D.G. DUNN, *Baptism in the Holy Spirit : A Re-Examination of the New Testament Teaching on the Gift of the Spirit in Relation to Pentecostalism Today*, Londres, SCM Press, 1970, p. 11. La conclusion de DUNN est contestée par R. L. WEBB, *John the Baptizer and Prophet*, Sheffield, JSOT Press, 1991, p. 289-95. Nous sommes d'accord avec TURNER que les arguments linguistiques de DUNN sont plus convaincants, *Power*, p. 179. Nous acceptons la conclusion de DUNN, mais nous croyons que l'acte de purgation se réfère surtout et peut-être seulement, dans la prophétie de Jean, à la séparation des repentis des non repentis, selon le contexte littéraire, les uns « dans son grenier » et les autres « dans un feu qui ne s'éteint pas » (Lc 3.17). Voir aussi le commentaire de Ch. DIETERLE, J. REILING, J.L. SWELLENGREBEL, *Manuel du traducteur pour l'Évangile de Luc*, Alliance Biblique Universelle, 1977, p. 132. « La conjonction *et* peut avoir une valeur explicative : 'il vous baptisera avec le Saint-Esprit, c'est-à-dire avec du feu', ou une valeur additive : 'et en plus avec du feu'. Certains versions lui donnent une valeur disjonctive … L'usage grammatical de la conjonction grecque et le contexte ne justifient pas cette interprétation ».

garde contre le jugement à venir (Lc 12.35-13.9). La mention précédente du feu dans le récit fait certainement allusion au jugement par le feu dans l'histoire d'Élie (Lc 9.54 ; 2 R 1.10, 12). En effet, si notre interprétation est juste, toutes les mentions du feu jusqu'ici dans le récit se réfèrent au jugement par le feu (Lc 3.9, 16-17 ; 9.54 ; 12.49). Donc, le lecteur est pré conditionné à comprendre « jugement » par la métaphore du feu. Tout de suite après ce passage, Jésus fait probablement allusion à une autre image dans la vie d'Élie en parlant d'un nuage qui se lève comme indice de la pluie à venir (Lc 9.54 ; 1 R 18.44). Cette histoire dans la vie d'Élie comporte plusieurs éléments parallèles aux paroles de Jésus dans ce passage : 1) le feu du jugement, 2) le nuage qui se lève et indique le temps à venir, 3) la division entre ceux qui suivent le vrai prophète et ceux qui ne le suivent pas, et 4) la persécution du prophète[70].

Le terme « baptiser » doit aussi avoir une signification semblable, les autres possibilités de signification étant écartées. Jésus a déjà été baptisé dans l'eau (Lc 3.21). Le Saint-Esprit est déjà descendu sur lui (Lc 3.22). Il est difficile de croire qu'il *doit être* « purifié » (Lc 12.50). La seule signification qui reste est qu'il doit subir une sorte d'écrasement ou d'accablement par une catastrophe[71].

Même si la signification des termes « feu » et « baptême » sont semblables dans les deux passages (Lc 3.16-17 et 12.49-50), leur emploi et l'attente créée par les deux métaphores ont changé. D'abord, dans la prophétie de Jean, c'est Jésus qui baptise. Dans ce récit Jésus, lui-même, est baptisé. Deuxièmement, le feu jeté sur terre divise les personnes en deux groupes, mais l'un n'est pas « dans son grenier » et l'autre « dans un feu ». Le jugement par le feu a lieu, mais l'accomplissement eschatologique prévue par Jean reste dans le futur dans le contexte littéraire immédiat (Lc 12.35-48 ;12.54-13.5). Selon les paroles de Jésus, lui-même et ses disciples subiront des effets du déluge eschatologique. Pour Jésus c'est un baptême dont il doit être baptisé. Pour ses disciples c'est la division dans la famille[72]. Ces changements devraient nous mettre en garde contre une interprétation du terme « baptiser » trop

---

[70] Le dernier parallèle sous-entend que le baptême dont Jésus doit être baptisé est en rapport avec sa Passion.
[71] Voir, par ex., MARSHALL, *Luke*, p. 547.

attachée au baptême de Jean. La métaphore est utilisée ici, et probablement dans la prophétie de Jean, pour décrire l'intensité de l'action par une image forte. C'est-à-dire, dans les deux cas les personnes sont « accablées » par des événements catastrophiques du jugement à venir.

Si notre interprétation de ce passage est correcte, et si la répétition de la conjonction des termes de « feu » et de « baptiser » rappelle au lecteur la prophétie de Jean, nous avons un exemple de cas où Jésus modifie les attentes eschatologiques[73]. Dans la réalisation imminente de la prophétie de Jean, les « sauvés » ne sont pas épargnés de tous les malheurs du déluge eschatologique, et les « condamnés » ne sont pas encore éliminés. Les deux groupes subissent des effets bouleversants du « baptême ».

Que la conjonction des termes « feu » et « baptême » ait une connotation négative d'écrasement est peut-être reflété dans les rappels de la prophétie de Jean dans les Actes des apôtres. D'abord, le terme « feu » n'est pas rappelé (Ac 1.5 ; 11.16). Ensuite, lorsque l'auteur raconte un événement positif accomplissant la prophétie de Jean, le narrateur et Pierre ne parlent pas des personnes baptisées d'Esprit, ou d'un baptême d'Esprit, mais de l'Esprit qui descend et remplit les disciples (Ac 2.1-4 ; 10.44-48 ; 11.15).

6) Pour répondre à la question s'ils avaient reçu le Saint-Esprit, les disciples de Jean dans les Actes ont dit qu'ils n'avaient pas entendu parlé de l'Esprit-Saint (Ac 19.2). Donc, si Jean avait enseigné que les baptisés de Jésus devaient recevoir l'Esprit, ses disciples n'auraient pas répondu ainsi[74].

7) Il est difficile de croire que Jean aurait associé le Messie au don de l'Esprit. Selon TURNER, une telle association impliquerait sa Seigneurie sur l'Esprit et ferait tort à la notion juive de monothéisme. En effet, le récit de Luc-Actes semble placer la découverte de cette notion à la Pentecôte[75]. C'est à la réception de l'Esprit à

---

[72] La division de la famille que les disciples doivent subir est un thème répété dans l'Évangile selon Luc (Lc 9.59-62 ; 14.26 ; 18.29 ; 21.16).
[73] Voir ch. 2, p. 61-62.
[74] Pour plus de détails sur cet argument voir ch. 6.
[75] *Power*, p. 178, 277-79.

Pentecôte que Pierre et les autres comprennent que Jésus est Seigneur et Christ (Ac 2.33-36)[76].

Il y a aussi quelques arguments contre cette interprétation. Généralement ceux qui proposent cette interprétation la proposent comme la signification du logion dans sa forme originale. Ils estiment que le texte actuel contient des additions chrétiennes. On suppose, par exemple, que le logion original ait parlé de souffle (πνεῦμα) et non pas d'Esprit-Saint (πνεῦμα ἅγιος). Il y a effectivement quelques manuscrits et quelques pères de l'église qui omettent ἅγιος, mais les témoins sont si faibles que le texte n'est pas vraiment en doute[77]. Donc, on pourrait dire que cette hypothèse de texte n'a pas de fondement solide dans les témoins du texte, et par conséquent, la conclusion qui est basée sur cette hypothèse est faible.

Nous croyons que l'élimination de l'attribut « saint » n'est pas nécessaire à la signification : jugement eschatologique. Dieu est appelé « saint » partout dans le livre d'Ésaïe[78]. Il n'est pas étonnant que son Esprit ou son souffle soit aussi appelé « saint ». L'expression « πνεῦμα ἅγιος » est déjà utilisée dans le livre d'Ésaïe (63.10, 11). Dans ce passage les expressions « l'Éternel », « son Esprit saint » et « l'Esprit de l'Éternel » sont employées successivement pour parler de la présence de Dieu qui a accompagné la nation d'Israël (63.7-14). Que Jean-Baptiste ou Luc ait choisi d'utiliser l'expression « Esprit saint » pour parler de l'Esprit de Dieu dont l'activité ressemble à un vent destructeur semble tout à fait vraisemblable. Le terme « saint », chez Ésaïe et chez Luc, se réfère plus au caractère transcendant de Dieu qu'à sa perfection[79]. L'expression « Esprit saint » évoque à la fois la source divine (souffle de Dieu) et la puissance de Dieu (un vent destructeur comme le feu, cf. És 30.27-33 ; 33.11-12) pour effectuer le jugement.

Un deuxième argument concerne les éléments du contraste. Joseph FITZMYER, par exemple, croit qu'une telle interprétation ne donne rien de positif pour correspondre à

---

[76] La même révélation est donnée aux bergers par l'ange dans l'introduction prophétique (Lc 2.11). Mais cette connaissance n'est pas partagée avec les personnages ultérieurs dans le récit. Le passage utilisé par Pierre le jour de la Pentecôte pour montrer que Jésus est le Seigneur est aussi cité plus tôt par Jésus, mais il n'y a aucun indice donné que les disciples comprennent (Lc 20.41-44 ; Ac 2.34-35 ; Ps 110.1).
[77] Voir FITZMYER, *Luke*, p. 473.
[78] 1.4 ; 5.16, 19, 24 ; 6.3 ; 10.20 ; 12.6 ; 14.27(LXX) ; 17.7 ; 29.23 ; 30.11, 12, 15 ; 31.1 ; 33.5 ; 37.23 ; 40.25 ; 41.20 ; 43.3, 14, 15 ; 45.11 ; 47.4 ; 48.17 ; 49.7 ; 55.5 ; 60.9, 14. Jean-Pierre PRÉVOST, *Pour lire les prophètes*, Ottawa/Paris, Novalis/Éditions du Cerf, 1995, p. 100, constate que la racine *qadôsh* apparaît 21 fois chez Ésaïe, 2 fois chez Amos, 2 fois chez Osée et 1 seule fois chez Michée.

la repentance accordée par le baptême de Jean[80]. Il faut signaler d'abord que le texte ne dit pas que le baptême produit la repentance. Les auditeurs doivent se repentir avant de chercher le baptême de Jean (3.7-8). Le baptême semble être une représentation de cette repentance. Le contraste n'est pas entre ce que produit le baptême de Jean et ce que produit le baptême de Jésus. Le contraste porte sur la fonction des deux baptêmes. La fonction du baptême et du message de Jean est de préparer le peuple par la repentance pour la venue du juge eschatologique. La fonction du baptême de Jésus est d'achever le jugement. Le bapême de Jean ne fait que préparer le baptisé pour le jugement qui sépare les sauvés des condamnés, mais le baptême de Jésus est le jugement qui fait la séparation. Pour répondre à l'argument de FITZMYER nous affirmons qu'être du bon côté du tri est très positif dans deux sens. D'abord, le baptisé, séparé par le souffle de Dieu, est avec Dieu (*dans son grenier*). Deuxièmement, il est délivré de ses ennemis.

Un troisième argument concerne la possibilité d'autres allusions tirées de l'Ancien Testament ou des sources intertestamentaires. Max TURNER, par exemple, croit que Luc fait allusion à une attente messianique de la purification et de la restauration de Sion. Cette allusion viendrait d'une prophétie d'Ésaïe (11.1-4) et d'une de Malachie (3.2b-3)[81]. Ses arguments sont basées surtout sur la signification du verbe βαπτίζω, et non pas sur le contexte littéraire immédiat[82]. Il serait difficile d'écarter la possibilité de ces allusions. Luc cite le livre d'Ésaïe au début de ce chapitre (3.4-6) et il fait certainement allusion à Malachie dans l'introduction prophétique (1.17).

Contre la proposition de TURNER, on peut dire que le passage d'Ésaïe parle de l'influence de l'Esprit sur la figure messianique, rendant le Messie capable de gouverner avec justice. Une influence de l'Esprit sur le peuple semble être secondaire, c'est-à-dire, le résultat des actions du Messie[83]. Deuxièmement, le passage de Malachie ne parle pas de l'Esprit. Le seul lien imaginable avec le baptême de Jésus est la signification possible de « laver » pour le verbe βαπτίζω. Dans ce cas le verbe « laver » dans le passage de Malachie serait un synonyme. Il faut avoir déjà tranché la question de la signification de

---

[79] Ibid.
[80] *Luke I-IX*, p. 473.
[81] *Power*, p. 183-84. FITZMEYER fait appel aux passages suivants pour arriver à une conclusion semblable : És 4.4-5 ; 32.15 ; 44.3 ; Éz 36.25-26 Mal 3.2b-3 et 1QS 4.20-21 *Luke I-IX*, p. 474.
[82] Ibid., p. 180-84.
[83] Ch. 1, p. 30.

βαπτίζω afin de concevoir cette allusion. Un troisième argument contre ces allusions de TURNER est que ni le contexte littéraire immédiat du message de Jean, ni l'introduction prophétique ne prépare le lecteur pour de telles allusions[84].

Le dernier argument contre l'interprétation qui voit dans la prophétie de Jean une métaphore du jugement eschatologique est la signification donnée plus tard dans le récit. Il est clair que Luc voit les événements de la Pentecôte (Ac 2) et les événements dans la maison de Corneille (Ac 10-11) comme réalisations de la prophétie de Jean. Dans ces réalisations il ne s'agit pas d'un tri accordant le salut aux repentis et la destruction aux autres. Les "baptisés" recoivent l'Esprit Saint et des dons qui accompagnent cette effusion. Nous aborderons maintenant ce problème dans la discussion des perspectives.

## Les perspectives

Nous croyons que le problème de l'interprétation de la prophétie de Jean-Baptiste provient surtout d'une négligence à suivre le jeu des perspectives employé par l'auteur pour influencer ses lecteurs. On suppose, par exemple, que la perspective du narrateur présentée plus tard dans le récit doit être la perspective présentée ici. Cette supposition est sous-jacente à l'interprétation de ceux qui proposent que le baptême de Jésus, présenté par Jean, soit une annonce de l'effusion de l'Esprit sur les repentis réalisée à Pentecôte. Elle est aussi sous-jacente à l'interprétation de ceux qui proposent que le logion original de Jean a subi une modification dans le récit de Luc afin d'annoncer l'événement de la Pentecôte. Les deux types d'interprétation ne prennent pas en compte le jeu des perspectives. La prophétie de Jean-Baptiste n'est pas interprétée par le narrateur au chapitre trois de l'Évangile. Le narrateur raconte cette prophétie de la perspective de Jean et laisse le lecteur dans l'ambiguïté quant à sa signification. Nous ne croyons ni que cette ambiguïté est là par hasard, ni qu'elle est là parce que ses premiers lecteurs auraient compris la signification des termes sans explication, ni parce que Luc a résisté à la modification de ses sources, mais que l'auteur implicite a laissé cette ambiguïté dans le but d'influencer son lecteur. Cela fait partie de sa stratégie pour donner « la certitude » à ses lecteurs (Lc 1.4).

---

[84] Voir la discussion sur la perspective du lecteur p. 164-66.

Max TURNER a déjà soulevé le besoin de reconnaître ces perspectives. Il dit que, même si le lecteur lit cet épisode de façon rétrospective, il ne fera pas une simple identification de l'attente du Baptiste avec la réalisation dans les Actes. Le lecteur sait qu'il y a une tension entre les deux. Les questions de Jean-Baptiste et la réponse de Jésus (7.18-23) reflètent cette tension. La réalisation de la promesse a lieu de façon inattendue (Ac 1-2 et 10-11). TURNER, insiste sur le fait que « le lecteur doit d'abord écouter le Baptiste 'implicite' dans ses propres termes »[85]. TURNER est sur une bonne piste. Mais nous croyons qu'il n'a pas réellement écouté le Baptiste du récit de Luc. Son interprétation introduit une autre perspective venant des allusions supposées dont le lien avec les paroles de Jean est trop spéculatif[86].

Afin de comprendre la perspective de Jean nous avons besoin de la suivre à travers l'œuvre de Luc et de connaître le point de vue évaluatif sur cette perspective révélé dans les paroles du narrateur et d'autres personnages du récit. Pour discerner comment cette perspective est employée dans la stratégie de l'auteur implicite nous devons la comparer à la perspective de l'auteur implicite et à celle du lecteur implicite. Nous commencerons par une analyse des perspectives présentées dans cette section.

**Les perspectives dans le récit du ministère de Jean-Baptiste (Lc 3.1-20)**

Cette péricope sur le ministère de Jean peut être divisée en trois sections selon les perspectives présentées. Dans la première section (3.1-6) le narrateur donne des renseignements au lecteur afin d'introduire le ministère de Jean. Le lecteur apprend certaines choses que les personnages dans le récit doivent déjà connaître, mais que le lecteur ne sait pas parce qu'il est éloigné des événements dans le temps. Ainsi, le narrateur situe les événements dans un contexte historique en citant le nom des autorités civiles et religieuses (3.1-2a).

Ensuite, le narrateur éclaire le lecteur sur certaines choses dont les personnages dans le récit ne sont pas sûrs, ou qu'ils ne connaissent pas. D'abord, il choisit d'introduire le personnage de Jean comme un prophète, semblable aux prophètes de l'Ancien

---

[85] *Power*, p. 176-77.
[86] Voir ch. 1, p. 27-31.

Testament en disant : « La parole de Dieu lui fut adressée » (3.2b). Les personnages dans le récit doivent juger si les paroles de Jean sont, en vérité, la parole de Dieu. Certains en seront convaincus. D'autres vont rejeter ses paroles (Lc 7.24-35). L'accueil ou le rejet du message de Jean joue un rôle important dans l'intrigue de Luc-Actes. John A. DARR croit que « le baptême de Jean *divise Israël* entre ceux qui peuvent reconnaître l'arrivée du royaume de Dieu et ceux qui ne peuvent pas »[87]. Il est important de maintenir cette perspective lorsque l'on rencontre les nombreuses mentions de Jean et de son baptême dans le récit. Le lecteur est informé que Jean est un grand prophète. Les personnages du récit seront évalués par leur capacité à reconnaître que son message est la parole de Dieu.

Finalement, le narrateur informe le lecteur que le message et le ministère de Jean, c'est-à-dire, le baptême de repentance en vue du pardon des péchés (βάπτισμα μετανοίας εἰς ἄφεσιν ἁμαρτιῶν), est la réalisation de la prophétie d'Ésaïe (40.3-5), mettant Jean dans le rôle de préparateur pour la venue du Seigneur et pour l'arrivée du salut de Dieu (Lc 3.3-6). DARR constate que c'est la première fois dans Luc-Actes que l'Écriture est citée par le narrateur[88]. Dans les deux premiers chapitres ce sont les personnages qui citent les Écritures (sans formules de citation). Seul le lecteur a cette interprétation du narrateur sur le rôle de Jean. Les personnages dans le récit doivent apprendre cette information. Le lecteur doit apprendre ce que cela veut dire.

Dans la deuxième section le narrateur présente les perspectives des personnages : Jean et ses interlocuteurs. Une partie de la présentation est un sommaire, signalé par les verbes à l'imparfait. Jean « 'disait' donc à ceux qui venaient … » (3.7a). Les paroles de Jean sont présentées comme le résumé de son message (3.7-9). « La foule 'l'interrogeait' … » (3.10a). Plusieurs questions sont posées, avec la réponse précise de Jean pour chaque question (3.10-14). Un autre aspect de la perspective des interlocuteurs est exprimé par des participes au présent, traduit en français par des verbes à l'imparfait. « Le peuple 'était' dans l'attente » et « tous se 'demandaient' si Jean n'était pas le Christ » (3.15). La réponse de Jean à cette question indirecte est aussi précise (3.16-17).

Il faut signaler deux choses à propos de cette réponse/prophétie de Jean. D'abord, le narrateur présente Jean comme un messager fiable. Il est un prophète du Très Haut (Lc

---

[87] *On Character Building: The Reader and the Rhetoric of Characterization in Luke-Acts*, Louisville, KY, Westminster/John Knox Press, 1992, p. 80.

1.76) qui a reçu la parole de Dieu (3.2). Sa prophétie est donc entièrement fiable. Deuxièmement, son message est ambigu. Jean, lui-même, aura du mal à reconnaître l'accomplissement de sa prophétie (Lc 7.18-20). Donc, l'accomplissement attendu par Jean n'est pas l'accomplissement réalisé dans le récit.

Finalement, cette péricope se termine par la perspective du narrateur (3.18-20). Il qualifie le message de Jean d'annonce de « la bonne nouvelle », une expression aussi utilisée pour le message de Jésus et celui de ses disciples (Lc 4.43 ; Ac 5.42 ; etc.). Ensuite, le narrateur insiste sur le caractère sommaire du message de Jean en disant qu'il a adressé « encore beaucoup d'autres exhortations » au peuple (3.18). Finalement, le narrateur nous informe que Jean subit le sort typique des prophètes de Dieu : il est emprisonné par l'autorité politique, Hérode le tétrarque (3.19-20).

**La perspective du lecteur implicite**

Bien qu'une lecture rétrospective soit possible nous sommes persuadé qu'une lecture séquentielle révèle la perspective du lecteur implicite. L'auteur implicite choisit les éléments de son récit dans le but de convaincre son lecteur implicite. Dans le cas de Luc-Actes c'est dans le but qu'il reconnaisse la certitude des enseignements reçus (Lc 1.4). L'ordre et le développement du récit sont importants. L'auteur doit anticiper la compréhension, les réactions et les conclusions de son lecteur et y répondre de façon logique et convaincante.

Le lecteur implicite n'arrive pas au chapitre trois table rase. Il a déjà des notions établies dans la lecture des deux premiers chapitres qui conditionnent sa lecture du chapitre trois. Dans notre discussion de l'introduction prophétique nous avons découvert quelques-unes de ces notions[89]. Les prophéties dans cette première section laissent le lecteur dans l'attente de leur accomplissement. Les attentes du lecteur concernent surtout les deux protagonistes principaux de l'Évangile : Jean et Jésus.

Les attentes à propos de Jean sont presque toutes réalisées au chapitre trois. Le lecteur attend un « prophète du Très Haut » (Lc 1.76a). Tout le récit de chapitre trois

---

[88] Ibid., p. 70.
[89] Ch. 4, p. 137-150.

confirme cet accomplissement. L'introduction, le contenu et le résumé de son message et le sort de Jean attestent qu'il est ce grand prophète que le lecteur attend. Selon l'introduction prophétique le ministère de Jean prépare la venue du Seigneur en donnant au peuple « la connaissance du salut par le pardon de ses péchés » (Lc 1.76b-77). Tous ces éléments sont repris et élaborés dans la présentation du ministère de Jean (3.3-14). La seule attente qui reste partiellement inachevée est que Jean marcherait « avec l'esprit et la puissance d'Élie » (Lc 1.17). Certes, Jean annonce audacieusement la parole de Dieu en l'opposant à l'autorité politique comme avait fait le prophète Élie. Mais, comme Élie a aussi fait beaucoup de miracles, le lecteur pourrait s'attendre à voir des miracles dans le ministère de Jean qui confirment son message. Cet aspect du ministère d'Élie sera évoqué dans le ministère de Jésus et de ses disciples.

Les attentes suscitées dans l'introduction prophétique sur le ministère de Jésus ne sont apparemment pas réalisées dans le récit de Luc-Actes[90]. Les prophéties de l'arrivée d'une figure royale davidique qui délivre Israël de ses ennemis (Lc 1.32-33, 69-71 ; 2 S 7.13-14 ; És 49.25) suscitent une attente de délivrance politique et militaire qui ne voit pas le jour dans le récit. Le lecteur sait déjà que la réalisation attendue n'a pas eu lieu dans son temps. Cette attente si importante doit préoccuper la pensée du lecteur implicite. Lorsqu'il arrive au chapitre trois, la prophétie de Jean sur l'activité de cette figure royale (le Messie) évoquerait ces attentes. Toutes les métaphores sur le jugement eschatologique servent à renforcer ces attentes. Étant donné l'ambiguïté de la prophétie de Jean, les allusions possibles au jugement eschatologique et la signification claire de la métaphore de vannage comprise dans cette prophétie, il semble presque inévitable que le lecteur implicite comprenne par le baptême « du Saint-Esprit et de feu » une réitération de la délivrance promise au chapitre premier.

Si l'auteur implicite avait voulu entamer une nouvelle interprétation de cette attente vétérotestamentaire, nous sommes convaincu qu'il se serait exprimé de façon plus claire. Il a pris le temps de donner beaucoup de commentaires dans cette péricope. Pourquoi laisser une prophétie si importante avec tant d'ambiguïté ? Il aurait pu ajouter une explication de sa signification comme il l'a fait pour le ministère de Jean (3.4-6).

---

[90] Voir ch. 4, p. 137, 139, 150.

Nous proposerons une solution à cette énigme dans la discussion de la perspective de l'auteur implicite.

**La perspective de Jean-Baptiste**

La perspective de Jean-Baptiste est donnée dans ses propres paroles. Les paroles de Jean sont données ici et au chapitre sept de l'Évangile. On peut résumer la prédication de Jean au chapitre trois en trois éléments : un appel à la repentance (Lc 3.3, 8, 10-14), une menace du jugement eschatologique (Lc 3.7, 9, 16b-17) et une annonce du Messie (Lc 15-17). Le lien entre la repentance et le jugement eschatologique semble très clair. Ceux qui ne se repentent pas risquent une punition grave dans le jugement eschatologique. Le lien avec l'annonce du Messie est un peu ambigu comme nous l'avons déjà constaté.

Les paroles de Jean au chapitre sept peuvent nous aider à comprendre sa perspective. Jean pose une question à Jésus à travers des intermédiaires : « Es-tu celui qui doit venir, ou devons-nous en attendre un autre ? » (Lc 7.19-20). La question rappelle la prophétie de Jean sur Jésus où il a parlé de celui qui « vient » (Lc 3.16). Apparemment Jean a des doutes que Jésus soit la personne dont il a annoncé la venue. Quelle est la cause de ces doutes ? Nous croyons que la cause est théologique et non pas psychologique. Le personnage de Jean est présenté comme un prophète suivant le modèle des grands prophètes de l'Ancien Testament. Un séjour en prison ne devrait pas le faire douter de sa prophétie. Au contraire, cette persécution par une autorité politique devrait confirmer ses convictions. Selon les paroles de Jésus, « c'est ainsi que leurs pères traitaient les prophètes » (Lc 6.23).

Si Jean a des doutes c'est parce que Jésus n'a pas réalisé une attente que Jean avait sur le Messie. Du fait que Jean a exprimé de telles attentes dans une prophétie, il est logique de supposer que, selon Jean, Jésus n'a pas réalisé sa prophétie[91]. Jean ne *voit* pas la réalisation de sa prophétie. Il n'y a pas de doute quant à la première partie de sa prophétie. Jésus est « plus puissant » que Jean. Le narrateur nous informe que Jean était

« informé de toutes ces choses » (Lc 7.18), c'est-à-dire, de la renommée de Jésus suite à des miracles tels que la résurrection du fils de la veuve de Naïn (Lc 7-17). La question sur l'identité de Jésus suit directement cette information donnée par le narrateur.

Ses doutes doivent concerner l'accomplissement de la deuxième partie de sa prophétie. Selon sa compréhension, Jésus ne les a pas baptisés « du Saint-Esprit et de feu ». Jean veut savoir si Jésus va réaliser cette prophétie ou si un autre doit venir la réaliser. Seule l'interprétation d'un jugement eschatologique justifie les doutes de Jean. L'interprétation d'une purification éthique intérieure serait trop difficile à discerner. Mais, s'il s'agit du jugement eschatologique, Jean peut facilement constater que les méchants, tel Hérode, dominent toujours et que les fidèles, lui inclus, ne sont pas délivrés de leurs ennemis. Il n'est pas « dans son grenier » – le grenier de Jésus (Lc 3.17); il est « dans la prison » – la prison d'Hérode (Lc 3.20). George Eldon LADD résume bien le problème de Jean et la réponse de Jésus :

> ... le salut et le jugement eschatologique qu'il a proclamés n'étaient pas accomplis en Jésus. La réponse de Jésus ... assure les disciples de Jean que le salut messianique était présent et dans le processus d'accomplissement, mais dans des termes inattendus[92].

Joel B. GREEN dit que « Jean établit une attente pour un jugement immédiat qui n'est pas actualisée à la manifestation de celui qui vient »[93]. La réponse de Jésus est censée corriger l'attente de Jean. En parlant des miracles, des guérisons et des exorcismes, Jésus se présente non comme un libérateur militaire ou comme un juge eschatologique mais comme l'Oint de Dieu, rendu puissant par l'Esprit pour accomplir son ministère[94].

Toutes les autres mentions de Jean dans l'œuvre de Luc-Actes soulignent les notions déjà soulevées dans les premiers trois chapitres de l'Évangile. Jean est mentionné parmi les grands prophètes (Lc 7.26-28a ; 9.7, 9, 19). Son message divise Israël entre ceux qui ont accepté son message et ceux qui l'ont rejeté (Lc 7.29-30 ; 20.4-7). La comparaison entre Jésus et Jean, montre la supériorité de Jésus (Lc 7.28b ; 16.16 ; Ac

---

[91] Il est possible que le doute de Jean vienne d'une attente non-réalisée qui n'est pas exprimée dans le texte, ou qui est exprimée par un autre personnage. Mais le fait que Jean a exprimé une attente plaide en faveur de la proposition que c'est la réalisation de cette attente qui pose un problème pour Jean.
[92] *The Presence of the Future: The Eschatology of Biblical Realism*, Grand Rapids, Eerdmans, p. 201. LADD parle de la réponse donnée dans Mt 11.2-6, mais la version de Luc diffère guère de celle de Matthieu.
[93] *Luke*, p. 182.

13.24-25). La comparaison entre Jean et Jésus inclut leur façon de jeûner (Lc 5.33) et de prier (Lc 11.1), et surtout l'importance de leurs baptêmes (Ac 1.5 ; 11.16 ; 18.25 ; 19.3-4). Le point de vue évaluatif sur Jean, maintenu à travers Luc-Actes, est qu'il est un grand prophète dont le message est entièrement fiable, qui a préparé la voie pour le Seigneur, mais qui est aussi inférieur à Jésus, un homme faillible dont la compréhension de sa propre prophétie le conduit au doute. Sa compréhension et la compréhension de ses disciples doivent être modifiées (Lc 7.18-23 ; Ac 18.25-26 ; 19.2-6).

**La perspective de l'auteur implicite (sa stratégie)**

Toute discussion sur la stratégie de Luc doit commencer par son but explicite dans la préface[95]. Luc veut que son lecteur implicite ait « la certitude » des enseignements qu'il a déjà « reçus » (Lc 1.4). Un besoin de certitude implique des doutes. Il semble que Luc fait exprimer ces doutes par des personnages dans le récit. Jean-Baptiste est un de ces personnages (Lc 7.18-20). Les disciples sur le chemin d'Emmaüs expriment un doute très semblable (Lc 24.21a). Les doutes concernent l'accomplissement des prophéties sur la délivrance eschatologique. Nous voulons proposer une stratégie pour l'œuvre de Luc-Actes qui donne cohérence à l'ensemble du récit et qui explique un très grand nombre de données. C'est une proposition qui doit faire ses preuves dans l'analyse des textes. Nous pouvons déjà montrer la cohérence de cette stratégie selon la présentation de la perspective de Jean-Baptiste que nous venons d'examiner.

Nous avançons la proposition que le but de Luc est de donner la certitude que Jésus est le Messie et que les croyants dont il fait partie forment la communauté eschatologique promise dans les Écritures. Son problème est que ni Jésus, ni les disciples n'ont réalisé les attentes messianiques et eschatologiques les plus courantes de l'époque : le rétablissement du royaume d'Israël par une figure royale davidique et la délivrance de tous leurs ennemis afin qu'ils puissent vivre en paix et prospérer[96]. Comment l'auteur implicite peut-il faire adopter son point de vue que Jésus est le Messie quand Jésus n'a pas rétabli le royaume d'Israël ? Nous croyons qu'il se sert des personnages dans son

---

[94] SHELTON, *Mighty in Word and Deed*, p 43.
[95] Nous voulons élaborer ici sur la discussion de stratégie présentée au ch. 2, p. 71-73.

récit qui ont les mêmes difficultés que les lecteurs. Les lecteurs sympathisent avec ces personnages. Lorsque les personnages sont convaincus de l'identité de Jésus par les événements du récit, les lecteurs ont tendance à adopter les mêmes conclusions.

Luc semble commencer par une présentation d'attentes typiques de son lecteur. Dans l'introduction prophétique il présente des attentes d'une figure royale davidique qui délivre Israël de ses ennemis. Ces attentes, suscitées par des prophéties prononcées par des personnages dans le récit, semblent être sur le point de se réaliser. Nous pensons que cette présentation d'attentes continue jusque dans le chapitre trois avec la prophétie de Jean-Baptiste. Jean annonce un « plus puissant » qui accomplira le jugement eschatologique en faisant le tri entre ceux qui seront avec Dieu et ceux qui seront punis dans « un feu qui ne s'éteint pas » (Lc 3.16-17). Luc n'a pas l'intention de détruire ces attentes. Il les remettra pour une date future (Lc 12.35-13.5 ; 17.22-37 ; 19.11-27 ; 20.9-18 ; 21.5-36 ; Ac 3.21 ; 10.42 ; 17.30-31 ; 24.25)[97]. Il veut, par contre, montrer que certains aspects de ces prophéties sont déjà réalisés de façon inattendue dans le récit qu'il écrit.

Avec l'arrivée de Jésus, Luc commence à expliquer de nouveau les prophéties et à modifier les attentes. Au chapitre quatre Jésus cite un passage d'Ésaïe qui parle des activités de l'oint de Dieu (Lc 4.18-19 ; És 61.1-2a). Subtilement, Jésus prépare la modification des attentes eschatologiques que Luc veut faire adopter par ses lecteurs. Nous croyons que les mots « le jour de la vengeance de notre Dieu » sont délibérément omis de la citation d'Ésaïe (61.2b)[98]. Cette omission change énormément la perspective. L'accent de la prophétie de Jean reste sur ce « jour de vengeance ». En omettant ces mots, Jésus replace l'accent sur l'activité bénéfique de l'Oint.

Ces mots, « le jour de la vengeance (נָקָם) [ou de récompense, ἀνταποδόσεως LXX] de notre Dieu »[99] font partie intégrale de la prophétie citée. Jésus arrête la citation au

---

[96] Voir ch. 2, p. 70-71.
[97] Pour une discussion des changements de la notion de l'eschatologie du Nouveau Testament dans Luc-Actes voir A. J. MATTILL, Jr., *Luke and the Last Things : A Perspective for the Understanding of Lukan Thought*, Dillsboro NC, Western North Carolina Press, 1979, p. 113-55.
[98] Voir PRÉVOST, *Pour lire les prophètes*, p. 30. FITZMYER, *Luke I-IX*, p. 532.
[99] Les mots « de notre Dieu » sont absents de la LXX et « récompense » (ἀνταπόδοσις) remplace le mot « vengeance » (נָקָם). Mais la signification de « récompense » (És 34.8 ; 59.18 ; 61.2 ; 63.4 ; 66.6) ou de « récompenser » (És. (35.4 ; 59.18 ; 63.7 ; 66.4, 6) dans le livre d'Ésaïe est le plus souvent de donner aux

milieu de la phrase. Ses auditeurs et les lecteurs de Luc doivent se demander pourquoi il s'arrête là. Ces mots représentent un thème important dans le livre d'Ésaïe et, en particulier, dans la section où se trouve le texte cité par Jésus (És 56-66)[100]. Juste avant la section qui parle du salut de Jérusalem (És 60-62), où se trouve notre texte cité (És 61.1-2a), il y a une référence à la vengeance (ἐκδίκησις, És 59.17 ; ἀνταπόδοσις, 59.18). Dans le contexte littéraire immédiat de cette référence à la vengeance, l'Esprit est mentionné accomplissant un acte de jugement et de délivrance plus fort qu'un fleuve : « Quand l'ennemi viendra comme un fleuve, l'Esprit de l'Éternel le mettra en fuite » (És 59.19). L'Esprit a une signification ici semblable à celle que nous avons proposée pour la prophétie de Jean. C'est le même Esprit qui « repose sur » le rédempteur de Sion (És 59.20-21 ; cf. 61.1). Immédiatement après la section sur le salut de Jérusalem, le « jour de vengeance », où les ennemis seront foulés au pied et écrasés, est clairement associé à la promesse du salut et de délivrance et à la rédemption d'Israël (És 63.1-3). Quelques versets plus loin nous avons la seule mention de l'Esprit saint dans le livre d'Ésaïe (τὸ πνεῦμα τὸ ἅγιον, 63.10). Puis, la même notion revient dans le dernier chapitre d'Ésaïe (66.6). L'Éternel « paie à ses ennemis leur salaire » (ἀνταποδιδόντος ἀνταπόδοσιν τοῖς ἀντικειμένοις). Donc, la notion selon laquelle le jour du salut est aussi un jour de vengeance précède, accompagne et suit le texte d'Ésaïe cité par Jésus.

L'image d'un guerrier agissant par la puissance de l'Esprit, qui écrase les ennemis et rétablit la nation d'Israël, se répète dans les récits eschatologiques d'Ésaïe (11.1-16 ; 42.1-17 ; 61.1-63.6). Ésaïe annonce que l'Esprit viendra sur une figure royale (11.1-2 ; 42.1a ; 61.1). Cet oint aura une tâche double : 1) Il rétablira les fidèles de la nation d'Israël, les permettant de vivre dans la justice, dans la prospérité et en paix (11. 3-4a, 5-12 ; 42.1b-12, 14-16 ; 61.1b-2a, 2c-62.12), et 2) Il le fera en détruisant les méchants (11.4b, 13-16 ; 42.13, 17 ; 63.1-6). Il n'est pas étonnant que ces deux aspects soient présents dans les attentes les plus courantes de l'époque et que Jean et les lecteurs de

---

ennemis du Seigneur ce qu'ils méritent. Dans És. 63.7 seulement la récompense est pour son peuple. Cette récompense suit celle des ennemis qui sont écrasés en 63.3-4.

[100] Voir la discussion de John N. OSWALT sur la structure de cette section, *The Book of Isaiah : Chapters 40-46*, The New International Commentary on the Old Testament, éd. par R. K. HARRISON et Robert L. HUBBARD Jr., Grand Rapids, Eerdmans, 1998, p. 461-65. Il propose que la dernière section du livre d'És. est organisée en chiasme. Ch. 60-62, parlant de l'espoir eschatologique, est le centre du chiasme. Ce message central est immédiatement entouré de deux péricopes parlants du guerrier divin (59.15b-21 et 63.1-6.

Luc-Actes soient aussi dans la même attente. Il n'est pas étonnant, non plus, que Jean ait des doutes sur son *oint* qui n'écrase pas l'ennemi.

Ce thème dans le livre d'Ésaïe correspond à l'attente évoquée dans l'introduction prophétique et dans la prophétie de Jean-Baptiste. La suite du récit de Luc montre comment Jésus a accompli seulement la partie de la prophétie citée par Jésus (Lc 4.31-7.17). Le « jour de la vengeance » est omis, non seulement dans la citation de Jésus, mais aussi dans l'accomplissement raconté dans la suite du récit. Quand Jean envoie ses délégués pour exprimer ses doutes, Jésus répond en utilisant le même vocabulaire de la citation d'Ésaïe afin de montrer que la prophétie est en train de s'accomplir (Lc 7.18-23). L'élément du « jour de la vengeance » est omis. Le même élément est omis dans le rappel de la prophétie de Jean par Jésus. Jésus prophétise que les disciples seront baptisés d'Esprit sans mentionner l'élément du feu (Ac 1.5), et il précise l'aspect positif de la venue de l'Esprit (Ac 1.8). L'auteur n'élimine pas le thème du jugement eschatologique de son récit, mais il change la perspective et l'attente. Les disciples ont vu l'accomplissement des aspects positifs des prophéties et doivent attendre encore un accomplissement négatif. L'aspect négatif est reporté pour une date ultérieure.

Une autre donnée faisant obstacle à la certitude des disciples est la souffrance et la mort de Jésus[101]. Même s'il n'a pas encore réalisé les prophéties sur le royaume d'Israël, tant que Jésus est vivant, l'espoir demeure qu'il les réalisera plus tard. À sa mort le désespoir des disciples atteint un autre niveau. Ils disent, « Nous espérions que ce serait lui qui délivrerait Israël » (Lc 24.21). Luc résout ce problème en montrant comment la souffrance, la mort et la résurrection de Jésus sont l'accomplissement des prophéties (Lc 9.22, 44 ; 18.31-33 ; 24.25-27 ; Ac 2.23-36 ; 3.18 ; 13.32-37).

Par la résurrection l'espoir est renouvelé, mais l'attente eschatologique évoquée dans les trois premiers chapitres n'est toujours pas réalisée. Les disciples ne sont plus dans le doute quant à l'identité de Jésus, mais demandent si Jésus « rétablira le royaume d'Israël » tout de suite (Ac 1.6). Encore une fois la réponse de Jésus donne des explications qui montrent comment une partie de la prophétie de Jean sera tout de suite réalisée, mais de façon inattendue (Ac 1.7-8). James SHELTON affirme avec raison que, lorsque Jésus corrige la compréhension des disciples sur la prophétie de Jean, il corrige la

---

[101] Voir ch. 2, p. 71.

compréhension de Jean en même temps[102]. Lorsque la prophétie remaniée par Jésus se réalise dans le récit, les disciples sont mieux capables de discerner l'accomplissement de ces prophéties eschatologiques (Ac 2).

À propos de ce passage au début des Actes, il est utile de mentionner quelques détails qui soutiennent notre proposition sur l'interprétation de la prophétie de Jean-Baptiste et sur la stratégie de Luc. Premièrement, la question des disciples est suscitée par un rappel de la prophétie de Jean-Baptiste. Les disciples sont des personnages qui ressemblent le plus aux lecteurs implicites, et qui jouissent, donc, de leur empathie[103]. Leur question fait croire que la prophétie de Jean évoquait, chez eux et chez le lecteur implicite, l'attente du rétablissement du royaume d'Israël. Non seulement Jean, mais aussi les disciples de Jésus attendaient que Jésus réalise tout de suite les attentes eschatologiques courantes de l'époque. Deuxièmement, il faut remarquer que le rappel de la prophétie de Jean n'est plus présenté dans la perspective de Jean mais dans la perspective de Jésus. Il y a un changement important dans la perspective de Jésus. Il laisse tomber l'aspect du feu (Ac 1.4-5). Le deuxième rappel est pareil ; présenté dans la perspective de Jésus sans mentionner le feu (Ac 11.16).

Le narrateur ne se contente pas de la perspective de Jean et fait intervenir la perspective de Jésus. Il aurait pu signaler l'accomplissement de la prophétie de Jean par un commentaire du narrateur. Dans une dissertation sur la structure de l'Évangile selon Luc, Joseph R. DONGELL affirme que Luc ne laisse « aucune trace du rôle prédictif de Jean sur le baptême d'Esprit »[104]. Nous pensons que sa conclusion est un peu exagérée. Nous croyons, par contre, que l'auteur implicite rappelle la prophétie de la perspective de Jésus afin de modifier l'attente de ses lecteurs. Les lecteurs ne doivent plus attendre le jugement eschatologique prévu par Jean (Lc 3.16-17), mais « la puissance d'en haut » prévue par Jésus (Lc 24.49). C'est pourquoi Jésus corrige encore l'attente de ses disciples

---

[102] *Mighty in Word and Deed*, p. 43.
[103] Voir ch. 2, p. 71-72.
[104] *The Structure of Luke's Gospel*, Doctoral Dissertation, Union Theological Seminary, May, 1991, p. 241. En plus des deux rappels dont la prophétie est attribuée à Jésus, DONGELL constate que l'auteur rate l'occasion idéale pour rappeler la prophétie sur le baptême d'Esprit dans la conversation avec les disciples de Jean. Paul aurait pu dire aux disciples qui ne connaissaient pas le baptême d'Esprit que c'était justement Jean qui l'avait annoncé. Nous n'acceptons pas la conclusion de DONGELL que la prédiction de Jean « n'a qu'une fonction limitée dans le schéma de Luc ». La prédiction a une grande fonction dans le schéma de Luc (cf. ch. 3, p. 95-105), mais sa signification devait être modifiée afin d'accomplir la stratégie de l'auteur.

en rappelant ses propres paroles. D'abord, il leur recommande « de ne pas s'éloigner de *Jérusalem*, mais d'attendre ce que le *Père* avait *promis* » (Ac 1.4 ; cf. Lc 24.49). Ensuite, il leur dit, « Mais vous recevrez une *puissance*, le Saint-Esprit survenant sur vous… » (Ac 1.8 ; cf. Lc 24.49). Il reste une trace de la prédiction de Jean dans le rappel de Jésus (Ac 1.5), mais l'attente est transformée. Le plus puissant baptisera du Saint-Esprit, mais d'une façon complètement inattendue par Jean, par les disciples et par les lecteurs. Les baptisés recevront une puissance pour témoigner (Ac 1.8).

Il est utile de mentionner un autre obstacle abordé plus tard dans le récit. C'est la composition païenne de l'église. Les personnages dans le récit doivent découvrir que l'étendue de l'évangile vers les païens est aussi un accomplissement des prophéties. Bien que cet obstacle soit un des plus grands thèmes du deuxième volume de Luc, il n'est pas important pour notre thèse et ne fera pas l'objet d'une analyse détaillée. Il faut signaler simplement qu'il s'agit d'un autre exemple où un personnage fiable (Pierre) doit modifier la compréhension de sa propre parole prophétique. Pierre cite le passage de Joël où l'Esprit est répandu sur « toute chair » et « quiconque invoquera le nom du Seigneur sera sauvé » (Ac 2.17, 21). À la fin de son message il conclut que la promesse du don du Saint-Esprit est « pour tous ceux qui sont au loin » (Ac 2.38-39). Mais Pierre n'a pas compris que les non-juifs étaient inclus dans ces prophéties. Ce sont les événements du récit qui l'ont convaincu de cette vérité (Ac 10.1-11.18). Ce deuxième exemple montre que le procédé proposé pour la modification des attentes générées par la prophétie de Jean est bien un procédé utilisé par l'auteur implicite.

La stratégie de l'auteur implicite est de raconter comment Dieu agit souverainement afin de montrer que les événements qui se passent sont indéniablement l'accomplissement des prophéties. Donc, malgré le fait que Jésus n'a pas accompli les aspects des prophéties eschatologiques les plus attendus, les événements que Luc raconte et la manière dont il les raconte ne laissent aucun doute que certains aspects de ces prophéties sont en train de s'accomplir. Les personnages dans le récit en sont convaincus. Luc souhaite que le lecteur implicite soit aussi entièrement convaincu, et ainsi, qu'il « reconnaisse la certitude » de certains enseignements qu'il a reçus (Lc 1.4).

## La pneumatologie du ministère de Jean

Dans le ministère de Jean-Baptiste nous voyons un autre exemple d'un prophète inspiré par l'Esprit de prophétie. Jean, déjà rempli d'Esprit dans l'introduction prophétique (Lc 1.15), est présenté au chapitre trois dans des termes typiques d'un prophète de l'Ancien Testament. Il appelle la nation à la repentance. Il s'oppose à une autorité politique, et il prophétise sur le jugement eschatologique et la venue du Messie.

La pneumatologie de cette section sur le ministère de Jean ressemble beaucoup à l'introduction prophétique. En fait, on pourrait considérer la section comme un prolongement de l'introduction prophétique par rapport au ministère de Jésus[105]. Il y a une continuation de l'exercice du don de la prophétie. Ces prophéties font aussi allusion aux paroles prophétiques de l'Ancien Testament. L'attente de délivrance et de jugement eschatologiques est encore une notion dominante dans ces prophéties.

Nous constatons deux nouveautés dans la pneumatologie de la section par rapport à la première section. D'abord, la délivrance et le jugement eschatologiques sont associés à l'œuvre de l'Esprit. Dans l'introduction prophétique l'idée d'une effusion de l'Esprit est peut-être sous-jacente dans le fait qu'il y a un grand nombre de personnes et de messages inspirés. L'introduction prophétique introduit aussi l'attente de la délivrance et du jugement, mais les deux notions ne sont pas reliées étroitement ensemble comme nous les voyons dans la prophétie de Jean. Cette notion n'est pas nouvelle dans les Écritures. Les images du vent destructeur et de vannage semblent être empruntées aux prophéties de l'Ancien Testament, et, en particulier, au livre d'Ésaïe.

La deuxième nouveauté se trouve dans l'association de cette œuvre de l'Esprit au Messie. La prophétie de Jean répond à la question s'il est le Messie. Sa réponse semble indiquer que le « plus puissant » qui « baptisera d'Esprit saint et de feu » est le Messie. Jésus est déjà appelé le Messie, ou le Christ, au chapitre deux par un ange, mais l'Esprit n'est pas mentionné (2.11). Mais encore, ce type d'association existe déjà dans l'Ancien Testament. Il est invraisemblable de penser que Jean aurait compris ici que le Messie

---

[105] Nous avons discerné une nouvelle section en raison du nouveau synchronisme, de la structure des prophéties, du changement nette de protagonistes et de l'emploi du vocabulaire de « commencement », qui se réfère au baptême de Jean. Voir ch. 3, p. 90-105.

envoie et, donc, gouverne l'Esprit[106]. C'est une révélation qui est venue à la Pentecôte (Ac 2.33). Mais la notion d'un guerrier agissant par la puissance de l'Esprit qui écrase les ennemis et rétablit la nation d'Israël est fréquente dans les débuts de la nation d'Israël[107]. La même notion est présente dans les récits eschatologiques d'Ésaïe (11.1-16 ; 42.1-17 ; 61.1-63.6). Cette notion semble être sous-jacente à la prophétie de Jean.

Ce qui est important à comprendre dans cette section ce ne sont pas les nouveautés dans la pneumatologie de Jean-Baptiste. La prophétie de Jean annonce encore une fois ce que les personnages du récit et le lecteur implicite attendent déjà : la venue d'un puissant qui apportera le salut aux uns et la destruction aux autres. Ce qui est important à comprendre est la stratégie de l'auteur implicite. Si l'interprète comprend que la perspective de Jean doit être modifiée par la suite du récit, il ne cherchera pas à harmoniser la perspective de Jean avec celles de Jésus (Lc 24-Ac 1) et de Pierre (Ac 2, 11). Il cherchera plutôt à comprendre comment l'auteur explique la modification et pourquoi. Il ne cherchera pas à introduire une pensée dans la prédication de Jean qui influencera l'interprétation des passages ultérieurs. Il ne cherchera pas non plus la continuité, mais la discontinuité entre la perspective de Jean et la perspective de la suite du récit.

---

[106] Voir ch. 4, p. 158-59.
[107] Othniel, Jg 3.10 ; Gédéon, Jg 6 ; Jephthé, Jg 11.29 ; Samson, Jg 13-16 ; Saül, 1 S 11 ; David, 1 S 16.13ss.

# CHAPITRE V

## COMMENT LUC ÉCRIT-IL SON RÉCIT ?

## DEUXIÈME PARTIE : L'ATTENTE RÉALISÉE DANS LE MINISTÈRE DE JÉSUS

### INTRODUCTION

L'Esprit (πνεῦμα) de Dieu est mentionné douze fois dans la section consacrée au ministère de Jésus[1]. Par rapport aux autres évangiles synoptiques ce nombre est significatif[2]. Huit de ces mentions n'ont pas de parallèle dans Matthieu ou Marc[3]. Mais, par rapport à l'introduction prophétique et à la section consacrée au ministère des disciples, le nombre est petit. Il est mentionné neuf fois dans les deux chapitres de l'introduction prophétique et cinquante-cinq fois dans la section consacrée au ministère des disciples[4]. Nous sommes persuadé que c'est le nombre de protagonistes et le type d'activité de ces protagonistes qui détermine, en général, le nombre d'emplois du terme. Luc ressent le besoin d'informer son lecteur sur la capacité pneumatique de ces protagonistes. Quand le récit n'introduit pas de nouveaux protagonistes, le nombre d'emplois est réduit. Les récits consacrés aux ministères de Jésus et de Paul en sont des exemples. Après l'introduction de leurs ministères pneumatiques, il y a moins de mentions. Les vingt derniers chapitres de l'Évangile n'ont que quatre mentions. La deuxième moitié des Actes des apôtres n'a que quinze mentions[5]. Ces statistiques

---

[1] Lc 3.22 ; 4.1(2x), 14, 18 ; 10.21 ; 11.13 ; 12.10, 12 ; Ac 1.2, 5, 8.
[2] Pour la même période Matthieu a 9 mentions (3.16 ; 4.1 ; 10.20 ; 12.18, 28, 31, 32 ; 22.43 ; 28.19) et Marc a 5 (1.10, 12 ; 3.29 ; 12.36 ; 13.11).
[3] Lc 4.1, 14, 18 ; 10.21 ; 11.13 ; Ac 1.2, 5, 8.
[4] Lc 1.15, 17, 35, 41, 67, 80 ; 2.25, 26, 27 ; Ac 1.16 ; 2.4(2x), 17, 18, 33, 38 ; 4.8, 25, 31 ; 5.3, 9, 32 ; 6.3, 9, 32 ; 7.51, 55 ; 8.15, 17, 18, 19, 29, 39 ; 9.17, 31 ; 10.19, 38, 44, 45, 47 ; 11.12, 15, 16, 24, 28 ; 13.2, 4, 9, 52 ; 15.8, 28 ; 16.6, 7 ; 18.25 ; 19.2(2x), 6, 21 ; 20.22, 23, 28 ; 21.4, 11 ; 28.25. Quelques unes de ces mentions de πνεῦμα sont parfois traduites par l'esprit humain (Lc 1.17, 80 ; Ac 18.25, 19.21).
[5] Parmi ces quinze répétitions deux se réfèrent à l'activité de l'Esprit dans la première moitié (15.8, 28), trois sont liées à la direction donnée par l'Esprit (16.6, 7 ; 19.21), cinq se réfèrent à de nouveaux personnages (18.25 ; 19. 2[2x], 6 ; 20.28), quatre sont liées à des prophéties (20.22, 23 ; 21.4, 11) et une se réfère à l'inspiration d'un prophète de l'Ancien Testament (28.25).

soulignent l'importance de l'Esprit dans l'inauguration des différents ministères[6], et le besoin d'étudier les péricopes inaugurales de façon plus détaillée.

Les mentions de l'Esprit dans la section consacrée au ministère de Jésus peuvent être divisées en deux catégories : celles qui décrivent l'expérience de Jésus (Lc 3.22 ; 4.1, 14, 18 ; 10.21 ; Ac 1.2) et celles qui anticipent l'expérience des disciples (11.13 ; 12.10, 12 ; Ac 1.5, 8). La plupart de ces emplois se réfèrent à une expérience inaugurale. Les quatre premières mentions de l'Esprit se trouvent dans la période inaugurale du ministère de Jésus et sont étroitement liées ensemble. Il s'agit des épisodes concernant la descente de l'Esprit à son baptême (Lc 3.22), l'influence de l'Esprit sur Jésus dans le désert pendant les quarante jours d'épreuves qui suivent directement la descente de l'Esprit (4.1), la mention de la puissance de l'Esprit dans le ministère de Jésus à son retour en Galilée (4.14), et l'explication de l'activité de l'Esprit dans le premier discours de Jésus, qui rappelle la descente de l'Esprit (4.18). Trois emplois anticipant l'expérience des disciples semblent aussi se référer à leur expérience inaugurale (Lc 11.13 ; Ac 1.5, 8)[7].

Notre discussion de la structure de Luc-Actes a soulevé l'importance de l'annonce prophétique de l'activité de l'Esprit dans les discours inauguraux de Jésus (Lc 4.18-19), et de Pierre (Ac 2.17-21)[8]. Le chapitre cinq sera consacré à l'expérience inaugurale de Jésus. On examinera les mentions de l'Esprit qui préparent le lecteur pour l'annonce prophétique et des échos de cette prophétie dans la suite. Le chapitre six examinera les mêmes éléments pour l'expérience inaugurale des disciples.

Cette analyse aura deux points de focalisation : celui du lecteur implicite et celui de l'auteur implicite. Il faut suivre la lecture de façon séquentielle et il faut comprendre la stratégie de l'auteur implicite en jetant un œil vers l'ensemble de l'œuvre, afin de placer chaque péricope dans le fil de l'intrigue. Il sera utile de suivre ces deux perspectives à la fois. Toutefois, il ne faut pas les confondre.

Le but de l'analyse est de trouver la cohérence de la présentation de Luc. Nous avons déjà constaté que Luc met en évidence des attentes eschatologiques, dans l'introduction prophétique et dans la section consacrée au ministère de Jean, qui doivent

---

[6] Voir ch. 3, p. 103, 120.
[7] Si Ac 1.2 se réfère aux instructions racontées dans le dernier chapitre de l'Évangile (24.47-49) ou dans le premier chapitre des Actes (1.4-8), il est aussi associé à l'expérience inaugurale des disciples. Luc ne raconte pas d'autres ordres donnés par Jésus au moment de son enlèvement.

être modifiées par la suite du récit. Dans cette section nous découvrirons comment Luc commence à les modifier. La perspective du lecteur implicite est influencée par les trois premiers chapitres. Il est conscient de la proclamation que Jésus est le Messie (2.11), qui devait apporter le salut et délivrer Israël de ses ennemis (1.71) en achevant le jugement eschatologique (3.17). Il est aussi conscient que cette délivrance et que ce jugement n'ont pas encore eu lieu. L'auteur implicite se charge de lui donner une explication. L'interprétation juste des textes de Luc se trouve dans la compréhension de ce jeu de perspectives. Il faut discerner où et comment l'auteur implicite modifie les attentes messianiques et eschatologiques de ses lecteurs.

Nous avons identifié le texte clé dans la section consacrée au ministère de Jésus[9]. C'est la citation du livre d'Ésaïe (4.18-19 ; És 61.1-2 ; 58.6). Mais, avant de l'examiner, il faut analyser quatre mentions de l'Esprit qui préparent le lecteur pour cette citation. Ce sont la descente de l'Esprit sur Jésus suite à son baptême (3.22), les deux mentions de l'Esprit qui précèdent le récit de ses épreuves (4.1), et la mention de la puissance de l'Esprit qui inaugure le récit de son ministère (4.14).

## I. LA DESCENTE L'ESPRIT SUITE AU BAPTÊME DE JÉSUS (Lc 3.21-22)

Ces deux versets contiennent plusieurs ambiguïtés dont le répertoire commun à l'auteur et au lecteur, nécessaire à la compréhension de ces versets, n'est pas clair. Deux de ces ambiguïtés sont importantes pour la pneumatologie de Luc-Actes : la comparaison de l'Esprit à une colombe et les allusions à l'Ancien Testament dans les paroles venant du ciel. Il faut donc analyser l'emploi du vocabulaire associé à l'Esprit et l'intertextualité du passage.

### L'emploi du vocabulaire associé à l'Esprit

Luc raconte que « le Saint-Esprit descendit sur lui [Jésus] sous une forme corporelle, comme une colombe ». Quelle est la signification de la colombe ? Les

---

[8] Ch. 3, p. 93-94.
[9] Ch. 3, p. 93.

explications des interprètes sur cette comparaison sont insatisfaisantes[10]. L'explication qui semble convenir au co-texte de l'ensemble de Luc-Actes est probablement celle qui voit l'image évoquant la colombe envoyée par Noé pour apporter la bonne nouvelle que « les eaux avaient diminué sur la terre » (Gn 8.10-11)[11]. Dans ce cas le symbole de la colombe évoquerait la tâche importante qu'a l'Esprit d'annoncer la bonne nouvelle (cf. 4.18). Mais, étant donné que l'on n'a trouvé aucun exemple de comparaison entre l'Esprit et la colombe dans la littérature antérieure à l'Évangile, et que l'auteur ne développe pas la comparaison, le lien semble trop spéculatif[12]. On ne peut éliminer la possibilité d'une telle allusion. Mais il ne faut pas laisser la spéculation sur une telle allusion écarter l'impact de l'image sur le lecteur.

L'analyse de la perspective du lecteur implicite est plus déterminante. Le passage suit directement la péricope annonçant la venue d'un « plus puissant » qui « baptisera du Saint-Esprit et de feu » (3.16). Le lien entre ces passages est soutenu par la reprise des termes « baptiser » et « Saint-Esprit ». Ce lien invite le lecteur à comparer les deux passages. Le contraste entre l'annonce de l'activité de l'Esprit par Jean et cette description de sa venue sur Jésus est frappant. Le vol doux de la colombe se distingue nettement du vent accablant du jugement eschatologique. L'image d'une puissante intervention divine est remplacée par une image pittoresque et docile[13]. Cette observation s'accorde avec notre thèse que l'auteur implicite veut modifier les attentes de son lecteur. Si le lecteur attendait un guerrier divin rendu puissant pour écraser les ennemis d'Israël, il doit se demander ce que l'image de la colombe vient faire là. L'image n'est pas assez révélatrice pour modifier l'attente du lecteur. Mais, étant une nouvelle image, contraire à ses attentes, elle sert à déséquilibrer le lecteur et à le préparer pour une modification.

---

[10] I. Howard MARSHALL, *The Gospel of Luke : A Commentary on the Greek Text*, New International Greek Testament Commentary, éd. I. Howard Marshall et W. Ward Gasque, Grand Rapids, Eerdmans, 1978, p. 153. Pour un examen des possibilités voir L. E. KECK, « The Spirit and the Dove », NTS 17, 1970-71, p. 41-67. Marshall propose une compréhension adverbiale dans le texte original de l'expression « comme une colombe » décrivant la descente de l'Esprit au lieu de l'apparence de l'Esprit. Cette supposition ne semble pas nécessaire. Le contraste entre l'Esprit destructeur de la prophétie de Jean et l'Esprit doux dans la description du narrateur ne dépend pas d'un emploi adverbial de l'expression.

[11] Max TURNER, *Power from on High: The Spirit in Israel's Restoration and Witness in Luke-Acts*, Journal of Pentecostal Theology Supplement Series 9, éd. John Christopher Thomas, Rickie D. Moore and Steven J. Land, Sheffield, Sheffield Academic Press, 1996, p. 191.

[12] Joel B. GREEN, *The Gospel of Luke*, The New International Commentary on the New Testament, Grand Rapids, Eerdmans, 1997, p. 187.

180

L'auteur semble vouloir susciter tout de suite une réévaluation de la norme du répertoire de son lecteur par rapport à son attente de l'activité de l'Esprit[14]. Le lecteur n'est pas encore capable de discerner une nouvelle tâche de l'Esprit, mais il commence probablement à questionner sa compréhension de cette tâche.

### L'intertextualité

Les paroles venant du ciel, « Tu es mon Fils bien-aimé ; en toi j'ai mis toute mon affection », semblent faire allusion à deux textes de l'Ancien Testament (Ps 2.7 et És 42.1)[15]. Le fait que Luc cite le deuxième Psaume deux fois dans le récit de Luc-Actes (Ac 4.25-26 ; 13.33) montre son importance pour l'auteur et appuie la notion d'une allusion ici. La majorité des interprètes croient que Luc fait allusion à l'approbation du serviteur d'Ésaïe (42.1) et un bon nombre y voient aussi une allusion à la figure royale du deuxième Psaume (2.7)[16]. Le serviteur d'Ésaïe chapitre quarante-deux était déjà compris de façon messianique[17] et lié au deuxième psaume dans le judaïsme[18].

Même s'il y a presque consensus concernant la présence de ces allusions, la brièveté des paroles laisse subsister l'incertitude quant à leur signification. L'auteur fait-il allusion à une onction royale ou prophétique ? L'annonce dans l'introduction prophétique

---

[13] Voir John NOLLAND, *Luke 1-9.20*, Word Biblical Commentary, vol 35a, Word Books, Dallas, 1989, p. 165.
[14] Voir la discussion sur la notion de « négation » de Wolfgang ISER, Ch. 2, p. 67-71.
[15] Lc 3.22, σὺ εἶ ὁ υἱός μου ὁ ἀγαπητός, ἐν σοὶ εὐδόκησα ; Ps 2.7, υἱός μου εἶ σύ ; És 42.1, εἰς ὃν εὐδόκησεν ἡ ψυχή μου, selon la version de Théodotion, cf. Mt 12.18. L'allusion à Ps 2.7 est plus sûre dans la variante du Codex de Bèze et dans plusieurs mss de la vieille latine où nous trouvons une citation exacte υἱός μου εἶ σύ ἐγὼ σήμερον γεγέννηκά σε. Nous croyons que c'est un autre exemple où la version « occidentale » donne commentaire. Elle rend l'allusion à Ps 2.7 plus claire. Voir Bruce M. METZGER, *A Textual Commentary on the Greek New Testament*, Stuttgart, United Bible Society, 1975, p. 136. Contre METZGER voir François BOVON, *L'évangile selon Saint Luc (1.1-9.50)*, Commentaire du Nouveau Testament IIIa, Genève, Labor et Fidès, 1991, p. 176 et Augustin GEORGE, « Jésus Fils de Dieu dans l'Évangile selon Saint Luc », *Études sur l'œuvre de Luc*, Paris, Éditions Gabalda, 1978, p. 216-218.
[16] Voir, p. ex., Darrell L. BOCK, « Proclamation from Prophecy and Pattern : Luke's Use of the Old Testament for Christology and Mission », *The Gospels and the Scriptures of Israel*, éd. Craig A. Evans et W. Richard Stegner, JSNTSS 104, Studies in Scripture in Early Judaism and Christianity 3, Sheffield, Sheffield Academic Press, 1994, p. 288. C. F. EVANS, *Saint Luke*, Trinity Press International New Testament Commentaries, éd. Howard Clark Kees et Dennis Nineham, Londres/Philadelphia, SCM Press/Trinity Press International, 1990, p. 248. GREEN, *Luke*, p. 186-7. TURNER, *Power from on High*, p. 191. Dans n. 7 Turner énumère quelques auteurs contre cette conclusion. NOLLAND, *Luke 1-9.20*, p. 162. Voir ses 5 raisons en faveur d'une allusion à És. 42.1, p. 163.
[17] TURNER remarque que certains Targums ajoute le titre Messie à És 42.1, *Power from on High*, p. 200.

que Dieu donnera au « Fils du Très Haut » « le trône de David » (Lc 1.32) prépare le lecteur à y voir une onction royale. Le lien entre « Fils du Très Haut » (1.32) et la voix venant du ciel disant « Tu es mon fils » (3.22) est indéniable. La prophétie de Jean-Baptiste renouvelle cette attente[19]. Une allusion au deuxième Psaume renforce cette image. Le verset précédent du psalmiste précise, « C'est moi qui ai oint mon roi » (Ps 2.6).

La question de la possibilité d'une interprétation messianique pré-chétienne du deuxième Psaume est sans pertinence pour la compréhension du passage de Luc[20]. L'épisode est raconté uniquement à partir de la perspective du narrateur. L'auteur implicite choisit de ne pas raconter le récit de cette approbation divine dans la perspective des auditeurs de Jésus[21]. La citation du deuxième Psaume dans le livre des Actes (13.33) montre que l'auteur implicite est conscient de l'interprétation messianique[22]. Étant donné que la lecture de ce passage a lieu après la résurrection, il est possible que le lecteur implicite ait aussi connaissance de l'interprétation messianique. S'il ne l'a pas au chapitre trois de l'Évangile, il l'aura au chapitre treize des Actes, et la citation du Psaume lui rappellera ces paroles de l'Évangile.

Le passage qui précède notre texte favorise une compréhension messianique royale de l'onction, mais la suite du récit souligne plutôt le ministère prophétique de Jésus. Max Turner observe que l'attente de la figure royale des premiers chapitres de l'Évangile disparaît de vue dans la suite. Jusqu'au chapitre dix-huit les seuls à reconnaître la messianité de Jésus sont les démons (4.34, 41) et Pierre (9.20)[23]. Jésus se présente comme le serviteur « oint pour annoncer une bonne nouvelle aux pauvres » (Lc 4.18 ; És 61.1). Une allusion au serviteur d'Ésaïe dans les paroles venant du ciel serait une anticipation de cette image tirée du livre d'Ésaïe. « Voici mon serviteur que je soutiens,

---

[18] MARSHALL, *Luke*, p. 156. Voir la note bibliographique de TURNER sur l'emploi du Ps 2 dans le messianisme juif, *Power from on High*, p. 198, n. 34.
[19] TURNER, *Power from on High*, p. 198-99. Voir ch. 4, p. 165-67.
[20] Joseph A. FITZMYER rejette l'idée d'une allusion à Ps 2.7 et d'une interprétation messianique de cet énoncé sur la base que le Ps 2 n'a pas été considéré messianique dans le Judaïsme préchrétien, *The Gospel According to Luke I-X : Introduction, Translation and Notes*, The Anchor Bible 28, New York/ Londres, Doubleday, 1981, p. 485. Contre FITZMYER, voir GREEN, *Luke*, p.186, note 8.
[21] L'auteur de l'Évangile selon Jean choisit de raconter l'expérience de la perspective de Jean-Baptiste (Jn 1.32-34.
[22] FITZMYER accepte l'interprétation messianique pour le passage des Actes parce qu'il se réfère à la résurrection, *Luke I-IX*, p. 485.

mon élu que j'ai moi-même en faveur, j'ai mis mon Esprit sur lui. Pour les nations il fera paraître le jugement »[24] (És 42.1). La tâche du serviteur dans ce passage, « faire paraître le jugement », est royale[25]. Mais Luc ne développe pas cette tâche.

Selon Ignace de la Potterie, « si Jésus est ici désigné comme le Serviteur, c'est en vue d'une mission prophétique »[26]. Dans son discours inaugural à Nazareth Jésus se compare aux prophètes Élie et Élisée (Lc 4.25-27). Du chapitre quatre au chapitre sept la renommée de Jésus (λόγος ou φήμη περὶ αὐτοῦ, Lc 4.14, 37 ; 5.15 ; 7.17) se répand (ἐξέρχομαι, ἐκπορεύομαι, διέρχομαι) suite à des actes de puissance : il chasse des démons 4.33-37 ; il guérit un lépreux (Lc 5.12-15) ; il guérit un malade et ressuscite un mort (Lc 7.1-17). L'exercice de son ministère dans ce dernier passage ressemble aux ministères d'Élie et d'Élisée et suscite l'acclamation par la foule qu'il est « un grand prophète » (Lc 7.1-17). À la fin de l'Évangile Jésus est reconnu comme « un prophète puissant en œuvres et en paroles » (Lc 24.19).

Il y a certainement un mélange d'images dans la présentation de Jésus[27]. Une focalisation sur le lecteur implicite et sur la préparation dans les trois premiers chapitres pousse l'interprète à accentuer l'aspect royal du Messie[28]. Une focalisation sur l'auteur implicite et la suite du récit pousse l'interprète à accentuer l'aspect prophétique du Messie[29].

Le jeu des perspectives et la stratégie déjà proposée pour l'œuvre de Luc-Actes donnent cohérence à ce mélange d'images et de titres. Les allusions à un Messie royal

---

[23] *Power from on High*, p. 242.
[24] Alliance Biblique Universelle, *Traduction Œcuménique de La Bible*, nouvelle édition revue, Paris, Cerf, 1988.
[25] Le caractère royal de la proclamation d'Ésaïe, citée par Jésus n'est pas questionné ici. Voir, en particulier, la discussion de Robert SLOAN du « *contenu conventionnel* » de l'accession au trône royal dans la littérature du moyen orient ancien, *The Favorable Year of the Lord : A Study of Jubilary Theology in the Gospel of Luke*, Dissertation doctorale présentée à la Faculté de Théologie de Bâle, Suisse, Austin, Texas, Schola Press, 1977, p. 54-68. Nous insistons que le récit de Luc ne souligne pas l'accession royale dans la suite, mais la proclamation prophétique. SLOAN écrit que la structure et l'œuvre de Luc « jusqu'à l'épisode de Nazareth » (p. 68, souligné par SLOAN) est « clairement messianique/royale », puis il décrit l'aspect prophétique dans la suite (p. 68-73).
[26] « L'onction du Christ », *Nouvelle revue théologique*, 80, 1958, p. 237.
[27] Voir MARSHALL, *Luke*, p. 183, *Historian and Theologian*, Downers Grove, Illinois, InterVarsity Press, 1988, p. 125-28 et NOLLAND, *Luke 1-9.20*, p. 164. Mais les signaux que Luc donne sur l'onction de Jésus ne sont pas « confus » comme Nolland propose (p. 196). Luc change d'images délibérément selon sa stratégie afin de modifier la compréhension du lecteur.
[28] Voir, p. ex, TURNER, *Power from on High*, p. 188-201.
[29] Voir, p. ex, I. de la POTTERIE, « L'onction du Christ », p. 225-52.

représentent le répertoire et l'attente du lecteur implicite et des personnages dans le récit : Zacharie (Lc 1.68-79), Simon (2.30-32, 33-34), Jean-Baptiste (3.15-17) et les disciples de Jésus (24.21 ; Ac 1.6). C'est pourquoi l'auteur cite les paroles de ces personnages, donnant *leur* perspective. Leur perspective est juste mais insuffisante. Elle s'avère juste parce qu'elle est exprimée par des personnages inspirés par l'Esprit (Lc 1.15, 67 ; 2.26, 27) et par d'autres personnages entièrement fiables tels que l'ange Gabriel (Lc 1.32, 35) et Dieu, lui-même (Lc 3.22). Leur perspective est insuffisante parce qu'elle laisse le lecteur et les personnages humains dans l'incertitude (Lc 1.4 ; 7.19-20 ; 24.21). Au moment du récit, les résultats traditionnellement associés à la venue du Messie royal, le rétablissement du royaume en Israël et la destruction des ennemis d'Israël, ne sont pas encore accomplis.

Le lecteur et les personnages dans le récit ont besoin d'une autre perspective afin d'éliminer tout doute sur l'identité messianique de Jésus. C'est la perspective que l'auteur implicite veut leur faire apprendre. Il a choisi la narration pour atteindre son but. En bon pédagogue, il commence par une présentation des connaissances reconnues véritables par ces lecteurs : celles associées à l'image du Messie royal. À partir de ces connaissances il introduit, au fur et à mesure que son récit s'avance, une nouvelle perspective[30] : celle d'un prophète oint pour accomplir son ministère. Cette nouvelle perspective est exprimée par Jésus (Lc 4.18-19 ; Ac 1.5-8), par le narrateur dans le choix et l'ordre des épisodes racontés, et finalement, après les événements de la résurrection et de la Pentecôte, par les disciples de Jésus (Ac 2.14-36). L'auteur veut convaincre son lecteur de la messianité royale de Jésus, même s'il n'a pas accompli les tâches traditionnellement associées à cette figure royale. Il le fait en introduisant des prophéties sur d'autres aspects du ministère du Messie dont il peut montrer clairement l'accomplissement. Ce sont son ministère prophétique et la résurrection. Ainsi, le mélange d'images du Messie représente le jeu de ces deux perspectives : la perspective du lecteur d'un Messie royal traditionnel qui le laisse dans le doute, et la perspective introduite dans le récit par l'auteur implicite d'un Messie prophétique dont il peut montrer les preuves. L'image du serviteur d'Ésaïe

---

[30] La perspective est nouvelle pour les lecteurs, non pas pour les textes bibliques. Luc se sert des textes de l'Ancien Testament pour évoquer cette « nouvelle perspective ».

convient à son projet parce qu'elle est associée aux fonctions royales et prophétiques du Messie.

Si nous avons raison, il faut tenir compte de ces perspectives au fur et à mesure que le récit s'avance. Même si l'introduction prophétique fait évoquer un Messie royal dans les premiers chapitres de l'Évangile, il ne faut pas présupposer des notions royales sous-jacentes dans chaque passage de la suite du récit[31]. L'auteur implicite change d'images et de perspectives dans un but précis. Mélanger les images où l'auteur ne le fait pas risque d'affaiblir la puissance rhétorique de sa narration.

La perspective du Messie royal prédomine dans les premiers chapitres de l'Évangile. Elle ne disparaît pas, mais semble laisser la place à la perspective prophétique dans la suite de l'Évangile. Elle refait surface plusieurs fois dans l'Évangile (Lc 9.20 ; 20.41 ; 22.67 ; etc.) et revient en force dans les affirmations des prédicateurs dans le livre des Actes (Ac 2.33-36 ; 9.20-22 ; 13.22-34). Les répétitions de l'expression « Fils de Dieu » sont disposées de la même façon et appuient les mêmes conclusions. L'identité de Jésus comme Fils de Dieu est surtout signalée dans les premiers chapitres de l'Évangile (Lc 1.32, 35 ; 2.22 ; 3.38 ; 4.3, 9, 41). La première référence est clairement associée à l'image royale du Messie (1.32). La deuxième référence donne l'appellation à Jésus en raison de la venue du Saint-Esprit (1.35). L'expression est employée encore deux fois[32] dans l'Évangile (8.28 et 22.70) et une fois dans les Actes des apôtres (9.20)[33]. Deux références au « Fils de Dieu » se trouvent dans un contexte littéraire où l'identité messianique de Jésus est contestée, donc, où le doute sur sa messianité est mis en relief (Lc 22.67-70 ; Ac 9.20-22). Pour Luc, le titre « Fils de Dieu » se réfère probablement au Messie royal et à son onction par l'Esprit. La compréhension messianique royale, exprimée par le terme « Fils de Dieu », n'est pas adoptée par les personnages humains dans le récit avant la résurrection[34].

---

[31] TURNER, p. ex., voit des notions royales et davidiques sous-jacentes dans le discours inaugural de Jésus en supposant un lien avec le prophète comme Moïse, *Power from on High*, p. 243. Bien que ce lien soit explicite dans le livre des Actes (3.22), Jésus se compare aux prophètes Élie et Élisée dans son discours inaugural.

[32] Jésus parle de sa relation filiale avec Dieu sans utiliser l'expression « Fils de Dieu » dans Lc 10.22.

[33] La référence dans Ac 8.37 n'est pas attestée dans les meilleurs mss. La déclaration filiale du deuxième Psaume est répétée dans Ac 13.33.

[34] La notion est exprimée par l'ange Gabriel (Lc 1.32, 35), Dieu (3.22 ; 9.35), le narrateur (3.38), le diable (4.3, 9) et les démons (4.41 ; 8.28). Les autorités religieuses ont compris que Jésus s'appropriait ce titre (Lc 22.70). Voir Ac 8.37 ; 9.20 et 13.33 après la résurrection.

## Les observations importantes pour la pneumatologie de Luc-Actes

L'analyse des perspectives a fourni deux observations importantes pour la pneumatologie de Luc-Actes. Premièrement, l'analyse de la perspective du lecteur fait jaillir la différence radicale de l'image employée pour représenter l'Esprit. De l'image d'un déluge et d'un vent violent qui accomplissent les jugements de Dieu et éliminent les rebelles, le récit passe subitement à l'image d'une colombe douce et paisible qui descend et repose sur Jésus. Deuxièmement, une analyse des intertextes et de la perspective de l'auteur implicite a révélé un changement de point de référence pour la compréhension de la descente de l'Esprit sur Jésus. Par le récit de l'introduction prophétique et par une allusion au deuxième Psaume, l'auteur laisse entendre à son lecteur que cette descente est comme une onction royale pour préparer le Messie davidique à sa mission de gouverner. La suite du récit révèle une accumulation d'images qui favorisent la compréhension d'une onction prophétique.

Ces deux observations montrent le désir de l'auteur de modifier les attentes de son lecteur quant à la mission du Messie facilitée par l'Esprit. Jésus n'est pas « saisi » par l'Esprit comme des rois guerriers de l'Ancien Testament[35]. L'Esprit descend sur lui doucement comme une colombe. Jésus est certainement le roi davidique oint par l'Esprit pour gouverner. Mais sa fonction dans l'immédiat n'est pas de gouverner. Luc révèle un ministère plutôt prophétique. Jésus est le prophète oint pour annoncer la bonne nouvelle (Lc 4.18ss).

Trois autres observations du texte sont importantes pour la compréhension de la pneumatologie de Luc-Actes. Premièrement, la descente de l'Esprit sur Jésus est sa deuxième expérience avec l'Esprit[36]. Sa conception miraculeuse est aussi le résultat de l'activité de l'Esprit (Lc 1.35). C'est en raison de cette intervention divine qu'il est appelé « Fils de Dieu »[37]. Si notre analyse de l'expression « Fils de Dieu » est correcte, Jésus n'est pas intronisé comme le Messie ou adopté comme Fils de Dieu à son baptême[38]. Il ne devient pas le Messie à la résurrection. Jésus est le Messie et le Fils de Dieu depuis sa

---

[35] Samson Jg 14.6, 19 ; 15.14 ; Saül 1 Sa 10.6, 10 ; 11.6 ; David 1 Sa 16.13.
[36] G.W.H. LAMPE, « The Holy Spirit in the Writings of St. Luke », *Studies in the Gospels. Essays in Memory of R.H. Lightfoot*, éd. D.E. Nineham, Oxford, Basil Blackwell, 1957, p. 168.
[37] Le lien de cause à effet est explicite. « C'est pourquoi (διὸ) le saint enfant ... sera appelé Fils de Dieu ».
[38] Voir MARSHALL, *Luke*, p. 155.

naissance. La descente de l'Esprit sur Jésus à son baptême est plutôt une onction pour son ministère prophétique. C'est la signification que Jésus donne à cette expérience dans son discours à Nazareth (Lc 4.18-21). La même signification est donnée par Pierre dans sa prédication dans la maison de Corneille (Ac 10.37-38). Les événements de la résurrection et de la Pentecôte ne font pas de Jésus le Messie, mais ils confirment pour les disciples qu'il est le Messie (Ac 2.22-36 ; 13.30-39).

Deuxièmement, Luc précise que la descente de l'Esprit a lieu pendant que Jésus priait, un détail qui manque chez les autres évangiles. Un lien entre la prière et la venue de l'Esprit est une notion répétée dans Luc-Actes (Lc 3.21-22 ; 11.13 ; Ac 4.31 ; 8.15 ; cf. Ac 1.14 ; 9.12 ; 10.2 ; 19.6)[39]. Dans les quatre dernières références le lien entre la prière et l'expérience avec l'Esprit n'est pas tout de suite apparent. La prière est mentionnée bien avant l'expérience avec l'Esprit dans trois de ces références (Ac 1.14 ; 9.12 et 10.2). Dans la dernière (Ac 19.6) la prière n'est pas mentionnée. Mais le parallèle entre cette expérience et celle des Samaritains (8.15-17) pourrait indiquer que la prière a accompagné le geste de l'imposition des mains. Les données sont sûrement significatives. Ce que Jésus a fait (Lc 3.21) et recommandé de faire aux disciples (Lc 11.13), c'est-à-dire prier avant de recevoir l'Esprit, est précisément un des éléments narrés dans tous les épisodes racontant la réception de l'Esprit par les disciples de Jésus[40].

Cette comparaison fait partie de la troisième observation. Il y a plusieurs parallèles apparents entre l'expérience de Jésus et celle de ses disciples[41]. Par exemple, l'Esprit « descend sur » (καταβαίνω) Jésus, il « tombe sur » (ἐπιπίπτω) certains croyants (Ac 8.16 ; 10.44 ; 11.15) et il était « sur » (ἐπί) d'autres (Lc 2.25 ; Ac 1.8 ; 19.6)[42]. Mais

---

[39] Voir LAMPE, « The Holy Spirit », p. 169 ; Roger STRONSTAD, *The Charismatic Theology of St. Luke*, Peabody, MA, Hendrickson Publishers, 1984, p. 70 ; Allison A. TRITES, « The Prayer Motif in Luke-Acts », *Perspectives on Luke-Acts*, éd Charles H. Talbert, Perspectives in Religious Studies, Special Studies Series No. 5, Edinburgh, T. & T. Clark, 1978, p. 184 et Stephen SMALLEY, « Spirit, Kingdom and Prayer in Luke-Acts », *Novum Testamentum* 15, 1973, p. 62.

[40] D'autres disciples, dont on ne mentionne pas les prières, ont la caractéristique d'être « remplis » de l'Esprit ou agissent dans la sphère de l'Esprit. Mais leur expérience de la réception de l'Esprit n'est pas racontée.

[41] Voir ch. 3, p. 113-17.

[42] James B. SHELTON, *Mighty in Word and Deed: The Role of the Holy Spirit in Luke-Acts*, Peabody, MA, Hendrickson Publishers, 1991, p. 50. William H. SHEPHERD, Jr., *The Narrative Function of the Holy Spirit as a Character in Luke-Acts*, SBL 147, Scholars Press, Atlanta, 1994, p. 128.

Jésus est l'unique Oint[43] envoyé par Dieu pour sauver Israël. Le terme « oindre » est utilisé seulement pour Jésus (χρίω, Lc 4.18 ; Ac 4.27 ; 10.38). Toutefois Pierre cite un passage de l'Ancien Testament pour décrire l'expérience des disciples dont le vocabulaire fait allusion à une onction. L'Esprit est « répandu ... sur » les disciples (ἐκχέω...ἐπὶ, Ac 2.17-18, 33). Pierre reprend le même vocabulaire pour décrire l'expérience de ceux qui sont dans la maison de Corneille (Ac 10.45). Le terme « répandre sur » est un synonyme du terme « oindre ». L'Ancien Testament utilise le terme « répandre sur » (ἐπιχέω...ἐπὶ, Lév 8.12 ; 21.10 ; 2 R 9.3, 6) pour décrire l'action d'oindre. On peut aussi constater que le commencement du ministère de Jésus et de celui de ses disciples coïncident avec la venue de l'Esprit (Lc 3.22-23 ; 24.47-49 ; Ac 1.8)[44]. Tout en maintenant une distinction de vocabulaire, Luc semble vouloir créer un parallèle entre l'expérience de Jésus et celle de ses disciples. Lui et eux sont habilités par l'Esprit pour accomplir une tâche prophétique.

## II. LES ÉPREUVES DE JÉSUS (Lc 4.1 [2x])

Luc introduit la péricope sur les épreuves de Jésus par deux références à l'Esprit : Jésus « *rempli du Saint-Esprit* (πλήρης πνεύματος ἁγίου), revint du Jourdain » et il « *fut conduit par l'Esprit* (ἤγετο ἐν τῷ πνεύματι) dans le désert » (Lc 4.1). L'Évangile selon Luc est le seul à mentionner la première expression. La deuxième a son parallèle dans L'Évangile selon Matthieu (ὑπὸ τοῦ πνεύματος) et dans l'Évangile selon Marc (τὸ πνεῦμα αὐτὸν ἐκβάλλει). Avant de tirer des conclusions sur la signification de ces expressions pour la pneumatologie de Luc, il faut les comprendre dans le développement du récit. Trois pistes seront suivies dans cette analyse : l'emploi du vocabulaire, l'intertextualité et la stratégie de l'auteur dans le fil de l'intrigue.

---

[43] Χριστός, Lc 2.11, 26 ; 3.15 ; 4.41 ; 9.20 ; 20.41 ; 22.67 ; 23.2, 35, 39 ; 24.26, 46 ; Ac 2.31, 36, 38 ; 3:6, 18, 20 ; 4.10, 26 ; 5.42 ; 8.5, 12 ; 9.22, 34 ; 10.36, 48 ; 11.17 ; 15.26 ; 16.18 ; 17.3 ; 18.5, 28 ; 24.24 ; 26.23 ; 28.31.
[44] Robert C. TANNEHILL, *The Narrative Unity of Luke-Acts : A Literary Interpretation, Volume one : The Gospel according to Luke*, Philadelphia, Fortress Press, 1991, p. 57.

## L'emploi du vocabulaire associé à l'Esprit

### πλήρης πνεύματος ἁγίου

Le narrateur nous informe que Jésus, « rempli du Saint-Esprit (πλήρης πνεύματος ἁγίου), revint du Jourdain » (Lc 4.1). Dans le temps du récit cette affirmation suit directement la descente de l'Esprit sur Jésus à son baptême, la généalogie étant une longue pause descriptive (3.23-38)[45]. Le lien logique est très clair, même s'il n'est pas explicite. La reprise du lieu géographique renforce ce lien. Jésus revient du Jourdain, l'endroit où l'Esprit est descendu sur lui, rempli de l'Esprit. Être « rempli du Saint-Esprit » est le résultat ou l'effet de la descente de l'Esprit sur Jésus[46].

Ayant établi le parallèle entre l'inauguration du ministère de Jésus et celle du ministère des disciples et le caractère programmatique de ces passages[47], on doit se demander si le lien entre la descente de l'Esprit et la plénitude de l'Esprit est aussi programmatique dans Luc-Actes. Les autres sur qui l'Esprit descend, sont-ils remplis du Saint-Esprit ? L'Esprit est-il descendu sur les autres qui sont remplis du Saint-Esprit ? Sans autre indication le lecteur doit le présupposer. Si l'auteur veut que son lecteur comprenne autrement, il a besoin de le préciser, sauf si une autre compréhension fixe de cette expression existe déjà dans le répertoire qu'il a en commun avec son lecteur. Nous constatons non seulement qu'il n'y a aucune indication contraire, mais que Luc confirme le même lien logique par des expressions parallèles dans le récit de la Pentecôte.

À la Pentecôte un bruit comme un vent impétueux vient du ciel et des langues de feu se posent sur (ἐπί) les disciples (Ac 2.3). C'est l'accomplissement de la prophétie de Jésus que le Saint-Esprit viendrait sur (ἐπί) eux (Ac 1.8). Le vocabulaire utilisé pour décrire l'expérience des disciples ressemble au vocabulaire utilisé pour décrire l'expérience de Jésus sur au moins deux points : (1) Dans les deux épisodes des éléments symbolisant l'Esprit descendent du ciel et se posent « sur » des individus. (2) Dans les

---

[45] GREEN, *Luke*, p. 193. Voir ch. 2, p. 65. La pause souligne l'importance des paroles venant du ciel, « Tu es mon fils » (Lc 3.22). La généalogie se termine par l'affirmation que Jésus est « [fils] de Dieu » (τοῦ θεοῦ).
[46] SHELTON, *Mighty in Word and Deed*, p. 59.
[47] Ch. 3, p. 93-94, 100-01, 113-17.

deux épisodes les personnages sont « remplis » de l'Esprit. Jésus était « rempli du Saint-Esprit » (πλήρης πνεύματος ἁγίου, Lc 4.1). Les disciples « furent tous remplis du Saint-Esprit » (ἐπλήσθησαν ... πνεύματος ἁγίου, Ac 2.4)[48]. Les expériences parallèles aboutissent à des résultats parallèles. Le fait d'être « rempli » de l'Esprit dans les deux épisodes est le résultat de la descente de l'Esprit.

Faut-il modifier cette conclusion en raison de l'emploi de deux mots de vocabulaire différents ? Jésus est *rempli* (πλήρης) d'Esprit Saint, πλήρης étant un adjectif exprimant un état. Les disciples *furent remplis* (ἐπλήσθησαν) d'Esprit Saint, ἐπλήσθησαν étant un verbe à l'aoriste venant d'une autre racine (πίμπλημι au lieu de πληρόω) exprimant une action accomplie. Nous constatons que deux chapitres après cette expérience des disciples, Pierre est *rempli* (πλησθείς) d'Esprit Saint, πλησθείς étant un participe adjectival du verbe πίμπλημι décrivant la condition de Pierre (Ac 4.8). L'auteur emploie les expressions venant de deux racines différentes pour décrire la condition de plénitude d'Esprit Saint des individus. Aux chapitres six et sept l'adjectif employé pour décrire l'état des diacres est celui que Luc utilise dans la description de Jésus. Les diacres sont *remplis* (πλήρης) d'Esprit Saint, Ac 6.3, 5 ; 7.55). L'emploi de πίμπλημι et de πληρόω dans Luc-Actes semble être un exemple d'échange de synonymes tel que Cadbury qualifie de trait caractéristique du style de Luc[49].

---

[48] On peut aussi noter les mêmes éléments dans l'histoire d'Élie et Élisée auquel Luc fait allusion dans son récit de l'Ascension (voir ch. 3, p. 110-11.). Le manteau d'Élie, un élément associé à l'Esprit d'Élie, *tombe* et est repris par Élisée (2 R 2.13-15). Élisée « *fut rempli* de son esprit » (Sir 48.12).

[49] Henry J. CADBURY, « Four Features of Lucan Style », *Studies in Luke-Acts*, éd. Leander E. Keck et J. Louis Martyn, Philadelphia, Fortress Press, 1980, p. 91-93. Henri BLOCHER croît différencier entre deux significations liées aux deux racines : πίμπλημι pour « la **plénitude soudaine**, qui est un **afflux** d'énergie spirituelle au service de la Parole » et πληρόω pour « la **plénitude durable**, qui est une imprégnation, une **saturation** du caractère chrétien », « La plénitude du Saint-Esprit », *Ichthus*, 17, 1971, p. 21-24. Cette hypothèse rencontre plusieurs problèmes. 1) Blocher est obligé de créer une troisième catégorie de « plénitude intermédiaire » pour deux emplois de πίμπλημι (Lc 1.15 ; Ac 9.17) où « une dispensation plus durable de l'Esprit semble en vue ». 2) Il constate lui-même que la « hardiesse » ou « assurance » est « la note dominante dans les récits où il est question de cette plénitude » (afflux), un trait qui est clairement durable dans le récit (cf. Ac 28.31). 3) Il est aussi obligé de traduire le participe πλησθείς (Ac 4.8 ; cf. 13.9) par « fut rempli d'Esprit Saint ». F. F. BRUCE adopte une conclusion semblable. Il distingue entre la connotation « un moment précis d'inspiration » du terme πλησθείς et « le caractère durable » connoté par le terme πλήρης, *Commentary on the Book of the Acts : The English Text with Introduction, Exposition and Notes*, Grand Rapids, Eerdmans, 1955, p. 99. On doit demander pourquoi Luc utilise un participe ici et l'indicatif ailleurs pour indiquer cet 'afflux' de l'Esprit (Lc 1.41, 67 ; Ac 2.4 ; 4.31). Il utilise aussi πλήρης pour indiquer une inspiration de l'Esprit associée à un moment d'inspiration : la vision de « Jésus debout à la droite de Dieu » (Ac 7.55). Il est beaucoup plus vraisemblable que le πλησθείς d'Ac 4.8 et d'13.9

Il est significatif que ces parallèles se trouvent dans des passages clés accompagnés de tant d'autres parallèles[50]. Nous avons déjà constaté le parallèle de la réception de l'Esprit suite à une prière. Nous pouvons maintenant ajouter deux détails à la description stéréotypée des *hommes de l'Esprit*[51] : (1) Leur réception de l'Esprit est en réalité plus précisément une descente de l'Esprit sur ces individus, et (2) Le résultat de cette descente est que ces individus sont « remplis » de l'Esprit. Si ces deux passages (Lc 3.21-4.44 et Ac 2.1-47) sont parallèles et programmatiques pour la compréhension des ministères respectifs de Jésus et de ses disciples, comme nous l'avons proposé[52], on peut s'attendre à des répétitions de ces détails. En effet, chaque péricope décrivant la réception de l'Esprit dans les Actes des apôtres parle, soit de la descente de l'Esprit, soit des individus qui se remplissent ou qui sont « remplis » de l'Esprit[53]. Ces péricopes décrivent l'expérience pneumatique de quasiment tous les protagonistes du récit des Actes des apôtres. On parle de la « descente » de l'Esprit sur les apôtres (2.1-4), sur les Samaritains (8.16) et sur les païens dans la maison de Corneille (10.44 ; 11.15). Pierre (4.8), les disciples à Jérusalem (4.31), les diacres (6.3, 5 ; 7.55), Paul (9.17), Barnabas (11.24), les disciples à Antioche en Pisidie (13.52) et les disciples à Éphèse (19.6) sont tous « remplis » de l'Esprit. Toutes ces répétitions renforcent le parallèle entre l'expérience de Jésus et celle des disciples de Jésus dans les Actes des apôtres. L'Esprit descend sur Jésus et Il descend sur les disciples de Jésus. Jésus est rempli de l'Esprit et ses disciples sont remplis de l'Esprit.

Le fait que le lien entre la venue de l'Esprit puis sa plénitude dans les individus soit clair dans la première description de chaque section (Lc 3.22-4.1 et Ac 2.1-4) conduit le lecteur à présupposer le même lien dans chaque péricope où seulement un élément est mentionné[54]. C'est-à-dire, les individus sur qui l'Esprit descend sont remplis du Saint-

---

évoquent une condition liée à une réception passée (cf. Ac 2.4 ; 4.31 ; 9.17). Cf. ERVIN, *Conversion-Initiation and the Baptism in the Holy Spirit*, p. 35-39.
[50] Voir ch. 3, p. 93-94, 25-26, 113-14.
[51] Voir le tableau, ch. 3, p. 115.
[52] Voir ch. 3, p. 113-14, 133-34.
[53] « Descente » (ἐπέρχομαι...ἐπί, « venir sur ») 1.8 ; (καθίζω...ἐπί, « s'asseoir sur ») 2.3 ; (ἐπιπίπτω...ἐπι, « tomber sur ») 8.16 ; 10.44 ; 11.15 ; (ἐκχέω, « répandre sur ») 2.17-18, 33 ; 10.45 ; « remplis » (πλήρης) 4.8 ; 6.3, 5 ; 7.55 ; 11.24 ; (πληρόω) 13.52 ; (πίμπλημι) 2.4 ; 4.8, 31 ; 9.17 ; 13.9.
[54] Andrew CLARK constate qu'un trait du style lucanien est de démontrer quelque chose une ou deux fois dans le récit et de le présupposer ailleurs, *Parallel Lives : The Relation of Paul to the Apostles in the Lucan*

Esprit, et l'Esprit est descendu sur les individus qui sont remplis de l'Esprit. Luc exprime ce lien deux fois et ne décrit aucun autre procédé ou expérience qui aboutisse à l'état « rempli de l'Esprit ».

Max Turner présuppose un autre procédé lorsqu'il propose que l'expression « rempli de l'Esprit » implique une distinction de degré d'influence de l'Esprit. Turner arrive à cette conclusion par analogie. Selon Turner, lorsque les disciples sont priés de choisir des hommes « pleins d'Esprit Saint et de sagesse » (Ac 6.3), ils ne doivent pas discerner entre ceux qui ont une sagesse spirituelle et ceux qui ont seulement une sagesse humaine, mais ils doivent sélectionner sept hommes qui « se distinguent des autres par leur sagesse spirituelle (avec l'inférence que d'autres en avaient en quantité moins remarquable) »[55]. La présupposition sous-jacente est que l'influence de l'Esprit s'augmente chez certains disciples jusqu'à ce que cette influence soit visible pour la communauté chrétienne, tandis que l'influence de l'Esprit sur d'autres disciples est moins visible[56].

Nous constatons quatre faiblesses dans la position de Turner :
(1) Le contexte littéraire immédiat de l'exemple de Turner soutient une distinction de type de sagesse. Étienne, un de ces diacres « pleins d'Esprit Saint et de sagesse », parle avec une sagesse qui semble être ce que Gunkel qualifie d'une « intensification de l'ordinaire »[57]. Ses interlocuteurs « ne pouvaient résister à sa sagesse et à l'Esprit par lequel il parlait » (Ac 6.10). C'est l'accomplissement de la prophétie de Jésus : « Je vous donnerai des paroles et une sagesse telles que vos adversaires ne pourront leur résister ou les contredire » (Lc 21.15). Ces données soutiennent l'idée des paroles inspirées et d'une intensification de sagesse dépassant la capacité humaine, une capacité remarquable donnée par l'Esprit. Suivant de si près le critère de choix donné

---

*Perspective*, Paternoster Biblical and Theological Monographs, Carlisle, Cumbria, UK et Waynesboro, GA, Paternoster Press, 2001, p. 227.
[55] *Power from on High*, p. 410.
[56] Ibid., p. 169. La notion de degrés d'influence de l'Esprit vient probablement de deux autres présuppositions : 1) que tous les croyants ont reçu l'Esprit, une conclusion difficile à défendre dans Luc-Actes, et 2) que la métaphore « rempli » insiste sur la quantité de l'influence.
[57] Hermann GUNKEL, *Die Wirkungen des heiligen Geistes nach der populären Anschauung der apostolischen Zeit und der Lehre des Apostels Paulus*, 2ᵉ éd., Göttingen, Dandenhoed & Ruprecht, 1899, p. 7-8. Voir ch. 1, p. 6, 24-26.

pour les diacres, « pleins d'Esprit et de sagesse » (Ac 6.3), le lecteur est obligé de comprendre qu'Étienne en est un bon exemple.

(2) Luc-Actes ne parle pas d'individus influencés par l'Esprit par degrés[58]. Le récit de Luc parle soit de ceux qui n'ont pas encore reçu l'Esprit ou sur qui l'Esprit n'était pas encore descendu (Ac 8.16 ; 19.2), soit de ceux sur qui l'Esprit est descendu ou qui ont reçu l'Esprit (Lc 1.35 ; 2.25 ; 3.22 ; Ac 2.38 ; 8.17 ; 10.44-47 ; 11.15 ; 19.6), soit de ceux qui seront ou furent ou sont remplis d'Esprit (Lc 1.15, 41, 67 ; 4.1 ; Ac 2.4 4.31 ; 6.3, 5 ; 7.55 ; 9.17), soit de ceux qui sont baptisés d'Esprit (Lc 3.16 ; Ac 1.4 ; 11.16). Luc ne donne pas d'indice d'une hiérarchie entre ces expressions. Ceux qui sont *remplis* ou *baptisés* d'Esprit Saint ne sont pas plus *spirituels* que ceux sur qui l'Esprit descend. Les termes différents sont utilisés pour les mêmes individus et les mêmes événements. Par exemple, les disciples « furent tous remplis d'Esprit Saint » (Ac 2.4). C'est l'accomplissement de la prophétie qu'ils seraient « baptisés dans l'Esprit (Ac 1.5), et de la prophétie que Dieu répandrait de son Esprit sur toute chair (Ac 2.17). Pierre utilise aussi la métaphore de la réception d'un don pour la même expérience (Ac 2.38 ; 11.17). Toutes les mêmes expressions, sauf une[59], sont aussi utilisées pour décrire l'expérience dans la maison de Corneille.

Pour trouver un exemple de degré d'influence Turner est obligé de se référer au « fruit de l'Esprit » dans la lettre de Paul aux Galates[60]. Mais le « fruit de l'Esprit » chez Paul vient de la notion d'une lutte intérieure entre les désirs de la chair et les désirs de l'Esprit. Ceux qui veulent produire le fruit de l'Esprit doivent « marcher selon l'Esprit » (Gal 5.16-25). Cette notion d'une lutte intérieure n'est pas explicitée chez Luc. Matthieu et Marc enregistrent un commentaire au moment de l'épreuve de Gethsémani qui semble présupposer une telle lutte. Jésus dit : « L'esprit est bien disposé, mais la chair est faible » (Mt 26.41 ; Mc 14.38). Mais Luc ne cite pas cette parole de Jésus, et ne décrit nulle part une telle lutte.

---

[58] Howard M. ERVIN constate avec raison, « Aucune évidence scripturaire ne vient soutenir l'idée d'une plénitude progressive, d'un processus progressif d'abandon de soi pendant lequel un accroissement proportionné du Saint-Esprit serait reçu », *Le Baptême de l'Esprit : Une recherche biblique*, trad. de l'anglais par Daniel Thévenet, Deerfield, Vida, 1996, p. 66.
[59] Luc ne parle pas de l'effusion de l'Esprit pour l'expérience de la maison de Corneille, mais leur expérience est certainement un accomplissement de la prophétie de Joël citée par Pierre (Ac 2.17-19).
[60] *Power from on High*, p. 409.

(3) Le critère de Turner qui permet le discernement de la plénitude de l'Esprit est aussi un critère de Luc pour la réception de l'Esprit. Turner a raison d'insister sur la visibilité de l'influence de l'Esprit[61]. C'est un phénomène propre à Luc remarqué depuis, au moins, l'œuvre de Gunkel[62]. Mais la visibilité de l'influence de l'Esprit ne se limite pas à ceux qui sont *remplis* d'Esprit dans Luc-Actes. Elle sert aussi à établir la certitude de la réception de l'Esprit. Simon, le magicien « *vit* que le Saint-Esprit était donné par l'imposition des mains des apôtres » (Ac 8.18). Les fidèles circoncis venus avec Pierre ont reconnu la descente de l'Esprit sur la maison de Corneille parce qu'ils « les entendaient parler en langues et glorifier Dieu » (Ac 10.46). Un signe '*visible*' parallèle est accordé à la réception de l'Esprit par les disciples d'Éphèse. « Ils parlaient en langues et prophétisaient » (Ac 19.6).

(4) Dans Luc-Actes ceux qui sont remplis d'Esprit Saint ne sont pas comparés à d'autres croyants qui sont moins influencés par l'Esprit, mais à ceux qui sont remplis d'autres choses. Jésus est rempli de l'Esprit, mais ses interlocuteurs à Nazareth « furent tous remplis de colère » (Lc 4.28). Les disciples « furent tous remplis du Saint-Esprit et ils annonçaient la parole de Dieu avec assurance » (Ac 4.31). Barnabas, un parmi ces personnages « remplis du Saint-Esprit (Ac 4.31 ; cf. 11.24), « vendit un champ » pour la distribution aux pauvres (Ac 4.37). Mais Satan a rempli le cœur d'Ananias, un membre de la même communauté, au point qu'il mente au Saint-Esprit lorsqu'il « vendit une propriété » (Ac 5.1-3). Une évaluation logique de la conduite d'Ananias, selon le langage de Paul, le qualifierait d'homme « charnel » (1 Co 3.1) ; quelqu'un qui vit « selon la chair » (Ro 8.9). Le contexte littéraire mène à croire qu'il était dans « la multitude de ceux qui avaient cru » (Ac 4.32). En outre, il a vendu sa propriété pour contribuer au secours des nécessiteux, un acte qui aurait mérité un éloge dans l'Église d'aujourd'hui. On dirait qu'il a été influencé par l'Esprit dans son acte de générosité, mais influencé par Satan dans son mensonge. Mais, selon le langage de Luc, Satan a rempli son cœur. La description d'Ananias et des interlocuteurs de Jésus ne sont pas des exemples de degré de l'influence de l'Esprit, mais de contraste de source d'influence. Luc fait des distinctions entre les sources d'influence et non pas

---

[61] Ibid., p. 167, 169.
[62] *Die Wirkungen*, p. 6-8. Voir ch. 1, p. 5-6.

entre les degrés d'influence. Satan a « rempli » le cœur d'Ananias (Ac 5.3), un membre de la communauté de Jérusalem ! Pour Luc Ananias n'est pas 'un chrétien charnel', moins influencé par l'Esprit que Barnabas. Il est carrément influencé par Satan.

Un examen des répétitions du vocabulaire de la plénitude de l'Esprit révèle un élément dans la stratégie de l'auteur implicite qui explique mieux son emploi des termes. Luc signale l'influence de l'Esprit dans l'accomplissement des prophéties. Nous venons de constater que l'expérience de la plénitude de l'Esprit des disciples à la Pentecôte et l'exercice de la sagesse par Étienne sont, tous les deux, des accomplissements des prophéties de Jésus. La plénitude d'Esprit des disciples est aussi l'accomplissement d'une prophétie de Joël (Jl 3.1 ; Ac 2.16-17). La plénitude d'Esprit de Jésus, lui-même (Lc 4.1), est une autre façon de décrire l'accomplissement d'une prophétie d'Ésaïe (61.1 ; Lc 4.17-21).

D'autres emplois de l'adjectif « rempli » sont liés à l'accomplissement des prophéties de Jésus. Pierre est *rempli* d'Esprit Saint avant de témoigner aux chefs du peuple. Les autorités ont *mis la main* sur les disciples et les ont *jetés en prison* (Ac 4.3). C'est la première réalisation dans le récit de la prophétie de Jésus (Lc 21.12). Jésus a prophétisé, « Cela vous arrivera pour que vous serviez de témoignage » (Lc 21.13). En ajoutant la référence à la plénitude de l'Esprit Luc signale que l'Esprit joue un rôle dans l'accomplissement de cette prophétie. Étienne est aussi « rempli d'Esprit Saint » lorsqu'il sert de témoignage devant le Sanhédrin (Ac 7.55). La référence à la plénitude vient juste avant l'accomplissement d'un autre aspect de la prophétie de Jésus : « ils feront mourir plusieurs d'entre vous » (Lc 21.16 ; Ac 7.59).

Le passage contenant la référence à la plénitude des disciples à Antioche (Ac 13.42-52) rappelle les paroles et la réaction de Jésus lors de la mission des soixante-douze (Lc 10.1-24). D'abord les instructions de Jésus de secouer la poussière de leurs pieds contre la ville qui ne les recevra pas (Lc 10.10-11) est une sorte de prophétie dont l'accomplissement n'est pas raconté dans l'Évangile. Le seul accomplissement est dans le récit du rejet de la Bonne Nouvelle par les Juifs à Antioche (Ac 13.51), juste après la décision de Paul et Barnabas de se tourner « vers les païens » (Ac 13.46). La description de la plénitude des disciples à Antioche, « remplis de joie et d'Esprit Saint » (Ac 13.52), rappelle la réaction de Jésus au retour des soixante-douze. « Jésus tressaillit de joie par le Saint-Esprit » (Lc 10.21). Ainsi, le choix de se tourner vers les païens et la persécution qui en résulte ne font pas obstacle à la certitude du lecteur. Tout a été prévu et prophétisé par Jésus, et l'Esprit de Dieu accompagne les disciples et leur donne une joie inexplicable dans de telles circonstances.

De même, plusieurs références à l'Esprit montrent le rôle que l'Esprit joue dans l'accomplissement de la prophétie de Jésus au début du livre des Actes. L'Esprit conduit les disciples dans l'expansion vers « les extrémités de la terre » (Ac 1.8). Barnabas, un homme « plein d'Esprit Saint et de foi » (Ac 11.24), encourage l'Église d'Antioche et y amène Saul (Paul) pour servir en son sein. L'Église d'Antioche et Paul jouent un très grand rôle dans l'expansion de l'Église vers les païens (Ac 13.1ss). Trois autres références à l'Esprit montrent le rôle que l'Esprit a joué pour conduire l'Église vers ce but (Ac 13.2 ; 15.28 ; 16.7). La conjonction de la conduite de l'Esprit et l'accomplissement des prophéties servent à convaincre le lecteur de la légitimité de la communauté des croyants dont il fait partie, malgré le fait qu'elle est persécutée par les autorités religieuses et qu'elle est composée d'un nombre de plus en plus grand de païens.

L'insistance de Luc sur le lien entre l'Esprit et l'accomplissement des prophéties semble s'accorder au souci de l'auteur implicite. Luc veut montrer que les dirigeants de la communauté des croyants sont conduits par l'Esprit de Dieu. Ainsi, les décisions prises pour conduire l'Église vers les païens, et qui provoquent la persécution des autorités juives, sont sanctionnées par Dieu. De même, lorsque Luc informe le lecteur qu'un individu est rempli de l'Esprit Saint et de sagesse, de foi ou de joie, son souci n'est pas la qualité éthique du personnage, mais sa capacité d'agir, conduit par l'Esprit. Ses actes, ses décisions et ses paroles sont inspirés par l'Esprit.

On peut résumer les descriptions que Luc utilise pour la plénitude de l'Esprit par deux propositions, qui sont, toutes les deux, étroitement liées à la stratégie de l'auteur implicite. (1) La réception de l'Esprit est comprise comme une descente de l'Esprit sur des individus. Cette notion spatiale, symbolisée par la colombe au baptême de Jésus et par des langues de feu à la Pentecôte, indique la provenance divine. La notion est déjà présente dans le vocabulaire de la Septante où l'Esprit de Dieu descend « sur » des individus dont le serviteur d'Ésaïe (61.1 ; cf. Lc 4.18) et où Dieu promet de répandre son

Esprit sur toute chaire (Jl 3.1 ; cf. Ac 2.17). Nous constatons que ce sont ces citations qui se révèlent très importantes dans l'œuvre de Luc-Actes. Ce vocabulaire fait donc partie du grand thème organisateur de l'accomplissement des prophéties[63]. (2) « Remplis de l'Esprit » est la manière de décrire le résultat ou l'effet de cette descente de l'Esprit chez ces individus[64]. Luc soulève souvent la notion de la plénitude de l'Esprit pour indiquer le rôle que l'Esprit a joué dans l'accomplissement des prophéties. Ces accomplissements et l'influence visible de l'Esprit de Dieu dans ces accomplissements servent à donner une *certitude* relative aux enseignements reçus (Lc 1.4).

### ἤγετο ἐν τῷ πνεύματι

Jésus « fut conduit par l'Esprit (ἤγετο ἐν τῷ πνεύματι) dans le désert » (Lc 4.1). Ce qui nous intéresse dans une étude synchronique n'est pas le changement des termes par rapport aux sources supposées mais l'emploi des termes dans Luc-Actes. Néanmoins, les différences peuvent signaler des distinctions de Luc. Il y a trois différences importantes entre cette expression de Luc et les expressions parallèles de Matthieu et de Marc. Premièrement, le verbe n'est pas le même. Deuxièmement, Luc utilise la préposition ἐν avec le datif au lieu de la préposition ὑπὸ avec le génitif pour décrire la relation entre l'Esprit et l'action de conduire. Troisièmement, Luc met le verbe à l'imparfait. La signification souvent donnée aux deux premières différences vient surtout d'une hypothèse sur les sources de Luc[65] dont la prise en compte ne concerne guère une étude synchronique. On peut confirmer l'importance de chaque observation ci-dessus pour comprendre la pneumatologie distinctive de Luc. Mais la signification de ces observations est mieux évaluée par une analyse littéraire ou narrative que par une analyse des modifications des sources présupposées.

---

[63] Voir ch. 3, p. 90-105.
[64] Nous n'abordons pas pour le moment les questions de la durée où de la fréquence de ce résultat. Ces questions seront abordées plus loin.
[65] TURNER, p. ex., dit que Luc « adoucit l'énoncé de Marc que l'Esprit 'a chassé Jésus' », *Power from on High*, p. 202.

Conzelmann fournit un exemple. Il estime que ἐν avec le datif est une correction de la source de Luc afin d'éliminer la notion de la subordination de Jésus à l'Esprit[66]. Si Conzelmann a raison, il faut conclure que Siméon et Paul n'étaient pas subordonnés à l'Esprit non plus, parce qu'ils agissaient aussi ἐν τῷ πνεύματι (Lc 2.27 ; Ac 19.21)[67]. Au lieu d'utiliser l'expression pour distinguer l'expérience de Jésus de celles des autres individus, Luc l'utilise pour les rapprocher. Malgré le caractère unique de la descente de l'Esprit sur Jésus (la descente « sous une forme corporelle, comme une colombe »), le résultat ressemble aux expériences d'autres personnages. Jésus est rempli de l'Esprit et conduit par l'Esprit comme d'autres personnages dans le récit.

L'importance du verbe ἄγω à l'imparfait a été souligné par Max Turner afin de soutenir sa thèse sur l'influence éthique et sotériologique de l'Esprit dans les tentations de Jésus. Turner a raison de conclure que Jésus était « *continuellement conduit* dans l'Esprit » (ἐν τῷ πνεύματι)[68] pendant les quarante jours dans le désert. L'emploi du verbe à l'imparfait indique que l'Esprit aidait Jésus durant cette période. La difficulté surgit lorsque l'on veut imaginer quel type d'aide l'Esprit apportait à Jésus. Turner évite soigneusement de faire des tentations de Jésus « un paradigme pour montrer comment faire face aux épreuves quotidiennes »[69]. Il se contente de poursuivre sa thèse d'une allusion à un nouvel exode et d'une influence éthique qui fait partie de l'œuvre de purification et de restauration prévue pour le serviteur d'Ésaïe dans le nouvel exode[70]. Il faut se souvenir que le texte d'Ésaïe et le langage de Jean-Baptiste soutiennent l'idée d'une purification par le jugement et par l'élimination des méchants au lieu d'une purification éthique résultant d'une influence intérieure de l'Esprit[71].

---

[66] Hans CONZELMANN, *Die Mitte der Zeit: Studien zur Theologie des Lukas*, Beiträge zur Historischen Theologie 17, Tübingue, Morh/Siebeck, 1993, p. 22, n. 1.

[67] Dans Lc 2.26-27 ἐν τῷ πνεύματι semble être un variant stylistique de ὑπὸ τοῦ πνεύματος. Voir Robert P. MENZIES, *Empowered for Witness : The Spirit in Luke-Acts*, Journal of Pentecostal Theology Supplement Series 6, éd. John Christopher Thomas, Rick D. Moore et Steven J. Land, Sheffield, Sheffield Academic Press, 1994, p. 141. Contre TURNER, *Power from on High*, p. 203-4.

[68] *Power from on High*, p. 204. Turner préfère la traduction « in the Spirit », un datif de sphère, mais dit qu'un datif d'instrument est possible, p. 203. Un datif d'agent, « par l'Esprit », est aussi possible. Voir FITZMYER, *Luke I-IX*, p. 513.

[69] *Power from on High*, p. 208.

[70] Ibid., p. 204-210.

[71] Ch. 1, 30, Ch. 4., p. 160-61.

Matthias Wenk développe la thèse de Turner afin de montrer « la dimension éthique inhérente à la pneumatologie lucanienne de manière plus étendue »[72]. Se basant sur une allusion au séjour de la nation d'Israël dans le désert, Wenk conclut que l'Esprit aidait et guidait Jésus dans le désert d'une façon analogue à l'aide de Dieu au peuple d'Israël[73]. Dans une note il essaie de définir le type d'aide qu'il recevait de l'Esprit. Wenk se réfère à plusieurs exemples venant de la période juive du second Temple où l'Esprit aidait l'individu dans la lutte contre le péché. Il conclut que l'Esprit aidait Jésus en lui accordant de la sagesse afin de réussir dans sa lutte contre Satan, la sagesse étant la capacité d'exercer l'amour et la justice et de se détourner du péché[74]. Bien que nous acceptions la notion d'une allusion à l'expérience d'Israël dans le désert, les exemples et le type d'aide que Jésus recevait tels que les propose Wenk s'écartent loin des exemples donnés par Luc. Avant de tirer des conclusions sur le sens de Ἰησοῦς ... ἤγετο ἐν τῷ πνεύματι ἐν τῇ ἐρήμῳ, nous voulons examiner la possibilité de quelques allusions et leur signification.

## L'intertextualité

L'exégète a deux tâches dans l'analyse de l'intertextualité : 1) déterminer les textes, personnages et événements auxquels le texte fait allusion et 2) déterminer la signification de ces allusions pour le texte en question. Pour la péricope sur les épreuves de Jésus (Lc 4.1-13) la première tâche est assez simple. La citation par Jésus de trois textes de Deutéronome (8.2 ; 6.13, 16 ; cf. Lc 4.4, 8, 12) rappelant des événements de l'Exode où Israël a été mis à l'épreuve laisse peu de doute qu'une allusion à ces passages soit sous-jacente au texte de Luc[75]. Le jeûne de quarante jours pourrait aussi rappeler les

---

[72] *Community-Forming Power : The Socio-Ethical Role of the Spirit in Luke-Acts*, Journal of Pentecostal Theology Supplemental Series 19, éd. John Christopher Thomas, Rickie D. Moore et Steven J. Land, Sheffield, Sheffield Academic Press, 2000, p. 192.
[73] Ibid., p. 198-99.
[74] Ibid., p. 199.
[75] Voir, p. ex., FITZMYER, *Luke I-IX*, p. 510-11, GREEN, *Luke*, p. 192 et G. H. P. THOMPSON, « Called—Proved—Obedient: A Study in the Baptism and Temptation Narratives of Matthew and Luke », *The Journal of Theological Studies*, n.s. avril 1960, p. 2-5.

expériences analogues de Moïse et d'Élie[76]. La présence ailleurs dans Luc-Actes des allusions à ces prophètes favorise cette supposition[77]. Le lien avec Moïse est rendu plus sûr par le fait que les trois textes cités par Jésus sont des paroles de Moïse. Une allusion intentionnelle aux tentations d'Adam est douteuse[78].

Les parallèles entre les épreuves d'Israël dans le désert et celles de Jésus sont nombreux. Joel Green donne la liste suivante :

- une conduite divine dans le désert (Dt 8.2 ; cf. Lc 4.1) ;
- « quarante » (Ex 16.35 ; Nb 14.34 ; Dt 8.2 ; cf. Lc 4.2) ;
- Israël comme fils de Dieu (Ex 4.22-23 ; cf. Lc 4.3, 9)[79] ;
- Les épreuves de Jésus sont analogues à celles expérimentées par Israël et les textes scripturaires qu'il cite sont tirés des événements où Israël a été éprouvé par Dieu (Dt 6-8) ; et
- Jésus était rempli de l'Esprit et conduit par l'Esprit ; Israël a été rebelle et a attristé l'Esprit Saint (Lc 4.1 ; És 63.10)[80].

Les parallèles entre le huitième chapitre de Deutéronome et la première épreuve de Jésus sont particulièrement frappants. Dieu conduit (ἄγω, Dt 8.2 ; Lc 4.1) Israël dans le désert (ἐν τῇ ἐρήμῳ, Dt 8.2 ; Lc 4.1) pendant quarante (אַרְבָּעִים/τεσσεράκοντα, Dt 8.2 ; Lc 4.2) ans, afin de l'éprouver (ἐκπειράζω/πειράζω, Dt 8.2 ; Lc 4.2). Il l'a fait souffrir de la faim (λιμαγχονέω/πεινάω, Dt 8.3 ; Lc 4.2) afin qu'il apprenne que l'homme ne vit pas de pain seulement (οὐκ ἐπ' ἄρτῳ μόνῳ ζήσεται ὁ ἄνθρωπος, Dt 8.3 ; Lc 4.4). Le lien entre ces deux textes est indéniable.

La tâche qui consiste à comprendre la signification que l'auteur voulait donner à cette allusion est moins évidente. En tirer des conclusions sur l'activité de l'Esprit dans le passage de Luc est encore plus difficile. Le rapprochement qui compare la fidélité de

---

[76] Voir, p. ex., Darrell L. BOCK, *Luke Vol. 1 : 1.1-9.50*, Baker Exegetical Commentary on the New Testament, éd. Moisés Silva, Grand Rapids, Baker Books, 1994, p. 370 ; Luke Timothy JOHNSON, *The Gospel of Luke*, Sacra Pagina 3, éd. Daniel J. Harrington, Collegeville, MN, The Liturgical Press, 1991, p. 76 et SHEPHERD, *The Narrative Function of the Holy Spirit*, p. 131.
[77] Voir ch. 3, p. 110-12.
[78] Contre THOMPSON, « Called—Proved—Obedient », p. 7 ; A. FEUILLET, « Le récit lucanien de la tentation », *Biblica* 40, 1959, p. 624-28 et Jerome NEYREY, *The Passion According to Luke : A Redaction Study of Luke's Soteriology*, New York/Mahwah, Paulist Press, 1985, p. 172-77.
[79] Voir la discussion sur « fils de Dieu » dans Birger GERHARDSSON, *The Testing of God's Son (Matt 4.1-11& par) An Analysis of an Early Christian Midrash*, Coniectanea Biblica New Testament Series 2, Lund, Gleerup, 1966, p. 19-24.
[80] *Luke*, p. 192.

Jésus à l'infidélité d'Israël semble assez logique[81]. Mais il faut faire attention quant aux conclusions que l'on tire de cette analogie. Wenk, par exemple, tire la conclusion que l'Esprit aidait et guidait Jésus pendant cette période d'épreuves de la même manière que Yahweh a conduit Israël et pourvu à ses besoins lors de son expérience dans le désert. Selon Wenk, cela veut dire que l'Esprit lui donnait la sagesse, la force et la résolution nécessaire pour vaincre la tentation[82]. La conclusion de Wenk sur l'activité de l'Esprit est forcée. Il tire une signification du terme « conduire » (ἄγω) que ni le texte de Deutéronome ni le texte de Luc ne soutient.

Pour évaluer le rapprochement il faut analyser la manière dont Dieu a conduit Israël dans le désert et déterminer le ou les points parallèles dans le passage de Luc. Nous notons les manières de conduire suivantes tirées de l'expérience d'Israël dans le désert :

1) Dieu a montré le chemin à Israël par une colonne de feu et une colonne de nuée (Ex 13.21-22 ; Dt 8.2)[83].

2) Dieu a opéré des signes et des miracles pour délivrer Israël et prendre soin de lui, en Égypte et dans le désert (Ex 7-14 ; cf. Dt 8.14)[84].

3) Dieu a conduit Israël au moyen des commandements et des lois donnés par Moïse (Ex 19-24 ; Dt 6.1-3 ; 8.1). La responsabilité d'observer les commandements de l'Éternel et de rester fidèle revenait à Israël. Le secret donné par Moïse était de « se souvenir » de ce trajet de quarante ans dans le désert, conduits par Dieu et sous sa tutelle (Dt 8.2-5) et de ne pas « oublier » ce Dieu qui les avait conduit et qui les avait approvisionnés (Dt 8.14-16).

4) Dieu a conduit Israël à travers un lieu inhospitalier (le désert) afin de l'éprouver et de pourvoir miraculeusement à ses besoins (Ex 15.22-17.7 ; Dt 8.3-4, 15-16 ; 29.4).

---

[81] GREEN, *Luke*, p. 192-93 ; C. F. EVANS, *Saint Luke*, p. 256. THOMPSON, « Called—Proved—Obedient », p. 6-7 ; WENK, *Community-Forming Power*, p. 198-99.
[82] *Community Forming Power*, p. 199.
[83] Notez la répétition de ὁδός.
[84] Le texte fait souvent référence à ces actes de puissance en parlant de l'intervention de Dieu pour « faire sortir » (ἐξάγω, un composé de ἄγω) Israël du pays d'Égypte (Ex 13.3, 9, 14, 16 ; Dt 4.37 ; 5.15 ; 6.21 ; 7.8, 19 ; 26.8 ; etc.). Il faut noter le parallèle dans le discours d'Étienne. « C'est lui qui les fit sortir (ἐξήγαγεν), en opérant (ποιήσας) prodiges et signes au pays d'Égypte, à la mer Rouge et au désert pendant quarante ans » (Ac 7.36, TOB). Le co-texte de la sortie d'Égypte exige que le participe ποιήσας soit un participe de manière ou de moyen exprimant comment Dieu les fit sortir. Ce versent insiste sur la continuation de cette activité à la mer Rouge et dans le désert.

La péricope des épreuves de Jésus a le plus d'affinité avec la dernière expérience d'Israël. Comme Dieu *a conduit* Israël *dans le désert* pendant *quarante* ans *afin de l'éprouver* et *l'a fait souffrir de faim* afin de lui *apprendre que l'homme ne vit pas de pain seulement* (Dt 8.2-3), ainsi, l'Esprit *a conduit* Jésus *dans le désert* pendant *quarante* jours *afin qu'il soit éprouvé*[85], et l'a fait souffrir de la *faim* afin de lui apprendre que *l'homme ne vit pas de pain seulement* (Lc 4.1-4). Max Turner proteste qu'une telle lecture est « follement improbable » disant que Luc aurait employé l'infinitif πειρασθῆναι comme dans le récit de Matthieu (4.1) pour exprimer un but et qu'il n'y a aucune raison de modifier le récit de Marc pour parler de déplacements dans le désert[86]. Ses deux arguments viennent de présuppositions concernant les sources de Luc et sa manière de les manier.

Sans les présuppositions de Turner, cette lecture devient très probable. Presque tous les participes présents à valeur adverbiale de πειράζω dans le Nouveau Testament, où le participe suit le verbe principal, expriment un but[87]. Luc serait en train de dire quasiment la même chose que Marc et Matthieu. Seulement, Luc insiste sur la conduite par l'Esprit pendant toute la période de quarante jours. Il n'est pas nécessaire, non plus, d'imaginer Jésus conduit dans le désert ça et là pour être tenté par Satan à différents endroits, comme Turner l'imagine[88]. Si le but de l'Esprit est que Jésus soit tenté dans une condition de faim, l'Esprit doit non seulement le conduire dans le désert (une action accomplie, cf. Mt 4.1, ἀνήχθη εἰς τὴν ἔρημον), mais il doit aussi le conduire dans le désert *pendant quarante jours* (une action continue, cf. Lc 4.1-2, ἤγετο ... ἐν τῇ ἐρήμῳ ἡμέρας τεσσεράκοντα), pour qu'il ne trouve pas à manger. Passer un séjour dans le désert ne veut pas forcément dire que l'on doit jeûner. Jean-Baptiste se nourrissait dans le désert (Mt 3.4). C'est précisément l'expérience que Dieu a fait subir à Israël. Il l'a « conduit... quarante ans dans le désert » et l'a « fait souffrir de la faim » (Dt 8.3). Il voulait « l'éprouver » et lui « apprendre que l'homme ne vit pas de pain seulement » (Dt 8.3).

---

[85] Voir JOHNSON, *Luke*, p. 73 et NOLLAND, *Luke*, p. 178.
[86] TURNER, *Power from on High*, p. 204, n. 57.
[87] Daniel B. WALLACE, *Greek Grammar Beyond the Basics : An Exegetical Syntax of the New Testament*, Grand Rapids, Zondervan, 1996, p. 636, n. 60. Selon Wallace, la seule exception est Hb 11.17. Il donne les ex. suivants : Mt 1.1 ; 19.3 ; 22.35 ; Mc 1.13 ; 8.11 ; 10.2 ; Lc 4.2 ; 11.16 ; Jn 6.6. Il dit que Mc 1.13 et Lc 4.2 pourraient aussi être des exceptions, mais soutient sa conclusion par les arguments de contexte et le passage parallèle de Mt.
[88] *Power from on High*, p. 204, n. 57.

Dieu a « fait marcher » Israël « dans ce grand et affreux désert, où il y a des serpents brûlants et des scorpions, dans des lieux arides et sans eaux » pour l'« éprouver, pour ...[lui] faire ensuite du bien » (Dt 8.15-16). Jésus réussit à surmonter les épreuves en *se souvenant* de ces événements et en citant les textes appropriés de Moïse.

L'image présentée par Luc n'est pas celle d'un homme faible qui doit être fortifié par l'Esprit afin de ne pas succomber à la tentation devant divers péchés. Il faut plutôt penser à un homme juste et fort (cf. Lc 2.52) que Dieu veut éprouver pour son bien. Gerhardsson constate que Dieu « éprouve » seulement son peuple, et s'il s'agit d'un individu, c'est toujours un homme pieux. L'exemple classique est l'épreuve d'Abraham (Gn 22)[89]. Mais l'épreuve n'est pas limitée à quelques élites. Elle est « *le privilège du fils* » de l'alliance montrant qu'il est agréé par Dieu et « reste dans une relation filiale avec lui. Ceci est vrai pour Israël comme un peuple et pour chaque membre juste » (cf. Ps 11.5 ; 94.12 ; Pr 3.12 ; Sir 2.1 ; Sag 3.1-6 ; 11.9-10 ; 12.20-22 ; 2 Mac 6.12-16 ; 7.32s ; 10.4)[90]. Donc, il est tout à fait logique que Jésus, qui est proclamé Fils de Dieu et agréé par Dieu (Lc 3.22), soit éprouvé par Lui[91].

Il faut encore répondre à trois questions importantes par rapport aux deux mentions de l'Esprit πλήρης πνεύματος ἁγίου et ἤγετο ἐν τῷ πνεύματι au début de cette péricope. La première question concerne la conclusion tirée sur l'influence de l'Esprit par une comparaison avec les épreuves de la nation d'Israël[92]. Si Dieu veut éprouver Jésus pour son bien, quel est le bien pour lequel il veut l'éprouver ? Pour Israël le bien était d'apprendre que « l'homme ne vit pas de pain seulement, mais que l'homme vit de tout ce qui sort de la bouche de l'Éternel » (Dt 8.3) ; d'apprendre à ne pas servir les idoles mais à servir Dieu seul (Dt 6.13) et d'apprendre à avoir confiance en Dieu et ne pas mettre Dieu à l'épreuve (Dt 6.16). Jésus connaît ces leçons et cite les passages appropriés. Mais, comment ces épreuves sont-elles pertinentes pour la vie de Jésus ? Ces épreuves ne semblent pas représenter les faiblesses que Dieu a besoin de corriger dans la vie de Jésus. Notre réponse est une spéculation basée sur le développement du récit, parce que Luc ne développe pas l'aspect positif de ces épreuves. Il se peut que l'aspect positif

---

[89] *The Testing of God's Son*, p. 26-27.
[90] Ibid., p. 32-33.
[91] GERHARDSSON explique comment Satan est devenu « l'instrument de Dieu pour la tentation des justes ». Ibid., p. 38-40.

ne retienne pas son attention. Mais une supposition possible et logique est que ces épreuves ont aidé Jésus à définir ou à confirmer sa tâche messianique. Cette supposition sera abordée dans la discussion sur le fil de l'intrigue[93].

La deuxième question concerne le lien entre les mentions de l'influence de l'Esprit et la réussite de Jésus contre le diable. Ayant rejeté l'idée que la direction de l'Esprit (ἤγετο ἐν τῷ πνεύματι) implique une force intérieure par laquelle l'Esprit lui donnait la sagesse nécessaire pour résister aux tentations du diable, reste-t-il un lien implicite entre l'influence de l'Esprit et la victoire sur les épreuves ?

C'est la première expression dans cette péricope, « rempli d'Esprit Saint » (πλήρης πνεύματος ἁγίου), qui est vraiment distinctive dans la pneumatologie lucanienne, et qui est plus directement liée à la réussite de Jésus. Luc est quasiment le seul à utiliser cette expression dans le Nouveau Testament[94]. Notre analyse de l'emploi de cette expression a souligné la visibilité de l'influence de l'Esprit[95]. Quelle expression « visible » de l'Esprit est en vue dans la péricope sur les épreuves de Jésus ? La première conclusion est que l'Esprit conduit Jésus pour être éprouvé. Mais il est aussi possible que la capacité de résister aux épreuves du diable soit envisagée[96] ?

Plusieurs arguments plaident en faveur de la thèse que l'Esprit donne à Jésus une puissance pour vaincre le diable qui se traduit en une assurance pour proclamer des paroles inspirées, malgré les épreuves difficiles. Le premier argument vient du contexte littéraire immédiat. Notre thèse n'est qu'une description de ce que Luc raconte. Dans cette lutte Jésus vainc le diable et proclame des paroles inspirées avec assurance malgré les épreuves difficiles suite aux mentions de l'Esprit.

Le deuxième argument est que cette thèse correspond à la description donnée ailleurs de la victoire de Jésus sur le diable. Lorsque Jésus explique comment il chasse les démons par « le doigt de Dieu » (Lc 11.20), il utilise une métaphore pour décrire sa victoire contre le diable. Le diable est comparé à « un homme fort et bien armé ». Jésus

---

[92] Voir ci-dessus.
[93] Voir p. 208-10.
[94] La seule exception est l'exhortation dans l'Épître aux Éphésiens « Soyez remplis de l'Esprit » (πληροῦσθε ἐν πνεύματι, 5.18).
[95] Voir p. 188-96.
[96] Luc veut probablement indiquer que Jésus agit dans la puissance de l'Esprit depuis la descente de l'Esprit sur lui. Voir la discussion sur ἐν τῇ δυνάμει τοῦ πνεύματος plus bas, p. 214-20.

est « le plus fort » qui « survient et le dompte (νικάω)». Il « enlève toutes les armes » et « distribue ses dépouilles » (Lc 11.22). Jésus est « le plus fort » parce qu'il agit par « le doigt de Dieu ». Le « doigt de Dieu » est une métaphore qui veut dire la puissance de Dieu. Elle vient d'une allusion à l'aveu des magiciens d'Égypte face aux actes de puissance accomplis par Moïse (Ex 8.15)[97]. Dans Luc-Actes la puissance de Dieu est communiquée par l'Esprit (Lc 4.14)[98]. Jésus a pu « dompter » ou vaincre le diable parce qu'il agit dans la puissance de l'Esprit. Ensuite Jésus a dépouillé les possessions du diable, en chassant les démons. Dans Luc-Actes le récit des épreuves de Jésus dans le désert pourrait correspondre à la victoire sur le diable dans la métaphore de Jésus[99].

Le troisième argument vient des parallèles entre les « hommes de l'Esprit »[100]. D'autres personnages pleins d'Esprit sont passés par des épreuves et ont démontré une capacité semblable suite à leur expérience de la plénitude d'Esprit. L'exemple de Pierre a peut-être le plus de points de contact avec l'expérience de Jésus. Jésus informe Pierre que Satan veut le « cribler comme le froment » (Lc 22.31). Peu de temps après Jésus exhorte ses disciples à prier afin de ne pas chuter au moment de l'épreuve (πειρασμός, Lc 22.40, 46). La même nuit Pierre se trouve dans une épreuve extrêmement difficile. Jésus est prisonnier et en danger de mort. On demande à Pierre d'avouer sa relation avec Jésus, et peut-être ainsi, de subir le même sort. Malgré sa bonne volonté (Lc 22.33), Pierre ne réussit pas. Il renie Jésus trois fois (Lc 22.54-62). Tout de suite après être rempli de l'Esprit, le comportement de Pierre démontre un changement positif considérable. Quelques semaines après l'exécution de Jésus, l'occasion se présente à Pierre de témoigner de sa relation avec Jésus. Les risques de conséquences graves existent encore

---

[97] C'est un autre exemple de la typologie prophétique employée par Luc pour décrire le ministère de Jésus. Jésus est un prophète comme Moïse dans ce qu'il agit par « le doigt de Dieu ». Voir ch. 3, p. 112.
[98] La thèse qui propose que Luc ait choisi « le doigt de Dieu » pour éviter une association de l'Esprit à l'exorcisme vient d'une présupposition des sources et des motivations de l'auteur à propos des sources. Voir MENZIES, *Empowered for Witness*, p. 112-13 ; 161-63. Nous avons déjà montré les faiblesses de cette thèse (ch. 1, p. 20-22). Une étude littéraire ou narrative souligne plutôt la motivation de montrer la continuité avec l'Ancien Testament. A. GEORGE constate que « Luc est aussi le seul des synoptiques à utiliser deux autres métaphores toutes proches : la main de Dieu (Lc 1.66 ; Ac 4.28, 30 ; 7.50 ; 11.21 ; 13.11), le bras de Dieu (Lc 1.31 ; Ac 13.17) » (« Par le doigt de Dieu », *Études sur l'œuvre de Luc*, Paris, Éditions Gabalda, 1978, p. 128).
[99] Susan R. GARRETT, *The Demise of the Devil : Magic and the Demonic in Luke's Writings*, Fortress Press, Minneapolis, 1989, p. 39-40. FITZMYER, *Luke*, p. 919. TURNER, *Power from on High*, p. 207.
[100] Voir ch. 3, p. 113-15.

comme la suite du récit le montre (Ac 7.58 ; 12.1-2). Avec assurance Pierre proclame des paroles inspirées devant les foules à Jérusalem (2.14-40).

La capacité de ne pas fléchir au moment de l'épreuve (en particulier, l'épreuve de la persécution) et de proclamer la parole avec assurance est un élément dans la description stéréotypée des « hommes de l'Esprit »[101]. Un deuxième exemple très clair du lien entre l'épreuve, l'Esprit et l'annonce audacieuse de la parole se trouve au chapitre quatre des Actes des Apôtres. Dans l'ombre des menaces des autorités du temple, les disciples prient pour la capacité d'annoncer la parole avec assurance. Après la prière, « ils furent tous remplis du Saint-Esprit, et ils annonçaient la parole de Dieu avec assurance » (Ac 4.29, 31).

On pourrait contester que les parallèles décrits ci-dessus diffèrent de ceux de Jésus au quatrième chapitre de l'Évangile[102]. Nous pensons que les ressemblances sont plus importantes que les différences. Le contenu et les circonstances de l'épreuve changent, mais l'adversaire et son but restent les mêmes. Le diable veut faire dévier le fidèle de sa mission en le poussant à accepter une voie plus facile. Le caractère et les circonstances de la « proclamation de la parole » changent, mais la résolution intense et le résultat sont les mêmes. Jésus et les disciples décident de rester fidèles à leur mission et de continuer leur ministère en dépit des épreuves difficiles.

Un autre détail qui soutient cette thèse est la mention, à la fin des épreuves de Jésus, que « le diable s'éloigna de lui jusqu'à un moment favorable » (Lc 4.13). Par ces mots l'auteur crée une attente d'une autre épreuve plus tard dans le récit. Cette épreuve se déclenche lorsque Satan inspire à Judas de livrer Jésus aux autorités religieuses (Lc 22.3)[103]. La persécution et la souffrance de Jésus sont racontées par Luc comme une continuation des efforts du diable pour arrêter la mission de Jésus. Cette dernière épreuve ressemble plus à celle des disciples.

La troisième question est une reformulation de l'interrogation de Max Turner et de Matthias Wenk[104]. Si l'Esprit aide Jésus à vaincre le diable, n'y a-t-il pas d'effets éthiques et sotériologiques dus à la puissance de l'Esprit ? La réponse est « oui ». Jésus et

---

[101] Voir tableau, ch. 3, p. 115.
[102] Jésus n'est pas persécuté et sa proclamation n'est pas publique dans cet épisode.
[103] Ceci n'indique pas une phase de l'histoire du salut sans la présence de Satan et sans tentation. Contre Conzelmann, *Die Mitte der Zeit*, p. 9, 22, etc.

Pierre restent, tous les deux, fidèles à leur mission. La victoire sur Satan et la délivrance des démons font partie du salut. Mais la question importante pour la pneumatologie de Luc-Actes n'est pas de savoir si l'Esprit est associé à ces effets, mais comment il y est associé. Luc souligne l'aspect positif de la mission facilitée par l'influence de l'Esprit. Jésus n'est pas rendu puissant pour ne pas succomber aux tentations du diable mais pour le vaincre et le dépouiller. Pierre reçoit une puissance, non pas pour ne plus renier le Seigneur, mais pour qu'il soit un témoin (Ac 1.8). Dans les deux cas, l'influence de l'Esprit n'a pas pour but que Jésus ou Pierre soient 'sauvés' eux-mêmes, mais qu'ils puissent apporter le salut aux autres.

## La stratégie de l'auteur dans le fil de l'intrigue

Nous venons de suggérer une raison pour l'insertion du récit des épreuves de Jésus dans le fil de l'intrigue. Jésus, le Fils de Dieu (Lc 3.22, 38), est confirmé dans sa relation filiale par des épreuves (Lc 4.1-13). Ce lien logique existe dans le récit de chaque Évangile synoptique (cf. Mt 3.17/4.1-11 ; Mc 1.11/1.12-13). Une analyse de la place de cette péricope dans la stratégie de Luc révèle d'autres raisons plus subtiles mais beaucoup plus importantes.

Il faut se rappeler que Luc veut donner la certitude à ses lecteurs quant à l'identité messianique de Jésus (Lc 1.4)[105]. Certes, la confirmation de sa relation filiale contribue à cette identification. Mais Luc se sert surtout du thème de l'accomplissement des prophéties pour atteindre ce but[106]. Il commence par une introduction prophétique où des personnages fiables du récit annoncent que Jésus est le Messie et que le temps eschatologique est arrivé. Les attentes typiques de la période eschatologique sont rappelées : l'arrivée d'une figure royale davidique qui rétablit le royaume d'Israël et le délivre de ses ennemis (Lc1.32-33, 68-75 ; 2.11). Ces attentes sont renforcées par la prophétie de Jean-Baptiste (Lc 3.16-17) et par la voix divine au moment de la descente de l'Esprit (Lc 3.22). Mais ce sont justement ces attentes qui posent un problème pour le

---
[104] Voir p. 197-98.
[105] Voir ch. 3, p. 83-90.
[106] Voir ch. 3, p. 90-105 pour la défense de cette thèse.

lecteur (Lc 7.19 ; 24.21 ; Ac 1.6). Il sait que Jésus n'a pas rétabli le royaume d'Israël et que Rome, l'ennemi d'Israël, le domine toujours. La tâche narrative de Luc est de modifier les attentes de son lecteur de telle façon qu'il reconnaisse comment Jésus a accompli ces prophéties eschatologiques, et ainsi, enlever ses doutes. La péricope sur les épreuves de Jésus contribue justement à la modification de ces deux attentes : la délivrance des ennemis et l'établissement du royaume.

**La délivrance des ennemis**

Luc introduit un nouveau personnage dans la péricope des épreuves de Jésus dans le but de modifier l'attente de son lecteur sur la délivrance des ennemis. Le diable survient dans le récit sans introduction. Le manque d'information montre probablement que son identité fait partie du répertoire qu'ont en commun l'auteur et le lecteur. Le terme « diable » (διάβολος, accusateur) est la traduction de « Satan » (שָׂטָן, adversaire) dans la Septante. La majorité des répétitions du terme « diable » (διάβολος) dans l'Ancien Testament se trouve dans le livre de Job[107], dont le récit ressemble à l'expérience de Jésus. Dans les deux récits le diable met le fidèle à l'épreuve sous la direction divine (Jb 1.6-12 ; 2.1-6 ; Lc 4.1-2) et le fidèle résiste à l'épreuve (Jb 1.22 ; 2.10). Pour comprendre le récit de Luc il faut essayer d'acquérir le même répertoire que le lecteur implicite. On peut trouver certains indices dans le récit de Luc-Actes, d'autres dans l'Ancien Testament et d'autres dans la littérature intertestamentaire.

Susan R. Garrett a déjà essayé de reproduire une partie de ce répertoire dans une description du monde narratif de Luc-Actes[108]. Voici quelques éléments du monde narratif qui sont importants dans la stratégie de Luc :

1) Le diable a l'autorité sur « tous les royaumes de la terre » (Lc 4.5-6). D'autres textes du Nouveau Testament affirment cette notion explicitement (Jn 12.31 ; Apoc 13.7-8). Luc la présuppose (cf. Lc 4.5-6 ; 11.20-22 ; Ac 26.18)[109].

---

[107] 10 sur 18, 1 Chr. 21:1 ; Est 7.4 ; 8.1 ; Job 1.6-7, 9, 12 ; 2.1-4, 6-7 ; Sag 2.24 ; Zech. 3:1-2. Est 7.4 ; 8.1 et Ps 108.6 se réfèrent aux ennemis en générale. Donc, 10 références sur 14 au personnage du diable se trouvent dans le livre de Job.
[108] *The Demise of the Devil*, p. 37-60.
[109] Ibid., p. 38.

2) Son autorité s'étend sur les démons parce qu'il est le « prince des démons » qui opèrent sous son autorité. Les démons font partie de son royaume (Lc 11.15-18)[110].

3) Son autorité s'étend sur les êtres humains qui sont liés (δέω, Lc 13.16) et tyrannisés par lui (καταδυναστεύω, Ac 10.38).

4) Cette oppression du diable se manifeste par des maladies et par la 'possession', une condition où les démons habitent l'individu et influencent son comportement et sa santé (Lc 11.21 ; 13.11 ; 8.27-29).

5) Lorsque Jésus chasse les démons ou guérit les malades, il dépouille les 'possessions' du diable. Il peut le faire parce qu'il est le « plus fort » qui « a vaincu » (νικάω) le diable (Lc 11.21-22)[111].

6) Jésus donne à ses disciples « puissance et autorité sur tous les démons et … de guérir les maladies »[112] (Lc 9.1). Il leur donne l'autorité de « marcher sur… toute la puissance de l'ennemi » (Lc 10.19). Donc, les disciples continuent l'œuvre de Jésus qui est de dépouiller les possessions du diable et de conquérir son royaume.

Selon Garrett cette lutte entre Jésus et Satan est « au cœur du récit de Luc »[113]. C'est une lutte entre deux royaumes[114] qui commence avec les épreuves de Jésus dans le désert.

Comment comprendre cette lutte dans le fil de l'intrigue ? Comment contribue-t-elle à la stratégie de l'auteur ? Nous proposons que Luc utilise le récit des épreuves de Jésus pour préparer le lecteur à une modification de la notion des ennemis d'Israël[115]. L'introduction prophétique rappelle l'attente de délivrance des ennemis d'Israël. Marie parle du renversement des « puissants de leurs trônes » (Lc 1.52). Zacharie parle d'un « Sauveur qui nous délivre de nos ennemis (Lc 1.71.74). Tout de suite après la prophétie de Zacharie (Lc 1.67-79), Luc précise, « En ce temps-là parut en édit de César Auguste… pendant que Quirinius était gouverneur » (Lc 2.1). Luc mentionne les souverains qui occupent les 'trônes' de Rome, le grand ennemi d'Israël : César Auguste, le premier empereur de Rome qui symbolise la puissance impériale et Quirinius, son représentant

---

[110] Ibid., p. 39.
[111] Ibid., p. 39-40. Voir aussi TURNER, *Power from on High*, p. 207 et FITZMYER, *Luke*, p. 919.
[112] Traduction Œcuménique de la Bible (1988).
[113] GARRETT, *The Demise of the Devil*, p. 58.
[114] JOHNSON, *Luke*, p. 75.
[115] Les autres Évangiles introduisent la même modification, mais Luc ajoute des précisions qui la rendent plus explicite.

local. Le récit se poursuit avec l'annonce des anges qu'un Sauveur est né, « qui est le Christ, le Seigneur » (Lc 2.11). Le lecteur doit s'attendre à ce que ce Sauveur délivre Israël de ses ennemis, dont Auguste et Quirinius en premier. Au chapitre trois Luc mentionne quatre autres autorités de Rome dont deux qui sont particulièrement détestées : Ponce Pilate et Hérode le Tétrarque[116]. Luc informera le lecteur plus tard que Pilate avait « mêlé le sang » de certains Galiléens « avec celui de leurs sacrifices » (Lc 13.1), et qu'Hérode a emprisonné Jean-Baptiste, en plus de « toutes les mauvaises actions qu'il avait commises » (Lc 3.19-20), et l'a fait décapiter (Lc 9.9). La prophétie de Jean-Baptiste annonce que ce Christ « baptisera du Saint-Esprit et de feu » (Lc 3.16). Ce déluge d'Esprit et de feu devrait éliminer les ennemis d'Israël. Au baptême de Jésus, l'Esprit descend sur Jésus, qui est proclamé Fils de Dieu, un titre messianique royal venant du deuxième Psaume (Lc 3.22 ; Ps 2.7).

Arrivé au chapitre quatre, le lecteur veut savoir comment Jésus, le Messie, va accomplir la promesse de délivrance. En même temps, selon notre thèse, il pense que Jésus n'a pas encore accompli cette promesse. Jésus devrait entrer en guerre contre les ennemis d'Israël, contre Rome et ses représentants, contre Hérode qui vient d'emprisonner Jean. Nous croyons que les doutes de Jean viennent de cette déficience apparente dans les fonctions de Jésus (Lc 7.19). Au lieu d'entrer en guerre avec Rome, Jésus entre en guerre avec le diable. L'explication de ce changement se trouve dans la deuxième épreuve du diable. L'autorité (ἐξουσία) de tous les royaumes de la terre *a été donnée* au diable et il la donne *à qui il veut* (Lc 4.5-6). Cette explication est absente dans le récit de la même épreuve dans l'Évangile selon Matthieu (Mt 4.8-9). César Auguste, Quirinius, Hérode le Tétraque, toutes les autorités romaines et toutes les autorités de tous les royaumes de la terre sont sous l'autorité du diable. Si Jésus veut réellement délivrer Israël de ses ennemis, il doit s'attaquer à la source. L'ennemi par excellence est le diable (cf. Lc 10.19 ; Ac 13.10).

Le lecteur n'est probablement pas encore prêt à accepter la substitution du diable à la place de Rome dans l'accomplissement immédiat des prophéties messianiques. Mais il est peut-être capable de comprendre cet accomplissement, parce que l'action de

---

[116] Voir « Pilate » et « Hérode le Tétrarque », Nouveau Dictionnaire Biblique, révisé, Saint-Légier, Suisse, Éditions Emmaüs, 1992, p. 1039-40, 567-8.

déposer Satan et ses forces était aussi attendue dans l'âge eschatologique[117]. Cependant, les références à une victoire sur Satan sont beaucoup moins nombreuses que celles qui parlent d'une délivrance militaire. Le lecteur doit probablement apprendre progressivement cette nouvelle compréhension de la délivrance. Par ce premier conflit avec le diable, Luc introduit l'ennemi principal et prépare son lecteur à comprendre la tâche messianique de Jésus dans les chapitres suivants. Luc donnera plus d'explications dans le discours de Jésus à Nazareth (Lc 4.16-27), qui sera, à son tour, suivi d'exemples dans le ministère de Jésus (Lc 4.31-7.17). Finalement, c'est Pierre qui résume tout le ministère de Jésus en disant qu'il « allait de lieu en lieu faisant du bien et guérissant tous ceux qui étaient tyrannisés (καταδυναστεύω) par le diable » (Ac 10.38).

**L'établissement du royaume**

Dans la deuxième épreuve le diable propose de donner l'autorité sur tous les royaumes du monde à Jésus (Lc 4.5-7). Si Jésus accepte l'offre du diable, il peut réaliser, de façon illégitime, les deux attentes eschatologiques typiques qui posent un problème pour le lecteur. Il peut rétablir le royaume d'Israël et écraser ses ennemis. Si notre analyse est correcte, cette épreuve sert peut-être de mise en garde implicite pour le lecteur qu'un attachement à la réalisation des attentes messianiques peut le conduire dans le camp du diable.

Il est vraisemblable que la compréhension de la tâche messianique de Jésus soit le souci principal de l'auteur dans le récit des épreuves de Jésus[118]. Chaque épreuve a un parallèle dans les attentes messianiques de l'époque : la restauration de la manne[119],

---

[117] GARRETT, *The Demise of the Devil*, p. 40. Voir sa n. 16, p. 130.
[118] Robert STEIN dit que « la fonction principale du passage » est de « démontrer aux lecteurs de Luc pourquoi Jésus était le type de Messie qu'il était... ce récit rend clair pourquoi Jésus n'était pas un Messie politique », *Luke*, The New American Commentary, Vol. 24, éd. David S Dockery, Nashville, Broadman Press, 1992, p. 150. Voir H. RIESENFELD, « Le caractère messianique de la tentation au désert », *La venue du Messie*, Recherches bibliques 6, Bruges, Desclée et Brouwer, 1962, p. 51-63.
[119] Il est vrai que le miracle d'une pierre changée en pain ne serait pas un signe messianique efficace dans le contexte inhabité du désert. Mais l'efficacité d'un signe « privé » ne change pas l'impact sur le lecteur. Il ne peut manquer la reconnaissance messianique que produirait la réalisation des trois propositions du diable. FITZMYER, *Luke I-IX*, a raison de conseiller la prudence quant à l'emploi de l'étiquette « messianique » pour ces épreuves, p. 512. STEIN, *Luke*, accepte qu'un tel miracle ne serait pas un signe messianique comme la manne mais parle du rejet de Jésus de ce type de « rôle messianique », p. 148.

l'établissement d'un royaume politique et une manifestation au Temple[120]. Le lecteur n'est pas obligé de connaître toutes ces attentes pour comprendre la leçon. Luc montre comment une certaine compréhension des attentes messianiques peut induire quelqu'un en erreur. Plus important, Luc introduit le vrai ennemi de qui il faut être libéré et il l'associe à l'attente messianique d'un royaume politique. Luc prépare le lecteur pour la modification de ces deux attentes. Suite aux épreuves où le diable tente de conduire Jésus sur une mauvaise piste, Jésus révèle sa vraie tâche messianique (Lc 4.18-19, 43). Aurait-il appris ou confirmé cette tâche à travers ses épreuves ? Ce qui est certain, c'est que Jésus rejette un royaume (Lc 4.5-8) pour en annoncer un autre (Lc 4.43). La progression est logique et semble confirmer notre analyse de la stratégie de l'auteur. Depuis la descente de l'Esprit jusqu'à l'explication du même événement dans le discours à Nazareth, Luc prépare le lecteur à une compréhension différente de la mission du Messie. La péricope sur les épreuves de Jésus sert de catalyseur pour la *négation*[121] des attentes eschatologiques typiques du lecteur. Quelle façon plus efficace y a-t-il pour annuler les normes du répertoire du lecteur que de les associer au diable ?

### Les observations importantes pour la pneumatologie de Luc-Actes

Luc introduit le récit des épreuves de Jésus par deux références à l'Esprit de Dieu. Les conclusions tirées sur l'activité de l'Esprit dans la vie de Jésus à partir de ces références ont des conséquences importantes pour la pneumatologie de Luc-Actes. Une analyse de l'emploi de ces termes dans Luc-Actes et une allusion claire aux épreuves de la nation d'Israël dans le désert nous conduisent aux conclusions suivantes :

1) L'expression « rempli d'Esprit Saint » (πλήρης πνεύματος ἁγίου, Lc 4.1) rappelle la descente de l'Esprit au baptême de Jésus. Elle est l'expression que Luc utilise pour décrire l'effet ou le résultat de cette descente sur Jésus.

2) Une allusion aux épreuves de la nation d'Israël dans le désert aide à comprendre la signification de la phrase ἤγετο ἐν τῷ πνεύματι ἐν τῇ ἐρήμῳ ἡμέρας τεσσεράκοντα πειραζόμενος ὑπὸ τοῦ διαβόλου. L'Esprit conduisait Jésus dans le désert comme Dieu

---

[120] C. K. BARRETT, *The Holy Spirit and the Gospel Tradition*, Londres, SPCK, 1958, p. 51-52.
[121] Voir ch. 2, p. 68.

conduisait Israël dans le désert. C'est-à-dire, Jésus était conduit par l'Esprit dans le désert pendant quarante jours dans le but qu'il soit éprouvé par le diable.

3) L'expression « rempli d'Esprit Saint » a été insérée au début de cette péricope pour indiquer que Jésus agissait sous l'influence de l'Esprit de Dieu. Donc, l'Esprit de Dieu a aidé Jésus à vaincre le diable, à rester fidèle à sa mission et à proclamer des paroles inspirées en dépit des épreuves difficiles.

4) Luc utilise les expressions πλήρης πνεύματος ἁγίου et ἐν τῷ πνεύματι pour rapprocher l'expérience de Jésus de celle de ses disciples. L'onction de Jésus est unique. Il est le seul Messie et le seul sur qui l'Esprit est descendu sous une forme corporelle comme une colombe. Mais, en utilisant les mêmes expressions pour l'expérience des autres, Luc montre que leurs expériences ressemblent à celle de Jésus.

5) Ces expressions font partie de la description stéréotypée des « hommes de l'Esprit ». Le lien entre la descente et la plénitude de l'Esprit se répète dans Luc-Actes et indique la compréhension de Luc de la plénitude de l'Esprit. L'Esprit est descendu sur les hommes de l'Esprit. L'effet de cette descente est qu'ils sont remplis d'Esprit Saint. Ce lien est présupposé même quand un élément dans le lien n'est pas mentionné. C'est-à-dire, l'Esprit est déjà descendu sur ceux qui sont remplis de l'Esprit et ceux sur qui l'Esprit est descendu sont aussi remplis de l'Esprit.

6) Les personnages dans Luc-Actes ne sont pas remplis d'Esprit Saint par degrés. Il n'y a pas d'exemple d'un croyant qui soit moins rempli ou plus rempli que d'autres « personnages de l'Esprit ». Luc signale la présence et l'influence de l'Esprit par plusieurs expressions, mais il ne donne aucune indication de hiérarchie entre ces expressions.

7) L'influence de l'Esprit dans Luc-Actes est presque toujours visible. Ceci est vrai pour toutes les expressions de son influence, une autre donnée qui soutient la conclusion qu'il n'y a pas de degré d'influence.

8) Les expressions de l'influence de l'Esprit sont très souvent liées au thème de l'accomplissement des prophéties. C'est-à-dire, une référence à l'Esprit est souvent associée à l'accomplissement d'une prophétie. Ces deux dernières conclusions fonctionnent ensemble pour aider le lecteur à atteindre la « certitude » (Lc 1.4).

9) L'influence de l'Esprit peut avoir des effets éthiques et sotériologiques. L'aide pour rester fidèle à la mission donnée par Dieu et la victoire remportée sur le diable sont des exemples. Mais, il faut noter que Luc souligne la dimension positive : l'Esprit facilite leur mission. Luc ne décrit pas comment l'Esprit aide Jésus ou Pierre à résister aux tentations afin de ne pas tomber dans le péché. L'Esprit, qui est sous-jacent à leurs activités, leur donne la force d'accomplir la mission confiée par Dieu.

## III. L'INAUGURATION DU MINISTÈRE DE JÉSUS (Lc 4.14, 18)

L'Esprit Saint est mentionné deux fois (Lc 4.14, 18) dans la péricope qui introduit le ministère de Jésus en Galilée (Lc 4.14-44). Ces références n'ont pas de parallèle dans les autres Évangiles. Leur emplacement au début du ministère de Jésus leur donne une importance particulière pour la théologie de Luc. Nous voulons étudier chaque référence dans le contexte littéraire immédiat de la péricope et de l'ensemble de Luc-Actes. Un examen des intertextes sera utile pour la compréhension de la deuxième référence.

### L'emploi du vocabulaire associé à l'Esprit

ἐν τῇ δυνάμει τοῦ πνεύματος

Luc commence son récit du ministère de Jésus en Galilée avec cette référence à la puissance de l'Esprit. « Jésus, avec la puissance de l'Esprit, revint en Galilée[122] » (Lc 4.14). Nous avons déjà constaté que c'est la troisième fois que Luc associe explicitement la puissance à l'activité de l'Esprit, établissant pour le lecteur un lien fixe entre ces deux termes[123]. Nous voulons maintenant examiner cette référence dans son contexte littéraire. Il faut préciser le lien entre cette référence et les passages en amont et en aval.

En amont, Jésus vient de vaincre le diable. Puisque l'analyse narrative présuppose des liens logiques dans la présentation séquentielle d'un récit[124], une question s'impose :

---

[122] La Traduction Œcuménique de la Bible a été choisie parce qu'elle reflète mieux le parallèle avec Lc 4.1.
[123] Voir ch. 4, p. 143-46.
[124] Voir Mark Allen POWELL, *What is Narrative Criticism ?*, Guides to Biblical Scholarship, éd. Dan O. Via, Jr., Minneapolis, Fortress Press, 1990, p. 32-34, 40-42, « Toward a Narrative-Critical Understanding

Quel est le lien entre cette référence à la puissance de l'Esprit et la victoire sur le diable ? Matthias Wenk croit que la puissance de l'Esprit dans le ministère de Jésus est le résultat de sa fidélité face aux tentations du diable[125] ? La thèse de Wenk présuppose que l'expression « dans la puissance de l'Esprit » indique un développement dans l'expérience de Jésus par rapport à l'expression « rempli de l'Esprit » au début des épreuves. Mais, « rempli de l'Esprit » est l'expression préférée de Luc pour décrire l'influence visible de son activité[126]. L'insertion de cette expression au début du récit des épreuves doit certainement signaler, non seulement que l'Esprit accompagne Jésus, mais aussi que la puissance de l'Esprit est perceptible à travers cette période. Selon C. F. Evans, « la puissance de l'Esprit ... est déjà apparente dans le baptême et dans les tentations »[127]. Wenk, lui-même, accorde une puissance perceptible de l'Esprit à travers les épreuves de Jésus. Les conclusions de Wenk obligent le lecteur à supposer une hiérarchie entre les termes[128]. C'est-à-dire la puissance de l'Esprit est davantage perceptible chez un personnage « dans la puissance de l'Esprit » (ἐν τῇ δυνάμει τοῦ πνεύματος) que chez un autre « plein d'Esprit » (πλήρης πνεύματος). Nous avons déjà constaté que le texte de Luc-Actes ne soutient pas de telles suppositions de hiérarchie[129]. Étienne et Philippe, par exemple, sont tous les deux « pleins d'Esprit » (πλήρεις πνεύματος, Ac 6.3). Ni l'un ni l'autre n'agit expressément « dans la puissance de l'Esprit » (ἐν τῇ δυνάμει τοῦ πνεύματος). Étienne est aussi « plein de grâce et de puissance » (Ac 6.8). Mais Étienne et Philippe sont certainement puissants en paroles et en actes (Ac 6.8, 10 ; 8.5-7).

Robert Menzies évite cette présupposition en proposant un autre lien logique. Selon lui, la fidélité de Jésus permet « la continuation de sa relation avec l'Esprit »[130]. Donc, ce n'est pas l'expérience qui change, mais elle est maintenue en raison de sa fidélité. Il dit que la perspective de Luc correspond à celle des rabbins, selon lesquels

---

of Matthew », *Interpretation*, 46, 1992, p. 344 et Stephen D. MOORE, *Literary Criticism and the Gospels : The Theoretical Challenge*, New Haven et Londres, Yale University Press, 1989, p. 23.

[125] Voir, p. ex., WENK, *Community-Forming Power*, p. 199,

[126] Voir BARRETT, *The Holy Spirit and the Gospel Tradition*, p. 101 et p. 187-96, 205-8 ci-dessus.

[127] *Luke*, p. 263.

[128] *Community-Forming Power*, p. 199-200. WENK distingue entre l'assistance de l'Esprit pour les tentations et la dotation (« endowment » en anglais) de l'Esprit pour commencer son ministère messianique.

[129] Voir p. 191-94.

l'Esprit est confié à ceux qui en sont dignes et que l'Esprit s'en va de ceux qui ne le restent pas, comme le montre l'exemple de Saül (1 Sa 10.6, 10 ; 11.6 ; 16.14)[131]. Son interprétation ne pose pas de problème de vocabulaire, mais on doit se demander si Luc voulait souligner une telle inférence. Les exemples cités par Menzies sont, soit de personnages qui ont mérité de recevoir l'Esprit, soit du départ de l'Esprit parce que les personnages ne le méritaient pas. Il ne donne pas d'exemple d'un fidèle qui, en raison de sa résistance à l'épreuve, continue à mériter la présence de l'Esprit[132]. Plus important, selon la logique de Menzies et des rabbins, les disciples sur lesquels l'Esprit a été répandu (Ac 2.1-4, 16-17) ne seraient pas dignes de recevoir l'Esprit parce qu'ils n'ont pas surmonté l'épreuve (Lc 22.54-62). Il est difficile d'imaginer pourquoi le lecteur aurait besoin de la confirmation que Jésus était digne de recevoir l'Esprit. Rien ne montre dans le texte que le lecteur se soucie de savoir si Jésus méritait la présence de l'Esprit. Le lecteur semble avoir des doutes quant à l'identité de Jésus. La présence de l'Esprit aide à confirmer cette identité.

Un autre lien logique est plus facile à soutenir par le contexte littéraire. Les références à l'Esprit au chapitre quatre (4.1, 14, 18) servent à rappeler l'expérience de Jésus à son baptême. Les deux premières indiquent que sa relation avec l'Esprit est maintenue à travers les deux sections qui suivent la descente de l'Esprit sur lui, et la troisième explique la signification de cet événement. C'est-à-dire, il ne faut pas chercher le lien logique entre la mention de la « puissance de l'Esprit » et la victoire sur les épreuves. Le lien se trouve entre la descente de l'Esprit à son baptême et les deux péricopes qui suivent : la péricope sur les épreuves de Jésus et celle sur son ministère public en Galilée. L'influence de l'Esprit à travers les deux sections est le résultat de la descente de l'Esprit sur Jésus. Notre position ressemble à un autre lien logique décrit par Menzies. Il constate que, par ces paroles de transition, Luc arrive à « maintenir l'élan *pneumatique*[133] de son récit et souligner les liens entre l'onction *pneumatique* de Jésus et son sermon à Nazareth »[134]. Selon Luke Johnson, par les trois références à la présence de

---

[130] *Empowered for Witness*, p. 144.
[131] Ibid., p. 145.
[132] Ibid., p. 84-88, 95-98.
[133] Nous n'avons pas traduit l'adjectif '*pneumatique*'. Menzies a fabriqué ce mot à partir du grec. Il veut dire ce qui est relatif à l'Esprit et non pas ce qui est relatif à l'air comme en français.
[134] Ibid., p. 145.

l'Esprit en Jésus, « le lecteur est préparé » à comprendre l'interprétation donnée par Jésus du passage d'Ésaïe[135]. Plusieurs indices en amont et en aval dans le texte soutiennent notre position :

1) Le parallèle entre les deux premières références à l'Esprit (4.1, 14) plaident en faveur des résultats parallèles. Le parallèle entre ces deux versets est évident et réfléchi[136]. Notez les parallèles suivants :

    Lc 4.1   Ἰησοῦς δὲ <u>πλήρης πνεύματος ἁγίου</u> <u>ὑπέστρεψεν</u> *ἀπὸ τοῦ Ἰορδάνου*

    Ἰησοῦς + ὑπέστρεψεν + <u>influence de l'Esprit</u> + *référence géographique*

    Lc 4.14  Καὶ <u>ὑπέστρεψεν</u> ὁ Ἰησοῦς <u>ἐν τῇ δυνάμει τοῦ πνεύματος</u> *εἰς τὴν Γαλιλαίαν*

    Avec de tels parallèles on serait tenté de voir une *inclusion* encadrant le récit des épreuves de Jésus[137]. John NOLLAND croit que cette référence à l'Esprit (Lc 4.14a) est liée à ce qui précède et constate l'emploi fréquent du terme ὑποστρέφω pour conclure un épisode[138]. Mais le terme est aussi fréquemment employé pour commencer un épisode[139]. C'est certainement le cas pour le commencement de l'épisode des épreuves de Jésus (Lc 4.1). Un examen des passages en aval montrera que c'est aussi le cas pour son parallèle au début du ministère public de Jésus (Lc 4.14).

2) Luc utilise deux techniques de narration pour séparer ces deux péricopes[140]. D'abord, il change de cadre. Les épreuves de Jésus ont lieu dans le désert. Jésus revient en Galilée pour commencer son ministère. Deuxièmement, il y a un changement de personnages. Le diable est présent et actif pendant tout le séjour dans le désert, mais il s'éloigne de Jésus avant la section sur le ministère de Jésus en Galilée (Lc 4.13).

3) Les versets sommaires au début du ministère public de Jésus (Lc 4.14-15) contiennent des thèmes qui sont répétés en aval. Le thème de la puissance est rappelé dans cette même péricope (4.36), et souvent ailleurs (Lc 5.17 ; 6.19 ; 8.46 ; 9.1 ;

---

[135] *Luke*, p. 78.
[136] GREEN, *Luke*, p. 204-5.
[137] Voir, p. ex., SHEPHERD, *The Narrative Function of the Holy Spirit*, p. 132.
[138] *Luke 1-9.20*, p. 186. NOLLAND dit aussi correctement que Lc 4.14b-15 est lié à la suite.
[139] Parmi les 6 exemples de NOLLAND (Lc 1.56 ; 2.20 ; 7.10 ; 9.10 ; 24.[33], 52) seulement 4 concluent la péricope (1.56 ; 2.20 ; 7.10 ; 24.52). Dans Luc-Actes nous avons trouvé encore un exemple dans Lc 23.56 et 4 dans les Actes (8.25 ; 12.25 ; 13.13 ; 21.6). Nous avons trouvé au moins 4 exemples où le terme ὑποστρέφω commence la péricope (Lc 4.1, 14 ; 8.40 ; Ac 1.12).
[140] Voir GREEN, *Luke*, p. 190.

24.49 ; Ac 1.8 ; 4.33 ; 6.8 ; 10.38, etc.)[141]. L'étendue de la renommée de Jésus est mentionnée à plusieurs reprises (4.37 ; 5.15 ; 7.17)[142]. Luc donne un exemple de l'enseignement de Jésus dans une synagogue à partir du verset suivant (Lc 4.16-30). L'enseignement ou la prédication dans les synagogues est répété ailleurs dans le ministère de Jésus (Lc 4.44 ; 6.6 ; 13.10). Paul continue cette coutume dans les Actes des apôtres (Ac 9.20 ; 13.5, 14 ; 14.1 ; 17.1, 10, 17 ; 18.4, 19 ; 19.8).

4) La répétition des paroles sommaires sur la prédication de Jésus dans « les synagogues » à la fin du quatrième chapitre (Lc 4.44) crée une *inclusion* qui encadre l'exemple très important de cette proclamation dans la synagogue à Nazareth (Lc 4.16-30)[143]. Luc introduit le ministère de Jésus par une référence à son enseignement dans les synagogues en Galilée (Lc 4.14-15). Puis il donne un exemple de cet enseignement et de la réaction qui en résulte dans la synagogue à Nazareth en Galilée (Lc 4.16-30). Les événements dans la synagogue et la ville de Capernaüm servent de contraste (Lc 4.31-43 ; cf. 4.23). Les paroles sommaires à la fin de la péricope, « il prêchait dans les synagogues de la Judée » (4.44)[144], semblent étendre l'horizon du ministère de Jésus à « tout le pays d'Israël »[145].

Les deux derniers indices, la répétition des thèmes de ces deux versets sommaires (Lc 4.14-15) dans la suite de l'Évangile et l'*inclusion* à la fin du chapitre quatre, montrent clairement que ces versets servent d'introduction au ministère de Jésus. Le caractère introductif de ces versets est reconnu par la grande majorité des interprètes[146]. La référence à l'Esprit au début des épreuves de Jésus sert aussi

---

[141] Qu'il s'agit de la puissance de l'Esprit est rendu clair par la conjonction de ces deux termes dans les premiers chapitres de l'Évangile (Lc 1.17, 35 ; 4.14) et par la substitution de « la puissance » pour l'Esprit dans deux paroles prophétiques qui anticipent l'événement de l'Esprit à la Pentecôte (Lc 24.49 ; Ac 1.8). Voir ch. 4, p. 143-46.

[142] Notez la répétition de περὶ αὐτοῦ. Voir BOCK, *Luke*, p. 392 et François BOVON, *A Commentary on the Gospel of Luke 1.1-9.50*, trad. par Christine M. Thomas, Hermeneia—A Critical and Historical Commentary on the Bible, éd. Helmut Koester, Minneapolis, Fortress Press, p. 151. On peut aussi ajouter à ce thème les répétitions des personnages qui entendent ou voient des choses concernant (περι) Jésus (Lc 7.3, 18 ; 9.9 ; 19.37 ; 23.8).

[143] TANNEHILL, *Narrative Unity, Vol 1*, p. 60, NOLLAND, *Luke*, p. 186.

[144] La Traduction Œcuménique de la Bible suit la leçon la plus difficile qui est à accepter ici.

[145] M.-J. LAGRANGE a probablement raison de conclure que « la Judée n'est pas ici opposée à la Galilée, mais comprend tout le pays d'Israël », *Évangile selon Saint Luc*, 3ᵉ éd., Paris, Gabalda, 1927, p. 155, et sa note sur τῆς Ἰουδαίας, Lc 1.5, p. 9 ; voir aussi C. F. EVANS, *Luke*, p. 286.

[146] François BOVON, *Luc le théologien. Vingt-cinq ans de recherches (1950-1975)*, Neuchâtel/Paris : Delachaux et Niestlé, 1978, p. 207, liste 24 auteurs qui considèrent Lc 4.14-15 comme versets d'introduction.

d'introduction. Ces deux introductions sont clairement parallèles et la fonction de l'Esprit dans les deux introductions est clairement parallèle. Luc affirme que ce que Jésus fait, depuis la descente de l'Esprit sur lui, est sous l'influence de l'Esprit.

5) La référence à l'influence de l'Esprit donnée par Jésus dans son discours à Nazareth exprime le même lien logique. « L'Esprit du Seigneur est sur moi, parce qu'il m'a oint pour annoncer une bonne nouvelle… » (Lc 4.18). L'expression « sur moi » (ἐπ' ἐμὲ) rappelle la descente de l'Esprit à son baptême : « le Saint-Esprit descendit sur lui (ἐπ' αὐτόν, Lc 3.22). L'expression « annoncer une bonne nouvelle », dite dans la synagogue à Nazareth, rappelle la parole sommaire au début de la péricope, « il enseignait dans les synagogues » (Lc 4.15)[147]. Dans les deux versets, un enseignement dans une synagogue suit la mention de l'influence de l'Esprit.

La conclusion de toutes ces données est que l'auteur implicite prend soin de montrer que, suite à la descente de l'Esprit sur Jésus, il agit sous l'influence puissante de l'Esprit. Luc utilise deux expressions parallèles pour décrire cette influence et pour retenir l'attention du lecteur sur ce sujet : « rempli d'Esprit Saint » et « dans la puissance de l'Esprit ». Il n'y a pas d'indication que l'auteur ait voulu décrire, par le changement d'expressions, un développement de cette relation entre l'Esprit et Jésus. L'expression « dans la puissance de l'Esprit » (Lc 4.14) n'est pas un développement par rapport à l'expression « rempli d'Esprit Saint » (Lc 4.1). Notre analyse appuie la conclusion de C. K. Barrett :

> Luc ne semble dire rien de différent de ce qu'il a déjà dit, c'est-à-dire, qu'il était πλήρης πνεύματος ἁγίου. Luc (dans l'Évangile et dans les Actes) emploie plusieurs expressions différentes pour décrire des hommes agissant dans la puissance de l'Esprit. Πλήρης πνεύματος ἁγίου semble être son expression préférée[148].

Un examen du texte en aval aidera pour répondre à deux autres questions sur l'expression ἐν τῇ δυνάμει τοῦ πνεύματος. Premièrement, si cette expression fait partie du sommaire introduisant la section en aval, quelle est l'étendue de cette section dans

---

[147] STEIN, *Luke*, p. 166, constate que les 3 termes, εὐαγγελίζω, κηρύσσω et διδάσκω, sont interchangeable dans Lc-Ac, (cf. Lc 4.31 ; 8.1 ; 9.2, 6 ; 13.22 ; 20.1 ; Ac 5.42 ; 15.35 ; 28.31).
[148] *The Holy Spirit and the Gospel Tradition*, p. 101.

laquelle Jésus agit « dans la puissance de l'Esprit » ? Deuxièmement, en vu de quel type d'action la puissance de l'Esprit va-t-elle aider Jésus ?

Quelle est l'étendue de la section où Jésus agit dans la puissance de l'Esprit ? Le sommaire introduit-il seulement la péricope suivante ou une plus grande partie de l'œuvre ? Hans Conzelmann croit que toute la première phase de l'œuvre de Jésus est envisagée (Lc 4.14-9.50)[149]. Robert Stein pense que l'expression « dans la puissance de l'Esprit » s'étend à tout le ministère futur de Jésus[150]. L'examen ci-dessus de la répétition des thèmes mentionnés dans cette sommaire semble donner raison à Stein. La notion que tout son ministère soit accompli par la puissance de l'Esprit est aussi rappelée par Pierre dans les Actes (10.38).

Pour quelle œuvre la puissance de l'Esprit va-t-elle aider Jésus ? M.-J. Lagrange limite cette puissance aux miracles accomplis par Jésus[151]. Darrell Bock croit qu'il vaut mieux limiter la cause de la renommée initiale de Jésus à son ministère d'enseignement[152]. I. Howard Marshall croit que la puissance de l'Esprit est particulièrement liée au témoignage apostolique. Donc, il se réfère ici surtout à l'autorité de Jésus dans son enseignement, mais il dit que le pouvoir de faire des œuvres puissantes en découle peut-être[153]. Nous acceptons la conclusion de Joel Green que Luc « prend soin d'équilibrer » sa présentation du ministère de Jésus[154]. Il ne donne priorité ni à son enseignement ni à ses miracles. L'accent est mis sur son enseignement dans ce sommaire (Lc 4.15). Mais ensuite, lorsque sa puissance et sa renommée (ἦχος περὶ αὐτοῦ) sont mentionnées, c'est suite à un exorcisme (Lc 4.36-37). Au chapitre suivant la puissance du Seigneur est avec Jésus pour opérer des guérisons (Lc 5.17). Les deux aspects du ministère de Jésus sont étroitement liés. Jésus est « puissant en œuvres et en paroles » (Lc 24.19)[155]. Ces deux aspects sont habilités par l'Esprit Saint tout au long du ministère de Jésus.

---

[149] *Die Mitte der Zeit*, p. 24. Cf. BARRETT, *The Holy Spirit and the Gospel Tradition*, p. 76, n. 1.
[150] *Luke*, p. 149.
[151] *Saint Luc*, p. 137.
[152] *Luke*, p. 392.
[153] *Luke*, p. 176.
[154] *Luke*, p. 205. Voir aussi BARRETT, *The Holy Spirit and the Gospel Tradition*, p. 76.
[155] Étienne donne une description presque identique de Moïse (Ac 7.22).

πνεῦμα κυρίου ἐπ' ἐμὲ

Les premières paroles du premier discours de Jésus dans le récit de Luc sont une citation du prophète Ésaïe (Lc 4.18-19 ; És 61.1-2 ; 58.6). La citation est une description de l'onction du prophète et du ministère pour lequel il a été oint[156]. Jésus s'approprie cette description pour lui-même lorsqu'il dit : « Aujourd'hui cette parole de l'Écriture, que vous venez d'entendre, est accomplie » (Lc 4.21). Il faut examiner ici comment Luc comprend cette onction dans le ministère de Jésus. S'agit-il d'une onction royale ou prophétique ? L'onction envisage quel type de ministère ?

La description de l'Esprit « sur moi » (ἐπ' ἐμὲ), c'est-à-dire sur Jésus, rappelle l'expérience de son baptême lorsque l'Esprit est descendu sur lui (ἐπ' αὐτόν, Lc 3.22). Par la proposition suivante, « parce qu'il m'a oint … » (οὗ εἵνεκεν ἔχρισέν με), Luc informe le lecteur que la descente de l'Esprit sur Jésus à son baptême correspond à son onction divine pour le ministère[157].

L'image de l'onction vient de l'Ancien Testament où l'onction d'huile signalait souvent une mise à part pour le service. Le verbe (χρίω) est employé pour parler de l'onction de certains objets et de trois types de personnages : des sacrificateurs (Ex 30.30), des rois (1 Sa 10.1 ; 11.15 ; 16.3, 13) et des prophètes (1 R 19.16 et peut-être Ésaïe 61.1). Le titre, oint (χριστός), semble être réservé aux rois[158]. Les auteurs du Nouveau Testament utilisent quasiment toujours ce titre[159]. Le titre Christ est si souvent et si étroitement lié au nom de Jésus qu'il peut être parfois compris comme un nom propre[160]. La compréhension évidente de ce titre est celle d'une figure royale qui vient accomplir les promesses eschatologiques. Luc a déjà montré sa connaissance de cette

---

[156] C. F. EVANS dit que c'est « le seul passage dans Ésaïe où le prophète parle en personne du caractère et du but de sa mission, et de son affectation à cette mission par une dotation de l'esprit de Dieu », *Luke*, p. 269.
[157] Luc ne donne aucune indication que les auditeurs de Jésus à Nazareth étaient présents à son baptême. Pour eux les paroles de Jésus sont une auto proclamation de cette onction sans preuve visible.
[158] 1 Sa 2.10, 35 ; 12.3, 5 ; 16.6 ; 24.7, 11 ; 26.9, 11, 16, 23 ; 2 Sa 1.14, 16 ; 2.5 ; 19.22 ; 22.51 ; 23.1 ; 2 Chr 6.42 ; 22.7 ; Ps 2.2 ; 17.51 ; 19.7 ; 27.8 ; 83.10 ; 88.39, 52 ; 131.10, 17 ; Odes 3.10 ; 4.13 ; 14.14, 27 ; Sir 46.19 ; Ps Sol 17.32 ; 18.1, 5, 7; Amos 4.13 ; Hab 3.13 ; És 45.1 ; Lam 4.20 ; Dan 9.26 ; Dat 9.25 Le titre se trouve 2 fois en parallèles aux prophètes (1 Ch 16.22 ; Ps 105.15) sans mentionner leur fonction. Mais nulle part le titre n'est attribué clairement à un sacrificateur ou à un prophète.
[159] 529 fois si l'on compte des fois où le titre est compris comme un nom propre.
[160] Walter BAUER, « Χριστός », *A Greek-English Lexicon of the New Testament and Other Early Christian Litterature*, trad. par William F. Arndt et F. Wilbur Gingrinch, 2nd éd. Révisé et augmenté par F. Wilbur Gingrinch et Frederick W. Danker, Chicago, University of Chicago Press, 1979, p. 886-87.

compréhension (Lc 2.11, 26 ; 3.15). Selon notre thèse, c'est justement cette compréhension du Messie qui pose un problème pour certains personnages dans le récit et pour le lecteur implicite[161].

Le verbe (χρίω) n'est utilisé que cinq fois dans le Nouveau Testament[162] et Luc est le seul à l'appliquer à un événement dans la vie de Jésus[163]. David Ravens a raison de dire que « l'importance de ce fait pour la compréhension lucanienne de Χριστὸς n'a pas été suffisamment soulignée »[164]. Luc emploie le vocabulaire différemment parce qu'il veut dire quelque chose de différent. Il veut montrer que le titre convient à Jésus parce qu'il a été oint. La preuve de cette onction est qu'il a accompli la mission pour laquelle il a été oint[165]. Luc a estimé que ses lecteurs avaient besoin d'une modification dans leur compréhension de cette tâche. Il a déjà présupposé la compréhension d'une figure royale dans l'introduction prophétique et dans les paroles de Jean Baptiste. Que veut dire Luc de différent ?

Il faut prendre en considération la nouveauté de la présentation de Luc dans le débat sur l'onction de Jésus. Certains croient que Luc fait allusion à une onction prophétique[166]. D'autres pensent qu'il s'agit plutôt d'une onction royale[167]. Le texte de Luc-Actes semble soutenir un mélange ou une combinaison d'images[168]. Ce qu'il faut dans la discussion c'est comprendre comment Luc se sert d'images différentes pour ses

---

[161] Ch. 4, p. 164-68.
[162] Lc 4.18 ; Ac 4.27 ; 10.38 ; 2 Cor 1.21 et Héb 1.9.
[163] Le verbe est utilisé pour parler de l'onction des chrétiens dans 2 Cor 1.21 et d'une onction d'une huile de joie dans Héb 1.9.
[164] *Luke and the Restoration of Israel*, JSNT Supplement Series 119, Sheffield, Sheffield Academic Press, 1995, p. 114.
[165] Ibid.
[166] Voir, p. ex., POTTERIE, « L'onction du Christ », p. 225-52 ; Robert C. TANNEHILL, « 'Cornelius' and 'Tabitha' Encounter Luke's Jesus », *Gospel Interpretation : Narrative-Critical & Social-Scientific Approaches*, éd. par Jack Dean Kingsbury, Harrisburg, PA, Trinity Press International, 1997, p. 138-39 ; Leo O'REILLY, *Word and Sign in the Acts of the Apostles : A Study in Lucan Theology*, Analecta Gregoriana 243, Rome, Pontificia Universita Gregoriana, 1987, p. 30 ; David RAVENS, *Luke and the Restoration of Israel*, p. 113-24 ; Roger STRONSTAD, *The Prophethood of All Believers : A Study in Luke's Charismatic Theology*, Journal of Pentecostal Theology Supplement Series 16, éd. John Christopher Thomas, Rickie D. Moore et Steven J. Land, Sheffield, Sheffield Academic Press, 1999, p. 42-44 et JOHNSON, *Luke*, p. 81.
[167] Voir, p. ex., Darrel L. BOCK, *Proclamation from Prophecy and Pattern : Lucan Old Testament Christology*, JSNT Supplemental Series 12, Sheffield, JSOT Press, 1987, p. 108-11, 263 ; R. F. O'TOOLE, « Does Luke Also Portray Jesus As the Christ in Luke 4.16-30 ? » *Biblica* 76, 1995, p. 498-522 et
[168] Voir, p. ex., TURNER, *Power from on High*, p. 233-44 ; David W. PAO, *Acts and the Isaianic New Exodus, Grand Rapids*, Baker Academic, 2000, p. 77 ; M. L. STRAUSS, *The Davidic Messiah in Luke-*

fins. Contre Conzelmann, nous n'acceptons pas la conclusion que Luc emploie des titres christologiques « indistinctement » (*Promiscuität*)[169]. Nous croyons qu'il ressent le besoin de modifier la compréhension des attentes associées au Messie. C'est pourquoi sa présentation change. Que Luc présente Jésus comme le Messie royal dans les trois premiers chapitres de son Évangile est indéniable. Il est aussi clair que sa présentation de Jésus dans les chapitres décrivant son ministère est celle d'un prophète. Sa vie et ses activités ressemblent à celle des prophètes de l'Ancien Testament, en particulier, des trois prophètes accomplissant une série de miracles : Moïse, Élie et Élisée[170]. Pour comprendre ce changement de présentation, il faut suivre le fil de l'intrigue en prêtant attention aux perspectives différentes. Avant d'aborder cette tâche il est nécessaire de considérer l'influence des intertextes sur cette péricope.

## L'intertextualité

L'importance de la citation du prophète Ésaïe (61.1-2 ; 58.6) pour la structure et la théologie de Luc est un fait reconnu[171]. C'est la deuxième citation longue d'Ésaïe dans l'Évangile selon Luc (cf. Lc 3.4-6 ; És 40.3-5). Un autre verset important pour l'œuvre de Luc, cité par Paul dans le livre des Actes, vient aussi du prophète Ésaïe (Ac 13.47 ; És 49.6)[172]. Il est clair que le livre du prophète Ésaïe est un intertexte très important pour la théologie de Luc. Les interprètes ont raison de sonder le livre d'Ésaïe et la compréhension juive de ce livre afin de chercher des indices pour l'interprétation de Luc-

---

*Acts: The Promise and its Fulfillment in Lukan Christiolgy*, JSNTSS 110, Sheffield, JSOT Press, 1995, p. 341, 343.

[169] *Die Mitte der Zeit*, p. 159, n. 1.

[170] Ch. 3, p. 110-12. John P. MEIR, « Dividing Lines in Jesus Research Today : Through Dialectical Negation to a Positive Sketch », *Gospel Interpretation : Narrative-Critical & Social-Scientific Approaches*, éd. Jack Dean Kingsbury, Harrisburg, PA., Trinity Press International, 1997, p. 260.

[171] Ch. 3, p. 93-94. Voir, p. ex., Jean-Noël ALETTI, « Jésus à Nazareth (Lc 4.16-30) : Prophétie écriture et typologie », *A cause de l'évangile : Etudes sur les synoptiques et les Actes*, Lectio Divina 123, Paris, Cerf, 1985, p. 439, BOVON, *Luc le théologien*, p. 218, *L'Évangile selon Saint Luc*, p. 164, Daniel MARGUERAT, « L'Évangile selon Luc », *Introduction au Nouveau Testament*, éd. Daniel Marguerat, 2ᵉ éd., Genève, Labor et Fidès, 2001, p. 92, et Étienne SAMAIN, « Le discours programme de Jésus à la synagogue de Nazareth Luc 4.16-30 », *Foi et vie*, 11, 1971, p. 25-43.

[172] La question de l'auteur d'Ésaïe ne sera pas abordée. Selon l'auteur implicite de Luc-Actes des prophéties venant de tout le livre d'Ésaïe sont du prophète Ésaïe. Il attribue des passages d'Ésaïe chapitres 6 (Ac 28.25), 40 (Lc 3.4), 53 (Ac 8.28) et 61 (Lc 4.17) au prophète Ésaïe.

Actes. Mais il faut faire attention afin de ne pas *importer* une compréhension étrangère au texte de Luc. Il faut chercher des échos clairs dans Luc-Actes.

Rebecca Denova, par exemple, pense que Luc construit des événements de son récit à partir de cinq thèmes dans le livre d'Ésaïe :

1) le reste d'Israël (És 10.20-23 ; 14.1-2),

2) la libération des captifs exilés (És 49.22-26; 60.1-17),

3) l'inclusion des nations (És 49.7; 56.5),

4) la condamnation prophétique des non repentis (És 66.24) et

5) la restauration de Sion (És 2.2-4; 62.1-12)[173].

La libération des captifs et l'inclusion des nations sont certainement des thèmes de Luc-Actes que Luc soutient par une référence au livre d'Ésaïe (Lc 4.18 ; Ac 13.47). Luc spiritualise leur accomplissement. Les captifs ne sont pas les captifs de Babylone (És 48.20), ni même de Rome, mais du diable (Lc 13.16 ; Ac 10.38 ; 26.18). Les nations ne sont pas incluses dans le service du Seigneur à Jérusalem (És 56.6-7), mais dans la visée de la proclamation de l'Évangile (Ac 13.46-47). Il y a probablement une allusion à la prophétie d'Ésaïe dans la condamnation prophétique prononcée par Jean-Baptiste (Lc 3.17 ; És 66.24). Mais une allusion au reste d'Israël et au thème de la restauration de Sion est difficile à soutenir dans Luc-Actes[174]. Les disciples ont parlé de la restauration du royaume d'Israël, mais Jésus a repoussé l'accomplissement de cette attente à une date ultérieure indéfinie (Ac 1.6-7). Pierre parle d'un « temps du rétablissement de toutes choses » (χρόνων ἀποκαταστάσεως πάντων) après le séjour de Jésus au ciel (Ac 3.21). En conclusion, Luc ne prend pas le texte d'Ésaïe comme « guide », selon la proposition de Denova[175]. Il choisit des textes d'Ésaïe parce qu'ils conviennent à *son* projet. Un auteur qui prend autant de soins pour développer et modifier certains thèmes d'Ésaïe ne va pas laisser d'autres thèmes sans élaboration s'ils sont importants pour sa théologie. Les

---

[173] *The Things Accomplished Among Us: Prophetic Tradition in the Structural Pattern of Luke-Acts*, JSNT Supplement Series 141, Sheffield Academic Press, 1997, p. 26.

[174] L'idée de Denova que « la fonction principale des premiers chapitres des Actes est d'établir la communauté des croyants à Jérusalem comme le reste mentionné dans la tradition prophétique » est forcée. Ibid., p. 175.

[175] Ibid., p. 26. David PAO, fait une erreur pareille en disant que « la citation d'És 40.3-5…fournit une clé herméneutique par laquelle le reste du récit de Luc doit être compris… Les thèmes soulignés dans ce prologue Ésaïen …deviennent les motifs directeurs du récit des Actes », *Acts and the Isaianic New Exodus*, p. 249. Ce n'est pas le livre d'Ésaïe qui détermine la rédaction de Luc-Actes, mais Luc qui choisit les images d'Ésaïe qui conviennent à sa rédaction.

thèmes qui ne sont pas développés ne sont probablement pas importants dans le projet de Luc.

L'approche de Robert Tannehill est plus fidèle au texte. Il écrit que les passages importants des Écritures, que Luc a placés stratégiquement dans son récit, « expriment une compréhension particulière du dessein de Dieu », et qu'il faut prêter attention « aux mots et aux phrases qui réapparaissent plus tard dans Luc-Actes »[176]. Au lieu de laisser une compréhension préconçue du texte d'Ésaïe servir de clé herméneutique pour le texte de Luc-Actes, il faut chercher des indices dans le texte de Luc-Actes pour savoir comment Luc a employé le texte d'Ésaïe.

**La structure de Lc 4.18-19**

Avant de chercher ces échos dans le texte de Luc-Actes, il sera utile d'examiner la structure de la prophétie. Noter les différences par rapport au texte de la LXX aidera à comprendre la structure de cette citation dans l'Évangile. Nils Lund a déjà signalé quatre différences entre la citation de Luc et le passage d'Ésaïe dans la LXX[177] : 1) la proposition « guérir ceux qui ont le cœur brisé » est omise, 2) la proposition « renvoyer libres les opprimés » (És 58.6) est ajoutée, sûrement afin de répéter l'idée importante de la « libération » ($\mathring{\alpha}\phi\epsilon\sigma\iota\varsigma$)[178], 3) le verbe « proclamer » ($\kappa\eta\rho\acute{u}\sigma\sigma\omega$) remplace le verbe appeler ($\kappa\alpha\lambda\acute{\epsilon}\sigma\alpha\iota$) dans la proposition « pour proclamer une année favorable du Seigneur », sûrement afin de répéter ce mot important[179], et 4) la proposition « et un jour de vengeance pour consoler tous les endeuillés » est omise[180], probablement

---

[176] *Narrative Unity, Vol. 1*, p. 21.
[177] *Chiasmus in the New Testament : A Study in the Form and Function of Chiastic Structures*, Peabody, MA, Hendrickson Publishers, 1992, p. 236.
[178] James A. SANDERS constate que la pratique de lire ensemble deux textes liés par un mot clé était assez commun au premier siècle, « Isaiah in Luke », *Luke and Scripture : The Function of Sacred Tradition in Luke-Acts*, éd. Craig A. Evans et James A. Sanders, Minneapolis, Fortress Press, 1993, p. 21.
[179] Luc a-t-il suivi le TM dans cette répétition ? Le TM a deux fois le terme קרא, le même terme utilisé dans la législation du jubilé (Lev 25.10). Le lien avec le jubilé est réduit dans la LXX par la variation du vocabulaire. Si le lien était important pour Luc il aurait probablement choisi de répéter le mot $\kappa\alpha\lambda\acute{\epsilon}\sigma\alpha\iota$, que la LXX utilise pour la législation du jubilé. Il semble avoir choisi le terme $\kappa\eta\rho\acute{u}\sigma\sigma\omega$ pour accentuer la prédication en aval.
[180] LUND signale seulement l'omission de « et un jour de vengeance », *Chiasmus*, p. 236-37. Nous verrons plus bas que l'omission de « pour consoler tous les endeuillés » est aussi significative.

délibérément[181]. John Nolland constate que cette omission s'accorde à l'eschatologie lucanienne en deux phases, « le salut maintenant, et le jugement dans le futur »[182].

Cette citation est plus proche de la LXX que du TM, mais le texte de la LXX est très proche. La LXX omet les références à Dieu qui ne sont pas nécessaires au sens[183], et varie le vocabulaire de proclamation[184]. Étant donné l'équivalence proche de la traduction, il nous semble raisonnable que la cadence poétique de la lecture hébraïque aide à déterminer comment lire le texte grec. Ceci est important pour une décision sur la ponctuation. C'est-à-dire où faut-il mettre une pause ? Faut-il la mettre après le mot « pauvres » ? « L'Esprit du Seigneur est sur moi, parce qu'il m'a oint pour annoncer une bonne nouvelle aux pauvres. Il m'a envoyé pour... ». Faut-il la mettre après le verbe « oindre » ? « L'Esprit du Seigneur est sur moi, parce qu'il m'a oint. Pour annoncer une bonne nouvelle aux pauvres il m'a envoyé ». La deuxième ponctuation est la meilleure. Elle s'accorde au TM, à la LXX et à une phrase de Jésus vers la fin de la péricope : « Il faut aussi que j'annonce aux autres villes la bonne nouvelle (εὐαγγελίζω) du royaume de Dieu, car c'est pour cela que j'ai été envoyé (ἀποστέλλω) » (Lc 4.43)[185]. La répétition montre que le lien le plus important à retenir est que Jésus a été *envoyé pour annoncer la bonne nouvelle*. Le lien entre l'onction et cette mission est aussi présent, mais implicite[186].

Avec ces données nous sommes en mesure d'examiner la structure de la citation. La traduction suivante essaie de mieux suivre l'ordre des mots en grec afin de mieux représenter les répétitions importantes, les changements effectués et la structure de la citation.

**Lc 4.18-19**

| | |
|---|---|
| πνεῦμα κυρίου ἐπ' ἐμέ | [1]L'Esprit du Seigneur et sur *moi*, |
| οὗ εἵνεκεν ἔχρισέν με | [2]Car il a oint *moi*. |

---

[181] La citation s'arrête au milieu de la phrase. La lecture de cette péricope se terminait normalement au verset 9. Voir BOVON, *Luke*, p. 153.
[182] *Luke*, p.198. Voir aussi FITZMYER, *Luke I-IX*, p. 532.
[183] És 61.1a [יְהוָה] ; 62.2b [לֵאלֹהֵינוּ] ;
[184] Voir n. 179.
[185] Voir MARSHALL, *Luke*, 1978, p. 183. Allessandro FALCETTA ajoute que cette ponctuation ferait dépendre tous les infinitifs du verbe ἀποστέλλω qui est « le verbe classique des récits de mandat », *The Call of Nazareth : Form and Exegesis of Luke 4.16-30*, Cahiers de la Revue Biblique 53, Paris, Gabalda, 2003.
[186] Le même lien implicite se trouve dans un résumé important du ministère de Jésus dans le livre des Actes (10.38).

εὐαγγελίσασθαι πτωχοῖς ἀπέσταλκέν με ³*Pour* annoncer de bonnes nouvelles aux pauvres il a envoyé *moi* ;

⁴[*Pour* guérir ceux qui ont le cœur brisé]

κηρύξαι αἰχμαλώτοις ἄφεσιν ⁵*Pour* proclamer aux captifs la *liberté*

καὶ τυφλοῖς ἀνάβλεψιν ⁶et aux aveugles le recouvrement de la vue

ἀποστεῖλαι τεθραυσμένους ἐν ἀφέσει ⁷< *Pour* renvoyer les opprimés en *liberté* >

κηρύξαι ἐνιαυτὸν κυρίου δεκτόν ⁸*Pour* proclamer une année du Seigneur favorable

⁹[et un jour de vengeance]

¹⁰[*Pour* consoler tous les endeuillés.][187]

Les trois lignes encadrées [4, 9 et 10] sont ce qui est omis de la prophétie d'Ésaïe (És 61.1-2). La ligne entre flèches <7> est ce qui est ajouté (És 58.6).

Le texte des Massorètes et sa traduction grecque de ces versets sont organisés selon le principe de la poésie hébraïque des parallélismes synonymiques. Les deux propositions sur l'onction sont en parallèles. C'est-à-dire « il m'a oint » répète la même idée que « l'Esprit sur moi »[188]. Les cinq propositions suivantes commençant par un infinitif sont aussi en construction parallèle[189]. Les quatre dernières propositions infinitives sont des échos de la première. La première proposition est la plus importante et se termine par le verbe « envoyer ». Les quatre autres sont aussi en construction chiasmatique. « Pour guérir ceux qui ont le cœur brisé » et « Pour consoler tous les endeuillés » sont un parallélisme synonymique encadrant les deux proclamations jubilaires qui sont aussi un parallélisme synonymique[190].

Les additions et omissions chez Luc démontrent cette structure parallèle et changent l'impact de la prophétie[191]. La prophétie dans le livre d'Ésaïe sert à consoler ses lecteurs. Ils sont endeuillés et ont le cœur brisé. Au milieu de leur deuil, Ésaïe annonce qu'un jour la situation sera renversée. Ils seront libérés et vengés de leurs oppresseurs par

---

[187] Cf. la traduction de GREEN, *Luke*, p. 210.
[188] Dans l'onction l'huile est versée *sur* l'individu. L'Esprit est descendu *sur* Jésus (Lc 3.22).
[189] Il y a sept propositions infinitives qui dépendent du verbe « il m'a envoyé » et qui décrivent « la tâche septuple de l'orateur ». Wonsuk MA, *Until the Spirit Comes : The Spirit of God in the Book of Isaiah*, JSOT Supplement Series 271, éd. David J. A. Clines et Philip R. Davies, Sheffield, Sheffield Academic Press, 1999, p. 121. Les deux dernières commencent une nouvelle série de parallèles. És 61.3 reprend le dernier mot du verset 2 (πενθέω) et, par encore 2 propositions commençant par un infinitif, donne plus de détails sur la bonne nouvelle annoncée à ces endeuillés. Ce verset donne une liste en parallèle des symboles de deuil qui seront remplacés par des symboles de joie et qui ne concernent pas le projet de Luc.
[190] Les parallèles sont plus apparents dans le TM avec la répétition du verbe קרא.
[191] Contre LUND, *Chiasmus*, p. 236, qui croit que la rédaction de Luc crée « une structure chiasmatique parfaite ». Le chiasme qui encadre la citation est clair. Jésus se lève. On lui remet le livre. Il le déroule Lc

le jugement de Dieu. Dans la citation chez Luc il n'y a ni vengeance ni consolation, seulement la proclamation d'une bonne nouvelle. Les propositions qui concernent la vengeance et la consolation (lignes 4, 9 et 10) sont omises probablement parce qu'elles ne conviennent pas au moment de la prédication de Jésus et à la stratégie de Luc[192].

Cette nouvelle structure de Luc souligne trois éléments importants pour sa théologie[193]. (1) Le fait que les trois premières propositions se terminent par le pronom personnel à la première personne montre un lien important entre l'onction de Jésus (le sujet des deux premières propositions) et l'énoncé de sa mission dans la troisième proposition, « Pour annoncer la bonne nouvelle aux pauvres il m'a envoyé ». Les deux verbes, « il m'a oint » et « il m'a envoyé » sont en parallèle et appuient le même lien entre l'onction et l'envoi en mission. (2) Les trois propositions infinitives suivantes sont subordonnées à l'annonce de la bonne nouvelle aux pauvres. C. F. Evans explique qu'il y a deux manières de concevoir cette subordination. L'annonce de la bonne nouvelle aux pauvres peut être : soit l'en-tête, suivie de trois propositions disant la même chose de manières différentes ; soit la proposition principale, suivie de trois propositions indiquant d'autres détails dans la mission de Jésus[194]. Un examen des échos du vocabulaire et des thèmes de cette prophétie plaide en faveur de la première possibilité. Les trois dernières propositions sont des échos de la proclamation de la bonne nouvelle aux pauvres. Les captifs, les aveugles, les opprimés sont tous des pauvres. La libération, le recouvrement de la vue et l'arrivée d'une année favorable du Seigneur sont de bonnes nouvelles pour ces « pauvres ». (3) Un verbe est changé (καλέσαι → κηρύσσω) et une phrase est ajoutée (ligne 7) pour accentuer la proclamation de la « liberté » (ἄφεσις).

---

4.16-17). Il le roule, le remet et s'assoit (Lc 4.20). Lund est obligé de mal diviser les phrases et d'imaginer des parallèles forcés pour créer son chiasme de la prophétie elle-même.

[192] Contre MENZIES, *Empowered for Witness*, p. 149, qui croit que l'omission de la guérison de ceux qui ont le cœur brisé est en raison d'une « compréhension prophétique de l'Esprit ». Il cite M. RESE, *Alttestamentliche Motive in der Christologie des Lukas*, SNT, 1, Gütersloh, Gütersloh Verlagshaus, 1969, p. 214. C'est un bon exemple d'une des faiblesses de la critique rédactionnelle (voir ch. 1, p. 21-22). Le discernement de la motivation de l'auteur dans ses rédactions est spéculatif.

[193] GREEN, *Luke*, p. 210.

[194] *Luke*, p. 270.

## Les échos dans Luc-Actes

Suite à son onction, Jésus a été envoyé « pour annoncer une bonne nouvelle (εὐαγγελίζω) aux pauvres » (Lc 4.18), « pour proclamer (κηρύσσω) aux captifs la délivrance », et « pour proclamer (κηρύσσω) une année favorable du Seigneur » (4.19). Le verbe εὐαγγελίζω est employé souvent dans les sommaires de l'activité de Jésus (Lc 4.43 ; 7.22 ; 8.1 ; 16.16 ; 20.1 ; 10.36), et le verbe κηρύσσω « réapparaît comme son synonyme » (Lc 4.44 ; 8.1 ; 10.37)[195]. Plusieurs détails dans la répétition de ce thème montrent le lien entre l'annonce de la bonne nouvelle aux pauvres et l'annonce de la liberté (ἄφεσις) aux captifs.

1) À la fin de cette péricope, Jésus dit : « Il faut aussi que j'annonce aux autres villes la bonne nouvelle du royaume de Dieu » (Lc 4.43). On peut tirer deux conclusions logiques de cet énoncé. D'abord, le royaume de Dieu est la bonne nouvelle qui est annoncée[196]. Deuxièmement, puisqu'il dit qu'il doit *aussi* l'annoncer ailleurs, Jésus a déjà annoncé cette bonne nouvelle dans le co-texte immédiat, à Nazareth et/ou à Capernaüm. Les seules paroles que l'on pourrait qualifier de bonnes nouvelles données dans le contexte littéraire sont les propositions subordonnées parlant de liberté et de guérison dans le discours à Nazareth (Lc 4.18-19) et les paroles effectuant une libération ou une guérison dans son ministère à Capernaüm (Lc 4.35, 39)[197]. Les propositions subordonnées emploient aussi un vocabulaire qui convient à la venue d'un nouveau royaume. Les captifs sont libérés lorsqu'un royaume en conquiert un autre. On pourrait supposer que la référence de Jésus au royaume de Dieu fasse allusion aux promesses de l'Ancien Testament en général. Mais la répétition du verbe εὐαγγελίζω rappelle au lecteur la description déjà donnée. Ce lien est confirmé plus loin dans le récit lorsque Jésus donne une description d'une telle conquête en parlant d'un exorcisme comme preuve de la venue du royaume de Dieu (Lc 11.20-22).

---

[195] TANNEHILL, *Narrative Unity : Vol. 1*, p. 63. Διδάσκω est probablement aussi un synonyme (voir n. 147).
[196] La notion de « bonnes nouvelles » se trouve dans le verbe et le royaume est le complément objet direct du verbe.
[197] Voir Robert MADDOX, *The Purpose of Luke-Acts*, Göttingen, Vandehoeck & Ruprecht, 1982, p. 133.

2) Le verbe εὐαγγελίζω est quasiment toujours utilisé dans l'Ancien Testament pour annoncer une victoire militaire[198]. Certains de ces emplois peuvent avoir un sens métaphorique. Mais même les emplois métaphoriques font probablement allusion à une victoire militaire. C'est le cas du passage de Luc. La liberté des captifs et des opprimés fait allusion à une victoire militaire. La bonne nouvelle annoncée aux pauvres et la libération des captifs se réfèrent à la même victoire. La délivrance des captifs est la bonne nouvelle.

3) Le terme « pauvre » (πτωχός) est souvent répété dans l'Évangile[199]. La définition des pauvres n'est pas limitée à ceux qui ont peu de moyens économiques. Les catégories de personnages dans les suppositions subordonnées ; les « captifs », les « aveugles » et les « opprimés », sont les destinataires de bonnes nouvelles et font partie des « pauvres »[200]. La liste des « pauvres » est augmentée plus loin dans le texte. Parmi les « heureux » du royaume, dans une liste commençant par les pauvres, sont « ceux qui ont faim, ceux qui pleurent et ceux qui sont persécutés (Lc 6. 20-23). Lorsque Jésus rappelle la prophétie d'Ésaïe pour les émissaires de Jean-Baptiste, il ajoute les boiteux, les lépreux, les sourds et les morts à la liste (Lc 7.22)[201]. Il termine la liste par, « la bonne nouvelle est annoncée aux pauvres », ce qui est probablement un résumé de toute la liste. Selon Paul Minear, « Luc emploie des métaphores multiples pour désigner une seule réalité humaine »[202].

4) Le terme 'délivrance' ou 'liberté' (ἄφεσις) est accentué par sa répétition dans la citation[203]. Dans l'Ancien Testament ce terme est employé surtout pour parler de l'année du jubilé. Une allusion au jubilé fait certainement partie du message d'Ésaïe et de

---

[198] 1 Sa 31.9 ; 2 Sa 1.20 ; 4.10 ; 18.19, 20, 26, 31 ; 1 R 1.42 ; 1 Chr 10.9 ; Ps 39.10 ; 67.12 ; 95.2 ; Pss 11.1 ; Nah 2.1 ; És 40.9 ; 52.7 ; 60.6 ; 61.1. Il est aussi utilisé une fois pour l'annonce d'une naissance (Jér 20.15).
[199] Lc 4.18 ; 6.20 ; 7.22 ; 14.13, 21 ; 16.20, 22 ; 18.22 ; 19.8 ; 21.3.
[200] Voir Joel B. GREEN, « Good News to Whom ? Jesus and the 'Poor' in the Gospel of Luke », *Jesus of Nazareth : Lord and Christ, Essays on the Historical Jesus and New Testament Christology*, éd. Joel B. Green et Max Turner, Grand Rapids/Carlilisle UK, Eerdmans/Paternoster Press, 1994, p. 59-74.
[201] Voir És 29.18-19 ; 35.5-6.
[202] *To Heal and to Reveal : The Prophetic Vocation According to Luke*, New York, Seabury Press, 1976, p. 67. Il cite un aphorisme tannaïtique : « Quatre sont comparés à un mort : le boiteux, l'aveugle, le lépreux et le sans enfant ».
[203] La répétition est due à l'insertion d'És 58.6 dans la citation d'És 61.1-2, appuyant son importance.

Jésus[204]. Il faut réitérer l'avertissement de ne pas *importer* une certaine compréhension vétérotestamentaire dans le texte de Luc-Actes[205]. Luc ne développe pas les notions jubilaires typiques dans son récit[206]. Le vocabulaire technique du jubilé, « proclamer la liberté » (κηρύσσω ἄφεσιν)[207], a déjà une nouvelle signification dans le texte d'Ésaïe. La métaphore est utilisée pour « la libération d'Israël de son esclavage oppressif en 'exil' »[208]. Une telle image ressemble à l'attente eschatologique d'une délivrance militaire déjà suscitée par les premiers trois chapitres[209]. Une image pareille d'une réinterprétation du jubilé se trouve dans un document de Qumran. Melchisédech, une figure eschatologique, « libère les captifs » et « juge les nations » (11QMelch 4, 11-13).

Mais ce n'est pas la délivrance que Jésus proclame dans le récit de Luc. Partout ailleurs dans Luc-Actes le terme ἄφεσις est utilisé avec ἁμαρτιῶν pour le pardon des péchés[210], et souvent dans un contexte de proclamation[211]. Dans le mandat des disciples, la proclamation de la repentance et du pardon des péchés semble remplacer la proclamation du royaume de Dieu (Lc 24.47 ; cf. Lc 9.2 ; Ac 8.12 ; 28.31). Une notion semblable se trouve aussi dans le même document de Qumran. « Il leur proclamera la liberté, afin de les libérer de [la dette] de leurs iniquités » (11QMelch 6). Le terme est presque toujours utilisé dans l'Ancien Testament pour la rémission des dettes ou la délivrance des conditions oppressives[212]. Il est intéressant que Luc et le document de

---

[204] Voir la note bibliographique de SLOAN, *The Favorable Year of the Lord*, p. 19, n. 4 ; BOCK, *Luke*, 410 ; GREEN, *Luke*, 212 et Christopher J. SCHRECK, « The Nazareth Pericope : Luke 4.16-30 in Recent Study », *L'Évangile de Luc—The Gospel of Luke*, éd, F. Neirynck, BETL 32, Leuven, Université de Leuven, 1989, p. 450-53.

[205] SLOAN, p. ex., pense que « la notion du *jubilé* ... a déterminé en grande partie le caractère théologique de beaucoup de mots et de thèmes lucaniens », *The Favorable Year of the Lord*, p. 146. Il semble plutôt que Luc a choisi le vocabulaire du jubilé dans le texte d'Ésaïe parce qu'il convenait à son projet. Ce n'est pas le jubilé de l'Ancien Testament qui détermine la signification du terme chez Luc, mais c'est l'emploi du terme chez Luc qui détermine quelle signification Luc voulait donner au vocabulaire du jubilé.

[206] TURNER, *Power from on High*, p. 244 ; Michael PRIOR, *Jesus the Liberator : Nazareth Liberation Theology (Luke 4.16-30)*, Sheffield, Sheffield Academic Press, 1995, p. 139.

[207] Il est probablement significatif que Luc suive le MT dans la répétition du vocabulaire. Le MT utilise le même mot (קרא) dans És 61.1, 2 et Lev 25.10. LXX utilise 3 mots différents. SLOAN, *The Favorable Year of the Lord*, p. 31, 35-36.

[208] TURNER, *Power from on High*, p. 226.

[209] Ch. 4, p. 137, 139, 150, 165.

[210] Lc 1.77 ; 3.3 ; 24.47 ; Ac 2.38 ; 5.31 ; 10.43 ; 13.38 ; 26.18.

[211] Lc 3.3 ; 24.47, κηρύσσω ; Ac 13.38, καταγγέλλω.

[212] TURNER, *Power from on High*, p. 222.

Qumran associent le péché à une dette (Lc 6.36-50 ; 11.4)²¹³. Dans Luc-Actes le péché est aussi associé à des liens dont il faut être délié par le pardon. Pierre exhorte Simon, le magicien, à prier le Seigneur afin qu'il soit « pardonné » (ἀφίημι), parce qu'il est « dans les liens d'iniquité » (σύνδεσμον ἀδικίας)²¹⁴. Cette dernière expression est certainement une allusion au passage d'Ésaïe cité par Jésus (És 58.6)²¹⁵. Il est raisonnable de conclure que, pour Luc, le pardon des péchés fait partie de la libération jubilaire que Jésus proclame²¹⁶. En effet, selon Luc, le pardon des péchés est l'élément le plus important de cette annonce de la bonne nouvelle du royaume. C'est le message qu'il faut apporter à toutes les nations (Lc 24.47). Il est possible qu'au moment du discours à Nazareth, ni les auditeurs de Jésus, ni le lecteur implicite ne songent à la possibilité que le pardon des péchés soit une libération jubilaire. C'est la perspective de l'auteur implicite. Il doit la communiquer au lecteur par le récit en aval.

L'accomplissement de la libération des captifs ne se limite pas à la répétition du terme ἄφεσις. Un autre rappel de la citation d'Ésaïe dans le livre des Actes parle de la libération de l'emprise du diable. Dans un résumé du ministère de Jésus, Pierre raconte qu' « à la suite du baptême de Jean ... Dieu a oint du Saint-Esprit et de force Jésus de Nazareth » qui guérissait « tous ceux qui était sous l'empire (καταδυναστευομένους) du diable » (Ac 10.38). Le terme καταδυναστευομένους est utilisé dans l'Ancien Testament pour parler de la domination des esclaves (Ex 1.13 ; Neh 5.5) et de l'oppression des pauvres, en particulier la veuve et l'orphelin (Za 7.10 ; Mal 3.5 ; Jér 7.6 ; 22.3). L'auteur de Siracide constate que, lorsqu' « Élisée fut rempli de son esprit [l'Esprit d'Élie], ... personne ne put le subjuguer »²¹⁷. Ce passage de Siracide semble être important pour Luc. Il a probablement emprunté l'expression « rempli d'Esprit » à ce passage²¹⁸, et il y

---

²¹³ Voir Joel B. GREEN, « 'Salvation to the end of the earth' (Acts 13.47): God as Saviour in the Acts of the Apostles », *Witness to the Gospel : The Theology of Acts*, éd. I. Howard MARSHALL et David PETERSON, Grand Rapids, Eerdmans, 1998, p. 94.
²¹⁴ Voir TANNEHILL, *Narrative Unity, Vol. 1*, p. 67.
²¹⁵ L'expression se trouve seulement 2 fois dans les Écritures, És 58.6 et Ac 8.22.
²¹⁶ PRIOR, *Jesus the Liberator*, p. 139-40. L'objection de TURNER que si Luc voulait évoquer une telle signification, il aurait pu ajouter ἁμαρτιῶν au texte à partir d'És 58.6 (*Power from on High*, p. 224) ne prend pas en considération la stratégie de Luc. Il introduit des modifications des attentes eschatologiques d'une façon beaucoup plus subtile. Il s'accorde au lecteur en présentant l'attente connue et acceptée. Puis il convainc le lecteur de sa modification par la narration de l'accomplissement.
²¹⁷ Trad. Bible de Jérusalem, Éditions du Cerf, 1973.
²¹⁸ Ch. 4, p. 141-42.

fait probablement allusion dans le récit de l'Ascension[219]. Pour Luc et pour Sirach l'influence de l'Esprit délivre des personnes de la servitude.

Cette délivrance de l'asservissement au diable est aussi évidente dans l'exercice du ministère de Jésus lorsqu'il chasse les démons et guérit les malades. L'emploi du verbe σῴζω pour les guérisons (Lc 6.9; 8.36, 48, 50; 17.19; 18.42) suggère déjà un lien sémantique entre les guérisons et la mission libératrice de Jésus[220]. Dans le récit de Luc Jésus libère « une femme possédée d'un esprit qui la rendait infirme » (Lc 13.11). Il dit qu'il fallait libérer cette femme « que Satan tenait liée depuis dix-huit ans » (13.16). Jésus explique ailleurs que les guérisons et les exorcismes sont des preuves de la présence du royaume de Dieu (Lc 10.9 ; 11.20). Les phrases parallèles dans les deux envois des disciples sont assez révélatrices. Au neuvième chapitre Jésus envoie les douze « prêcher le royaume de Dieu, et guérir les malades » (Lc 9.2). Dans l'envoi parallèle des soixante-douze les instructions ressemblent à celles du premier envoi : ce qu'il faut porter, des instructions pour entrer dans les maisons et pour secouer la poussière contre les villes non réceptives (Lc 9.3-5 ; 10.4-8, 10-11). Mais les instructions aux soixante-douze pour annoncer le message sont légèrement différentes. Jésus leur dit, « Guérissez les malades … et dites-leur : Le royaume de Dieu s'est approché de vous » (Lc 10.9). La conclusion tirée d'un exorcisme est semblable : « Le royaume de Dieu est venu vers vous » (Lc 11.20). Les guérisons et les exorcismes sont plus que des activités qui accompagnent l'annonce de la bonne nouvelle. Ce sont des signes du règne de Dieu[221]. Ce n'est plus Satan qui règne et tyrannise les captifs mais Dieu qui règne et les libère[222]. Les guérisons et les exorcismes, pour Luc, sont en eux-mêmes des exemples de bonnes nouvelles du royaume de Dieu, et sont donc des preuves de l'inauguration du règne de Dieu[223].

La description de la mission de Jésus dans le discours à Nazareth crée une attente pour 'voir' cette mission en train de s'accomplir. Selon Joel Green, l'auteur « établit un besoin critique narratif pour que Jésus agisse de manière à … refléter ce programme

---

[219] Ch. 3, p. 110-11.
[220] *Narrative Unity, Vol. 1*, p. 87.
[221] « Le terme 'royaume' dans la Bible se réfère normalement au *règne* de quelqu'un au lieu du *territoire* contrôlé (cf. 19.12, 15 ; 23.42). Compris de cette façon, le royaume de Dieu a été proclamé par Jésus et Luc comme une réalité présente (11.14-22 ; 16.16 ; 17.20-21) et comme une espérance future (11.2 ; 13.22-30 ; 22.16-18) », STEIN, *Luke*, p. 165.
[222] Voir GARRETT, *Demise of the Devil*, p. 45 et C. F. EVANS, *Luke*, p. 276.
[223] Joel B. GREEN, *The Theology of the Gospel of Luke*, Cambridge University Press, 1995, p. 96.

missionnaire »[224]. Dans les premiers passages après son discours, Jésus chasse un démon (Lc 4.31-37) et guérit un malade d'une façon qui ressemble à un exorcisme (Lc 4.38-39). Ces deux miracles sont suivis d'un sommaire où Jésus guérit beaucoup de malades, et exorcise beaucoup de démons (Lc 4.40-41)[225]. En suivant la narration le lecteur comprend que les 'captifs', les démonisés et les malades, sont délivrés par les paroles et par les actes de Jésus[226]. Les paroles et les actes de Jésus sont, pour ces « pauvres » individus, une « bonne nouvelle ».

Jésus proclame aussi « aux aveugles le recouvrement de la vue ». Le sens littéral de la guérison des aveugles est souligné par Jésus lui-même comme preuve de son identité messianique (Lc 7.21-22). Mais le sens métaphorique qui oppose l'aveuglement à une capacité de 'voir' est un thème du livre d'Ésaïe (És 35.5 ; 42.7 ; 42.16-18 ; 43.8 ; 59.10 ; 61.1) et de Luc-Actes (6.39 ; 7.21-22 ; 14.13, 21 ; 18.35-43). Le thème de « la lumière des nations », est déjà lié au recouvrement de la vue et à la libération des captifs dans le livre d'Ésaïe (42.6-7). Le sens métaphorique est bien résumé dans les paroles du mandat de l'apôtre Paul. D'abord dans une vision le Seigneur dit à Ananias à propos de Paul, « cet homme est un instrument que j'ai choisi, pour porter mon nom devant les nations… » (Ac 9.15 ; une allusion à És 49.6). Ensuite Paul s'approprie le même passage d'Ésaïe pour justifier son ministère auprès des païens : « Je t'ai établi pour être la lumière des nations, pour porter le salut jusqu'aux extrémités de la terre » (Ac 13.47). Finalement, Paul rappelle son mandat, reliant trois thèmes que nous venons d'examiner : « des païens, vers qui je t'envoie, afin que tu leur ouvres les yeux, pour qu'ils passent des ténèbres à la lumière et de la puissance de Satan à Dieu, pour qu'ils reçoivent, par la foi en moi, le pardon des péchés… » (Ac 26.17-18)[227]. Le mandat de Paul ressemble beaucoup à celui de Jésus. Paul aurait pu résumer son mandat en disant, « pour qu'ils soient bénéficiaires de la bonne nouvelle destinée aux pauvres ».

---

[224] *Luke*, p. 207.
[225] Kenneth BAILEY voit un parallèle subtil entre les exemples d'Élie et Élisée et la description de la mission de Jésus. Élie est envoyé vers la femme de Sarepta et Élisée envoie Naaman à sa liberté. Les exemples suivent le même ordre que la répétition du terme « envoyer » dans la description. *Poet and Peasant and Through Peasant Eyes : A Literary-Cultural Approach to the Parables of Luke*, Grand Rapids, Eerdmans, 1983, p. 105. Le parallèle proposé est peut-être trop subtil. Luc n'utilise pas le même terme pour Élie et ne parle pas du tout de l'envoie de Naaman.
[226] TANNEHILL, *Narrative Unity, Vol. 1*, p. 83 ; Jack Dean KINGSBURY, *Conflict in Luke: Jesus, Authorities, Disciples*, Minneapolis: Fortress Press, 1991, p. 47.
[227] TANNEHILL, *Narrative Unity, Vol. 1*, p. 67.

Tous ces échos du programme[228] missionnaire de Jésus montrent que Jésus est appelé non seulement à proclamer verbalement la libération, mais à l'effectuer. Darrel Bock a raison d'affirmer que l'addition de la proposition « pour renvoyer libres les opprimés » (És 58.6) implique une délivrance messianique[229]. Mais l'on ne peut en déduire que cette figure messianique est présentée dans des termes royaux davidiques. Les œuvres de Jésus sont celles d'un prophète comme Moïse, Élie ou Élisée. Jésus n'effectue pas la libération en établissant son trône à Jérusalem et en proclamant un édit de libération. Jésus effectue la libération des captifs par des miracles de guérison, par des exorcismes, par la proclamation et l'enseignement et par le pardon des péchés.

**La typologie prophétique**

Ésaïe n'est pas le seul intertexte important pour la compréhension de cette péricope. Dans la suite de son discours à Nazareth, Jésus se compare aux prophètes et se réfère à deux histoires dans l'Ancien Testament (Lc 4.24-27) : l'histoire d'Élie et la femme de Sarepta (1 R 17.8-16) et l'histoire d'Élisée et Naaman, le Syrien (2 R 5). Quelle est la signification de cette comparaison typologique ? Dans le cotexte immédiat sa raison d'être est d'expliquer pourquoi Jésus sera rejeté à Nazareth et pourquoi il n'exerce pas son ministère dans sa patrie. Il dit, « Aucun prophète n'est bien reçu dans sa patrie » (Lc 4.24). Puis il donne deux exemples où le prophète n'était pas bien reçu dans sa patrie[230] et a exercé son ministère hors d'Israël. Les exemples semblent préfigurer l'expansion vers les nations dans le livre des Actes[231]. Par sa comparaison aux prophètes Élie et Élisée, Jésus affirme sa continuité avec les prophètes. Comme eux il n'est pas bien

---

[228] Le caractère programmatique du passage est reconnu. Les échos que nous venons d'examiner ne font qu'appuyer cette conclusion. Voir, p. ex., la bibliographie d'auteurs qui soutiennent cette conclusion dans Judette M. KOLASNY, « An Example of Rhetorical Criticism: Luke 4.16-30 », *New Views on Luke and Acts*, éd. Earl Richard, Collegeville, Minnesota, The Liturgical Press, 1990, p. 69, n. 11.
[229] *Proclamation from Prophecy and Pattern : Lucan Old Testament Christology*, p. 109.
[230] La logique du texte présuppose la connaissance du rejet des prophètes Élie et Élisée par ceux de sa patrie.
[231] ALETTI, Jean-Noël, « Jésus à Nazareth (Lc 4.16-30) : Prophétie écriture et typologie », *À cause de l'évangile : Etudes sur les synoptiques et les Actes*, Lection Divina 123, Paris, Cerf, 1985, p. 446. SAMAIN, « Le discours programme de Jésus », p. 39 ; TANNEHILL, *Narrative Unity, Vol 1*, p. 71. Christopher J. SCHRECK, « The Nazareth Pericope : Luke 4.16-30 in Recent Study », *L'Évangile de Luc—The Gospel of Luke*, éd, F. Neirynck, BETL 32, Leuven, Université de Leuven, 1989, p. 443-49.

reçu en Israël. La suite du récit révèle que cet aspect du rejet devient un élément important dans la description stéréotypée des « hommes de l'Esprit »[232].

La comparaison ne s'arrête pas au discours de Jésus. Luc décrit le ministère de Jésus dans des termes qui rappellent des événements et des paroles des prophètes Moïse, Élie et Élisée[233]. Ces correspondances entre Jésus et les grands prophètes de l'Ancien Testament soulignent la continuité dans les aspects suivants du ministère de Jésus :

1) l'exercice de miracles (Ac 7.36-37) ; guérisons (Lc 7.1-10 ; 2 R 5.1-14), multiplication de la nourriture (Lc 9.10-17 ; 2 R 4.42-44) et résurrections des morts (Lc 7.11-17 ; 1 R 17.17-24),
2) l'allégeance du disciple ; la nécessité de suivre (Lc 9.57-62 ; 1 R19.20) et d'écouter le prophète (Lc 9.35 ; Dt 18.15),
3) le transfert de pouvoir pour le ministère des disciples, en particulier au départ du prophète, (Lc 9.1 ; 10.1-9 ; 24.49 ; Ac 1.4-11 ; Nb 11.25-29 ; 2 R 2.1-15),
4) l'urgence de la tâche (Lc 10.4 ; 2 R 4.29), et
5) le rejet du prophète et sa persécution (Lc 4.24 ; 11.50-51 ; 13.33-34).

Il est intéressant de noter les échos très clairs des cycles d'Élie et d'Élisée qui se trouvent juste après la citation clé d'Ésaïe qui exprime pourquoi Jésus est oint (Lc 4.18-19) et juste avant un rappel de la même citation. Au chapitre quatre, juste après la citation, Jésus dit, « Aucun prophète n'est bien reçu dans sa patrie » (4.24). Puis il évoque les événements dans le ministère d'Élie et d'Élisée comme exemples pour justifier son comportement et son rejet imminent (4.25-27). Au chapitre sept Luc raconte deux épisodes de manière à rappeler ces mêmes deux histoires d'Élie et d'Élisée (7.1-15). La réaction enregistrée par Luc est, que « tous… glorifiaient Dieu disant, un grand prophète a paru parmi nous, et Dieu a visité son people » (7.16). La nouvelle de ces événements atteint Jean-Baptiste et il envoie ses disciples pour demander si Jésus est « celui qui doit venir », c'est-à-dire le Messie (7.18-20 ; cf. 3.15-16). Le narrateur informe le lecteur qu' « à l'heure même » Jésus guérissait des malades, des aveugles, etc. (Lc 7.21). Jésus décrit ce qui se passe dans le but de confirmer son identité pour Jean. Sa description, « les

---

[232] Voir ch. 3, p. 114-16.
[233] Voir ch. 3, p. 110-12.

aveugles voient » et « la bonne nouvelle est annoncée au pauvres » (Lc 7.22), rappelle la citation au chapitre quatre.

L'organisation de ces passages révèle un lien clair entre la citation d'Ésaïe, l'identité prophétique de Jésus et l'image fournie par des allusions aux prophètes Élie et Élisée. Ces éléments sont présentés selon le schéma suivant :

a une citation d'Ésaïe contenant une description de l'activité messianique annoncée accomplie en Jésus,
  b Jésus assimilé aux prophètes,
    c un rappel des miracles d'Élie et d'Élisée,
      un récit des activités miraculeuses de Jésus qui se termine par
    c' une allusion aux miracles d'Élie et d'Élisée,
  b' Jésus assimilé aux grands prophètes,
a' une description de l'activité miraculeuse de Jésus accomplissant la citation d'Ésaïe.

La structure chiasmatique semble intentionnelle. Même si elle ne l'est pas, il est difficile de nier les liens logiques entre ces éléments. D'abord, les miracles accomplis par Jésus servent à valider son identité messianique parce qu'ils sont l'accomplissement de la prophétie d'Ésaïe[234]. Deuxièmement, ces miracles sont l'œuvre d'un grand prophète. Finalement, la typologie d'Élie et d'Élisée renforce cette validation. Luc présente Jésus dans la continuité des grands prophètes de l'Ancien Testament et prépare le lecteur à reconnaître en Jésus le prophète comme Moïse (Ac 3.22 ; 7.37)[235].

### La stratégie de l'auteur dans le fil de l'intrigue

Un résumé du fil de l'intrigue jusqu'au moment du discours à Nazareth aidera le lecteur à apprécier la contribution du discours de Jésus dans cette intrigue[236]. Le lecteur implicite de Luc-Actes a besoin de certitude (Lc 1.4). Précisément le lecteur a des doutes quant à l'identité messianique de Jésus (Lc 7.19-20 ; 24.21). Le fait que Jésus n'a pas

---

[234] Paul J. ACHTEMEIER, « The Lukan Perspective on the Miracles of Jesus : A preliminary Sketch », *Perspectives on Luke-Acts*, éd. Charles H. Talbert, Perspectives in Religious Studies, Special Studies Series 5, Edinburgh, T. & T. Clark, 1978, p. 158.

[235] Max TURNER a déjà constaté la tendance dans l'interprétation juive à assimiler Ésaïe à Moïse. Ainsi, la typologie d'Élie contribue à l'identification de Jésus comme le prophète comme Moïse, *Power from on High*, p. 238.

réalisé les attentes eschatologiques typiques (une figure royale davidique qui détruit les ennemis et rétablit le royaume d'Israël) est probablement une cause de doutes chez le lecteur de Luc. Deuxièmement, le lecteur a aussi des doutes quant à l'identité eschatologique de la communauté des croyants. Étant donnée la composition largement païenne de l'église, est-elle la communauté annoncée par les Écritures qui recevra les bénédictions des derniers jours ?

L'introduction prophétique, la section consacrée au ministère de Jean-Baptiste et la voix divine au baptême de Jésus affirment que les prophéties eschatologiques sont accomplies et soulignent l'identité messianique royale de Jésus (Lc 1.31-33 ; 2.11). Mais comme Jésus n'est pas 'le Messie attendu' par beaucoup, les énoncés de l'introduction ne sont peut-être pas suffisants pour donner une certitude au lecteur de ces vérités.

Luc n'a pas choisi de convaincre ses lecteurs par une série d'arguments théologiques, mais par une série d'épisodes dramatiques où Jésus, son protagoniste, devient l'interprète de la théologie de Luc[237]. Luc raconte l'histoire de Jésus de façon à convaincre le lecteur qu'il est le Messie attendu dans les prophéties. Luc se sert d'une prophétie eschatologique en particulier—celle d'Ésaïe citée par Jésus dans son discours à Nazareth qui mentionne son onction (Lc 4.18-19 ; És 61.1-2 ; 58.6). Luc se sert des liens logiques en amont et en aval de cette prophétie pour montrer que Jésus est le Messie attendu par cette prophétie. En amont Luc montre que Jésus a été 'oint' d'Esprit. Donc, lorsque Jésus s'approprie la prophétie « il m'a oint », le lecteur se souvient de son onction. En aval, Luc raconte des paroles et des actes de Jésus de façon à montrer qu'il a accompli les tâches messianiques énumérées dans la même prophétie.

Depuis le début de la section sur le ministère de Jésus (Lc 3.21-Ac 1.11), Luc prépare son lecteur pour une autre compréhension du Messie. Son approche au chapitre quatre est de focaliser l'attention du lecteur sur la signification du terme « Messie ». Jésus est l'Oint parce qu'il a été oint (Lc 4.18). On peut identifier le Messie parce qu'il est la personne ointe. Deux épisodes préparent le lecteur pour cette focalisation. D'abord Luc décrit la descente de l'Esprit « sur » Jésus (Lc 3.21-22) ; une description qui ressemble au

---

[236] Voir la description plus élaborée, p. 206-11.
[237] Eben SCHEFFLER, *Suffering in Luke's Gospel*, Abhandlungen zur Theologie des Alten und Neuen Testaments 81, éd. Oscar Cullmann et Hans Joachim Stoebe, Zürich, Theologischer Verlag Zürich, 1993, p. 44.

vocabulaire de l'onction dans l'Ancien Testament[238]. Cet épisode et les mentions de l'Esprit qui le suivent (4.1, 14) préparent le lecteur à identifier la descente de l'Esprit sur Jésus avec l'onction de l'Esprit dans la prophétie d'Ésaïe (Lc 4.18). Dans le deuxième épisode, l'ennemi sous-jacent à tout ennemi du peuple de Dieu, le diable, est introduit et vaincu par Jésus (Lc 4.1-13 ; cf. 11.21-22). Cet épisode prépare le lecteur à saisir une nouvelle compréhension de la mission de l'Oint : délivrer les captifs et les opprimés du diable. Le même épisode avertit le lecteur qu'une réalisation politique de l'attente messianique peut provenir du diable.

Par la citation d'Ésaïe, Jésus et Luc déplacent l'attention du lecteur du titre Oint vers sa signification « oint »[239]. Alors que tous les auteurs du Nouveau Testament emploient le titre « Oint », Luc est le seul à appliquer le verbe « oindre » ($\chi\rho\iota\omega$) à une expérience actuelle dans la vie de Jésus (Lc 4.18 ; Ac 4.27 ; 10.38)[240]. Lorsque Jésus dit, « L'Esprit du Seigneur est sur moi, parce qu'il m'a oint » (Lc 4.18) et « aujourd'hui cette parole…est accomplie » (4.21), les références à l'Esprit (Lc 3.22 ; 4.1, 14) ont déjà préparé le lecteur à comprendre que Jésus se réfère à la descente de l'Esprit à son baptême. Jésus est conduit par l'Esprit et agit dans la puissance de l'Esprit parce qu'il est oint d'Esprit.

Il ne suffit pas, pour éliminer les doutes du lecteur à propos de Jésus, de dire qu'il a été oint. Ni le lecteur, ni les auditeurs de Jésus n'ont vu la descente de l'Esprit sur Jésus. Les auditeurs n'ont que la parole de Jésus. Même si le lecteur croit que Jésus à été oint d'Esprit à son baptême, il n'est pas évident d'accepter qu'il soit l'Oint mentionné dans la prophétie d'Ésaïe. Beaucoup d'individus dans l'Ancien Testament sont oints. Beaucoup agissent dans la puissance de l'Esprit, même dans le récit de Luc. Pour accepter que Jésus soit la personne ointe de la prophétie d'Ésaïe, il faut d'autres preuves.

---

[238] La question de l'emploi des traditions et des sources n'est pas pertinente. L'auteur implicite avoue l'emploi des sources (Lc 1.2-3). Il peut choisir de se servir des sources telles qu'il les trouve ou de modifier la manière de raconter des événements. Tous ces choix d'écriture, de laisser ses sources telles qu'elles ou de les modifier, sont faits afin de servir à ses buts.

[239] C'est pourquoi l'argument de M. L. STRAUSS n'est pas valable. Il dit que « le lecteur doit regarder en arrière … pour voir comment Luc veut que le titre [le Christ] doit être compris », *The Davidic Messiah in Luke-Acts*, p. 201. Strauss ne prend pas en considération le changement de perspective que Luc introduit ici. Luc veut changer la compréhension du lecteur.

[240] Voir RAVENS, *Luke and the Restoration of Israel*, p. 114. Le verbe est employé seulement 5 fois dans le N.T. 2 Co 1.21 parle de l'onction des chrétiens. Hb 1.9 cite Ps 45.8 (44.8 LXX) « ton Dieu t'a oint d'une

Les preuves attendues par les auditeurs et par le lecteur sont le rétablissement du royaume d'Israël et la défaite des ennemis.

Dans son récit, Luc utilise le jeu des perspectives pour guider son lecteur vers cette certitude que Jésus est l'Oint, le Messie. Il y a deux niveaux de communication dans le récit : 1) la communication entre le narrateur et le narrataire et 2) la communication entre les personnages, Jésus et ses auditeurs[241]. Ces deux niveaux de communication représentent quatre perspectives. Jésus et le narrateur sont déjà entièrement convaincus de la messianité de Jésus. Donc, notre discussion se focalisera sur la perspective du narrataire ou lecteur et sur celle des auditeurs de Jésus.

Le lecteur a plus de connaissances que les auditeurs. Il a toutes les connaissances des premiers chapitres et une certaine connaissance des événements qui vont suivre : la mort et la résurrection de Jésus, par exemple. Néanmoins, le lecteur a quelques points en commun avec ces personnages. Comme les auditeurs, il est favorablement impressionné par le ministère de Jésus. L'engagement du lecteur va certainement plus loin que celui des auditeurs. Si l'attitude des disciples sur le chemin d'Emmaüs reflète celle du lecteur, comme nous le croyons, le lecteur a aussi un espoir déçu par Jésus.

Quelle est la perspective des auditeurs de Jésus ? Ils n'ont probablement pas la connaissance des prophéties et des événements racontés dans les premiers chapitres de l'Évangile. Pour une partie, au moins, Luc nous informe que « sa mère gardait toutes ces choses dans son cœur » (Lc 2.51). De leur perspective Jésus est le fils de Joseph, un des leurs (Lc 4.22 ; cf. 3.23). Ce 'fait' apparent n'élimine pas la possibilité qu'il soit le Messie. David était un berger avant d'être oint (1 Sa 16.11-13) ! Les voisins de Jésus connaissaient probablement assez de sa généalogie pour savoir qu'il était « de la maison et de la famille de David » (Lc 2.4 ; 3.31). Les habitants devaient aussi connaître son caractère exemplaire (Lc 2.51-52). Ils savent aussi qu'il revient d'un séjour dans le désert (Lc 4.1-2, 14)[242]. Ils ont aussi entendu parler des miracles qu'il a accomplis à Capernaüm

---

huile de joie ». La métaphore semble indiquer le choix du Messie sans faire allusion à une expérience actuelle dans sa vie.
[241] Voir Jean-Noël ALETTI, *Quand Luc raconte : Le récit comme théologie*, Paris, Éditions du Cerf, 1998, p. 119 et GREEN, *Luke*, p. 213.
[242] C. F. EVANS parle d'un lien entre les attentes eschatologiques et un séjour dans le désert (cf. Mt 24.26 ; Ac 21.38), *Luke*, p. 234-35.

(Lc 4.23). Ce genre de connaissances est partagé dans une société ouverte. La population sait que Jésus est un personnage extraordinaire.

La réaction des habitants de Nazareth change radicalement au cours de cet épisode. Leurs premières réactions à l'annonce de Jésus montrent qu'ils sont impressionnés par Jésus et prêts à croire en lui. « Tous lui rendaient témoignage (μαρτυρέω)[243] ; ils étaient étonnés[244] des paroles de grâce qui sortaient de sa bouche, et ils disaient : N'est-ce pas le fils de Joseph ? » (Lc 4.22). La dernière question n'exprime probablement pas une évaluation négative, mais une reconnaissance qu'il est l'un des leurs. Leur réponse est non seulement positive mais pleine d'espoir. Puisque Jésus est l'un des leurs, ils espèrent être les premiers bénéficiaires de la bonne nouvelle[245]. C'est ce qui explique le changement radical de leur attitude lorsque Jésus laisse comprendre que même les païens pourraient être bénéficiaires à leur place (Lc 4.25-29). La réaction négative montre qu'ils sont aussi prêts à rejeter les assertions de Jésus, si elles ne sont pas conformes à leur idée préconçue du Messie.

Le changement d'attitude des auditeurs souligne et appuie notre thèse d'une modification introduite par Jésus dans la compréhension de l'accomplissement de la prophétie d'Ésaïe. L'attente des auditeurs typifie les attentes eschatologiques d'Israël. Israël, comme les auditeurs dans cette péricope, s'attendait à bénéficier du règne du Messie et à voir la vengeance s'abattre sur ses ennemis. Jésus omet de la citation d'Ésaïe la proposition sur la vengeance et explique, non seulement que les païens peuvent bénéficier de l'année favorable du Seigneur, mais aussi que les Juifs, même de leur propre patrie, peuvent être exclus. L'espoir des auditeurs se transforme en colère.

En lui donnant une perspective différente, l'auteur conduit le lecteur vers une autre conclusion. Selon notre analyse, le lecteur a une prédisposition eschatologique qui ressemble à celle des auditeurs. Ce qui répugne les auditeurs est la cause d'un manque de certitude chez le lecteur. Mais le lecteur, ayant la connaissance des prophéties de l'introduction et de la descente de l'Esprit au baptême de Jésus, est conduit à questionner

---

[243] Le terme μαρτυρέω peut avoir une signification négative (rendre témoignage contre quelqu'un), mais partout ailleurs dans Luc-Actes le terme a une signification positive (Ac 6.3 ; 10.22, 43 ; 13.22 ; 14.3 ; 15.8 ; 16.2 ; 22.5, 12 ; 23.11 ; 26.5, rendre un bon témoignage).

[244] L'étonnement est souvent la première réaction à une manifestation de la puissance de Dieu, qu'il s'agit des actes (Lc 8.25 ; 9.43 ; 11.14 ; 24.12, 41 ; Ac 2.7 ; 3.12 ; 7.31) ou des paroles (Lc 2.18 ; 4.22 ; 20.26 ; Ac 4.13).

les normes de son répertoire[246]. Toutes les voix fiables de l'introduction prophétique, Dieu inclus, ont affirmé, non seulement que Jésus est le Messie, mais qu'il est le Messie davidique attendu. La prophétie citée par Jésus est probablement comprise de la même façon. Ensuite, Jésus souligne certains aspects de cette image préconçue du Messie qu'il faut réévaluer et modifier. La réaction des auditeurs, qui n'ont pas la connaissance de l'introduction prophétique, est de rejeter Jésus et son message. Le lecteur, ayant de connaissances supérieures, se trouve dans le camp de Jésus. Mais il se trouve entre le familier qui n'est plus valable et une nouvelle interprétation qui n'est pas encore définie.

La nouvelle interprétation est présentée dans les passages en aval. Jésus a dit que la prophétie d'Ésaïe s'accomplit dans le présent. Le lecteur sait que l'onction d'Esprit a déjà eu lieu. Il attend de voir l'accomplissement de la proclamation et de la délivrance. Lorsque Jésus chasse les démons et guérit les malades, le lecteur tire provisoirement la conclusion que c'est le commencement de l'accomplissement de la prophétie. Les explications de Jésus (Lc 7.22 ; 11.20-22 ; 13.16) et un résumé de son ministère (Ac 10.38) confirment cette conclusion.

Luc utilise le thème de l'accomplissement des prophéties pour donner la certitude à son lecteur. Le lecteur est conduit à adopter une nouvelle compréhension de l'accomplissement de la prophétie messianique d'Ésaïe. Les passages en amont le préparent à identifier l'onction du Messie avec la descente de l'Esprit sur Jésus. Les passages en aval montrent qu'il a déjà accompli la mission confiée au Messie.

### Les observations importantes pour la pneumatologie de Luc-Actes

Pour comprendre la pneumatologie exprimée dans l'œuvre de Luc-Actes il faut examiner le rôle de l'Esprit dans le développement de l'intrigue. Luc n'est pas en train de donner un exposé sur sa pneumatologie. Les références à l'Esprit contribuent à son thème de l'accomplissement des prophéties et à sa volonté de donner une certitude au lecteur. L'interprète doit faire attention à ne pas importer une compréhension étrangère au texte. Il est clair que le livre d'Ésaïe sert d'intertexte pour Luc. Mais ce fait ne donne pas à

---

[245] Voir GREEN, *Luke*, p. 214-15.
[246] Voir la discussion sur les « négations » de Wolfgang ISER, ch. 2, p. 68-72.

l'interprète la permission d'imposer toute la théologie d'Ésaïe au texte de Luc-Actes. Il vaut mieux analyser comment Luc se sert de cet intertexte et limiter la discussion de sa pneumatologie aux fonctions et concepts développés par le texte. Par exemple, il est clair que, selon Luc, l'onction pneumatique de Jésus inaugure la période du salut eschatologique. L'onction de l'Esprit (Lc 3.22 ; 4.18) précède et prépare l'intervention salvifique du Sauveur (Lc 1.69, 71 ; 2.11). Mais il ne faut pas attribuer à l'Esprit toutes les notions du salut eschatologiques du texte d'Ésaïe. Luc essaie de modifier certaines attentes eschatologiques telles que la vengeance sur les nations et le rétablissement du royaume d'Israël. Selon Luc le salut eschatologique effectué par Jésus dans son Évangile se définit par la libération ou la délivrance des pauvres ou des captifs tels que les démonisés, les malades et les pécheurs (Lc 4.18ss).

L'Esprit joue un rôle de validation dans l'intrigue de Luc-Actes. L'influence de l'Esprit signale l'intervention de Dieu. Ce qui est inspiré, motivé et rendu possible par l'Esprit a certainement l'agrément divin. Pour que cette validation soit convaincante, elle doit être perceptible. L'influence de l'Esprit est rendue perceptible de deux manières dans le ministère de Jésus. Premièrement Luc raconte la descente visible de l'Esprit sur Jésus « sous une forme corporelle, comme une colombe » (Lc 3.22). Chez Luc cette image devient la preuve que l'Esprit est sur Jésus et que Dieu l'a oint de l'Esprit (Lc 4.18). Deuxièmement, l'œuvre de l'Esprit est perceptible dans le ministère de Jésus ; dans ses actes et paroles puissants. Les guérisons, exorcismes et prédications de Jésus sont l'accomplissement de la prophétie d'Ésaïe citée par Jésus (Lc 4.18-19 ; 7.22). Ce ministère puissant de Jésus (Lc 4.14) est une preuve de la participation de Dieu dans son ministère (Lc 10.9 ; 11.20 ; Ac 10.38)

Puisque le souci de Luc est la validation et non pas une définition précise de l'œuvre de l'Esprit, il ne se limite pas à la mention de l'Esprit pour signaler l'origine divine des actes et des paroles de puissance. Comme les auteurs de l'Ancien Testament, Luc emploie d'autres termes pour signaler l'intervention de Dieu : le doigt (Lc 11.20 ; Ex 8.19), le bras (Lc 1.51 ; Ac 13.17 ; Dt 4.34 ; Ps 79.11) et la main de Dieu (Lc 1.66 ; Ac 4.30 ; 7.35, 50 ; 11.21 ; 13.11 ; Ex 3.19-20 ; 4.34 ; Job 5.18)[247]. G. W. H. Lampe signale que, pour Luc, la main de Dieu est étroitement associée à l'Esprit de Dieu et « remplit les

---

[247] Les autres synoptiques n'emploient pas ces expressions anthropomorphiques.

mêmes fonctions » (Ac 4.29-31 ; 7.35 ; 11.21 ; 13.11)[248]. Toutes ces expressions sont pratiquement des synonymes pour parler de l'influence puissante de Dieu.[249]. Toutes ces expressions signalent l'agrément divin et soutiennent le but de Luc de donner la certitude au lecteur. Les expressions anthropomorphiques montrent la continuité du récit de Luc avec le récit biblique. Les mentions de l'Esprit servent la même fonction et montrent que Jésus est l'Oint de Dieu.

Les œuvres accomplies dans la puissance de l'Esprit servent aussi à valider la prédication des apôtres. Deux rappels du ministère de Jésus dans la prédication de Pierre montrent cette logique de validation. Le jour de la Pentecôte il dit aux auditeurs que « Dieu a rendu témoignage [à « Jésus de Nazareth »] … par les miracles, les prodiges et les signes qu'il a opérés par lui au milieu de vous » (Ac 2.22). Tous ces actes sont opérés par la puissance de l'Esprit (Lc 4.14ss)[250]. Sa prédication à la maison de Corneille rend le lien plus explicite entre l'Esprit et ces signes visibles de la puissance de Dieu. Il dit, « Dieu a oint du Saint-Esprit et de force Jésus de Nazareth, qui allait de lieu en lieu faisant du bien et guérissant tous ceux qui étaient sous l'empire du diable, car Dieu était avec lui ». « Dieu a oint du Saint-Esprit » et « Dieu était avec lui » sont deux manières pour dire la même chose (cf. 1 Sa 16.13, 18 ; 18.12, 14). Donc, le Saint-Esprit rendait Jésus capable de guérir ceux qui étaient liés par le diable.

Le paragraphe ci-dessus propose un lien de cause à effet entre l'onction de l'Esprit et les paroles et actes de libération dans le ministère de Jésus. C'est-à-dire l'Esprit donne plein pouvoir à Jésus pour accomplir son ministère de libération. La conclusion tirée sur la ponctuation de la citation d'Ésaïe élimine le lien explicite entre ces deux éléments. Les infinitifs se rattachent plutôt au verbe « envoyer ». « Il m'a envoyé pour annoncer la bonne nouvelle aux pauvres… » (Lc 4.18). Le lien avec l'onction est implicite mais absolument nécessaire pour la logique de Luc. Luc veut montrer que Jésus est l'Oint parce qu'il a été oint. Les actes et les paroles accomplis par Jésus sont perceptibles et extraordinaires. Si Luc arrive à convaincre son lecteur qu'ils sont

---

[248] « The Holy Spirit in the Writings of St. Luke », p. 161, 171.
[249] Voir François BOVON, *Luc le théologien*, p. 222.
[250] Ces deux passages (Ac 2.22-23 ; Lc 4.14-30) sont liés par la référence à « Jésus de Nazareth » (Ac 2.22). RAVENS constate que Luc rappelle souvent « l'incident de Nazareth » par une référence à « Jésus de Nazareth » lorsqu'il veut signaler l'importance des miracles (Lc 4.34 ; 18.37 ; 24.19 ; Ac 3.6, 4.10 ; Ac 10.38), *Luke and the Restoration of Israël*, p. 116.

accomplis dans la puissance de l'Esprit, ils confirment que Jésus a réellement reçu cette onction et ils servent de preuves qu'il est l'Oint. Sans ce lien de cause à effet, le lecteur doit accepter le fait de l'onction de Jésus uniquement sur la preuve visible de la colombe. C'est une preuve assez énigmatique et peu vérifiable.

Une certaine compréhension de la pneumatologie de Luc devient claire par ces arguments. Selon Luc, l'Esprit donne plein pouvoir à Jésus pour accomplir sa mission de libération (Lc 4.18-19). Les actes de libération : guérisons, exorcismes, proclamation et enseignement, sont inspirés et rendus possibles par l'Esprit de Dieu. Ces activités ressemblent le plus aux activités des grands prophètes de l'Ancien Testament, notamment Moïse, Élie et Élisée. C'est pourquoi ces prophètes servent de types pour modeler le récit des événements de l'Évangile. L'Esprit de Dieu rend Jésus capable d'agir comme un grand prophète. C'est pourquoi « tous » disaient : « Un grand prophète a paru parmi nous » (Lc 7.16).

Le pouvoir accordé à Jésus par son onction de l'Esprit est permanent. L'Esprit a une influence continue dans la vie de Jésus. Tout son ministère s'accomplit dans la puissance de l'Esprit (Lc 4.14). L'emploi du vocabulaire associé à l'Esprit dans Luc-Actes ne soutient pas une progression ou un développement de son influence dans la vie de Jésus. Jésus est « rempli d'Esprit Saint » depuis son baptême et agit dans la puissance de l'Esprit tout au long de son ministère.

Étant donné le parallélisme entre Jésus et ses disciples[251], cette compréhension de l'onction de Jésus suggère beaucoup sur l'influence de l'Esprit dans le ministère des disciples. Une différence importante doit être prise en considération. Luc réserve le terme « oindre » pour Jésus, probablement en raison du lien avec le titre Oint. Il n'y a qu'un seul Messie. Employer le même terme pour les disciples réduirait la force rhétorique de Luc pour l'identification messianique de Jésus. Même sur ce point, Luc maintient le parallèle. La prophétie eschatologique parallèle, qui explique la descente de l'Esprit sur les disciples au début de leur ministère, emploie un vocabulaire associé à l'onction (Ac 2.16-21 ; Jl 3.1-5). Par le verbe « répandre » (ἐκχέω), ces versets font allusion à l'onction d'huile. La LXX emploie le verbe (ἐπιχέω) en parallèle avec le verbe (χρίω) pour parler de l'onction d'huile (Ex 29.7 ; Lev 8.12 ; 21.10 ; 1 Sa 10.1). Ἐκχέω souligne la source de l'Esprit (c'est Dieu qui répand) et ἐπιχέω souligne le résultat[252]. De toute façon Joël et Luc utilisent la préposition ἐπὶ en conjonction avec ἐκχέω pour indiquer les personnes sur qui l'Esprit est répandu (Ac 2.17, 18 ; 10.45). Les résultats sont les mêmes : les disciples de Jésus sont aussi rendus capables d'agir comme des grands prophètes de l'Ancien Testament, prêchant la bonne nouvelle et faisant des miracles par la puissance de l'Esprit. Leur expérience avec l'Esprit est-elle permanente comme celle de Jésus ? Cette question et beaucoup d'autres doivent être examinées au chapitre six dans l'analyse de l'influence de l'Esprit dans la vie des disciples.

---

[251] Voir ch. 3, p. 113-17.
[252] SHELTON, *Mighty in Word and Deed*, p. 49 et n. 5, p. 55.

CHAPITRE VI

COMMENT LUC ÉCRIT-IL SON RÉCIT ?

TROISIÈME PARTIE : L'ATTENTE RÉALISÉE DANS LE MINISTÈRE DES DISCIPLES

## INTRODUCTION

Le nombre d'emplois du terme « Esprit » (πνεῦμα) dans l'œuvre de Luc-Actes rend l'analyse de sa pneumatologie difficile à manier. La grande majorité de ces emplois concerne le ministère des disciples. L'Esprit de Dieu est mentionné cinquante-cinq fois dans la section consacrée aux disciples (Ac 1.12-28.31)[1]. Presque la moitié des mentions de l'Esprit de Dieu dans les sections consacrées aux ministères de Jean (Lc 3.1-20) et de Jésus (Lc 3.21-Ac 1.11) se réfèrent à l'expérience des disciples[2]. Pour analyser toutes ces références l'interprète est obligé de les organiser selon leur importance. Certaines références vont inévitablement colorer l'interprétation des autres. Selon Odette Mainville, par exemple, Actes chapitre deux, verset trente-trois est « *la clé d'interprétation de la pneumatologie lucanienne* »[3]. D'autres soulignent Actes chapitre deux, verset trente-huit comme « la norme » en ce qui concerne l'expérience de l'Esprit[4]. C'est pourquoi une analyse de l'ensemble de Luc-Actes est si importante. Il faut accentuer les mêmes références que l'auteur implicite afin de pouvoir comprendre sa pneumatologie.

---

[1] Voir ch. 5, p. 176, n. 4. Des 67 répétitions de πνεῦμα dans cette section, 8 parlent d'un esprit impur ou mauvais (5.16 ; 8.7 ; 16.16, 18 ; 19.12, 13, 15, 16), 2 d'un esprit en général (23.8, 9) et 2 de l'esprit humain (7.59 ; 17.16).
[2] L'expérience des disciples – 6 fois (Lc 3.16 ; 11.13 ; 12.10, 12 ; Ac 1.5, 8) ; l'expérience de Jésus – 7 fois (Lc 3.22 ; 4.1[2x], 14, 18 ; 10.21 ; Ac 1.2).
[3] *L'Esprit dans l'œuvre de Luc*, Héritage et Projet 45, éd. André Charron, Richard Bergeron et Guy Couturier, Ville Mont-Royal, Québec, Éditions Fides, 1991, p. 15.
[4] Voir, p. ex., James D. G. DUNN, *Baptism in the Holy Spirit : A Re-examination of the New Testament Teaching on the Gift of the Spirit in Relation to Pentecostalism Today*, Studies in Biblical Theology, 2ᵉ Série 15, Alec R. Allenson Inc., Naperville, Illinois, 1970, p. 90 ; E. TROCMÉ, « Le Saint-Esprit et l'Église d'après le livre des Actes », *L'Esprit Saint et l'Église : l'avenir de l'Église et de l'œcuménisme*, Académie Internationale des Sciences Religieuses, Paris, Fayard, 1969, p. 25 ; Max TURNER, *Power from on High: The Spirit in Israel's Restoration and Witness in Luke-Acts*, Journal of Pentecostal Theology Supplement Series 9, éd. John Christopher Thomas, Rickie D. Moore et Steven J. Land, Sheffield, Sheffield Academic Press, 1996, p. 36, 358, 384, 416-17.

Notre analyse de la structure de Luc-Actes a souligné l'importance des prophéties, en particulier, de trois prophéties inaugurales citées de l'Ancien Testament en début des grandes sections de l'œuvre (Lc 3.4-6 ; 4.18-19 ; Ac 2.17-21) et de trois prophéties nouvelles[5] situées à la fin de ces sections (Lc 3.16 ; 24.49 ; Ac 1.5, 8)[6]. La dernière prophétie inaugurale et les trois prophéties nouvelles sont réalisées à l'événement de la Pentecôte. Il serait difficile de surestimer l'importance de l'événement de la Pentecôte pour l'œuvre de Luc-Actes. Il est anticipé par les trois prophéties nouvelles et expliqué par la citation la plus longue et peut-être la plus importante de l'œuvre : celle du prophète Joël. La suite du récit est remplie d'échos de ces prophéties et de cet événement. Notre analyse suivra ces trois étapes : les anticipations de la Pentecôte, la Pentecôte et son explication, et les échos de la Pentecôte.

Trois observations tirées de l'analyse de la structure aident à interpréter la série de mentions de l'Esprit attachées à l'événement de la Pentecôte. Premièrement, les textes sont organisés selon le thème de l'accomplissement des prophéties. Les prophéties aident à comprendre l'accomplissement, et l'accomplissement aide à comprendre les prophéties. C'est ce qui donne aux textes prophétiques un caractère programmatique. Deuxièmement, deux prophéties nouvelles se trouvent à la jointure des deux volumes de l'œuvre. Luc semble utiliser la convention littéraire grecque de récapitulation et reprise[7]. La répétition des éléments de cette prophétie/mandat fournit des indices pour diminuer l'ambiguïté des termes. Troisièmement, les parallèles entre l'inauguration du ministère de Jésus et l'inauguration du ministère des disciples aident à la compréhension des deux[8].

## I. LES ANTICIPATIONS DE LA PENTECÔTE

### L'emploi du vocabulaire associé à l'Esprit

Parmi les paroles de Jésus après sa résurrection, deux mentions de l'Esprit anticipent l'événement de la Pentecôte : « vous serez baptisés du Saint-Esprit » (ὑμεῖς δὲ

---

[5] Pour la définition de « prophéties nouvelles » voir ch. 3, p. 82.
[6] Ch. 3, p. 93, 98-101.
[7] Ch. 3, p. 103.
[8] Ch. 3, p. 93, 113-114.

ἐν πνεύματι βαπτισθήσεσθε ἁγίῳ, Ac 1.5) et « vous recevrez une puissance, le Saint-Esprit survenant sur vous (λήμψεσθε δύναμιν ἐπελθόντος τοῦ ἁγίου πνεύματος ἐφ' ὑμᾶς, Ac 1.8). Une comparaison des textes mis en parallèle par la convention littéraire de récapitulation et reprise révèle deux expressions étroitement liées à deux autres[9] : « J'enverrai sur vous ce que mon Père a promis » (ἐγὼ ἀποστέλλω τὴν ἐπαγγελίαν τοῦ πατρός μου ἐφ' ὑμᾶς) et « jusqu'à ce que vous soyez revêtus de la puissance d'en haut » (ἕως οὗ ἐνδύσησθε ἐξ ὕψους δύναμιν, Lc 24.49). Une cinquième mention, « après avoir donné ses ordres, par le Saint-Esprit, aux apôtres » (ἐντειλάμενος τοῖς ἀποστόλοις διὰ πνεύματος ἁγίου, Ac 1.2), est probablement liée aux autres par la structure du passage et contribue à l'anticipation de la Pentecôte. Dans cette section sur l'anticipation de la Pentecôte l'intertextualité sera considérée en même temps que l'emploi du vocabulaire.

### ἐγὼ ἀποστέλλω τὴν ἐπαγγελίαν τοῦ πατρός μου ἐφ' ὑμᾶς

Cette première mention de « la promesse du Père » (Lc 24.49) est ambiguë, créant du suspense[10]. Sa signification est peut-être claire pour les auditeurs de Jésus, dont Jésus « ouvrit l'esprit, afin qu'ils comprennent les Écritures »[11]. Deux fois dans ce dernier chapitre de l'Évangile l'auteur laisse son lecteur dans l'ignorance en ce qui concerne l'enseignement de Jésus sur l'accomplissement des Écritures. Les deux fois il s'agit des Écritures le concernant (περὶ ἑαυτοῦ, Lc 24.27 ; περὶ ἐμοῦ, 24.44). La deuxième fois Jésus donne quelques exemples de sujets qui le concernent : la Passion, la résurrection et la prédication de la repentance et le pardon des péchés à toutes les nations (Lc Lc 24.46-47). La suite du récit répond au besoin du lecteur d'acquérir cette connaissance des auditeurs de Jésus. Pierre, un des auditeurs de Jésus, cite quelques Écritures comme prophéties qui annoncent la résurrection (Ac 2.25-28, 34-35 ; cf. Ps 16.8-11 ; 110.1). Paul

---

[9] Voir appendice C.
[10] François BOVON pense que Luc se sert de ce « flou prophétique » parce qu'il « désire … que les lecteurs entrent dans le mouvement prophétique », « Effet de réel et flou prophétique dans l'œuvre de Luc », *A cause de l'évangile : Études sur les synoptiques et les Actes*, Lectio Divina 123, Paris, Cerf, 1985, p. 355. Selon BOVON, « Le lecteur » est « à la foi renseigné et intrigué, c'est-à-dire mis lui-même sur la voie ponctuée de promesses et d'accomplissements », p. 357. Odette MAINVILLE parle du « 'suspense' habilement établi », *L'Esprit dans l'œuvre de Luc*, p. 147.
[11] Voir John H. SIEBER, « The Spirit as the 'Promise of My Father in Luke 24.49 », *Sin, Salvation and the Spirit : Commemorating the Fiftieth Year of the Liturgical Press*, éd. Daniel Durken, Collegeville, MN, Liturgical Press, 1979, p. 275.

cite un autre verset pour justifier la prédication aux nations, disant que c'est un ordre du Seigneur (Ac 13.47 ; cf. És 49.6). L'ordre du Seigneur fait certainement allusion à l'ordre de Jésus qui contient la même expression, « jusqu'aux extrémités de la terre » (ἕως ἐσχάτου τῆς γῆς, Ac 1.8)[12] ; une reprise synonymique de l'expression « à toutes les nations »[13]. Le lecteur peut combler les vides de sa connaissance au fur et à mesure que ces citations sont présentées. Grammaticalement, la prophétie de Jésus d'envoyer « la promesse du Père » n'est pas notée parmi les choses écrites[14], mais la mention de « la promesse du Père », tout de suite après cette série, peut facilement induire le lecteur à regarder vers les Écritures pour l'antécédent. Lorsque Pierre cite la prophétie de Joël sur l'effusion de l'Esprit (Ac 2.17-18) et explique que Jésus « a reçu du *Père* le Saint-Esprit qui avait été *promis* » et l'a « répandu » (Ac 2.33), le lecteur comble encore un vide dans sa connaissance.

On doit se demander pourquoi l'auteur laisse son lecteur dans l'ambiguïté. Le lecteur est obligé de deviner la signification. Comme le terme « promesse » (ἐπαγγελία) n'est pas utilisé en amont, le lecteur songe à une promesse faite par le Père dans le récit ou tirée du répertoire qu'il a en commun avec l'auteur, peut-être de la Septante. Le lecteur ayant une connaissance de la suite du récit peut se souvenir de la promesse énoncée par Jésus de donner « le Saint-Esprit à ceux qui le lui demandent » (Lc 11.13)[15]. Ce choix n'est pas si évident dans une première lecture. Le lecteur peut aussi songer aux promesses de l'Ancien Testament suscitées par l'introduction prophétique, telles que la promesse d'une figure messianique assise sur le trône de David (Lc 1.32) ou la délivrance

---

[12] L'expression ἕως ἐσχάτου τῆς γῆς n'est employée que 5 fois dans la LXX dont 4 se trouvent dans le livre d'Ésaïe (És 8.9 ; 48.20 ; 49.6 ; 62.11 ; Ps. Sol. 1.4). David W. PAO croit qu'És 49.6, cité par Paul, se trouve dans le contexte le plus proche d'Ac 1.8, *Acts and the Isaianic New Exodus*, Grand Rapids, Baker Academic, 2000, p. 85. Ac 1.8, lu rétrospectivement à partir de la citation par Paul et dans la perspective de l'auteur implicite, soutient l'allusion proposée par Pao. Mais la prophétie littéraire de Jésus est trop vague pour que les apôtres puissent établir ce lien. Les apôtres, qui pensent plutôt à un accomplissement nationaliste (Ac 1.6), pourraient aussi facilement voir une allusion à l'annonce de la conquête des nations (És 8.9) ou une allusion à l'annonce d'un Sauveur à Jérusalem (És 62.11) qu'à l'annonce du salut jusqu'aux extrémités de la terre (És 49.6).
[13] Voir appendice C.
[14] Le verbe « il est écrit » (γέγραπται) est suivi de trois infinitifs indiquant le contenu des écrits : la Passion (παθεῖν), la résurrection (ἀναστῆναι) et la prédication (κηρυχθῆναι). Le verbe au futur de la prophétie, « j'enverrai » (ἀποστέλλω), interrompt la série d'infinitifs.
[15] Joel B. GREEN, *The Theology of the Gospel of Luke*, Cambridge University Press, 1995, p. 111 ; *The Gospel of Luke*, The New International Commentary on the New Testament, Grand Rapids, Eerdmans, 1997, p. 859 ; Robert C. TANNEHILL, *The Narrative Unity of Luke-Acts : A Literary Interpretation*, Volume one : *The Gospel according to Luke*, Philadelphia, Fortress Press, 1991, p. 238-39.

des ennemis d'Israël (Lc 1.71). Peut-être songe-t-il à la promesse du royaume que le Père « a trouvé bon de … donner » (Lc 12.32). Cette 'promesse' s'emploie aussi curieusement avec l'expression « sur vous » (ἐφ' ὑμᾶς, Lc 10.9 ; 11.20)[16].

Le suspense concernant la promesse du Père est levé petit à petit par la suite du récit. Dans la reprise de cette prophétie, la notion de « ce que le Père avait promis » est répétée (Ac 1.4), suivie d'une promesse que les disciples seront bientôt baptisés d'Esprit Saint (1.5). Le lien n'est pas explicite mais les deux expressions semblent se référer au même événement. La reprise de la prophétie/mandat semble aussi répéter, dans l'ordre inverse, les cinq sujets énoncés par Jésus à la fin de l'Évangile (Ac 1.8) :

1) La réception d'une puissance (δύναμιν, cf. Lc 24.49b)
2) L'arrivée du Saint-Esprit venant « sur » (ἐφ' ὑμᾶς, cf. Lc 24.49a) les disciples,
3) L'énoncé qu'ils seront témoins (μάρτυρες, cf. Lc 24.48)
4) Le commencement à Jérusalem ('Ιερουσαλὴμ, cf. Lc 24.47c) et
5) L'extension jusqu'aux extrémités de la terre (à toutes les nations, Lc 24.47b)[17].

Dans cette nouvelle construction de la prophétie, l'expression « le Saint-Esprit survenant » (ἐπελθόντος τοῦ ἁγίου πνεύματος) remplace l'expression « la promesse de mon Père » (τὴν ἐπαγγελίαν τοῦ πατρός μου). La répétition de l'expression « sur vous » (ἐφ' ὑμᾶς) appuie cette conclusion. La notion d'envoyer une promesse sur quelqu'un est étrange, invitant le lecteur à remplacer le terme par quelque chose que l'on peut envoyer « sur » quelqu'un. C'est l'Esprit Saint qui vient souvent « sur » quelqu'un dans Luc-Actes (Lc 1.35 ; 2.25 ; 3.22 ; 4.18 ; Ac 1.8 ; Ac 2.17, 18 ; 10.44, 45 ; 11.15 ; 19.6).

Finalement, deux phrases dans le discours de Pierre précisent la signification de « la promesse du Père ». Pierre explique l'événement de la Pentecôte. D'abord, il dit que Jésus « a reçu du Père le Saint-Esprit qui avait été promis » (Ac 2.33). Il termine son discours en annonçant que ceux qui se repentent recevront « le don du Saint-Esprit. Car la promesse est pour » eux (Ac 2.38-39). La promesse dans ces derniers deux passages a

---

[16] G.W.H. LAMPE signale que Luc parle du royaume « 'venant sur' des hommes, comme l'Esprit divin ». Le parallèle de Matthieu dit seulement que le royaume est proche (Mt 10.9). « The Holy Spirit in the Writings of St. Luke », *Studies in the Gospels. Essays in Memory of R.H. Lightfoot*, éd. D.E. Nineham, Oxford, Basil Blackwell, 1957, p. 184.

[17] Voir appendice C et Richard E. ZEHNLE, *Peter's Pentecost Discourse : Tradition and Lucan Reinterpretation in Peter's Speeches in Acts 2 and 3*, SBL Monograph Series 15, éd. Robert A. Kraft, New York, Abingdon Press, 1971, p. 98-99.

comme antécédent, du moins pour les auditeurs de Pierre, non seulement l'Esprit mais la prophétie de Joël où l'Esprit est promis.

Bien qu'elle soit claire, un bon nombre d'interprètes croient qu'il ne faut pas limiter la signification de « la promesse du Père » au Saint-Esprit ou à une parole promettant la venue de l'Esprit[18]. Certes, Luc utilise le terme différemment en aval. Il parle de « la promesse que Dieu avait faite à Abraham » (Ac 7.17) et aux pères (Ac 13.32 ; 26.6) et d'une promesse de susciter à Israël un Sauveur (Ac 13.23). Ces emplois du terme « promesse » rappellent les attentes suscitées dans l'introduction prophétique. La clarté de la présentation de Luc quant à la signification « Saint-Esprit » n'élimine pas la possibilité d'une signification plus étendue. « Saint-Esprit » peut être une sorte de synecdoque où l'Esprit est l'élément le plus important qui représente l'ensemble des promesses eschatologiques de Dieu. L'évaluation de cette possibilité doit attendre l'analyse des autres expressions et de la stratégie dans le fil de l'intrigue.

ἕως οὗ ἐνδύσησθε ἐξ ὕψους δύναμιν

L'emploi du terme « revêtir » (ἐνδύω) suivi d'une qualité est commun dans la Septante (Ps 34.26 ; 108.18 ; 131.9, 16, 18 ; Sag 5.18 ). Les personnages sont revêtus de force (ἰσχύς, És 52.1 ; Prov 31.26 ; Sir 17.3), de puissance (δύναμιν, Ps 92.1) et de l'Esprit (Jg 6.34 ; 1 Chr 12.18 ; 2 Chr 24.20)[19]. C'est un autre exemple où Luc emprunte son vocabulaire à la Septante pour décrire l'expérience de l'Esprit. Étant donnée

---

[18] Voir, p. ex., C. K. BARRETT, *A Critical and Exegetical Commentary on The Acts of the Apostles*, Vol. 1, The International Critical Commentary on the Holy Scriptures of the Old and New Testaments, éd. J. A. Emerton, C. E. B. Cranfield et G. N. Stanton, T & T Clark, Edinburgh, 1994, p. 155 ; DUNN, *Baptism in the Holy Spirit*, p. 47-49. Luke Timothy JOHNSON, *The Gospel of Luke*, Sacra Pagina 3, éd. Daniel J. Harrington, Collegeville, MN, The Liturgical Press, 1991, p. 403 ; Odette MAINVILLE, *L'Esprit dans l'œuvre de Luc*, p. 141-54, 315-16 ; Johannes MUNCK, *The Anchor Bible : The Acts of the Apostles, Introduction, Translation and Notes*, révisée par William F. Albright et C. S. Mann, Doubleday & Company, Inc., Garden City, New York, 1967, p. 4 ; John Michael PENNEY, *The Missionary Emphasis of Lukan Pneumatology*, Journal of Pentecostal Theology Supplement Series, Sheffield, Sheffield Academic Press, 1997, p. 91. Matthias WENK, *Community-Forming Power : The Socio-Ethical Role of the Spirit in Luke-Acts*, Journal of Pentecostal Theology Supplemental Series 19, éd. John Christopher Thomas, Rickie D. Moore et Steven J. Land, Sheffield, Sheffield Academic Press, 2000, p. 239.
[19] C. F. EVANS, *Saint Luke*, Trinity Press International New Testament Commentaries, éd. Howard Clark Kees et Dennis Nineham, Londres/Philadelphia, SCM Press/Trinity Press International, 1990, p. 926 ; William H. SHEPHERD, Jr., *The Narrative Function of the Holy Spirit as a Character in Luke-Acts*, SBL 147, Scholars Press, Atlanta, 1994, p. 149, n. 146 ; STRONSTAD, Roger, *The Charismatic Theology of St. Luke*, Peabody, MA, Hendrickson Publishers, 1984, p. 50.

l'allusion probable au cycle d'Élie et Élisée pour le transfert de l'Esprit à l'Ascension[20], une allusion au manteau d'Élie qui est « tombé d'en haut sur Élisée »[21] (ἣ ἔπεσεν ἐπάνωθεν Ελισαιε, 2 R 2.13) est vraisemblable[22].

Les deux propositions ci-dessus : *j'enverrai la promesse de mon Père sur vous* et *que vous soyez revêtus de la puissance d'en haut* (Lc 24.49), sont écrites en parallèle et reflétées, dans l'ordre inverse, par deux propositions dans la reprise de cette prophétie/mandat : *vous recevrez une puissance* et *le Saint-Esprit survenant sur vous* (Ac 1.8). Nous avons déjà constaté le parallèle synonymique entre l'Esprit et la puissance dans l'intervention de l'Esprit à la naissance miraculeuse de Jésus (Lc 1.35)[23]. On retrouve le même vocabulaire en parallèle dans le nouvel énoncé de cette prophétie/mandat (δύναμιν, ἐπέρχομαι, πνεῦμα ἅγιος, ἐπί, Ac 1.8). Par un changement de vocabulaire et du temps verbal, Luc change de perspective entre la prophétie à la fin de l'Évangile et sa reprise au début des Actes des apôtres. La première expression de la prophétie souligne l'activité de Jésus. La deuxième souligne le résultat chez les disciples. Ces parallèles et ces changements sont représentés dans le schéma suivant :

**Lc 24.49**    **Ac 1.8**

[1] Jésus enverra <u>la promesse du Père</u>   [1] Les disciples recevront une **puissance**[b]
　　　　　　　　　**sur les disciples**[a]　　　　　λήμψεσθε **δύναμιν**
ἀποστέλλω <u>τὴν ἐπαγγελίαν τοῦ πατρός</u>
　　　　　　　ἐφ' ὑμᾶς

[2] Les disciples seront revêtus de **puissance**[b]   [2] Le <u>Saint-Esprit</u> viendra **sur les disciples**[a]
　　ἐνδύσησθε ... **δύναμιν**　　　　ἐπελθόντος <u>τοῦ ἁγίου πνεύματος</u> **ἐφ' ὑμᾶς**

---

[20] Voir ch. 3, p. 110-11, Mikeal C. PARSONS, *The Departure of Jesus in Luke-Acts : The Ascension Narratives in Context*, JSNTSS 21, Sheffield Academic Press, 1987, p. 139 et William S. KURZ, « Intertextual Use of Sirach 48.1-16 in Plotting Luke-Acts », *The Gospels and the Scriptures of Israel*, éd. Craig A. Evans et W. Richard Stegner, JSNTSS 104, Studies in Scripture in Early Judaism and Christianity 3, Sheffield, Sheffield Academic Press, 1994, p. 318-24. Luke JOHNSON souligne le fait que la description d'Élie est probablement modelée sur celle de Moïse, où il y a aussi un transfert d'Esprit à son successeur Josué (Dt 34.9), *Luke*, p. 406. L'allusion au cycle d'Élie est Élisée est plus apparente ici, mais l'image du transfert de Moïse à Josué deviendra plus évidente dans la mention du geste de l'imposition des mains (Ac 8.17-19 ; 9.17 ; 19.6). L'épisode du transfert de l'Esprit à Josué est le seul dans la LXX où l'expérience de l'Esprit est explicitement liée à l'imposition des mains.
[21] Notre traduction à partir de la LXX.
[22] JOHNSON, *Luke*, p. 406. Matthias WENK, propose une allusion à És 32.15, *Community-Forming Power*, p. 239. Une allusion au manteau d'Élie est plus convaincante parce qu'il y a non seulement le mouvement d'en haut sur Élisée mais aussi un vêtement associé à la puissance de l'Esprit, et l'expression se trouve dans un contexte littéraire où une allusion au cycle d'Élie et Élisée est déjà présente.
[23] Ch. 4, p. 143-45.

Nous venons de signaler le chiasme (ab-ba) exprimé par la répétition des mêmes mots dans ces deux textes. D'autres liens logiques sont signalés par le changement de perspective et par la complémentarité des verbes. On reçoit ce qui est envoyé et on est revêtu de ce qui vient sur soi. Chaque proposition de la reprise représente la perspective à l'inverse de sa contrepartie. Les disciples recevront la puissance/promesse que Jésus enverra (1$^{re}$ ligne) et seront revêtus de la puissance/Saint-Esprit qui viendra sur eux (2$^e$ ligne). La prophétie dans l'Évangile commence par l'action de Jésus et se termine par le résultat chez les disciples. Sa reprise dans les Actes commence par le résultat chez les disciples et se termine par l'action de l'Esprit. Tous ces parallèles synonymiques appuient la conclusion déjà tirée sur la relation étroite entre l'Esprit et la puissance[24]. Daniel Marguerat l'exprime correctement, « l'usage de δύναμις comme métaphore de l'Esprit est un septantisme pratiqué par l'auteur de Lc-Ac (Lc 1.17, 35 ; 4.14 ; Ac 8.10 ; 10.38) »[25].

ἐντειλάμενος τοῖς ἀποστόλοις διὰ πνεύματος ἁγίου

La préposition διά avec l'Esprit de Dieu est employée cinq fois dans le Nouveau Testament dont deux fois dans Luc-Actes pour indiquer l'agence ou le moyen pour accomplir une action (Ac 1.2 ; 4.25 ; Ro 5.5 ; 2 Ti 1.14 ; Hb 9.14). L'expression διὰ πνεύματος est employée seulement deux fois dans la Septante (Ex 15.8 ; Ode 1.8) pour parler du souffle de Dieu qui a divisé les eaux et les a dressées comme une muraille au milieu de la mer. Ici, l'Esprit semble avoir aidé Jésus à donner des ordres aux apôtres[26].

Une analyse de la structure du passage et de la nature des ordres peut aider à comprendre pourquoi Luc donne cette précision. Si cette péricope représente la récapitulation et reprise du premier volume, selon la convention littéraire de l'époque, il semble logique de diviser le passage entre la récapitulation (Ac 1.1-3) et la reprise (Ac 1.4-11)[27]. En une phrase[28] Luc récapitule les grands sujets de la première parole (πρῶτον

---

[24] Ch. 1, p. 27, ch. 4. p. 143-46.
[25] « Luc-Actes : une unité à construire », *The Unity of Luke-Acts*, éd. J. Verheyden, Leuven University Press, 1999, p. 66.
[26] Διὰ πνεύματος ἁγίου pourrait aussi modifier l'expression οὓς ἐξελέξατο. Voir Ernst HAENCHEN, *Die Apostelgeschichte*, Kritische-eregetischer Kommentar über das Neue Testament 14, éd. Heinrich August Wilhelm Meyer, Göttingen, Dandenhoed & Ruprecht, 1965, p. 107-08.
[27] Voir le survol schématique d'Ac 1.1-11, Appendice D. Craig S. KEENER emploie le même vocabulaire un peu différemment disant qu' « Ac 1.4-11 récapitule Lc 24.44-53 », *The Spirit in the Gospels and Acts*, p.

λόγον) c'est-à-dire l'Évangile (Ac 1.1-3). Quelques sujets résument tout l'Évangile : tout ce que Jésus a commencé de faire et d'enseigner, le choix des apôtres, la Passion et la résurrection. Le choix des apôtres redevient important pour la suite du récit, lorsque Pierre propose de compléter leur nombre (Ac 1.15-26). Les trois sujets restants sont importants pour le commencement de la section consacrée au ministère des disciples et sont repris dans cette transition : les ordres par l'Esprit Saint et le royaume de Dieu dans la première section (Ac 1.4-8), et l'Ascension dans la deuxième (Ac 1.9-11)[29].

Quels sont les ordres inspirés par l'Esprit ? Si notre analyse de la structure est juste, l'expression « donner des ordres aux apôtres par l'Esprit Saint » (ἐντειλάμενος τοῖς ἀποστόλοις διὰ πνεύματος ἁγίου) récapitule ce qui est raconté dans l'Évangile. Il est possible que cette expression fasse allusion aux impératifs de Jésus en général dans l'Évangile, un peu comme l'expression « tout ce que Jésus a commencé de faire et d'enseigner ». Il est plus probable que Luc pense aux dernières instructions de Jésus. À la différence de la proposition précédente, un adjectif de totalité (tous) n'est pas employé pour étendre l'horizon des ordres à tout l'Évangile. En outre, les propositions « après avoir donné ses ordres, par le Saint-Esprit, aux apôtres qu'il avait choisis » interrompent l'expression qui définit la fin de « la première parole » : « jusqu'au jour ... il fut enlevé ». Le lecteur se rappelle naturellement le dernier ordre de Jésus de « rester dans la ville » (Lc 24.49), un ordre qui est repris tout de suite (Ac 1.4).

D'autres propositions de Jésus, dans ces deux résumés du mandat donné aux apôtres, sont aussi présentées en tant que paroles prophétiques. « La repentance et le pardon des péchés seraient prêchés en son nom à toutes les nations » (Lc 24.47). « Vous serez mes témoins ... jusqu'aux extrémités de la terre » (Ac 1.8). Ce sont des prophéties qui mandatent la conduite des disciples. Le caractère impératif de ces prophéties est évident dans la suite. Le verbe « donner des ordres » (ἐντέλλομαι, Ac 1.2) n'est utilisé

---

191. En séparant les deux termes nous soulignons la différence dans la présentation de Luc entre une énumération des points principaux de l'œuvre et une reprise de certains sujets avec plus de détails.

[28] Voir la ponctuation du texte de la Société Biblique, *The Greek New Testament*, éd. Kurt ALAND, Matthew BLACK, Carlo M. MARTINI, Bruce M. METZGER et Allen WIKGREN, 4ᵉ éd., 1975.

[29] Notre proposition de structure s'accorde mieux au texte alexandrin et au ms. P$^{75}$ où l'Ascension est clairement indiquée à la fin de l'Évangile (24.51) et récapitulé (Ac 1.2) et reprise (1.9-11) au début des Actes. Toutefois, il est possible de concevoir l'expression « il est parti d'eux » (διέστη ἀπ αὐτῶν) du texte occidental comme une référence voilée à l'Ascension, comme « la promesse du Père » est une référence voilée à la Pentecôte.

qu'une autre fois dans le livre des Actes. Le Seigneur ordonne que le salut soit porté « jusqu'aux extrémités de la terre » (Ac 13.47 ; cf. Ac 1.8). Son synonyme (παραγγέλλω, Ac 1.4) est employé plus souvent (11 fois)[30]. Mais les ordres sont adressés aux apôtres seulement deux fois. Dans la maison de Corneille Pierre dit, « Jésus nous a ordonné (παραγγέλλω) de prêcher (κηρύξαι, cf. Lc 24.47) au peuple et d'attester [ou témoigner] (διαμαρτύρασθαι, cf. Lc 24.46 ; Ac 1.8) que c'est lui qui a été établi par Dieu juge des vivants et des morts » (Ac 10.42). Dans les trois versets qui précèdent cette description de l'ordre de Jésus, Pierre précise deux fois que les destinataires de l'ordre sont des « témoins » (μάρτυρες, Ac 10.39, 41). La dernière fois il précise que ces témoins sont « choisis d'avance par Dieu » (cf. Ac 1.2). Dans son discours à Athènes, Paul dit que Dieu « ordonne (παραγγέλλει) à tous les hommes partout de se repentir (μετανοεῖν) » (Ac 17.30 ; cf. Lc 24.47). Les liens de ces passages avec le double mandat de Jésus sont clairs. Le fait que ces ordres ne sont pas exprimés ailleurs par Jésus montre que les apôtres ont compris ces paroles prophétiques comme des mots d'ordre.

La raison pour l'insertion de la proposition ἐντειλάμενος τοῖς ἀποστόλοις διὰ πνεύματος ἁγίου devient claire. Luc veut souligner le caractère impératif et prophétique de ces paroles adressées aux apôtres. Jésus prophétise l'arrivée de l'Esprit qui donnera une puissance pour prêcher et témoigner à toutes les nations. Le complément d'agent signalant l'action de l'Esprit Saint (διὰ πνεύματος ἁγίου) souligne le caractère prophétique du mandat. L'Esprit donne la capacité de prédire l'avenir. Les apôtres reçoivent l'ordre d'attendre ce don de l'Esprit et doivent coopérer à l'accomplissement du mandat. L'emploi du participe ἐντειλάμενος souligne le caractère impératif de ces paroles prophétiques.

### ὑμεῖς δὲ ἐν πνεύματι βαπτισθήσεσθε ἁγίῳ

L'expression « baptiser dans l'Esprit Saint » (ἐν πνεύματι βαπτισθήσεσθε ἁγίῳ) n'est utilisée que trois fois dans Luc-Actes (Lc 3.16 ; Ac 1.5 ; 11.16). Chaque fois l'auteur souligne un contraste entre l'expérience des disciples d'être « baptisés dans l'Esprit Saint » et l'acte de Jean de « baptiser dans l'eau » (ὕδατι). Chaque mention se

---

[30] Ac 1.4 ; 4.18 ; 5.28, 40 ; 10.42 ; 15.5 ; 16.18, 23 ; 17.30 ; 23.22, 30.

trouve dans un contexte prophétique. Les deux premières mentions prophétisent l'arrivée d'un événement. La dernière rappelle la deuxième prophétie et le même événement (Ac 11.15-16).

Avant d'analyser les deux dernières mentions nous voulons résumer les conclusions tirées sur la signification de la première mention : la prophétie de Jean-Baptiste[31]. Dans la section consacrée au ministère de Jean-Baptiste (Lc 3.1-20), l'anticipation signalée par la proposition « il vous baptisera d'Esprit Saint et de feu » (ὑμᾶς βαπτίσει ἐν πνεύματι ἁγίῳ καὶ πυρί) est ambiguë. La prophétie est racontée dans la perspective de Jean. L'emploi du terme « baptiser » dans la Septante et la série de métaphores employées par Jean conduisent à la conclusion que Jean anticipe le jugement eschatologique et le signale par cette expression. « Baptiser » est une image forte exprimant l'intensité de l'action qui viendra inonder ou accabler les auditeurs de Jean. Cette signification s'accorde aux attentes eschatologiques typiques concernant l'établissement du royaume d'Israël et l'élimination de ses ennemis. Selon Jean, le vent destructeur de l'Esprit dispersera les ennemis d'Israël et permettra l'établissement du royaume. L'analogie du contraste avec le baptême de Jean signale le contraste entre la préparation pour le jugement eschatologique et l'arrivée de ce jugement. La suite du récit révèle l'erreur de cette perspective. L'erreur concerne surtout la chronologie des événements. Jésus remet le jugement eschatologique anticipé par Jean à une date ultérieure indéfinie (Lc 12.35-13.5 ; 17.22-37 ; 19.11-27 ; 20.9-18 ; 21.5-36 ; Ac 3.21 ; 10.42 ; 17.30-31 ; 24.25). Jésus corrige la compréhension de Jean, quant à la tâche du Messie, en montrant qu'il réalise maintenant d'autres attentes exprimées dans les prophéties eschatologiques de l'Ancien Testament (Lc 4.18-19 ; 7.18-22).

Jésus corrige la compréhension de Jean mais pas sa prophétie. Jean est un personnage fiable, rempli de l'Esprit. Sa prophétie anticipe non seulement un accomplissement dans le futur indéfini mais aussi dans le récit ; un accomplissement que lui-même n'aurait probablement pas compris. Les deux autres mentions de l'expression « baptiser dans l'Esprit Saint » servent à éclairer cette signification.

Certaines modifications de la prophétie et du contexte littéraire dans lequel la prophétie est énoncée aident à comprendre cette nouvelle signification :

---

[31] Voir ch. 4, p. 151-75.

1) Les perspectives changent. Ce n'est plus Jean qui prophétise mais Jésus (Ac 1.5). Les verbes reflètent aussi un changement de perspective. Dans l'Évangile, Luc focalise sur la tâche du baptiseur : « il vous baptisera d'Esprit Saint ». Dans les Actes il focalise sur l'effet sur les apôtres : « vous serez baptisés d'Esprit Saint ».

2) Jésus laisse tomber l'élément du feu si étroitement associé au jugement dans l'Évangile[32].

3) Jésus précise mieux le temps de l'accomplissement. Jean ne donne aucune précision de temps. Jésus dit que les disciples seront baptisés d'Esprit « dans peu de jours » (οὐ μετὰ πολλὰς ταύτας ἡμέρας, Ac 1.5)[33]. L'accomplissement ne peut être que l'événement de la Pentecôte. C'est l'événement qui arrive « dans peu de jours » (Ac 2.1-4).

4) Les auditeurs changent. Jean-Baptiste s'adresse « à tous » (πᾶσιν, Lc 3.16). La prophétie de Jésus est adressée aux apôtres (Ac 1.2).

5) La compréhension corrigée par Jésus change. Jésus corrige l'attente de Jean sur la tâche du Messie facilitée par l'Esprit. Il corrige l'attente des apôtres sur leur propre tâche facilitée par l'Esprit. La mention de l'accomplissement imminent de la prophétie suscite la question des disciples sur l'établissement du royaume d'Israël. Les apôtres savent que Jésus « dispose du royaume » en leur « faveur » et s'attendent peut-être à s'asseoir « sur des trônes, pour juger les douze tribus d'Israël » (Lc 22.29-30). Les apôtres ne donnent aucun indice de doute dans ce passage (Ac 1.4-11) quant à la messianité de Jésus, mais ils font une erreur chronologique semblable à celle de Jean. Ils n'ont pas besoin de changer leur concept de la tâche messianique de Jésus. Ce qui leur manque est une compréhension de la tâche qui leur reste avant l'établissement définitif du royaume d'Israël. Les apôtres doivent témoigner et annoncer la repentance et le pardon des péchés à toutes les nations (Lc 24.47 ; cf. Ac 1.8). Dans l'Évangile Jésus corrige la signification de la tâche immédiate du baptiseur. Au lieu d'éliminer les ennemis, il annonce la bonne nouvelle aux pauvres. Dans les Actes Jésus précise et corrige la signification de l'effet sur les baptisés. Être baptisé dans l'Esprit veut dire, au moins pour les apôtres, qu'ils reçoivent une puissance pour témoigner lorsque le Saint Esprit vient sur eux (Ac 1.8).

---

[32] Voir ch. 4, p. 153-59.
[33] La précision ἕως τῆς πεντηκοστῆς (D) est certainement une interpolation ajoutée pour rendre la précision plus claire. Contre M.-É. BOISMARD et A. LAMOUILLE, *Les Actes des deux apôtres III, Analyses littéraires*, Études bibliques nouvelle série 14, Paris, Gabalda 1990, p. 30-31.

Les parallèles entre ces passages sont significatifs. Le parallèle des paroles de Jean est évident. Les deux fois cette parole suscite une mauvaise compréhension de l'inauguration du royaume. Chaque fois Jésus corrige cette compréhension. Chaque fois la correction concerne la tâche du personnage *pneumatique*[34]. Chaque fois cette tâche est une tâche de proclamation. Il faut inférer un dernier parallèle : chaque fois l'attente corrigée concerne une tâche de gouverner ou de juger.

Luc considère une dernière correction nécessaire pour la compréhension de cette expression. Pour cette dernière correction la prophétie n'a pas besoin d'être modifiée[35]. C'est le contexte littéraire immédiat qui change. Suite au récit de la conversion de la maison de Corneille, Luc emploie l'expression « baptiser dans l'Esprit Saint » (Ac 11.16) une dernière fois. Cette fois-ci, il faut corriger l'étendue des bénéficiaires de la venue de l'Esprit. L'effet sur les baptisés est souligné encore une fois. En outre, l'identité des baptisés est soulignée. Autrement dit, c'est le « vous » de la prophétie qui est souligné : « mais *vous*, *vous* serez baptisés d'Esprit Saint ». La présence des mêmes phénomènes charismatiques conduit Pierre et les autres à la conclusion que le message et les bénéfices de l'âge eschatologique sont aussi destinés aux nations (Ac 11.15-18).

Les trois mentions de l'expression « baptiser dans l'Esprit Saint » contribuent au thème de l'accomplissement des prophéties dans Luc-Actes. La prophétie de Jean-Baptiste anticipe l'arrivée de puissantes manifestations de l'Esprit de Dieu qui signalent l'inauguration de l'âge eschatologique. La même prophétie, modifiée et énoncée par Jésus, anticipe l'accomplissement précis de l'arrivée de l'Esprit de puissance à la Pentecôte. Pierre rappelle l'énoncé de Jésus pour convaincre ses auditeurs que la répétition de ces manifestations de puissance signale l'accomplissement de cette prophétie chez les païens.

Une comparaison entre l'emploi de cette expression et l'emploi des autres expressions qui parlent de l'activité de l'Esprit révèle d'autres aspects de la pneumatologie de Luc-Actes. Il faut noter les similarités et les différences. Premièrement,

---

[34] Sur la base du terme grec πνεῦμα, nous employons le terme *pneumatique* en italiques (comme Menzies, voir ch. 5, p. 215, n. 133) pour parler de tout ce qui est relatif à l'Esprit et non pas de tout ce qui est relatif à l'air. Le terme permet de se référer à toutes les expériences avec l'Esprit sans utiliser un des termes en particulier.

[35] Nous estimons que la modification de l'ordre des mots n'est pas significative : ὑμεῖς δὲ βαπτισθήσεσθε ἐν πνεύματι ἁγίῳ (Ac 11.16) au lieu de ὑμεῖς δὲ ἐν πνεύματι βαπτισθήσεσθε ἁγίῳ (Ac 1.5).

nous avons signalé que l'événement anticipé par l'expression « baptiser dans l'Esprit Saint » est la venue de l'Esprit à la Pentecôte. Le même événement est anticipé par les autres expressions *pneumatiques* que nous avons examinées dans cette section : la promesse du Père (Lc 24.49 ; Ac 1.4), la réception ou le revêtement de puissance et la venue de l'Esprit sur les disciples (Lc 24.49 ; Ac 1.8). Pour décrire l'événement Luc parle des langues de feu qui viennent sur les disciples et utilise l'expression « remplir de l'Esprit » (Ac 2.3-4). Dans la suite Luc utilise encore deux autres expressions qui se réfèrent à l'événement de l'Esprit : « répandre l'Esprit » (Ac 2.17, 33) et « recevoir le don du Saint-Esprit » (Ac 2.38).

Le caractère synonymique de toutes ces expressions est confirmé par l'association à un seul événement. On doit poser la question si l'on peut distinguer au niveau de l'expérience entre ces synonymes ? C'est-à-dire peut-on expérimenter l'Esprit de façon à refléter une de ces expressions sans refléter les autres ? Peut-on être « baptisé dans l'Esprit » sans être « rempli de l'Esprit » ? Peut-on recevoir le don de l'Esprit sans être rempli de l'Esprit ? Howard Ervin insiste sur l'équivalence des expressions disant, « Les choses qui équivalent à une même autre chose sont équivalentes entre elles »[36]. La faille de sa logique se trouve dans la première partie de la proposition : « les choses qui équivalent à une même autre chose ». « Les expressions qui décrivent un même événement » représentent mieux cette série de synonymes. Cette tournure n'exige pas une équivalence entre les différentes expressions. Selon une métaphore mathématique, il est possible que certaines expressions soient dans un sous-groupe qui exclut les autres expressions, même si toutes les expressions conviennent au groupe de l'expérience à la Pentecôte. Les chiens et les chats sont dans le groupe des animaux, mais ils ne sont pas équivalents. L'expérience à la Pentecôte convient à toutes les expressions. Il est possible qu'une autre expérience convienne à quelques expressions seulement.

Une distinction souvent présupposée accorde une application universelle (à tous les Chrétiens) à l'expression « recevoir le don du Saint-Esprit » et limite l'expression « remplir du Saint-Esprit » à certains individus chez qui la présence de l'Esprit est davantage apparente[37]. L'emploi des expressions synonymiques associées à l'événement

---

[36] *Le Baptême de l'Esprit : Une recherche biblique*, trad. par Daniel Thévenet, Deerfield, Vida, 1996, p. 41.
[37] Voir, p. ex., TURNER, *Power from on High*, p. 169, 443.

de la Pentecôte n'exclut pas une telle distinction. Mais l'interprète doit déterminer si la pneumatologie de Luc-Actes indique la nécessité d'une telle distinction. Sans autre compréhension préalable à partir d'un répertoire en commun, et sans autre indication dans le texte, le lecteur doit supposer une certaine équivalence à partir de l'association au même événement.

Nous sommes persuadé que les expressions différentes ne décrivent pas des distinctions parmi les expériences *pneumatiques*, mais des expériences parallèles à partir de différents points de vue. Luc ne souligne pas de différences entre personnages *pneumatiques*. Au contraire, il accentue les parallèles[38]. La seule différence *soulignée* par les événements du récit est la différence entre ceux qui ont fait une expérience *pneumatique* et ceux qui n'en ont pas fait (Ac 8.15-17 ; 19.2-6)[39]. Charles Talbert mentionne les expressions du point de vue de l'initiative divine (don, répandre, venir sur, tomber sur) et du point de vue de l'expérience humaine (recevoir, remplir, baptiser)[40]. On peut aussi distinguer dans la perspective divine entre l'activité de l'Esprit et l'activité du Père ou de Jésus. L'Esprit vient sur ou tombe sur des individus. Dieu promet, envoie, donne et répand l'Esprit.

Toutes les expressions semblent être liées au thème de l'accomplissement des prophéties. Deux prophéties, importantes dans la structure de Luc-Actes[41], parlent de l'Esprit « sur » des individus. Jésus cite le prophète Ésaïe : « l'Esprit du Seigneur est *sur* moi » (Lc 4.18), et Pierre cite le prophète Joël : « je répandrai de mon Esprit *sur* toute chair » (Ac 2.17). L'expression « répandre l'Esprit » (Ac 2.17-18) et toutes les expressions qui parlent de l'Esprit sur quelqu'un (venir sur, tomber sur, être sur) sont probablement des échos de ces deux prophéties[42]. Les expressions qui parlent de la

---

[38] Voir ch. 3, p. 113-17.

[39] L'ordre de choisir « parmi vous » des hommes « pleins d'Esprit Saint » (Ac 6.4) souligne la perceptibilité de leur expérience. La thèse qui voit une distinction de niveaux de perceptibilité (i.e., une plus grande perceptibilité pour ceux qui sont pleins d'Esprit que pour ceux qui ont seulement reçu l'Esprit) présuppose une différence au niveau du vocabulaire. Que la demande exige le choix de ceux chez qui la présence de l'Esprit est certaine parce que ses effets sont perceptibles est plus cohérent avec le cotexte (voir ch 1, p. 25-26).

[40] *Reading Acts : A Literary and Theological Commentary on the Acts of the Apostles*, New York, Crossroad Publishing Company, 1997, p. 25.

[41] Voir ch. 3, p. 93.

[42] Max TURNER voit une allusion à És 32.15, *Power from on High*, p. 300. L'allusion est possible mais les passages cités par Luc (Jl 3.1 et És 61.1) sont sûrement plus importants. La conclusion de Turner que

promesse, du don, de donner ou de recevoir l'Esprit font probablement allusion à la promesse de répandre l'Esprit dans la prophétie de Joël ou aux promesses divines en général d'envoyer l'Esprit (Lc 11.13 ; 24.49 ; Ac 1.4 ; 2.33, 38-39)[43]. L'expression « baptiser dans l'Esprit » fait allusion à la prophétie de Jean-Baptiste (Lc 3.16, Ac 1.5, 11.16).

Pour quelques expressions le lien avec le thème de l'accomplissement des prophéties est indirect. Deux expressions semblent faire allusion aux transfert d'Esprit d'Élie sur Élisée : remplir d'Esprit et revêtir d'Esprit[44]. Les deux prophéties importantes mentionnées ci-dessus parlent d'une onction prophétique. La typologie prophétique prolonge et accentue ce thème parce que Jésus et ses disciples agissent comme des grands prophètes de l'Ancien Testament. Finalement, la métaphore de la puissance lie l'accomplissement de ces prophéties concernant la venue de l'Esprit aux preuves de son influence. Les paroles et les actes de puissance sont des preuves perceptibles de la présence de l'Esprit qui valident l'accomplissement des prophéties. On peut constater la venue de l'Esprit par les paroles et les actes puissants inspirés.

Ces liens avec le thème de l'accomplissement des prophéties sont très importants pour comprendre la pneumatologie de Luc-Actes. La présence de l'Esprit fait partie des preuves de l'inauguration de l'âge eschatologique[45]. Deux prophéties eschatologiques, citées par Luc et extrêmement importantes dans l'organisation de son récit, prédisent l'arrivée de l'Esprit et les résultats qui en découlent. Afin d'être convaincant, Luc doit démontrer l'influence de l'Esprit par des effets perceptibles. Il ne peut permettre de présupposer la présence de l'Esprit.

Une comparaison fait aussi ressortir des différences entre l'expression « baptiser dans l'Esprit » et les autres expressions *pneumatiques*. On constate comment l'expression

---

l'Esprit vient sur les disciples comme une puissance pour purifier et restaurer Israël (p. 301) est à rejeter. Voir ch. 4, p. 148-49.

[43] La proposition de James DUNN d'une allusion à Éz 36.27 n'est pas évidente, *The Acts of the Apostles*, Epworth Press, Peterborough, 1996, p. 8.

[44] Voir ch. 4, p. 141-42 et ch. 6, p. 251-52.

[45] Joseph A. FITZMYER dit que « pour Luc… le don de l'Esprit inaugure » l'âge eschatologique, *The Acts of the Apostles : A New Translation with Introduction and Commentary*, The Anchor Bible 31, New York, Doubleday, 1998, p. 206. Gonzalo HAYA-PRATS dit que « la communauté primitive a vu dans la possession de l'Esprit le signe de l'inauguration des temps eschatologiques », *L'Esprit force de l'église : Sa nature et son activité d'après les Actes des Apôtres*, Lectio Divina 81, trad. par José J. Romero et Hubert Faes, Paris, Cerf, 1975, p. 70. Craig S. KEENER croit que le point essentiel pour le lecteur implicite de Luc est que « le baptême dans l'Esprit signale l'âge du royaume », *The Spirit in the Gospels and Acts*, p. 191.

n'est pas utilisée. À la différence des autres expressions, Luc n'utilise nulle part l'expression « baptiser dans l'Esprit Saint » pour raconter l'expérience de quelqu'un. Nulle part il n'est écrit, « ils furent baptisés d'Esprit Saint » ou « ils reçurent le baptême dans l'Esprit Saint ». Luc préfère les expressions tirées de la Septante. Roger Stronstad signale que « baptiser dans l'Esprit est la seule expression que Luc utilise pour parler de l'activité de l'Esprit qui ne vient pas de la Septante[46]. L'expression « le baptême de (ou dans) l'Esprit » n'existe pas dans le Nouveau Testament. Max Turner a probablement raison de conclure que l'expression « baptiser dans l'Esprit » n'était pas très « courante » dans l'Église de l'époque de Pierre ou de Luc[47]. Luc montre comment l'expérience *pneumatique* des disciples est un accomplissement de la prophétie de Jean, sans raconter leur expérience dans les termes baptismaux de Jean. Ce qui est important dans le récit de Luc ce ne sont pas les distinctions d'expériences *pneumatiques* des groupes différents, mais le fait que les prophéties concernant la venue eschatologique de l'Esprit sont accomplies parmi ces groupes.

λήμψεσθε δύναμιν ἐπελθόντος τοῦ ἁγίου πνεύματος ἐφ' ὑμᾶς

Sans répéter toute la discussion et tous les arguments, nous voulons résumer les observations déjà faites dans notre analyse sur cette phrase prophétique de Jésus. L'analyse de la structure de Luc-Actes a révélé l'importance de la double prophétie de Jésus (Lc 24.47-49 ; Ac 1.8) juste avant la section consacrée au ministère des disciples (Ac 1.12-28.31). Elle est parmi les prophéties qui mandatent les successeurs à coopérer à l'accomplissement, qui servent à définir et à prédire la mission des protagonistes, comme à établir les liens logiques entre les grandes sections de l'œuvre[48]. L'emploi de tous les mots de cette phrase a déjà été abordé. En particulier, l'analyse des expressions *pneumatiques* entre la descente de l'Esprit au baptême de Jésus et l'explication de cet événement dans le premier discours de Jésus a révélé le lien très étroit entre l'Esprit et la

---

[46] *The Prophethood of All Believers : A Study in Luke's Charismatic Theology*, Journal of Pentecostal Theology Supplement Series 16, éd. John Christopher Thomas, Rickie D. Moore et Steven J. Land, Sheffield, Sheffield Academic Press, 1999, p. 26.
[47] *Power from on High*, p. 386, *Baptism in the Holy Spirit*, Cambridge, Grove Books Limited, 2000, p. 18.
[48] Voir ch. 3, p. 98-101.

métaphore de puissance qui peut le remplacer[49]. L'analyse de la convention littéraire de récapitulation et reprise a révélé une structure parallèle chiasmatique, mettant en parallèle synonymique les propositions de cette prophétie (Ac 1.8) avec son image miroitée à la fin de l'Évangile (Lc 24.47-49)[50]. L'envoi de la promesse du Père, la venue de l'Esprit et la réception et le revêtement de la puissance sont autant de synonymes visant un seul accomplissement : l'événement de la Pentecôte. La progression logique du passage ajoute l'expression « baptisés dans l'Esprit Saint » (Ac 1.5) à cette liste de synonymes[51]. L'analyse de l'expression « donner des ordres par le Saint-Esprit » (Ac 1.2) a souligné le caractère impératif de la double prophétie de Jésus[52], appuyant notre description de cette prophétie comme une prophétie qui mandate la coopération des successeurs à l'accomplissement. Finalement, une comparaison entre la prophétie de Jean (Lc 3.16) et les rappels de cette prophétie (Ac 1.4 ; 11.16) a révélé des parallèles entre la prophétie/mandat pour le ministère de Jésus (Lc 4.18-19 ; cf. 7.20-22) et celle pour le ministère des apôtres (Ac 1.8)[53]. Les deux corrigent une mauvaise compréhension du lien entre la venue de l'Esprit et l'inauguration du royaume, insistant sur un ministère de proclamation facilité par l'Esprit. Il faut réfléchir sur la dernière de ces observations.

Notre conclusion que Jésus corrige l'attente des apôtres sur la tâche facilitée par l'Esprit est basée sur un lien implicite qu'il faut soutenir. Quatre arguments soutiennent ce lien implicite : 1) l'argument de la progression logique de cette péricope ; 2) l'argument d'une progression semblable dans la contrepartie à la fin de l'Évangile ; 3) l'argument du changement dans la conduite des apôtres et 4) l'argument de l'accomplissement de cette prophétie.

La proposition « et vous serez mes témoins... » (καὶ ἔσεσθέ μου μάρτυρες) se trouve à la fin d'une série de propositions liées les unes aux autres par des liens de cause à effet[54]. Jésus ordonne aux apôtres de rester à Jérusalem (Ac 1.4) *car* (ὅτι) ils seront baptisés dans l'Esprit Saint dans peu de jours (Ac 1.5). *Alors* (οὖν) les apôtres posent une question sur l'établissement du royaume d'Israël. La question des apôtres (Ac 1.6) suscite

---

[49] Voir ch. 4, p. 143-46.
[50] Voir ch. 3, p. 103, ch. 6, p. 247-53 et appendice C.
[51] Voir ch. 6, p. 250.
[52] Voir ch. 6, p. 253-55.
[53] Voir ch. 6, p. 258.
[54] Voir appendice E.

ou « cause »[55] la réponse de Jésus (Ac 1.7-8). Cette réponse est divisée en deux parties par la conjonction « mais » (ἀλλά, Ac 1.8) indiquant un contraste. La première partie (1.7) est négative (οὐχ) annulant l'interprétation des apôtres de l'intervention prochaine de l'Esprit (« vous serez baptisés d'Esprit Saint »). La deuxième partie (v. 8) est positive donnant la bonne interprétation de l'intervention prochaine de l'Esprit (« vous recevrez une puissance le Saint-Esprit survenant sur vous »). La dernière proposition dans cette série, « et vous serez mes témoins … » est introduite par la conjonctio moins précise καί. Michel Quesnel dit que « *kai* suivi du futur…est une tournure classique pour désigner la conséquence »[56]. Cette tournure est souvent employée dans Luc-Actes à cette fin[57]. En particulier, nous en constatons l'emploi dans la prophétie citée par Pierre, où la conséquence de l'effusion de l'Esprit est désignée par cette tournure : « et ils prophétiseront » (Ac 2.17, 18). Cette tournure à la fin d'une série de liens de cause à effet doit sûrement aussi représenter une conséquence.

La progression à l'inverse de la contrepartie dans la prophétie/mandat à la fin de l'Évangile (Lc 24.47-49) soutient le même lien implicite. Jésus annonce que la repentance et le pardon des péchés seront prêchés à toutes les nations (24.47). Puis il dit que les apôtres seront témoins « de ces choses » (τούτων, 24.48)[58]. Mais avant d'être témoins parmi toutes les nations, ils doivent attendre à Jérusalem afin de recevoir la puissance du Saint-Esprit, assurément parce qu'ils en auront besoin pour cette tâche.

La puissance de l'Esprit est la seule explication plausible pour la nouvelle capacité des apôtres de prêcher et de témoigner. Avant la Pentecôte Pierre nie le Seigneur trois fois (Lc 22.54-62). Après la Pentecôte il prêche la repentance et le pardon des péchés (Ac 2.38) et témoigne de la résurrection (Ac 2.32)[59]. En effet, l'assurance pour

---

[55] L'interrogation est une sorte de lien de cause à effet. Voir David BAUER, *The Structure of Matthew's Gospel : A Study in Literary Design*, JSNTSS 31, éd. David Hill, Bible and Literature Series 15, éd. David M. Gunn, Sheffield, Almond Press, 1988, p. 13-20.
[56] *Baptisés dans l'Esprit : Baptême et Esprit Saint dans les Actes des Apôtres*, Lectio Divina 120, Paris, Cerf, 1985, p. 46. Il parle d'une structure semblable dans Ac 2.38-39.
[57] Voir, p. ex., Ac 2.17-18, 38-39 ; 13.11 ; 16.31 ; 18.10 ; 21.24 ; 28.27-28.
[58] Le pronom τούτων (Lc 24.48) a pour antécédent non seulement la Passion et la résurrection mais aussi la prédication du pardon des péchés à toutes les nations (24.46-47).
[59] Voir l'analyse du pivot, ch. 3, p. 120-25. Roger STRONSTAD affirme que le don de l'Esprit est « la seule cause suffisante » pour expliquer le changement radical chez les disciples, *The Charismatic Theology of St. Luke*, p. 59-60.

témoigner est un élément dans la description stéréotypée des « hommes de l'Esprit »[60].
Au chapitre quatre cette assurance est de nouveau associée à l'intervention de l'Esprit :
« ils furent tous remplis du Saint-Esprit, et ils annonçaient la parole de Dieu avec
assurance » (Ac 4.31). C'est la troisième fois que la conséquence de l'activité de l'Esprit
est signalée par la conjonction καί[61]. Chaque fois la tâche facilitée par l'Esprit concerne
la proclamation d'un message. Les apôtres, sur qui l'Esprit vient, seront les témoins de
Jésus (Ac 1.8). Les disciples, sur qui l'Esprit est répandu, prophétiseront (Ac 2.18). Les
disciples remplis de l'Esprit « annonçaient la parole de Dieu avec assurance » (Ac 4.31).

La prophétie/mandat de Jésus s'accomplit dans le récit des Actes des apôtres. Les
accomplissements racontés éclairent le lien entre la venue de l'Esprit et le témoignage
des apôtres « jusqu'aux extrémités de la terre ». Nous venons de constater un schéma
d'un témoignage avec assurance (παρρησία) suite à l'expérience *pneumatique* des
« hommes de l'Esprit ». On peut aussi constater que l'Esprit joue un rôle important dans
l'expansion du témoignage vers les nations, conduisant et confirmant chaque phase : à
Jérusalem (Ac 2.4), en Samarie (8.16-17), et vers les nations (10.19, 45 ; 13.1-4)[62].

## La stratégie de l'auteur dans le fil de l'intrigue

Dans l'analyse de l'expression « la promesse du Père » nous avons posé une
question importante pour la stratégie de Luc : « Pourquoi l'auteur laisse-t-il son lecteur
dans l'ambiguïté »? Si notre thèse sur le fil de l'intrigue est correcte, on doit pouvoir
répondre à cette question selon le raisonnement proposé pour la stratégie de l'auteur
implicite. Nous avons proposé que le but de l'auteur est de donner la certitude aux
lecteurs sur deux grands sujets : la messianité de Jésus et l'identité eschatologique de la
communauté des croyants. L'auteur veut assurer son lecteur que Jésus est le Messie, bien
qu'il n'ait pas réalisé les attentes typiques pour cette figure davidique, et que la

---

[60] Voir ch 3. p. 115. Noter la répétition de παρρησία, Ac 2.29 ; 4.13, 29, 31 ; 28.31. Gonzalo HAYA-PRATS dit que, παρρησία « est un terme qui est devenu l'expression caractéristique de l'influx de l'Esprit Saint », *L'Esprit force de l'église*, p. 102.
[61] Cette fois-ci la conjonction n'est pas suivie du futur, parce que la conséquence n'est pas une prophétie mais une description de ce qui est déjà arrivé.
[62] Brian S. ROSNER, « The Progress of the Word », *Witness to the Gospel : The Theology of Acts*, éd. I. Howard MARSHALL et David PETERSON, Grand Rapids, Eerdmans, 1998, p. 224 ; Howard Clark KEE, *Good News to the End of the Earth : The Theology of Acts*, Londres, SCM Press, 1990, p. 34.

communauté des croyants est la communauté eschatologique prévue dans les Écritures, malgré sa composition de plus en plus païenne. Dans les premiers chapitres de l'Évangile Luc s'est servi du thème de l'accomplissement des prophéties et du jeu des perspectives pour atteindre son but[63]. Les mêmes modalités sont importantes dans la transition entre les deux volumes, et Luc se sert du même procédé littéraire.

L'ambiguïté du passage n'est pas limitée à « la promesse du Père ». Dans le dernier chapitre de l'Évangile, l'auteur choisit deux fois de ne pas révéler le contenu de l'enseignement de Jésus concernant l'accomplissement des Écritures. Jésus « expliqua dans toutes les Écritures ce qui le concernait » aux disciples sur le chemin d'Emmaüs (Lc 24.27). Il « ouvrit l'esprit » des apôtres « afin qu'ils comprennent les Écritures » (Lc 24.45). La multiplication des « blancs » dans le texte, dont la signification est précisée plus tard, augmente la probabilité que ces ambiguïtés soient délibérées et fassent partie de la stratégie de Luc. Jésus mentionne, sans préciser les textes, trois sujets prophétiques des Écritures : la Passion, la résurrection et la prédication de la repentance et du pardon à toutes les nations (Lc 24.46-47). L'emploi des Écritures dans les arguments des apôtres dans le récit du livre des Actes semble indiquer que Luc connaît au moins quelques textes précis de l'enseignement de Jésus et qu'il a choisi de ne pas les mentionner ici[64].

La prophétie concernant l'envoi de « la promesse du Père » suit directement ces trois prophéties dont l'antécédent se trouve dans les Écritures. Malgré le manque de lien grammatical au verbe « il est écrit » ($\gamma$έγραπται)[65], cette prophétie continue dans la même perspective. C'est une prophétie concernant l'avenir des apôtres sur la base de ce qui est écrit. L'accomplissement de cette prophétie sera aussi un accomplissement des Écritures[66]. Deux observations appuient cette conclusion. D'abord, semblable aux autres sujets, un texte antécédent de la Septante est précisé dans la suite du récit (Ac 2.16-18, 33). Deuxièmement, le terme « promesse », venant tout de suite après la notion des prophéties tirées des Écritures, suggère une continuation de la même perspective. Le lecteur pense à l'accomplissement des Écritures au moment où il entame cette phrase. Luc interrompt la série d'infinitifs pour dire que les apôtres seront témoins des trois sujets

---

[63] Voir ch. 3, p. 90-105 ; ch. 5, p. 206-11, 237-41.
[64] Voir ch. 6, p. 248-49.
[65] Les trois sujets, la Passion, la résurrection et la prédication, sont introduits par un infinitif complétant le verbe γέγραπται. La prophétie sur « la promesse du Père » est introduite par un futur.
[66] JOHNSON, *Luke*, p. 405.

prophétiques tirés des Écritures. L'effusion de l'Esprit est aussi un sujet prophétique dans les Écritures. Mais être témoins de cette effusion ne fait pas partie du mandat. En interrompant la série d'infinitifs, Jésus précise le contenu du témoignage des disciples. Mais il n'interrompt pas et ne change pas la perspective. L'emploi du verbe au futur n'est pas une indication de changement parce que le changement de la perspective des événements passés (la Passion et la résurrection) aux événements futurs a lieu avec le troisième infinitif (κηρυχθῆναι). La prédication de la repentance et du pardon à toutes les nations est un événement futur. Une fois que Luc interrompt la série d'infinitifs pour introduire la précision sur le témoignage des apôtres, il ne peut continuer dans la même perspective avec un infinitif. Seul le futur convient. Le verbe au futur en fin de cette série de prophéties sur l'avenir sert aussi à souligner l'importance de l'événement de la Pentecôte.

Dans l'analyse de l'expression de Jean-Baptiste, « baptiser dans l'Esprit Saint », nous avons constaté comment Luc utilise habilement le jeu des perspectives pour modifier les attentes eschatologiques de son lecteur. Ce jeu de perspectives est aussi important dans ce passage de transition entre le ministère de Jésus et celui des apôtres. Nous avons examiné le jeu entre la perspective des apôtres et celle de Jésus pour le rappel de la prophétie de Jean. Ce jeu de perspectives explique aussi pourquoi Luc laisse certaines ambiguïtés dans cette double prophétie/mandat. Dans la section consacrée à l'emploi du vocabulaire associé à l'Esprit, nous avons surtout analysé le texte de la perspective de l'auteur implicite. Nous voulons maintenant brièvement l'analyser de la perspective des apôtres et de celle du lecteur.

**La perspective des apôtres**

Quelle est la perspective des apôtres ? Ils viennent de voir la Passion et la résurrection de Jésus. À travers le récit de l'Évangile les apôtres n'ont pu comprendre les prophéties de Jésus sur ces deux sujets (Lc 9.45 ; 18.34, συνίημι). Après la résurrection, Jésus ouvre l'esprit des disciples « afin qu'ils comprennent (συνίημι) les Écritures » (Lc 24.45). Jésus mentionne trois sujets « écrits », (la Passion, la résurrection et la prédication de la repentance et le pardon à toutes les nations, Lc 24.46-47), et informe les disciples qu'ils seront témoins de ces choses (Lc 24.48). Luc ne précise pas les Écritures que les disciples sont capables de comprendre. À Pentecôte Pierre démontre qu'il comprend les événements passés (la Passion et la résurrection) à la lumière des Écritures (Ac 2.22-32). Il commence à prêcher la repentance et le pardon des péchés (Ac 2.38), mais ne comprend pas encore l'expression « à toutes les nations ». Pierre comprendra cette leçon plus tard (Ac 10.9-11.17).

À travers Luc-Actes les personnages humains ne comprennent pas les prophéties avant l'accomplissement. Le texte ne précise pas si Jean-Baptiste a jamais compris les prophéties sur la tâche messianique de Jésus. Il est clair qu'il ne les a pas comprises avant leur réalisation dans le ministère de Jésus. Il est vraisemblable de supposer qu'il a compris la prophétie d'Ésaïe (61.1-2) suite à son accomplissement dans le ministère de Jésus et à l'explication de Jésus rapprochant cette prophétie aux activités de son ministère (Lc 7.22). Les disciples n'ont pas compris les prophéties sur la Passion et la résurrection (Lc 9.45 ; 18.34) avant ces événements. Ils n'ont pas compris, non plus, les prophéties concernant la venue de l'Esprit (Lc 3.16 ; 24.49 ; Ac 1.4-8). Ils les ont comprises après l'événement (Ac 2.16-21, 33). Les disciples ont compris l'horizon universel de leur message seulement après l'événement où l'Esprit a conduit Pierre (Ac 10.19) à annoncer le salut dans la maison de Corneille (Ac 10.9-48).

**La perspective du lecteur**

Ce procédé de Luc de montrer la difficulté de comprendre les prophéties avant l'événement prophétisé renforce sa stratégie pour modifier les attentes eschatologiques de son lecteur. Dans le récit de Luc l'intelligence humaine se montre incapable de concevoir l'accomplissement des prophéties avant leur réalisation. Donc, les attentes eschatologiques des personnages, et probablement du lecteur, bien qu'elles soient tirées des Écritures, sont forcément inexactes. La compréhension correcte suit l'accomplissement. Ce procédé explique la raison d'être du quiproquo concernant les prophéties qui anticipent l'arrestation de Paul à Jérusalem. À Tyr les disciples, « poussés par l'Esprit, disaient à Paul de ne pas monter à Jérusalem » (Ac 21.4). Le fait que Paul poursuit sa route doit certainement confondre le lecteur. Le prochain épisode prophétique aide à comprendre l'expression « poussés par l'Esprit », et la difficulté à prendre des décisions à partir d'une prophétie. À Césarée le prophète Agabus prédit l'arrestation de Paul à Jérusalem (Ac 21.10-11). En raison de cette prophétie les compagnons de Paul essaient de le convaincre de ne pas monter à Jérusalem. Paul ne se laisse pas persuader et ils concluent : « Que la volonté du Seigneur se fasse ! » (Ac 21.12-14). Le problème ne se trouve pas au niveau de la prophétie mais au niveau de la compréhension humaine de la prophétie. Les prophéties servent à donner une image ambiguë des événements avant leur accomplissement[67]. Elles ne donnent pas une image facile à comprendre. Après l'événement les prophéties deviennent claires et, en conséquence, des instruments apologétiques. Le procédé de Luc sert à mettre en doute les idées préconçues sur l'accomplissement des prophéties et à « sanctionner » l'accomplissement qu'il raconte[68].

L'ordre des paroles prophétiques pour le lecteur est assez révélateur pour la stratégie de Luc. Les prophéties annoncées par des personnages dans le récit précèdent les événements *pneumatiques* majeurs de l'œuvre. Ces prophéties sont basées sur les prophéties des Écritures, mais ne contiennent pas de citation claire. Les prophéties de l'introduction prophétique et de Jean-Baptiste précèdent l'onction et le ministère de Jésus. La prophétie de Jean-Baptiste et la double prophétie/mandat de Jésus précèdent 'l'onction' et le ministère des disciples. L'ambiguïté de ces paroles prophétiques reflète les limites de la capacité humaine à comprendre les prophéties des Écritures[69]. La citation des Écritures qui expliquent plus clairement les événements *pneumatiques* vient après l'événement (Lc 4.18-19 ; Ac 2.17-21). Chaque fois le *pneumatique* fait une application précise à l'événement de la prophétie (Lc 4.21 ; Ac 2.17). L'événement eschatologique précède la compréhension prophétique correcte et précise de cet événement. Cette observation a d'énormes conséquences pour l'interprétation des prophéties précédant les

---

[67] Jean-Noël ALETTI écrit, « comme la plupart des prolepses lucaniennes », celle d'Ac 1.8 reste délibérément vague … il s'agit d'une technique narrative lucanienne », *Quand Luc raconte. Le récit comme théologie*, Paris, Éditions du Cerf, 1998, p. 39,.
[68] Robert L. BRAWLEY dit que « Luc emploie la modalité littéraire des prédictions prophétiques pour sanctionner leur accomplissement », *Luke-Acts and the Jews : Conflict, Apology, and Conciliation*, SBL Monograph Series 33, éd. Adela Yarbro Collins, Atlanta, Scholars Press, 1987, p. 49.
[69] Ceci est aussi vrai pour les prophéties de Jésus. Elles corrigent la compréhension des apôtres et reflètent leur incapacité de comprendre les prophéties des Écritures avant leur accomplissement.

événements. Ce sont les événements qui doivent éclairer la signification des prophéties plus que le contraire[70].

**La stratégie de l'auteur**

Nous voulons maintenant proposer une raison pour l'ambiguïté délibérée de Luc concernant les sujets de la prophétie/mandat de Jésus dont l'allusion aux Écritures est précisée dans la suite du récit. Le lecteur vit après les événements racontés et bénéficie de certaines connaissances que les personnages n'ont pas. Il est difficile de savoir si le lecteur a une connaissance de l'événement de la Pentecôte avant de lire le récit[71], mais il sait que la repentance et le pardon ont été prêchés aux nations. Nous suggérons que le lecteur serait mieux à même de comprendre l'accomplissement des citations de l'Ancien Testament que les personnages dans le récit. En retenant les citations, Luc oblige le lecteur à vivre la compréhension des événements prophétiques au même moment que les personnages. Ce procédé augmente l'empathie du lecteur pour les personnages et l'impact apologétique de leurs découvertes pour le lecteur. Luc mentionne vaguement les explications de Jésus, probablement, afin de maintenir le rôle de Jésus comme l'interprète des Écritures[72].

Au moment de cette transition dans le texte, l'identité messianique de Jésus n'est plus en doute. Les événements dans le ministère de Jésus ont confirmé que Jésus est l'Oint décrit par Ésaïe (És 61.1-2 ; Lc 4.18-19 ; 7.22). Cette confirmation a modifié les attentes des disciples, mais elle ne les a pas annulées. Ils espéraient toujours qu'il délivrerait Israël de ses ennemis et rétablirait son royaume. Cette espérance a été anéantie par la mort de Jésus (Lc 24.21) et renouvelée par sa résurrection (Ac 1.6). Jésus ne veut

---

[70] Voir la discussion des prolepses, ch. 2, p. 64-65. Il faut attendre le moment du récit où l'événement est raconté tout au long pour bien comprendre l'annonce ou la prolepse.
[71] Témoigner de la Pentecôte ne fait pas partie du mandat, et certains disciples dans le récit n'ont pas la connaissance de cet événement.
[72] Jean-Noël ALETTI dit que le narrateur prend soin de maintenir le rôle de Jésus comme « l'unique herméneute » dans le récit de son discours à Nazareth, « Jésus à Nazareth (Lc 4.16-30) : Prophétie écriture et typologie », *A cause de l'évangile : Etudes sur les synoptiques et les Actes*, Lectio Divina 123, Paris, Cerf, 1985, p. 435.

pas éliminer cette espérance (Ac 1.7) [73], mais il veut modifier certaines attentes en ce qui concerne la chronologie des événements (Ac 1.7), la tâche des apôtres et le destin des nations (Lc 24.47 ; Ac 1.8).

L'expression ambiguë, « la promesse du Père », semble avoir la même fonction que l'expression « baptiser dans l'Esprit Saint ». Jésus associe les deux expressions dans la reprise (Ac 1.4-5). Luc semble les utiliser dans un procédé de négation[74]. Les deux expressions « évoquent des éléments familiers ou déterminés afin de les annuler. Ce qui est annulé reste en vue et suscite une modification dans l'attitude du lecteur envers ce qui est familier ou déterminé »[75]. Les éléments familiers évoqués par ces deux expressions sont les mêmes que ceux qui sont évoqués par l'introduction prophétique (Lc 1.5-2.52) : la délivrance des ennemis d'Israël et le rétablissement de son royaume (Lc 1.32-33, 69-71). La question posée par les apôtres confirme cette conclusion : « Seigneur, est-ce en ce temps que tu rétabliras le royaume d'Israël ? » (Ac 1.6). La même signification est donnée au terme « promesse » dans un discours de Paul, où il parle de susciter à Israël un Sauveur de la postérité de David « selon sa promesse » (Ac 13.23 ; cf. 2 Sa 7.16 ; Lc 1.32-33).

Par sa réponse Jésus commence à modifier les attentes eschatologiques des apôtres (Ac 1.7-8). La modification diffère de celle donnée par Jésus dans l'Évangile. Dans l'Évangile il a modifié les attentes sur la tâche du Messie facilitée par l'Esprit. La tâche d'annoncer la bonne nouvelle aux pauvres doit précéder celle du jugement eschatologique. Ici Jésus modifie les attentes sur la tâche des apôtres facilitée par l'Esprit qui reste à faire avant le jugement eschatologique. Ils doivent prêcher la repentance et le pardon des péchés et témoigner de Jésus jusqu'aux extrémités de la terre. Cette tâche sera aussi soutenue en faisant appel aux prophéties eschatologiques (Ac 2.16-21 ; 13.47).

Si nous avons raison de qualifier le procédé de Luc dans ce passage d'une « négation », il ne faut pas essayer de fusionner les significations différentes données au

---

[73] Voir Robert TANNEHILL, *The Narrative Unity of Luke-Acts : A Literary Interpretation*, Volume two : *The Acts of the Apostles*, Minneapolis, Fortress Press, 1994, p. 14-17.
[74] Voir la discussion sur les « espaces d'indétermination » et sur les « négations » de Wolfgang ISER, ch. 2, p. 67-72.
[75] Wofgang ISER, *The Act of Reading : A Theory of Aesthetic Response*, Baltimore/Londres, Johns Hopkins University Press, 1978, p. 169.

terme « promesse »⁷⁶. Comme son terme jumelé, « baptiser dans l'Esprit Saint », il faut suivre le développement de sa signification dans le déroulement du récit. La compréhension du terme comme effusion de l'Esprit et comme don eschatologique est clairement acquise par les personnages du récit après l'événement de la Pentecôte (Ac 2.16-18, 33). Suite à cette révélation le lecteur peut comprendre rétrospectivement une allusion à la promesse du Père de donner « le Saint-Esprit à ceux qui le lui demandent » (Lc 11.13) ou au désir du Père de leur donner « le royaume » (Lc 12.32). La compréhension visant le rétablissement du royaume d'Israël fait partie du répertoire du lecteur, suscitée par Jésus avant son Ascension et par Paul dans son discours à Antioche. Luc distingue entre les deux significations. Il montre que la promesse du Père de répandre son Esprit, énoncée par Joël, se réalise à la Pentecôte. La promesse de rétablir le royaume d'Israël n'est pas encore réalisée.

### Les observations importantes pour la pneumatologie de Luc-Actes

Dans les prophéties de Jésus qui anticipent l'événement de la Pentecôte, il y a une concentration d'expressions qui se réfèrent à l'activité de l'Esprit. Le rôle joué par l'Esprit dans ce pivot de l'œuvre de Luc est essentiel à sa compréhension. Les observations importantes pour la pneumatologie de Luc-Actes sont nombreuses. Il faudrait presque répéter toute la discussion ci-dessus. Au lieu de répéter cette discussion nous allons la résumer par quatre observations importantes.

1)       Luc souligne le caractère synonymique des expressions *pneumatiques* utilisées par Jésus dans ses prophéties. « J'enverrai la promesse de mon Père sur vous » (ἀποστέλλω τὴν ἐπαγγελίαν τοῦ πατρός μου ἐφ' ὑμᾶς), « que vous soyez revêtus d'en haut de puissance » (ἐνδύσησθε ἐξ ὕψους δύναμιν, Lc 24.49), « vous recevrez une puissance » (λήμψεσθε δύναμιν) et le Saint-Esprit survenant sur vous » (ἐπελθόντος τοῦ ἁγίου πνεύματος ἐφ' ὑμᾶς, Ac 1.8) sont des expressions présentées dans un parallélisme synonymique. Les expressions se complètent et se définissent. « Vous serez baptisés d'Esprit Saint » (ἐν πνεύματι βαπτισθήσεσθε ἁγίῳ, Ac 1.5) est une explication

---

[76] Howard M. ERVIN critique, avec raison, cette sorte de fusion dans l'interprétation de James DUNN, *Conversion-Initiation and the Baptism in the Holy Spirit : A Critique of James D. G. Dunn, Baptism in the Holy Spirit*, Peabody MA, Hendrickson Publishers, 1984, p. 19-21.

synonymique de la promesse du Père. L'ensemble de ces expressions parallèles donne la proposition suivante : Les disciples recevront l'Esprit et seront baptisés et revêtus du Saint-Esprit/promesse du Père/puissance que Jésus enverra et qui surviendra sur eux.

Toutes ces expressions prophétiques anticipent un seul et même événement : celui de la Pentecôte. « Ils furent tous remplis d'Esprit Saint » (ἐπλήσθησαν πάντες πνεύματος ἁγίου) est l'accomplissement de toutes ces prophéties. Dans le discours de Pierre cet événement de l'Esprit est aussi un « don » (δωρεά, Ac 2.38) qui est « répandu » (ἐκχέω, Ac 2.17, 18, 33). Ces expressions expriment la même réalité des points de vue différents[77]. Leur complémentarité est très logique. Les disciples reçoivent le don du Saint-Esprit que le Père a promis de répandre. Le Saint-Esprit répandu vient sur eux. Ils en sont baptisés et remplis. Comme conséquence ils sont revêtus de puissance. Cette première expérience avec l'Esprit de Dieu, décrite par tant de métaphores synonymiques, va colorer la compréhension des expériences postérieures dans le récit. L'auteur a besoin de communiquer clairement s'il veut ensuite distinguer entre ces expressions.

2) Luc souligne l'association de ces expressions *pneumatiques* au thème de l'accomplissement des prophéties. Toutes ces expressions font partie d'une série de prophéties anticipant l'événement de la Pentecôte et doivent être comprises à la lumière de cet accomplissement. L'événement de la Pentecôte est aussi l'accomplissement des prophéties eschatologiques du prophète Joël (3.1-5) et de Jean-Baptiste (Lc 3.16). Presque tout le vocabulaire a sa source dans ces deux prophéties : promesse, don, répandre, venir sur, recevoir, baptiser. Une allusion au transfert d'Esprit d'Élie à Élisée complète les images desquelles le vocabulaire de Luc est tiré. Revêtu de puissance est une bonne description du prophète Élisée qui ramasse le manteau d'Élie et l'utilise pour accomplir un miracle. « Rempli » est le terme utilisé par la Septante pour décrire la présence puissante de l'Esprit d'Élie dans la vie d'Élisée.

L'accomplissement de la prophétie eschatologique de Joël concernant l'arrivée de l'Esprit est la validation principale que la communauté apostolique est la communauté eschatologique prévue par les Écritures[78]. De façon parallèle, l'accomplissement de la

---

[77] TALBERT, *Reading Acts*, p. 25.
[78] Ju HUR distingue entre deux types de récipients et deux fonctions de l'Esprit : l'Esprit rend puissants et guide les disciples et il valide certains groupes comme faisant partie de la communauté eschatologique », *A Dynamic Reading of the Holy Spirit in Luke-Acts*, Journal for the Study of the New Testament

prophétie eschatologique du prophète Ésaïe (61.1-2 ; Lc 4.17-18 ; 7.22) a validé l'identité messianique de Jésus. La puissance joue un rôle absolument essentiel dans la stratégie de Luc. L'arrivée de l'Esprit est perceptible de façon convaincante seulement par la démonstration de sa puissance dans le ministère prophétique des serviteurs dotés de l'Esprit. C'est pourquoi Luc prend soin, dès les premiers chapitres de son œuvre, d'établir le lien entre l'Esprit et la puissance. C'est aussi pourquoi Luc cite la prophétie programmatique de Jésus où la métaphore de la puissance se trouve en parallèle avec l'Esprit. C'est encore pourquoi Luc décrit Jésus, Pierre et les autres apôtres de manière à ressembler aux grands et puissants prophètes de l'Ancien Testament.

Cet accent apologétique de l'œuvre détermine en grande partie la communication sur l'activité de l'Esprit. Luc choisit de communiquer les aspects de sa pneumatologie qui soutiennent sa logique et contribuent à sa stratégie. Il est presque inutile et parfois contrevenant aux règles herméneutiques de spéculer sur d'autres aspects de sa pneumatologie.

3) Luc se sert de l'ambiguïté de deux expressions, « baptiser dans l'Esprit Saint » et « la promesse du Père », dans sa stratégie de modifier les attentes eschatologiques du lecteur. Les deux expressions semblent susciter les attentes eschatologiques typiques chez les apôtres[79]. Ils attendent que Jésus rétablisse tout de suite le royaume d'Israël (Ac 1.4-6). Ils sont prêts à être des guerriers *pneumatiques* dans l'armée de Jésus (Lc 22.49-50)[80], à vaincre les ennemis et à gouverner sur les douze tribus d'Israël (Lc 22.30). Jésus corrige cette perspective. Il guérit l'oreille du serviteur du souverain sacrificateur (Lc 22.51) et redéfinit la tâche facilitée par l'Esprit (Ac 1.8). L'intervention de l'Esprit ne fera pas des apôtres de puissants guerriers mais de puissants témoins. Toute interprétation de ces deux expressions doit tenir compte de la progression du récit.

4) Luc souligne la conséquence de la réception de l'Esprit. L'Esprit donne une puissance pour témoigner. On peut certainement parler de consensus sur la valeur

---

Supplemental Series 211, Sheffield, Sheffield Academic Press, 2001, p. 230. La distinction n'est pas valable parce que les différents groupes manifestent des charismes associés à la puissance pour témoigner (parler en langues, prophétie Ac 10.46 ; 19.6), et parce que les charismes associés à la puissance de l'Esprit servent aussi à valider l'inclusion des disciples dans la communauté eschatologique.

[79] Craig KEENER dit que « le caractère eschatologique de l'Esprit et du royaume » dans certains groupes du judaïsme « explique leur lien dans ce contexte », *The Spirit in the Gospels and Acts*, p. 191.

[80] La promesse qu'il seront « revêtus d'en haut de puissance » peut aussi susciter chez les apôtres l'image des guerriers pneumatiques (Jg [A] 6.34 ; 1 Chr 12.19).

programmatique de la prophétie de Jésus au début des Actes (1.8)[81]. Une conclusion parallèle semble aussi évidente : que l'œuvre principale de l'Esprit dans le livre des Actes est exprimée dans ce verset programmatique, c'est-à-dire de donner la puissance aux apôtres pour témoigner[82]. Les interprètes ont raison de ne pas vouloir limiter l'œuvre de l'Esprit au témoignage, surtout s'il faut limiter la notion de témoigner aux paroles prophétiques[83]. L'œuvre parallèle dans la vie de Jésus montre que la proclamation de la bonne nouvelle se fait aussi par des actes de puissance : des guérisons et des exorcismes (Lc 4.31-7.17). Jésus est un grand prophète, puissant en œuvres et en paroles (Lc 7.16 ; 24.19). Il faut se souvenir aussi que ce verset programmatique est une prophétie ambiguë ou une prolepse, et qu'il faut chercher les précisions de sa signification où l'événement est « raconté tout au long »[84].

Il est utile ici de se souvenir du but de cette thèse. Nous cherchons la pneumatologie de Luc-Actes ou de son auteur implicite. Nous ne cherchons pas la pneumatologie du vrai auteur qui pourrait inclure des aspects qu'il n'a pas choisi de communiquer dans cette œuvre. La pneumatologie de l'auteur implicite se limite à ce qui est enseigné dans son texte ou inféré par son texte. Les inférences peuvent venir des indices dans le texte (p. ex. des allusions) ou des éléments nécessaires pour la logique de son texte. Il ne faut pas supposer des éléments qui contredisent le texte. Notre analyse présuppose que l'auteur implicite ait choisi ses textes et ses paroles parce qu'ils conviennent à ce qu'il veut communiquer[85]. L'unité du texte et la capacité de l'auteur

---

[81] Pour l'importance de ce verset dans le programme narratif de Luc voir, p. ex., ALETTI, *Quand Luc raconte*, p. 38 et Daniel MARGUERAT, « Raconter Dieu : L'évangile comme narration historique » *La Narration: Quand le récit devient communication*, Lieux Théologiques 12, Sous la direction de P. Bühler et J.-F. Habermacher, Genève, Labor et Fidès, 1988, p. 98 ; *La première histoire du christianisme (Les actes de apôtres)*, Lectio divina 180 Cerf, Paris, 1999, p. 73.

[82] Voir, p. ex., J. H. E. HULL, *The Holy Spirit in the Acts of the Apostles*, Cleveland et New York, World Publishing, 1967, p. 101 ; Robert P. MENZIES, *Empowered for Witness : The Spirit in Luke-Acts*, Journal of Pentecostal Theology Supplement Series 6, éd. John Christopher Thomas, Rick D. Moore et Steven J. Land, Sheffield, Sheffield Academic Press, 1994, p. 168-72 ; TURNER, *Power from on High*, p. 344.

[83] Voir, p. ex., I. Howard MARSHALL, *Luke : Historian and Theologian*, Downers Grove, Illinois, InterVarsity Press, 1988, p. 200-201 ; Robert C. TANNEHILL, *Narrative Unity, Vol 2*, p. 12. Max TURNER, *Power from on High*, p. 300-302, 344-45.

[84] Gérard GENETTE, « Discours du récit : essaie de méthode », *Figures III*, Paris, Éditions du Seuil, 1972, p. 111.

[85] Voir, p. ex., MARGUERAT, « Raconter Dieu », p. 98. Il pense que « la prédiction d'Actes 1.8 ... guida l'auteur dans la sélection des matériaux historiques retenus pour composer son livre ». Nous pensons que le but exprimé dans la préface a guidé l'auteur dans la sélection de cette prédiction et les échos dans les Actes.

implicite de communiquer sans se contredire sont présupposées[86]. Nous cherchons la pneumatologie cohérente du texte. Donc, il est essentiel de ne pas ajouter à la signification des expressions ce qui n'est pas inféré par le texte. La « promesse du Père » peut signifier plus que la venue de l'Esprit et l'influence de l'Esprit peut excéder la puissance pour témoigner. Mais il faut faire attention de ne pas accorder à l'influence de l'Esprit ce qui n'est pas inféré par le texte de Luc-Actes, surtout si cette conclusion contredit d'autres aspects de la pneumatologie de Luc.

## II. LA PENTE CÔTE ET SON EXPLICATION

### L'emploi du vocabulaire associé à l'Esprit

ἐπλήσθησαν πάντες πνεύματος ἁγίου

Ce n'est pas la première fois que les personnages dans le récit sont « remplis d'Esprit Saint ». Dans l'introduction prophétique Jean-Baptiste (Lc 1.15), Élisabeth (Lc 1.41), et Zacharie (Lc 1.67) furent « remplis d'Esprit Saint » (πίμπλημι πνεύματος ἁγίου). Jésus était aussi « rempli d'Esprit Saint » (πλήρης πνεύματος ἁγίου, Lc 4.1)[87]. Il y a aussi une similarité entre l'activité résultant de l'influence de l'Esprit. Zacharie « prophétisa » (ἐπροφήτευσεν, Lc 1.67). Pierre affirme que le parler en langues à Pentecôte est l'accomplissement de la prophétie de Joël : « et ils prophétiseront » (καὶ προφητεύσουσιν, Ac 2.16-18)[88].

La ressemblance de vocabulaire et des résultats conduit le lecteur vers des conclusions semblables à celles proposées pour les expériences *pneumatiques* au début de l'œuvre. C'est-à-dire Luc écrit une continuation du récit biblique, et l'expérience des disciples le jour de la Pentecôte ressemble à celle des grands prophètes de l'Ancien

---

[86] Certains pensent que le texte de Luc-Actes se contredit et que nos suppositions ne sont pas valables. Ils attribuent les contradictions apparentes aux sources présupposées. Notre thèse trouvera une cohérence à la pneumatologie du texte.
[87] Pour une discussion de l'expression « rempli d'Esprit Saint » dans ces deux premières sections de l'œuvre voir ch. 4, p. 141-42 et ch. 5, p. 188-96.
[88] Les paroles prononcées par Élisabeth, Jean et Jésus sont aussi prophétiques (Lc 1.42-45 ; 3.9, 16-17 ; Ac 1.8 ; etc.).

Testament[89]. L'Esprit vient puissamment sur eux les rendant capables d'exercer un ministère prophétique. On peut aussi constater la même nouveauté : une augmentation du nombre de personnages influencés par l'Esprit[90].

Il y a une progression dans la présentation de cette nouveauté. L'introduction prophétique raconte l'expérience de plusieurs personnages sur une période relativement brève. Cette augmentation de personnages inspirés semble être le début de l'accomplissement de la prophétie de Joël. À la Pentecôte le narrateur nous informe qu' « ils furent *tous* remplis d'Esprit Saint » (Ac 2.4). La mention de « tous » (πᾶς) fait allusion à l'accomplissement. La prophétie que Pierre utilise pour expliquer cet événement annonce que Dieu répand son Esprit sur *toute* (πᾶς) *chair* (Ac 2.17). Pierre déclare définitivement que la prophétie est accomplie (Ac 2.16). Il faut noter que la progression est en rapport avec l'accomplissement de la prophétie. Luc conduit progressivement son lecteur vers la conclusion ferme que cette prophétie eschatologique est accomplie. Désormais « la promesse est pour … tous » (Ac 2.39). Dans les Actes des apôtres Luc ne raconte aucune histoire où une partie d'un groupe est remplie d'Esprit et les autres ne le sont pas. C'est toujours une expérience communautaire inclusive[91]. Après la Pentecôte, chaque fois que Luc raconte une expérience de la réception de l'Esprit, « tous » en bénéficient. (Ac 4.31 ; 8.17 ; 10.44 ; 19.6).

Trois questions liées à l'expérience des disciples de la 'plénitude' d'Esprit méritent plus de discussion. Dans la description stéréotypée des « hommes de l'Esprit » nous avons mentionné le rôle de la prière dans la préparation à la réception de l'Esprit[92]. Est-il légitime de supposer que les disciples priaient afin de recevoir l'Esprit (Ac 1.14) ? Dans la discussion sur le vocabulaire de plénitude (πίμπλημι, πλήρης, πληρόω) nous n'avons pas abordé la question de la durée ou de la permanence de cette expérience[93]. Finalement, c'est la première fois que le phénomène du parler en langues est mentionné dans le récit. Quel est le lien logique entre ce phénomène et les expériences *pneumatiques* des disciples ?

---

[89] Ch. 4, p. 142-43.
[90] Ch. 4, p. 143.
[91] C'est peut-être pourquoi Luc ne raconte pas l'expérience de Saul. Ananias vient pour que Saul « soit rempli du Saint-Esprit », mais le texte ne raconte pas qu'il *fut* rempli.
[92] Ch. 3, p. 114-15.
[93] Ch. 5, p. 196, n. 64.

*La réception de l'Esprit en réponse à la prière.*

Les disciples ont-ils prié afin de recevoir l'Esprit Saint ? Le texte raconte qu'ils « persévéraient dans la prière » et ne précise pas le contenu. Trois indices dans le texte soutiennent la supposition qu'un des sujets de leur prière était la demande de recevoir l'Esprit Saint. D'abord, Jésus a enseigné aux disciples que le Père donne l'Esprit Saint à ceux qui le lui demandent (Lc 11.13). Il encourage les disciples à prier afin de recevoir le don de l'Esprit. Deuxièmement, Jésus a donné l'ordre à ses disciples d'attendre la puissance de l'Esprit pour témoigner (Lc 24.49 ; Ac 1.4-8). Au moment de prier (Ac 1.14) les disciples sont dans cette attente.

Il faut comprendre cette attente dans le contexte littéraire immédiat de leur incapacité de rendre témoignage sans la puissance de l'Esprit[94]. Jésus a ordonné aux disciples de prier afin de ne pas chuter au moment de l'épreuve (Lc 22.40, 46). La même nuit Pierre se trouve dans une épreuve très difficile et manque à donner témoignage concernant sa relation à Jésus (Lc 22.54-62). Peu après cette faillite Jésus ordonne aux disciples d'attendre la puissance de l'Esprit pour témoigner. Si les disciples sont capables de mettre les différentes paroles ensemble (Lc 11.13, 22.40, 46 et Ac 1.8), ils ne manqueront pas de prier afin de recevoir ce don de l'Esprit. La peine de sa faillite doit certainement pousser Pierre à prier afin de ne pas chuter au moment de l'épreuve, et dans le sens positif, à prier afin de pouvoir rendre témoignage. Une des rares prières dans le livre des Actes où les paroles précises sont données, contient une demande pour le pouvoir de rendre témoignage au moment de l'épreuve (Ac 4.24-30)[95]. S'il a compris l'explication de Jésus (Ac 1.8), Pierre sait que la puissance pour témoigner résultera de la venue de l'Esprit. S'il se rappelle la promesse du Père de donner l'Esprit à ceux qui le lui demandent, une simple logique le conduira à cette prière.

Le troisième indice que les disciples priaient afin de recevoir le don de l'Esprit vient de la répétition de ce lien dans le récit de Luc-Actes. Plusieurs fois la venue de l'Esprit est clairement la conséquence d'une prière suivie de l'imposition des mains[96].

---

[94] Voir la discussion sur la puissance de l'Esprit pour vaincre le diable qui se traduit en une assurance pour proclamer des paroles inspirées, malgré des épreuves difficiles, ch. 5, p. 203-05.
[95] Stephen SMALLEY, « Spirit, Kingdom and Prayer in Luke-Acts », *Novum Testamentum*, 15, 1973, p. 70.
[96] François BOVON, *Luc le théologien. Vingt-cinq ans de recherches (1950-1975)*, Neuchâtel/Paris, Delachaux et Niestlé, 1978, p. 251.

Pierre et Jean « prièrent pour eux [les Samaritains], afin qu'ils reçoivent le Saint Esprit » (Ac 8.15). Leur prière est suivie de l'imposition des mains avant la réception de l'Esprit (Lc 8.17). Étant donné que, trois autres fois, le geste de l'imposition des mains est précédé de prières (Ac 6.6 ; 13.3 ; 28.8), il est raisonnable de conclure qu'Ananias a prié avant d'imposer les mains à Paul pour qu'il « soit rempli du Saint Esprit » (Ac 9.12, 17) et que Paul a prié avant d'imposer les mains aux disciples à Éphèse afin que le Saint Esprit vienne sur eux (Ac 19.6). Le narrateur mentionne aussi les prières de Jésus, de Paul et de Corneille avant leur réception de l'Esprit (Lc 2.21 ; Ac 9.12 ; 10.2, 4, 31). Ainsi, la prière est un thème unificateur de tous les épisodes qui racontent la réception de l'Esprit[97]. Aucun indice n'est conclusif, mais l'ensemble des données semble indiquer que la réception de l'Esprit en réponse à la prière est une notion bien établie dans la pneumatologie de Luc[98]. Encore une fois la parole de Jésus exprime la théologie de Luc : le Saint-Esprit est donné aux croyants en réponse à la prière (Lc 11.13) »[99].

*La durée de la 'plénitude' de l'Esprit.*

La 'plénitude' de l'Esprit expérimentée par les disciples est-elle une expérience permanente ou doit-elle être renouvelée ? Les données favorisent une réponse mixte. Gonzalo Haya-Prats dit que « Luc a hérité de l'Ancien Testament l'idée d'une permanence dans le don de l'Esprit. Il la suppose clairement dans la promesse d'Actes 1.8 »[100]. On peut facilement constater que le résultat anticipé de la réception de l'Esprit, la puissance pour témoigner, dure à travers le récit des Actes des apôtres. J. H. E. Hull mentionne deux effets durables de l'Esprit : le courage devant les autorités religieuses et politiques et les prodiges et signes qui s'accomplissent (Ac 2.43)[101]. Leo O'Reilly souligne le fait que le verbe δίδωμι à l'imparfait, décrivant l'activité de l'Esprit le jour de

---

[97] Earl RICHARD, « Pentecost as a Recurrent Theme in Luke-Acts », *New Views on Luke and Acts*, éd. Earl Richard, Collegeville, Minnesota, The Liturgical Press, 1990, p. 136.
[98] Daniel MARGUERAT appelle cette notion « une axiome lucanien », *La première histoire du christianisme*, p. 173.
[99] Allison A. TRITES, « The Prayer Motif in Luke-Acts », *Perspectives on Luke-Acts*, éd Charles H. Talbert, Perspectives in Religious Studies, Special Studies Series No. 5, Edinburgh, T. & T. Clark, 1978, p. 184.
[100] *L'Esprit force de l'église*, p. 63.
[101] *The Holy Spirit in the Acts of the Apostles*, p. 74.

la Pentecôte, indique que l'effet de parler en langues durait[102]. « L'Esprit leur *donnait* de s'exprimer » (Ac 2.4). Un certain temps après la Pentecôte Luc signale la condition de plénitude de Pierre lorsqu'il témoigne devant les chefs du peuple après son arrestation. Luc raconte qu'il était « rempli d'Esprit Saint » (πλησθεὶς πνεύματος ἁγίου, Lc 4.8). Dans le même chapitre Luc raconte que des personnes qui priaient, dont Pierre fait partie, « furent tous remplis du Saint-Esprit » (ἐπλήσθησαν ἅπαντες τοῦ ἁγίου πνεύματος, Ac 4.31). De toute apparence Pierre est rempli de nouveau d'Esprit Saint.

Howard Ervin trouve une solution ingénieuse mais peu convaincante à cette difficulté. Selon Ervin le « tous » qui « furent remplis du Saint-Esprit » au chapitre quatre sont les milliers de nouveaux convertis depuis le jour de la Pentecôte dont la réception de l'Esprit n'est pas raconté avant cet épisode[103]. L'exclusion de Pierre et les autres disciples déjà remplis d'Esprit Saint de cette nouvelle expérience *pneumatique* est basée sur la présupposition qu'une personne remplie ne peut-être remplie de nouveau. Sans cette présupposition « tous » doit inclure Pierre et Jean, les seuls antécédents nommés dans le récit.

Comment résoudre cette difficulté ? Ernest F. Scott pense que, dans la doctrine primitive de l'église, l'Esprit agissait de façon intermittente dans la vie des disciples[104]. I. Howard Marshall affirme que le don de l'Esprit est à la fois continu et renouvelable chez Luc sans expliquer ce paradoxe[105]. Craig S. Keener parle d'une « succession d'expériences continues » où l'Esprit intervient soudainement dans les situations de crise (Ac 4.8 ; 13.9)[106]. Gonzalo Haya-Prats dit que la permanence de l'expérience « serait une *promptitude* pour venir en aide aux disciples plutôt qu'une espèce de présence latente »[107]. Nous croyons que la meilleure solution à cette difficulté se trouve dans un examen du rôle de l'Esprit dans la stratégie de Luc.

Le rôle de l'Esprit chez Luc est étroitement lié au thème de l'accomplissement des prophéties. L'œuvre est organisée autour de ce thème, et en particulier autour de deux

---

[102] *Word and Sign in the Acts of the Apostles : A Study in Lucan Theology*, Analecta Gregoriana 243, Rome, Pontificia Universita Gregoriana, 1987, p. 61.
[103] *Le Baptême de l'Esprit*, p. 73-77. L'exclusion de Pierre et les autres disciples déjà remplis d'Esprit Saint du « tous » de Ac 4.31 est une présupposition de son argument.
[104] *The Spirit in the New Testament*, New York, George H. Doran, 1923, p. 88.
[105] *Luke : Historian and Theologian*, p. 202.
[106] *The Spirit in the Gospels and Acts*, p. 4.
[107] *L'Esprit force de l'église*, p. 63.

prophéties concernant l'arrivée eschatologique de l'Esprit : celle d'Ésaïe sur l'onction d'un personnage eschatologique (le Messie) et celle de Joël sur l'effusion eschatologique de l'Esprit. L'influence incontournable de l'Esprit sert à confirmer l'accomplissement de ces deux prophéties. Deux types d'expériences sont pertinents dans cette stratégie de Luc. D'abord, les expériences où l'intervention immédiate de l'Esprit est visible ou perceptible confirment que l'Esprit est descendu sur ces individus. L'Esprit est descendu sur Jésus « sous une forme corporelle, comme une colombe » (Lc 3.22). Des « langues de feu… se posèrent sur » les disciples à la Pentecôte (Ac 2.3). En réponse à la prière des disciples « le lieu où ils étaient assemblés trembla » (Ac 4.31). Deuxièmement, certains effets dans la vie des personnages attestent clairement de la puissance de l'Esprit : le parler en langues, les prophéties, les visions, les révélations et la capacité de témoigner, enseigner ou prêcher avec une assurance, une sagesse extraordinaire et une joie inexplicable en dépit de la persécution.

Le souci de Luc n'est pas de donner un enseignement sur l'Esprit à travers les expériences des disciples, mais de décrire les expériences des disciples de façon à démontrer que l'Esprit est à l'œuvre et que les prophéties sur l'activité eschatologique de l'Esprit sont accomplies. Luc utilise plusieurs métaphores, en grande partie empruntées à la Septante, pour décrire cette influence perceptible de l'Esprit : baptiser, oindre, remplir, revêtir, descendre ou venir sur. Il utilise ces métaphores, non pas pour distinguer entre les expériences variées des disciples, mais de façon à faire allusion aux deux prophéties et aux expériences pneumatologiques de la Septante. Il signale par ces expressions que Jésus et ses disciples agissent dans la puissance de l'Esprit comme les prophètes de l'Ancien Testament.

Si nous abordons la question de la permanence de la 'plénitude' de l'Esprit à partir de cette perspective, les descriptions de Luc deviennent cohérentes. Luc signale l'influence de l'Esprit par des métaphores vétérotestamentaires lorsque les phénomènes extraordinaires attestent de sa présence (Lc 3.22 ; Ac 2.1-4 ; 4.31). Les métaphores servent à lier leur expérience aux expériences des prophètes de l'Ancien Testament. Comme pour les expériences dans l'Ancien Testament, les effets engendrés par l'Esprit continuent dans la vie des personnages influencés[108]. Lorsqu'un effet *pneumatique* est perceptible, Luc signale l'influence de l'Esprit, le plus souvent en disant que le personnage est rempli de l'Esprit. Ainsi, il augmente les preuves de l'accomplissement des prophéties. Un personnage déjà rempli de l'Esprit (Ac 4.8) peut aussi participer à un autre événement où la présence de l'Esprit est attestée par des phénomènes extraordinaires (Ac 4.31). Dans ce cas le personnage *pneumatique* fait une nouvelle expérience avec l'Esprit. Luc décrit son expérience en utilisant les mêmes métaphores vétérotestamentaires.

Le problème d'interprétation arrive lorsque l'on veut trop souligner la signification spatiale de la métaphore[109]. Howard Ervin, par exemple, demande, « Ou est-ce que Pierre… a perdu la plénitude de l'Esprit »[110] ? En soulignant la signification spatiale ainsi, l'Esprit est comparé à un liquide dont il faut mesurer la quantité[111]. Si le récipient est rempli, il faut le vider avant de le remplir de nouveau. Nous avons déjà rejeté l'idée de degré d'influence chez Luc[112]. Luc ne donne pas d'indication qu'il y ait des personnages à moitié remplis de l'Esprit ou complètement vidés qui auraient besoin de refaire le plein. Il y a des personnages chez qui l'influence de l'Esprit est perceptible et des personnages chez qui son influence n'est pas perceptible. Chez Luc les métaphores expriment une forte influence de l'Esprit sur les personnages produisant des effets perceptibles. Chaque effet perceptible et chaque nouvelle expérience extraordinaire sont une occasion pour Luc de décrire l'influence de l'Esprit par une de ces métaphores. S'il s'agit de la première expérience *pneumatique* des personnages ou d'un événement accompagné de phénomènes extraordinaires, la métaphore est exprimée en forme de verbe d'action[113], soulignant l'action de l'Esprit : son arrivée ou ce qu'il fait[114]. S'il s'agit

---

[108] Contre TURNER, *Power from on High*, p. 167. TURNER constate (voir sa n. 90) que tous les emplois de l'aoriste dans la LXX concernant l'Esprit dénotent un événement dont l'effet est de longue durée. Sa conclusion que Luc fait le contraire n'est pas bien fondée.

[109] Max TURNER signale la difficulté d'une interprétation trop liée à la signification spatiale des métaphores, mais il tombe dans le même piège en suggérant des degrés de plénitude. Ibid., p. 167, 169.

[110] *Le Baptême de l'Esprit*, p. 77.

[111] Ibid., p. 1. ERVIN parle de « l'importance de son débordement » faisant allusion au fleuves d'eau vive de Jn 7.37-39.

[112] Voir ch. 5, p. 191-94.

[113] Luc ne se limite pas à ces métaphores spatiales pour décrire les activités de l'Esprit. L'Esprit avertit (Lc 2.26), enseigne (Lc 12.12), annonce (Ac 1.16), parle (Ac 13.2), empêche (Ac 16.6) et ne permet pas (Ac 16.7).

seulement d'un effet subséquent, Luc souligne la source de l'effet, c'est-à-dire l'influence de l'Esprit dans la vie du personnage. Soit la métaphore est exprimée par une forme ou une tournure exprimant une condition (verbe d'état, adjectif, etc.)[115]. Soit l'agence (ou le moyen) de l'Esprit est indiquée par un datif ou par un génitif[116].

*Le parler en langues.*

L'effet immédiat de la descente de l'Esprit sur les disciples le jour de la Pentecôte est qu'ils « se mirent à parler en d'autres langues, selon que l'Esprit leur donnait de s'exprimer » (Ac 2.4). Luc mentionne cet effet de la descente de l'Esprit deux autres fois dans le récit (Ac 10.46 ; 19.6)[117]. Chaque fois le phénomène sert de preuve de l'activité de l'Esprit, confirmant sa descente sur ces personnages.

Ces trois cas, la perceptibilité de la descente de l'Esprit chez les Samaritains (Ac 8.18) et le fait que Paul parle aussi en langues (1 Cor 14.18) ont conduit le mouvement Pentecôtiste à déclarer le parler en langues *le signe* de la plénitude de l'Esprit. Luc ne l'enseigne pas. Aucune allusion ne conduit à cette conclusion et elle n'est pas nécessaire à la logique de Luc. On doit conclure que le parler en langues n'est pas *le signe* de la plénitude de l'Esprit dans la pneumatologie de Luc-Actes.

On peut conclure que le parler en langues est *un signe* ou une confirmation de la réception ou de la plénitude de l'Esprit. Cette conclusion est nécessaire à la logique de Luc. Les personnages du récit font cette conclusion et elle est nécessaire à la stratégie de Luc afin de montrer que la prophétie de Joël s'est accomplie à la Pentecôte et parmi les païens. Pierre conclut que l'Esprit est répandu sur les disciples parce que le parler en langues est l'accomplissement de la prophétie : « ils prophétiseront » (Ac 2.15-17). Les fidèles venus avec Pierre à la maison de Corneille concluent que le don du Saint-Esprit est répandu sur les païens parce qu'ils parlent en langues. Il est logique de supposer que le parler en langues confirme aussi la venue de l'Esprit sur les disciples à Éphèse (Ac

---

[114] Lc 1.15, 35, 41, 67 ; 3.16, 22 ; 4.18b ; 11.13 ; 24.49 ; Ac 1.4, 5, 8 ; 2.4, 17, 18, 33, 38 ; 4.31 ; 5.32 ; 8.15, 17 ; 9.17 ; 10.38, 44, 45, 47 ; 11.15, 16 ; 19.2, 6.
[115] Lc 2.25 ; 4.1a, 14, 18a ; Ac 4.8 ; 6.3, 5 ; 7.55.
[116] Lc 2.26, 27 ; 4.1b ; 10.21 ; Ac 4.25 ; 6.10 ; 9.31 ; 16.6 ; 18.25.
[117] Nous estimons que l'absence de l'adjectif (ἑτέραις) n'indique pas une expérience différente. Luc ressent peut-être le besoin de préciser qu'ils parlent en *d'autres* langues à la première mention du phénomène. Les autres mentions sous-entendent cette précision.

19.6). Sur la base de ces trois exemples très importants, il ne semble pas exagéré d'appeler le parler en langues « le don caractéristique »[118] de l'Esprit ou « le signe le plus clair »[119] de son arrivée.

Deux autres aspects de cette manifestation du parler en langues contribuent à la stratégie de Luc. Premièrement, les disciples parlent des « merveilles de Dieu » (Ac 2.11) dans les langues des païens. Ainsi, le choix de communiquer aux païens vient du Saint-Esprit et fait partie de l'accomplissement de la prophétie eschatologique de Joël. Luc veut justement conduire son lecteur vers cette conclusion. Deuxièmement, le comportement des disciples n'est pas compris par les auditeurs. Ils disent, « Que veut dire ceci ? » et accusent les disciples d'être sous l'influence de l'alcool. Il est intéressant de noter que le seul emploi néotestamentaire de l'expression « rempli d'Esprit » (πληροῦσθε ἐν πνεύματι) en dehors de Luc-Actes se trouve aussi dans un contraste avec l'influence d'alcool (Éph 5.18). Selon Odette Mainville, ce comportement bizarre « rappelle les comportements extatiques des anciens prophètes » (1 Sa 10.6, 10-12 ; 19.23-24)[120]. Cette ressemblance avec les prophètes de l'Ancien Testament soutient l'idée avancée par Luc que les disciples sont « aussi parmi les prophètes » (cf. 1 Sa 10.12 ; 19.24).

ἐκχεῶ ἀπὸ τοῦ πνεύματός μου ἐπὶ πᾶσαν σάρκα ... καὶ προφητεύσουσιν.

Pierre affirme que l'événement de la Pentecôte est l'accomplissement de la promesse de Dieu prophétisée par Joël de répandre son Esprit sur toute chair (3.1-5 LXX). La citation de Joël domine le récit de la Pentecôte et contient des mots clés et des thèmes qui sont répétés à travers la suite[121]. Il sert de base pour expliquer l'événement de la Pentecôte (Ac 2.1-13) et comme le point de départ du message de Pierre (Ac 2.22-40). On peut aussi appeler cette prophétie « programmatique » pour la suite du récit[122]. Nous avons déjà parlé de cette prophétie dans la discussion des parallèles avec la prophétie sur

---

[118] SCOTT, *The Spirit in the New Testament*, p. 93.
[119] KEENER, *The Spirit in the Gospels and Acts*, p. 193.
[120] *L'Esprit dans l'œuvre de Luc*, p. 326. HAENCHEN, *Die Apostelgeschichte*, p. 146, et F. F. BRUCE parlent aussi de comportement extatique, *Commentary on the Book of Acts : The English Text with Introduction, Exposition and Notes*, Grand Rapids, Eerdmans, 1955, p. 57.
[121] Huub van de SANDT, « The Fate of the Gentiles in Acts : An Intertextual Study », *Ephemerides Theologicae Lovanienses* 66, 1990, p. 56.
[122] SHEPHERD, *The Narrative Function of the Holy Spirit*, p. 163.

l'onction de Jésus et dans la discussion des expressions métaphoriques qui précèdent l'événement de la Pentecôte. Nous voulons maintenant réfléchir sur la signification de trois termes : « toute chair » (πᾶσαν σάρκα), « répandre » (ἐκχέω) et « ils prophétiseront » (προφητεύσουσιν). Nous voulons aussi examiner la possibilité d'allusions à d'autres textes. Le caractère programmatique deviendra clair dans l'analyse des échos de la Pentecôte.

*La signification de « toute chair ».*

Dans la perspective de l'auteur implicite, il est clair que cette expression anticipe l'effusion de l'Esprit sur toutes les nations. Le narrateur a déjà cité le passage d'Ésaïe qui dit que « toute chair verra le salut de Dieu » (Lc 3.6 ; cf. És 40.5 LXX). Deux paroles prophétiques ont déjà anticipé l'extension des bénéfices eschatologiques à toutes les nations. Siméon parle de « la lumière pour éclairer les nations » (Lc 2.32 ; cf. És 49.6), et Jésus annonce la prédication de la repentance et le pardon des péchés à « toutes les nations » (Lc 24.47).

Dans la perspective des disciples, ces anticipations ne sont pas claires. Les prophéties d'Ésaïe et de Joël anticipent *la destruction* des nations ! Après la déclaration que « toute chair verra le salut de Dieu » (És 40.5), Ésaïe dit que « toute chair est comme l'herbe » qui sèche « quand le vent de l'Éternel souffle dessus » (És 40.6-7). Le chapitre qui parle de « la lumière des nations » et du salut qui part « jusqu'aux extrémités de la terre » (És 49.6), parle surtout de la délivrance des captifs (És 49.8-13) et se termine par ces paroles pour consoler les malheureux d'Israël :

> Je ferai manger à tes oppresseurs leur propre chair ;
> Ils s'enivreront de leur sang comme du moût ;
> Et toute chair saura que je suis l'Éternel, ton sauveur,
> Ton rédempteur, le puissant de Jacob (És 49.26).

Finalement, la suite de la prophétie de Joël parle du retour des captifs et du jugement de toutes les nations (Jl 4.1-2 LXX)[123].

Pierre ne comprend certainement pas, par la prophétie de Joël, que Dieu accorde le don eschatologique de l'Esprit aux païens. Pierre doit apprendre cette vérité par une

---

[123] SANDT, « The Fate of the Gentiles in Acts », p. 57.

vision (Ac 10.11-16), par une parole directe de l'Esprit (Ac 10.19) et par l'observation des effets spectaculaires de l'Esprit sur les païens (Ac 10.45-46)[124].

Cette difficulté de Pierre à comprendre la signification de ses propres paroles souligne encore le procédé de Luc. Les prophéties des Écritures ne sont pas comprises par les personnages du récit avant leur accomplissement. Pierre comprend l'aspect de la prophétie qui vient de se réaliser. Leur expérience avec l'Esprit est l'accomplissement de la promesse de Dieu de répandre son Esprit sur toute chair. Il ne comprend pas les autres aspects, même s'il est inspiré par l'Esprit pour les prononcer[125].

La perspective du lecteur implicite est difficile à évaluer à ce point dans le texte. Il est sûrement plus capable de saisir les anticipations de l'horizon universel que les personnages dans le récit. À l'époque du lecteur les païens font déjà partie de l'Église. Nous avons proposé que la composition de plus en plus païenne de l'Église puisse lui causer des doutes. Si c'est le cas, il sera rassuré par la révélation extraordinaire accordée aux apôtres pour les convaincre de l'agrément divin de cette évolution.

Il est important pour analyser la pneumatologie de Luc-Actes de comprendre comment par ce procédé Luc montre les limites de la capacité des personnages de discerner les implications des prophéties pour les réalisations futures. Comme les autres prolepses de Luc-Actes, la compréhension claire de cette prophétie doit attendre le moment où l'accomplissement sera raconté tout au long.

*La signification de « répandre ».*

« Répandre » est la dernière des métaphores spatiales employée par Luc pour décrire l'expérience *pneumatique* des personnages. Le diagramme suivant révèle les différentes relations spatiales indiquées par ces métaphores.

---

[124] Voir aussi KEENER, *The Spirit in the Gospels and Acts*, p. 197.
[125] La répétition du terme ἀποφθέγγομαι (Ac 2.4, 14) montre que la prédication de Pierre et le parler en langues sont comparables. Voir Leo O'REILLY, *Word and Sign in the Acts of the Apostles*, p. 62, et TANNEHILL, *Narrative Unity, Vol. 2*, p. 30. Tannehill constate que le contenu du parler en langues (« des merveilles de Dieu, Ac 2.11) est aussi comparable au discours de Pierre (n. 10). Le terme ἀποφθέγγομαι est souvent employé pour les paroles inspirées des devins, des magiciens, des voyants ou des prophètes (1 Chr 25.1 ; Mi 5.11 ; Za 10.2 ; Éz 13.9). Voir Walter BAUER, « ἀποφθέγγομαι », *A Greek-English Lexicon of the New Testament and Other Early Christian Litterature*, trad. par William F. Arndt et F. Wilbur Gingrinch, 2$^{nd}$ éd. Révisé et augmenté par F. Wilbur Gingrinch et Frederick W. Danker, Chicago, University of Chicago Press, 1979, p. 102.

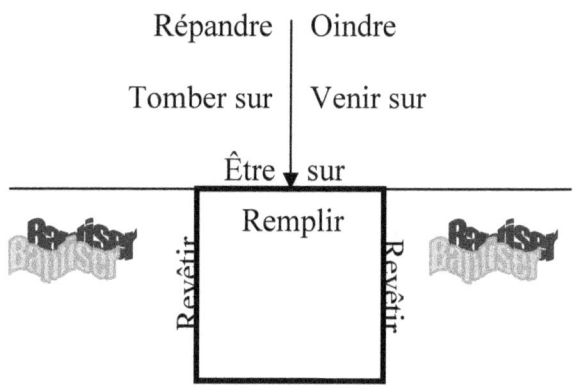

Le carré représente l'individu influencé par l'Esprit. Tout le vocabulaire au dessus de la ligne – répandre, oindre, tomber sur, venir sur et être sur – représente le trajet de l'Esprit du haut (de Dieu) en bas (sur l'individu). Dans ces métaphores l'action de Dieu est comparée à l'huile répandue dans le geste de l'onction pour consacrer les individus au service de Dieu (Ex 28.41 ; 29.7 ; 30.30 ; 40.13 ; 1 S 10.1 ; 16.13 ; 1 R 19.16). L'influence de l'Esprit est déjà associée à ce geste dans l'onction de deux rois : Saül (1 S 10.6) et David (1 S 16.13). C'est l'Esprit qui les rend capables de fonctionner dans leur service.

Le service de Jésus et de ses disciples est d'abord un service prophétique. Le prophète Élisée a été aussi oint pour son service (1 R 19.16). Mais son onction n'est pas explicitement associée à l'influence de l'Esprit. Les métaphores « remplir » et « revêtir » semblent venir de l'expérience *pneumatique* d'Élisée (Sir 48.12 ; 2 R 2.13-15). Le mélange des métaphores de l'onction et de l'expérience d'Élisée sert à souligner le caractère d'onction prophétique de l'expérience *pneumatique* des disciples qui les rend capables de fonctionner en tant que prophètes[126].

Il est aussi intéressant de noter les métaphores spatiales vétérotestamentaires qui ne sont pas employées par Luc. Luc n'utilise pas l'expression agressive « sauter sur » (ἅλλομαι, ἐφάλλομαι), employée pour les juges et les premiers rois en Israël (Jg 14.6, 19 ; 15.14 ; 1 S 10.6, 10 ; 11.6 ; 16.13), une expression associée surtout aux exploits de guerre. Son désir d'éviter l'image du roi guerrier semble expliquer pourquoi il évite cette expression.

---

[126] La métaphore de « baptiser » sert à souligner que leur expérience est aussi l'accomplissement de la prophétie de Jean-Baptiste.

La LXX emploie deux autres expressions avec la préposition « sur » qui ne se trouvent pas dans l'œuvre de Luc : « mettre sur » (ἐπιτίθημι ἐπι, Nb 11.17, 25 ; És 44.3) et « reposer sur » (ἀναπαύω ἐπι, ἐπαναπαύομαι ἐπί, Nb 11.25, 26 ; 2 R 2.15 ; És 11.2). Cette observation est assez étonnante du fait que Luc fait probablement allusion à certains de ces passages (Lc 10.1 ; cf. Nb 11.25-29 ; Lc 24.49 ; cf. 2 R 2.14-15)[127]. Nous proposons que le choix de Luc reflète son désir de rappeler ces deux prophéties inaugurales : celle d'Ésaïe citée par Jésus (Lc 4.18-19) et celle de Joël citée par Pierre (Ac 2.17-21). « Mettre sur » et « reposer sur » s'associent moins facilement à l'image de l'onction d'huile évoquée par ces deux prophéties.

Finalement, Luc n'utilise aucune expression vétérotestamentaire qui parle de présence de l'Esprit résidant « en » ou « au milieu » du peuple. Dans la LXX l'Esprit était « en » (ἐν) Joseph (Gn 41.38), en Balaam (Nb 24.2), en Josué (Nb 27.18), en Israël au temps de Moïse (És 63.11) et au milieu (ἐν μέσῳ) d'Israël au moment de la reconstruction du Temple (Ag 2.5). La moitié des références à l'Esprit « en » quelqu'un dans la Septante se trouvent dans les prophéties d'Ézéchiel qui promettent la présence de l'Esprit « en » (ἐν ou εἰς) Israël au moment de sa restauration (Éz 11.19 ; 36.26, 27 ; 37.6, 14). On trouve l'expression « l'Esprit en quelqu'un » dans les épîtres pauliniennes[128] (Ro 8.9, 11 ; 1 Co 3.16 ; 6.19 ; 2 Ti 1.14), mais pas chez Luc. Selon sa stratégie de montrer la présence perceptible de l'Esprit, Luc ne semble pas intéressé à la présence intérieure de l'Esprit, mais à ses effets. Ainsi, il choisit les métaphores qui soulignent l'influence de l'Esprit : celles qui rappellent l'onction pour le service et celles qui soulignent sa puissance.

*La signification de « ils prophétiseront ».*

Une comparaison de la citation de Pierre et de la version de la Septante révèle plusieurs différences significatives[129]. 1) « Dans les derniers jours » (ἐν ταῖς ἐσχάταις

---

[127] És 11.2 et 44.3 font partie d'une série d'expressions de l'Esprit « sur » qui se termine par És 61.1 cité par Luc (4.17). La LXX remplace « répandre sur » de l'hébreu (יצק) avec l'expression « mettre sur » (ἐπιτίθημι ἐπι, És 44.3).

[128] Par épîtres pauliniennes nous entendons épîtres attribuées à Paul dans le texte.

[129] Cf. les analyses de TURNER, *Power from on High*, p. 269-70 et de MENZIES, *Empowered for Witness*, p. 178-86.

ἡμέραις) remplace « après cela » (μετὰ ταῦτα) précisant que la réalisation de la promesse signale que les jours eschatologiques sont arrivés (Ac 2.17). 2) L'addition de « dit Dieu » (λέγει ὁ θεός) précise que la promesse vient de Dieu (ou du Père), accomplissant les prophéties de Jésus (Ac 2.17 ; cf. Lc 24.49 ; Ac 1.4). 3) La double addition de « mes » (μου) précise que le don de l'Esprit est accordé aux serviteurs et aux servantes de Dieu, et non pas à une catégorie sociologique de la population (Ac 2.18)[130]. 4) La répétition de « et ils prophétiseront » (καὶ προφητεύσουσιν)[131] souligne le résultat de la réception de l'Esprit qui s'accomplit le jour de la Pentecôte (Ac 2.18). 5) L'addition de « signes » (σημεῖα) souligne l'importance des termes jumelés, « prodiges et signes », qui seront répétés dans la suite du récit (Ac 2.19, 22, 43 ; 4.30 ; 5.12 ; 6.8 ; 7.36 ; 14.3 ; 15.12). Toutes ces observations ont déjà été discutées dans cette analyse[132]. L'importance de ces modifications de la prophétie de Joël est reconnue. Mais la signification de ces modifications n'est pas évidente.

Le procédé de Luc pour raconter l'accomplissement des prophéties aide à comprendre pourquoi la signification de certains aspects de cette prophétie de Joël est claire tandis que la signification d'autres aspects reste ambiguë. Les aspects clairs concernent les éléments de la prophétie accomplis dans l'événement déjà raconté. Premièrement, le parler en langues par « tous » (πᾶς) le jour de la Pentecôte est une manifestation de paroles prophétiques inspirées par l'Esprit et la preuve que la promesse de Dieu de répandre son Esprit « sur toute (πᾶς) chair » s'accomplit. Deuxièmement, cette effusion de l'Esprit montre que les jours eschatologiques sont arrivés. Les aspects ambigus concernent les éléments de la prophétie dont l'accomplissement n'est pas encore raconté, c'est-à-dire la suite des jours eschatologiques. La signification de la Pentecôte est claire, mais la manière dont la prophétie se réalisera par la suite doit attendre le moment où l'accomplissement sera raconté tout au long. « Toute chair » s'étendra à « toutes les nations ». « Prodiges » et « signes » incluront les miracles accomplis par les

---

[130] Robert TANNEHILL, constate que la mention des femmes dans le groupe qui prie (Ac 1.14) prépare le lecteur pour l'accomplissement de cette promesse parmi les deux genres, *Narrative Unity, Vol. 2*, p. 30.
[131] Le texte occidental (D) omet καὶ προφητεύσουσιν, probablement pour harmoniser avec la LXX.
[132] Le caractère eschatologique de la prophétie, ch. 6, p. 256-58, 261-62, 271-72 ; la réalisation de la promesse du Père, ch. 6, p. 248-51 ; la diffusion de l'Esprit sur tout le peuple de Dieu ch. 6, p. 284-86 ; le caractère prophétique de 'l'onction' des disciples, ch. 6, p. 286-87 et l'importance de la répétition des termes jumelés « signes et prodiges », ch. 3, p. 115-17.

disciples de Jésus. « Ils prophétiseront » ne se limite pas au parler en langues. Quelques anomalies dans la nature, à la mort de Jésus (Lc 21.25-27) et à la Pentecôte (Ac 2.3), ressemblent un peu à la description de Joël, mais Jésus semble remettre l'accomplissement de cette prophétie à une période future avant le « jour du Seigneur » (Ac 2.20) ou avant le retour du « Fils de l'homme » (Lc 21.27)[133]. « Invoquer le nom du Seigneur » acquerra une signification particulière. Le salut promis sera mieux défini. La signification de « ils prophétiseront » sera abordée ici. Les expressions « invoquer le nom du Seigneur » et « sera sauvé » seront examinées dans la discussion de l'appel au salut à la fin du discours de Pierre.

Quelle est la signification de l'expression « ils prophétiseront » ? Elle est répétée (Ac 2.17, 18), sûrement afin de souligner l'effet ou le résultat de la diffusion de l'Esprit. Le parler en langues est considéré comme une sorte de parole inspirée ou de prophétie qui montre que l'Esprit a été répandu (cf. Ac 10.45-46 ; 19.6). Des visions et des songes sont aussi anticipés[134]. Ce sont des dons typiques de l'Esprit de prophétie[135]. Le don de l'Esprit accordé aux disciples à la Pentecôte est indéniablement un don prophétique[136]. Tous les disciples deviennent des prophètes, accomplissant le désir de Moïse : « Puisse tout le peuple de l'Éternel être composé de prophètes ; et veuille l'Éternel mettre son Esprit sur eux ! » (Nb 11.29)[137]. William Shepherd constate qu'il est difficile « de trouver

---

[133] A. J. MATTILL, Jr., *Luke and the Last Things : A Perspective for the Understanding of Lukan Thought*, Dillsboro NC, Western North Carolina Press, 1979, p. 217. TANNEHILL, *Narrative Unity, Vol. 2*, p. 31. Le texte occidental omet « du sang, du feu et une vapeur de fumée » (Ac 2.19), peut-être justement parce que ces signes ne conviennent pas aux circonstances. Voir James Hardy ROPES, *The Text of Acts, The Beginnings of Christianity : The Acts of the Apostles. Vol. 3,* éd. F. J. Foakes Jackson et Kirsopp Lake, Grand Rapids, Baker Book House, 1979, p. 16-17.

[134] Les Actes ne donnent pas d'exemple de songe, mais beaucoup d'exemples de visions (Ac 9.10, 12 ; 10:3, 17, 19 ; 11:5 ; 16:9, 10; 18:9 ; 26:19). Les visions sont plus souvent associées aux prophètes de l'Éternel dans la LXX que les songes. Balaam (Nb 24.4), Samuel (1 Sa 3.15), Abdias (Ab 1.1), Nahum (Nah 1.1), Habacuc (Hab 2.2), Ésaïe (És 1.1), Ézéchiel (Éz 1.1) et Daniel (4.10) sont des prophètes ayant des visions (ὅρασις). Joseph et Daniel sont de bons exemples de prophètes ayant de songes (ἐνύπνιον, Gn 37.5 ; Dan 1.17 ; 2.1 ; 4.2). Les songes sont souvent employés dans de mauvais exemples (Dt 13.1-5 ; 1 Sa 28.15 ; Za 10.2 ; Jér 23.25-26).

[135] Voir ch. 1, p. 23.

[136] KEENER, *The Spirit in the Gospels and Acts*, 195 ; SHEPHERD, *The Narrative Function of the Holy Spirit*, p. 164-65 ; MENZIES, *Empowered for Witness*, p. 186 ; TURNER, *Power from on High*, p. 270-71.

[137] HAYA-PRATS, *L'Esprit force de l'église*, p. 58 ; Eduard SCHWEIZER, « πνεῦμα », *Theological Dictionary of the New Testament*, Vol. 6, éd. Gerhard Kittel et Gerhard Friedrich, trad. par Geoffrey W. Bromiley, Eerdmans, Grand Rapids, 1993, p. 410 ; SHEPHERD, *The Narrative Function of the Holy Spirit*, p. 167 ; MENZIES, *Empowered for Witness*, p. 188-89. L'allusion à ce souhait de Moïse est probablement déjà présente dans la prophétie de Joël. Max TURNER constate que ce lien se trouve aussi dans *Midr. Ps.* 14.6, *Power from on High*, p. 285. Voir aussi Kirsopp LAKE et Henry J. CADBURY, *The*

un exemple d'un personnage rempli de l'Esprit dans Luc-Actes qui ne fonctionne pas comme un prophète »[138].

L'Esprit rend les disciples capables d'agir comme prophètes. Robert Menzies constate que « l'Esprit vient sur les disciples comme la source d'inspiration prophétique », que « visions et songes sont cités comme manifestations du don prophétique », et que ces phénomènes « apparaissent régulièrement à travers le récit des Actes ». Ces constatations indiquent que « la valeur du passage de Joël comme une clé d'interprétation n'est pas limitée à la manifestation de l'Esprit le jour de la Pentecôte »[139]. Menzies a aussi raison de dire que « le but du don prophétique, explicitement énoncé en Lc 24.49 et Ac 1.8, est d'équiper les disciples avec puissance » pour leur « mission »[140]. Jusqu'ici sa conclusion s'accorde au caractère programmatique de cette prophétie de Joël[141]. Mais, en raison de ses présuppositions rédactionnelles Menzies refuse d'attribuer les « signes et prodiges » (Ac 2.19) à l'activité de l'Esprit[142]. Ce lien n'est pas explicite dans ce passage, mais clairement enseigné ailleurs (Lc 4.18-19 ; Ac 10.38)[143].

L'addition de « signes » ($\sigma\eta\mu\epsilon\hat{\iota}\alpha$) souligne l'importance des termes jumelés : « prodiges et signes ». Dans la prophétie de Joël les prodiges sont annoncés : « du sang, du feu, et une vapeur de fumée ; le soleil se changera en ténèbres, et la lune en sang » (Jl 3.3b-4a LXX ; Ac 19b-20a). Les auditeurs de Pierre et le lecteur doivent aussi comprendre cette liste de phénomènes dans la nature comme la précision des prodiges *et signes*. L'addition de *signes* ne change pas beaucoup l'impact de la prophétie. Les termes jumelés peuvent souligner l'allusion à la période de la sortie d'Égypte déjà évoquée par des phénomènes extraordinaires dans la nature[144]. La grande majorité des références aux « signes et prodiges » dans la Septante se réfèrent aux phénomènes associés à la sortie

---

*Beginnings of Christianity : Part I, The Acts of the Apostles, Vol. IV*, éd. par F. J. Foakes Jackson et Kirsopp Lake, Grand Rapids, Baker Book House, 1979, p. 22.

[138] *Narrative Function of the Holy Spirit*, p. 167, n. 47. Nous n'acceptons pas sa conclusion de l'inconséquence dans la présentation de l'expérience prophétique des disciples. Le fait que tous fonctionnent comme des prophètes n'est pas en contradiction avec la notion que le ministère et l'autorité prophétique de certains soit reconnu et que l'on leur accorde l'office et le titre et de prophète (Ac 11.27 ; 13.1 ; 15.32 ; 21.10).
[139] *Empowered for Witness*, p. 186.
[140] Ibid., p. 187.
[141] SHEPHERD, *The Narrative Function of the Holy Spirit*, p. 163.
[142] *Empowered for Witness*, p. 111-16 ; 188, n. 1. Voir ch. 1, p. 20-21.
[143] Voir ch. 1. p. 27 ; ch. 4, p. 143-46.
[144] Les ténèbres parmi les plaies (Ex 10.21-22), à la Mer Rouge (Ex 14.20) et au Sinaï (Dt 4.11 ; 5.22) ; le sang parmi les plaies (Ex 4.9 ; 7.17, 19-21) ; le feu et la fumée au Sinaï (Ex 19.18).

d'Égypte[145]. Ces signes et prodiges étaient des jugements de Dieu sur les ennemis du peuple de Dieu pour les obliger à laisser partir ce peuple. La prophétie de Joël insiste que le même type de phénomènes signalera l'arrivée dramatique du jugement de Dieu dans les derniers jours. Chez Joël la prophétie annonce un nouvel exode du peuple de Dieu où ses ennemis seront jugés (Jl 4). « Du sang, du feu et des colonnes de fumée », les « ténèbres » et le « sang » sont des images de ce jugement (Jl 3.3-4 LXX).

Encore une fois le texte conduit son lecteur vers une nouvelle perspective. Pierre déclare que ces derniers jours sont arrivés. La descente de l'Esprit sur « tous » et le parler en langues/prophétie en est la preuve (Ac 2.16-17). Mais, au lieu de poursuive la compréhension traditionnelle de cette prophétie, c'est-à-dire de souligner la libération politique du peuple de Dieu et le jugement des nations, Luc conduit le lecteur vers une autre sorte d'accomplissement. Tout de suite Pierre mentionne « les prodiges et les signes » que Dieu a opérés par Jésus (Ac 2.22). Il laisse les signes et les prodiges mentionnés par Joël sans commentaire afin d'attirer l'attention de ses auditeurs vers les signes et les prodiges opérés par Jésus. Cette répétition nous semble délibérée et en parfaite harmonie avec les autres « *négations* »[146] de l'auteur implicite. Il évoque des éléments familiers du lecteur implicite, c'est-à-dire la délivrance du peuple de Dieu en parallèle avec le jugement de ses ennemis, afin de les « annuler » et de les modifier. Encore une fois le jugement eschatologique est évoqué. Encore une fois Luc conduit son lecteur vers un accomplissement dans le ministère de Jésus, et par extension, dans le ministère des disciples, ayant lieu avant le jugement eschatologique. Selon Luc, les signes et les prodiges accomplis par Jésus et par ses disciples sont des preuves de l'arrivée des « derniers jours ».

*L'intertextualité.*

---

[145] 19 sur 29 références (Ex 7.3, 9 ; 11.9, 10 ; Dt 4.34 ; 6.22 ; 7.19 ; 11.3 ; 26.8 ; 29.2 ; 34.11 ; Est 10.3 ; Ps 78.43 ; 105.27 ; 135.9 ; Sag 10.16 ; Jér 39.20, 21 ; Bar 2.11). Voir O'REILLY, *Word and Sign in the Acts of the Apostles*, p. 173.
[146] Voir ch. 2, p. 68.

L'allusion à la prophétie de Joël dans cet événement de la Pentecôte est rendue claire par l'explication de Pierre où il cite ce passage[147]. D'autres allusions importantes sont proposées pour augmenter la compréhension de ce texte, en particulier, une allusion à la promulgation de la loi au Sinaï et à l'établissement d'une nouvelle alliance. Jacques Dupont appelle l'événement de la Pentecôte « un nouveau Sinaï »[148]. Certes, il y a des parallèles apparents entre les détails du récit de la Pentecôte et certaines traditions rabbiniques attachées à la fête de la Pentecôte[149]. Mais la date tardive de ces traditions fait l'objet d'un débat concernant une allusion ici[150]. La littérature rabbinique n'établit pas clairement le lien entre la fête de la Pentecôte et le don de la loi à Sinaï avant le milieu du deuxième siècle[151]. Mais ceux qui veulent souligner la notion d'une nouvelle alliance mentionnent certains précurseurs de cette tradition à l'époque de Luc[152]. Ces parallèles ne sont pas assez clairs pour indiquer une dépendance littéraire[153]. La décision de faire de ces parallèles une clé herméneutique doit dépendre d'une analyse du récit de Luc.

Odette Mainville explique bien pourquoi beaucoup d'auteurs refusent d'éclairer le sens du récit de Luc à partir de ces parallèles dans la tradition juive : « les thèmes de l'Alliance nouvelle et du don de la Loi ne se retrouvent pas dans le récit de Luc »[154]. À la différence de beaucoup d'autres allusions chez Luc, ces thèmes ne sont pas développés. Dans le passage relatif à la Pentecôte Luc développe les thèmes de la prophétie, et des

---

[147] Craig A. EVANS, croit que l'allusion s'étend au vocabulaire que Luc utilise pour raconter l'expérience de la Pentecôte (Ac 2.1-16), « The Prophetic Setting of the Pentecost Sermon », *Zeitschrift für die neutestamentliche Wissenschaft* 74, 1983, p. 148-50. Beaucoup des correspondances d'Evans semblent forcées, mais 2 nous semblent significatives : la « confusion » (συγχέω, Jl 2.1, 10 ; Ac 2.6, 4 autres fois dans le NT : Ac 9.22 ; 19.32 ; 21.27, 31) des « habitants » (κατοικοῦντες, Jl 2.1 ; Ac 2.5) avant l'arrivée du « jour du Seigneur » (ἡμέραν κυρίου, Jl 2.1 ; Ac 2.20) et l'exhortation à « tous les habitants » (πάντες οἱ κατοικοῦντες) de « prêter l'oreille » (ἐνωτίσασθε, Jl 1.2 ; Ac 2.14, *hapax legomenon* dans le NT) aux paroles du prophète.
[148] Jacques DUPONT, « La nouvelle Pentecôte (Ac 2.1-11) », *Nouvelles études sur les Actes des apôtres*, Lectio Divina 118, Paris, Éditions du Cerf, 1984, p. 193.
[149] Voir, p. ex., la légende rabbinique concernant la division miraculeuse des paroles prononcées à Sinaï en 70 langues (*b. Šab.* 88b).
[150] Voir, p. ex., BOVON, *Luc le théologien*, p. 235-44 ; DUNN, *Baptism in the Holy Spirit*, p. 47-49 ; HULL, *The Holy Spirit in the Acts of the Apostles*, p. 53-55 ; MENZIES, *Empowered for Witness*, p. 189-201 et TURNER, *Power from on High*, p. 280-89.
[151] BOVON, *Luc le théologien*, p. 237-38 ; MENZIES, *Empowered for Witness*, p. 190 ; O'REILLY, *Word and Sign*, p. 18 ; TURNER, *Power from on High*, p. 281.
[152] TURNER, p. ex., mentionne les Targums, Philon, et Jubilées, *Power from on High*, p. 282-85.
[153] Ibid., p. 283.
[154] *L'Esprit dans l'œuvre de Luc*, p. 256.

signes et prodiges, comme nous venons de le constater. Néanmoins, Mainville insiste sur le fait que « le thème de l'Alliance nouvelle—fondamentalement en christianisme—demeure sous-jacent au contenu christo-pneumatologique de l'ensemble d'Ac 1-2 »[155]. Si l'on demande pourquoi elle retient cette conclusion malgré l'évidence contraire, on doit souligner sa présupposition que l'Alliance nouvelle est un principe fondamental du christianisme. L'ensemble de la théologie néotestamentaire conduit à cette conclusion, mais on doit se demander si c'est une présupposition de Luc. Le récit de Luc-Actes ne donne pas d'indice d'une telle supposition[156].

Que faut-il faire de ces parallèles ? Luc ne semble pas vouloir souligner les thèmes de l'Alliance nouvelle et du don de la Loi, mais il utilise un vocabulaire associé à la théophanie du Sinaï. Le feu et la fumée évoquent les phénomènes au Sinaï (Ex 19.18). Le vocabulaire parallèle de Philon quant il décrit l'expérience au Sinaï, bruit (ἦχος), feu (πῦρ), ciel (οὐρανός), langue (διάλεκτος), voix (φωνή), merveilles (μεγαλεῖα), signes (σημεῖα), suggère un répertoire en commun[157]. Menzies a raison de montrer que ce langage n'est pas limité au Sinaï mais fait partie d'un langage théophanique en général[158]. Par contre il n'a pas raison d'éliminer une allusion particulière au Sinaï[159]. Ce langage théophanique a son origine dans les expériences de la nation d'Israël à la sortie d'Égypte. Ces expériences sont souvent évoquées dans l'histoire de la nation. Nous venons de constater que la grande majorité des mentions de signes et de prodiges font référence à cette période dans la vie de la nation. Mais l'allusion évoquée par ce vocabulaire ne se limite pas au Sinaï. Signes et prodiges évoquent surtout les plaies en Égypte. Le feu de Dieu se manifeste à Moïse au milieu d'un buisson (Ex 3.2), en Égypte dans les plaies (Ex 9.23-24), à Israël dans une colonne de feu (Ex 13.21-22) et au Sinaï (Ex 19.18).

---

[155] Ibid., p. 258.
[156] La seule mention d'une nouvelle Alliance dans Lc-Ac se trouve dans un passage liturgique dont le texte est disputé (Lc 22.20). Le texte occidental (D et certains mss latins) omet cette référence. WESTCOTT et HORT incluent ce passage parmi les « western non-interpolations », *Introduction to the New Testament in the Original Greek*, Peabody MA, Hendrickson Publishers, 1988, p. 175-77. Voir la discussion de C. F. EVANS, *Saint Luke*, p. 786-88. Même si l'on retient le texte plus long, le thème de l'alliance nouvelle n'est pas développé au moment de la Cène non plus.
[157] *De Décalogue*, 33, 44, 46 ; *De Spécialibus Légibus*, 2.189. Voir la comparaison de TURNER, *Power from on High*, p. 283-84.
[158] Voir les exemples de HULL, *The Holy Spirit in Acts*, p. 57-58.
[159] *Empowered for Witness*, p. 196.

Dans l'Ancien Testament ces symboles évoquent surtout la présence terrifiante de Dieu parmi son peuple au moment de l'exode. Moïse « craignait de regarder Dieu » (Ex 3.6). « L'aspect de la gloire de l'Éternel était comme un feu dévorant » (Ex 24.17 ; Dt 4.24 ; 9.3). Ce feu peut s'allumer et dévorer le camp d'Israël (Nb 11.1-3 ; 16.35). Israël avait « peur du feu » (Dt 5.5) ; peur de mourir (Dt 5.25 ; 18.16). La prophétie de Joël évoque cette présence terrifiante (3.3-4 LXX) en annonçant le jugement des nations (4.2-17 LXX)[160]. Le co-texte de la Pentecôte semble vouloir donner une signification plus positive à ces images. Même les auditeurs de l'événement, qui ont crucifié Jésus (Ac 2.36), sont « étonnés » (Ac 2.7, 12) et « touchés » (Ac 2.37), mais pas terrifiés[161]. C'est peut-être pour cela que les interprètes ne parlent justement pas d'une présence terrifiante de Dieu à la Pentecôte. Mais une telle image est en harmonie avec le procédé que nous avons discerné chez Luc. Luc évoque les images et les attentes qu'il veut modifier. Les signes et prodiges deviennent, pour le moment, des miracles accomplis par Jésus et par ces disciples. Le feu qui descend sur les disciples devient, pour le moment, une source d'inspiration et de puissance. Les aspects clairement associés au jugement dans la prophétie de Joël (3.19b-20) ne sont pas commentés.

τήν τε ἐπαγγελίαν τοῦ πνεύματος τοῦ ἁγίου λαβὼν παρὰ τοῦ πατρός, ἐξέχεεν τοῦτο ὃ ὑμεῖς βλέπετε καὶ ἀκούετε.

L'interprétation de cette phrase est en cours. Plusieurs termes ont déjà été analysés. « La promesse du Père » a été analysée lors de sa première mention à la fin de l'Évangile (Lc 24.49)[162], et sera reprise dans la discussion de l'appel de Pierre (Ac 2.39). « Recevoir » sera aussi analysé dans la discussion de l'appel de Pierre (Ac 2.38). « Répandre » a été analysé avec l'ensemble des métaphores spatiales[163]. Il faut réfléchir ici sur l'expression « ce que vous voyez et entendez » (τοῦτο ὃ ὑμεῖς βλέπετε καὶ ἀκούετε), c'est-à-dire la perceptibilité de l'Esprit, et sur la stratégie de l'auteur dans le fil de l'intrigue.

---

[160] Notez la répétition des images du soleil et de la lune qui s'obscurcissent (3.4 ; 4.15).
[161] La crainte est mentionnée dans la description de la communauté en conjonction avec les prodiges et les signes accomplis par les apôtres (Ac 2.43).
[162] Ch. 6, p. 248-51, 270-71.
[163] Ch. 6, p. 286-87.

*La perceptibilité de l'Esprit.*

Au moment où Pierre parle (Ac 2.33) les auditeurs peuvent voir (βλέπω) et entendre (ἀκούω) l'influence de l'Esprit[164]. Ernst Haenchen a probablement raison de conclure que les disciples continuent à parler en langues dans un bruit de fond. Il qualifie ce parler en langues d'« extatique »[165]. Cela pourrait expliquer le fait que les disciples sont accusés d'abus d'alcool et que les auditeurs y voient l'influence de l'Esprit. Un comportement extatique est associé à l'Esprit dans l'Ancien Testament (1 Sa 10.6, 10-12 ; 19.23-24). D'autres aspects visibles et audibles de l'événement sont « le bruit comme un vent impétueux » et « des langues de feu » qui « se posèrent sur chacun d'eux » (Ac 2.2-3). Si ces deux phénomènes continuent, l'argument de Pierre est d'autant plus convaincant. Vu la réaction en masse des auditeurs, nous sommes persuadé que ces phénomènes leur sont aussi perceptibles. Même s'ils ne sont pas, ou ne sont plus, perceptibles aux auditeurs, la mention de perceptibilité par Pierre doit certainement rappeler ces phénomènes au lecteur.

Les effets perceptibles caractérisent la présentation de l'Esprit chez Luc. Ceux qui ont reçu l'Esprit ou qui sont remplis d'Esprit prophétisent (Lc 1.41, 67 ; Ac 2.17-18 ; 11.28 ; etc.), parlent en langues (Ac 2.4 ; 10.46 ; 19.6), annoncent la parole avec assurance (Ac 4.31 ; etc.), guérissent les malades (Ac 10.38 ; etc.) et maudissent ceux qui opposent l'Évangile (Ac 13.9-11). Ils ont des visions (Ac 7.55) et des révélations (Ac 21.11) et sont conduits par l'Esprit (Lc 2.26-27 ; 4.1 ; Ac 10.19 ; 11.2 ; 13.2 ; 16.6-7 ; 20.23). Ils sont caractérisés par une sagesse (Ac 6.3), une foi (Ac 6.5 ; 11.24) et une joie (Ac 13.52) extraordinaires. Chaque fois que Luc indique la présence de l'Esprit, une réception de l'Esprit ou une autre indication de sa présence, un effet perceptible est aussi mentionné.

Cette visibilité est indispensable pour son argument concernant l'arrivée des jours eschatologiques. Selon Luc l'arrivée de l'Esprit prouve que les prophéties eschatologiques d'Ésaïe (61.1-2) et de Joël (3.1-2) sont accomplies. Pour que ses arguments soient convaincants, l'influence de l'Esprit doit être visible[166]. Soit la descente de l'Esprit est accompagnée de signes perceptibles. Soit l'Esprit produit des effets

---

[164] Les deux verbes sont au présent.
[165] *Die Apostelgeschichte*, p. 146.
[166] Voir ch. 6, p. 261, 274, 281.

perceptibles. Par ces effets les personnages du récit et le lecteur savent que l'Esprit est à l'œuvre. Il est donc logique que Luc souligne le caractère visible de l'influence de l'Esprit en racontant les effets chaque fois qu'il signale sa présence. La question qui s'impose est de savoir si Luc reconnaît la présence de l'Esprit sans effet perceptible. Cette question sera abordée dans la discussion de l'appel au salut à la fin du discours de Pierre.

*La stratégie de l'auteur dans le fil de l'intrigue.*

Dans l'analyse de l'organisation du récit de Luc, deux grands sommets ont été identifiés, qui correspondent à deux grandes sections de l'œuvre[167]. Le sommet de la Passion de Jésus correspond à la section consacrée au ministère de Jésus. Le sommet de la proclamation de l'évangile correspond à la section consacrée au ministère des disciples. Ce sont des sommets définis par le déroulement des événements dans le récit.

On peut aussi définir deux sommets selon le progrès de l'argumentation de l'auteur implicite vers son but établi dans la préface[168], c'est-à-dire donner la certitude (ἀσφάλεια) de certaines connaissances (ἐπιγινώσκω) au lecteur (Lc 1.4). Nous avons suggéré deux sujets pour lesquels le lecteur a besoin de certitude : la messianité de Jésus et l'identité eschatologique de la communauté des croyants dont il fait partie. Les deux sommets sont signalés par une exhortation à la connaissance qui semble dépasser les auditeurs à qui l'exhortation est adressée. Pour le premier sommet Pierre dit : « Que toute la maison d'Israël[169] *sache* (γινώσκω, à l'impératif) donc avec *certitude* (ἀσφαλῶς)[170] que Dieu a fait Seigneur et Christ ce Jésus que vous avez crucifié » (Ac 2.36). Pour le deuxième sommet Paul dit : « Qu'il <u>vous</u>[171] soit (εἰμί, à l'impératif) *connu* (γνωστός) donc que ce salut de Dieu a été envoyé aux païens, et qu'ils l'écouteront » (Ac 28.28). Le texte de Luc-Actes mène son lecteur vers la certitude de ces deux connaissances.

---

[167] Voir ch. 3, p. 125-29.
[168] Ce son des sommets au niveau de l'intrigue de révélation.
[169] « Toute la maison d'Israël » n'est pas présente. Pierre exprime le désir que cette connaissance sur Jésus soit connue par une audience plus large.
[170] L'adverbe ici rappelle le nom ἀσφάλεια utilisé dans la préface (Lc 1.4).
[171] L'antécédent de « vous » est « un plus grand nombre » (πλείονες, Ac 28.23). Mais la prophétie exhorte le prophète d'aller vers « ce peuple » (λαός), un nombre encore plus grand.

L'envoi de l'Esprit est donc la preuve décisive de la messianité de Jésus. Odette Mainville n'est pas trop loin de la cible en disant que « *Actes 2.33 est le sommet de l'œuvre de Luc* »[172]. Ce verset contient l'argument culminant d'un sommet important de l'œuvre. Le fait que Jésus répand l'Esprit sur les disciples est la preuve de son exaltation à la droite de Dieu et de son intronisation, montrant non seulement qu'il est le Messie, mais aussi qu'il est Seigneur (Ac 2.33-36)[173].

Les arguments de Pierre expliquent comment deux prophéties importantes dans l'Évangile selon Luc sont accomplies. La première prophétie est celle qui est annoncée à la mère de Jésus par l'ange Gabriel. Il dit : « Le Seigneur Dieu lui donnera le trône de David, son père. Il régnera éternellement sur la maison de Jacob » (Lc 1.32-33). Cette prophétie suscite l'attente typique juive pour la venue du Messie : une figure royale davidique établissant le royaume d'Israël. L'attente des disciples de l'accomplissement de cette prophétie était la cause d'une grande déception avant sa mort (Lc 24.21), et le sujet de leur espoir après la résurrection (Ac 1.6). Elle est probablement aussi une cause de doutes chez le lecteur[174]. Jésus n'est toujours pas le roi messianique 'visible' attendu. Luc doit montrer que Jésus est ce Messie royal prévu par les Écritures sans avoir la preuve visible de son intronisation.

Selon les arguments de Pierre, la résurrection et l'effusion de l'Esprit prouvent que Jésus a accompli cette prophétie. La résurrection prouve que Jésus est le personnage prévu dans le Psaume de David (Ps 16.8-11) : le « Saint » de Dieu qui n'est pas abandonné dans le séjour des morts et dont la chair ne voit pas la corruption (Ac 2.31). Pierre précise que David pouvait prévoir la résurrection parce qu'il (οὖν) était prophète et savait que Dieu lui avait promis de faire asseoir un de ces descendants sur son trône (Ac 2.30). L'effusion de l'Esprit prouve que Jésus est sur le trône, assis à la droite du Seigneur (Ac 2.34-35)[175]. Le trône du Messie se trouve à la droite du Seigneur, Dieu !

---

[172] *L'Esprit dans l'œuvre de Luc*, p. 340. Son affirmation que le même verset est « *la clé d'interprétation de la pneumatologie lucanienne* » (p. 15) est une exagération. Les deux citations, És 61.1-2 et Jl 3.1-5, sont de meilleures clés d'interprétation.

[173] Voir la conjonction des deux titres dans Lc 2.11 et *Ps. Sol.* 17.32. Les implications christologiques de cet argument dépassent la portée de cette thèse. Pour une discussion de ces implications dans une œuvre consacrée à l'activité de l'Esprit, voir, p. ex., TURNER, *Power from on High*, p. 272-79.

[174] Voir ch. 4, p. 168-73.

[175] Notez le lien explicite de cause à effet (γὰρ). Jésus peut recevoir et répandre l'Esprit « car » il est assis à la droite de Dieu.

Le passage explique aussi comment la promesse du Père a été envoyée par Jésus, accomplissant la prophétie de Jésus. Dans la prophétie de Joël, c'est le Seigneur, Dieu qui répand l'Esprit sur toute chair (Jl 2.27). Pierre souligne cette provenance en ajoutant les mots « dit Dieu » (λέγει ὁ θεός, Ac 2.17). Pierre peut attribuer l'effusion à Jésus seulement parce que l'événement accomplit sa prophétie : « J'enverrai sur vous la promesse de mon Père » (Lc 24.49). La prophétie avant l'événement montre non seulement que Jésus prévoit l'événement, mais qu'il prévoit sa maîtrise de l'événement. Dire qu'il va prescrire l'activité de l'Esprit est blasphématoire dans la compréhension juive. Jésus peut-il faire l'activité que la prophétie réserve à Dieu[176] ? Jésus peut-il prendre la place de Dieu ? Lorsque l'Esprit est répandu, Jésus est validé en tant que prophète et en tant que maître de l'Esprit de Dieu (Dt 18.20-22). L'Esprit est devenu l'Esprit de Jésus (Ac 16.7)[177].

Ce passage souligne davantage deux aspects de la pneumatologie de Luc-Actes. Premièrement, l'activité de l'Esprit est étroitement associée au thème de l'accomplissement des prophéties. L'effusion de l'Esprit à la Pentecôte est non seulement l'accomplissement de la prophétie de Joël (Ac 2.17-18 ; cf. Jl 3.1-2 LXX), mais aussi de celle de l'introduction prophétique (Lc 1.32 ; cf. 2 Sa 7.12-14) et de celle de Jésus avant son Ascension (Lc 24.49). Deuxièmement, l'Esprit joue encore le rôle d'attestation. La manifestation de sa présence atteste que Jésus est le Messie, assis sur le trône à la droite de Dieu. Une deuxième attestation est sous-entendue. Ceux qui reçoivent le don de Jésus sont dans la communauté du Messie. Ils sont les « serviteurs » et « servantes » du Seigneur (Ac 2.18).

καὶ λήμψεσθε τὴν δωρεὰν τοῦ ἁγίου πνεύματος. ὑμῖν γάρ ἐστιν ἡ ἐπαγγελία

La réception du don du Saint-Esprit représente la dernière série de métaphores présentée dans cette thèse que Luc emploie pour décrire l'expérience *pneumatique* des disciples de Jésus. L'Esprit est donné à ceux qui le demandent au Père (Lc 11.13) et qui lui obéissent (Ac 5.32). Il est promis par le Père (Lc 24.49 ; Ac 1.4), reçu (Ac 2.33) et

---

[176] TURNER, *Power from on High*, p. 278-80.
[177] L'essentiel de notre thèse, suivant la présentation de l'auteur implicite, souligne l'humanité de Jésus et la façon dont il est lui-même influencé par l'Esprit. Ici l'auteur souligne sa divinité et son autorité sur l'Esprit.

envoyé par Jésus (Lc 24.49). Il est un don (Ac 2.38 ; 8.20 ; 10.45 ; 11.17) que les disciples de Jésus reçoivent (Lc 11.10 ; Ac 1.8 ; 2.38 ; 8.15, 17, 19 ; 10.47 ; 19.2). La signification globale de ces métaphores est assez simple à comprendre. Luc affirme que les disciples de Jésus ont reçu le don eschatologique de l'Esprit promis par le prophète Joël. Mais quelle est la signification de ce don ?

L'application par Pierre de la promesse de Joël concernant l'effusion de l'Esprit (Ac 2.38-39) suscite trois questions d'interprétation, étroitement liées entre elles, qui sont très importantes pour déterminer la signification de ce don. Premièrement, Luc reconnaît-il la présence de l'Esprit sans effet perceptible ? Deuxièmement, quel est le lien entre le salut et le don de l'Esprit ? Tous les deux sont promis dans la citation de Joël. Troisièmement, quels sont les liens logiques entre la promesse, « et vous recevrez le don du Saint-Esprit » (καὶ λήμψεσθε τὴν δωρεὰν τοῦ ἁγίου πνεύματος), et les deux conditions énumérées par Pierre pour bénéficier de cette promesse : « repentez-vous, et que chacun de vous soit baptisé au nom de Jésus-Christ » (μετανοήσατε, καὶ βαπτισθήτω ἕκαστος ὑμῶν ἐπὶ τῷ ὀνόματι Ἰησοῦ Χριστοῦ) ?

*La présence de l'Esprit sans effet perceptible.*

Pierre vient de souligner les effets perceptibles de la réception de l'Esprit (Ac 2.33). Nous constatons que, dans Luc-Actes, les effets perceptibles sont mentionnés dans chaque récit où la présence de l'Esprit est indiquée[178]. On revient ici aux observations de Hermann Gunkel que ce sont les expériences de la communauté chrétienne primitive qui ont rendu la présence de l'Esprit « un fait indubitable »[179]. Ernest F. Scott exprime des idées semblables disant que l'Esprit est la source de « tout ce qui est incalculable » et que la croyance à l'Esprit de l'Église primitive est sortie de « l'expérience actuelle »[180]. Dans leur conception, l'Esprit était une puissance qui rendait les hommes capables d'« actions extraordinaires »[181]. D'autres interprètes font une observation pareille. Charles H. Talbert dit que, quand Luc parle du don de l'Esprit, il parle « du moment du déclenchement de

---

[178] Voir ch. 6, p. 296-97.
[179] *Die Wirkungen des heiligen Geistes nach der populären Anschauung der apostolischen Zeit und der Lehre des Apostels Paulus*, 2ᵉ éd., Göttingen, Dandenhoed & Ruprecht, 1899, p. 4.
[180] *The Spirit in the New Testament*, p. 85-86.
[181] Ibid., p. 92.

manifestations externes par l'Esprit »[182]. F. J. A. Hort comprend que la « réception » de l'Esprit dans les Actes des apôtres signifie la réception des « signes merveilleux extérieurs de l'Esprit, tels ceux qui se sont manifestés le jour de la Pentecôte »[183]. Henri Blocher écrit, « Luc a tendance à parler de la venue du Saint-Esprit surtout quand une manifestation particulière la signale »[184]. J. H. E. Hull croit que Luc ne distingue pas « entre la possession de l'Esprit et la conscience de cette possession »[185]. Selon Hull, la caractéristique la plus distinctive de la pneumatologie de Luc est que « ceux qui ont reçu le don de l'Esprit *savent* qu'ils l'ont reçu … l'Esprit leur a été manifestement donné »[186].

Si la stratégie de Luc exige qu'il souligne chaque fois les effets perceptibles de l'Esprit, comment savoir s'il croit à la possession de l'Esprit sans qu'il y ait de telles manifestations ? Il faut se rappeler que nous cherchons la pneumatologie de Luc-Actes ou de l'auteur implicite. Donc, il faut se limiter aux indices de l'œuvre. Y a-t-il des indices dans Luc-Actes de la possession de l'Esprit sans effet perceptible ? Luc ne décrit aucun exemple de personnage ayant reçu l'Esprit qui ne manifeste pas d'effet extraordinaire. Sans exemple l'interprète doit recourir à la logique afin de soutenir la thèse d'une possession de l'Esprit sans effet perceptible.

Il est possible de tirer la conclusion d'une réception non perceptible de l'Esprit de la logique de Pierre dans son appel à la repentance (Ac 2.38). Pierre déclare que ceux qui se repentent et se font baptiser pour le pardon de leurs péchés recevront le don du Saint-Esprit. Pierre ne raconte pas leur réception de l'Esprit, mais il dit que trois mille âmes « acceptèrent sa parole » et ils « furent baptisés » (Ac 2.41). Ayant remplis les conditions énoncées par Pierre, on peut supposer qu'ils aient aussi reçu le don du Saint-Esprit. Max Turner, par exemple, pense que « la compréhension naturelle » de cette déclaration de Pierre est que « désormais » ceux qui se repentent et se font baptiser reçoivent l'Esprit « sans délai »[187]. Selon Turner, seulement la présupposition d'une telle « norme » donne une explication adéquate de la raison pour laquelle Luc ne raconte pas leur réception de

---

[182] *Reading Luke : A Literary and Theological Commentary on the Third Gospel*, New York, Crossroad Publishing Company, 1982, p. 43.
[183] F. J. A. HORT, *The Christian Ecclesia : A Course of Lectures on the Early History and Early Conceptions of the Ecclesia and One Sermon*, Londres, Macmillan, 1914, p. 54.
[184] *La doctrine du péché et de la rédemption*, Collection didaskalia, Vaux sur Seine, Edifac, 2000, p. 238.
[185] *The Holy Spirit in the Acts of the Apostles*, p. 106.
[186] Ibid., p. 59. Italiques sont de Hull.
[187] *Power from on High*, p. 358.

l'Esprit. Luc doit présupposer que son lecteur comprend que ceux qui se repentent et se font baptiser dans le récit reçoivent aussi l'Esprit[188]. Ainsi, selon Turner, « pour beaucoup, si non pour la plupart, le moment précis de la réception de l'Esprit est passé relativement inaperçu »[189].

La difficulté de ces présuppositions est qu'elles introduisent dans le texte de Luc-Actes une incohérence. Si l'on présuppose la norme d'une réception automatique et sans délai de l'Esprit à la conversion, on doit expliquer les passages où Luc semble dissocier ces deux événements, notamment dans le cas des Samaritains (Ac 8)[190]. James Shelton pense que « la compréhension de Luc des liens entre la conversion, le baptême et la réception de l'Esprit est fluide »[191]. William Shepherd avoue qu'il est « difficile d'attribuer au récit de Luc une doctrine cohérente et normative du baptême, de l'imposition des mains et de la réception de l'Esprit »[192]. Il est possible d'attribuer cette incohérence à la rédaction de Luc[193]. G. W. H. Lampe pense que Luc « est lié dans une certaine mesure à ses sources »[194]. Ernest F. Scott croit que l'opinion sur le moment précis de la réception de l'Esprit a « fluctué » dans l'église primitive et que le récit reflète cette « incertitude » dans « la tradition historique »[195]. Nous sommes persuadé que le problème de l'incohérence ne se trouve pas au niveau de la rédaction, mais au niveau des présuppositions. Une compréhension parfaitement cohérente du texte est possible si l'on laisse tomber la supposition d'une réception automatique et immédiate de l'Esprit à la conversion. Avant d'aborder cette compréhension cohérente il faut considérer le lien entre le salut et le don de l'Esprit.

*Le lien entre le salut et le don de l'Esprit*

La séparation de la réception de l'Esprit du moment de la conversion crée un problème pour la pneumatologie néotestamentaire. Ailleurs la possession de l'Esprit est

---

[188] Ibid., p. 359.
[189] Ibid., p. 448.
[190] Ibid., p. 36-37.
[191] James B. SHELTON, *Mighty in Word and Deed : The Role of the Holy Spirit in Luke-Acts*, Peabody, Mass., Hendrickson Publishers, 1991, p. 133.
[192] *The Narrative Function of the Holy Spirit*, p. 22.
[193] J. E. L. OULTON, « The Holy Spirit, Baptism, and Laying on of Hands in Acts », *Expository Times*, 66, no. 8, mai 1955, p. 236.
[194] « The Holy Spirit in the Writings of St. Luke », p. 200.
[195] *The Spirit in the New Testament*, p. 89.

liée à la définition d'un chrétien. Paul déclare, « Si quelqu'un n'a pas l'Esprit de Christ, il ne lui appartient pas » (Ro 8.9). Pour Jean c'est la personne qui est né de l'Esprit qui verra le royaume de Dieu (Jn 3.3-8). Luc n'a-t-il pas la même compréhension du chrétien ? Si cette compréhension n'est pas tout de suite évidente dans son vocabulaire sur la réception de l'Esprit, peut-être trouvera-t-on des indices dans son emploi du vocabulaire de « salut ». Y a-t-il des liens, sous-jacents au discours de Pierre, entre le salut et le don de l'Esprit indiquant un attachement plus étroit du don de l'Esprit à la conversion-initiation ?

Pour répondre à cette question il faut examiner les liens entre le salut et le don de l'Esprit dans le discours de Pierre. L'effusion de l'Esprit n'est pas la seule promesse du Père dans le passage de Joël cité par Pierre. Dieu promet aussi que « quiconque invoquera le nom du Seigneur sera sauvé » (Ac 2.21). L'exhortation de Pierre à la repentance se trouve dans une série d'exhortations qui se termine par, et semble être résumé par, l'exhortation : « Sauvez-vous de cette génération perverse » (Ac 2.40). Quels sont les liens entre les deux exhortations, « repentez-vous » et « sauvez-vous », et les deux promesses, « quiconque…sera sauvé » et « vous recevrez le don du Saint-Esprit » ?

Les liens entre l'appel de Pierre à la repentance et au salut (Ac 2.37-40), la citation de la promesse du Père (Ac 2.17-21) et son antécédent dans la prophétie de Joël sont assez complexes. Il faut ajouter à cette complexité une allusion probable à la prédication de Jean-Baptiste (Lc 3.3-18) dans le choix des paroles attribuées à Pierre. Le tableau suivant montre les différents parallèles :

| **Lc 3.3-18**[196] | **Ac 2.37-40** | **Ac 2.17-21**[197] |
|---|---|---|
| 1. τί ποιήσωμεν; | τί ποιήσωμεν; | |
| 2. βάπτισμα μετανοίας | μετανοήσατε καὶ βαπτισθήτω ἐπὶ τῷ ὀνόματι Ἰησοῦ Χριστοῦ | ἐπικαλέσηται τὸ ὄνομα κυρίου |
| 3. εἰς ἄφεσιν ἁμαρτιῶν | εἰς ἄφεσιν τῶν ἁμαρτιῶν[198] | |

---

[196] La plupart des parallèles entre la prédication de Jean et l'appel de Pierre sont notés par TANNEHILL, *Narrative Unity, Vol. 2*, p. 40-41 et par David RAVENS, *Luke and the Restoration of Israel*, JSNT supplement Series 119, Sheffield, Sheffield Academic Press, 1995, p. 151. Il signale aussi que le terme σκολιός n'est employé que ces deux fois dans Lc-Ac et que Pierre et Jean ont été tous les deux emprisonnés, l'un par Hérode le tétrarque et l'autre par Hérode le roi.

[197] Plusieurs parallèles entre la prophétie citée par Pierre et son appel sont notés par Gerhard SCHNEIDER, *Die Apostelgeschichte*, Vol. 1, Herders theologischer Kommentar zum Neuen Testament 5, Freiburg, Herder, 1980, p. 264. Voir Marion L. SOARDS, *The Speeches in Acts : Their Content, Context, and Concerns*, Louisville, KY, Westminster/John Knox Press, 1994, p. 31, n. 44, pour un résumé des parallèles de SCHNEIDER en anglais.

| | | |
|---|---|---|
| 4. βαπτίσει ἐν πνεύματι ἁγίῳ | λήμψεσθε τὴν δωρεὰν τοῦ ἁγίου πνεύματος | ἐκχεῶ ἀπὸ τοῦ πνεύματός μου |
| 5. ὄψεται πᾶσα σάρξ | | ἐπὶ πᾶσαν σάρκα |
| | πᾶσιν...ὅσους ἂν | πᾶς ὃς ἂν |
| 6. | προσκαλέσηται κύριος | κύριος προσκέκληται[199] |
| 7. Πολλὰ ... ἕτερα παρακαλῶν | ἑτέροις τε λόγοις πλείοσιν ... παρεκάλει | |
| 8. τὸ σωτήριον τοῦ θεοῦ | σώθητε ἀπὸ τῆς γενεᾶς | σωθήσεται |
| 9. τὰ σκολιὰ | τῆς σκολιᾶς | |

Pierre semble avoir modifié la prédication de Jean-Baptiste à la lumière des événements de la Pentecôte et de l'accomplissement évident de la prophétie de Joël. Comme Jean-Baptiste, la prédication de Pierre suscite la question : « Que ferons nous ? » (Lc 3.10, 12, 14 ; Ac 2.37). Comme Jean, Pierre prêche la repentance et le baptême en vue du pardon des péchés (Lc 3.3 ; Ac 2.37). Les deux insistent sur l'universalité de l'intervention divine (Lc 3.6 ; Ac 2.17, 38), parlent du salut (Lc 3.6 ; Ac 2.21, 40) et de l'Esprit (Lc 3.16 ; Ac 2.17, 37), donnent beaucoup d'autres exhortations (Lc 3.18 ; Ac 2.40) et décrivent la société par le terme « tortueuse » (σκολιὰ[200], Lc 3.5 ; Ac 2.40).

Que modifie Pierre ? Nous avons déjà parlé de la signification de l'expression « baptisé d'Esprit Saint » (Ac 1.4-8) qui change[201]. Après Pentecôte Pierre sait que la prophétie de Jean que Jésus « baptisera d'Esprit Saint » se réalise lorsque Dieu répand son Esprit selon la promesse de Joël (Ac 11.15-17 ; cf. 2.17, 33, 37). Le contenu de la repentance est aussi modifié. Les événements de la Pentecôte ont révélé l'identité de Jésus. Le fait que Jésus est ressuscité, assis à la droite de Dieu et répand l'Esprit sur les disciples à la place de Dieu, montre qu'il est Seigneur et Christ (Ac 2.32-36). Pierre termine sa citation de Joël avec l'affirmation que « quiconque invoquera le nom du Seigneur (ἐπικαλέσηται τὸ ὄνομα κυρίου) sera sauvé » (Ac 2.21). La suite de son discours montre que « Jésus » est le nom du Seigneur qu'il faut invoquer (Ac 2.22-36 ; cf. Ac 4.12)[202]. Cette révélation change la signification de la repentance[203]. « Jean a

---

[198] Le parallèle de la prédication de la repentance en vue du pardon des péchés rappelle aussi la prophétie de Jésus (Lc 24.47).
[199] Ce parallèle vient de Jl 3.5d qui n'est pas cité par Pierre.
[200] Le terme σκολιὰ n'est pas utilisé ailleurs dans Lc-Ac et seulement 4 fois dans le N.T. (cf. Phil. 2.5 ; 1 P 2.18).
[201] Ch 6, p. 256-63.
[202] KEENER, *The Spirit in the Gospels and Acts*, p. 195-96.

baptisé du baptême de repentance, disant au peuple de croire en celui qui venait après lui, c'est-à-dire, en Jésus » (Ac 19.4). La repentance que Jean prêchait visait surtout un changement de comportement en vue de l'arrivée imminente du Christ. Maintenant que le Christ est venu et qu'il a été rejeté et crucifié, la repentance vise aussi un changement d'attitude vis-à-vis du Christ[204]. C'est pourquoi le baptême de repentance est « au nom de Jésus-Christ » (ἐπὶ τῷ ὀνόματι Ἰησοῦ Χριστοῦ, Ac 2.38).

La logique du discours et les parallèles ci-dessus semblent indiquer que la repentance accompagnée du baptême au nom de Jésus-Christ est la manière indiquée pour invoquer le nom du Seigneur et, ainsi, pour être sauvé[205]. La logique suit les étapes suivantes :

1) Celui qui invoque le nom du Seigneur sera sauvé (Ac 2.21).
2) Le nom du Seigneur est Jésus, le Christ (Ac 2.22-36).
3) On invoque son nom par la repentance accompagnée du baptême au nom de Jésus-Christ (Ac 2.38).
4) Sauvez-vous de cette manière-là (Ac 2.40).

La logique de Pierre met aussi le salut et la réception du don du Saint-Esprit en parallèle. Les deux sont une conséquence pour ceux qui se repentent et font appel au nom du Seigneur. Comment faut-il comprendre ce parallèle ? Y a-t-il une sorte d'équivalence ? James Dunn écrit, « La seule chose qui fasse d'un homme un chrétien, c'est le don de l'Esprit », une conclusion tirée des écrits de Paul et de Jean[206]. Robert et William Menzies ont probablement raison d'insister sur le fait qu'« Actes 2.39 se réfère au don de l'Esprit de prophétie et à l'offre du salut…mais ne suggèrent pas que les deux sont *identiques* »[207]. La conclusion de John Michael Penney semble plus appropriée, « La 'promesse' (2.39) ici se réfère … à tous les bénéfices du salut, dont le Saint-Esprit est le suprême »[208].

---

[203] Guy D. NAVE affirme que la signification et le but de la repentance se développe progressivement dans le récit, *The Role and Function of Repentance in Luke-Acts*, Society of Biblical Literature, Academia Biblica 4, éd. Mark Allen Powell, Brill, Leyde, 2002, p. 4-5.
[204] Ibid., p. 204. Pierre signale cette nécessité aussi dans son deuxième discours (Ac 4.10-12).
[205] KEENER, *The Spirit in the Gospels and Acts*, p. 197.
[206] « Conversion-initiation dans le livre des Actes, » *Hokhma* 5, 1977, p. 25-26.
[207] *Spirit and Power : Foundations of Pentecostal Experience*, Grand Rapids, Zondervan Publishing House, 2000, p. 78 (italiques des auteurs).
[208] *The Missionary Emphasis of Lukan Pneumatology*, p. 91.

La compréhension du salut chez Luc et le rôle joué par l'Esprit dans ce salut peuvent aider à comprendre ce parallèle. La famille de termes « sauver, sauveur, salut » (σώζω, σωτήρ, σωτηρία) dans Luc-Actes peut se référer à la guérison d'une maladie ou d'une infirmité (Lc 7.50 ; 8.36, 48, 50 ; 17.19 ; 18.42 ; Ac 4.9 ; 14.9), à la délivrance d'un danger (Lc 6.9 ; 23.35, 37, 39 ; Ac 27.20, 31, 34) ou d'un ennemi (Lc 1.47 ; 7.25) et au droit de participation au royaume de Dieu dans l'âge eschatologique (Lc 13.23-29 ; 18.24-30). Les deux emplois du terme « sauver » dans le discours de Pierre (Ac 2.21, 40) se réfèrent probablement à la délivrance et au droit de participation. Le premier emploi est une citation du prophète Joël. La promesse du salut pour tous ceux qui invoquent le nom du Seigneur se réfère, chez le prophète Joël, à la délivrance des réchappés du peuple qui reviendront à Jérusalem pour jouir des bénédictions et de la présence du Seigneur (Jl 3.5-4.21)[209]. Dans le deuxième emploi Pierre exhorte ses interlocuteurs à se sauver de « cette génération perverse » (Ac 2.40) et, sous-entendu, de leur condamnation. C'est la génération qui a rejeté le témoignage de Jean-Baptiste et de Jésus (Lc 7.31 ; 17.25), qui a persécuté les prophètes et les apôtres (Lc 11.49) et qui sera condamnée (Lc 11.29-32, 50-51). Étant donné les circonstances, on peut comprendre que le salut mentionné par Pierre concerne la délivrance de la condamnation méritée par ceux qui ont crucifié le Seigneur (Ac 2.36), le droit de participer à la communauté eschatologique agréée par Dieu, et la jouissance des bénédictions accordées à cette communauté[210].

Il faut faire attention aux précisions chronologiques de ces bénédictions accordées à la communauté des derniers jours. L'attente du « salut de Dieu » dans l'introduction prophétique de l'Évangile (Lc 2.30 ; 3.6 ; cf. 1.47, 69, 71, 77 ; 2.11) comprend toutes les bénédictions promises par les anciens prophètes. Mais toutes les bénédictions ne sont pas accordées tout de suite à ceux qui sont « sauvés » dans les Actes. Le narrateur termine le récit du jour de la Pentecôte par la phrase, « Alors, ceux qui acceptèrent sa parole furent baptisés et environ trois mille âmes furent ajoutées ce jour-là » (Ac 2.41). Le résumé des jours suivants se termine par une phrase parallèle, « le Seigneur ajoutait chaque jour ceux

---

[209] DUPONT, « La conclusion des Actes et son rapport à l'ensemble de l'ouvrage de Luc », *Les Actes des Apôtres : Traditions, rédaction, théologie*, J. Kremer, éd., Gembloux, Belgique, Éditions J. Duculot et Leuven University Press, 1979, p. 392.

[210] D'autres références au « salut » dans Lc-Ac reflètent probablement aussi cette double notion de la délivrance de la condamnation et du droit de participation à la communauté eschatologique agréée par Dieu (Lc 1.69, 77 ; 2.11 ; 8.12 ; 9.24 ; 19.9, 10 ; 4.12 ; 5.31 ; 11.14 ; 13.23, 26, 47 ; 15.1, 11 ; 16.17, 30, 31).

qui étaient sauvés[211] » (Ac 2.47). Dans ce cas le terme σῳζομένους se réfère surtout à ceux qui, par la repentance et le baptême, ont obtenu le droit d'entrer dans la communauté eschatologique. Ils sont aussi « sauvés » de la condamnation, et ils *commencent* à jouir des bénédictions accordées à cette communauté. Mais ils ne jouissent pas encore de toutes les bénédictions accordées à cette communauté. Dans son deuxième discours Pierre précise que « le temps du rétablissement de toutes choses » doit attendre le retour de Jésus (Ac 3.21).

Quelles sont les bénédictions dont jouissent les disciples à l'arrivée des jours du salut ? Chez Joël les bénédictions sont l'effusion de l'Esprit sur Israël (3.1-2), le retour à Jérusalem (4.1), la destruction de leurs ennemis (4.2-17), le moût qui ruissellera des montagnes, le lait qui coulera des collines, de l'eau dans tous les torrents de Juda (4.18), et la présence de Dieu à Jérusalem (4.17, 21). Chez Luc les disciples se trouvent à Jérusalem, mais le royaume n'y est pas encore rétabli (Ac 1.6). Les bénédictions économiques sont peut-être reflétées, mais pas entièrement accordées, dans le partage des biens (Ac 2.45 ; 4.32-35). La destruction des ennemis se réfère maintenant à Satan et aux mauvais esprits mais pas encore à tous les ennemis du peuple de Dieu[212]. La présence de Dieu est signalée par des phénomènes théophaniques extraordinaires (Ac 2.2-3)[213], mais l'on ne constate pas encore que le Seigneur « réside à Sion » (Jl 4.17, 21). C'est l'effusion de l'Esprit qui occupe la première place dans la prophétie de Joël et dans le discours de Pierre. En raison de sa perceptibilité, l'effusion de l'Esprit est la bénédiction qui marque l'arrivée des derniers jours (Ac 2.17) et distingue les serviteurs agréés par Dieu (Ac 2.18 ; 5.32 ; 10.35, 44-48 ; 11.17 ; 15.8)[214]. Ainsi, l'effusion de l'Esprit chez Luc n'est pas identique au salut, mais elle est la bénédiction qui confirme que les individus sont « sauvés ». Cette confirmation doit-elle suivre immédiatement la

---

[211] Nous avons traduit ces deux phrases afin d'éviter l'addition des précisions fournies par nos traductions concernant l'identité du groupe auquel ces nouvelles personnes sont ajoutées. Luc semble avoir voulu souligner l'acte de Dieu de les ajouter sans préciser le groupe. La variante τῇ ἐκκλησίᾳ essaie de combler ce vide. Mais le terme « Église » n'est employé par Luc qu'à partir d'Ac 5.11.
[212] Voir ch. 5, p. 207-10.
[213] Voir ch. 6, p. 293-95.
[214] Jacob JERVELL, « Sons of the Prophets : The Holy Spirit in the Acts of the Apostles », *The Unknown Paul : Essays on Luke-Acts and Early Christianity*, Minneapolis, Augsburg Publishing House, 1984, p. 99. GUNKEL, *Die Wirkungen*, p. 7.

conversion ? Le récit de la réception de l'Esprit chez les Samaritains semble donner une réponse négative à cette question (Ac 8.15-16).

*Les liens logiques entre la repentance, le baptême au nom de Jésus et la réception de l'Esprit.*

Les liens logiques entre la repentance, le baptême au nom de Jésus et la réception de l'Esprit sont très souvent présupposés[215]. À notre avis ces présuppositions sont le plus grand problème dans l'analyse de la pneumatologie de Luc-Actes qui empêche les interprètes de trouver une pneumatologie cohérente dans cette œuvre. Ces présuppositions viennent surtout de la pneumatologie plus développée de Paul et de Jean. Pour résoudre ce problème nous voulons d'abord distinguer entre les liens clairement exposés par le texte et les liens présupposés par les interprètes. Ensuite nous voulons évaluer ces présuppositions en analysant les perspectives de Pierre et de Luc.

À notre connaissance aucun interprète ne veut éliminer tout lien logique entre ces éléments de l'expérience des disciples de Jésus. La réception de l'Esprit doit être la conséquence, dans ce passage au moins, de la repentance et du baptême au nom de Jésus. Il faut écrire 'dans ce passage au moins' parce que Luc décrit un exemple où la réception de l'Esprit précède le baptême (Ac 10.44-48).

Les présuppositions concernent le caractère programmatique de cet énoncé de Pierre. James Dunn est peut-être l'interprète qui a exercé le plus d'influence dans la littérature récente sur la terminologie décrivant ce caractère programmatique. Il écrit, « Luc entend probablement nous donner en Actes 2. 38 le modèle et la norme de la conversion-initiation chrétienne dans sa présentation des débuts du christianisme »[216]. Il ajoute, sans expliquer son raisonnement « qu'aucune possibilité de délai n'est envisagée

---

[215] Voir, p. ex., BRUCE, *Acts*, p. 182. Il dit qu'il est « présupposé dans le NT que ceux qui croient et sont baptisés ont aussi l'Esprit de Dieu ». Toutes ses références (n. 36) viennent des écrits pauliniens.
[216] « Conversion-initiation dans le livre des Actes, », p. 22. L'article de *Hokhma* est une traduction du 9ᵉ ch. de *Baptism in the Holy Spirit : A Re-examination of the New Testament Teaching on the Gift of the Spirit in Relation to Pentecostalism Today,* Studies in Biblical Theology, 2ᵉ Série 15, Alec R. Allenson Inc., Naperville, Illinois, 1970, p. 90-102. Étienne TROCMÉ écrit une année plus tôt, « La forme normale que doit prendre ce don, aux yeux de la tradition et de Luc, c'est celle qui est évoquée en 2.38-41 : c'est la conséquence immédiate de la conversion et du baptême », « Le Saint-Esprit et l'Église d'après le livre des Actes », p. 25.

ici »²¹⁷. Dunn révèle la provenance des ses présuppositions. D'abord il dit, « la seule chose qui fasse d'un homme un chrétien, c'est le don de l'Esprit »²¹⁸. Ceci n'est pas enseigné par Luc mais par Paul et Jean. Plus loin Dunn exprime clairement sa dette envers ces deux auteurs néo-testamentaires :

> Le don capital de l'Esprit qui fait d'un homme un chrétien, et sans lequel il ne l'est pas, ne vient ni avant ni après, mais *à* la conversion… En ce qui concerne Paul, Ro 8.9 exclut aussi bien la possibilité qu'un *non*-chrétien possède l'Esprit que la possibilité qu'un chrétien *ne* le possède *pas* : seules la réception et la possession de l'Esprit qui s'ensuit font d'un homme un chrétien. Pour Jean, la naissance spirituelle signifie naître de l'Esprit qui vient d'en haut, et non d'un Esprit déjà présent (Jn 3.3-8)²¹⁹.

Certes, la pneumatologie systématique du Nouveau Testament encourage l'adoption de ces présuppositions. Mais l'interprète de Luc-Actes doit se demander si Luc a la même compréhension de la réception de l'Esprit²²⁰. Dunn fait l'erreur de présupposer une connotation fixe de la notion²²¹ de « la réception de l'Esprit » dans tout le Nouveau Testament²²².

Max Turner essaie de construire un raisonnement à partir du texte pour adopter la « norme » d'une réception immédiate à la conversion. Il ne peut utiliser qu'un argument de silence. Il écrit, « La compréhension normale d'Actes 2.38-39 est, qu'en règle générale, dès maintenant l'Esprit sera donné par Dieu à ceux qui se repentent et sont baptisés, sans autres conditions (car aucune n'est précisée) et sans délai (car aucun n'est implicite) »²²³. Ces arguments de silence sont insuffisants pour établir une

---

²¹⁷ Ibid., p. 23.
²¹⁸ Ibid., p. 25.
²¹⁹ Ibid., p. 26-27.
²²⁰ John Christopher THOMAS insiste que, même si Ac 2.38 est programmatique, il faut qualifier ce programme par les variations décrites dans Ac ch. 8, 10, 18 et 19, « Max Turner's The Holy Spirit and Spiritual Gifts : Then and Now (Carlisle : Paternoster Press, 1996) : An Appreciation and Critique », *Journal of Pentecostal Theology* 12, 1998, p. 15.
²²¹ On est obligé de parler de « notion » et non d'une « expression » ou d'un « terme » parce que les versets où Paul et Jean parlent de la possession de l'Esprit à la conversion n'utilisent pas le verbe « recevoir ».
²²² D. A. CARSON parle du problème d'attribuer une connotation technique à un mot, *Exegetical Fallacies*, 2ᵉ éd., Grand Rapids, Baker Books, 1996, p. 45. Ici il ne s'agit même pas d'un mot mais d'une notion à laquelle Dunn attribue une même connotation technique.
²²³ *Power from on High*, p. 358.

« compréhension normale ». La connotation de Luc de la réception de l'Esprit doit être déterminée par l'étude de son texte[225].

L'adoption d'une 'norme' de réception automatique au moment de la conversion introduit une incohérence dans le texte, parce que les textes qui racontent l'expérience d'une réception de l'Esprit ne suivent pas cette 'norme' et doivent être qualifiés d'exceptions[226]. Les Samaritains se repentent et sont baptisés sans recevoir l'Esprit (Ac 8.15-17). Ceux de la maison de Corneille reçoivent l'Esprit avant leur baptême (Ac 10.44-48). Ceux d'Éphèse ne reçoivent l'Esprit qu'après l'imposition des mains de Paul (Ac 19.1-6). J. H. E. Hull va jusqu'à proposer que l'examen de ces textes et d'autres soulève la possibilité que les paroles de Pierre soient l'exception[227]. En effet aucun récit de la réception de l'Esprit dans Luc-Actes ne suit la 'norme' d'une réception automatique de l'Esprit au moment de la repentance et du baptême au nom de Jésus. Il est possible de supposer que Luc ressent le besoin de raconter seulement les exceptions à la règle. Mais, étant donné que cette 'norme' n'est qu'une présupposition, n'est-il pas plus logique de chercher une autre compréhension qui convient mieux au texte de Luc ? Un examen des perspectives et un rappel de la stratégie de Luc dans le fil de l'intrigue révèlent la compréhension lucanienne.

*Les perspectives.*

Deux perspectives sont importantes pour une compréhension lucanienne de cette prophétie de Pierre. D'abord, puisque les paroles sont de Pierre, il faut les examiner de sa perspective. Deuxièmement, Luc choisit certaines paroles de Pierre qui conviennent à son

---

[225] Howard ERVIN demande, « Est-ce que le contexte soutient cette présupposition ? », *Conversion-Initiation and the Baptism in the Holy Spirit*, p. 22.

[226] Voir, p. ex., BOVON, *Luc le théologien*, p. 231 ; HULL, *The Holy Spirit in Acts*, p. 119 ; MARSHALL, *Historian and Theologian*, p. 201 ; John STOTT *Du baptême à la plénitude : L'œuvre du Saint-Esprit en notre temps*, Monnetier-Mornex, Editions Emmanuel, 1997, p. 29, 32-35 ; TROCMÉ, « Le Saint-Esprit et l'Église », p. 25 ; TURNER, *Power from on High*, p. 360. DUNN, lui-même, ne voit pas d'exception mais trouve un prétexte dans chaque cas de la réception de l'Esprit apparemment subséquente à la conversion, qui 'montrent' que ces individus ne sont pas encore entièrement convertis, *Baptism in the Holy Spirit*, p. 51-89.

[227] *The Holy Spirit in the Acts of the Apostles*, p. 89.

projet et décide d'en résumer d'autres (Ac 2.40)[228]. Il faut donc examiner les paroles de Pierre de la perspective de l'auteur implicite.

**La perspective de Pierre**

Comment le personnage de Pierre comprend-il ces paroles ? Pourquoi fait-il cet appel de cette manière ? Nous ne cherchons pas la perspective historique de l'apôtre Pierre mais la perspective du personnage tel qu'il est présenté dans le récit. Nous présupposons que Luc ne met pas dans la bouche de Pierre les paroles contredisant la logique du personnage qu'il crée lui-même[229].

Chacun interprète les événements à partir de sa propre expérience. Pierre n'est pas une exception. Qu'est-ce que le récit révèle sur l'expérience de Pierre qui peut nous éclairer sur sa compréhension de ces paroles ? Pierre appelle ses interlocuteurs à la repentance et au baptême au nom de Jésus pour le pardon de leurs péchés et promet qu'ils recevront le don du Saint-Esprit. Comment Pierre a-t-il expérimenté ces trois éléments de l'équation ? Au moment où il prononce ces paroles, Pierre vient de recevoir l'Esprit. Le mot « recevoir » n'est pas utilisé dans le récit de l'expérience *pneumatique* de Pierre (Ac 2.4), mais Pierre l'utilise en rappelant cet événement (Ac 10.47). Selon Pierre, et l'auteur implicite, sa réception de l'Esprit a lieu le jour de la Pentecôte. Les signes visibles du jour de la Pentecôte montrent non seulement que les disciples « furent tous remplis du Saint-Esprit » (Ac 2.4), mais aussi qu'ils n'avaient pas reçu l'Esprit avant (Ac 10.47)[230].

Quand Pierre s'est-il repenti/converti (μετανοέω) ? Rien dans le récit n'indique qu'il s'est repenti le jour de la Pentecôte. Luc nous informe que « tout le peuple » se faisait baptiser par Jean (Lc 3.21). Il est vraisemblable que Pierre ait aussi expérimenté le baptême de repentance de Jean à cette époque. Le langage de Pierre ressemble au langage de Jean. Il prêche un baptême de repentance en vue du pardon des péchés (βάπτισμα μετανοίας εἰς ἄφεσιν ἁμαρτιῶν, Lc 3.3 ; cf. Ac 2.38) à la foule qui demande, « Que

---

[228] Benoît STANDAERT signale que les discours de l'Antiquité duraient en moyenne entre 50 minutes et 2 heures et propose que les Actes ne contiennent que « les parties essentielles de l'exposé oratoire, sa structure et ses articulations principales », « L'art de composer dans l'œuvre de Luc, » *A cause de l'évangile : Etudes sur les synoptiques et les Actes*, Lectio Divina 123, Paris, Cerf, 1985, p. 326-27.
[229] Voir le conseil de Lucien d'attribuer au personnage qui fait un discours un langage qui convient au personnage et à son sujet, « How to Write History », Loeb Classical Library, éd. G. P. Goold, Lucian VI, trad. par K. Kilburn, Cambridge/Londres, Harvard University Press, 1990, p. 71.
[230] HULL, *The Holy Spirit in the Acts*, p. 106.

ferons nous ? » (τί ποιήσωμεν), Lc 3.10, 12, 14 ; Ac 2.37) et l'exhorte (παρεκάλει αὐτοὺς, Ac 2.40 ; cf. Lc 3.18) à se sauver de cette génération 'perverse' (σκολιᾶς, Ac 2.40 ; cf. Lc 3.5). Tous les deux promettent une intervention de l'Esprit (Ac 2.40 ; Lc 3.16)[231]. Il est encore plus clair que son comportement change à la rencontre de Jésus. Il reconnaît son état d'homme pécheur, laisse tout et suit Jésus (Lc 5.8-11). Guy D. Nave montre comment l'acte de Pierre et d'autres de tout laisser et de suivre Jésus sert de paradigme pour la repentance dans Luc-Actes[232]. Plus tard Jésus rassure Pierre que cet acte d'abandon le qualifie pour recevoir « beaucoup plus en ce temps-ci et, dans l'âge à venir (ἐν τῷ αἰῶνι τῷ ἐρχομένῳ), la vie éternelle » (Lc 18.30)[233]. C'est-à-dire sa repentance le qualifie pour recevoir les bénéfices de l'âge eschatologique.

Sa réception de l'Esprit n'arrive ni au moment de sa repentance/conversion (μετανοέω) ni au moment de son baptême (βαπτίζω). Son baptême n'est pas raconté. Les paroles de Pierre suggèrent que sa repentance et, peut-être, son baptême de repentance ont eu lieu environ trois ans auparavant pendant le ministère de Jean-Baptiste et/ou au début du ministère de Jésus. Pierre n'a aucune expérience sur laquelle fonder une conclusion que la réception de l'Esprit ait lieu au moment précis de la conversion ou du baptême[234].

Dans la perspective de Pierre la repentance accompagnée du baptême est la condition nécessaire à la réception de l'Esprit[235]. Le fait que Pierre et ses compagnons ont « reçu » l'Esprit montre qu'ils font partie de la communauté eschatologique agréée par Dieu (cf. Ac 5.31 ; 15.8). Les interlocuteurs de Pierre ne font pas partie de cette

---

[231] Voir le tableau des parallèles entre Pierre et Jean-Baptiste, ch. 6, p. 303-04.
[232] *The Role and Function of Repentance in Luke-Acts*, Society of Biblical Literature, Academia Biblica 4, éd. Mark Allen Powell, Brill, Leyde, 2002, p. 167-69.
[233] C'est nous qui traduisons.
[234] Roger STRONSTAD, *The Charismatic Theology of St. Luke*, p. 69.
[235] Le baptême au nom de Jésus est probablement une mise à jour de la repentance prêchée par Jean-Baptiste et non pas une deuxième condition. Jean a prêché un baptême de repentance en vue du pardon des péchés (Lc 3.3), « disant au peuple de croire en celui qui venait après lui, c'est-à-dire en Jésus » (Ac 19.4). Maintenant que Pierre connaît « celui qui venait » il précise que ce baptême de repentance est « au nom de Jésus Christ ». Cette conclusion est basée sur les éléments suivants : 1) un langage identique pour le but des deux baptêmes – « en vu du pardon des péchés » (εἰς ἄφεσιν ἁμαρτιῶν), 2) la prophétie de Jésus que la repentance serait prêchée en son nom en vu du pardon des péchés à toutes les nations (Ici le même but du pardon des péchés est attaché à la repentance seule sans mentionner le baptême.), 3) la réception de l'Esprit par la maison de Corneille sans remplir préalablement 'la deuxième condition' (Ac 10.44-48), et 4) l'accomplissement de la prophétie de Jésus signalé dans le discours de Paul, aussi sans mentionner le baptême (« à Jérusalem, dans toute la Judée, et chez les païens, j'ai prêché la repentance et la conversion à Dieu », Ac 26.20).

communauté et ne sont pas agrées par Dieu. Pour remédier à la situation Pierre leur recommande de remplir la seule condition donnée depuis le début de l'œuvre pour l'accès à cette communauté : la repentance[236]. Ils doivent changer leur attitude et leur comportement vis-à-vis de Jésus. Pierre a tout laissé pour suivre Jésus (Lc 5.8-11). Les interlocuteurs de Pierre ont crucifié Jésus (Ac 2.23, 36). Pierre vient de citer la promesse que Dieu répand son Esprit sur toute chair – sur tous ses serviteurs et sur toutes ses servantes (Ac 2.17-18). Logiquement, si les interlocuteurs de Pierre deviennent des serviteurs de Dieu par la repentance et le pardon des péchés, ils doivent aussi recevoir l'Esprit. Pierre ne formule pas une 'norme' de théologie concernant la repentance, le baptême et la réception de l'Esprit. Il ne saurait le faire. Pierre tire une conclusion logique, basée sur sa propre expérience et sur la prophétie de Joël, de ce qu'il faut à ses interlocuteurs afin qu'ils puissent aussi appartenir à la communauté eschatologique et bénéficier du don de l'Esprit.

## La perspective de l'auteur implicite

Même si le personnage de Pierre ne saurait formuler une 'norme' chronologique pour la réception de l'Esprit, il est concevable que l'auteur implicite se serve des paroles de Pierre pour fixer cette 'norme'. Dans les récits bibliques des paroles inspirées peuvent avoir une connotation, inconnue au personnage qui parle, que l'auteur implicite développe par la suite. Par exemple, Pierre déclare, sous l'inspiration de Dieu (ἀποφθέγγομαι, Ac 2.14)[237], que la prophétie de Joël annonçant l'effusion de l'Esprit s'accomplit (Ac 2.16-17) et affirme que cette promesse est « pour tous ceux qui sont au loin » (Ac 2.39). Dans le développement du fil de l'intrigue, cette prophétie et cette affirmation servent de prolepses annonçant, de façon ambiguë, l'inclusion des païens

---

[236] Cette repentance est exprimée par plusieurs expressions : μετάνοια/μετανοέω Lc 3.3, 8 ; 5.32 ; 10.13 ; 11.32 ; 13.3, 5 ; 15.7, 10 ; 16.30 ; 24.47 ; ἐπιστρέφω Lc 1.16-17 ; ἀκολουθέω Lc 5.11, 27-28 ; 9.23, 57, 59, 61 ; 18.22, 28, 43. À propos de la condition NAVE écrit, « Chez Luc il est probable que l'acte de repentance au lieu du rite de baptême qui assure le pardon des péchés », *The Role and Function of Repentance in Luke-Acts*, p. 34.

[237] Voir Maurice CARREZ et François MOREL, *Dictionnaire grec-français du Nouveau Testament*, 4ᵉ éd. revue et corrigée, Genève/Villiers-le-Bel, Labor et Fidès/Société biblique française, 1984, p. 43. « ἀποφθέγγομαι ... prononcer, proférer, proclamer (sous l'inspiration de Dieu) Ac 2.4, 14 ; 26.25 ». Leo O'REILLY affirme que la répétition du terme ἀποφθέγγομαι (Ac 2.4, 14) implique que, pour Luc, la prédication de Pierre ressemble au parler en langues, *Word and Sign in the Acts of the Apostles*, p. 62.

parmi les bénéficiaires de la promesse[238]. Mais il est évident que Pierre ne comprend pas cette connotation au moment où il fait la déclaration. La révélation que « Dieu ne fait point de favoritisme, mais qu'en toute nation celui qui le craint et qui pratique la justice lui est agréable » (Ac 10.34-35) ne vient qu'après une vision répétée trois fois et une série de circonstances providentielles (Ac 10.1-33). Malgré cette révélation, « les fidèles circoncis qui étaient venus avec Pierre furent étonnés de ce que le don du Saint-Esprit était aussi répandu sur les païens » (Ac 10.45).

Étant donné que le nombre des bénéficiaires de la promesse du Père dans cette déclaration de Pierre dépasse les limites de ses connaissances, n'est-il pas possible que le lien chronologique entre la repentance, le baptême et la réception de l'Esprit dans la même déclaration dépasse aussi ses connaissances, et que la 'norme' proposée par Dunn et d'autres soit sous-jacente au récit de Luc ? Le problème avec cette thèse est que l'auteur implicite ne développe pas cette 'norme'. Luc ne raconte que des exceptions à cette 'norme' supposée[239]. On doit conclure qu'une réception immédiate de l'Esprit au moment de la conversion ne fait pas partie de la pneumatologie que l'auteur implicite essaie de communiquer à ses lecteurs.

Si l'on insiste qu'une telle 'norme' est sous-entendue, il faut croire que cette norme fait partie du répertoire de l'auteur et du lecteur – un fait déjà reconnu par les deux. D'où vient une telle supposition ? Rien dans la littérature intertestamentaire ne conduit à une telle conclusion. La seule source possible pour une telle supposition est ce que nous avons déjà mentionné : la pneumatologie néotestamentaire de Paul et de Jean ou l'expérience qui a engendré cette pneumatologie. Faut-il croire que Luc et ses lecteurs aient la connaissance des écrits de Paul ou de Jean ? La supposition n'est pas impossible, mais son adoption ne résout pas le problème des incohérences qu'une telle présupposition introduit dans le texte. On doit aussi se demander pourquoi les écrits de Paul n'ont pas beaucoup plus influencé le récit de Luc. La conclusion de loin la plus cohérente est que, selon Pierre et Luc, la réception de l'Esprit est la conséquence de la repentance et du

---

[238] Jacques DUPONT écrit, « Ce que Pierre dit à mots couverts dans la finale de ses deux premiers discours missionnaires sera précisément ce qu Paul exprimera avec toute la clarté désirable dans la déclaration qui conclut les Actes », « La conclusion des Actes », p. 395.
[239] Selon Max TURNER, les récits de la réception de l'Esprit (Ac 8, 10 et 19) présupposent cette norme, *Power from on High*, p. 360, 373-4, 384, 392, 397, 437. Nous aborderons ces textes dans la section consacrée aux échos de la Pentecôte.

baptême sans inférer une réception immédiate. Tous ceux qui se repentent et sont baptisés au nom de Jésus-Christ recevront le don du Saint-Esprit. C'est-à-dire ils remplissent les conditions pour la réception de ce don et doivent bénéficier de la promesse pour « tous ». Le moment de cette réception n'est pas précisé. La suite du récit doit montrer au lecteur comment et quand cette promesse sera réalisée.

*La stratégie de l'auteur dans le fil de l'intrigue.*

Tout au long de cette étude nous avons soutenu la thèse que Luc organise son récit selon le thème de l'accomplissement des prophéties afin de donner à ses lecteurs une 'certitude' concernant deux grands sujets : la messianité de Jésus et l'identité de plus en plus païenne de la communauté eschatologique. L'application de la promesse de Joël faite par Pierre à la fin de son discours à la Pentecôte s'insère parfaitement dans cette stratégie. La prophétie de Joël répond au deuxième besoin de 'certitude'. Luc utilise la promesse de répandre l'Esprit sur 'toute chair' pour défendre la composition païenne de la communauté. L'accomplissement de cette promesse est attaché d'abord aux événements de la Pentecôte. Les phénomènes perceptibles, en particulier le parler en langues, montrent que Dieu a répandu son Esprit sur eux et qu'ils font partie de la communauté eschatologique de prophètes prévue par Joël. Les paroles de Pierre à la fin de son discours anticipent la continuation de cet accomplissement dans des cercles de plus en plus large : « Vous recevrez le don du Saint-Esprit. Car la promesse est pour vous, pour vos enfants, et pour tous ceux qui sont au loin, en aussi grand nombre que le Seigneur notre Dieu les appellera » (Ac 2.38-39)[240].

Comme pour les autres prolepses de l'œuvre, la bonne compréhension des paroles de Pierre doit attendre que la réalisation soit racontée tout au long. « Toute chair » sur qui l'Esprit sera répandu et « tous ceux qui sont au loin », qui seront bénéficiaires de la promesse du don de l'Esprit, ne sont pas seulement les convertis parmi la diaspora des Juifs. Ils sont aussi, par exemple, les Samaritains au chapitre huit, les païens de la maison

---

[240] Craig S. KEENER souligne une implication importante de cette phrase de Pierre. Pour Luc, l'effusion de l'Esprit n'est pas un don temporaire du passé, mais un don qui doit continuer aussi longtemps que Dieu appelle les individus au salut, *The Spirit in the Gospels and Acts*, p. 197-98.

de Corneille au chapitre dix et les croyants à Éphèse au chapitre dix-neuf. L'ambiguïté de l'expression « tous ceux qui sont au loin » est éclairée par la suite du récit.

Logiquement, d'autres ambiguïtés doivent être éclairées de la même façon. Pierre ne précise pas le moment ou les modalités pour la réception du don du Saint-Esprit. Il précise seulement la condition : la repentance. L'accomplissement des paroles de Pierre montre que le moment de la réception peut être au même temps que la conversion (Ac 10) ou longtemps après (Ac 8). Certains reçoivent l'Esprit en écoutant la prédication (Ac 10.44), d'autres suite à la prière ou à l'imposition des mains (Ac 8.15, 17 ; 19.6). Au lieu d'éclairer l'ambiguïté de Pierre, le récit montre que le moment et les circonstances qui accompagnent la réception de l'Esprit peuvent varier et que l'ambiguïté est appropriée.

Présupposer la 'norme' moins ambiguë d'une réception immédiate de l'Esprit à la conversion crée une incohérence dans le texte, qui est nuisible aux arguments de Luc et fait tort à sa stratégie. Raconter la réalisation des prophéties est la technique la plus importante de Luc pour soutenir son projet de donner la certitude au lecteur. S'il raconte des exceptions à la prophétie de Pierre, il introduit des faiblesses dans ses arguments. Si Pierre prophétise mal le moment de la réception de l'Esprit, peut-on avoir confiance que son interprétation est juste ? Il est invraisemblable que Luc introduise consciemment une telle faiblesse dans son récit. Tout concourt à la conclusion que Luc ne précise pas le moment de la réception de l'Esprit. Une réception immédiate et automatique de l'Esprit à la conversion ne fait pas partie de la pneumatologie de Luc.

*La signification du don de l'Esprit.*

Quelle est la signification du don de l'Esprit ? Nous revenons à la question posée au début de cette thèse[241]. S'agit-il d'un *donum superadditum*, une bénédiction subséquente à la conversion rendant le disciple capable d'accomplir sa mission de témoin, ou s'agit-il d'un don lié davantage à l'expérience initiale de la conversion ? Nous venons de montrer que la 'norme' d'une réception immédiate à la conversion, souvent attachée à ce verset, est une présupposition sans fondement dans le récit de Luc-Actes. L'élimination de cette présupposition détruit le seul vrai obstacle à l'idée de subséquence

---

[241] Ch. 1, p. 5.

dans le récit de Luc[242]. Nous avons aussi constaté que le don de l'Esprit est une bénédiction confirmant la participation à la communauté eschatologique qui peut être séparée dans le temps de la conversion. Finalement, nous constatons que Luc laisse peu de doutes que le don du Saint-Esprit promis par Pierre « à tous ceux qui sont au loin » correspond à l'onction prophétique annoncée par Joël. La logique du passage et le portrait de l'Esprit dans le récit ultérieur montrent clairement qu'il s'agit de l'Esprit de prophétie envisagé par Joël[243], rendant le disciple capable d'agir comme un prophète.

## Les sommaires de la vie communautaire

L'Esprit n'est pas mentionné dans les sommaires de la vie communautaire des premiers disciples (Ac 2.42-47 ; 4.32-35), mais ces passages font souvent l'objet de la discussion de la pneumatologie de Luc[244]. Les avis se partagent entre deux pôles. Eduard Schweizer, d'un côté, constate que la communauté est décrite sans mentionner l'Esprit et n'attribue ni la foi ni le salut à l'activité de l'Esprit[245]. Max Turner, de l'autre côté, croit que le lecteur est obligé de résoudre la tension créée par cette lacune d'information en présupposant que la vie communautaire est le résultat de l'influence de l'Esprit[246]. La conclusion de Robert Tannehill est plus prudente lorsqu'il conclut qu'il y a « peut-être une suggestion que l'Esprit n'inspire pas seulement la prédication avec assurance et les prodiges (4.29-31) mais aussi un dévouement aux besoins des autres (4.32) »[247].

---

[242] Contre DUNN, *Baptism in the Holy Spirit*, p. 79-82 et TURNER, *Power from on High*, p. 384-87, la simultanéité apparente de l'expérience dans la maison de Corneille (Ac 10.34-48) ne pose aucun problème à l'idée de la subséquence, parce que la subséquence ne précise pas combien de temps doit s'écouler entre la repentance/conversion et la réception du don de l'Esprit. La réception du don peut suivre immédiatement la conversion. Subséquence signifie, dans cette discussion, que la repentance/conversion doit précéder la réception de l'Esprit, que la réception de l'Esprit n'est pas une partie intégrale de la conversion-initiation et qu'un laps de temps peut séparer ces deux événements.
[243] Max TURNER, « The 'Spirit of prophecy' as the power of Israel's restoration and witness », éd. I. Howard MARSHALL et David PETERSON, *Witness to the Gospel : The Theology of Acts*, Grand Rapids, Eerdmans, 1998, p. 333-34.
[244] Voir, p. ex., HAYA-PRATS, *L'Esprit, force de l'église*, p. 154-56, Daniel MARGUERAT, *La première histoire du christianisme*, p. 166-67, PAO, *Acts and the Isaianic New Exodus*, p. 131-35, SCHWEIZER, «πνεῦμα», p. 410, TANNEHILL, *Narrative Unity, Vol. 2*, p. 44, TURNER, *Power from on High*, 412-27, WENK, *Community-Forming Power*, p. 259-73.
[245] « πνεῦμα », p. 410.
[246] « The 'Spirit of Prophecy' », p. 342.
[247] *Narrative Unity, Vol. 2*, p. 44.

Les arguments textuels pour ou contre l'influence de l'Esprit dans les aspects de la vie communautaire sont aussi partagés. D'un côté, les sommaires qui décrivent la vie de la communauté suivent directement deux récits de la réception de l'Esprit (Ac 2.1-41 ; 4.23-41). La répétition de cette séquence semble indiquer un lien de conséquence. Au moins un trait de la vie communautaire, l'opération des prodiges et des miracles (Ac 2.43), est attribué à l'activité de l'Esprit ailleurs (Lc 4.14 ; Ac 10.38). D'autres traits sont facilement attribuables. L'enseignement des apôtres peut s'insérer dans la catégorie des paroles inspirées. Le partage des biens est certainement un trait extraordinaire[248]. Un dernier argument concernant le partage des biens est le contraste signalé par le vocabulaire de plénitude entre le mauvais exemple d'Ananias, où Satan a rempli son cœur et la communauté des croyants qui viennent d'être remplis du Saint-Esprit (Ac 5.3 ; 4.31). Mais, de l'autre côté, les disciples partageaient déjà leurs biens avant la réception de l'Esprit (Lc 8.3 ; 19.8). D'autres traits, la fraction du pain et les prières, peuvent se poursuivre sans aucune participation de l'Esprit. La plus grande raison pour ne pas attribuer à l'influence de l'Esprit ce qui n'est pas explicitement attribué à son influence est la stratégie de l'auteur. Luc souligne partout les preuves perceptibles de l'activité de l'Esprit. S'il avait cru que ces traits montrent que l'Esprit était à l'œuvre, aurait-il hésité à le signaler ? Il n'a pas besoin de le re-signaler pour les signes et les prodiges. Il y a *peut-être* assez d'indications que l'Esprit donnait un essor au partage des biens, mais il ne faut pas étendre l'influence de l'Esprit, dans la théologie de Luc, à tous les traits de la communauté.

Max Turner a sûrement raison d'insister que, selon Luc, l'Esprit contribue au salut vécu par la communauté des croyants. L'Esprit donne, par exemple, la sagesse nécessaire pour la résolution des disputes (Ac 6.3 ; 15.28) et la révélation nécessaire pour veiller à la bonne conduite et à l'unité de la communauté (Ac 5.1-11)[249]. Mais l'on parle ici de la signification large du salut comprenant les bénéfices accordés à la communauté eschatologiques dont la réception de l'Esprit est suprême. Mais, lorsque Turner rejette la notion de subséquence et insiste que l'Esprit est « nécessaire » au salut et

---

[248] Mary Ann BEAVIS, « 'Expecting Nothing in Return' : Luke's Picture of the Marginalized », *Gospel Interpretation : Narrative-Critical & Social-Scientific Approaches*, éd. Jack Dean Kingsbury, Harrisburg, PA, Trinity Press International, 1997, p. 149.
[249] *Power from on High*, p. 445.

« normalement » donné au moment de la 'conversion-initiation', il confond cette compréhension large du salut avec l'entrée au salut, comprise dans l'exhortation à la repentance et au baptême en vue du pardon des péchés (Ac 2.38) et dans la phrase, « Le Seigneur ajoutait chaque jour ceux qui étaient sauvés » (Ac 2.47)[250]. Daniel Marguérat a raison d'écrire, « Dans les Actes des apôtres, on ne rencontre jamais l'idée que l'Esprit Saint fait naître la foi »[251]. Chez Luc l'Esprit ne réalise pas le salut[252], il fait parti du salut. Il n'y a donc, chez Luc, aucune raison théologique de rattacher la réception de l'Esprit *au moment de* la conversion.

### Les observations importantes pour la pneumatologie de Luc-Actes

Il serait difficile de surestimer l'importance de la Pentecôte pour la pneumatologie de Luc-Actes. David Peterson écrit, « La théologie de l'Esprit développée dans ce chapitre domine le livre tout entier »[253]. L'événement de la descente de l'Esprit sur les disciples, et l'explication que l'apôtre Pierre en donne, préparent le lecteur pour toute la section consacrée au ministère des disciples (Ac 2-28). Les observations pertinentes à la pneumatologie sont nombreuses. Nous avons essayé d'aborder les plus importantes. L'interprétation de ce passage est très débattue. Les conclusions que nous en tirons s'appuient essentiellement sur trois concepts cruciaux dans l'analyse narrative : la stratégie de l'auteur dans le fil de l'intrigue, les perspectives et la cohérence.

---

[250] Ibid., p. 445-46. L'expression non lucanienne « conversion-initiation », adoptée ici par Turner, a été créée par James Dunn afin de pourvoir séparer des aspects internes et subjectifs (repentance, pardon, union avec Christ) des aspects externes et rituels (baptême, confession, imposition des mains), *Baptism in the Holy Spirit*, p. 6-7. La création de cette seule expression pour tous ces aspects porte à la confusion. D'abord l'expression permet à Dunn d'introduire des notions non lucaniennes au concept du salut : l'union avec Christ et la confession. Elle lui permet aussi d'ajouter à ce complexe d'événements et de gestes des éléments qui ne sont pas toujours associés au moment de la conversion chez Luc : l'imposition des mains et la réception de l'Esprit.
[251] *Premiere histoire du christianisme*, p. 149.
[252] STRONSTAD, *The Prophethood of All Believers*, p. 10. Cf. SCHWEIZER, « πνεῦμα », p. 412. On parle ici de la signification restreinte du salut. Joel GREEN signale que le pardon des péchés se trouve « en apposition parallèle avec 'le salut' dans les Actes, ou comme un synecdoque pour 'le salut' » (Ac 5.31 ; 13.26, 38 ; 4.10-12 ; 10.43 ; 11.14), « 'Salvation to the end of the earth' (Acts 13.47) : God as Saviour in the Acts of the Apostles », éd. I. Howard MARSHALL et David PETERSON, *Witness to the Gospel : The Theology of Acts*, Grand Rapids, Eerdmans, 1998, p. 95. « Ceux qui étaient sauvés » (τοὺς σῳζομένους, Ac 2.47) se réfère aux pardonnés qui entrent dans la communauté du salut.
[253] « The Motif of Fulfilment and the Purpose of Luke-Acts », *The Book of Acts in Its First Century Setting*, Vol. 1 *Ancient Literary Setting*, éd. Bruce W. Winter et Andrew D. Clarke, Grand Rapids, Eerdmans, 1993, p. 97.

Nous avons identifié deux sujets pour lesquels l'auteur veut donner la certitude au lecteur, selon son but établi dans la préface : la messianité de Jésus et la composition de plus en plus païenne de la communauté chrétienne. Luc écrit son récit de façon à montrer que les ministères de Jésus et des disciples de Jésus accomplissent des prophéties eschatologiques. Les événements de la Pentecôte et l'explication de Pierre servent à confirmer l'identité de Jésus et de ses disciples ; de Jésus parce qu'il envoie l'Esprit, des disciples parce qu'ils reçoivent l'Esprit.

La stratégie de Luc, que nous venons de décrire brièvement, gère sa manière de décrire l'expérience des disciples de la réception de l'Esprit. Elle détermine les métaphores utilisées pour décrire l'expérience, le rôle joué par l'Esprit dans le récit et l'activité de l'Esprit remarquée dans la vie des disciples.

Luc a choisi deux séries de métaphores pour décrire l'expérience *pneumatique* de Jésus et de ses disciples essentiellement afin de faire allusion aux deux prophéties clés prédisant l'onction du Messie et des serviteurs de Dieu dans les jours eschatologiques (És 61.1-2/Lc 4.18-19 et Jl 3.1-5/Ac 2.18-21)[254]. La première série fait allusion au déplacement spatial dans le geste de l'onction envisagé dans les deux prophéties. L'Esprit est répandu et tombe, descend ou vient sur l'individu. La deuxième série fait allusion à la promesse faite par Dieu (Jl 3.1-5). Le don de l'Esprit promis par Dieu est donné à ceux qui le lui demandent et lui obéissent. Il a été reçu et envoyé par Jésus et reçu par les disciples.

Ces métaphores n'ont pas été choisies afin de distinguer entre différents types d'expériences avec l'Esprit. Elles servent toutes à la même fonction : décrire comment la prophétie sur l'onction prophétique est accomplie dans l'expérience de ces personnages, les rendant capable d'agir comme les grands prophètes de l'Ancien Testament. Trois autres métaphores contribuent à cette stratégie d'attestation. L'expression « être baptisé d'Esprit » rappelle la prophétie de Jean-Baptiste (Lc 3.16 ; Ac 1.5 ; 11.16). Les expressions « être rempli d'Esprit » et « être revêtu de puissance » rappellent l'expérience d'Élisée (Sir 49.12 ; 2 R 2.12-15). La fonction d'attestation explique pourquoi toutes ces

---

[254] Joseph A. FITZMYER, *The Gospel According to Luke I-X : Introduction, Translation and Notes*, The Anchor Bible 28, New York/ Londres, Doubleday, 1981, p. 228.

métaphores peuvent décrire une même expérience *pneumatique* (Lc 24.49 ; Ac 1.4-8 ; 2.1-39).

La stratégie de Luc explique aussi la description des effets de l'Esprit cités dans le récit. L'Esprit étant invisible, les effets doivent confirmer son influence. Tout le monde peut confirmer l'onction de l'Esprit chez les personnages du récit en raison des effets constatés dans leur ministère. Ces effets correspondent aux ministères des prophètes parce que la prophétie de Joël promet que les serviteurs de Dieu « prophétiseront » (Ac 2.17-18/Jl 3.1-2).

On peut maintenant résumer les conclusions tirées de cette compréhension de la stratégie de Luc dans le fil de son intrigue, de l'examen des perspectives dans ce passage et de la présupposition de cohérence.

1) Le don de l'Esprit est un don (ou une onction) prophétique rendant le croyant capable d'agir comme un prophète. C'est-à-dire il peut prophétiser, annoncer la parole de Dieu avec assurance, avoir des visions et des révélations, faire des actes de puissance, être doté d'une sagesse, d'une foi ou d'une joie extraordinaire et être conduit par l'Esprit. Parfois il peut avoir un comportement bizarre.

2) Toutes les métaphores employées par Luc décrivent ce même don et servent à lier l'expérience à la prophétie de Joël et aux expériences des anciens prophètes.

3) La repentance est la seule condition nécessaire qui doit précéder la réception de ce don. Tous ceux qui se repentent devraient bénéficier du don. La promesse est pour tous.

4) La prière semble être liée à la réception du don.

5) La réception du don n'est pas liée au moment de la conversion. Un laps de temps peut séparer la conversion de la réception de l'Esprit.

6) Comme dans le cas des anciens prophètes, les effets de ce don sont durables. Un personnage ayant reçu le don de l'Esprit peut continuer à manifester les effets prophétiques. Mais, une deuxième expérience, très marquée par l'influence de l'Esprit, peut être décrite par la même métaphore (Ac 4.31), sans inférer que les effets de la première expérience ont cessé.

7) Les effets de l'Esprit sont des signes confirmant l'influence de l'Esprit, en particulier le parler en langues.

## III. LES ÉCHOS DE LA PENTECÔTE

Si l'événement de la Pentecôte et l'explication fournie par Pierre sont programmatiques pour le ministère des disciples[255], et si « la théologie de l'Esprit développée dans ce chapitre domine le livre tout entier »[256], on doit en trouver des échos dans la suite. En effet, toutes les mentions de l'Esprit, tous les effets mentionnés et le ministère de tous les personnages *pneumatiques* soutiennent les conclusions tirées sur ce passage-clé concernant l'effusion de l'Esprit à la Pentecôte. La même logique, la même stratégie et la même compréhension de l'Esprit gèrent le choix des épisodes et la manière de les raconter afin d'atteindre le même but dans le fil de l'intrigue.

Un résumé de la stratégie de Luc dans le fil de l'intrigue fournira un cadre pour évaluer les échos principaux en aval. Luc veut donner la certitude au lecteur concernant l'identité de la communauté des croyants, dont la composition devient de plus en plus païenne. Il se sert de la prophétie de Joël (3.1-5), où Dieu promet de répandre son Esprit sur toute la communauté eschatologique, pour atteindre son but. Le rôle de L'Esprit dans l'intrigue est de témoigner de la légitimité de cette communauté. Il le fait de deux manières. Premièrement, l'Esprit inspire des dons prophétiques et perceptibles chez les individus et chez les groupes de croyants de plus en plus éloignés d'Israël en allant vers les païens. De cette manière Luc montre que la communauté de plus en plus païenne est celle sur qui l'Esprit de Dieu est répandu selon la prophétie de Joël. Deuxièmement, l'Esprit conduit la communauté, de façon perceptible et extraordinaire, vers l'évangélisation des païens. De cette manière l'Esprit atteste que les décisions prises pour l'incorporation des païens dans la communauté ont été prévues et conduites par Dieu[257].

L'analyse des mentions de l'Esprit dans cette stratégie de Luc suivra les étapes de l'expansion mentionnées dans la prophétie programmatique de Jésus au début du livre des Actes : la communauté de Jérusalem, l'expansion dans la Judée et en Samarie et

---

[255] Voir KEENER, *The Spirit and the Gospels in Acts*, p. 190, 200, 205 ; SHEPHERD, *The Narrative Function of the Holy Spirit*, 163 ; SLOAN, « 'Signs and Wonders' : A Rhetorical Clue to the Pentecost Discourse », *Evangelical Quarterly* 63, 1991, p. 225 ; Huub van de SANDT, « The Fate of the Gentiles in Acts, p. 56-77 ; Luke Timothy JOHNSON, *The Literary Function of Possessions in Luke-Acts*, SBL Dissertation Series 39, éd. Howard C. Kee et Douglas A. Knight, Missoula, MT, Scholars Press, 1977, p. 41.
[256] PETERSON, « The Motif of Fulfilment and the Purpose of Luke-Acts », p. 97.
[257] HAYA-PRATS, *L'Esprit force de L'église*, p. 179.

l'expansion vers les nations (Ac 1.8). Ayant déjà abordé quasiment toutes les références à l'Esprit, il n'est pas nécessaire d'analyser en détail toutes les mêmes mentions de l'Esprit dans l'ordre séquentiel. Le but de l'analyse de ces passages est de montrer la cohérence de ces mentions avec les conclusions déjà tirées sur la stratégie et sur la pneumatologie de Luc. Les épisodes rappelant l'effusion de l'Esprit à la Pentecôte (8.5-25 ; 10.1-11.18 ; 18.18-19.7) seront examinés plus en détail, en raison de l'interprétation très débattue de ces passages.

## Les preuves dans la communauté de Jérusalem

L'événement de la Pentecôte a fourni une preuve convaincante de l'effusion de l'Esprit sur les disciples et de l'inauguration des jours eschatologiques. Mais Luc ne se contente pas de cette seule preuve. Les chapitres deux à sept contiennent de nombreuses preuves que cette nouvelle communauté est la communauté eschatologique prévue dans les Écritures. La grande majorité de ces preuves sont liées à l'influence de l'Esprit.

### Les allusions à la communauté de l'exode et au prophète comme Moïse

Dans la section précédente nous avons hésité à attribuer à l'Esprit ce qui n'est pas explicitement attribué à son influence. Ceci ne veut pas dire qu'il n'y ait pas de lien logique entre l'effusion de l'Esprit au jour de la Pentecôte et la description d'une communauté idéale en aval. La narratologie présuppose un lien dans la séquence des passages narrés. L'effusion de l'Esprit avec le signe du parler en langues est la preuve fondamentale que cette communauté est la communauté des jours eschatologiques sur laquelle Dieu a répandu son Esprit selon la prophétie de Joël. Selon sa stratégie, Luc continue à donner des preuves sur l'identité eschatologique de cette communauté. Et il ne se limite pas aux images données par Joël pour décrire cette communauté.

Dans sa description de la communauté, Luc évoque des traits d'une autre communauté idéalisée dans la tradition juive : la communauté de l'exode. Chez les prophètes, la délivrance des jours eschatologiques est comparée à la délivrance de la période de l'exode (Os 2.17LXX ; És 10.24-27 ; 11.11-16 ; 51.10-11 ; Jér 16.14-15 ;

23.7-8)²⁵⁸. Nous avons déjà constaté que les termes jumelés « signes et prodiges » évoquent l'intervention divine au moment de l'exode²⁵⁹. Un renouvellement des « prodiges » (θαυμαστά) de la période de l'exode est clairement prophétisé par Michée : « Comme au jour où tu sortis du pays d'Égypte, je te ferai voir des prodiges » (Mi 7.15). La manière de décrire l'approvisionnement répondant au besoin en nourriture de la communauté évoque le miracle de la manne au moment de l'exode (Ac 2.45 et surtout 4.34-35 ; cf. Ex 16.18). Ces allusions à la période de l'exode contribuent à l'image eschatologique de Luc²⁶⁰.

Les allusions à la communauté de l'exode coïncident avec l'attente du prophète comme Moïse²⁶¹. La promesse du prophète comme Moïse est explicitement évoquée deux fois dans cette section sur la communauté de Jérusalem. D'abord Pierre cite la promesse donnée par Moïse de susciter « un prophète comme moi » (Ac 3.22) comme un exemple des prophéties concernant « le rétablissement de toutes choses » (Ac 3.21). L'arrivée du prophète comme Moïse signale donc l'arrivée des jours eschatologiques. Étienne rappelle la même citation dans son discours (Ac 7.37). Les parallèles dans la description de Moïse et Jésus montrent ce qui est impliqué, chez Luc, dans l'expression « un prophète comme moi ». Les deux étaient « puissants en paroles²⁶² et en œuvres » (Ac 7.22 ; Lc 24.19) opérant « des prodiges et des signes » (τέρατα καὶ σημεῖα, Ac 7.36 ; 2.22) et ont été « reniés » (ἀρνέομαι, Ac 7.35 ; 3.13-14) ou rejetés par le peuple²⁶³. Les

---

[258] H. M. TEEPLE, *The Mosaic Eschatological Prophet*, JBL Monograph Series 10 ; Philadelphia, SBL, 1957, p. 29-30, n. 5-7, p. 69.
[259] Ch. 3, p. 116.
[260] BARRETT, *The Holy Spirit and the Gospel Tradition*, Londres, SPCK, 1958, p. 51 ; TURNER, *Power from on High*, p. 206.
[261] Simon LEGASSE dit que la référence au prophète comme Moïse est « très rare dans le judaïsme et sans interprétation eschatologique, *Stephanos : histoire et discours d'Etienne dans les Actes des apôtres*, Lectio Divina 147, Paris, CERF, 1992, p. 170. Mais voir l'attente du prophète dans 1 Macc 4.46 ; 14.41 ; *Test Benj* 9.2 ; 1QS 9.9-11 et surtout dans 4QTest 175.1-8, TURNER mentionne aussi des « prétendants messianiques qui imitent Moïse » dans les œuvres de Josèphe *Ant* 20.97-99 (Theudas, cf. Ac 5.36), 167-68, 188 ; *Guerres* 2.261-63, *Power from on High*, p. 232.
[262] FITZMYER constate qu'il n'y a aucune tradition juive qui parle de « l'éloquence de Moïse », *Acts*, p. 376, soulignant le choix délibéré de l'étiquette « puissant en paroles » pour ressembler à la description de Jésus (Lc 24.19).
[263] Pour une discussion des parallèles entre Jésus et Moïse dans ces passages voir JOHNSON, *The Literary Function of Possessions*, p. 72-75 ; TANNEHILL, *Narrative Unity : Vol. 1*, p. 97 et Richard ZEHNLE qui croit que la typologie de Moïse s'étend du chapitre trois au chapitre sept. Il voit des parallèles dans les titres attribués aux deux personnages : Jésus – ἀρχηγός (Ac 3.15, 31), δίκαιος (Ac 3.14 ; 7.52) et (σωτήρ) (Ac 5.31) ; Moïse – ἄρχων (Ac 7.27, 35), δικαστής (Ac 7.27, 35) et λυτρωτής, (Ac 7.35), *Peter's Pentecost Discourse*, p. 47.

mêmes traits décrivent tous les « hommes de l'Esprit » dans les Actes des apôtres[264]. Ce sont des traits prophétiques qui attestent de l'effusion de l'Esprit sur eux, et donc, de l'accomplissement des jours eschatologiques parmi eux. Luc se sert de toutes ces preuves pour établir l'identité eschatologique de la communauté de Jérusalem.

**Les signes et les prodiges**

Les signes et les prodiges correspondent à l'expression « puissants en œuvres ». Luc souligne l'opération des signes et des prodiges dans la série d'épisodes décrivant la communauté de Jérusalem. C'est la notion qui relie les épisodes ensemble. Il souligne d'abord le lien entre la prophétie de Joël et les prodiges et les signes (τέρατα καὶ σημεῖα) opérés par Jésus (Ac 2.19, 22). Ensuite, le premier sommaire mentionne qu'« il se faisait beaucoup de prodiges et de miracles (τέρατα καὶ σημεῖα) par les apôtres » (Ac 2.43). Les disciples continuent l'œuvre de Jésus et accomplissent aussi la prophétie de Joël. Les chapitres trois et quatre racontent l'opération d'un signe de guérison (τὸ σημεῖον τοῦτο τῆς ἰάσεως, Ac 4.22). C'est un exemple parmi le « beaucoup » mentionné dans le sommaire au chapitre deux. Même les autorités juives, qui sont hostiles aux apôtres, doivent reconnaître qu'un « signe (σημεῖον) a été accompli » (Ac 4.16). À la fin du chapitre quatre, les disciples, menacés par les autorités, prient « pour qu'il se fasse des guérisons, des miracles et des prodiges » (ἴασιν καὶ σημεῖα καὶ τέρατα, Ac 4.30). Le jugement survenu sur Ananias et Saphira est un autre signe de la puissance prophétique accordée aux apôtres (Ac 5.1-11)[265]. Tout de suite après, Luc répète les mêmes éléments dans une autre phrase sommaire : « Beaucoup de miracles et de prodiges (σημεῖα καὶ τέρατα) se faisaient au milieu du people par la main des apôtres » (Ac 5.12). Même l'ombre de Pierre effectuait des guérisons (Ac 5.15-16). Aux chapitres six à huit Luc montre que cette puissance pour opérer des signes et des prodiges dépasse le cercle des apôtres. Étienne « faisait des prodiges et de grands miracles (τέρατα καὶ σημεῖα μεγάλα)

---

[264] Voir le tableau ch. 3, p. 115.
[265] La mort d'Ananias et Saphira ressemble au jugement survenu sur les membres de la communauté de la période de l'exode : Koré, Dathan, Abiram et les 250 hommes qui se sont révoltés contre Moïse Nb 16.28-35. Le prophète annonce la mort avant que cela n'arrive et les fautifs meurent de façon subite montrant indéniablement que le jugement est divin.

parmi le peuple » (Ac 6.8). Les Samaritains « virent les miracles (σημεῖα) » que Philippe faisait (Ac 8.6). Plus tard le ministère de Paul et Barnabas est caractérisé par « des prodiges et des miracles » (σημεῖα καὶ τέrata, Ac 14.3 ; 15.12). Toutes ces références aux signes et prodiges rappellent la prophétie de Joël et montrent que la communauté des disciples de Jésus est la communauté eschatologique sur qui l'Esprit est répandu.

Le fait que les signes et les prodiges n'ont pas été attribués à l'Esprit dans la Septante n'est pas un problème pour cette conclusion. Ils ont été attribués à la « main forte » et au « bras étendu » de l'Éternel (Dt 6.21-22 ; 7.19 ; 11.2-3 ; Jér 39.21). Dans l'Ancien Testament ces métaphores anthropomorphiques remplissent les mêmes fonctions que l'Esprit ou le souffle de Dieu. Dans les Targums « l'Esprit de puissance » (רוּחַ גְּבוּרָא, 1 R 18.46) ou « l'Esprit de prophétie » (רוּחַ נְבוּאָה, Éz 40.1) peut même remplacer « la main de Yahweh » (יַד־יְהוָֹה) dans le texte massorétique[266]. Ces métaphores représentent la puissance de Dieu et indiquent qu'Il est à l'œuvre. Luc semble décrire Dieu à l'œuvre de manière à ressembler aux descriptions dans l'Ancien Testament[267]. Cette manière convient parfaitement à son projet. Il veut justement montrer que Dieu est à l'œuvre comme auparavant, et ainsi, montrer l'approbation divine sur la communauté des disciples.

Luc n'essaie pas de distinguer entre une œuvre de l'Esprit et une œuvre de la main ou du doigt de Dieu. Son but n'est pas de montrer les limites de l'activité de l'Esprit mais de montrer l'approbation de Dieu. Il choisit l'expression qui convient au texte auquel il fait allusion. S'il veut faire allusion à la prophétie de Joël, il choisit une métaphore évoquant l'onction de l'Esprit (Ac 2.33) ou le don promis par Dieu (Ac 2.38-39). S'il veut faire allusion au pouvoir prophétique de Moïse qui dépasse le pouvoir des magiciens, il parle du « doigt de Dieu » (Lc 11.20). S'il veut faire allusion aux signes et prodiges de l'exode, il parle de la main de Dieu (Ac 4.30 ; 11.21 ; 13.11 ; cf. Ex 10.21-22) ou du bras de Dieu (Lc 1.51 ; Ac 13.17 ; cf. Ex 6.1, etc.).

---

[266] Archie HUI, « The Spirit of Prophecy and Pauline Pneumatology », *Tyndale Bulletin*, 50.1, 1999, p. 100 ; TURNER, *Power from on High*, p. 109.
[267] Augustin GEORGE signale que Luc est « le seul des synoptiques » à utiliser les métaphores courantes de l'Ancient Testament : « la main de Dieu » (Lc 1.66 ; Ac 4.28, 30 ; 7.50 ; 11.21 ; 13.11) et le bras de Dieu (Lc 1.51 ; Ac 13.17), « 'Par le doigt de Dieu' (Lc 11.20) », *Études sur l'œuvre de Luc*, Sources bibliques, Gabalda, Paris, 1978, p. 128.

À ce propos, il est intéressant de noter le lien entre la main étendue et l'Esprit au chapitre quatre des Actes des apôtres. Les disciples prient, « Donne à tes serviteurs d'annoncer ta parole avec une pleine assurance, en étendant ta main, pour qu'il se fasse des guérisons, des miracles et des prodiges » (Ac 4.29-30). En réponse à leur prière, « Ils furent tous remplis du Saint-Esprit, et ils annonçaient la parole de Dieu avec assurance » (Ac 4.31) et, « Beaucoup de miracles et de prodiges se faisaient au milieu du peuple par les mains des apôtres » (Ac 5.12). La main de Dieu et l'Esprit remplissent les mêmes fonctions[268], c'est-à-dire donner de l'assurance pour la proclamation de la parole de Dieu en opérant des signes et des prodiges.

**L'assurance**

L'assurance (παρρησία) pour proclamer la parole de Dieu correspond à l'expression « puissants en paroles ». C'est une autre preuve de l'effusion de l'Esprit sur les disciples. Nous avons déjà mentionné le contraste entre le comportement de Pierre lors de l'arrestation de Jésus et son comportement après la Pentecôte. Pierre annonce la parole avec assurance suite à des manifestations miraculeuses : suite au miracle du parler en langues le jour de la Pentecôte (Ac 2.29) et suite à une guérison quelque temps après (Ac 4.13). Chaque fois l'influence de l'Esprit est indiquée (Ac 2.14 ; 4.8). La dernière fois son assurance est remarquée par les autorités juives qui le menacent. Luc écrit, « Lorsqu'ils virent l'assurance de Pierre et de Jean, ils furent étonnés, sachant que c'étaient des hommes du peuple sans instruction; et ils les reconnurent pour avoir été avec Jésus » (Ac 4.13). L'étonnement est la réponse typique chez Luc à une manifestation de la puissance de Dieu en paroles ou en actes (Lc 2.18, 33 ; 4.22 ; 8.25 ; 9.43 ; 11.14 ; 20.26 ; 24.12, 41 ; Ac 2.7 ; 3.12 ; 4.13 ; 7.31). À la fin du chapitre quatre, les disciples prient afin d'avoir la même assurance que Pierre et Jean. Cette assurance est accordée par le Saint-Esprit (Ac 4.29-30)[269].

---

[268] LAMPE, « The Holy Spirit in the Writings of Saint Luke », p. 171.
[269] Brian RAPSKE, « Opposition to the plan of God and persecution », éd. I. Howard MARSHALL et David PETERSON, *Witness to the Gospel : The Theology of Acts*, Grand Rapids, Eerdmans, 1998, p. 250.

Les liens entre les signes et les prodiges mentionnés ci-dessus, l'assurance et l'approbation divine, sont significatifs. Le premier lien est exprimé dans la prière des disciples : « Donne (δίδωμι) à tes serviteurs d'annoncer ta parole avec une pleine assurance (παρρησία), *en* étendant ta main, pour qu'il se fasse des guérisons, des miracles et des prodiges (σημεῖα καὶ τέρατα) » (Ac 4.29-30). La requête pour les guérisons, les miracles et les prodiges n'est pas séparée de la requête pour l'assurance[270]. La tournure de la préposition ἐν suivie de l'infinitif avec l'article, une tournure fréquente dans Luc-Actes, se traduit le plus souvent par une proposition temporelle. Mais cette tournure peut aussi se traduire, comme elle est traduite ici dans la Nouvelle Édition de Genève, par une proposition circonstancielle exprimant le moyen par lequel l'assurance est accordée[271]. Le même lien logique est exprimé plus clairement au chapitre quatorze, « Leur assurance (παρρησιάζομαι) se fondait[272] sur le Seigneur qui rendait témoignage à la parole de sa grâce en leur donnant d'opérer de leurs mains des signes et des prodiges (σημεῖα καὶ τέρατα) » (Ac 14.3)[273]. Le parallèle avec la prière des disciples au chapitre quatre est évident. Le Seigneur *donne* une *assurance* à ses serviteurs par le moyen des *signes et prodiges*.

La traduction « *en* étendant ta main » est certainement la meilleure parce qu'elle s'accorde avec les données du récit. D'abord, la même idée est exprimée dans la description du témoignage des apôtres suivant cette prière[274]. Luc écrit, « Les apôtres rendaient avec beaucoup de force (δυνάμει μεγάλῃ) témoignage de la résurrection du Seigneur Jésus » (Ac 4.33). Partout dans Luc-Actes le terme δύναμις est lié aux

---

[270] Craig. S. KEENER, *3 Crucial Questions about the Holy Spirit*, Grand Rapids, Baker Book House, 1996, p. 127.

[271] C. K. BARRETT, *Acts* Vol. 1, p. 249. Ernest De Witt BURTON, *Syntax of the Moods and Tenses in New Testament Greek*, 3ᵉ éd., Edinburgh, T & T Clark, 1976, p. 162, n. 415, Cf. Ac 3.26 « Dieu, ayant suscité son serviteur, l'a envoyé pour vous bénir, *en détournant* (ἐν τῷ ἀποστρέφειν) chacun de vous de ses iniquités ».

[272] La préposition ἐπί avec le datif ici se réfère à la chose sur laquelle la condition d'assurance est fondée, c'est-à-dire la manière dont le Seigneur rendait témoignage à sa parole en donnant d'opérer de leurs mains des signes et des prodiges. Walter BAUER, *A Greek-English Lexicon of the New Testament and Other Early Christian Literature*, trad. par Willima F. Arndt et F. Wilbur Gingrich, révisé par F. Wilbur Gingrich et Frederick W. Danker, Chicago/Londres, University of Chicago Press, 1979, p. 287.

[273] Traduction Œcuménique de la Bible. L'auteur veut probablement faire allusion ici à Ac 4.29-31. HAYA-PRATS, *L'Esprit force de L'église*, p. 103-4.

[274] JERVELL, « Sons of the Prophets », p. 111.

miracles²⁷⁵. La force du témoignage des apôtres ne vient pas seulement de leur manière de parler, mais surtout du fait que leurs paroles sont accompagnées de miracles. L'on peut aussi constater que la proclamation avec assurance par Pierre vient chaque fois après une démonstration de la puissance de Dieu (Ac 2.1-41 ; 3.1-26 ; 5.19-32) ou après un rappel de cette démonstration (Ac 4.7-12). Finalement, le même lien est exprimé plus tard dans le récit (Ac 14.3).

Le lien entre les signes et les prodiges et l'approbation divine est aussi exprimé clairement au chapitre quatorze. Luc parle du « Seigneur qui *rendait témoignage* (μαρτυρέω) à la parole de sa grâce *en leur donnant* d'opérer de leurs mains des signes et des prodiges (σημεῖα καὶ τέρατα) » (Ac 14.3). Les signes et les prodiges *témoignent* ou attestent que leurs paroles viennent de Dieu. Une phrase parallèle donne le même lien pour le ministère de Jésus. À la Pentecôte Pierre dit, « Dieu *a rendu témoignage* (ἀποδείκνυμι) devant vous par les miracles, les prodiges et les signes (δυνάμεσι καὶ τέρασι καὶ σημείοις) qu'il a opérés par lui [Jésus] au milieu de vous » (Ac 2.22).

Ce lien aide à expliquer plusieurs phrases dans le récit de Luc qui mentionnent l'Esprit. Au chapitre cinq Pierre dit audacieusement, « Nous sommes témoins de ces choses, de même que le Saint-Esprit, que Dieu a donné à ceux qui lui obéissent » (Ac 5.32). Le Saint-Esprit est « témoin », ou il témoigne, de la résurrection et de l'exaltation de Jésus par les signes visibles qu'il accorde aux prédicateurs qui annoncent ce message²⁷⁶. Dans ce cas c'est la guérison du boiteux au nom²⁷⁷ de Jésus qui atteste de ces choses (Ac 3.12-16 ; 4.9-1). Le Saint-Esprit montre l'approbation de Dieu en opérant des miracles par leurs mains.

L'expression « ceux qui lui [à Dieu] obéissent (πειθαρχέω) », dans le contexte littéraire immédiat, se réfère à ceux qui enseignent au nom de Jésus (Ac 5.28-29, πειθαρχέω ; cf. Ac 4.17-21, ἀκούω). Il y a probablement une allusion au prophète comme Moïse qu'il faut écouter/obéir (ἀκούω, Ac 3.22-23) et à qui leurs « pères ne voulurent pas

---

²⁷⁵ Lc 1.35 ; 4.14, 36 ; 5.17 ; 6.19 ; 8.46 ; 9.1 ; 10.13, 19 ; 19.37 ; 24.49 ; Ac 1.8 ; 2.22 ; 3.12 ; 4.7, 33 ; 6.8 ; 8.10, 13 ; 10.38 ; 19.11.
²⁷⁶ TURNER, *Power from on High*, p. 440-41.
²⁷⁷ BOVON écrit, « Luc relie les miracles au nom de Jésus plutôt qu'à l'Esprit », *Luc le théologien*, p. 220. Un lien n'exclut par l'autre. Saul « prêchait avec assurance (παρρησιάζομαι) au nom de Jésus (ἐν τῷ ὀνόματι τοῦ Ἰησοῦ) » (Ac 9.27-28). Les signes et les prodiges et l'assurance sont liés à l'Esprit ou à la main de Dieu et au nom de Jésus (Ac 4.29-30).

obéir » (ὑπήκοος, Ac 7.39). Voilà une autre preuve de l'identité eschatologique de la communauté de Jérusalem. Elle écoute ou obéit au prophète comme Moïse. Les autorités religieuses comprennent cette conclusion et sont « furieuses » (διαπρίομαι, Ac 5.33). Elles ont la même réaction (διαπρίομαι, Ac 7.53) lorsque Étienne les accuse de s'opposer au Saint-Esprit comme leurs pères l'ont fait. Comment s'opposent-ils au Saint-Esprit ? Leurs pères ont tué les prophètes qui, par l'inspiration de l'Esprit, ont annoncé « la venue du Juste ». Eux-mêmes sont « les meurtriers » du Juste (Ac 7.51-52), à qui Dieu a rendu témoignage (ἀποδείκνυμι) par des manifestations de l'Esprit (Ac 2.22). Étienne, qu'ils condamnent, reçoit aussi l'approbation divine attestée par des manifestations de l'Esprit (Ac 6.3, 5, 10).

L'accord du Saint-Esprit dans la décision du concile de Jérusalem se comprend aussi à la lumière du lien expliqué ci-dessus entre les signes et l'approbation divine. Le concile écrit, « Il a paru bon au Saint-Esprit et à nous de ne vous imposer d'autre charge que ce qui est nécessaire… » (Ac 15.28). S'agit-il d'une révélation dont le récit ne parle pas ? Une telle conclusion n'est pas nécessaire. Les arguments qui soutiennent cette décision contiennent une mention de l'Esprit et une référence à ces activités qui peuvent expliquer cette déclaration. Pierre a raconté comment Dieu « a rendu témoignage » (μαρτυρέω) aux païens « en leur donnant le Saint-Esprit comme à nous » (Ac 15.8)[278]. L'expression « comme à nous » se réfère surtout au signe du parler en langues accordé aux deux groupes (Ac 10.44-47). Ensuite, Barnabas et Paul « racontèrent tous les miracles et les prodiges (σημεῖα καὶ τέρατα) que Dieu avait faits par eux au milieu des païens » (Ac 15.12). En accordant le parler en langues, les signes et les prodiges aux païens sans qu'ils soient circoncis et remplissent toutes les conditions d'appartenance au peuple juif, le Saint-Esprit montre son accord pour leur incorporation dans la communauté eschatologique[279]. Le concile de Jérusalem ne fait que reconnaître la décision déjà prise par le Saint-Esprit[280]. C'est probablement pourquoi le Saint-Esprit est mentionné en premier : « Il a paru bon au Saint-Esprit *et à nous* ».

---

[278] Luke Timothy JOHNSON signale que le participe δοὺς à probablement une force instrumentale, *The Acts of the Apostles*, Sacra Pagina Series 5, éd. Daniel J. Harrington, Liturgical Press, Collegeville, Minnesota, 1992, p. 262.
[279] FITZMYER, *Acts*, p. 547.
[280] HAYA-PRATS, *L'Esprit force de L'église*, p. 83, 116, JOHNSON, *Acts*, 271.

## Le rejet et la persécution

Le troisième parallèle entre Moïse et Jésus, le rejet ou la persécution du prophète, est un thème dans Luc-Actes que nous avons déjà abordé[281]. La persécution, le rejet et la mort de Jésus accomplissent les prophéties de l'Ancien Testament (Lc 24.45-46). C'est le sort de tous les prophètes (Lc 4.24 ; 6.22-23 ; 11.47-51 ; 13.33-34). La persécution des disciples dans les Actes des apôtres est donc une autre preuve que les disciples sont parmi les prophètes des jours eschatologiques sur qui l'Esprit est répandu. Et Luc ne manque pas de citer des passages qui soutiennent ce propos.

La persécution des disciples commence au chapitre quatre après le deuxième discours de Pierre. Pierre et Jean sont jetés en prison (Ac 4.3) et interrogés par les chefs du peuple, les anciens, les scribes et les principaux sacrificateurs (Ac 4.5-6). L'opposition contre ces deux « hommes du peuple sans instruction » (Ac 4.13) est redoutable. Mais Pierre et Jean ont l'avantage. La guérison de l'homme boiteux est une preuve indéniable de l'approbation de Dieu sur leur ministère (Ac 4.16). C'est dans ce contexte que Pierre rappelle une prophétie prédisant le rejet du Christ. Pierre proclame devant les autorités que Jésus est, « la pierre rejetée par vous qui bâtissez » (Ac 4.11 ; Ps 118.22). Jésus avait déjà cité ce passage dans l'Évangile sans préciser la signification (Lc 20.17). Maintenant, la signification devient claire. Ceux qui bâtissent sont des autorités religieuses, et Jésus est la pierre rejetée par elles.

D'autres passages de l'Ancien Testament sont évoqués dans le récit afin de montrer que le rejet et la persécution, subis par Jésus et ses disciples, accomplissent les prophéties de l'Écriture. Premièrement, le rejet par le peuple est prophétisé dans la promesse d'un prophète comme Moïse. La proposition, « quiconque n'écoutera pas ce prophète sera exterminé du milieu du peuple » (Ac 3.22-23), implique qu'un certain nombre rejette le prophète. Dans leur prière, les croyants menacés par la persécution citent des paroles inspirées du prophète David prédisant l'opposition des autorités contre Jésus (Ac 4.25-27) :

> Pourquoi ce tumulte parmi les nations,
> Et ces vaines pensées parmi les peuples ?
> Les rois de la terre se sont soulevés,

---

[281] Ch. 3, p. 126-28.

>Et les princes se sont ligués
>Contre le Seigneur et contre son Oint (Ac 4.25-26 ; Ps 2.1-2).

Dans le discours d'Étienne se trouve encore l'idée que la persécution est le sort de tous les prophètes. Étienne demande : « Lequel des prophètes vos pères n'ont-ils pas persécuté » (Ac 7.52). Étant donné que tous les prophètes sont persécutés, il n'est pas étonnant qu'une « grande persécution » éclate contre « l'Église de Jérusalem » (Ac 8.1), parce que, selon la prophétie de Joël (« Je répandrai mon Esprit sur toute chair ... et ils prophétiseront », Ac 2.18), et selon le souhait de Moïse (« Puisse tout le peuple de l'Éternel être composé de prophètes ; et veuille l'Éternel mettre son Esprit sur eux », Nb 11.29), l'Église de Jérusalem est une communauté de prophètes[282].

Même dans le rejet et la persécution, l'Esprit joue le rôle de validation. Luc souligne l'inspiration de l'Esprit dans les deux citations qui expliquent la persécution au chapitre quatre. Pierre est « rempli de l'Esprit » lorsqu'il parle (Ac 4.8), et l'inspiration de la citation de David est mentionnée de manière à rendre la syntaxe de la phrase très maladroite (Ac 4.25)[283]. Une mention semblable de l'Esprit se trouve à la fin du livre. Paul cite un passage d'Ésaïe, qui explique la condition endurcie du peuple qui rejette le message, précisant que c'est l'Esprit qui parle (Ac 28.25-27 ; És 6.9-10). Au chapitre sept, Étienne signale que ses persécuteurs s'opposent au Saint-Esprit. Le récit fait un contraste entre Étienne, qui est « rempli d'Esprit » (Ac 6.3, 5, 8 ; 7.55), et son opposition qui s'oppose au Saint-Esprit (Ac 7.51). L'inspiration de l'Esprit est évoquée dans chaque exemple.

Faut-il signaler encore que la simple mention de l'Esprit n'est pas une preuve suffisante de l'approbation de Dieu ? Les « signes » indéniables de son influence sont indispensables. Pierre et Jean ont guéri un homme boiteux (Ac 3.1-11). C'est ce signe qui prouve indéniablement qu'ils sont des prophètes agissant par l'Esprit de Dieu. Un peu plus loin, même l'ombre de Pierre est suffisante pour opérer des guérisons (Ac 5.15-16). C'est en raison de ces « signes » prophétiques qu'il faut accepter leur évaluation et leur

---

[282] HAYA-PRATS écrit, « Les Actes ne font aucune distinction entre l'Esprit qui a inspiré les prophètes – auquel ont résisté les générations passées – et l'Esprit auquel résistent maintenant les membres du Sanhédrin ...Pour Luc, la Pentecôte signifie la diffusion sur tout le peuple du même Esprit qu'avaient reçu les rois et les prophètes », *L'Esprit force de L'église* p. 161.
[283] BRUCE, *Acts*, p. 105, n. 29. John A. DARR, *On Character Building: The Reader and the Rhetoric of Characterization in Luke-Acts*, Louisville, KY, Westminster/John Knox Press, 1992, p. 53.

interprétation des événements, comme étant aussi inspirées par l'Esprit. La logique concernant Étienne est semblable. Il « faisait des prodiges et de grands miracles parmi le peuple » (Ac 6.8). Il « parlait » de façon extraordinaire « par l'Esprit » telle que ses interlocuteurs « ne pouvaient résister à sa sagesse » (Ac 6.10 ; cf. Lc 21.15). Son visage « parut comme celui d'un ange » (Ac 6.15)[284]. Tous ces « signes et prodiges » montrent clairement qu'Étienne est un prophète dont la parole est aussi inspirée.

**La croissance**

La croissance de l'Église est un thème qui traverse la première moitié du livre des Actes. Des commentaires explicites du narrateur sont intercalés dans le texte informant le lecteur de la croissance de la communauté des croyants[285]. Le Saint-Esprit joue un rôle dans cette croissance[286]. Luc raconte que l'Église « s'accroissait par l'assistance (παράκλησις) du Saint-Esprit » (Ac 9.31).

Comment l'Esprit contribue-t-il à cette croissance ? La réponse se trouve dans un schéma qui se répète dans le récit. D'abord un signe est opéré par un ou plusieurs personnages *pneumatiques* qui attirent une foule : le parler en langues à la Pentecôte (Ac 2.6), la guérison d'un boiteux (Ac 3.11), beaucoup de signes et de prodiges (Ac 5.12, 15-16) et les signes que faisait Philippe (Ac 8.6). Ensuite, le personnage *pneumatique* profite de l'occasion pour annoncer le message du salut en Jésus-Christ avec assurance (Ac 2.14-40 ; 3.12-26 ; 4.8-12 ; 8.12a)[287]. Finalement, le narrateur informe le lecteur du nombre augmenté de croyants (Ac 2.41 ; 5.14 ; 8.12b)[288]. La série de verbes à l'imparfait dans le sommaire au chapitre cinq semble généraliser les liens de conséquence observés dans le ministère de Pierre (ch. 2-5). « Beaucoup de miracles et de prodiges se faisaient … Le nombre de ceux qui croyaient au Seigneur … augmentait de plus en plus, de sorte qu'on

---

[284] La peau de son visage était-elle « glorieuse » (δεδοξασμένη) comme celle de Moïse (Ex 34.30, 35) ? Cf. 3 Macc 6.18 (δεδοξασμένοι … ἄγγελοι) et Lc 2.9 (ἄγγελος κυρίου ἐπέστη αὐτοῖς καὶ δόξα κυρίου περιέλαμψεν αὐτού). Voir LEGASSE, *Stephanos*, p. 20.
[285] Ac 2.41, 47 ; 4.32 ; 5.14 ; 6.1, 7 ; 9.31, 35, 42 ; 11.21 ; 12.24 ; 13.49 ; 14.1 ; 15.5 ; 17.4.
[286] HAYA-PRATS écrit, « l'auteur a même souligné le rythme extraordinaire de cette expansion afin de rendre évident qu'elle ne peut être attribuée exclusivement aux efforts des membres de la communauté, mais qu'il faut l'attribuer à l'impulsion charismatique de l'Esprit Saint », *L'Esprit force de L'église*, p. 163.
[287] Le sommaire du ch. 5 saute le résumé de l'annonce du salut.
[288] La prédication de Pierre suite à la guérison du boiteux est interrompue par son arrestation. Le commentaire sur la croissance doit attendre le sommaire au ch. 5.

apportait les malades ... La multitude accourait ... tous étaient guéris (Ac 5.12-16). Ce n'est probablement pas un hasard si ces trois éléments se trouvent ensemble, dans un ordre différent, dans le chapitre suivant (Ac 6.7-10). Luc raconte, « Le nombre des disciples augmentait beaucoup ... Étienne... faisait des prodiges et de grands miracles parmi le peuple ... Quelques membres de la synagogue ... ne pouvaient résister à sa sagesse et à l'Esprit par lequel il parlait » (Ac 6.9-10).

La conclusion semble évidente. L'Esprit encourage (παράκλησις) la croissance de l'Église en rendant les disciples capables d'opérer des signes et de parler avec assurance ; en bref, en les rendant « puissants en œuvres et en paroles », comme Moïse (Ac 7.22) et comme Jésus (Lc 24.19). Cela veut aussi dire que la croissance de l'Église est une autre preuve de l'identité eschatologique de la communauté. La croissance est une preuve de l'assistance de l'Esprit, donc, de l'approbation de Dieu et de l'effusion de l'Esprit sur les disciples. Gamaliel dit quasiment la même chose dans son conseil au sanhédrin : « Si cette entreprise ou cette œuvre vient des hommes, elle se détruira ; mais si elle vient de Dieu, vous ne pourrez la détruire » (Ac 5.38-39).

Il est intéressant de noter qu'un parallèle pour la croissance de la communauté se trouve aussi dans la description d'Étienne de la période de l'exode. Il dit, « Le peuple s'accrut (αὐξάνω à l'aoriste) et se multiplia (πληθύνω à l'aoriste) en Égypte (Ac 7.17). Les mêmes deux termes sont employés dans des sommaires avant et après le discours d'Étienne : « La parole de Dieu *s'accroissait* (αὐξάνω à l'imparfait) et le nombre des disciples *se multipliait* (πληθύνω à l'imparfait, Ac 6.7) et « La parole de Dieu *s'accroissait* et *se multipliait* » (Ac 12.24). Le parallèle apparemment délibéré signale une autre preuve. La communauté des disciples ressemble à la communauté de l'exode[289]. La croissance des deux communautés est due à l'assistance de Dieu, et en dépit de l'effort des autorités pour détruire la communauté (cf. Ex 1.7-22). Ce parallèle s'accorde aux parallèles du prophète comme Moïse. Jésus ressemble à Moïse, et sa communauté ressemble à la communauté de Moïse. La communauté est donc la communauté eschatologique attendue.

Toutes les preuves analysées ci-dessus peuvent se résumer. L'Esprit de Dieu rend les disciples capables d'agir comme les prophètes de l'Ancien Testament, montrant que

---

[289] ROSNER, « The Progress of the Word », p. 223.

l'Esprit est répandu sur eux, que les prophéties de Joël, Moïse et d'autres s'accomplissent, et ainsi, que la communauté des croyants est la communauté prévue par les prophètes pour les jours eschatologiques[290]. Comme les anciens prophètes, ils sont puissants en œuvres et en paroles. Ils opèrent des signes et des miracles. Ils proclament la parole de Dieu avec assurance. Comme les anciens prophètes, ils sont rejetés et persécutés. Malgré cette persécution, ils l'emportent sur leurs adversaires, parce que l'Esprit de Dieu est de leur côté. Ainsi, comme les anciens prophètes, la parole qu'ils proclament gagne du terrain et leur nombre s'augmente.

## Les preuves chez les Samaritains

Au chapitre huit des Actes des apôtres l'auteur commence à focaliser sur d'autres groupes. Dans les sept premiers chapitres, il focalise sur la communauté de Jérusalem montrant qu'elle est la communauté prévue dans les prophéties eschatologiques de l'Ancien Testament. Maintenant il veut montrer comment Dieu a conduit cette communauté des disciples de Jésus vers l'incorporation des personnages traditionnellement exclus de la communauté des adorateurs juifs : les Samaritains[291] et un étranger eunuque[292] au chapitre huit et les païens à partir du chapitre dix[293]. Le récit de la conversion de Paul, le personnage le plus associé à l'évangélisation des païens, est inséré entre la conversion de ces deux groupes.

### La stratégie de l'auteur dans le fil de l'intrigue

La disposition et la manière de raconter ces épisodes montre que leur fil conducteur correspond au deuxième sujet de 'doutes' chez le lecteur : le problème de la

---

[290] STRONSTAD, *The Prophethood of All Believers*, p. 99.
[291] Pour une description brève des raisons de l'exclusion des Samaritains, voir, p. ex., BRUCE, *Acts*, p. 176-77.
[292] Dt 23.2. És 56.4 promet l'inclusion pour l'eunuque qui est fidèle à l'alliance au moment du salut de Dieu (És 56.1). Le même passage promet l'inclusion pour l'étranger (És 56.6). Vu la citation d'És 53.7-8, une allusion à ce passage d'Ésaïe est probable. TANNEHILL, *Narrative Unity, Vol. 2*, p. 109.
[293] L'eunuque au ch. 8 est peut-être aussi un païen. TANNEHILL, *Narrative Unity : Vol. 2*, p. 109-10. Luc ne le mentionne pas.

composition de plus en plus païenne de leur communauté. Les personnages changent d'un récit à l'autre, mais le thème de l'incorporation des groupes traditionnellement exclus relie les épisodes ensemble. L'auteur semble commencer avec le groupe le moins difficile à incorporer. Malgré l'antipathie intense éprouvée entre les Juifs et les Samaritains (Lc 9.52-53 ; Jn 4.9), les apôtres ne semblent pas avoir de difficulté à accepter leur incorporation (Ac 8.14). Ils suivaient sans doute l'exemple de leur maître (Lc 10.29-37 ; 17.16-18 ; Jn 4.1-42). Ensuite l'eunuque éthiopien représente des groupes formellement exclus de la communauté juive (Dt 23.2), mais pour qui la prophétie laisse espérer qu'ils lui seront incorporés (És 56.3-5). L'eunuque pose une question qui dévoile un doute sur la possibilité de son incorporation (Ac 8.36). La réponse de Philippe enlève ce doute (Ac 8.37-38)[294]. Le sommet de cette série est le récit de l'incorporation des païens. Leur incorporation est une surprise étonnante pour les Juifs (Ac 10.45). Une question semblable sur la possibilité de leur incorporation est posée par Pierre (Ac 10.47). La réponse est positive, mais l'incorporation des païens reste un sujet de débat dans les chapitres en aval (Ac 11.1-18 ; 15.1-29).

Ces trois épisodes d'incorporation sont racontés d'une manière parallèle. Robert Tannehill constate plusieurs parallèles entre l'épisode de l'eunuque et l'épisode de Corneille : 1) Un ange initie chaque événement (Ac 8.26 ; 10.3), 2) Le *pneumatique* est guidé directement par l'Esprit pour contacter l'étranger (εἶπεν τὸ πνεῦμα·, Ac 8.29 ; 10.19), 3) L'annonce de l'Évangile est introduite par la même expression (ἀνοίξας δὲ … τὸ στόμα, Ac 8.35 ; 10.34), et 4) Le baptême de l'étranger est introduit par une question concernant ce qui peut « empêcher » (κωλύω) ce baptême (Ac 8.36 ; 10.47)[295].

Il y a un parallélisme important entre l'épisode des Samaritains et l'épisode de Corneille. Premièrement, les apôtres à Jérusalem apprennent, après l'événement, que chaque groupe a reçu la parole de Dieu (δέχομαι τὸν λόγον τοῦ θεοῦ, Ac 8.14 ; 11.1). Joseph Fitzmyer affirme avec raison que cette expression signifie qu'ils sont devenus des chrétiens[296]. Deuxièmement, chaque groupe reçoit l'Esprit avec un effet perceptible (Ac 8.17-18 ; 10.45-46). L'effet perceptible est la preuve de la réception de l'Esprit et de

---

[294] Le verset 37 est probablement une interpolation du texte 'occidental'. LAKE et CADBURY, *Acts, Vol IV*, p. 98.
[295] TANNEHILL, *Narrative Unity : Vol. 2*, p. 111.
[296] *Acts*, p. 405. Mais voir la discussion sur le terme 'chrétien', p. 118-20.

l'approbation divine chez les païens (Ac 10.46)[297]. La logique des parallèles semble indiquer que, pour le lecteur, la perceptibilité des effets chez les Samaritains sert aussi de preuve. Mais la logique et la séquence des passages semblent indiquer que cette preuve est nécessaire pour que la communauté de Jérusalem reconnaisse la validité seulement dans le cas de la conversion des païens. Ceux qui sont venus avec Pierre sont étonnés de cette preuve chez les païens (Ac 10.45) et la constatation de leur incorporation vient après la preuve (Ac 10.47-11.1). Dans le cas des Samaritains, la constatation de leur conversion vient avant la preuve (Ac 8.14-15), et aucune indication n'est donnée que leur réception de l'Esprit soit étonnante.

On constate que l'Esprit joue encore le rôle d'attestation dans le fil de l'intrigue. Il atteste l'approbation des Samaritains. Les effets visibles de la réception de l'Esprit montrent qu'ils sont approuvés par Dieu. L'Esprit valide aussi le ministère de Philippe. Le lecteur apprend au chapitre six que Philippe est l'un des sept qui sont « remplis d'Esprit et de sagesse » (Ac 6.3). Parmi les sept, Luc en choisit deux pour raconter leurs actes et leurs paroles inspirés par l'Esprit. L'auteur ne raconte rien sur leur ministère de service aux tables, mais se consacre à une description de leur ministère prophétique. Comme Étienne, Philippe faisait des « signes » (σημεῖα, Ac 8.6-7 ; cf. Ac 6.8) et avait un ministère de la parole (Ac 8.5 ; cf. Ac 6.9-10)[298]. Étienne et Philippe ressemblent tous deux aux anciens prophètes. Étienne réprimande les autorités de façon typiquement prophétique et a une vision inspirée par l'Esprit (Ac 7.55). Philippe est guidé par l'Esprit de façon typiquement prophétique (Ac 8.26-30) et enlevé par l'Esprit comme Élie ou comme Ézékiel (Ac 8.39 ; 1 R 18.12 ; 2 R 2.9-11, 16 ; Éz 3.12, 14 ; 8.3 ; 11.1, 24 ; 37.1 ; 43.5)[299]. Comme le prophète Moïse, sa puissance d'opérer des signes et des prodiges dépasse celle des magiciens (Ac 8.9-13 ; cf. Ex 8.12-15 ; Lc 11.20).

---

[297] La conjonction γὰρ indique une conséquence explicite.
[298] Il vaut mieux baser des conclusions sur ce que Luc raconte que sur les présuppositions sur la signification de l'expression « rempli d'Esprit et de sagesse ». La discussion avec les membres de la synagogue aidée par l'Esprit est certainement un exemple de la sagesse d'Étienne (Ac 6.9-10). Ne serait-il pas logique de conclure que la prédication de Philippe chez lez Samaritains est aussi un exemple (Ac 8.5) ?
[299] SHEPHERD, *The Narrative Function of the Holy Spirit*, p. 186-7.

## La réception de l'Esprit chez les Samaritains

Le problème de la réception de l'Esprit chez les Samaritains n'est pas au niveau de la fonction de cette réception dans l'intrigue de Luc. Il est assez évident que leur réception de l'Esprit a la même fonction que la réception de l'Esprit dans l'épisode parallèle sur Corneille. Elle sert de preuve de leur approbation par Dieu et de légitimation pour leur incorporation dans le peuple de Dieu. Il faut préciser ici que l'on peut parler de la fonction de l'Esprit sur deux niveaux : sur le niveau de sa fonction dans la vie du disciple, et sur le niveau de sa fonction dans l'intrigue pour accomplir les buts de l'auteur. Au niveau de la vie du disciple, l'on parle de ce que l'Esprit fait. Il rend le disciple capable d'agir comme un prophète (Ac 2.17-18)[300]. Au niveau de l'intrigue, l'on ne parle pas simplement de ce que l'Esprit fait, mais du rôle que l'Esprit joue dans l'accomplissement des buts de l'auteur implicite[301]. Dans l'intrigue l'activité de l'Esprit atteste l'approbation donnée par Dieu à la communauté des disciples, à ses autorités et à la direction qu'elle prend vers l'incorporation des différents groupes[302]. Ces deux fonctions sont complémentaires. Le comportement prophétique des disciples est une autre preuve de l'approbation de Dieu accordée par l'Esprit. Et les disciples, agissant comme des prophètes, sont conduits et dotés par l'Esprit pour accomplir la mission confiée à la communauté, c'est-à-dire l'évangélisation et l'incorporation des nations.

---

[300] Cette fonction est signalée différemment par des auteurs différents. L'on parle parfois de la mission ou du témoignage des disciples de Jésus (Ac 1.8, etc.). Voir, p. ex., David HILL, « The Background and Biblical Usage of the Term ΠΝΕΥΜΑ », *Greek Words and Hebrew Meanings : Studies in the Semantics of Soteriological Terms*, Society for NT Studies, Monograph Series 5, éd. Matthew Black, Cambridge, University Press, 1967, p. 264 ; MAINVILLE, « L'Esprit dans l'œuvre de Luc », p. 338-39 ; MARGUERAT, *La première histoire du christianisme*, p. 157 ; MENZIES, *Empowered for Witness*, p. 226-28 ; PENNEY, *The Missionary Emphasis of Lukan Pneumatology*, p. 15 ; STRONSTAD, *The Prophethood of All Believers*, p. 99 ; TROCMÉ, « Le Saint-Esprit et l'Église », p. 24.

[301] L'importance de cette distinction entre deux niveaux de fonctionnement devient claire dans l'évaluation des différentes thèses sur la fonction de l'Esprit. John Michael PENNEY, p. ex., définit la fonction de l'Esprit en termes de puissance prophétique pour accomplir la mission donnée à l'Église, *The Missionary Emphasis of Lukan Pneumatology*, p. 15, 110, 111. Matthias WENK, critique une telle conclusion. Il signale qu'aucune activité missionnaire n'est mentionnée dans la description de l'expérience samaritaine, et donc, que « la manifestation de l'Esprit » ne concerne pas simplement une puissance « pour la mission de l'Église » mais aussi un « signe d'identité pour la communauté », *Community-Forming Power*, p. 294. La thèse de Penney correspond à la fonction de l'Esprit au niveau de la vie des personnages. L'objection de Wenk concerne la fonction de l'Esprit au niveau de l'intrigue. Penney parle de ce que l'Esprit fait. Wenk ne parle pas de ce que l'Esprit fait ou de comment l'Esprit fonctionne, mais des conclusions tirées dans l'intrigue par rapport à ce que l'Esprit fait et par rapport à sa manière de fonctionner.

[302] Voir, p. ex., HUR, *A Dynamic Reading of the Holy Spirit in Luke-Acts*, p. 276 ; SHEPHERD, *The Narrative Function of the Holy Spirit*, p. 101.

339

Le problème de la réception de l'Esprit chez les Samaritains concerne surtout le conflit entre la pneumatologie de cette péricope et d'autres pneumatologies néotestamentaires. Comment expliquer le délai apparent entre la conversion des Samaritains et leur réception de l'Esprit ? Selon l'apôtre Paul, c'est une contradiction. « Si quelqu'un n'a pas l'Esprit de Christ, il ne lui appartient pas » (Ro 8.9). Luc ne semble pas être au courant de ce problème et ne fait aucun effort pour le résoudre. Ce problème a généré de nombreuses solutions[303].

Il est possible de diviser les différentes solutions à cette énigme en quatre catégories. La première solution essaie de montrer que le délai n'est qu'apparent. James Dunn propose que la foi des Samaritains ait été « déficiente », et qu'ils n'étaient pas entièrement convertis avant la réception de l'Esprit[304]. Selon Dunn, leur foi était seulement « un consentement intellectuel » et non pas « un engagement envers Dieu »[305], et le comportement de Simon en est la preuve[306]. Les arguments de Dunn sont très bien réfutés ailleurs[307] et ne seront pas repris ici. L'emploi du vocabulaire de Luc ailleurs et la manière de raconter cet épisode rendent les conclusions de Dunn invraisemblables. Le ministère de Philippe ressemble à celui des autres prédicateurs. Il annonce la bonne nouvelle de la parole comme les autres disciples dispersés (Ac 8.4). Il prêche « le Christ » (Ac 8.5 ; cf. Ac 19.13), fait des signes (Ac 8.6-7 ; cf. Ac 2.22, 43 ; 5.12 ; 6.8 ; 14.3 ; 15.12) et annonce la bonne nouvelle du royaume (Ac 8.12 ; cf. Ac 20.25 ; 28.31) comme d'autres personnages *pneumatiques*. La réponse des Samaritains ressemble à celle d'autres repentis. Ils croient et se font baptiser comme d'autres (Ac Ac 8.12 ; cf. Ac 2.41, 44 ; 16.31, 33-34 ; 18.8). Finalement, la nouvelle de leur conversion ressemble à la nouvelle d'autres conversions (Ac 8.14 ; cf Ac 11.1). La conclusion est indéniable. Selon Luc, les Samaritains se sont convertis bien avant leur réception de l'Esprit.

Les trois autres solutions à cette énigme sont toutes liées à la notion d'un développement ou d'un changement historique. 1) Certains proposent que, pour le cas des Samaritains, et peut-être pour d'autres groupes, Dieu fait une exception et change sa

---

[303] Voir la discussion de MENZIES sur les différentes solutions, *Empowered for Witness*, p. 204-11, et de TURNER, *Power from on High*, p. 361-73.
[304] *Baptism in the Holy Spirit*, p. 63.
[305] Ibid., p. 65.
[306] Ibid., p. 65-66.
[307] Voir, p. ex., ERVIN, *Conversion-Initiation and the Baptism in the Holy Spirit*, p. 25-35, MENZIES, *Empowered for Witness*, p. 207-210. TURNER, *Power from on High*, p. 362-67.

manière d'agir envers les convertis[308]. 2) D'autres proposent que le développement de la pneumatologie se trouve au niveau des sources[309]. Dans une source la repentance, le baptême et la réception de l'Esprit seraient étroitement liés ensemble. Dans une autre source, la réception de l'Esprit serait séparée de la conversion. Le fait que les deux idées soient représentées chez Luc serait une preuve de sa fidélité envers ses sources. 3) D'autres proposent que le développement se trouve au niveau du canon. La pneumatologie de Luc serait plus primitive et moins développée par rapport à la pneumatologie de Paul ou de Jean[310]. Dans ce cas il n'est pas nécessaire d'harmoniser leurs théologies. L'on risque même de perdre une partie importante du message de Luc dans une telle harmonisation[311]. La pneumatologie de Luc représente une compréhension primitive de l'Esprit basée sur les observations initiales de l'activité visible de l'Esprit et décrite en termes vétérotestamentaires. Les trois thèses reconnaissent, au moins dans le cas des Samaritains, une réception de l'Esprit subséquente à la conversion. Les trois thèses sont plausibles, mais seulement la dernière correspond au critère de la cohérence de l'ensemble de Luc-Actes.

La thèse proposant que ce soit Dieu qui fait une exception rencontre, au moins, deux obstacles majeurs[312]. Premièrement, le texte ne donne pas d'indication que ce qui se passe chez les Samaritains soit une exception[313]. La réception de l'Esprit sert

---

[308] BRUCE, *Acts*, 182. M. A. CHEVALLIER, *Souffle de Dieu : Le Saint-Esprit dans le Nouveau Testament*, Paris, Beauchesne, 1978, p. 201-202. HULL, *The Holy Spirit in the Acts*, p. 119. I. Howard MARSHALL, *The Acts of the Apostles : An Introduction and Commentary*, Grand Rapids, Eerdmans, 1980, p. 153, 157. John R. W. STOTT, *Du baptême à la plénitude*, p. 32-35. TURNER, *Power from on High*, p. 360-61, 373-75.

[309] F. J. FOAKES JACKSON et Kirsopp LAKE, « The Development of Thought on the Spirit, the Church, and Baptism », *The Beginnings of Christianity Part I, The Acts of the Apostles Vol. I, Prolegomena I, The Jewish, Gentile and Christian Backgrounds*, éd. F.J. Foakes Jackson et Kirsopp Lake, Grand Rapids, Baker Book House, 1979, p. 327 ; GEORGE, « L'Esprit Saint dans l'œuvre de Luc », *Revue Biblique* 85, 1978, p. 527. HAENCHEN, *Die Apostelgeschichte*, p. 258 ; LAKE et CADBURY, *Acts, Vol. IV*, p. 93 ; LAMPE, « The Holy Spirit in the Writings of St. Luke », p. 200 ; Michel QUESNEL, *Baptisés dans l'Esprit : Baptême et Esprit Saint dans les Actes des Apôtres*, Lectio Divina 120, Paris, Cerf, 1985, p. 59 ; SCOTT, *The Spirit in the New Testament*, p. 89.

[310] FOAKES JACKSON et LAKE, « The Development of Thought on the Spirit », p. 323 ; Hermann GUNKEL, *Die Wirkungen des heiligen Geistes nach der populären Anschauung der apostolischen Zeit und der Lehre des Apostels Paulus*, 2ᵉ éd., Göttingen, Dandenhoed & Ruprecht, 1899, p. 2-4. MENZIES, *Empowered for Witness*, p. 256-57. SCHWEIZER, « πνεῦμα », p. 394. SHELTON, *Mighty in Word and Deed*, p. 1-13.

[311] SHELTON, *Mighty in Word and Deed*, p. 2.

[312] Voir la réfutation de cette thèse par MENZIES, *Empowered for Witness*, p. 206.

[313] Contre TURNER, *Power from on High*, p. 360, le « pas encore » (οὐδέπω, Ac 8.16) ne signifie pas que le délai est contre l'attente du lecteur. Au ch. 8 le lecteur n'a pas encore lu un récit d'une réception de

probablement à valider l'expérience des Samaritains pour le lecteur. Mais cette validation par l'Esprit est thématique dans les Actes et n'est ni liée à la présence des apôtres ni à la notion d'un délai. Si l'on *présuppose* l'idée d'une exception, le besoin de validation par les mains des apôtres peut offrir une explication pour cette présupposition. Mais la présupposition n'est pas nécessaire à la logique du passage. Deuxièmement, même si l'on accepte cette thèse, elle ne résout pas l'énigme. Un chrétien sans l'Esprit, même en tant qu'exception, est inconcevable chez Paul et une contradiction de sa théologie[314].

Les solutions qui proposent un développement de pneumatologie au niveau des sources de Luc, et ainsi, une incohérence dans le texte due à la rédaction des différentes sources, se trouvent en dehors de la portée de notre étude synchronique. Dans cette étude nous cherchons la pneumatologie de l'auteur implicite. Notre analyse présuppose que le choix des sources et la manière de les raconter révèlent ce que l'auteur implicite veut communiquer concernant sa pneumatologie. S'il laisse des incohérences, soit ces incohérences ne sont pas incohérentes pour lui, soit elles ne sont pas assez importantes pour les harmoniser, soit l'auteur n'est pas apte à les harmoniser. Il est difficile de douter de l'aptitude de l'auteur implicite de ce texte si bien organisé avec tant de liens et de parallèles textuels[315]. Le sujet de l'Esprit semble si important dans le récit qu'on peut difficilement imaginer que l'auteur ne fasse pas l'effort pour harmoniser les données des sources avec sa pneumatologie. La seule conclusion logique est que, pour Luc, les données sur l'Esprit ne sont pas incohérentes et, donc, l'analyste doit chercher cette cohérence.

La thèse de loin la plus cohérente pour l'œuvre de Luc est celle qui voit un développement de pneumatologie au niveau néotestamentaire. C'est-à-dire la

---

l'Esprit 'sans délai'. Le « pas encore » explique pourquoi (γὰρ) les apôtres doivent prier pour leur réception et anticipe la suite.

[314] C'est probablement pourquoi Max Turner conclut que l'expérience des Samaritains est « 'le commencement' du salut » (*Power from on High*, p. 374), et qu'il « est obligé de douter » qu'ils soient « 'chrétiens' », « Readings and Paradigms : A Response to John Christopher Thomas », *Journal of Pentecostal Theology* 12, 1998, p. 31-32.

[315] Voir surtout le ch. 3, mais aussi les liens textuels analysés à travers notre thèse. Roger STRONSTAD a raison de dire que Luc-Actes est le livre « le plus soigneusement planifié » du N.T., *The Prophethood of All Believers*, p. 14.

pneumatologie de Luc est moins développée que celle de Paul ou de Jean[316]. Sa conception de l'Esprit vient de l'expérience de l'Église primitive et de l'Ancien Testament. Les métaphores décrivant la présence d'une force divine viennent essentiellement de l'Ancien Testament[317]. Les faits concrets, inexplicables et visibles de l'expérience quotidienne des premiers disciples étaient autant de preuves de l'influence de l'Esprit[318]. La plupart des effets de l'Esprit constatés par Luc et par ces premiers disciples ont aussi des parallèles dans l'Ancien Testament et dans la notion de 'l'Esprit de prophétie' de la période intertestamentaire[319]. L'on pourrait appeler ces effets des dons 'prophétiques' : le parler en langues, les prophéties, l'assurance pour annoncer la parole, la capacité d'opérer des signes et des prodiges, les révélations et les visions, une sagesse et une foi extraordinaires. Luc et la communauté des apôtres comprenaient l'Esprit à travers leurs expériences et dans les catégories de leurs connaissances. L'Esprit est tombé sur eux comme sur les prophètes d'autrefois.

Mais la pneumatologie de Luc-Actes n'est pas entièrement limitée à la conception vétérotestamentaire de l'Esprit. Elle semble représenter une première phase de développement néotestamentaire. Il y a d'abord l'augmentation du nombre de personnes inspirées par l'Esprit selon la prophétie de Joël (Ac 2.17-18 ; Jl 3.1-2). L'on trouve aussi d'autres effets attribués à l'Esprit qui semblent venir de la nouvelle expérience des disciples. La croissance rapide de la communauté et leur joie malgré l'opposition et la persécution des autorités sont aussi inexplicables et attribuées à l'influence de l'Esprit (Ac 9.31 ; Lc 10.21 ; Ac 13.52). L'Esprit a aussi quelquefois des traits 'personnels' que l'on ne voit pas attribués directement à l'Esprit dans l'Ancien Testament[320]. Par exemple, l'on peut mentir au Saint-Esprit (Ac 5.3), tenter l'Esprit (Ac 5.9) et s'opposer à l'Esprit (Ac 7.51). L'Esprit parle (Ac 10.19 ; 13.3), empêche (Ac 16.6-7) et avertit (Ac 20.22-23). Mais ces développements ne sont pas très distincts de la conception

---

[316] Étienne TROCMÉ qualifie sa pneumatologie de « rudimentaire », « Le Saint-Esprit et l'Église », p. 24 ; Richard ZEHNLE, citant C. H. Dodd, parle de la sotériologie pré-paulinienne de Luc, « The Salvific Character of Jesus' Death in Lukan Soteriology », *Theological Studies* 30, 1969, p. 420.
[317] LAMPE, « The Holy Spirit in the Writings of St. Luke », p. 160-63. FITZMYER, *The Gospel According to Luke I-IX*, p. 228.
[318] GUNKEL, *Die Wirkungen*, p. 4. SCOTT, *The Spirit in the New Testament*, p. 61.
[319] Voir ch. 1. p. 17-31.
[320] GEORGE, « L'Esprit Saint dans l'œuvre de Luc », p. 529.

vétérotestamentaire[321]. L'expérience des disciples évolue par rapport à l'expérience des anciens prophètes, mais l'on ne voit pas chez Luc la transformation radicale de la compréhension de l'Esprit que l'on voit chez Paul ou chez Jean.

Même si la conception de l'Esprit chez Luc dépasse celle de l'Ancien Testament et celle de la période intertestamentaire, il faut faire attention à ne pas attribuer à la pneumatologie de Luc-Actes des éléments des pneumatologies plus développées de Paul ou de Jean. Ces éléments introduisent une incohérence dans le récit de Luc. Par exemple, dans la réception de l'Esprit chez Luc, il n'y a pas la notion de recevoir une personne[322]. Les métaphores de Luc ne conviennent pas à une telle compréhension. L'on ne répand pas une personne. La personne du Saint-Esprit ne tombe pas sur quelqu'un. L'on n'est pas rempli ou baptisé d'une personne. Un deuxième exemple concerne la présupposition que Pierre établit une 'norme' d'une réception automatique de l'Esprit au moment de la conversion. Nous avons déjà montré que cette présupposition n'est pas justifiée (Ac 2.38-39)[323]. Elle ignore la perspective de Pierre et de l'auteur implicite et introduit une incohérence dans la pneumatologie de Luc. Chez Luc la présence de l'Esprit n'est pas présupposée à la conversion. L'épisode chez les Samaritains confirme cette conclusion.

La notion de la perceptibilité de l'Esprit, constatée deux fois dans ce récit, confirme aussi notre conclusion et aide à comprendre la conception lucanienne de la réception de l'Esprit. Le narrateur constate d'abord le manque d'une réception de l'Esprit. Il écrit, « Il n'était encore descendu sur aucun d'eux ; ils avaient seulement été baptisés au nom du Seigneur Jésus » (Ac 8.16). Si l'auteur avait adopté la présupposition d'une réception automatique de l'Esprit à la conversion, une telle constatation serait inconcevable. L'auteur aurait présupposé la présence de l'Esprit, même s'il n'y avait pas d'effet pour le confirmer. Une affirmation de Max Turner fournit un exemple de la logique de quelqu'un qui adopte une telle présupposition. Il affirme que « la réponse avec foi du croyant au message, et la soumission au baptême » sont des preuves suffisantes pour croire que le converti appartient au « peuple de l'Esprit ». Autrement dit, il croit que

---

[321] Ibid., p. 532-33 ; TURNER, *Power from on High*, p. 42-43.
[322] TURNER, *Power from on High*, p. 39-46 ; Contre BRUCE, *Acts*, p. 77 et d'autres. La notion de la réception d'une personne n'est ni paulinienne, ni johannique, mais semble être une interprétation d'Ac 2.38 vue sous le filtre de la notion paulinienne et johannique de l'Esprit résidant chez le chrétien (Ro. 8.9-11 ; Jn 14.16-17).
[323] Ch. 6, p. 308-17.

« pour beaucoup, sinon pour la majorité, le moment précis de la réception de l'Esprit s'est passé relativement inaperçu »[324]. Cette affirmation ne tient pas dans le cas des Samaritains[325]. Malgré leur réponse avec foi et leur soumission au baptême, les apôtres *savent* que l'Esprit n'était pas encore tombé sur les Samaritains.

L'on doit se demander comment les apôtres pouvaient le savoir. La seule réponse vraisemblable et cohérente est que les apôtres et l'auteur ne reconnaissent pas la présence de l'Esprit sans effets perceptibles. C. K. Barrett écrit, « Ils n'ont pas manifesté les phénomènes charismatiques de l'inspiration »[326]. Curieusement, Max Turner fournit une réponse semblable. Il pense que les disciples ne manifestaient pas les dons typiques de 'l'Esprit de prophétie' associés à la réception de l'Esprit, et qu'ils les ont apparemment manifestés lorsque les apôtres ont prié et leur ont imposé les mains[327]. La deuxième proposition vient de la deuxième constatation de la perceptibilité de l'Esprit dans ce passage. Selon le narrateur, « Simon vit que le Saint-Esprit était donné par l'imposition des mains des apôtres » (Ac 8.18). Un effet visible a confirmé leur réception de l'Esprit. L'absence d'une réception et la réception de l'Esprit sont, toutes les deux, perceptibles. Si l'on cherche à savoir quel signe visible a pu confirmer la réception de l'Esprit, la réponse logique vient des autres expériences racontées d'une réception (Ac 2.1-4 ; 10.44-47 ; 19.6)[328]. Un don prophétique : le parler en langues, la prophétie, etc., a signalé la présence de l'Esprit. Cette conclusion n'est pas problématique pour la pneumatologie néotestamentaire. Beaucoup d'interprètes soulignent le caractère tangible, visible et perceptible de l'Esprit chez Luc[329]. Mais la proposition corrélative doit aussi être vraie.

---

[324] *Power from on High*, p. 448.

[325] L'explication de TURNER pour le cas des Samaritains n'est pas convaincante. Il croit que les apôtres pouvaient reconnaître l'absence de l'Esprit chez les Samaritains par le manque de « *ongoing* evidence », Ibid., p. 449. Que veut-il dire par des 'preuves subséquentes' ? En amont, il indique que les preuves manquantes chez les Samaritains sont probablement des dons charismatiques de 'l'Esprit de prophétie' manifestés ailleurs (p. 373-74). Ce sont justement ces dons charismatiques qui 'prouvent' la réception de l'Esprit dans chaque épisode où la réception est racontée (Ac 2.1-4 ; 4.31 ; 10.45-46 ; 19.6). Selon Turner, faut-il comprendre que les apôtres présupposent la réception de l'Esprit à la conversion, mais qu'ils commencent à douter de cette conclusion après une certaine période de temps si les convertis ne manifestent pas de dons charismatiques ? Si oui, combien de temps devait-on attendre pour ces preuves ?

[326] *Acts*, p. 412.

[327] *Power from on High*, p. 373-74. La réponse est curieuse parce qu'elle semble être en contradiction avec sa présupposition d'une réception automatique au moment de la conversion ci-dessus.

[328] Cf. GEORGE, « L'Esprit Saint dans l'œuvre de Luc », p. 508.

[329] BLOCHER, *La doctrine du péché et de la rédemption*, p. 238 ; DUNN, *Baptism in the Holy Spirit*, p. 9 ; HULL, *The Holy Spirit in the Acts*, p. 108 ; OULTON, « The Holy Spirit, Baptism, and Laying on of Hands in Acts », p. 238 ; SCHWEIZER, « πνεῦμα », p. 407 ; TALBERT, *Reading Luke*, p. 43.

L'*absence d'un tel don* a signalé l'absence de l'Esprit[330]. Sinon, les apôtres n'auraient pu constater cette absence.

## Les preuves chez les païens

Au chapitre neuf des Actes des apôtres l'auteur raconte l'histoire de la conversion et du mandat de l'apôtre Paul. Le personnage de Paul domine la seconde moitié du livre des Actes. Mais la manière de l'auteur d'introduire ce personnage à la fin du chapitre sept et d'intercaler son histoire avec d'autres récits montre que son œuvre n'est pas organisée principalement par les récits de différents personnages[331]. Ceux qui veulent l'organiser de cette façon ont du mal à fixer la fin de la section sur Pierre et le début de la section sur Paul[332].

Nous proposons une subdivision de la section consacrée au ministère des disciples de Jésus (Ac 1.11-28.31) à partir du chapitre huit, où l'auteur déplace sa focalisation : de la communauté de Jérusalem vers d'autres groupes traditionnellement exclus et vers les païens en particulier. Au chapitre neuf l'auteur décrit la conversion et le mandat du personnage qui a le plus contribué à l'expansion vers les païens : Saul, qui devient l'apôtre Paul. Par sa persécution de l'Église, Saul a déjà contribué, de façon ironique, à l'expansion vers ces groupes (Ac 8.1-4). Cette sous-section (Ac 8.1-28.31) ne suit pas seulement la carrière de Paul, mais aussi le progrès de cette expansion de l'Église.

Dans le fil de l'intrigue, cette sous-section sert à éliminer le doute qui peut rester concernant la composition de plus en plus païenne de l'Église. Le rôle du Saint-Esprit reste le même. Le ministère des disciples, les groupes incorporés dans l'Église et la direction que prend l'Église sont validés par l'Esprit Saint. Nous voulons d'abord revoir le thème de l'accomplissement des prophéties, dont Luc se sert pour organiser son œuvre,

---

[330] Cf. HULL, *The Holy Spirit in the Acts*, p. 107.
[331] Robert TANNEHILL, signale que les liens temporels entre ces épisodes sont très vagues, *Narrative Unity, Vol 2*, p. 113. Donc, le récit ne semble pas être organisé selon la chronologie des événements. Pour une discussion sur l'organisation de l'œuvre voir ch. 3.
[332] Charles TALBERT, p. ex., divise le livre entre ch. 12 et 13, *Literary Patterns, Theological Themes and the Genre of Luke-Acts,* SBL Monograph Series 20, Missoula MT, Scholars Press, 1974, p. 23-24. Robert WALL, par contre, le divise à partir d'Ac 15.13, « Israel and the Gentile Mission in Acts and Paul: A Canonical Approach », éd. I. Howard MARSHALL et David PETERSON, *Witness to the Gospel : The Theology of Acts*, Grand Rapids, Eerdmans, 1998, p. 449. Robert BRAWLEY accepte la division entre ch. 12 et 13, mais avoue que cette division est « raboteuse » (*rough* en anglais), *Luke-Acts and the Jews*, p. 41.

afin de mieux comprendre la composition de cette sous-section. Ensuite, nous allons survoler le processus de validation dans le mandat et dans le ministère de l'apôtre Paul. Finalement, nous reviendrons sur deux descriptions de la réception de l'Esprit dans cette sous-section.

**Le thème de l'accomplissement des prophéties**

Au chapitre trois nous avons découvert que le thème de l'accomplissement des prophéties sert à organiser l'ensemble de Luc-Actes[333]. Nous avons proposé un schéma d'organisation assez simple où l'œuvre est divisée en sections reliées logiquement ensemble par une combinaison de prophéties citées de l'Ancien Testament et de prophéties nouvelles[334]. Les prophéties citées de l'Ancien Testament inaugurent et expliquent chaque section et les prophéties nouvelles préparent le lecteur pour les sections en aval.

Notre schéma simple de l'organisation de l'œuvre n'explique pas tout. Le thème de l'accomplissement des prophéties devient très complexe dans cette dernière sous-section du récit, parce que quasiment toutes les prophéties de l'œuvre sont en train de s'accomplir. Pierre cite la prophétie de Joël sur l'effusion de l'Esprit (Ac 2.17-21 ; Jl 3.1-5) dans le début de la section consacrée au ministère des disciples de Jésus afin de montrer que les disciples ont reçu 'l'Esprit de prophétie' promis pour les jours eschatologiques et qu'ils agissent maintenant comme les prophètes de l'Ancien Testament. Toute une série de prophéties nouvelles faisant allusion à cette prophétie de Joël l'ont anticipée (Lc 3.16 ; 24.49 ; Ac 1.5, 8). La description du ministère de tous les « hommes de l'Esprit » dans le livre des Actes des apôtres montre qu'ils sont en train d'accomplir cette prophétie de Joël et les prophéties nouvelles qui y sont liées. La structure parallèle de la prophétie de Joël avec la prophétie d'Ésaïe, citée par Jésus (Lc 4.18-19 ; És 61.1-2), et les éléments parallèles dans les récits de Jésus et de ses disciples viennent enrichir la signification de l'accomplissement de la prophétie de Joël. L'onction des disciples ressemble à l'onction de Jésus et leur ministère prophétique ressemble au

---
[333] Ch. 3, p. 90-105.
[334] Voir le tableau, ch. 3, p. 101.

sien. Ainsi, comme les disciples continuent le ministère de Jésus, ils accomplissent aussi la prophétie d'Ésaïe[335].

Deux autres prophéties très importantes pour la stratégie de Luc sont citées par Paul dans cette sous-section. Au début de son premier voyage missionnaire il cite une prophétie d'Ésaïe, parlant de la proclamation du salut aux nations, afin de justifier l'évangélisation des païens (Ac 13.47 ; És 49.6). À la fin de l'œuvre, il cite une autre prophétie d'Ésaïe pour justifier le rejet de son message par les Juifs (Ac 28.25-27 ; És 6.9-6)[336]. Comme pour la prophétie de Joël, toute une série de prophéties nouvelles anticipent l'annonce du salut aux nations (Lc 2.30-32 ; 3.6 ; 24.47 ; 1.8 ; Ac 2.21, 39 ; 9.15). D'autres prophéties nouvelles anticipent le rejet du message (Lc 21.12-17 ; Ac 9.16). Dans l'Évangile, le rejet de Jésus et les prophéties anticipant ce rejet se trouvent en parallèle avec ce thème du rejet dans les Actes des apôtres. Ainsi, le thème du rejet traverse toute l'œuvre. Les prophéties sur l'annonce du salut aux nations depuis le début du récit trouvent leur accomplissement dans la dernière sous-section qui commence au chapitre huit.

L'Esprit Saint joue un rôle important dans ce thème de l'accomplissement des prophéties. D'abord, l'Esprit inspire les prophètes et les prophéties de l'Ancien Testament (Ac 28.25 ; cf. Ac 1.16). Ensuite, il accorde des dons prophétiques aux disciples, les rendant capables d'agir comme des prophètes, montrant qu'ils ont reçu le don de 'l'Esprit de prophétie' promis par Joël (Ac 2.1-4, 16, 33). Parmi ces dons accordés se trouve la capacité de prononcer les prophéties nouvelles que nous venons de mentionner, et bien d'autres. Ensuite, et surtout dans cette dernière sous-section, l'Esprit conduit les disciples, par des révélations, par des paroles et par des visions, vers l'accomplissement de la proclamation du salut aux nations. Finalement, l'Esprit prévient les disciples par des prophéties concernant la persécution et le rejet qui les attend. Puis il les rend capables de témoigner avec assurance et avec joie en dépit de cette persécution.

---

[335] Charles TALBERT signale que la réplication des types d'actions accomplis par le prédécesseur confirment le transfert de l'Esprit chez les successeurs comme dans les cas de Josué et d'Élisée, « Succession in Luke-Acts and in the Lukan Milieu », *Reading Luke-Acts in its Mediterranean Milieu*, Supplements to Novum Testamentum 107, éd. M.M. Mitchell et D. P. Moessner, Leyde/Boston, Brill, 2003, p. 46.

[336] Dans la même sous-section, au concile de Jérusalem, Jacques cite une autre prophétie pour justifier l'évangélisation des païens (Ac 15.15-18 ; Amos 9.11-12).

## Le mandat prophétique de Saul/Paul

Dans le fil de l'intrigue l'auteur veut montrer que la mission de Paul vers les païens est l'œuvre de Dieu. Dans le chapitre neuf, il montre que Paul a été choisi, mandaté et inspiré par Dieu pour accomplir cette mission[337]. Cet épisode, si important dans le récit de Luc-Actes, est raconté trois fois (Ac ch. 9, 22 et 26). La vision divine suivie d'un mandat ressemble à l'appel du prophète Ésaïe (És 6.1-13)[338], dont les derniers versets sont cités par Paul à la fin du livre afin de justifier le rejet du message de Paul par les Juifs et l'annonce du message aux païens (És 6.9-10 ; Ac 28.25-29). Le rejet et le ministère aux païens sont déjà annoncés, dans des termes un peu ambigus[339], dans la prophétie annoncée à Ananias,

> Le Seigneur lui dit : Va, car cet homme est un instrument que j'ai choisi, pour porter mon nom devant les nations, devant les rois, et devant les fils d'Israël; et je lui montrerai tout ce qu'il doit souffrir pour mon nom (Ac 9.15-16)[340].

Par ces détails, Luc montre que Saul est mandaté comme un des grands prophètes de l'Ancien Testament. Dieu l'a souverainement et miraculeusement choisi et mandaté. Il a validé sa mission d'avance.

Selon le schéma stéréotypé des figures prophétiques dans son œuvre, Luc valide aussi le ministère de Saul en mentionnant l'influence de l'Esprit. Ananias raconte qu'il a été envoyé par le Seigneur Jésus pour que Saul recouvre la vue et qu'il soit « rempli du Saint-Esprit » (πλησθῇς πνεύματος ἁγίου, Ac 9.17). Mais sa réception de l'Esprit n'est pas racontée. Le narrateur parle du recouvrement de sa vue et de son baptême (Ac 9.18). L'interprète doit supposer la raison de cette lacune. Kirsopp Lake et Henry Cadbury croient que le récit de la réception n'était pas nécessaire parce que, pour cette source, le

---

[337] La plénitude de l'Esprit n'est mentionnée que dans le premier récit. Ce détail est important dans le fil de l'intrigue au ch. 9, mais pas dans les arguments de Paul aux ch. 22 et 26. Le lecteur a besoin de savoir que Saul est un prophète rempli de l'Esprit, mais les autorités romaines n'ont pas besoin de cette connaissance.

[338] C. K. BARRETT, *A Critical and Exegetical Commentary on The Acts of the Apostles*, Vol. 2, The International Critical Commentary on the Holy Scriptures of the Old and New Testaments, éd. J. A. Emerton, C. E. B. Cranfield et G. N. Stanton, T & T Clark, Edinburgh, 1994, p. 442. FITZMYER, *Acts*, 421.

[339] La stratégie de Luc ne change pas. Les personnages du récit annoncent les événements à l'avance dans des termes ambigus (Lc 1.76-77 ; 3.16 ; 24.47-49). Après les événements, les citations précises de l'Ancien Testament sont utilisées pour expliquer les événements (Lc 3.4-6 ; 4.18-19 ; Ac 2.16-21).

[340] Lorsque Paul raconte son propre témoignage devant le roi Agrippa, le lecteur apprend que Paul a entendu de la bouche du Seigneur, un mandat semblable (Ac 26.17-18).

don de l'Esprit est conféré au baptême[341]. Johannes Munck dit tout simplement que « de telles répétitions n'étaient pas nécessaires » sans donner d'explication[342]. Dans la perspective de la stratégie de Luc et du rôle de l'Esprit dans cette stratégie, proposée dans cette thèse, une logique parfaitement cohérente est possible. Dans tous les épisodes où Luc raconte l'événement de la réception de l'Esprit, il s'agit d'*un groupe* dont Luc veut *prouver* qu'il l'a reçu afin de *justifier* leur incorporation dans la communauté eschatologique : les disciples à la Pentecôte (Ac 2), les Samaritains (Ac 8), les païens dans la maison de Corneille (Ac 10 et 11) et les croyants 'baptistes' à Éphèse (Ac 19)[343]. Pour les individus comme Paul, Luc montre les effets de l'Esprit dans leur ministère, sans raconter les détails de leur réception de l'Esprit (Ac 6.3, 5, 10 ; 7.55 ; 11.24 ; 13.2, etc.), probablement pour *prouver* que leur ministère est agréé par Dieu afin de *justifier* ce qu'ils font et ce qu'ils disent.

Dans cet épisode deux questions sont importantes pour la pneumatologie de Luc. Premièrement, peut-on établir ou confirmer les liens entre la conversion, le baptême et la réception de l'Esprit à partir des données de cet épisode ? Les détails manquent pour établir beaucoup de liens, mais le récit semble confirmer la conversion de Saul quelque temps avant sa réception de l'Esprit, donnant un autre exemple de la subséquence.

James Dunn n'est pas d'accord. Il croit que le recouvrement de la vue, le baptême et la réception de l'Esprit font partie de l'ensemble du processus de la conversion-initiation de Paul, qui a duré trois jours[344]. Les arguments de Dunn souffrent de deux problèmes majeurs. D'abord, l'expression non lucanienne 'conversion-initiation' introduit une confusion dans le texte[345]. Le terme présuppose une unité des choses (repentance, baptême, réception de l'Esprit) qui sont souvent séparées dans le texte. L'on ne peut plus séparer la question, « Est-il converti ? » de la question, « Est-il incorporé

---

[341] *Acts IV*, p. 104. Nous avons déjà rejeté cette thèse (ch. 6, p. 301-17, 337-41).
[342] *Acts*, p. 82.
[343] L'épisode d'Ac 4 n'est pas inclus ici parce qu'il ne s'agit pas, au moins pour certains du groupe, de la réception de l'Esprit. Pierre, Jean et d'autres l'ont déjà reçu. L'expression « recevoir l'Esprit est employé seulement dans le contexte de 5 épisodes : Pentecôte (Ac 1.8 ; 2.38), Samarie (Ac 8.15, 17, 19), Saul (Ac 9.17), Corneille (Ac 10.47 ; 11) et Éphèse (Ac 19.2).
[344] *Baptism in the Holy Spirit*, p. 74-78. Cf. TURNER, *Power from on High*, p. 375-78.
[345] Max TURNER dit que la proposition « que tu sois rempli du Saint-Esprit » (πλησθῇς πνεύματος ἁγίου) « ne correspond pas au langage lucanien ordinaire de conversion-initiation », *Power from on High*, p. 377-78.

dans l'Église ? » ou de la question, « A-t-il reçu l'Esprit ? ». Si le but est de connaître la pneumatologie de Luc, il faut poser les questions en utilisant les termes de Luc.

Si l'on veut savoir le moment de la 'conversion' de Saul, il faut poser la question dans les termes associés à la conversion dans le récit de Luc : μετανοέω et ἐπιστρέφω[346]. « Quand s'est-il « repenti » (μετανοέω) ? », ou « Quand s'est-il converti (ἐπιστρέφω) ? »[347]. Comme ces termes ne sont pas utilisés dans cette péricope, il faut demander, « Quand a-t-il agi selon la signification de ces termes ? ». Selon Guy Nave, le terme μετανοέω dans les Actes indique, « un changement de la pensée en ce qui concerne Jésus »[348]. Les discours de Pierre visent à convaincre les persécuteurs de Jésus de changer leur avis[349]. Quand Saul a-t-il changé son avis sur Jésus ? Quand a-t-il changé son comportement ou son attitude vis-à-vis de Jésus ? La réponse à ces deux questions est sûrement au moment de sa rencontre avec Jésus sur le chemin de Damas. Saul partait à Damas pour persécuter les croyants. Après sa rencontre sur le chemin de Damas, il se soumet à la volonté de Jésus disant, « Que ferai-je, Seigneur ? » (Ac 22.9). Il prie et attend l'intervention promise par Jésus (Ac 9.6, 12).

Le deuxième problème majeur dans les arguments de Dunn concerne la discussion sur le vocabulaire. Dunn a raison de dire que le terme κύριος peut simplement signifier « Monsieur », et que le terme ἀδελφός peut signifier un compatriote juif. Mais il n'a pas raison d'insister sur une signification possible où le contexte littéraire exige une autre signification. Suite à une théophanie Saul s'adresse au 'Seigneur', et non pas à un 'Monsieur' (Ac 9.5 ; 22.9). Il dit, « Qui es-tu, Seigneur ? ». Le Seigneur, à qui il s'adresse, se présente. Il dit, « Je suis Jésus que tu persécute » (Ac 9.5 ; 22.8). Ensuite, Saul se soumet au Seigneur Jésus disant, « Que ferai-je, Seigneur ? » (Ac 22.9).

Suite à la révélation dans une vision, où le Seigneur appelle Saul, « un instrument que j'ai choisi, pour porter mon nom devant les nations », Ananias ne s'adresse pas à un compatriote juif, mais à son frère dans la foi (Ac 9.16-17). Si Ananias avait cru que Saul

---

[346] Jacques DUPONT, « Repentir et conversion d'après les Actes des apôtres », *Études sur les Actes des Apôtres*, Lectio Divina 45, Paris, Éditions du Cerf, 1967, p. 421-57.
[347] Ces deux termes dans Lc-Ac reflètent un changement en vu de l'approbation de Dieu et le don du pardon des péchés (μετανοέω, Lc 3.3, 8 ; 5.32 ; 10.13 ; 11.32 ; 13.3, 5 ; 15.7, 10 ; 16.30 ; 24.47 ; 2.38 ; 3.19 ; 5.31 ; 8.22 ; 11.18 ; 13.24 ; 17.30 ; 19.4 ; 20.21 ; 26.20 ; ἐπιστρέφω, Lc 1.16, 17 ; 22.32 ; 3.19 ; 9.35 ; 11.21 ; 14.15 ; 15.19 ; 26.18, 20 ; 28.27).
[348] *The Role and Function of Repentance*, p. 199.
[349] Ibid., p. 201.

n'était pas encore converti, il aurait dû lui proclamer « la repentance en vue du pardon des péchés » (Lc 24.47). Au lieu de cette prédication, Ananias lui impose les mains et dit, « Saul, mon frère, le Seigneur Jésus, qui t'est apparu sur le chemin par lequel tu venais, m'a envoyé pour que tu recouvres la vue et que tu sois rempli du Saint-Esprit » (Ac 9.17). Ce geste et ces paroles ne visent pas la conversion de Saul mais des bénédictions : une guérison et le don de l'Esprit. Le vocabulaire et le déroulement du récit s'accordent pour dire que Saul est converti avant qu'Ananias ne lui impose les mains (Ac 9.17), et avant qu'il ne soit baptisé (Ac 9.18). Il s'agit d'un autre cas de subséquence.

La deuxième question importante pour la pneumatologie de Luc concerne la fonction envisagée pour l'Esprit dans cette péricope. L'Esprit conclut-il la conversion de Saul, ou le rend-il capable d'accomplir sa mission ? L'analyse ci-dessus a déjà montré l'importance du mandat de Saul/Paul dans le fil de l'intrigue et le manque de détails concernant sa conversion. Ces données appuient la conclusion, tirée par d'autres, que cet épisode (Ac 9.1-18 ; 22.6-16 ; 26.12-18) est principalement le récit du mandat de l'apôtre Paul[350]. Une deuxième conclusion logique en découle. Le geste de l'imposition des mains, la guérison et la réception du don de l'Esprit préparent et qualifient l'apôtre pour accomplir son mandat[351]. Deux mots clé dans la suite du récit, associés ailleurs à l'œuvre de l'Esprit, semblent confirmer cette conclusion. Au verset vingt-deux Saul devient de « plus en plus puissant » ($\mu\hat{\alpha}\lambda\lambda o\nu\ \dot{\epsilon}\nu\epsilon\delta\upsilon\nu\alpha\mu o\hat{\upsilon}\tau o$) dans sa capacité de démontrer que Jésus est le Christ au point qu'il confond les Juifs. Aux versets vingt-sept et vingt-huit on parle de sa prédication avec « assurance » ($\pi\alpha\rho\rho\eta\sigma\iota\acute{\alpha}\zeta o\mu\alpha\iota$) à Damas et à Jérusalem. Cette puissance en paroles est une preuve perceptible de l'influence de l'Esprit. L'Esprit rend l'apôtre capable d'agir comme un prophète et d'accomplir sa mission prophétique.

---

[350] Benjamin J. HUBBARD, « The Role of Commissioning Accounts in Acts », *Perspectives on Luke-Acts*, éd. Charles H. Talbert, Perspectives in Religious Studies, Special Studies Series No. 5, Edinburgh, T. & T. Clark, 1978, p. 187-98 ; FITZMYER, *Acts*, p. 420 ; MENZIES, *Empowered for Witness*, p. 213-15 ; NAVE, *The Role and Function of Repentance*, p. 208-209 ; SHEPHERD, *The Narrative Function of the Spirit*, p. 189 ; TANNEHILL, *Narrative Unity : Vol. II*, p. 117-22.
[351] BRUCE, *Acts*, 200-201 ; MENZIES, *Empowered for Witness*, p. 214-15 ; STRONSTAD, *The Charismatic Theology of St. Luke*, p. 65-66.

## Le ministère prophétique de Paul

Comment l'Esprit valide-t-il le ministère de Paul envers les païens ? Nous venons d'analyser le récit de son mandat, où il est équipé par l'Esprit pour l'accomplir. À travers sa carrière Luc donne des preuves que Paul est un prophète, inspiré par Dieu, et que sa mission envers les païens est agréée par Dieu. La grande majorité de ces preuves sont associées à l'œuvre de l'Esprit. Afin de simplifier le travail, nous proposons de survoler trois types de preuves différentes dans le ministère de Paul[352]. Premièrement, Luc montre que Paul est un prophète, inspiré par l'Esprit, par des allusions aux prophètes de l'Ancien Testament, au ministère de Jésus et au ministère des autres disciples. Deuxièmement, il montre que Paul accomplit des prophéties de l'Ancien Testament et du récit en amont. Troisièmement, Luc montre que Paul est conduit par l'Esprit.

*Les allusions aux prophètes.*

Le nombre d'allusions et de parallèles dans ce deuxième volume de Luc est considérable. Luc pousse son lecteur à rappeler les récits de l'Ancien Testament et les détails de son propre récit. Bien que le récit favorise la recherche des parallèles, l'interprète doit faire attention à ne pas exagérer[353]. Mais l'interprète qui néglige les parallèles arrache à l'auteur implicite un de ses outils préférés pour communiquer son message.

Dans cette sous-section Luc fait allusion aux prophètes de l'Ancien Testament afin de montrer que Paul leur ressemble. Au chapitre neuf, nous avons déjà constaté que l'appel de Paul, avec son mandat de porter le message aux nations, ressemble à l'appel des prophètes de l'Ancien Testament, en particulier à l'appel d'Ésaïe (És 6.1-13). Au chapitre treize, Paul justifie son ministère envers les païens en citant un passage d'Ésaïe, « Je t'ai établi pour être la lumière des nations, pour porter le salut jusqu'aux extrémités de la terre » (Ac 13.47 ; És 49.6). Dans le dernier chapitre de l'œuvre Paul cite un autre

---

[352] La grande majorité des observations dans cette section sont déjà mentionnées dans l'ordre séquentiel par Robert TANNEHILL, *Narrative Unity, Vol 2*, p. 159-357. Ne voulant pas répéter son travail, notre objectif est d'organiser ces observations par types de preuves, confirmant la stratégie et le rôle de l'Esprit dans cette stratégie.
[353] Voir, p. ex., la critique de l'œuvre de Charles TALBERT, ch. 3, p. 107-8.

passage d'Ésaïe afin de justifier le rejet de son message par certains Juifs (Ac 28.25-27 ; És 6.9-6). L'appel, le message et le ministère de Paul, et la réponse à son message rappellent les paroles d'Ésaïe et les accomplissent.

Le ministère de Paul ressemble aussi au ministère du prophète Jérémie. Comme Jérémie, il est « un prophète pour les nations » (προφήτην εἰς ἔθνη, Jér 1.5). Comme Jérémie, le Seigneur lui ordonne de parler (λαλέω, Ac 18.9 ; Jér 1.7) en promettant de le délivrer des malfaiteurs (Ac 18.10 ; 26.17 ; Jér.1.8)[354]. Le conflit entre Paul et le faux prophète Bar-Jesus (Ac 13.6-12) a aussi des parallèles dans le ministère du prophète Jérémie(Jér 36)[355]. Comme Jérémie, il a souffert par les mains de ses compatriotes qui ont cherché à le tuer (Ac 9.23, 24, 29 ; 21.31 ; 23.12-15 ; Jér 11.18-23)[356].

Beaucoup de parallèles montrent que le ministère de Paul ressemble au ministère de Jésus et au ministère des autres « hommes de l'Esprit »[357]. Il y a un certain nombre d'éléments partagés par Jésus, Pierre et Paul. Un discours se trouve au début de la mission de chacun dans lequel le personnage cite un passage de l'Ancien Testament donnant des explications sur son ministère (Lc 4.18-21 ; Ac 2.14-40 ; 13.14-41)[358]. Les discours sont suivis de signes et de prodiges (Lc 4.31ss ; Ac 2.43 ; Ac 14.3)[359], en particulier de la guérison d'un boiteux (Lc 5.17-26 ; Ac 3.1-10 ; 14.8-10)[360], et de l'opposition par les autorités juives (Lc 4.28-29 ; Ac 4.1-22 ; 13.45)[361]. Comme Jean-Baptiste tous les trois prêchent la repentance en vue du pardon des péchés (Lc 5.20, 32 ; 24.47 ; Ac 2.38 ; 13.38 ; 17.30). Les actes de puissance extraordinaires sont effectués par ces trois personnages. Concernant Jésus le narrateur dit, « Toute la foule cherchait à le toucher, parce qu'une force sortait de lui et les guérissait tous » (Lc 6.19). La foule cherchait à être couverte par l'ombre de Pierre et « tous étaient guéris » (Ac 5.15-16). « On appliquait sur les malades des linges ou des mouchoirs qui avaient touché » le corps

---

[354] TANNEHILL, *Narrative Unity, Vol 2*, p.
[355] Ibid., p. 162.
[356] Ibid., p. 225-26.
[357] Voir le tableau ch. 3. p. 115.
[358] TANNEHILL, *Narrative Unity, Vol. 2*, p. 160.
[359] Ibid., p. 161-62.
[360] Ibid., p. 160, 177-78.
[361] Ibid., p. 160.

de Paul, « et les maladies les quittaient, et les esprits malins sortaient » (Ac 19.12)[362]. Les trois ressuscitent un mort (Lc 7.11-17 ; Ac 9.36-42 ; 20.9-12)[363].

Il y a un certain nombre d'éléments partagés entre Pierre et Paul dont on ne trouve pas de parallèle dans la vie de Jésus. Les deux sont conduits par l'Esprit et par une vision pour prendre une nouvelle direction (Ac 10.9-20 ; 16.6-10). Les actes de l'un et de l'autre inspirent une crainte et une croissance (Ac 2.43, 47 ; 5.11, 14 ; 19.17, 20)[364]. Les deux transmettent l'Esprit à d'autres par le geste de l'imposition des mains (Ac 8.17 ; 19.6)[365]. Les deux déclarent qu'ils sont prêts à aller en prison et à mourir pour Jésus (Lc 22.33 ; Ac 21.13)[366].

Finalement, il y a des éléments partagés entre Jésus et Paul dont on ne trouve pas de parallèle dans le ministère de Pierre. En général, ces parallèles concernent le thème du rejet et la souffrance. Les deux sont chassés (ἐκβάλλω) par les autorités juives (Lc 4.29 ; Ac 13.50)[367]. Les deux parlent de la nécessité (δεῖ) de la souffrance (Lc 9.22 ; 17.25 ; 24.7 ; Ac 14.22 ; cf. Ac 9.16)[368]. Comme pour Jésus la souffrance et l'arrestation de Paul sont prédites (Lc 9.22 ; 17.25 ; 18.31-33 ; 24.26 ; Ac 9.16 ; Ac 20.23 ; 21.11)[369]. Les deux se soumettent à la volonté de Dieu (Lc 22.42 ; Ac 21.14)[370], et voyagent vers Jérusalem (Lc 9.51 ; Ac 19.21), où ils sont arrêtés et livrés entre les mains des Romains (παραδίδωμι εἰς τὰς χεῖρας τῶν Ῥωμαίων, Lc 24.7 ; Ac 28.17)[371]. Leurs procès se ressemblent. Les deux doivent apparaître devant le conseil juif, un gouverneur romain et un roi juif. Ils sont déclarés innocents plusieurs fois mais sans être relâchés[372]. Les Juifs demandent la mort de chacun (αἶρε αὐτόν/τοῦτον, Lc 23.18 ; Ac 21.36)[373].

Quel est le but de tous ces parallèles ? Les parallèles avec les prophètes de l'Ancien Testament semblent indiquer que Luc décrit le ministère de l'apôtre Paul, ainsi

---

[362] Ibid., p. 237.
[363] Ibid., p. 247-48. TANNEHILL souligne les différents points de contact entre les épisodes de Tabitha, Eutychus et le fils de la Sunamite, ressuscité par Élisée (2 R 4.18-37).
[364] Ibid., p. 238.
[365] Ibid., p. 236.
[366] Ibid., p. 264-65.
[367] Ibid., p. 172.
[368] Ibid., p. 181.
[369] Ibid., p. 114, 259, 265,
[370] Ibid., p. 264.
[371] Ibid., p. 345. Lc 24.7 a « hommes pécheurs » à la place de « Romains ».
[372] Ibid., p. 282.
[373] Ibid., p. 274.

que le ministère des autres « hommes de l'Esprit », à la manière des prophètes de l'Ancien Testament. Les parallèles avec Pierre et avec Jésus dont on ne voit pas une correspondance chez les autres « hommes de l'Esprit » semblent valider le ministère de Paul autant, si non, plus que le ministère de Pierre. Tous ces parallèles servent à confirmer que Paul est dans la ligne des prophètes inspirés par l'Esprit, et que son ministère est valable et agréé par Dieu.

*L'accomplissement des prophéties.*

Nous avons déjà mentionné trois passages de l'Ancien Testament cités dans cette sous-section (És 49.6 ; 6.6-9 ; Amos 9.11-12) et un bon nombre de prophéties nouvelles (Lc 2.30-32 ; 3.6 ; 21.12-18 ; 24.47 ; Ac 1.8 ; 2.21, 39) qui sont accomplies par la décision de Paul et d'autres d'annoncer le salut aux païens et par l'opposition des Juifs au message et à cette décision. Il faut maintenant survoler quelques exemples. Presque tout de suite après sa conversion, les Juifs veulent tuer Saul (Ac 9.23-24). Mais, selon la prophétie de Jésus de protéger ses témoins (Lc 21.18), ils ne réussissent pas (Ac 9.25). La délivrance de Pierre par l'ange de Dieu est un exemple encore plus frappant (Ac 12.6-11). Hérode, qui menaçait Pierre (Ac 12.1, 6), est mort à la place de Pierre (Ac 12.20-23). Le narrateur montre, qu'à travers toute la carrière de Paul, l'hostilité des Juifs est inefficace pour arrêter son témoignage. À Antioche de Pisidie, les Juifs, « remplis de jalousie », s'opposent à Paul et à Barnabas (Ac 13.45) et les font chasser de leur territoire (Ac 13.50). Mais Paul et Barnabas annoncent la parole de Dieu avec assurance (παρρησιάζομαι, Ac 13.46) et sont « remplis de joie et du Saint-Esprit » (Ac 13.52). À Icône les Juifs excitent les païens contre Paul et Barnabas (Ac 14.2). Mais Paul et Barnabas continuent à parler avec assurance (παρρησιάζομαι), leur paroles étant appuyées par des « signes et des prodiges » (σημεῖα καὶ τέρατα, Ac 14.3). De nouveau, les Juifs veulent les tuer et ne réussissent pas (Ac 14.5-6). À Lystre les Juifs semblent réussir à tuer Paul. Ils le lapident et pensent qu'il est mort (Ac 14.19). Mais Paul se lève et entre dans la ville (Ac 14.20). Le schéma se répète aussi, pour d'autres raisons, parmi les païens. À Philippes, Paul et Silas sont battus et jetés en prison (Ac 16.22-23 ; cf. Lc 21.12). Mais Dieu les délivre par un tremblement de terre (Ac 16.26). À Thessalonique et à Bérée, les Juifs cherchent à faire du mal à Paul et à Silas, mais ils ne réussissent pas (Ac 17.5, 6, 13-14). Injuriés par les Juifs à Corinthe, Paul reçoit une vision dans laquelle le Seigneur l'encourage à parler et promet de le protéger (Ac 18.6, 9-10). Les effets de l'Esprit, une assurance pour témoigner, une joie extraordinaire, une vision, des signes et des prodiges, sont manifestes dans ces exemples.

La prophétie de Jésus, prédisant que les disciples seront menés devant des rois et devant des gouverneurs est particulièrement intéressante (Lc 21.12). La prophétie est partiellement répétée par Ananias dans l'épisode de l'appel de Paul (Ac 9.15). À Jérusalem les Juifs arrêtent Paul et veulent le tuer. Paul est de nouveau délivré, cette fois-ci par un tribun romain (Ac 21.31-32). Dans la suite Paul rend témoignage devant le sanhédrin (Ac 23.1-10), devant les gouverneur Félix et Festus (Ac 24.10-23 ; 25.1-12) et devant le roi Agrippa (Ac 26.1-32). Les Juifs cherchent toujours à le tuer (Ac 23.12-15 ; 25.2-3), mais leurs complots sont déjoués (Ac 23.16-33 ; 25.10-12). Au cours d'une nuit le Seigneur encourage Paul et lui dit qu'il rendra témoignage à Rome (Ac 23.11). Le lecteur n'est pas surpris lorsque Paul fait appel à César, et Festus décide de l'envoyer à Rome (Ac 25.10-12). La vie de Paul est sauvée trois fois pendant son voyage à Rome. D'abord il est sauvé de la tempête. Un ange lui dit qu'il doit comparaître devant César (Ac 27.23-24). Puis il est sauvé des soldats qui veulent le tuer (Ac 27.42-44). En fin, il est sauvé de la morsure d'un serpent venimeux (Ac 28.3-5). Au lieu de mourir, Paul « ne ressent aucun mal » et guérit des malades (Ac 28.5, 8-9). Le lecteur constate qu'à travers la carrière de Paul, qu'il soit menacé par des Juifs, par des païens ou par des circonstances, Dieu le protège et le rend capable de témoigner, de prophétiser et de guérir. Il semble évident que l'Esprit de Dieu veille sur ses serviteurs pour qu'ils puissent accomplir les prophéties citées et données dans l'œuvre.

*La conduite par l'Esprit.*

À la conversion de Saul, Ananias, un « homme de l'Esprit » lui communique sa mission de porter le message du salut aux nations (Ac 9.15 ; 22.14-15 ; 26.17-18). L'on peut supposer qu'Ananias est un « homme de l'Esprit » parce qu'il agit comme un prophète. Le Seigneur lui parle dans une vision (Ac 9.10 ; cf. Ac 2.17), il opère une guérison et transmet l'Esprit par l'imposition des mains (Ac 9.17 ; cf. Lc 4.40 ; 13.13 ;

Ac 8.17 ; 19.6). Il semble qu'à ce moment Saul est « rempli » de l'Esprit, et donc, qualifié par l'Esprit pour accomplir cette mission. La preuve perceptible racontée par Luc est sa capacité de prêcher aussitôt (εὐθέως, Ac 9.20) avec assurance (ἐπαρρησιάσατο) au nom de Jésus (Ac 9.27). Tous ceux qui entendaient la prédication de Saul réagissaient de manière typique à cette démonstration de la puissance de Dieu. « Ils étaient dans l'étonnement (ἐξίστημι) » (Ac 9.21 ; cf. Ac 2.7, 12 ; 8.13 ; 10.45).

L'Esprit inaugure la mission de Saul/Paul et continue à le conduire à travers sa carrière. Au chapitre onze, Barnabas, un autre homme « plein d'Esprit Saint », l'amène à Antioche (Ac 11.24). Au chapitre treize, Barnabas et Saul sont parmi les prophètes et les docteurs qui entendent la voix de l'Esprit disant, « Mettez-moi à part Barnabas et Saul pour l'œuvre à laquelle je les ai appelés » (Ac 13.2). Le lecteur doit se rappeler ici l'appel de Saul, à qui Ananias a communiqué la mission de porter le message du salut aux nations. Donc, « envoyés par le Saint-Esprit », Barnabas et Saul s'embarquent pour d'autres nations (Ac 13.4). À Chypre, Paul, « rempli du Saint-Esprit » opère un premier signe en rendant un faux prophète aveugle (Ac 13.9-11). À Lystre il guérit un homme qui ne pouvait se tenir sur ses pieds (Ac 14.8-10). Au concile de Jérusalem, Barnabas et Paul racontent « tous les signes et les prodiges que Dieu avait faits par eux au milieu des païens » (Ac 15.12). Ces miracles et les manifestations de l'Esprit dans la maison de Corneille permettent au concile de conclure que l'accueil des païens dans l'Église « a paru bon au Saint-Esprit » (Ac 15.28).

Au deuxième voyage missionnaire, l'Esprit établit avec précision l'itinéraire de Paul et de ses compagnons. Il les empêche d'annoncer la parole en Asie (Ac 16.6) et ne les permet pas d'entrer en Bithynie (Ac 16.7). Une vision leur révèle qu'il faut partir vers la Macédoine (Ac 16.9-10) ; toujours plus loin de Jérusalem vers les « extrémités de la terre » (Ac 1.8).

Finalement, Paul est « dans l'Esprit » (ἐν τῷ πνεύματι) lorsqu'il prend la décision de se rendre à Jérusalem (Ac 19.21)[374]. Il s'y tient malgré les prophéties d'avertissement

---

[374] L'expression ἐν τῷ πνεύματι peut aussi se référer à l'esprit humain. Voir, p. ex., BARRETT, *Acts*, Vol 2, p. 919 ; HILL, « The Background and Biblical Usage of the Term ΠΝΕΥΜΑ », p. 257 ; LAKE et CADBURY, *Acts IV*, p. 244. Robert TANNEHILL signale plusieurs raisons favorisant une référence à l'Esprit de Dieu : 1) La nécessité divine (δεῖ) du voyage à Rome et la décision « dans l'Esprit » pour le voyage à Jérusalem sont décrites en parallèle. 2) Paul dit plus tard qu'il va à Jérusalem « lié par l'Esprit » (Ac 20.22). 3) Le premier voyage de Paul est aussi attribué à l'initiative divine (Ac 13.2, 4), *Narrative*

prédisant sa souffrance et son arrestation à Jérusalem (Ac 20.22-23 ; 21.4, 11). Après son arrestation, le Seigneur parle deux fois pendant la nuit pour signaler que la mission de Paul doit continuer jusqu'à Rome. Il doit rendre témoignage à Rome (Ac 23.11 ; cf. 19.22) et comparaître devant César (Ac 27.23-24). Toute la carrière missionnaire de Paul est conduite par l'Esprit vers l'accomplissement de son appel de porter le salut aux nations. Gonzalo HAYA-PRATS a raison de conclure que « l'auteur du livre des Actes veut justifier la multiplication des communautés formées par des païens qui n'ont été soumis préalablement ni à la circoncision ni à la Loi » et que « ce progrès historique était confirmé, ou même promu, par l'Esprit »[375].

**La réception de l'Esprit chez Corneille**

Quelques épisodes dans le ministère de Pierre sont intercalés entre le récit sur la conversion de Paul (Ac 9.1-31) et ses voyages missionnaires (Ac 13.1ss). Le thème unificateur est le salut des païens. Paul est appelé à la mission de porter le salut aux païens (Ac 9.15-16), mais Dieu a choisi (ἐκλέγω) Pierre pour leur ouvrir la porte (Ac 15.7). L'action de l'Esprit de confirmer et promouvoir l'accueil des païens dans l'Église est le plus évidente dans l'épisode de Pierre où il annonce l'évangile à la maison de Corneille.

Du récit du mandat de Paul le narrateur passe directement à deux épisodes concernant la puissance thaumaturgique de Pierre (Ac 9.32-42). Ces deux épisodes semblent avoir deux fonctions dans le fil de l'intrigue. Premièrement, le lecteur comprend pourquoi Pierre se trouve à Joppé lorsque l'épisode de Corneille commence (Ac 9.43). Deuxièmement, Luc semble vouloir souligner davantage les qualifications prophétiques de Pierre avant que ce récit commence. Pierre guérit un paralytique et ressuscite un mort ! Ce sont des signes presque inouïs, même dans le récit biblique. Dans l'Ancien Testament,

---

*Unity, Vol* 2, p. 239. Nous ajoutons 2 autres raisons : 1) Le fait qu'il est conduit par l'Esprit pour son voyage à Jérusalem est la seule raison logique expliquant la résolution de Paul de continuer son voyage malgré la certitude de son arrestation qui l'attend (Ac 21.4, 11). Il faut se rappeler que Paul sait aussi fuir le danger (Ac 13.6 ; 17.10, 14). Il s'obstine lorsqu'il a l'assurance de la volonté de Dieu (Ac 18.9-11). 2) Luc se réfère si souvent à l'Esprit de Dieu dans son œuvre que le terme πνεῦμα fait penser presque automatiquement à l'Esprit de Dieu, s'il n'y a pas d'autres indications. S'il s'agit de l'esprit humain Luc ajoute un pronom personnel pour l'indiquer (*mon esprit*, Lc 23.46 ; Ac 7.59 ; *son esprit* Ac 17.16).
[375] *L'Esprit force de l'église*, p. 179-80.

seulement Élie et Élisée ressuscitent un mort (1 R 17.17-24 ; 2 R 13.21). Au chapitre dix le ministère de Pierre envers les païens est souverainement conduit et confirmé par Dieu. Un ange du Seigneur informe Corneille qu'il faut chercher Pierre « à Joppé chez Simon le corroyeur, dont la maison est près de la mer ». La révélation des détails confirme l'origine surnaturelle du message. Pierre, lui-même, reçoit le don prophétique d'une vision pour le préparer à la rencontre (cf. Ac 2.17). Puis, « l'Esprit lui dit » de partir avec les envoyés de Corneille (Ac 10.19-20). Finalement, Dieu confirme l'accueil des païens en leur accordant le même don du Saint-Esprit (Ac 10.44-47 ; 11.15-17).

Jean-Noël Aletti a raison d'ajouter que « le narrateur ne se contente pas de « signaler que Dieu mène les événements avec une souveraine puissance. Il utilise les incompréhensions et les objections des disciples pour mettre en relief l'aspect inattendu des choix divins »[376]. Selon Aletti, lorsque Pierre veut justifier sa décision de manger avec les incirconcis (Ac 11.1-17), « il insiste sur les visions reçues, sur l'effusion de l'Esprit, pour souligner précisément que ni lui ni personne d'autre n'aurait pu imaginer que … des païens, recevraient l'Esprit »[377]. La difficulté d'accepter cette conclusion fait partie du fil de l'intrigue. L'auteur conduit le lecteur à reconnaître la souveraineté de Dieu au même moment que les auditeurs de Pierre. La fonction de l'Esprit dans cette péricope est claire. L'Esprit valide encore le ministère de Pierre et l'accueil des païens dans l'Église. Cette confirmation dépend aussi des manifestations perceptibles de l'Esprit.

Peut-on tirer ou confirmer d'autres conclusions sur la pneumatologie de Luc-Actes ? Le récit est mené de façon à rappeler l'expérience des disciples à la Pentecôte[378]. Les éléments de la repentance, du baptême et de la réception de l'Esprit se rencontrent encore ici. Ce récit éclaire-t-il le lien entre ces éléments ? L'expression de Jean-Baptiste, « être baptisé dans l'Esprit Saint », est rappelée pour la dernière fois dans Luc-Actes. Peut-on préciser mieux sa signification ? Nous voulons maintenant aborder brièvement ces deux questions.

---

[376] *Quand Luc raconte*, p. 46.
[377] Ibid., p. 44.
[378] TANNEHILL, *Narrative Unity, Vol. 2*, p. 142. TURNER, *Power from on High*, p. 380.

*Le lien entre la repentance, le baptême et la réception de l'Esprit.*

Étant donné que le lecteur apprend ce qui se passe dans la maison de Corneille, concernant la repentance, le baptême et la réception de l'Esprit, en même temps que les personnages du récit, le lecteur est obligé de reconstruire l'ordre de ces éléments avec les personnages. Donc, le lecteur conclut seulement au moment de la réception de l'Esprit que les païens se sont repentis. Les interlocuteurs de Pierre concluent, « Dieu a donc accordé la repentance aussi aux païens » (Ac 11.18). Le baptême est accordé plus tard.

Le récit ne précise pas le moment de la repentance. La meilleure supposition place la repentance juste avant ou au moment de leur réception de l'Esprit. Les dernières paroles de Pierre enregistrées avant la réception promettent le pardon des péchés à « quiconque croit » en Jésus (Ac 10.43). Comme la repentance concerne l'attitude vis-à-vis de Jésus, et comme elle est aussi en vue du pardon des péchés, l'expression « croire » se trouve en parallèle avec la notion de la repentance. Les deux expressions sont deux côtés de la même notion. La repentance se réfère au changement de l'attitude et du comportement, tandis que croire se réfère à la nouvelle attitude et au nouveau comportement. Donc, la meilleure supposition c'est que les païens aient changé leur avis sur Jésus et cru en Lui au moment où Pierre parle[379]. Au même moment, ou tout de suite après, le Saint-Esprit tombe sur eux.

L'ordre des éléments dans l'expérience des païens diffère des autres expériences déjà racontées. Néanmoins, Max Turner dit qu'il y a un retour à la 'norme' établie par Pierre à la Pentecôte (Ac 2.38), même si l'ordre change[380]. L'on doit demander ce que Turner veut dire par cette 'norme' si l'ordre des éléments n'est pas important. Selon Turner, lui-même, la compréhension normale est que ceux qui se repentent et se font baptiser reçoivent l'Esprit « sans délai »[381]. Dans le cas de Corneille, il faut enlever le baptême de cette équation. La 'norme' qui reste est, 'ceux qui se repentent reçoivent

---

[379] Il est possible de concevoir la repentance de Corneille avant ce moment, en se basant sur le comportement de Corneille et sur le fait qu'ils « savent » déjà les éléments concernant le ministère de Jésus (Ac 10.37-38). Voir, p. ex., SHELTON, *Mighty in Word and Deed*, p. 131-33. Mais les paroles de l'ange, informant Corneille que Pierre lui « dira des choses par lesquelles » il sera « sauvé » (Ac 11.14), favorisent plaçant le moment de la repentance pendant la prédication de Pierre.
[380] *Power from on High*, p. 384.
[381] Ibid., p. 358.

l'Esprit sans délai'. Lorsque Turner parle d'un retour à la norme dans la maison de Corneille, il parle de la réception de l'Esprit sans délai.

Turner a probablement raison de voir une réception simultanée ou presque simultanée dans le récit de Corneille. Mais cette réception simultanée ne confirme pas une 'norme' établie par Pierre le jour de la Pentecôte. Au contraire, l'ensemble du récit de Corneille contredit cette 'norme'. Car, si Pierre établit une norme concernant la réception immédiate de l'Esprit, il n'est pas logique d'éliminer arbitrairement l'élément du baptême, et il faut parler d'une autre exception ici[382]. Si l'on examine l'ensemble de son œuvre, il est douteux que Luc ait établi une telle 'norme'[383].

Une réception simultanée ne cause aucun problème pour nos conclusions concernant la subséquence et le baptême. Nous avons proposé que la promesse énoncée par Pierre établit un lien logique entre la repentance et la réception de l'Esprit sans que la réception ne soit forcément liée au moment de la repentance. C'est-à-dire la repentance est la condition pour la réception de l'Esprit. Ce ne sont pas deux éléments du même événement. La notion de subséquence, chez Luc, veut dire que la réception peut venir, mais n'est pas obligée de venir, longtemps après la repentance. C'est-à-dire la repentance et la réception de l'Esprit sont deux événements qui ne sont pas liés au même moment dans le temps. Si nous avons raison de penser que le baptême au nom de Jésus représente une mise à jour de la repentance prêchée par Jean-Baptiste, et non pas une deuxième condition pour la réception de l'Esprit[384], le cas de Corneille ne constitue pas une exception[385].

Dans la perspective lucanienne de l'Esprit, les événements chez Corneille se reconstruisent de manière parfaitement logique et cohérente. Ils ne sont en contradiction ni avec les paroles de Pierre (Ac 2.38), ni avec l'ensemble de Luc-Actes. L'Esprit est tombé sur les païens dans la maison de Corneille de manière à ressembler aux événements de la Pentecôte (Ac 10.44-47 ; 11.15). Pierre et ses compagnons juifs en concluent qu'ils ont déjà rempli la condition de la repentance (Ac 11.18 ; 2.38), qu'ils ont

---

[382] Voir, p. ex., DUNN, *Acts*, p. 146.
[383] BARRETT, *Acts*, Vol 1, p. 530.
[384] Ch. 6, p. 312, n. 235.
[385] O. BAURNFEIND croit que le fait que Luc ne commente pas le changement d'ordre veut dire que cet ordre était aussi familier, *Kommentar und Studien zur Apostelgeschichte*, Wissenschaftliche Untersuchungen zum Neuen Testament 22, Herausgegeben von V. Metelmann, Tübingue, 1980, p. 150.

cru (Ac 11.17) et que leurs péchés sont pardonnés (Ac 10.43). Le concile de Jérusalem conclut que leurs cœurs ont été purifiés (Ac 15.9). L'expérience chez Corneille suit l'ordre expérimenté par certains des premiers disciples. Ils se sont aussi repentis et ont reçu l'Esprit sans être baptisés au nom de Jésus. La constatation, « le Saint-Esprit descendit sur eux, comme sur nous au commencement » (Ac 11.15), se réfère certainement aux dons prophétiques perceptibles, mais peut-être aussi à l'ordre et à la soudaineté des événements[386].

À la différence des premiers disciples, Pierre ordonne que les convertis chez Corneille soient baptisés. L'on doit demander, « Pourquoi ? ». Ils ont déjà expérimenté tout ce que le baptême au nom de Jésus représente : repentance, foi et purification. Dieu a déjà confirmé leur approbation par le don de l'Esprit. Pourquoi faut-il les baptiser ? Le baptême ne les purifie pas. Ils sont déjà 'purs'. La réception de l'Esprit en est la preuve[387]. Le baptême n'est pas le moyen pour conférer l'Esprit. Ils ont déjà reçu l'Esprit. Le baptême doit être le moyen de les incorporer officiellement dans la communauté eschatologique[388]. Cette étape n'a pas été nécessaire pour les premiers disciples. Par le baptême, Pierre et ses compagnons reconnaissent l'incorporation de ces païens et les accueillent eux-mêmes dans la communauté eschatologique.

*Le rappel de l'expression « baptisés dans l'Esprit-Saint ».*

Sur les quatre fois où les détails de la venue de l'Esprit sont racontés dans les Actes des apôtres (Ac 2.1-4 ; 4.31 ; 10. 44-47 ; 19.6), la parole prophétique de Jean-Baptiste est évoquée deux fois (Ac 1.5 ; 11.16). Il faut demander pourquoi Pierre se souvient de cette parole ici et non pas ailleurs. Ni Pierre, ni Luc ne répond à cette question. Donc, toute réponse est spéculative. Mais deux réponses logiques sont cohérentes avec notre thèse. Premièrement, Pierre veut établir un parallèle entre l'expérience des païens et celle des premiers disciples[389]. Il parle de « ceux qui ont reçu le

---

[386] BRUCE, *Acts*, p. 229.
[387] Craig A. EVANS signale que le problème des païens est leur impureté. C'est pourquoi la vision de Pierre concerne des choses pures, « Jesus and the Spirit : On the Origin and Ministry of the Second Son of God », *Luke and Scripture : The Function of Sacred Tradition in Luke-Acts*, Craig A. Evans et James A. Sanders, éd., Minneapolis MN, Fortress Press, 1993, p. 35.
[388] BARRETT, *Acts*, Vol 1, p. 541.
[389] Voir les parallèles mentionnés par TURNER, *Power from on High*, p. 380.

Saint-Esprit *aussi bien que nous* » (Ac 10.47) et du Saint-Esprit qui « descendit sur eux, *comme sur nous* au commencement » (Ac 11.15). L'Esprit est « répandu » (ἐκχέω) sur les deux groupes (Ac 2.17-18, 33 ; Ac 10.45)[390]. Les deux groupes reçoivent le « don du Saint-Esprit » (δωρεά τοῦ ἁγίου πνεύματος, Ac 2.38 ; 10.45). Les deux groupes parlent en langues et glorifient Dieu (λαλούντων … γλώσσαις τὰ μεγαλεῖα τοῦ θεοῦ, Ac 2.10 ; λαλούντων γλώσσαις καὶ μεγαλυνόντων τὸν θεόν, Ac 10.45). La répétition de la prophétie de Jésus/Jean-Baptiste contribue à la description parallèle, parce que la seule autre fois où cette prophétie est mentionnée, elle anticipe l'expérience des premiers disciples.

La deuxième raison pour laquelle la prophétie de Jean/Jésus est mentionnée ici concerne la stratégie de l'auteur dans le fil de l'intrigue. Dans la perspective de Jean-Baptiste, sa prophétie concerne le jugement et la destruction des ennemis du peuple de Dieu[391]. Cette compréhension a été modifiée par Jésus[392]. Au début du livre des Actes des apôtres, les disciples croient toujours que la prophétie de Jean se réfère au rétablissement du royaume d'Israël (Ac 1.6), et probablement aussi à la destruction et à la soumission des nations. Jésus renvoie cette notion du royaume à une date ultérieure indéfinie (Ac 1.7), et parle de la réception de l'Esprit et de leur témoignage qui doit s'étendre à toutes les nations (Ac 1.8). Le contraste entre ce que Pierre voit chez Corneille et sa compréhension antérieure du royaume doit rappeler les paroles de Jésus, où Jésus a essayé de modifier sa compréhension concernant la puissance de l'Esprit et le témoignage envers les nations. Finalement, Pierre comprend, et il fait comprendre à ses interlocuteurs que Dieu n'envoie pas son Esprit pour que la communauté eschatologique puisse régner sur les païens, mais pour qu'elle puisse témoigner aux païens. Ils concluent : « Dieu a donc accordé la repentance aussi aux païens, afin qu'ils aient la vie » (Ac 11.18).

Cette discussion appuie notre conclusion sur le caractère synonymique des expressions décrivant l'influence de l'Esprit. L'expression « baptisés d'Esprit » ne décrit pas une expérience distincte de la réception de l'Esprit. Les deux expressions sont employées dans le fil de l'intrigue afin de montrer comment les prophéties sur la venue de l'Esprit dans les jours eschatologiques sont accomplies.

---

[390] L'expression « l'Esprit répandu sur » quelqu'un n'est pas utilisée ailleurs dans Lc-Ac.
[391] Voir la discussion sur la prophétie de Jean-Baptiste, ch. 4, p. 151-75.
[392] Voir ch. 6, p. 255-62.

## La réception de l'Esprit chez les Éphésiens

Aux chapitres dix-huit et dix-neuf des Actes des apôtres se trouvent deux récits sur des personnages à Éphèse qui ne connaissent que le baptême de Jean : le récit d'Apollos (Ac 18.24-28) et le récit d'une douzaine de « disciples » (Ac 19.1-7). Quel rôle ces épisodes jouent-ils dans le fil de l'intrigue ? Dans le survol du ministère de l'apôtre Paul, nous avons déjà mentionné l'importance du parallèle du don de l'Esprit conféré par le geste de l'imposition des mains de Pierre et de Paul[393]. Ce parallèle contribue à la validation du ministère de Paul envers les païens. L'on peut aussi mentionner que la réception perceptible de l'Esprit valide l'incorporation d'un autre groupe de croyants[394]. Mais la fonction de validation n'explique pas l'insertion du récit d'Apollos et le contraste entre ces deux épisodes.

Deux autres propositions sur la fonction de ces récits dans le fil de l'intrigue nous semblent logiques. Premièrement, John A. Darr propose que les deux récits de personnages réceptifs au message servent de contraste pour mettre en relief le rejet de l'évangile par les Juifs[395]. Deuxièmement, William Shepherd propose que ces récits servent à clôturer l'intrigue concernant le personnage de Jean-Baptiste. Toutes ces fonctions doivent être prises en considération dans l'interprétation de ces textes.

Les problèmes d'interprétation pour la pneumatologie de Luc-Actes concernent surtout le moment de la conversion de ces personnages et le lien entre leur conversion, baptême et réception de l'Esprit. La question, « Sont-ils déjà 'chrétiens' ? », est importante pour la notion de subséquence. Les références au baptême et à la réception de l'Esprit soulèvent encore la question, « Quels sont les liens entre la repentance, le baptême et la réception de l'Esprit ? ».

---

[393] Ch. 6, p. 354.
[394] On constate plusieurs parallèles entre la réception de l'Esprit chez les disciples à Éphèse et d'autres récits de la réception de l'Esprit. Voir GEORGE, « L'Esprit Saint dans l'œuvre de Luc », p. 509 ; HULL, *The Holy Spirit in the Acts*, p. 115-16 ; HUR, *A Dynamic Reading of the Holy Spirit in Luke-Acts*, p. 261-62 ; O'REILLY, *Word and Sign in the Acts of the Apostles*, p. 56-57 ; RICHARD, « Pentecost as a Recurrent Theme in Luke-Acts », p. 147-48.
[395] *On Character Building*, p. 83.

*Sont-ils déjà « chrétiens » ?*

Le plus grand problème pour trouver une réponse à cette question est que le terme « chrétien », employé ici, est anachronique[396]. Le terme « chrétien » (Χριστιανός) est connu par Luc, mais pas avec les significations que nous accordons à ce terme aujourd'hui. Le terme est employé deux fois dans Luc-Actes. D'abord Luc écrit, « Ce fut à Antioche que, pour la première fois, les disciples furent appelés chrétiens » (Ac 11.26). Ensuite, le roi Agrippa dit à Paul, « Tu vas bientôt me persuader de devenir chrétien » (Ac 26.28). Dans les deux cas, l'appellation semble venir de l'extérieur. L'on peut supposer que les disciples méritent cette appellation parce qu'ils agissent comme le Christ, ou surtout parce qu'ils parlent si souvent du Christ. Le terme n'est pas une appellation interne pour distinguer entre ceux qui sont convertis ou sauvés et ceux qui ne le sont pas.

Luc n'aborde pas explicitement la difficulté de distinguer entre les vrais croyants et ceux qui font semblant de croire, ou dont la foi est insuffisante. L'interprète doit présupposer ce problème sous-jacent au texte. Ce problème existe-t-il dans la description lucanienne de cette première période de l'Église, ou seulement dans l'imagination de l'interprète ? Luc décrit une situation où ceux qui croient s'ajoutent à l'Église, et les autres n'osaient pas se joindre à eux (Ac 5.12-16). Les signes et les prodiges inspiraient la crainte (Ac 2.43 ; 5.5, 11 ; 19.17). La persécution doit aussi préserver l'Église contre le problème de l'hypocrisie.

Ces deux épisodes présentent des personnages en termes positifs. Apollos est « puissant (δυνατὸς) dans les Écritures » (Ac 18.24) et « bouillonnant dans l'Esprit » (ζέων τῷ πνεύματι, Ac 18.25). « Il annonçait et enseignait avec exactitude (ἀκριβῶς, cf. Lc 1.3) ce qui concerne Jésus » (Ac 18.25). Il prêchait avec « assurance » (παρρησιάζομαι, Ac 18.26). Les deux premières expressions sont souvent traduites par « versé dans les Écritures » et « fervent d'esprit » respectivement. Étant donné l'accumulation de termes typiquement utilisés chez Luc pour indiquer l'influence de l'Esprit (δυνατὸς, πνεύματι, παρρησιάζομαι), il semble que la traduction « fervent d'esprit » soit le résultat d'un à priori théologique : c'est-à-dire un personnage qui ne

---

[396] Joseph FITZMYER reconnaît ce problème lorsqu'il essaie de nuancer le terme. Il parle de 'chrétien johannique', *Acts*, p. 637, ou d'une 'sorte de chrétien', p. 643.

connaît que le baptême de Jean ne peut être doté de l'Esprit[397]. Il faut que le lecteur ait le même à priori pour ne pas comprendre qu'Apollos est doté de l'Esprit. Étant donné le nombre de fois que le terme πνεῦμα évoque le Saint-Esprit dans Luc-Actes, le lecteur a besoin d'indices clairs afin de comprendre que le terme évoque un autre esprit. En effet, Luc précise un esprit mauvais par les adjectifs πονηρός[398] et ἀκάθαρτος[399], ou par un contexte très clair, et un esprit humain par un pronom personnel[400]. Il est improbable qu'un auteur si préoccupé par les phénomènes de l'Esprit emploie l'expression ζέων τῷ πνεύματι pour parler d'un esprit vif humain[401]. Apollos est un « homme de l'Esprit »[402], puissant en paroles comme Jean-Baptiste[403].

Les croyants à Éphèse ne sont manifestement pas dotés de l'Esprit (Ac 19.3, 6). Mais ils sont appelés « disciples » (Ac 19.1), et ils croient (Ac 19.2). Sont-ils disciples de Jean ou disciples de Jésus ? L'emploi du vocabulaire chez Luc semble indiquer qu'ils sont disciples de Jésus[404]. Mais le terme reste ambigu, et certains détails du texte font penser qu'ils sont disciples de Jean[405]. L'ambiguïté du terme montre probablement que la question n'est pas importante pour la compréhension lucanienne de l'épisode. Sous-jacente à cette question sur les termes « disciples » et « croire » est la question anachronique, « Sont-ils chrétiens ? ». Voici la logique. S'ils sont disciples de Jean et non pas de Jésus, ils ne sont pas réellement 'chrétiens', leur foi est déficiente et ils doivent se

---

[397] Ernst HAENCHEN, p. ex., avoue que l'emploi de πνεῦμα pour indiquer un tempérament ardent est très exceptionnelle, mais que la possession de l'Esprit par un chrétien incomplet semble inconcevable, *Apostelgeschichte*, p. 486. William SHEPHERD propose même, en raison de la structure parallèle des deux récits, qu'Apollos ait dû être rebaptisé et recevoir l'Esprit comme les autres disciples à Éphèse, *The Narrative Function of the Holy Spirit*, p. 228.
[398] Lc 7.21 ; 8.2 ; 11.26 ; Ac 19.12, 13, 15, 16.
[399] Lc 4.33, 36 ; 6.18 ; 8.29 ; 9.42 ; 11.24 ; Ac 5.16 ; 8.7.
[400] Lc 1.47 ; 8.55 ; 23.46 ; Ac 7.59 ; 17.16.
[401] BARRETT, *Acts*, Vol 2, p. 888.
[402] Contre JOHNSON, *Acts*, p. 335.
[403] Voir ch. 3, p. 118-19.
[404] BRUCE, *Acts*, p. 385 ; LAKE et CADBURY, *Acts*, p. 237 ; FITZMYER, *Acts*, p. 642 ; HAENCHEN, *Apostelgeschichte*, p. 488, 491 ; MENZIES et MENZIES, *Spirit and Power*, p. 75 ; SHELTON, *Mighty in Word and Deed*, p. 133-34 ; QUESNEL, *Baptisés dans l'Esprit*, p. 66.
[405] Leur manque de connaissance de l'œuvre de l'Esprit et le fait qu'ils connaissent seulement le baptême de Jean.

convertir[406]. Cette logique est incompatible avec le récit de Luc. Selon Luc, s'ils sont disciples de Jean, ils se sont déjà repentis et n'ont pas besoin de se convertir (Lc 3.3)[407].

*Quels sont les liens entre la foi, le baptême, l'imposition des mains et la réception de l'Esprit ?*

L'épisode d'Apollos et celui des croyants d'Éphèse ont en commun plusieurs détails racontés en parallèle. L'auteur donne deux exemples de croyants à Éphèse, ayant connu seulement le baptême de Jean. L'œuvre de l'Esprit est mentionnée dans les deux récits. Dans les deux épisodes, des instructions sont données pour mettre à jour la connaissance de ces croyants.

Ces détails parallèles invitent le lecteur à comparer les deux épisodes. La comparaison fait ressortir deux contrastes. Premièrement, Apollos est fortement influencé par l'Esprit (Ac 18.25), tandis que les autres disciples n'ont « pas même entendu dire qu'il y ait un Saint-Esprit » (Ac 19.2)[408]. Deuxièmement, ces autres disciples sont rebaptisés au nom du Seigneur Jésus (Ac 19.5), ce qui ne semble pas nécessaire dans le cas d'Apollos. Les contrastes soulèvent à leur tour deux questions pour l'interprète. 1) Pourquoi les disciples de chapitre dix-neuf sont rebaptisés et Apollos ne l'est pas ? 2) Quel est le lien entre le baptême au nom du Seigneur, l'imposition des mains et la réception de l'Esprit ? Étant donné la brièveté de ces récits et le manque d'explications explicites, une réponse définitive à ces questions n'est probablement pas possible. Mais certaines réponses peuvent être éliminées par un examen des présuppositions logiques sous-jacentes aux questions que Paul adresse aux disciples éphésiens. La cohérence avec l'ensemble de Luc-Actes doit aider à l'évaluation des possibilités restantes.

---

[406] Voir, p. ex., DUNN, *Acts*, p. 254-56. Contre Dunn, Luc n'indique nulle part que les termes « disciples » et « croire » sont mal attribués à ce groupe d'Éphésiens.
[407] Voir la discussion sur ces termes, ch. 6, p. 350.
[408] Il est difficile de concevoir l'ignorance totale de l'Esprit d'un groupe de croyants, qu'ils soient des disciples de Jean ou de Jésus. Le texte occidental (P$^{38}$ P$^{41}$ D) remplace ἔστιν avec λαμβάνουσίν τινες, probablement afin de résoudre ce problème. Voir BARRETT, *Acts*, Vol 2, p. 894.

## La question de Paul sur la réception de l'Esprit

Paul pose la question suivante aux disciples à Éphèse : « Ayant cru[409], avez-vous reçu le Saint-Esprit ? ». Plusieurs présuppositions sont logiquement sous-jacentes à cette question. 1) Il y a un lien entre la foi et la réception de l'Esprit. Mais ce lien n'est pas défini. 2) Il est possible de séparer le moment de croire du moment de la réception de l'Esprit[410]. Donc la réception de l'Esprit n'est pas présupposée au moment de croire. Si la réception de l'Esprit était présupposée au moment de la conversion, une telle question serait illogique. 3) La réception de l'Esprit est perceptible pour les récipiendaires[411]. Il est inutile de leur demander s'ils ont reçu l'Esprit, s'ils ne peuvent pas le percevoir. 4) La réception de l'Esprit est perceptible de l'extérieur[412]. Paul n'aurait pas posé la question s'il n'avait pas eu un indice du besoin. L'indice le plus logique à présupposer ici est le même que l'on constate ailleurs dans le récit et à la fin de cet épisode : l'exercice des dons prophétiques tels que le parler en langues et la prophétie (Ac 1.6)[413].

Les trois dernières présuppositions ne sont pas cohérentes avec la notion d'une 'norme' de la réception automatique et sans délai de l'Esprit au moment de la conversion. Elles rejoignent plutôt notre thèse concernant la perceptibilité de l'Esprit. Luc reconnaît la présence de l'Esprit seulement là où ses effets perceptibles signalent son influence. La première présupposition ne pose aucun problème pour cette thèse, si la présupposition est

---

[409] « Ayant cru » est notre traduction la plus littérale possible du participe à l'aoriste πιστεύσαντες. Certains interprètes traduisent l'expression par « quand vous avez cru », afin d'appuyer la conclusion d'une 'norme' de la réception de l'Esprit au moment de la conversion. Voir, p. ex., BRUCE, *Acts*, p. 385 ; DUNN, *Baptism in the Holy Spirit*, p. 86-87 ; TURNER, *Power from on High*, p. 391-92, n. 135. Mais le participe à l'aoriste exprime plus souvent une action antécédente, donnant la traduction, « après que » ou « depuis que vous avez cru ». Voir Ernest de Witt Burton, *Syntax of the Moods and Tenses in New Testament Greek*, p. 63 et ERVIN, *Conversion-Initiation and the Baptism in the Holy Spirit*, p. 61-63. Nous sommes d'accord avec Ervin lorsqu'il dit que c'est « la théologie de l'interprète », et non pas la grammaire grecque, qui détermine la traduction du participe.

[410] MENZIES, *Empowered for Witness*, p. 74 ; TURNER, *Power from on High*, p. 391. Le grand problème avec cette question est qu'elle est mise dans la bouche de Paul, dont la pneumatologie ne permet ni une telle question, ni une telle présupposition. Ce problème se trouve en dehors d'une étude synchronique et ne sera pas traité ici. Deux solutions sont possibles : 1) Luc résume l'interrogation de Paul dans ses propres paroles, et 2) La pneumatologie de Paul s'est aussi développée.

[411] TURNER, *Power from on High*, p. 392.

[412] George T. MONTAGUE pense que, pour Luc, une manifestation expérientielle ou charismatique » à la réception de l'Esprit est « normale » et « attendue, « Pentecostal Fire : Spirit-Baptism in Luke-Acts », *Christian Initiation and Baptism in the Holy Spirit. Evidence from the First Eight Centuries*, Kilian McDonnell et George Montague, 2$^e$ éd. rév., Collegeville MN, Liturgical Press, 1994, p. 40, 39.

[413] BARRETT, *Acts*, Vol 2, p. 894.

comprise selon notre analyse des paroles de Pierre à la Pentecôte[414]. C'est-à-dire le lien entre la foi et la réception de l'Esprit chez Luc est un lien de conséquence qui n'est pas liée au moment de la conversion. La repentance ou la foi est la condition pour la réception de l'Esprit et non pas le déclic qui fait venir l'Esprit de façon automatique.

**Le baptême au nom du Seigneur Jésus et la réception de l'Esprit**

La deuxième question de Paul présuppose un certain lien entre le baptême et l'Esprit. Lorsque les disciples éphésiens avouent leur ignorance de l'Esprit, Paul demande : « De quel baptême avez-vous donc été baptisés ? » (Ac 19.3). Sous-entendue est au moins la notion qu'ils devaient acquérir une connaissance de l'Esprit à leur baptême. Devaient-ils aussi recevoir l'Esprit au moment du baptême[415] ? C'est une supposition logique appuyée dans cet épisode par la suite du récit. Ils reçoivent l'Esprit au moment de, ou tout de suite après, leur baptême au nom de Jésus (Ac 19.6).

Dire que le baptême confère l'Esprit[416] dépasse les données de l'ensemble de l'œuvre, et contredit les présuppositions sous-jacentes aux questions de Paul. Ailleurs dans le texte le baptême ne suffit pas pour conférer l'Esprit (Ac 8.12-17), et l'Esprit est donné parfois sans baptême (10.44-48). Même si ces deux incidents étaient des exceptions, la deuxième question de Paul aux disciples éphésiens (Ac 19.3) présuppose qu'il les croyait baptisés au moment où il pose la première question sur leur réception de l'Esprit. C'est-à-dire au moment où Paul demande s'ils ont reçu l'Esprit, il présuppose qu'ils sont des croyants baptisés. Être dans un groupe de croyants présuppose un baptême où cette foi est exprimée.

Pourquoi ces croyants éphésiens sont-ils rebaptisés, alors qu'Apollos ne l'est pas ? Le texte ne donne pas d'explication. William Shepherd propose que le lecteur se serve des récits parallèles pour remplir les vides. Selon lui, le lecteur doit comprendre par les parallèles que les disciples éphésiens sont aussi disciples de Jean, et qu'Apollos est aussi rebaptisé et qu'il reçoit l'Esprit de façon semblable à celle des disciples éphésiens.

---

[414] Ch. 6, p. 311-13.
[415] BARRETT, *Acts*, Vol 2, p. 895.
[416] Voir, p. ex., FITZMYER, *Acts*, p. 642.

La conclusion que les disciples éphésiens sont disciples de Jean est assez logique, mais les conclusions sur l'expérience d'Apollos ignorent le contraste évident établi par l'auteur entre Apollos et les disciples éphésiens.

Une meilleure explication des vides dans ce récit est que Luc et son lecteur partagent un répertoire dont nous sommes ignorants. Luc estime que son lecteur n'a pas besoin d'explication. Aujourd'hui l'interprète est obligé de spéculer. Deux critères peuvent servir de limites pour cette spéculation. Premièrement, toute proposition doit être cohérente avec l'ensemble de Luc-Actes. Deuxièmement, les autres contrastes entre Apollos et les disciples éphésiens peuvent suggérer une raison pour leur contraste dans l'expérience du baptême.

Un examen des contrastes suggère deux possibilités pour la différence entre leurs expériences concernant le baptême au nom de Jésus. Premièrement, la différence dans leur expérience de l'Esprit peut suggérer un lien plus étroit entre le baptême au nom de Jésus et la réception de l'Esprit que ce que nous avons trouvé au début du récit. La pratique de l'Église s'est peut-être développée et concrétisée avec le temps[417]. Selon cette hypothèse, Apollos n'est pas baptisé parce qu'il a manifestement reçu l'Esprit. Donc, il n'a pas besoin du baptême pour le préparer à la réception de l'Esprit. La deuxième possibilité semble meilleure. La différence dans leur connaissance de Jésus suggère un isolement et un besoin d'incorporation pour les chrétiens éphésiens. Selon cette hypothèse, ce groupe de croyants se trouve à part, et le baptême au nom de Jésus est le moyen de les incorporer officiellement dans la communauté eschatologique[418]. Apollos est déjà incorporé. Il enseigne « avec exactitude ce qui concerne Jésus » dans la communauté. Un mélange des deux hypothèses est aussi possible.

---

[417] Selon la chronologie de Kirsopp LAKE, une vingtaine d'années se sont écoulées entre le début du récit et l'expérience des éphésiens, « The Chronologie of Acts », *Additional Notes to the Commentary, The Beginnings of Christianity : The Acts of the Apostles. Vol. 5,* éd. F. J. Foakes Jackson et Kirsopp Lake, Grand Rapids, Baker Book House, 1979, p. 467, 470.

[418] Le raisonnement ici ressemble au raisonnement pour le baptême dans la maison de Corneille, ch. 6, p. 362.

## L'imposition des mains et la réception de l'Esprit

Le geste de l'imposition des mains survient aussi sans explication, suggérant un autre élément dans le répertoire en commun avec le lecteur que nous ignorons. Un examen des emplois de ce geste dans l'ensemble de l'œuvre et dans la Septante peut aider à formuler une hypothèse de sa signification ici. L'expression « imposer les mains » (ἐπιτίθημι τὰς χεῖρας) est mentionnée onze fois dans Luc-Actes. Cinq fois le geste est associé à une guérison (Lc 4.40 ; 13.13 ; Ac 9.12, 17 ; 28.8), cinq fois à la réception de l'Esprit (Ac 8.17-19 ; 9.17 ; 19.16) et deux fois à un mandat de service (Ac 6.6 ; 13.3). Le geste est probablement sous-entendu dans les trois résumés des signes et prodiges accomplis « par les mains » (διὰ τῶν χειρῶν) des apôtres (Ac 5.12 ; 14.3 ; 19.11). Un bon nombre de guérisons sont aussi associées au toucher (Lc 5.13 ; 6.19 ; 7.14, 39, 8.44-47, 54 ; 22.51 ; Ac 3.7 ; 9.41).

Le geste vient probablement de la culture vétérotestamentaire. Il est surtout associé aux sacrifices dans l'Ancien Testament (Ex 29.10, 15, 19 ; Lév 1.4, 10, etc.), mais aussi au mandat de Josué (Nb 27.18, 23) et à sa plénitude d'Esprit (Dt 34.9). Le geste n'est pas utilisé pour une guérison, mais Naaman s'attendait à un tel geste pour obtenir sa guérison (2 R 5.11). L'expression synonymique ἐπιβάλλω τὰς χεῖρας est associée à l'énoncé d'une bénédiction (Gen 48.14, 17).

En ce qui concerne les épisodes où la réception de l'Esprit est racontée dans les Actes des apôtres, deux fois la réception est un acte souverain de Dieu sans geste préparatoire (Ac 2.1-4 ; 10.44-47). Les deux autres fois le geste de l'imposition des mains précède immédiatement la réception (Ac 8.15-17 ; 19.6). Une autre fois le geste anticipe la réception de l'Esprit, sans qu'elle soit racontée (Ac 9.17). Une fois le geste précède le baptême (Ac 9.17-18) et deux fois il le suit (Ac 8.12-17 ; 19.5-6), probablement plusieurs jours après dans le cas des Samaritains. L'ensemble des données indique que l'imposition des mains n'est pas obligatoire pour la réception de l'Esprit. Mais, lorsque les disciples veulent provoquer la réception de l'Esprit, ils prient (Ac 8.15 ; cf. 4.29-30) et imposent leurs mains aux récipiendaires (Ac 8.17 ; 9.17 ; 19.6). La réception de l'Esprit est associée plus à l'imposition des mains qu'au baptême[419]. L'expérience de Josué sert probablement de modèle pour cette pratique (Dt 34.9)[420].

**Le ministère de Jean-Baptiste dans le fil de l'intrigue**

Jean-Baptiste joue un rôle important dans le fil de l'intrigue. C'est lui qui prépare la voie (ὁδός) du Seigneur (Lc 1.76 ; 3.4). Il est un prophète fiable dont la prédication de repentance en vue du pardon des péchés porte ses fruits. Sa prédication sert de modèle pour la prédication dans les Actes[421]. La 'voie' devient une appellation pour distinguer la communauté des croyants (Ac 9.2 ; 16.17 ; 22.4 ; 24.14, 22). La 'voie' du Seigneur est aussi importante dans ces épisodes à Éphèse, où les disciples se réfèrent au baptême de Jean. Apollos « était instruit dans la *voie* du Seigneur » (Ac 18.25). Aquilas et Priscille « lui exposèrent plus exactement la *voie* de Dieu » (Ac 18.26). En aval, mais toujours à Éphèse, le narrateur mentionne deux fois l'opposition à « la voie du Seigneur » (Ac 19.9, 23).

Mais le récit montre aussi que la compréhension de Jean, de la venue du royaume et de l'activité de l'Esprit, doit être modifiée (Lc 7.18-22 ; Ac 1.4-8). Les épisodes à Éphèse semblent répéter ce thème de modifications nécessaires à la compréhension de Jean-Baptiste. Ces deux récits montrent que les disciples de Jean ont aussi besoin d'une modification. Apollos est déjà doté de l'Esprit et il enseigne avec exactitude les choses qui concernent Jésus. Donc sa mise à jour est faite par des instructions seulement. Aquilas et Priscille « lui exposèrent plus exactement la voie de Dieu » (Ac 18.26). La modification nécessaire pour les autres disciples est plus substantielle et concerne aussi l'activité de l'Esprit. Les autres disciples, qui n'ont pas reçu l'Esprit, ont besoin d'instructions, du baptême au nom du Seigneur Jésus, de l'imposition des mains et de la réception de l'Esprit[422].

---

[419] BOVON, *Luc le théologien*, p. 251 ; GUNKEL, *Die Wirkungen*, p. 7 ; HAYA-PRATS, *L'Esprit force de l'église*, p. 57 ; QUESNEL, *Baptisés dans l'Esprit*, p. 59, 72-73.
[420] STRONSTAD, *The Charismatic Theology of St. Luke*, p. 69.
[421] Ch 6, p. 304-05.
[422] C. K. BARRETT pense que ces deux récits reflètent deux réponses à la question, « Comment recevoir les disciples de Jean-Baptiste dans l'Église ? ». Certains croyaient qu'il fallait simplement les instruire plus

## Une reconstruction de la logique de l'épisode

Une reconstruction hypothétique de la logique de cet épisode servira à montrer la cohérence des observations notées ci-dessus. Des disciples « ayant cru », peuvent bénéficier et devraient bénéficier du don de l'Esprit, car la promesse est pour tous (Ac 2.38-39). Ainsi, lorsque Paul trouve un groupe de disciples qui ne manifestent pas les effets prophétiques de l'Esprit, il les interroge afin de savoir si ses soupçons sont corrects. Apprenant qu'ils n'ont même pas une connaissance de l'Esprit (ou une connaissance de l'effusion de l'Esprit)[423], et qu'ils ne connaissent que le baptême de Jean, Paul commence à les instruire à partir de la prédication de Jean-Baptiste. Jean parlait de celui qui vient (ἐρχόμενος, Lc 3.16 ; 7.19-20). Paul les informe que ce personnage est Jésus (Ac 19.4)[424]. Ayant entendu cela, « ils furent baptisés au nom du Seigneur Jésus » (Ac 19.5). Ce baptême n'est pas en vue du pardon des péchés (εἰς ἄφεσιν τῶν ἁμαρτιῶν, Ac 2.38), parce qu'ils connaissent déjà le « baptême de repentance » de Jean (Ac 19.4). Un baptême en vue du pardon des péchés n'est plus nécessaire. Le nouveau baptême sert probablement à les incorporer dans l'Église[425]. C'est le moment où ils expriment leur foi en Jésus et où ils sont officiellement accueillis dans l'Église. Ensuite, Paul leur impose

---

exactement sur la foi en Christ. D'autres croyaient qu'ils devaient passer par les mêmes étapes que tous les autres, *Acts*, Vol 2, p. 885, 889.

[423] HAYA-PRATS écrit, « Il est impossible qu'ils aient « ignoré l'existence d'un esprit saint » », *L'Esprit, force de l'Église*, p. 35. Le mot « impossible » est peut-être trop fort, mais une telle ignorance est invraisemblable. Le texte occidental (p$^{38, (41)}$ D* it$^{d*}$ syr$^{hmg}$ cop$^{sa}$) remplace ἔστιν avec λαμβάνουσίν τινες. Sans accepter la priorité de ce texte, l'on peut imaginer que les disciples aient répondu de façon elliptique. L'addition de la partie sous-entendue de l'ellipse donnerait, « Avez-vous reçu le Saint-Esprit ? Nous n'avons pas même entendu dire qu'il y ait un Saint-Esprit [*à recevoir*] ». Le texte occidental serait donc une interpolation rendant plus claire la réponse elliptique. Dans la perspective de Jean-Baptiste, la prophétie sur le Saint-Esprit n'est pas une prophétie de l'effusion bénéfique de l'Esprit sur les croyants (ch. 4, p. 151-175). Si Jean avait enseigné que les baptisés du Messie devaient recevoir l'Esprit, même la façon elliptique de comprendre la réponse de ses disciples serait incompréhensible.

[424] Joseph FITZMYER pense que le fait que Paul n'enseigne pas qui est Jésus veut dire que les disciples ont déjà cette connaissance, *Acts*, p. 643. Cette lacune peut être due à la brièveté du récit. Aucune instruction ne se trouve dans le récit qu'il faut être baptisé au nom de Jésus, mais Paul a dû en parler.

[425] L'hypothèse que le baptême sert à les préparer pour la réception de l'Esprit est moins attirante. Selon cette hypothèse, soit Paul veut s'assurer qu'ils aient rempli les conditions d'Ac 2.38, soit le baptême et l'imposition des mains étaient devenus, à cette époque dans le récit, deux gestes presque indissociables dans une seule cérémonie. Nous avons rejeté la notion de deux conditions à cause des incohérences dans le texte (ch. 6, p. 312 et n. 235). Selon R. P. C. HANSON, la notion d'une association si étroite entre le baptême et l'imposition des mains n'est pas attestée avant l'année 200 et de façon discontinue après, *The Acts in the Revised Standard Version with Introduction and Commentary*, Oxford, Clarendon Press, 1967, p. 190-91.

les mains pour qu'ils reçoivent l'Esprit[426]. Les dons prophétiques viennent prouver que l'Esprit est tombé sur eux.

### Les observations importantes pour la pneumatologie de Luc-Actes

Le rôle de l'Esprit défini dans l'épisode de la Pentecôte s'étend et se répète à travers cette dernière sous-section de l'œuvre. L'Esprit fonctionne à deux niveaux : au niveau de la vie et du ministère des disciples et au niveau de l'intrigue. Premièrement, selon la prophétie de Joël, citée par Pierre (Ac 2.17-21 ; Jl 3.1-5), l'Esprit rend les disciples capables de 'prophétiser', c'est-à-dire d'agir comme des prophètes d'autrefois. Donc, au niveau de la vie des croyants, l'Esprit est un don ou une 'onction' prophétique rendant le croyant capable d'agir comme un prophète. Dans cette section Luc montre comment les différents protagonistes, Pierre, Étienne, Philippe, Paul, etc., agissent comme les prophètes de l'Ancien Testament.

Deuxièmement, selon la logique du discours de Pierre (Ac 2.14-36), les effets perceptibles de l'Esprit attestent que Dieu est à l'œuvre pour accomplir les prophéties, validant l'œuvre des disciples. La manifestation du parler en langues atteste que l'Esprit est répandu sur les disciples au jour de la Pentecôte selon la prophétie de Joël, et qu'ils sont donc les serviteurs de Dieu et membres de la communauté eschatologique. Donc, au niveau de l'intrigue, l'Esprit joue le rôle de validation. Dans cette dernière section l'Esprit valide : 1) la fiabilité des protagonistes, 2) leur décision de porter le salut aux différents groupes traditionnellement exclus de la communauté des croyants, en particulier les païens, et 3) la légitimité de l'incorporation de ces groupes dans la communauté.

Ces deux fonctions de l'Esprit, au niveau de la vie des disciples et au niveau de l'intrigue, sont complémentaires. Le comportement prophétique, inspiré par l'Esprit, est une preuve de l'approbation divine de la communauté et de son message. Les disciples, agissant comme des prophètes, sont conduits et dotés par l'Esprit pour accomplir la

---

[426] Gonzalo HAYA-PRATS écrit, « La séparation de ces deux temps ressort davantage encore du fait qu'on passe de la forme passive à la forme active, qui introduit un nouveau sujet », *L'Esprit, force de l'église*, p. 135.

mission confiée à la communauté concernant l'évangélisation et l'incorporation des nations.

La fiabilité des protagonistes est validée de plusieurs façons. Premièrement, l'Esprit choisit, mandate et inspire des protagonistes de façon perceptible et extraordinaire (Ac 9.3-18). Deuxièmement, le ministère des protagonistes ressemble au ministère des prophètes de l'Ancien Testament, au ministère de Jésus et au ministère des autres protagonistes, montrant que le même Esprit qui a inspiré les prophètes d'autrefois les inspire aussi. Troisièmement, comme Moïse et d'autres prophètes, ils sont « puissants en paroles et en œuvres » (Ac 7.22), annonçant la parole de Dieu avec assurance (Ac 9.27-28, etc.) et opérant des signes et des prodiges (Ac 15.12, etc. ; cf. Ac 2.19, 22), malgré l'hostilité et la persécution des autorités.

La décision de porter le salut aux païens est aussi validée de plusieurs façons. Cette décision est particulièrement liée au thème de l'accomplissement des prophéties. Luc montre comment l'Esprit est à l'œuvre dans tout le processus de l'accomplissement des prophéties. D'abord il a inspiré les prophéties de l'Ancien Testament qui prévoient l'annonce du salut aux païens et le rejet de ce message par les Juifs (Ac 13.47 ; 28.25-27). Puis il rend les protagonistes du récit capable de prophétiser (Ac 2.17-18). À leur tour ces protagonistes sont inspirés pour annoncer, dans des prophéties nouvelles, cette expansion vers les païens (Ac 9.15, etc.). Ensuite l'Esprit conduit des disciples, par des révélations, par des paroles et par des visions (Ac 10.9-19, etc.), vers l'accomplissement de ces prophéties. Finalement, l'Esprit inspire des prophéties prévenant des disciples de la persécution et du rejet qui les attend (Ac 21.10-11, etc.), et leur donne la capacité de témoigner avec assurance et avec joie en dépit de cette persécution. La dernière preuve de l'assistance de l'Esprit est la croissance phénoménale de l'Église (Ac 9.31).

Dans cette section nous avons aussi abordé quelques questions sur la réception de l'Esprit dans Luc-Actes dont Luc ne s'est pas préoccupé, mais qui sont importantes dans la comparaison des pneumatologies néotestamentaires. La première question concerne le problème de l'incohérence apparente entre la description de la réception de l'Esprit dans certains épisodes chez Luc et la description de la présence de l'Esprit dans la vie du croyant dans les écrits pauliniens et johanniques. Les observations concernant la perceptibilité de l'Esprit, la réception de l'Esprit subséquente à la conversion et les descriptions vétérotestamentaires de l'Esprit conduisent à la conclusion que la pneumatologie de Luc est primitive, représentant une première phase de développement dans la pneumatologie néotestamentaire. Luc ne reconnaît pas la présence de l'Esprit sans effets perceptibles de son influence. Il ne présuppose pas la réception de l'Esprit à la conversion (Ac 8.15-19 ; Ac 19.2).

La deuxième question concerne les liens logiques présupposés par Luc entre les différents éléments de l'expérience des disciples : la repentance/foi, le baptême, l'imposition des mains et la réception de l'Esprit. Ce sont des éléments séparables et souvent séparés dans l'expérience des disciples dans les Actes des apôtres. La repentance (ou l'expression positive de cette repentance – la foi) est la condition nécessaire et obligatoire pour la réception de l'Esprit (Ac 2.38). Mais la réception n'est pas automatique au moment de la repentance. Au contraire, chez Luc la réception est souvent une expérience subséquente à la repentance (Ac 2.1-4 ; 8.15-17 ; 9.17 ; 19.6). Le baptême n'est pas obligatoire pour la réception de l'Esprit et semble être le rite préféré pour l'incorporation des croyants dans l'Église (Ac 2.41 ; 10.47-48 ; 19.5). Certains personnages déjà dotés de l'Esprit peuvent parfois conférer l'Esprit à d'autres par la prière et par l'imposition des mains (Ac 8.15-17 ; 19.6).

CHAPITRE VII

QUEL RÔLE L'ESPRIT JOUE-T-IL DANS LA COMMUNAUTÉ DES CROYANTS DANS LUC-ACTES ?

## INTRODUCTION

L'objectif de cette thèse était de mieux comprendre le rôle que Luc accorde à l'Esprit de Dieu dans Luc-Actes, en particulier le rôle qu'il joue dans la communauté des croyants. Nous voulions mieux définir les expressions de Luc qui décrivent la relation entre l'Esprit de Dieu et le croyant telles que « être rempli de l'Esprit », « être baptisé d'Esprit », « recevoir l'Esprit » et « le don de l'Esprit ». Ce sujet à grand débat est très complexe et concerne l'ensemble de l'œuvre de Luc-Actes.

La difficulté de notre tâche vient du fait que Luc ne donne aucun enseignement explicite sur l'Esprit. Selon Daniel Marguerat, « Il n'expose aucune doctrine de l'Esprit, il le montre à l'œuvre »[1]. Donc, toute la pneumatologie de Luc doit être inférée de son récit. Des études historico-critiques ont déjà fourni des possibilités de concepts sous-jacents au texte de Luc, mais un consensus sur les définitions des expressions pneumatologiques de Luc et des liens entre ces expressions échappe à ces études. Une analyse synchronique a été nécessaire pour discerner la pneumatologie de l'auteur implicite de Luc-Actes.

Deux présuppositions tirées de la logique de l'analyse narrative ont servi de base pour cette thèse. Premièrement, l'analyse narrative présuppose une 'stratégie narrative' employée par l'auteur implicite pour induire le lecteur implicite à adopter son point de vue[2]. Cette stratégie doit prendre en considération le répertoire du lecteur implicite. Ce que nous cherchons semble être un élément dans le répertoire présupposé du lecteur implicite, parce que Luc ne ressent pas le besoin de définir les termes pneumatologiques

---

[1] *La première histoire du christianisme (Les actes de apôtres)*, Lectio Divina 180 Cerf, Paris, 1999, p. 150.
[2] Daniel MARGUERAT et Yvan BOURQUIN, *La Bible se raconte : Initiation à l'analyse narrative*, Paris-Genève-Montréal, Cerf-Labor et Fides-Novalis, p. 13.

que nous voulons interpréter. Ayant discerné certaines fonctions de l'Esprit dans la stratégie de l'auteur implicite, on a pu inférer certains aspects pneumatologiques dans son répertoire. Deuxièmement, l'analyse narrative présuppose un monde narratif dont l'examen des données internes doit permettre d'établir la cohérence[3]. Dans cette thèse on s'est servi du critère de la cohérence et d'une analyse des perspectives présentées dans le récit pour discerner des aspects de sa pneumatologie.

## I. LE RÔLE DE L'ESPRIT DANS LA STRATÉGIE DE LUC

Luc structure son œuvre pour atteindre son but déclaré dans la préface que son lecteur « reconnaisse la certitude des enseignements » qu'il a reçus (Lc 1.4). Nous avons discerné deux sujets pour lesquels le lecteur implicite a besoin de certitude : la messianité de Jésus (Ac 2.36) et la composition de plus en plus païenne de la communauté des croyants (Ac 28.28). Les doutes sur sa messianité concernent le fait que Jésus n'a pas réalisé l'attente messianique d'une figure royale, rétablissant le royaume d'Israël et délivrant la nation de ses ennemis (Lc 1.32-33 ; 69-71 ; 3.16-17 ; Ac 1.6). Les doutes sur la composition de la communauté des croyants concernent le fait que le message de la communauté est rejeté par les autorités juives, qui représentent la nation d'Israël, et reçu par de plus en plus de païens, considérés comme des 'ennemis' d'Israël.

Luc se sert du thème de l'accomplissement des prophéties pour atteindre son but pragmatique. L'œuvre est organisée autour de ce thème, et en particulier autour de deux prophéties concernant l'arrivée eschatologique de l'Esprit : celle d'Ésaïe sur l'onction d'un personnage eschatologique (le Messie) et celle de Joël sur l'effusion eschatologique de l'Esprit sur toute chair. Premièrement, Luc montre que Jésus est le Messie, parce qu'il est *oint* d'Esprit selon la prophétie d'Ésaïe (Lc 4.18-19 ; És 61.1-2 ; Ac 10.38). Dans la suite du récit, Luc signale que Jésus a aussi réalisé les fonctions de l'Oint mentionnées dans la prophétie d'Ésaïe (Lc 7.22). Sa passion, sa mort et sa résurrection sont l'accomplissement d'autres prophéties (Lc 9.22, 44 ; 18.31-33 ; 20.42-43 ; 24.44-46 ; Ac 2.25-28, 34-35). Deuxièmement, Luc montre que la communauté des croyants dont il fait partie est la communauté prévue dans les prophéties eschatologiques. À Pentecôte les

---
[3] Ibid., p. 14.

apôtres sont 'oints'[4] de l'Esprit selon la prophétie eschatologique de Joël (Ac 2.16-21 ; Jl 2.28-32 [LXX 3.1-5]). Des épisodes parmi les peuples non juifs (Ac 8, 10, 19) sont racontés de façon à évoquer l'événement de la Pentecôte, montrant que les non juifs sont aussi incorporés dans la communauté eschatologique prévue par Joël. Le narrateur raconte aussi comment les apôtres sont conduits par l'Esprit vers cette mission pour annoncer l'évangile aux païens (Ac 10-11 ; 13.1-3 ; etc.) accomplissant des prophéties de Jésus (Lc 24.47 ; 1.8), de Joël (Ac 2.21, 39) et d'Ésaïe (Ac 13.47 ; És 49.6). Le rejet par les autorités juives est aussi un accomplissement des prophéties (Ac 4.11, 25-26 ; 28.25-27 ; Ps 2.1-2 ; 118.22 ; És 6.9-10).

L'Esprit Saint joue le rôle de validation dans cette stratégie de Luc. Selon William Shepherd, « le personnage du Saint-Esprit signale que la narration est digne de confiance »[5]. La force rhétorique de cette stratégie vient de la visibilité ou de la perceptibilité de l'activité de l'Esprit. Afin d'être convainquant, Luc doit démontrer l'influence de l'Esprit par des effets perceptibles. Les paroles et les actes de puissance sont des preuves perceptibles de la présence de l'Esprit qui valident l'accomplissement des prophéties eschatologiques. Deux types d'expériences sont pertinents dans cette stratégie de Luc. D'abord, les expériences où l'intervention immédiate de l'Esprit est visible ou perceptible confirment que l'Esprit est descendu sur ces individus. L'Esprit est descendu sur Jésus « sous une forme corporelle, comme une colombe » (Lc 3.22). Des « langues de feu… se posèrent sur » les disciples à la Pentecôte (Ac 2.3). Deuxièmement, certains effets dans la vie des personnages attestent clairement la puissance de l'Esprit : le parler en langues, les prophéties, les visions, les révélations et la capacité de témoigner, enseigner ou prêcher avec une assurance, une sagesse extraordinaire et une joie inexplicable en dépit de la persécution.

L'accent de Luc sur les manifestations visibles ou perceptibles de l'Esprit est reconnu[6]. Cette thèse propose que Luc ne reconnaît pas la présence de l'Esprit sans manifestation perceptible. Certains interprètes pensent que sa présence est présupposée

---

[4] Luc réserve le terme 'onction' pour Jésus. Mais le vocabulaire de la prophétie de Joël évoque une onction.
[5] *The Narrative Function of the Holy Spirit as a Character in Luke-Acts*, SBL Dissertation Series 147, Atlanta, Scholars Press, 1994, p. 101.
[6] Voir ch. 6, p. 300-01.

chez tous les chrétiens à partir de la Pentecôte[7]. La présence non vérifiable de l'Esprit n'aurait aucune valeur apologétique et ne pourrait contribuer à la stratégie de l'auteur implicite pour donner la certitude. Donc, il n'est pas étonnant qu'aucun exemple explicite n'est donné d'un personnage doté de l'Esprit qui ne manifeste pas visiblement l'influence de l'Esprit[8]. Mais le manque d'exemples explicites ne peut ni confirmer ni réfuter la présupposition de la présence de l'Esprit chez tous les convertis.

Une étude de la stratégie de Luc révèle qu'une telle présupposition serait nuisible aux arguments de Luc. Raconter la réalisation des prophéties est la technique la plus importante de Luc pour soutenir son projet de donner la certitude au lecteur[9]. Si les réceptions de l'Esprit dans la suite du récit (Ac 8.14-17 ; 10.44-48 ; 19.2-6) ne correspondent pas à la prophétie de Pierre (Ac 2.38-39), la fiabilité de sa prophétie devient suspecte et les arguments de Luc concernant l'arrivée eschatologique de l'Esprit sont affaiblis. Dans cette étude on s'est servi du critère de la cohérence et d'une analyse des perspectives pour soutenir la thèse qui convient à la stratégie de Luc. C'est-à-dire, pour Luc, la réception de l'Esprit se manifeste visiblement.

## II. LE CRITÈRE DE COHÉRENCE ET UNE ANALYSE DES PERSPECTIVES

Beaucoup de difficultés dans l'interprétation de la pneumatologie de Luc-Actes viennent de deux présuppositions majeures. La première concerne le logion de Jean-Baptiste que le Messie « baptisera d'Esprit Saint et de feu » (Lc 3.16). Il est souvent présupposé que l'expression « baptiser d'Esprit Saint » veut dire la même chose les trois fois où elle est évoquée (Lc 3.16 ; Ac 1.5 ; 11.16)[10]. La deuxième concerne le lien logique entre la repentance et la réception de l'Esprit exprimé par Pierre dans son appel le jour de la Pentecôte (Ac 2.38). Il est souvent présupposé que Pierre établit ici une

---

[7] Voir, p. ex., Max TURNER, *Power from on High : The Spirit in Israel's Restoration and Witness in Luke-Acts*, Journal of Pentecostal Theology Supplement Series 9, éd. John Christopher Thomas, Rickie D. Moore et Steven J. Land, Sheffield, Sheffield Academic Press, 1996, p. 358-59.
[8] SHEPHERD, *Narrative Function*, p. 167.
[9] Voir ch. 1, p. 36-37 et ch. 3, p. 88-105.
[10] Voir l'avertissement de TURNER contre cette présupposition, *Power from on High*, p. 179.

'norme' de la réception de l'Esprit automatique et immédiate à la conversion[11]. Les deux présuppositions introduisent des incohérences dans le texte. Une analyse des perspectives est utile dans l'évaluation des deux.

## Le logion de Jean-Baptiste

Chercher la signification du logion de Jean-Baptiste par une étude synchronique des trois évocations du logion dans le macro-récit semble être une procédure cohérente et logique. Mais la signification dans les deux textes des Actes des apôtres se réfère clairement à la réception de l'Esprit par les croyants. Tout essai d'introduire une telle signification dans la prédication de Jean-Baptiste aboutit à une incohérence dans le contexte littéraire immédiat. La prédication de Jean-Baptiste se réfère clairement au jugement eschatologique. La présupposition que la même signification est donnée dans les trois répétitions ne prend pas en considération le développement du thème de l'accomplissement des prophéties dans le récit et les perspectives par lesquelles l'auteur implicite présente ces répétitions.

Au chapitre trois de l'Évangile selon Luc, le logion est présenté dans la perspective de Jean-Baptiste. Le logion fait partie des prophéties nouvelles[12] basées sur les prophéties eschatologiques de l'Ancien Testament. Ces prophéties évoquent l'attente typique des derniers jours où le Messie rétablit le royaume d'Israël et délivre la nation de ses ennemis (Lc 1.32-33, 69-71). Selon l'intertexte d'Ésaïe (És 4.4 ; 11.4, 15 ; 27.8 ; 28.6 ; 30.28 ; 34.16 ; 42.1) et le contexte littéraire immédiat (Lc 3.1-20), l'expression « baptisé d'Esprit Saint et de feu » se réfère au jugement eschatologique qui élimine les méchants permettant aux fidèles de vivre en paix et en sécurité dans le royaume. D'une manière évoquant le style de la prédication des anciens prophètes, les auditeurs de Jean sont menacés du souffle destructeur et d'un feu dévorant du jugement de Dieu (Lc 3.16).

Dans la suite du récit l'auteur implicite montre que la perspective de Jean-Baptiste et des autres personnages inspirés des premiers chapitres de l'Évangile doit être modifiée (Lc 7.22). L'auteur montre que les prophéties eschatologiques de l'Ancien Testament

---

[11] Ibid., p. 358-59.
[12] Pour la définition de « prophéties nouvelles » voir ch. 3, p. 95.

sont accomplies, mais de façon inattendue. La prophétie de Jean-Baptiste s'accomplit aussi de façon inattendue. Dans les Actes des apôtres, les apôtres s'attendent à un accomplissement typique (Ac 1.5-6). C'est pourquoi l'auteur implicite présente le logion de Jean dans une nouvelle perspective : celle de Jésus. Jésus donne une nouvelle signification au logion (Ac 1.8), affirmant que la réception de l'Esprit à la Pentecôte est un accomplissement de la prophétie de Jean (Ac 1.5 ; 2.1-4 ; 11.15-16). L'enjeu de cette double signification du logion de Jean pour la pneumatologie de Luc est important. Jean-Baptiste ne compare pas deux rites d'initiation : le baptême de Jean-Baptiste et le 'baptême' de Jésus. Il compare deux actes eschatologiques : son baptême qui prépare le fidèle pour le jugement eschatologique et le 'baptême' de Jésus qui est ce jugement. Dans les Actes des apôtres, l'accent reste sur l'accomplissement des prophéties eschatologiques et non pas sur une initiation chrétienne.

### L'appel de Pierre

La présupposition d'une 'norme' de réception automatique de l'Esprit au moment de la conversion, basée sur l'appel de Pierre (Ac 2.38), introduit une incohérence dans le texte de Luc-Actes. D'autres textes racontent l'expérience d'une réception de l'Esprit qui ne suivent pas cette 'norme'. Les Samaritains se repentent et sont baptisés sans recevoir l'Esprit (Ac 8.15-17). Ceux de la maison de Corneille reçoivent l'Esprit avant leur baptême (Ac 10.44-48). Ceux d'Éphèse ne reçoivent l'Esprit qu'après l'imposition des mains de Paul (Ac 19.1-6). L'analyse de deux perspectives montre que cette présupposition n'est pas fondée sur le texte de Luc-Actes.

L'analyse de la perspective de Pierre montre qu'il ne saurait tirer une telle conclusion sans une révélation spéciale, parce que sa propre expérience n'a pas suivi cette 'norme'. Il a reçu l'Esprit (Ac 2.4 ; cf. Ac 10.45-47) longtemps après sa conversion (Lc 5.1-11 ; cf. Lc 18.18-30), et il n'a probablement pas été baptisé au nom de Jésus-Christ. Il semble plutôt que Pierre a tiré une conclusion logique, basée sur sa propre expérience et sur la prophétie de Joël, de ce qu'il fallait à ses interlocuteurs afin qu'ils puissent aussi appartenir à la communauté eschatologique et bénéficier du don de l'Esprit.

Il serait possible que Pierre établisse une telle 'norme' par une parole inspirée sans en comprendre la signification lui-même. Selon notre analyse, Jean-Baptiste fournit un exemple de ce phénomène en prophétisant la réception de l'Esprit sans comprendre cette signification lui-même. Dans le verset suivant la dite 'norme' (Ac 2.39), Pierre prophétise sur la réception plus étendue de l'Esprit sans comprendre qu'il s'agit des païens qui recevront l'Esprit (cf. Ac 10-11). Mais il y a une grande différence entre ces deux exemples et la supposition de l'énoncé d'une 'norme' de réception. Les deux autres exemples sont développés par l'auteur implicite. La 'norme' d'une réception automatique de l'Esprit au moment de la conversion n'est pas développée. Au contraire, toutes les réceptions racontées font exception à cette 'norme'. Si l'on insiste qu'une telle 'norme' est sous-entendue, il faut croire que cette norme fait partie du répertoire de l'auteur et du lecteur implicites – un fait déjà reconnu par les deux. D'où vient une telle supposition ? Rien dans la littérature intertestamentaire ne conduit à une telle conclusion. La seule source possible pour une telle supposition est ce que nous avons déjà mentionné : la pneumatologie néotestamentaire de Paul ou de Jean ou l'expérience qui a engendré ces pneumatologies.

La présupposition que l'appel de Pierre (Ac 2.38) établit une 'norme' de réception automatique et immédiate de l'Esprit à la conversion doit être rejetée. Elle ignore la signification logique de cet appel du point de vue de Pierre. Elle introduit une incohérence au niveau des réalisations de cette parole prophétique dans la suite du récit. Et elle est nuisible à la force rhétorique des arguments dans la stratégie de l'auteur implicite.

### III. LES CONCLUSIONS SUR LA PNEUMATOLOGIE DE L'AUTEUR IMPLICITE

#### L'onction prophétique

Le souci de Luc n'est pas de donner un enseignement sur l'Esprit au moyen des expériences des disciples, mais de décrire les expériences des disciples de façon à démontrer que l'Esprit est à l'œuvre et que les prophéties sur l'activité eschatologique de l'Esprit sont accomplies. Ces prophéties (És 61.1-2/Lc 4.18-19 ; Jl 2.28-31/Ac 2.17-21) et les expériences des personnages ayant vécu l'accomplissement de ces prophéties soutiennent l'idée que les expériences avec l'Esprit dans Luc-Actes se réfèrent à l'action de 'l'Esprit de prophétie', à une 'onction prophétique' rendant les personnages capables d'agir comme les grands prophètes de l'Ancien Testament et d'accomplir une mission prophétique. Le terme « onction prophétique » est probablement le meilleur terme pour représenter l'ensemble des expériences avec l'Esprit dans Luc-Actes. Le résumé du ministère de Jésus affirme que Dieu l'a « oint du Saint-Esprit et de force » (Ac 10.38) rappelant la prophétie d'Ésaïe, « L'Esprit du Seigneur est sur moi, parce qu'il m'a oint pour annoncer une bonne nouvelle aux pauvres … » (És 61.1 ; Lc 4.18). C'est-à-dire Dieu l'a oint pour accomplir une tâche prophétique. Luc évite l'emploi du terme « oint » pour l'expérience des disciples de Jésus, mais le vocabulaire employé vient de l'image d'une onction prophétique. L'Esprit est « répandu » sur eux (Ac 2.17-18, 33 ; 10.45), et les croyants sur qui l'Esprit est répandu agissent comme des prophètes oints. Ils prophétisent (Ac 2.16-18 ; cf. 19.6), accomplissant le souhait du prophète Moïse, « Puisse tout le peuple de l'Éternel être composé de prophètes ; et veuille l'Éternel mettre son Esprit sur eux ! » (Nb 11.29). Des personnages dans les récits de naissance prophétisent aussi (Lc 1.67-79 ; 2.25-35).

Cette 'onction prophétique' est liée logiquement au salut eschatologique. La logique de Pierre dans sa prédication le jour de la Pentecôte met le salut et la réception du don du Saint-Esprit en parallèle (Ac 2.14-40). Les deux sont une conséquence pour ceux qui se repentent et font appel au nom du Seigneur. Étant donné le contexte de la demande des auditeurs (Ac 2.37), la 'promesse' évoquée par Pierre doit se référer non seulement au don de l'Esprit mais aussi à l'offre du salut (Ac 2.39). La 'promesse' se réfère sûrement à tous les bénéfices du salut. Le don de l'Esprit est le bénéfice suprême réservé à la communauté eschatologique agréée par Dieu (Ac 2.39) et une preuve incontournable de l'appartenance à cette communauté (Ac 10.44-48).

La réception ou l'onction de l'Esprit n'est pas liée chronologiquement au moment de la repentance (conversion), mais logiquement à la seule condition de la repentance (Ac 2.38). Cette 'onction' est disponible pour tous les repentis (Ac 2.38-39), mais elle n'est pas expérimentée de façon automatique par tous les repentis à la conversion. Les apôtres l'ont expérimentée bien après leur conversion (Lc 5.11, 28 ; 18.28-30 ; Ac 2.1-4). Les Samaritains l'ont expérimentée probablement quelques jours après leur conversion (Ac 8.12-17). L'apôtre Paul l'a expérimentée au moins quelques heures après sa conversion (Ac 9.3-22). Les disciples éphésiens se sont repentis au moment du baptême de Jean. À partir de ce moment ils sont des repentis préparés pour les bénédictions eschatologiques. L'étape de leur onction prophétique (bénédiction eschatologique suprême) suit de près le moment où ils reconnaissent le Seigneur Jésus dans le baptême (Ac 19.1-6). Ainsi, il est légitime de parler de subséquence. Dans tous les récits où l'auteur raconte l'expérience de la réception/onction de l'Esprit, sauf un (Ac 10.44-48), un laps de temps est signalé entre le moment de la repentance et le moment de l'onction.

Même si cette onction prophétique n'est pas accordée automatiquement à la conversion, elle est considérée une suite 'normale' ou logique à la conversion (Ac 2.38 ; 8.15-17 ; 19.2-6). Il faut remédier à la situation dans les cas où l'onction n'est pas accordée. Les moyens de la prière et de l'imposition des mains sont employés pour provoquer l'onction chez les repentis ne l'ayant pas reçue (Lc 11.13 ; Ac 1.14 ; 8.15-17 ; 19.6).

Les effets de l'Esprit chez le personnage oint sont perceptibles de telle sorte que les récipiendaires et les observateurs peuvent discerner quand l'onction prophétique a lieu. Les personnages savent quand l'Esprit vient sur quelqu'un (Ac 2.1-4 ; 4.31 ; 8.17 ; 10.45 ; 19.6). Ils savent aussi lorsque l'Esprit n'est pas venu (Ac 8.16 ; 19.2). Ils savent parce que des effets perceptibles accompagnent ou suivent la venue de l'Esprit. Le plus souvent il s'agit des dons prophétiques : ils parlent en langues ou ils prophétisent (Ac 2.4, 16-18 ; 10.46 ; 19.6). Le parler en langues n'est pas *le seul signe* de l'onction de l'Esprit dans la pneumatologie de Luc-Actes, mais il est probablement « le signe le plus clair »[13] confirmant l'onction de l'Esprit et l'appartenance à la communauté eschatologique. D'autres effets sont aussi attribués à l'Esprit : l'annonce de la parole avec assurance (Ac 4.31), la guérison des malades (Ac 10.38), la malédiction de ceux qui s'opposent à l'Évangile (Ac 13.9-11), des visions (Ac 7.55), des révélations (Ac 21.11), une conduite guidée (Lc 2.26-27 ; 4.1 ; Ac 10.19 ; 11.2 ; 13.2 ; 16.6-7 ; 20.23), une sagesse (Ac 6.3),

---

[13] Craig S. KEENER, *The Spirit in the Gospels and Acts : Divine Purity and Power*, Peabody, MA, Hendrickson Publishers, 1997, p. 193.

une foi (Ac 6.5 ; 11.24) et une joie (Ac 13.52) extraordinaires. Ces effets évoquent aussi la vie et le ministère des prophètes de l'Ancien Testament. Chaque fois que Luc indique la présence de l'Esprit, une réception de l'Esprit ou une autre indication de sa présence, un effet perceptible est mentionné.

Luc ne reconnaît pas la présence de l'Esprit sans effet perceptible. Il ne présuppose pas la présence de l'Esprit chez le croyant. La cohérence de son récit exige une telle conclusion. Il ne pourrait présupposer la présence de l'Esprit chez les croyants samaritains et affirmer au même temps que l'Esprit « n'était encore descendu sur aucun d'eux » (Ac 8.16). Le personnage de Paul ne pourrait poser la question, « Avez-vous reçu le Saint-Esprit après avoir cru (ou quand vous avez cru) ? » aux disciples d'Éphèse (Ac 19.2). Cet aspect de la pneumatologie de Luc correspond à l'observation de plusieurs interprètes que l'expérience actuelle de l'Église primitive était la source de sa pneumatologie[14]. Ils reconnaissaient la présence et l'activité de l'Esprit lorsqu'ils voyaient ses effets. Ils interprétaient leurs expériences à travers leur connaissance et leur compréhension des expériences prophétiques de l'Ancien Testament et des prophéties concernant l'effusion eschatologique de l'Esprit.

## La portée des expressions à grand débat

Luc emploie plusieurs métaphores, en grande partie empruntées à la Septante, pour décrire cette onction de l'Esprit : baptiser, oindre, remplir, revêtir, répandre, recevoir un don, descendre ou venir sur. Il emploie ces métaphores, non pas pour distinguer entre les expériences variées des disciples, mais de façon à faire allusion aux prophéties eschatologiques sur l'Esprit et aux expériences pneumatologiques rapportées dans la Septante. « Baptiser d'Esprit » rappelle la prophétie de Jean-Baptiste (Lc 3.16). « Oindre » évoque la prophétie d'Ésaïe citée par Jésus (Lc 4.18 ; És 61.1). « Remplir » et « revêtir » évoquent probablement l'expérience d'Élisée (2 R 2.12-15 ; Sir 48.1-14). « Répandre », « recevoir un don », « descendre et venir sur » évoquent la prophétie de Joël citée par Pierre (Jl 3.1-5(LXX) ; Ac 2.16-21). Luc signale par ces expressions que Jésus et ses disciples agissent dans la puissance de l'Esprit comme les grands prophètes

---

[14] Ch. 6, p. 301-02

de l'Ancien Testament et que les prophéties eschatologiques concernant l'onction du Messie et l'effusion de l'Esprit sont accomplies.

**Baptisé d'Esprit Saint**

Luc évoque la métaphore « baptisé d'Esprit Saint » dans la prophétie de Jean-Baptiste pour montrer que les événements de la Pentecôte (Ac 1-2) et de l'écho de la Pentecôte chez les païens (Ac 10-11) sont des accomplissements de cette prophétie. La stratégie de Luc indique probablement que cette interprétation est une innovation et ne représente pas l'interprétation traditionnelle associée au logion de Jean-Baptiste. Cela explique qu'aucun micro-récit racontant l'expérience de l'onction de l'Esprit n'utilise cette expression. Le texte dit, « Ils furent tous remplis d'Esprit » (Ac 2.4 ; 4.31) ou « Le Saint-Esprit descendit sur tous » (Ac 10.44) et non pas « Ils furent tous baptisés d'Esprit ». L'expression « baptême d'Esprit Saint » n'était probablement pas employée couramment dans l'Église primitive. Si nous avons bien discerné la stratégie de Luc, les lecteurs associaient ce logion de Jean au jugement de Dieu et ne l'auraient pas utilisée pour décrire l'expérience d'un croyant.

**Rempli de l'Esprit**

L'expression « rempli de l'Esprit » est la métaphore spatiale préférée de Luc pour décrire les expériences pneumatologiques de ses personnages. L'expression est probablement empruntée à un passage de la Septante racontant le transfert de l'Esprit d'Élie à Élisée (Sir 48.12). Ce passage du Siracide emploie aussi le même terme que Luc pour une ascension (ἀναλαμβάνω, Sir 48.9 ; Ac 1.2, 11). Une allusion à ce récit du transfert de l'Esprit convient au récit de Luc, où l'Esprit est transféré de Jésus à ses disciples après son Ascension (Ac 2.33).

L'expression « rempli de l'Esprit » chez Luc est la traduction de deux synonymes que l'on trouve en forme verbale (πληρόω, 1x et πίμπλημι, 8x) ou en adjectif (πλήρης, 5x). L'emploi de cette métaphore n'est pas réservé à la 'plénitude' de l'Esprit. Les personnages sont aussi remplis « de lèpre » (Lc 5.12), « de bonnes œuvres et d'aumônes » (Ac 9.36), « de toute espèce de ruse » (Ac 13.10) et « de colère » (Ac 19.28). Le personnage rempli d'une de ces choses est caractérisé par elle. Il y a une « expression visible »[15] de cette chose ou de cette qualité. La métaphore convient à la stratégie de Luc qui veut souligner le caractère visible de l'Esprit.

Aucun indice du texte ne soutient l'idée que l'expression « rempli d'Esprit » se réfère à un degré ou à une progression d'influence de l'Esprit. Aucun personnage n'est rempli à moitié. Nulle part l'auteur implicite ne parle d'une plénitude progressive de l'Esprit. Soit le récit constate que des personnages sont remplis d'Esprit parce qu'ils manifestent un ou plusieurs effets visibles (Ac 2.4 ; 4.31). Soit le récit constate que des personnages n'ont pas reçu l'Esprit, probablement parce qu'il n'y a pas d'effet perceptible (Ac 8.16, 18). L'expression « rempli d'Esprit » décrit le résultat chez des personnages ayant reçu l'Esprit ou sur qui l'Esprit est venu (Lc 3.22 ; 4.1 ; Ac 2.3-4).

**Recevoir (le don de) l'Esprit**

La prophétie de Joël sur l'effusion de l'Esprit se trouve sous-jacente à un grand nombre d'expressions décrivant l'expérience pneumatologique des disciples de Jésus. L'Esprit est donné à ceux qui le demandent au Père (Lc 11.13) et qui lui obéissent (Ac 5.32). Il est promis par le Père (Lc 24.49 ; Ac 1.4), reçu (Ac 2.33) et envoyé par Jésus (Lc 24.49) et répandu sur les disciples (2.17-18, 33 ; 10.45). Donc, il vient sur (Ac 1.8 ; 19.6) ou descend sur eux (Ac 8.16 ; 10.44 ; 11.15). Il est un don (Ac 2.38 ; 8.20 ; 10.45 ; 11.17) que les disciples de Jésus reçoivent (Lc 11.10 ; Ac 1.8 ; 2.38 ; 8.15, 17, 19 ; 10.47 ; 19.2).

La signification globale de ces métaphores est assez simple à comprendre. Luc affirme que les disciples de Jésus ont reçu le don eschatologique de l'Esprit promis par le prophète Joël. On est tenté de faire une analogie avec l'accueil d'une personne. L'analogie semble assez logique. Luc parle de la réception de l'Esprit. L'Esprit est une personne de la trinité ou un personnage dans le récit. Donc, si l'on reçoit l'Esprit, l'on reçoit une personne qui réside désormais chez le croyant. Mais Luc ne s'est pas servi de cette analogie pour la réception de l'Esprit. Il est vrai que Luc accorde à l'Esprit des traits

---

[15] TURNER, *Power from on High*, p. 167.

d'un personnage. L'Esprit parle (Ac 8.29 ; 11.12). Il avertit (Ac 20.23). On peut lui mentir (Ac 5.3). Mais la métaphore de Joël vient d'une analogie avec une onction prophétique et la plupart du vocabulaire employé ne convient pas à l'accueil d'une personne[16]. Une personne n'est pas « répandue ». Une personne ne vient pas « sur » quelqu'un. On n'est pas « rempli » d'une personne. Même le « don » d'une personne est étrange.

Pour Luc la réception du don de l'Esprit se réfère à la puissance accordée par l'Esprit pour accomplir des fonctions prophétiques (Ac 2.17-18) et une mission prophétique (Ac 1.8). Les métaphores qui parle de l'envoi, de l'effusion, de la descente, de la réception et de la promesse du don de l'Esprit se réfèrent aux mêmes événements décrits par les métaphores « baptisé d'Esprit », « rempli d'Esprit » et « revêtu de la puissance d'en haut », c'est-à-dire l'événement de la Pentecôte et ses échos (Lc 24 ; Ac 1-2, 10-11). Toutes les métaphores se réfèrent à une 'onction prophétique'. Les premières mettent l'accent sur l'acte de l'onction, c'est-à-dire l'arrivée de l'Esprit « sur » le croyant. Les dernières mettent l'accent sur les effets engendrés par cet acte.

Le croyant est « oint » une seule fois. L'Esprit ne descend sur un personnage qu'une seule fois. Mais l'auteur peut répéter les métaphores qui concernent les effets de cette 'onction'. C'est pourquoi l'auteur implicite peut parler de la 'plénitude' de l'Esprit chez Pierre plusieurs fois. Il est parmi ceux qui « furent remplis » de l'Esprit à la Pentecôte (Ac 2.4). C'est le moment de la descente de l'Esprit sur lui (Ac 2.3 ; 11.15), de son 'onction', où l'Esprit est répandu sur lui (Ac 2.16-18). L'auteur reconnaît cette onction par les effets engendrés. Il se met à parler en langues (Ac 2.4), un phénomène analogue à la prophétie (Ac 2.16-18). En raison des effets engendrés Luc se sert de la métaphore « rempli d'Esprit » (Ac 2.4). Lorsque Pierre parle aux autorités juives, l'auteur constate encore qu'il est « rempli du Saint-Esprit » (Ac 4.8). L'effet engendré est le témoignage avec assurance devant les autorités juives qui le menacent. À la fin du chapitre Pierre est encore parmi ceux qui « furent tous remplis du Saint-Esprit » (Ac 4.31). Les effets perceptibles sont le tremblement du lieu et l'annonce de la parole avec assurance. Ces répétitions n'indiquent pas que le degré de la 'plénitude' de l'Esprit chez Pierre varie selon ces circonstances. Pierre n'aurait pas perdu sa 'plénitude' entre le

---

[16] Ibid., p. 46.

verset huit et le verset trente et un. Il est « oint » d'Esprit à partir du moment de la descente de l'Esprit sur lui (Ac 2.3). Mais l'auteur signale sa 'plénitude' lorsqu'un signe visible démontre cette onction.

### La cohérence de la pneumatologie de l'auteur implicite

Les descriptions données ci-dessus pour les expressions pneumatologiques de Luc-Actes expriment la cohérence pneumatologique du récit. Aucune expérience pneumatologique du récit ne doit être qualifiée d'exception. Aucune ne doit être attribuée à une source dont la pneumatologie ne rencontrerait pas l'accord de Luc. L'on ne doit pas accuser Luc d'une fluidité dans sa pneumatologie. Les définitions sont cohérentes dans tous les micro-récits de l'œuvre et contribuent à une compréhension cohérente de l'ensemble de l'œuvre. Selon le critère de la cohérence établi pour cette analyse, nous pensons avoir trouvé une description de la pneumatologie de l'auteur implicite de Luc-Actes.

## IV. LES PROBLÈMES À RÉSOUDRE

Nous avons pu trouver cette pneumatologie lucanienne cohérente en écartant les présuppositions venant des pneumatologies de Paul et de Jean. Nous sommes conscients que nos conclusions posent de sérieux problèmes pour la cohérence de la pneumatologie néotestamentaire et pour les implications dans la vie de l'Église. Luc ne présuppose ni la participation de l'Esprit à la conversion comme Jean (Jn 3.5), ni la présence de l'Esprit chez le croyant à partir de la conversion comme Paul (Ro 8.9). Une étude comparative des différentes pneumatologies du Nouveau Testament dépasse les limites de cette analyse synchronique. Nous avons déjà suggéré que la notion d'un développement de pneumatologie pendant la période néotestamentaire pourrait résoudre ce problème[17]. Cette piste mérite d'être poursuivie. Étant donné le caractère diachronique d'une telle étude et le caractère synchronique de notre analyse, nous n'osons pas entamer une étude

---

[17] Ch. 6, p. 341-45.

sur un tel développement ici. Nous allons nous contenter d'évoquer deux problèmes qui restent à résoudre et de suggérer des interprétations possibles et cohérentes avec notre thèse.

### Le problème de l'emploi des mêmes termes dans la littérature paulinienne[18]

Le premier problème se trouve au niveau du vocabulaire. Deux constructions avec le terme πνεῦμα (Esprit) dans les épîtres de Paul ressemblent aux expressions employées dans l'œuvre de Luc. Il exhorte les Éphésiens à être « remplis (πληρόω) ἐν πνεύματι » (Éph 5.18) et affirme que les Corinthiens sont tous « baptisés ἐν πνεύματι » (1 Cor 12.13). L'interprétation de ces expressions chez Paul dépasse aussi les limites de notre étude synchronique. Mais le fait que ces expressions ne sont employées qu'une seule fois chez Paul, sans les définir, renvoie l'interprète à chercher des indices de leur signification ailleurs. On ne doit pas présupposer que Luc et Paul emploient ces expressions de la même façon, mais l'on peut se servir des conclusions sur les emplois lucaniens pour proposer une compréhension possible de l'emploi des termes chez Paul. Des études pauliniennes sont nécessaires pour évaluer le mérite de ces propositions.

### Rempli ἐν πνεύματι (Éph 5.18)

L'emploi de l'expression « remplis de l'Esprit » (πληροῦσθε ἐν πνεύματι) dans l'Épître aux Éphésiens ressemble à certains emplois lucaniens des mêmes termes. Premièrement, la comparaison entre des personnes enivrées de vin et des personnes remplies de l'Esprit rappelle la réaction des spectateurs le jour de la Pentecôte, « Ils sont pleins de vin doux » (Ac 2.13). Dans les deux textes l'accent est mis sur la source d'une forte influence sur les individus. Deuxièmement, dans les deux exemples, l'influence exercée par l'Esprit produit une manifestation perceptible, c'est-à-dire des paroles de

---

[18] Par littérature paulinienne nous voulons dire tout simplement toutes les épîtres attribuées à Paul dans le canon du Nouveau Testament sans entrer dans le débat historique sur l'auteur réel de ces écrits. Qu'il s'agisse réellement ou non de l'apôtre mentionné par Luc dans le texte des Actes des apôtres ne nous concerne pas ici. La question historique doit être abordée dans la solution à ce problème, mais elle dépasse les limites de notre étude. Nous considérons l'épître aux Éphésiens comme appartenant au legs paulinien.

louange inspirées par l'Esprit (Ac 2.11 ; Éph 5.19). Le lien entre l'Esprit et des paroles de louange rappelle aussi la louange prophétique dans l'introduction prophétique de Luc-Actes (Lc 1.46-55 ; 68-79 ; 2.29-35).

Mais les dissemblances sont aussi importantes. Lorsque Luc parle d'un personnage « rempli de l'Esprit », le mot « Esprit » est au génitif. Dans l'expression de Paul, le mot est au datif précédé de la préposition ἐν. Luc emploie l'expression ἐν πνεύματι, mais non pas avec le verbe « remplir ». Il faut aussi noter que la description des paroles de louange chez Paul semble moins extraordinaire que les louanges prophétiques chez Luc. Ces différences et les différences chez Luc indiquent probablement que les expressions traduites par les termes « rempli de l'Esprit » en français ne représentent pas une notion technique ayant une définition précise et reconnue par toutes les églises néotestamentaires. Il est vraisemblable que la signification de l'expression chez Paul diffère de celle de Luc. Mais la différence ne doit pas forcément être très grande.

Chez Paul l'expression « remplis de l'Esprit » est aussi non définie. Donc, il faut probablement penser à une signification générique. Nous pensons que l'expression « rempli d'Esprit » a une signification assez générique dans Luc-Actes se référant tout simplement à l'influence de l'Esprit qui aboutit à une manifestation perceptible. Cette signification générique ne semble pas rencontrer de grandes difficultés dans le contexte de l'Épître aux Éphésiens. Nous avons déjà noté les manifestations perceptibles et semblables dans les deux contextes. En outre, supposer une signification particulière comme celle exprimée par Paul dans les expressions « marcher selon l'Esprit » ou « vivre selon l'Esprit » nous semble peu convenable, parce que Paul ressent le besoin d'expliquer ces expressions (Gal 5.16-25 ; Ro 8.4-17). N'est-il pas vraisemblable que l'expression chez Paul a aussi une signification générique se référant à une influence de l'Esprit qui aboutit à une conduite ou à des paroles inspirées ? Si la pneumatologie de Luc est moins développée que celle de Paul, la sphère d'activités ou des paroles inspirées chez les individus remplis de l'Esprit est probablement plus étendue et parfois moins spectaculaire chez Paul.

## Baptisés ἐν πνεύματι (1 Co 12.13)

Les conclusions de notre thèse rencontrent un problème plus sérieux dans l'emploi de l'expression « baptisé ἐν πνεύματι » dans la Première épître aux Corinthiens. À notre avis, l'expression « baptisé ἐν πνεύματι », se réfère au jugement eschatologique dans la bouche de Jean-Baptiste et dans le répertoire des lecteurs de Luc. Cela explique que l'expression n'est pas utilisée pour raconter l'événement de la réception de l'Esprit dans Luc-Actes. Elle n'était probablement pas courante dans l'Église de Luc. Nous pensons que Luc donne une nouvelle interprétation à cette expression et souligne un accomplissement inattendu de la prophétie de Jean-Baptiste. Mais l'expression chez Paul semble se référer à un événement connu et expérimenté par tous ses lecteurs, « ἐν πνεύματι nous avons tous … été baptisés ». Ces conclusions semblent contradictoires si l'expression a la même signification chez les deux auteurs.

Le problème est sérieux mais non pas insurmontable. Il suffit de conclure que l'expression n'a pas la même signification chez les deux auteurs. D. A. Carson avertit les interprètes de ce passage contre la présupposition qu'il s'agit ici d'un terme technique qui a toujours la même signification[19]. Sans tirer une conclusion trop hâtive sur l'interprétation de ce passage de Paul, nous voulons souligner quelques dissemblances dans l'emploi de Paul qui pourraient indiquer une signification différente. (1) La première dissemblance est celle que nous avons déjà mentionnée. Paul utilise l'expression pour décrire une expérience tandis que Luc l'utilise pour rappeler la prophétie de Jean-Baptiste. Jean-Baptiste n'est même pas mentionné dans les écrits pauliniens du Nouveau Testament. (2) Dans la phrase paulinienne l'expression ἐν πνεύματι se trouve au début de la proposition, éloignée du verbe « baptiser » qui se trouve à la fin de la proposition. Dans Luc-Actes les termes se trouvent toujours ensemble[20]. (3) Dans la proposition de Paul le verbe est précédé d'un deuxième complément, « vers (ou dans) un seul corps » (εἰς ἓν σῶμα), que l'on ne trouve pas chez Luc. C'est ce complément qui se trouve plus proche du verbe. (4) Finalement,

---

[19] Voir l'avertissement de D. A. CARSON, *Exegetical Fallacies*, 2ᵉ éd., Grand Rapids, Baker Books, 1996, p. 45, sur la présupposition d'un *terminus technicus*.
[20] L'ordre des termes chez Luc peut varier, mais aucun terme ne les sépare : βαπτίσει ἐν πνεύματι ἁγίῳ (Lc 3.16), ἐν πνεύματι βαπτισθήσεσθε ἁγίῳ (Ac 1.5), βαπτισθήσεσθε ἐν πνεύματι ἁγίῳ (11.16).

l'expression ἐν πνεύματι est déjà employée quatre autres fois dans le contexte de la péricope pour parler de ce qui est fait « par l'Esprit »[21]. D'autres expressions (διὰ τοῦ πνεύματος, κατὰ τὸ αὐτὸ πνεῦμα, 12.8) semblent exprimer une idée semblable. Dans la ligne de ce thème dans le passage, plusieurs traductions ont opté pour la traduction « par l'Esprit » pour cette expression chez Paul[22].

## Le problème de l'évaluation des textes de Luc

Nous avons déjà abordé le sujet d'évaluation au chapitre premier. Nous avons rejeté la procédure de John Stott, lorsqu'il propose qu'il faut interpréter un passage descriptif (la narration de Luc) à la lumière de ce qui est didactique (les épîtres de Paul)[23]. L'étape d'évaluation ne doit pas précéder l'étape de l'interprétation. Elle doit la suivre[24].

Si l'on accepte l'idée d'un développement de pneumatologie pendant la période néotestamentaire, le problème d'évaluation se complique. Si la pneumatologie de Paul représente la dernière étape dans la progression de la révélation sur l'Esprit, une certaine mise à jour s'impose à la pneumatologie de Luc. On peut prendre l'exemple de la réception de l'Esprit chez les Samaritains pour comprendre les enjeux.

Nous pensons que l'auteur implicite de Luc-Actes a compris que les Samaritains ont reçu l'Esprit bien après leur conversion. Si nous comprenons bien la pneumatologie de Paul, il affirme que la réception de l'Esprit se fait à la conversion (Ro 8.9). À la lumière de la pneumatologie de Paul, faut-il comprendre que les Samaritains ont reçu l'Esprit au moment de leur conversion, et que leur 'réception' de l'Esprit racontée par Luc représente une nouvelle expérience avec l'Esprit ? C'est la conclusion de J. H. E.

---

[21] Deux fois dans 12.3 et deux fois dans 12.9.
[22] P. ex., New International Version, Version Darby, Version en français courant, New American Standard Version, Revised Standard Version. Une compréhension instrumentale dans le Nouveau Testament pour l'expression ἐν πνεύματι est contestée par A. T. Robertson, *A Grammar of the Greek New Testament in the Light of Historical Research*, Broadman Press, Nashville, 1934, p. 590. Mais Maurice Carrez affirme que l'emploi instrumental s'est développé dans le Nouveau Testament sous l'influence de l'hébreu, *Grammaire grecque du Nouveau Testament*, 6ᵉ éd. Genève, Labor et Fides, 1985, p. 6, et Robertson avoue que cet emploi est « fréquent dans la LXX » et que l'emploi de ἐν du point de vue locatif était « presque l'équivalent de l'emploi instrumental », p. 590, 524.
[23] *Baptism and Fullness, The Work of the Holy Spirit Today*, 2ᵉ éd., Downers Grove, IL, InterVarsity Press, 1976, p. 14-17. Voir ch. 1, p. 10.
[24] Robert A. TRAINA, *Methodical Bible Study : A New Approach to Hermeneutics*, Grand Rapids, Francis Asbury Press, 1985, p. 186, 204.

Hull[25] et celle qui nous semble plausible. À notre avis, les Samaritains n'avaient pas 'reçu' l'onction prophétique de l'Esprit selon la compréhension et l'attente de Luc et de l'Église primitive qu'il décrit, une attente basée sur leur expérience et sur la prophétie de Joël.

Espérer trouver un consensus sur la réponse à toutes ces questions me semble idéaliste. Le sujet est à la fois trop complexe et trop attaché à l'expérience ecclésiastique. Notre souhait est que le contexte littéraire de Luc-Actes et la vie de l'église racontée dans ce contexte soient pris au sérieux dans la considération de ces questions. Cette thèse vise ce but. Il ne faut pas qu'une pneumatologie plus informée par les écrits de Paul ou de Jean nous empêche d'expérimenter la puissance de l'Esprit, l'émerveillement qui l'accompagne et la croissance de l'église facilitée par cette puissance tels que nous les rencontrons dans le récit de Luc.

---

[25] *The Holy Spirit in the Acts of the Apostles*, Cleveland et New York, World Publishing, 1967, p. 108, 115.

# APPENDICE A

## CITATIONS DE L'ANCIEN TESTAMENT DANS LUC-ACTES

### L'ÉVANGILE SELON LUC

| Ancien Testament | Luc | Lignes | Mots | Nom | Sujet |
|---|---|---|---|---|---|
| Ex 13.2, 12, 15 | Lc 2.23 | 2 | 8 | | Obéissance à la loi |
| Lev 12.8 | Lc 2.24 | 2 | 6 | | Obéissance à la loi |
| Es 40.3-5 | Lc 3.4-6 | 8 | 42 | Esaïe | Inauguration d'un ministère eschatalogique |
| Dt 8.3 | Lc 4.4 | 1 | 7 | | Obéissance à la loi |
| Dt 6.13 | Lc 4.8 | 2 | 8 | | Obéissance à la loi |
| Ps 91.11 | Lc 4.10 | 2 | 9 | | Obéissance à la loi |
| Ps 91.12 | Lc 4.11 | 2 | 11 | | Obéissance à la loi |
| Dt 6.16 | Lc 4.12 | 1 | 6 | | Obéissance à la loi |
| Es 61.1-2; 58.6 | Lc 4.18-19 | 7 | 26 | Esaïe | Inauguration d'un ministère eschatalogique |
| Mal 3.1 (Ex 23.20) | Lc 7.27 | 2 | 13 | | Identité de Jean |
| Es 6.9 | Lc 8.10 | 2 | 7 | | Rejet des juifs, entrée païens |
| Dt 6.5 (Dt 10.12) | Lc 10.27bc | 2 | 21 | | Obéissance à la loi |
| Lev 19.18 | Lc 10.27d | 2 | 5 | | Obéissance à la loi |
| Ps 118.26 | Lc 13.35 | 1 | 6 | | Identité de Jésus |
| Dt 5.17-20, 16 (Ex 20.12-16) | Lc 18.20 | 3 | 15 | | Obéissance à la loi |
| Ps 118.26 | Lc 19.38 | 2 | 6 | | Identité de Jésus |
| Es 56.7 | Lc 19.46a | 1 | 7 | | Obéissance à la loi |
| Jer 7.11 | Lc 19.46b | 1 | 2 | | Obéissance à la loi |
| Ps 118.22 | Lc 20.17 | 2 | 10 | | Identité de Jésus |
| Dt 25.5 (Gn 38.8) | Lc 20.28 | 4 | 19 | Moïse | Obéissance à la loi |
| Ex 3.6 | Lc 20.37 | 2 | 10 | Moïse | Histoire de l'A.T. racontée |
| Ps 110.1 | Lc 20.42-43 | 4 | 20 | David | Identité de Jésus |
| Es 53.12 | Lc 22.37 | 1 | 4 | | Identité de Jésus |
| Ps 31.6 | Lc 23.46 | 1 | 7 | | Identité de Jésus |
| **Sans formule d'introduction** | | | | | |
| Dan 7.13 | Lc 21.27 | 1 | 7 | | Identité de Jésus |
| Ps 110.1 | Lc 22.69 | 2 | 11 | | Identité de Jésus |
| Hos 10.8 | Lc 23.30 | 4 | 11 | | Identité de Jésus |

## LES ACTES DES APOTRES

| Ancien Testament | | Actes | Lignes | Mots | Nom | Sujet |
|---|---|---|---|---|---|---|
| Ps 69.26 | Ac | 1.20a | 2 | 12 | | Compléter les douze |
| Ps 109.8 | Ac | 1.20b | 1 | 5 | | Compléter les douze |
| Jl 3.1-5a | Ac | 2.17-21 | 20 | 97 | Joël | Inauguration d'un ministère eschatalogique |
| Ps 16.8-11ab | Ac | 2.25-28 | 10 | 61 | David | Identité de Jésus |
| Ps 110.1 | Ac | 2.34-35 | 4 | 19 | David | Identité de Jésus |
| Dt 18.15 | Ac | 3.22 | 3 | 20 | Moïse | Identité de Jésus |
| Lv 23.29 (Dt 18.19) | Ac | 3.23 | 3 | 15 | Moïse | Identité de Jésus |
| Gn 22.18 | Ac | 3.25 | 3 | 11 | Dieu | Identité de Jésus |
| Ps 118.22 | Ac | 4.11 | 2 | 12 | | Identité de Jésus |
| Ps 2.1-2 | Ac | 4.25-26 | 5 | 27 | David | Identité de Jésus |
| Gn 15.13-14 | Ac | 7.6-7a | 3 | 23 | Dieu | Histoire de l'A.T. racontée |
| Ex 3.12 | Ac | 7.7b | 2 | 10 | | |
| Dt 18.15 | Ac | 7.37 | 2 | 11 | Moïse | Histoire de l'A.T. racontée |
| Amos 5.25-27 | Ac | 7.42-43 | 7 | 34 | | Histoire de l'A.T. racontée |
| Es 66.1-2 | Ac | 7.49-50 | 5 | 30 | | Histoire de l'A.T. racontée |
| Es 53.7-8 | Ac | 8.32-33 | 7 | 39 | | Identité de Jésus |
| Ps 2.7 | Ac | 13.33 | 2 | 8 | (Ps) | Identité de Jésus |
| Es 55.3 | Ac | 13.34 | 1 | 6 | | Identité de Jésus |
| Ps 16.10 | Ac | 13.35 | 1 | 7 | | Identité de Jésus |
| Hab 1.5 | Ac | 13.41 | 5 | 23 | | Identité de Jésus |
| Es 49.6 | Ac | 13.47 | 2 | 14 | | Rejet des juifs, entrée des païens |
| Amos 9.11-12 | Ac | 15.16-17* | 9 | 43 | | Rejet des juifs, entrée des païens |
| Ex 22.27 | Ac | 23.5 | 2 | 7 | | Obéissance à la loi |
| Es 6.9-10 | Ac | 28.26-27 | 10 | 54 | Esaïe | Rejet des juifs, entrée des païens |
| **Sans formule d'introduction** | | | | | | |
| Ps 132.11 | Ac | 2.30 | 2 | 12 | | Identité de Jésus |
| Ps 16.10 | Ac | 2.31 | 2 | 7 | | Identité de Jésus |
| Ex 3.6.15 | Ac | 3.13 | 3 | 12 | | Identité de Jésus |
| Gen 12.1 | Ac | 7.3 | 3 | 22 | | Histoire de l'A.T. racontée |
| nombreux passages | Ac | 7.5 | 2 | 11 | | Histoire de l'A.T. racontée |
| Ex 1.8 | Ac | 7.18 | 2 | 8 | | Histoire de l'A.T. racontée |
| Ex 2.13-14 | Ac | 7.27-28 | 3 | 19 | | Histoire de l'A.T. racontée |
| Ex 3.2 | Ac | 7.30 | 3 | 12 | | Histoire de l'A.T. racontée |
| Ex 3.4-10 | Ac | 7.32-34 | 8 | 59 | | Histoire de l'A.T. racontée |
| Ex 2.14 | Ac | 7.35 | 1 | 6 | | Histoire de l'A.T. racontée |
| Ex 32.1, 23 | Ac | 7.40 | 3 | 21 | | Histoire de l'A.T. racontée |
| Ps 89.20; 1S 13.14 | Ac | 13.22 | 2 | 7 | | Identité de Jésus |

\* L'article de Fitzmyer contient une erreur ici, mettant Ac 13.47 à la place d'Ac 15.16-17.

# APPENDICE B

## PROPHETIES NOUVELLES DANS LUC-ACTES

| Lc 1-2 | Jean | Jésus | Disciples | Futur | Catégories | Mots | Cat. |
|---|---|---|---|---|---|---|---|
| Lc 1.13-14 X | | | | | Immédiat | | 1 |
| Lc 1.15   X | | | | | Jean - Saint-Esprit | 91 | 3d |
| Lc 1.16-17 | X | | | | Jean -ministère | | 3d |
| Lc 1.20   X | | | | | Immédiat | 13 | 1 |
| Lc 1.31   X | | | | | Immédiat | 14 | 1 |
| Lc 1.32-33 | | X | | | Absence-trône | 35 | 3m |
| Lc 1.35   X | | | | | Immédiat | 18 | 1 |
| Lc 1.76-79 | X | | | | Jean - ministère | 53 | 3d |
| Lc 2.10-11 X | | | | | Jésus - identité | 32 | 3m |
| Lc 2.12   X | | | | | Immédiat | | 1 |
| Lc 2.30-32 | | X | X | | Salut pour tous | 24 | 3m |
| Lc 2.34-35 | | X | X | | Jésus - ministère | 29 | 3m |
| *LXX | Lc 3.4-6 X | | | | Jean - ministère | 42 | |
| *LXX | Lc 3.6 | | X | | Salut pour tous | | |
| | Lc 3.9 | | | X | Retour - jugement | 23 | 3a |
| | Lc 3.16 | X | | | Jésus - puissance | 49 | 3m |
| | | | X | | Disciples - Saint-Esprit | | 3m |
| | Lc 3.17 | | | X | Retour - jugement | | 3a |
| *LXX | | Lc 4.18-19 X | | | Jésus - Saint-Esprit | 26 | |
| *LXX | | X | | | Jésus - ministère | | |
| | | Lc 5.10 | X | | Disciples - ministère | 8 | 3m |
| | | Lc 5.35 | X | | Absence-jeûne | 16 | 3m |
| | | Lc 9.22   X | | | Passion | 23 | 2 |
| | | Lc 9.26 | | X | Retour - jugement | 49 | 3a |
| | | Lc 9.27 | X | | Disciples-royaume | | 3 |
| | | Lc 9.44   X | | | Passion | 10 | 2 |
| | | Lc 11.13 | X | | Disciples - Saint-Esprit | 10 | 3m |
| | | Lc 11.49 | X | | Absence-persécution | 12 | 3m |
| | | Lc 11.51 | | X | Retour - jugement | 5 | 3a |
| | | Lc 12.40 | | X | Retour - jugement | 14 | 3a |
| | | Lc 12.49-53 | X | | Absence-persécution | 80 | 3m |
| | | Lc 13.24-30 | | X | Retour - jugement | 134 | 3a |
| | | Lc 13.35 | | X | Absence | 20 | 3m |
| | | Lc 17.22-24 | | X | Absence | 232 | 3m |
| | | Lc 17.25   X | | | Passion | | 2 |
| | | Lc 17.26-36 | | X | Retour - jugement | | 3a |
| | | Lc 18.31-33 X | | | Passion | 36 | 2 |
| | | Lc 19.30-31 X | | | Immédiat | 37 | 1 |
| | | Lc 19.43-44 | | X | Absence-Jérus. détruit | 45 | 3a |

| Jésus | Disciples | Futur | Catégories | Mots | Cat. |
|---|---|---|---|---|---|
| Lc 21.8-11 | | X | Absence-troubles | 381 | 3a |
| Lc 21.12-19 | X | | Absence-persécution | | 3m |
| | | | Disciples - témoins | | 3m |
| Lc 21.20-24 | | X | Absence-Jérus. détruit | | 3a |
| Lc 21.25-26 | | X | Absence-troubles | | 3a |
| Lc 21.27-33 | | X | Retour - jugement | | 3a |
| Lc 22.10-12 X | | | Immédiat | 50 | 1 |
| Lc 22.16, 18 | | X | Retour - jugement | 30 | 3 |
| Lc 22.30 | | X | Retour - jugement | 22 | 3 |
| Lc 22.34 X | | | Immédiat | 9 | 1 |
| Lc 22.69 | X | | Absence-trône | 16 | 3m |
| Lc 23.29-30 | | X | Absence-troubles | 34 | 3a |
| Lc 23.43 X | | | Immédiat | 10 | 1 |
| Lc 24.47 | X | | Salut pour tous | 42 | 3m |
| Lc 24.48 | X | | Disciples - témoins | | 3m |
| Lc 24.49 | X | | Disciples - puissance (Saint-Esprit) | | 3m |
| Ac 1.5 | X | | Disciples - Saint-Esprit | 11 | 3m |
| Ac 1.8 | X | | Disciples - Saint-Esprit | 27 | 3m |
| | | | Disciples - témoins | | 3m |
| | | | Salut pour tous | | 3m |
| Ac 1.11 | | X | Retour | 20 | 3a |
| *LXX Ac 2.17a | X | | Disciples - Saint-Esprit | 107 | |
| *LXX Ac 2.17-19 | X | | Disciples - ministère | | |
| *LXX Ac 2.20 | | X? | Retour - jugement? | | |
| *LXX Ac 2.21 | X | | Salut pour tous | | |
| Ac 2.38 | X | | Disciples - Saint-Esprit | 27 | 2-3m |
| Ac 2.39 | X | | Salut pour tous | | 2-3m |
| Ac 5.9 | X | | Immédiat | 2 | 1 |
| Ac 9.6 | X | | Immédiat | 7 | 1 |
| Ac 9.15 | X | | Salut pour tous | 32 | 2-3m |
| Ac 9.16 | X | | Passion de Paul | | 2 |
| Ac 13.11 | X | | Immédiat | 8 | 1 |
| Ac 18.10 | X | | Immédiat | 21 | 1 |
| Ac 21.11 | X | | Passion de Paul | 18 | 2 |
| Ac 23.11 | X | | Salut pour tous | 16 | 2-3m |
| Ac 27.22-4 | X | | Immédiat | 24 | 1 |
| Ac 28.28 | X | | Salut pour tous | 3 | 2-3m |

*Les lignes marquées par LXX ne sont pas des prophéties nouvelles, mais des prophéties citées de l'Ancien Testament. Elles sont incluses pour visualiser la structure.

# APPENDICE C

# PARALLELES ENTRE LUC 24 ET ACTES 1

**Ac 1.4-5**
ἀπὸ Ἱεροσολύμων μὴ χωρίζεσθαι
ἀλλὰ περιμένειν
τὴν ἐπαγγελίαν τοῦ πατρὸς
ἣν ἠκούσατέ μου,
ὅτι Ἰωάννης μὲν ἐβάπτισεν ὕδατι,
ὑμεῖς δὲ ἐν πνεύματι βαπτισθήσεσθε
ἁγίῳ οὐ μετὰ πολλὰς ταύτας ἡμέρας

**Luc 24.47-49**
καὶ κηρυχθῆναι ἐπὶ τῷ ὀνόματι αὐτοῦ
μετάνοιαν εἰς ἄφεσιν ἁμαρτιῶν
1) εἰς πάντα τὰ ἔθνη
2) ἀρξάμενοι ἀπὸ Ἱερουσαλήμ
3) ὑμεῖς μάρτυρες τούτων
4) καὶ ἐγὼ ἀποστέλλω τὴν ἐπαγγελίαν τοῦ πατρός μου ἐφ' ὑμᾶς·
   ὑμεῖς δὲ καθίσατε ἐν τῇ πόλει
5) ἕως οὗ ἐνδύσησθε ἐξ ὕψους **δύναμιν**

**Ac 1.8**
5) ἀλλὰ λήμψεσθε **δύναμιν**
4) ἐπελθόντος τοῦ ἁγίου πνεύματος
   ἐφ' ὑμᾶς
3) καὶ ἔσεσθέ μου **μάρτυρες**
2) ἔν τε Ἱερουσαλὴμ
   καὶ [ἐν] πάσῃ τῇ
   Ἰουδαίᾳ καὶ Σαμαρείᾳ
1) καὶ ἕως ἐσχάτου τῆς γῆς

APPENDICE D

SURVOL D'ACTES 1.1-11

# Récapitulation et reprise de la première Parole

| Récapitulation générale de la 1ère parole | Reprise du récit en détails pour la période après sa souffrance | |
|---|---|---|
| - Tout ce que Jésus a commencé de faire et d'enseigner<br>- Souffrance<br>- Preuves de sa résurrection pendant 40 jours<br>- Choix des apôtres<br>- Ordres par l'Esprit Saint<br>- Instructions sur le royaume de Dieu<br>- Ascension | **Détails sur les ordres et sur le royaume**<br><br>- L'ordre d'attendre (4)<br>- La raison pour obéir (5)<br>- La réaction des apôtres (6)<br>- La réponse de Jésus (7-8) | **Détails sur l'Ascension**<br><br>- Jésus élevé pendant qu'ils regardaient (9)<br>- Apparition de deux hommes en vêtements blancs (10)<br>- Promesse du retour (11) |
| Ac 1.1....................3 | 1.4....................8 | 1.9....................11 |

# APPENDICE E

## LIENS DE CAUSE À EFFET ACTES 1. 4 - 8

| CAUSE | | EFFET |
|---|---|---|
| *Jean a baptisé d'eau, mais ...vous serez baptisés dans le Saint-Esprit (1.5)* | car ὅτι ← | *il leur recommanda de ne pas partir de Jérusalem, mais d'attendre la promesse du Père (1.4)* |
| *Jean a baptisé d'eau, mais ...vous serez baptisés dans le Saint-Esprit (1.5)* | Alors οὖν → | *les apôtres réunis lui demandèrent: Seigneur, est-ce en ce temps que tu restaureras le royaume à Israël ? (1.6)* |
| *les apôtres réunis lui demandèrent: Seigneur, est-ce en ce temps que tu rétabliras le royaume d'Israël ? (1.6)* | Ils leur répondit → | *Ce n'est pas à vous de connaître les temps et les moments que le Père a fixés de sa propre autorité. Mais vous recevrez une puissance, quand le Saint-Esprit viendra sur vous et vous serez mes témoins... (1.7-8)* |
| *vous recevrez une puissance, quand le Saint-Esprit viendra sur vous (1.8)* | et (καὶ) → Le lien de cause à effet est implicite ici. | *vous et vous serez mes témoins...(1.8)* |

À noter:
1) Le dernier lien de cause à effet doit être confirmé par la suite du récit.
2) La question des apôtres sert à donner l'occasion de préciser le sens entendu par Jésus d'être baptisé dans l'Esprit Saint. Ce n'est pas une expérience où le royaume sera restauré à Israël, mais où les apôtres recevront la puissance du Saint-Esprit qui les rendra capables de témoigner jusqu'au bout du monde.

**La récurrence des rapports de cause à effet avec interrogation et contraste :**
1. Jésus recommande aux apôtres de ne pas partir de Jérusalem mais d'attendre la promesse du Père.
2. Il donne cet ordre parce que les apôtres seront bientôt baptisés dans le Saint-Esprit. Ce baptême est en contraste avec le baptême d'eau de Jean-Baptiste.
3. Cette prophétie provoque la question des apôtres si Jésus allait restaurer tout de suite le royaume à Israël.
4. Jésus leur répond qu'ils ne doivent pas savoir les temps fixés par le Père, mais qu'ils recevront une puissance quand le Saint-Esprit viendra sur eux.
5. Ils seront les témoins de Jésus jusqu'au bout de la terre.

# INDEX DES AUTEURS

ABRAMS, M. H., *A Glossary of Literary Terms*, Chicago, Holt Rinehart et Winston, 1988, 260p.

_____, « How to Do Things with Texts », *Critical Theory Since 1965*, éd. Hazard Adams et Leroy Searle, Tallahassee, Florida State University Press, 1986, p. 436-449.

ALAND, Kurt, BLACK, Matthew, MARTINI, Carlo M., METZGER, Bruce M. et WIKGREN, avec la cooperation de Institute for New Testament Textuel Research, Münster/Westphalia, 3$^e$ éd., New York/Londres/Edimbourg/Amsterdam/Stuttgart, United Bible Societies, 1975, LXII-918.

ALETTI, Jean-Noël, *Quand Luc raconte. Le récit comme théologie*, Paris, Éditions du Cerf, 1998, 302p.

ALETTI, Jean-Noël, GILBERT, Maurice, SKA, Jean-Louis et VULPILLIERES, Sylvie de, *Vocabulaire raisonné de l'exégèse bibliques : les mots, les approches, les auteurs*, Paris, Éditions du Cerf, 2005, 157p.

ALEXANDER, Loveday, *The Preface to Luke's Gospel : Literary Convention and Social Context in Luke 1.1-4 and Acts 1.1*, Society for New Testament Studies Monograph Series 78, éd. Margaret E. Thrall, Cambridge, Cambridge University Press, 1993, 250p.

ALTER, Robert, *The Art of Biblical Narrative*, New York, Basic Books, 1981, XII-195.

_____, *The Pleasures of Reading in an Ideological Age*, New York, Simon and Schuster, 1989, 250p.

ARISTOTLE, *Poetics, The Loeb Classical Library* vol. 23, trad. par Stephen Halliwell, éd. G. P. Goold, Cambridge, Harvard University Press, 1995, p. 1-141.

ARNOLD, Bill T., « Luke's Characterizing Use of the Old Testament in the Book of Acts », *History, Literature, and Society in the Book of Acts*, éd. Ben Witherington III, Cambridge, Cambridge University Press, 1996, p. 283-99.

AUNE, David E., « Greco-Roman Biography », *Greco-Roman Literature and the New Testament*, éd. David E. Aune, Atlanta, Scholars Press, 1988, p. 107-26.

_____, *The New Testament in Its Literary Environment*, Library of Early Christianity, éd. Wayne A. Meeks, Philadelphia, Westminster Press, 1987, 260p.

BAER, Hans von, *Der Heilige Geist in den Lukasschriften*, Stuttgart, Kohlhammer, 1926.

BAILEY, Kenneth E., *Poet and Peasant and Through Peasant Eyes : A Literary-Cultural Approach to the Parables of Luke*, Grand Rapids, Eerdmans, 1983, 448p.

BAL, Mieke, *Narratology : Introduction to the Theory of Narrative*, trad. de *De theorie van vortellen en verhalen*, 2$^e$ éd., Toronto, Toronto University Press, 1997, p. xv-254.

BAR-EFRAT, Shimon, *Narrative Art in the Bible*, trad. par Dorothea Shefer-Vanson, JSOTSS 70, BLS 17, Sheffield, Almond Press, 1989, 295p.

BARRETT, C. K., *A Critical and Exegetical Commentary on The Acts of the Apostles*, The International Critical Commentary on the Holy Scriptures of the Old and New Testaments, éd. J. A. Emerton, C. E. B. Cranfield et G. N. Stanton, T & T Clark, Edinburgh, 1994, cxx-1272, 2 vol.

_____, *The Holy Spirit and the Gospel Tradition*. Londres, SPCK, 1958, 162p.

BARTHES, Roland, « Introduction à l'analyse structurale des récits », *Poétique du récit*, Paris, Éditions du Seuil, 1977, p.7-57.

BASSIN, François, « Jésus et l'Esprit dans Luc : Réflexions sur le rôle de l'Esprit dans le ministère de Jésus. A propos de débats récents. », *Esprit et Vie : Hommage à Samuel Bénétreau à l'occasion de ses soixante-dix ans*, Collection Théologie, Cléon d'Andran, France, Éditions Excelsis et Édifac, 1997, 190p.

BAUER, David R., *The Structure of Matthew's Gospel : A Study in Literary Design*, JSNTSS 31, éd. David Hill, Bible and Literature Series 15, éd. David M. Gunn, Sheffield, Almond Press, 1988, 182p.

BAUER, Walter, *A Greek-English Lexicon of the New Testament and Other Early Christian Litterature*, trad. par William F. Arndt et F. Wilbur Gingrinch, $2^e$ éd., Révisé et augmenté par F. Wilbur Gingrinch et Frederick W. Danker, Chicago, University of Chicago Press, 1979, 900p.

BAUERNFEIND, Otto, *Kommentar und Studien zur Apostelgeschichte*, Wissenschaftliche Untersuchungen zum Neuen Testament 22, Mohr/Siebeck, Tübingue, 1980, 491p.

BAUMGÄRTEL, Friedrich, BIEDER, Werner, KLEINKNECHT, Hermann, SCHWEIZER, E. et SJÖBERG, Erik,, « πνεῦμα », *Theological Dictionary of the New Testament*, Vol. 6, éd. Gerhard Kittel et Gerhard Friedrich, trad. par Geoffrey W. Bromiley, Grand Rapids, Eerdmans, 1993, p. 332-455.

BERLIN, Adele, *Poetics and Interpretation of Biblical Narrative*, Sheffield, The Almond Press, 1983, 180p.

BLOCHER, Henri, « La plénitude du Saint-Esprit », *Ichthus* 17, 1971, p. 21-24.

_____, *La doctrine du péché et de la rédemption*, Collection didaskalia, Vaux sur Seine, Édifac, 2000, 367p.

BLOMBERG, Craig, *Jesus and the Gospels : An Introduction and Survey*, Nashville, Broadman and Holman Publishers, 1997, 384p.

BOCK, Darrell L., *Luke*, Baker Exegetical Commentary on the New Testament, éd. Moisés Silva, Grand Rapids, Baker Books, 1994, 2148 p., 2 vol.

_____, *Proclamation from Prophecy and Pattern : Lucan Old Testament Christology*, JSNT Supplemental Series 12, Sheffield, JSOT Press, 1987, 413p.

BOISMARD, M.-É., *Le texte occidental des Actes des apôtres*, éd. nouvelle, Études Bibliques, Nouvelle Série, 40, Paris, Éditions Gabalda, 2000, 429p.

BOISMARD, M.-É. et LAMOUILLE A., *Les Actes des deux apôtres III, Analyses littéraires*, Études bibliques nouvelle série 14, Paris, Gabaldan 1990, 344p.

BOOTH, Wayne C., *The Rhetoric of Fiction*, Chicago, The University of Chicago Press, 1961, 455p.

BOSTOCK D. Gerald, « Jesus as the New Elisha », *Expository Times* 92, 1980-81, p. 39-41.

BOURQUIN, Ivan, « Bibliographie de contributions récentes en analyse narrative », *Etudes Théologiques et Religieuses*, 2002/1, p. 79-93.

BOVON, François, *L'évangile selon Saint Luc (1.1-9.50)*, Labor et Fides, Genève, 1991, 511p.

_____, *Luc le théologien. Vingt-cinq ans de recherches (1950-1975)*, Neuchâtel/Paris, Delachaux et Niestlé, 1978, 474p.

BRAWLEY, Robert L., *Centering on God : Method and Message in Luke-Acts*, Louisville, KY, Westminster/John Knox Press, 1990, 256p.

_____, *Luke-Acts and the Jews : Conflict, Apology, and Conciliation*, SBL Monograph Series 33, éd. Adela Yarbro Collins, Atlanta, Scholars Press, 1987, 187p.

BREMOND, Claude, « La logique des possibles narratifs », *Communications 8 : L'analyse structurale du récit*, Paris, Éditions du Seuil, 1981, p. 66-82.

BRODIE, Thomas L., *The Crucial Bridge : The Elijah-Elisha Narrative as an Interpretive Synthesis of Genesis-Kings and a Literary Model for the Gospels*, Collegeville, Minnesota, The Liturgical Press, 2000, XIII-114.

BROOKS, Peter, *Reading for the Plot : Design and Intention in Narrative*, New York, Alfred A. Knopf, 1984, XVIII-363.

BROWN, R. E., *The Birth of the Messiah : A Commentary on the Infancy Narratives in Matthew and Luke*, Garden City, NY, Doubleday, 1977, 752p.

BRUCE, F. F., *Commentary on the Book of Acts : The English Text with Introduction, Exposition and Notes*, Grand Rapids, Eerdmans, 1955, 555p.

BUCHSEL, Friedrich, *Der Geist Gottes im Neuen Testament*, Gütersloh, Bertelsmann, 1926.

BÜHLER, P. et HABERMACHER, J. F., éd., *La Narration : Quand le récit devient communication*, Lieux Théologiques 12, Genève, Labor et Fidès, 310p.

BURTON, Ernest De Witt, *Syntax of the Moods and Tenses in New Testament Greek*, 3$^e$ éd., Edimbourg, T & T Clark, 1976, VIII-214.

CADBURY, Henry J., *The Making of Luke-Acts*, Londres, SPCK, 1958, 385p.

CARREZ, Maurice et MOREL, François, *Dictionnaire grec-français du Nouveau Testament*, 4$^e$ éd., revue et corrigée, Genève/Villiers-le-Bel, Labor et Fidès/Société biblique française, 1984, 270p.

CARSON, D. A., *Exegetical Fallacies*, 2$^e$ éd., Grand Rapids, Baker Books, 1996, 148p.

COSGROVE, Charles H., « The Divine ΔEI in Luke-Acts : Investigations into the Lukan Understanding of God's Providence », *Novum Testamentum* 26, 1984, p. 168-90.

CHARLESWORTH, J. H., « From Messianology to Christology : Problems and Prospects », *The Messiah : Developments in Earliest Judaism and Christianity*, éd. James H. Charlesworth, Minneapolis, Fortress Press, 1992, p. 3-35.

CHATMAN, Seymour, *Story and Discourse: Narrative Structure in Fiction and Film*, Itaca and Londres, Cornell University Press, 1978, 277p.

CHEVALLIER, Max-Alain, *Souffle de Dieu : Le Saint-Esprit dans le Nouveau Testament*, Vol 1, Le Point Théologique 26, Paris, Beauchesne, 1978, 264p.

CHRONIS, Harry L., « The Torn Veil: Cultus and Christology in Mark 15.37-39 », *Journal of Biblical Literature* 101, 1982, p. 97-114.

CLARK, Andrew C., *Parallel Lives : The Relation of Paul to the Apostles in the Lucan Perspective*, Paternoster Biblical and Theological Monographs, Carlisle, Cumbria, UK et Waynesboro, GA, Paternoster Press, 2001, XVIII-385.

COLWELL, Ernest C., « Method in Evaluating Scribal Habits : A Study of $p^{45}$, $p^{66}$, $p^{75}$ », *Studies in Methodology in Textual Criticism of the New Testament*, Grand Rapids, Eerdmans, 1969, p. 106-124.

COMBRINK, H. J. B., « The Structure and Significance of Luke 4.16-30 », *Neotestamentica* 7, *Essays on the Gospel of Luke and Acts*, Pretoria South Africa, La Société du Nouveau Testament, 1973, p. 27-47.

CONZELMANN, Hans, *Acts of the Apostles*, Hermeneia, trad. par James Limburg, A. Thomas Kraabel et Donald H. Juel, éd Eldon Jay Epp et Christopher R. Matthews, Philadelphia, Fortress Press, 1987, 287p.

_____, *Die Mitte der Zeit: Studien zur Theologie des Lukas*, Beiträge zur Historischen Theologie 17, Tübingue, Mohr/Siebeck, 1993, 242p.

_____, *The Theology of St. Luke*, trad. par Geoffrey Buswell, Philadelphia, Fortress Press, 1961, 255p.

CRANE, R. S., « The Concept of Plot », *Approaches to the Novel : Materials for a Poetics*, éd. Robert Scholes, San Francisco, Chandler Publishing Company, 1961, p. 159-169.

CULPEPPER, Alan R., *Anatomy of the Fourth Gospel : A Study in Literary Design*, Philadelphia, Fortress Press, 1983, XII-266.

DAHL, Nils A., « The Purpose of Luke-Acts », *Jesus in the Memory of the Early Church*, Minneapolis, Augsburg Publishing House, 1976, p. 87-98.

DARR, John A., *On Character Building : The Reader and the Rhetoric of Characterization in Luke-Acts*, Louisville, KY, Westiminster/John Knox Press, 1992, 208p.

DAVIES, J. G., « The prefigurement of the Ascension in the Third Gospel », *Journal of Theological Studies* 6, 1955, p. 229-33.

DAWSEY, James M., *The Lukan Voice : Confusion and Irony in the Gospel of Luke*, Macon, GA, Mercer University Press, 1986, 198p.

DENOVA, Rebecca I., *The Things Accomplished Among Us : PropheticTradition in the Structural Pattern of Luke-Acts*, JSNT Supplement Series 141, Sheffield, Sheffield Academic Press, 1997, 260p.

DIBELIUS, Martin, *Studies in the Acts of the Apostles*, éd. Heinrich Greeven, trad. par Mary Ling, Londres, SCM Press, Ltd, 1951, 228p.

DIETERLE, Ch., REILING, J., et SWELLENGREBEL, J.L., *Manuel du traducteur pour l'Évangile de Luc*, Alliance Biblique Universelle, 1977, XIV-713.

DONGELL, Joseph R., *The Structure of Luke's Gospel*, Doctoral Dissertation, Union Theological Seminary, May, 1991, 363p.

SHEPHERD, Jr., William H., *The Narrative Function of the Holy Spirit as a Character in Luke-Acts*, SBL 147, Scholars Press, Atlanta, 1994, 290p.

SIEBER, John H., « The Spirit as the 'Promise of My Father in Luke 24.49 », *Sin, Salvation and the Spirit : Commemorating the Fiftieth Year of the Liturgical Press*, éd. Daniel Durken, Collegeville, MN, Liturgical Press, 1979, p. 271-78.

SKA, Jean-Louis, SONNET, Jean-Pierre et WENIN, André, « L'analyse narrative des récits de l'Ancien Testament », *Cahiers Evangile* 107, Paris, Éditions du Cerf, 1999, p. 5-67.

SLOAN, Robert B., « 'Signs and Wonders': A Rhetorical Clue to the Pentecost Discourse », *Evangelical Quarterly* 63, 1991, p. 225-40.

SMALLEY, Stephen, « Spirit, Kingdom and Prayer in Luke-Acts », *Novum Testamentum*, 15, 1973, p. 59-71.

SOCIÉTÉ BIBLIQUE DE GENÈVE, *La Sainte Bible, Nouvelle édition de Genève 1979*, Genève, Société biblique, 1992, 1402p.

SOCIÉTÉ BIBLIQUE FRANÇAISE, *Traduction œcuménique de la Bible*, Nouvelle éd. revue, Paris, Alliance biblique universelle/Éditions du Cerf, 1819p.

SOARDS, Marion L., *The Speeches in Acts : Their Content, Context, and Concerns*, Louisville, KY, Westminster/John Knox Press, 1994, 218p.

STEIN, Robert H., *Luke*, The New American Commentary, Vol. 24, éd. David S Dockery, Nashville, Broadman Press, 1992, 642p.

STEMPVOORT, P. A. Van, « The Interpretation of the Ascension in Luke and Acts », *New Testament Studies* 5, Oct. 1958, p. 30-42.

STENNING, J. F., *The Targum of Isaiah*, Londres, Oxford University Press, 1949, XXVII-232p.

STERNBERG, Meir, *The Poetics of Biblical Narrative : Ideological Literature and the Drama of Reading*, Indiana Literary Biblical Series, éd. Robert M. Polzin, Bloomington, Indiana, Indiana University Press, 1985, 580p.

STOTT, John, *Du baptême à la plénitude : L'œuvre du Saint-Esprit en notre temps*, Monnetier-Mornex, Éditions Emmanuel, 1997, 119p.

_____, *The Baptism and Fullness of the Holy Spirit*, Downers Grove, IL, IVP, 1964, 119p.

STRANGE, W.A., *The Problem of the Text of Acts*, Society for New Testament Studies Monograph Series 71, Cambridge/New York, Cambridge University Press, 1992, 258p.

STRAUSS, M. L., *The Davidic Messiah in Luke-Acts : The Promise and its Fulfillment in Lukan Christiolgy*, JSNT Supplement Series 110, Sheffield, JSOT Press, 1995, 413p.

STRONSTAD, Roger, *The Charismatic Theology of St. Luke*, Peabody, MA, Hendrickson Publishers, 1984, 91p.

_____, *The Prophethood of All Believers : A Study in Luke's Charismatic Theology*, JPTSS 16, éd. John Christopher Thomas, Rickie D. Moore et Steven J. Land, Sheffield, Sheffield Academic Press, 1999, 135p.

_____, « Revue d'*Empowered for Witness* », *Pneuma* 20, n. 1, printemps 1998, p. 118.

RYKEN, Leland, « Literary Criticism of the Bible: Some Fallacies », *Literary Interpretations of Biblical Narratives*, éd. Kenneth R. R. Gros Louis, James S. Ackerman, Thayer S. Warshaw, New York, Abingdon Press, 1974, p. 24-40.

SABOURIN, Léopold, *L'Évangile de Luc : Introduction et commentaire*, Rome, Editrice Pontificia Università Gregoriana, 1985, 412p.

SAMAIN, Étienne, « Le discours programme de Jésus à la synagogue de Nazareth Luc 4.16-30 », *Foi et vie* 11, 1971, p. 25-43.

_____, « La notion de APXH dans l'œuvre lucanienne », *L'Évangile de Luc : Problèmes littéraires et théologiques Mémorial Lucien Cerfaux*, éd. F. Neirynck, Bibliotheca Ephemeridum Theologicarum Lovaniensium 32, Gembloux, Belgique, Éditions J. Duculot, 1973, p. 299-328.

SANDERS, James A., « From Isaiah 61 to Luke 4 », *Christianity, Judaism and othe Greco-Roman Cults : Studies for Morton Smith at Sixty*, 1re partie : New Testament, éd. Jacob Neusner, Leyde, E. J. Brill, 1975, p. 75-106.

SANDT, Huub van de, « The Fate of the Gentiles in Acts : An Intertextual Study », *Ephemerides Theologicae Lovanienses* 66, 1990, p. 56-77.

SCHEFFLER, Eben, *Suffering in Luke's Gospel*, Abhandlungen zur Theologie des Alten und Neuen Testaments 81, éd. Oscar Cullmann et Hans Joachim Stoebe, Zürich, Theologischer Verlag Zürich, 1993, 192p.

SCHNEIDER, Gerhard, *Die Apostelgeschichte*, Vol. 1, Herders theologischer Kommentar sum Neuen Testament 5, Freiburg, Herder, 1980, 520p.

SCHRECK, Christopher J., « The Nazareth Pericope : Luke 4.16-30 in Recent Study », *L'Évangile de Luc—The Gospel of Luke*, éd. F. Neirynck, BETL 32, Leuven, Université de Leuven, 1989, p. 399-471.

SCHUBERT, Paul, « The Structure and Significance of Luke 24 », *Neutestamentliche Studien für Rudolf Bultmann su seinem siebzigsten Geburtstag am 20. August 1954*, 2e éd. corrigé, Berlin, Alfred Tömelmann, 1957, p. 165-86.

SCHWEIZER, Eduard, *The Good News According to Luke*, trad. par David E. GREEN, Atlanta, John Knox Press, 1984, 392p.

SCOTT, Ernest F., *The Spirit in the New Testament*, New York, George H. Doran, 1923, 256p.

SEGBROECK, F. Van, TUCKETT, C. M., BELLE, G. Van et VERHEYDEN, J., éd., *The Four Gospels 1992. Festschrift Frans Neirynck*, Vol. 2, Bibiliotheca Ephemeridum Theologicarum Lovaniensium, Leuven, Leuven University Press, 1992, 1720p.

SHEELEY, Steven M., *Narrative Asides in Luke-Acts*, JSNT Supplement Series 72, Sheffield, Sheffield Academic Press, 1992, 204p.

SHELLARD, Barbara, *New Light on Luke : Its Purposes, Sources and Literary Context*, JSNT Supplement Series 215, Sheffield, Sheffield Academic Press, 2002, 340p.

SHELTON, James B., *Mighty in Word and Deed : The Role of the Holy Spirit in Luke-Acts*, Peabody, MA, Hendrickson Publishers, 1991, 196p.

_____, « Revue de *Power from on High* », *Pneuma* 21, n. 1, printemps 1999, p. 163-64.

_____, *Profit with Delight : The Literary Genre of the Acts of the Apostles*, Philadelphia, Fortress Press, 1987, 212p.

PETERSEN, Norman R., *Literary Criticism for New Testament Critics*, Guides to Biblical Scholarship, éd. Dan O. Via, Jr., Philadelphia, Fortress Press, 1978, 92p.

POTTERIE, I.de la, « L'onction du Christ », *Nouvelle revue théologique*, 80, 1958, p. 225-52.

POWELL, Mark Allen, *Fortress Introduction to the Gospels*, Minneapolis, Fortress Press, 1998, 184p.

_____, « Toward a Narrative-Critical Understanding of Matthew », *Interpretation*, 46, 1992, p. 341-46.

_____, *What is Narrative Criticism?* Guides to Biblical Scholarship, éd. Dan O. Via, Jr., Minneapolis, Fortress Press, Augsburg Fortress, 1990, 125p.

PRAEDER, Susan Marie, « Jesus-Paul, Peter-Paul, and Jesus-Peter Parallelisms in Luke-Acts : A History of Reader Response », SBL Seminar Papers 23, éd. Kent Harold Richards, Chico CA, Scholars Press, 1984, p. 23-39.

PRÉVOST, Jean-Pierre, *Pour lire les prophètes*, Ottawa/Paris, Novalis/Éditions du Cerf, 1995, 204p.

PRIOR, Michael, *Jesus the Liberator : Nazareth Liberation Theology (Luke 4.16-30)*, Sheffield, Sheffield Academic Press, 1995, 228p.

QUESNEL, Michel, *Baptisés dans l'Esprit : Baptême et Esprit Saint dans les Actes des Apôtres*, Lectio Divina 120, Paris, Éditions du Cerf, 1985, 255p.

RACKHAM, Richard Belward, *The Acts of the Apostles*, Grand Rapids, Baker Book House, 1978, cxv-524p.

RAVENS, David, *Luke and the Restoration of Israel*, JSNT Supplement Series 119, Sheffield, Sheffield Academic Press, 1995, 287p.

RAY, Jerry Lynn, *Narrative Irony in Luke-Acts : The Paradoxical Interaction of Prophetic Fulfillment and Jewish Rejection*, Mellen Biblical Press Series 28, Lampeter, Dyfed, Wales, 1996, 188p.

READ-HEIMERDINGER, Jenny, *The Bezan Text of Acts : A Contribution of Discourse Analysis to Textual Criticism*, JSNT Supplement Series 236, Sheffield, Sheffield Academic Press, 2002, 379p.

RESE, M., *Alttestamentliche Motive in der Christologie des Lukas*, SNT 1, Gütersloh, Gütersloh Verlagshaus, 1969, 226p.

RICHARD, Earl, éd., *New Views on Luke and Acts*, Collegeville, Minnesota, The Liturgical Press, 1990, 196p.

ROBERTSON, A.T., *A Grammar of the Greek New Testament in the Light of Historical Research*, Broadman Press, Nashville, 1934, LXXXVI-1454.

ROLAND, P., « L'organisation du Livre des Actes et de l'ensemble de l'œuvre de Luc », *Biblica* 65, 1984, p. 81-86.

RUSSELL, W., « The Anointing with the Holy Spirit in Luke-Acts », *Trinity Journal* 7, 1986, p. 47-63.

RYKEN, Leland et LONGMAN III, Tremper, éd., *A Complete Literary Guide to the Bible*, Grand Rapids, Zondervan Publishing House, 1993, 532p..

Ó FEARGHAIL, Fearghus, *The Introduction to Luke-Acts : A Study of the Role of Lk 1.1-4.44 in the Composition of Luke's Two-Volume Work*, Analecta Biblica 126, Rome, Editrice Ponificio Istituto Biblico, 1991, XII-256.

O'NEIL, J. C., *The Theology of Acts in its Historical Setting*, 2ᵉ éd., Londres, SPCK, 1970, 194p.

O'REILLY, Leo, *Word and Sign in the Acts of the Apostles : A Study in Lucan Theology*, Analecta Gregoriana 243, Rome, Pontificia Universita Gregoriana, 1987, 242 p.

OSWALT, John, N., *The Book of Isaiah : Chapters 1-39*, The New International Commentary on the Old Testament, éd. R. K. Harrison, Grand Rapids, Eerdmans, 1986, XI-746.

_____, *The Book of Isaiah : Chapters 40-66*, The New International Commentary on the Old Testament, éd. R. K. Harrison et Robert L. Hubbard Jr., Grand Rapids, Eerdmans, 1998, XVIII-755.

O'TOOLE, R. F., « Activity of the Risen Jesus in Luke-Acts », *Biblica* 62, 1981, p. 471-98.

_____, « Acts 2.30 and the Davidic Covenant of Pentecost », *Journal of Biblical Literature* 102, 1983, p. 245-58.

_____, « Does Luke Also Portray Jesus As the Christ in Luke 4.16-30 ? » *Biblica* 76, 1995 p. 498-522.

_____, « Parallels between Jesus and His Disciples in Luke-Acts : A Further Study », *Biblische Zeitschrift* 27, 1983, p. 195-212.

_____, *The Unity of Luke's Theology : An Analysis of Luke-Acts*, Good News Study 9, Wilmington, Delaware, Michael Glazier, Inc., 1984, 279p.

OLIVER, H. H., « The Lucan Birth Stories and the Purpose of Luke-Acts », *New Testament Studies* 10, 1964, p. 202-226.

ORTON, David E., éd., *The Composition of Luke's Gospel : Selected Studies from Novum Testamentum*, Brill's Readers in Biblical Studies, Vol. 1, Leyde/Boston/Collogne, Brill, 1999, 236p.

OULTON, J. E. L., « The Holy Spirit, Baptism, and Laying on of Hands in Acts », *Expository Times*, Vol. 66, no. 8, mai 1955, p. 236-40.

PAO, David W., *Acts and the Isaianic New Exodus*, Grand Rapids, Baker Academic Press, 2000, 311p.

PARKER, D. C. et AMPHOUX, C.-B., éd., *Codex Bezae : Studies from the Lunel Colloquium, June 1994*, Leyde/New York/Collogne, E. J. Brill, 1996, XXX-383.

PARSONS, Mikeal C., *The Departure of Jesus in Luke-Acts : The Ascension Narratives in Context*, JSNT Supplement Series 21, Sheffield Academic Press, 1987, 301 p.

PARSONS, Mikeal C. et PERVO, Richard I., *Rethinking the Unity of Luke and Acts*, Minneapolis, Fortress Press, 1993, XII-148.

PENNEY, John Michael, *The Missionary Emphasis of Lukan Pneumatology*, Journal of Pentecostal Theology Supplement Series, Sheffield, Sheffield Academic Press, 1997, 143p.

PERRIN, Norman, « The Interpretation of the Gospel of Mark », *Interpretation* 30, 1976, p. 115-124.

PERRINE, Laurence, *Story and Structure*, 3ᵉ éd., New York, Harcourt, Brace and World, 1970, 514p.

PERVO, Richard I., « *Power from on High*, Revue », *Biblica* 78 no. 3, 1997, p. 428-32.

_____, *Empowered for Witness : The Spirit in Luke-Acts*, Journal of Pentecostal Theology Supplement Series 6, éd. John Christopher Thomas, Rick D. Moore et Steven J. Land, Sheffield, Sheffield Academic Press, 1994, 290p.

MENZIES, William W. et Robert P., *Spirit and Power : Foundations of Pentecostal Experience*, Grand Rapids, Zondervan Publishing House, 2000, 233p.

METZGER, Bruce M., *The Text of the New Testament : Its Transmission, Corruption, and Restoration*, 3e éd., New York/Oxford, Oxford University Press, 1992, XI-284.

_____, *A Textual Commentary on the Greek New Testament*, Stuttgart, United Bible Society, 1975, p. xxi-767.

MINEAR, Paul S., « Review of C.H. Talbert, Literary Patterns, Theological Themes and the Genre of Luke-Acts », *Journal of the American Academy of Religion* 45, 1977, p. 85-86.

_____, *To Heal and to Reveal : The Prophetic Vocation According to Luke*, New York, Seabury Press, 1976, 179p.

MOESSNER, David P., « Dionysius's Narrative 'Arrangement' (οἰκονομία) as the Hermeutical Key to Luke's Re-Vision of the 'Many' », *Paul, Luke and the Graeco-Roman World : Essays in Honour of Alexander J. M. Wedderburn*, éd. Alf Christophersen, Carsten Claussen, Jörg Frey et Bruce Longenecker, JSNTSS 217, Sheffield, Sheffield Academic Press, 2002, p. 151-53.

MOFFAT, James, *The Theology of the Gospels*, Londres, Duckworth & Co., 1919, 220p.

MONTAGUE, George T., « Pentecostal Fire : Spirit-Baptism in Luke-Acts », *Christian Initiation and Baptism in the Holy Spirit. Evidence from the First Eight Centuries*, 2e éd., éd. Kilian McDonnell et George Montague, Collegeville MN, Liturgical Press, 1994, p. 23-41.

_____, « *Power from on High*, Revue », *Catholic Biblical Quarterly*, 60 Jan 1998, p. 177-78.

MOORE, Stephen D., *Literary Criticism and the Gospels : The Theoretical Challenge*, New Haven/Londres, Yale University Press, 1989, XXII-226.

MORRIS, Leon, *L'Esprit du Dieu vivant*, Mulhouse, Grâce et Vérité, 1997, 137p.

MUILENBERG, James, « Form Criticism and Beyond », *Journal of Biblical Literature*, 88, 1969, p. 1-18.

MUNCK, Johannes, *The Anchor Bible : The Acts of the Apostles, Introduction, Translation and Notes*, révisée par William F. Albright et C. S. Mann, Doubleday & Company, Inc., Garden City, New York, 1967, 317p.

NAVE, Guy D., *The Role and Function of Repentance in Luke-Acts*, Society of Biblical Literature, Academia Biblica 4, éd. Mark Allen Powell, Leyde, Brill, 2002, 241p.

NEYREY, Jerome, *The Passion According to Luke : A Redaction Study of Luke's Soteriology*, New York/Mahwah, Paulist Press, 1985, 232p.

_____, « The Trials of Jesus in Luke-Acts », *The Passion According to Luke : A Redaction Study of Luke's Soteriology*, Theological Inquiries : Studies in Contemporary Biblical and Theological Problems, éd. Lawrence Boadt, New York, Paulist Press, 1985, p. 69-107.

NOLLAND, John, *Luke*, Word Biblical Commentary, vol 35a, Word Books, Dallas, 1989, 1293 p., 3 vol.

LUND, Nils W., *Chiasmus in the New Testament : A Study in the Form and Function of Chiastic Structures*, Peabody, MA, Hendrickson Publishers, 1992, 428p.

MA, Wonsuk, *Until the Spirit Comes : The Spirit of God in the Book of Isaiah*, JSOT Supplement Series 271, éd. David J. A. Clines et Philip R. Davies, Sheffield, Sheffield Academic Press, 1999, 247p.

MADDOX, Robert, *The Purpose of Luke-Acts*, Göttingen, Vandehoeck & Ruprecht, 1982, 218p.

MAINVILLE, Odette, *L'Esprit dans l'œuvre de Luc*, Héritage et Projet 45, éd. André Charron, Richard Bergeron et Guy Couturier, Ville Mont-Royal, Québec, Éditions Fidès, 1991, 378p.

MARGUERAT, Daniel, « Les Actes des Apôtres », *Introduction au Nouveau Testament*, 2ᵉ éd., éd. Daniel Marguerat, Genève, Labor et Fidès, 2001, p. 105-28.

_____, « L'Évangile selon Luc », *Introduction au Nouveau Testament*, 2ᵉ éd., éd. Daniel Marguerat, Genève, Labor et Fidès, 2001, p. 83-104.

_____, *La première histoire du christianisme (Les actes de apôtres)*, Lectio divina 180, Éditions du Cerf, Paris, 1999, 472p.

MARGUERAT, Daniel et BOURQUIN, Yvan, *La Bible se raconte : Initiation à l'analyse narrative*, Paris/Genève/Montréal, Éditions du Cerf/Labor et Fidès/Novalis, 1998, 241p.

MARSHALL, I. Howard, *The Acts of the Apostles : An Introduction and Commentary*, Grand Rapids, Eerdmans, 1980, 427p.

_____, *The Gospel of Luke : A Commentary on the Greek Text*, New International Greek Testament Commentary, éd. I. Howard Marshall et W. Ward Gasque, Grand Rapids, Eerdmans, 1978, 928p.

_____, *Luke : Historian and Theologian*, Zondervan, Downers Grove, Illinois, InterVarsity Press, 1998, 252p. .

_____, « The Meaning of the verbe 'to Baptize' », *Evangelical Quarterly* 45, 1973, p. 130-40.

MARSHALL, I. Howard et PETERSON, David, éd., *Witness to the Gospel : The Theology of Acts*, Grand Rapids, Eerdmans, 1998, 610p.

MARTIN, Wallace, *Recent Theories of Narrative*, Ithaca/Londres, Cornell University Press, 1986, 242p.

MATTILL Jr., A. J., « The Jesus-Paul Parallels and the Purpose of Luke-Acts : H. H. Evans Reconsidered », *Novum Testamentum* 17, 1975, p. 15-46.

_____, *Luke and the Last Things : A Perspective for the Understanding of Lukan Thought*, Dillsboro NC, Western North Carolina Press, 1979, 247p.

MCKNIGHT, Edgar V., *The Bible and the Reader : An Introduction to Literary Criticism*, Philadelphia, Fortress Press, 1985, xix-147.

MENOUD, Philippe H., *Jésus-Christ et la foi. Recherches néotestamentaires*, Neuchâtel/Paris, Delachaux/Niestlé, 1975, 359p.

_____, « Remarques sur les textes de l'ascension dans Luc-Actes », *Neutestamentliche Studien für Rudolf Bultmann zu seinem siebzigsten Geburtstag*, Berlin, Töpelmann, 1957, p. 148-156.

MENZIES, Robert P., *The Development of Early Christian Pneumatology with special reference to Luke-Acts*, JSNT Supplemental Series 54, Sheffield, Sheffield Academic Press, 1991, 375p.

KRODEL, Gerhard, « The Function of the Spirit in the Old Testament, the Synoptic Tradition, and the Book of Acts », *The Holy Spirit in the Life of the Church : From Biblical Times to the Present*, éd. Paul D. Opsahl, Minneapolis, Augsburg Publishing House, 1978, p. 10-46.

KUEN, A., éd., *Nouveau dictionnaire biblique*, révisé, Saint Légier, Éditions Emmaüs, 1992, 1364p.

KUIST, Howard Tillman, *These Words Upon Thy Heart : Scripture and the Christian Response*, Richmond, VA, John Knox Press, 1947, 189p.

KURTZ, William S., « Intertextual Use of Sirach 48.1-16 in Plotting Luke-Acts », *The Gospels and the Scriptures of Israel*, éd. Craig A. Evans et W. Richard Stegner, JSNTSS 104, Studies in Scripture in Early Judaism and Christianity 3, Sheffield, Sheffield Academic Press, 1994, p. 308-24.

_____, « Narrative Approaches to Luke-Acts », *Biblica* 68, 1987, p. 195-220.

LADD, G. E., « Le Messie », *La Théologie du Nouveau Testament*, vol. 1, trad. par équipe de la revue Hokhma, Lausanne/Paris, Presses Bibliques Universitaires/Éditions Sator, 1984, p. 167-79.

_____, *The Presence of the Future : The Eschatology of Biblical Realism*, Grand Rapids, Eerdmans, 1974, XIV-370.

LAGRANGE, M.-J., *Évangile selon Saint Luc*, 3$^e$ éd., Paris, Gabalda, 1927, CLXVII-634.

_____, *Introduction à l'étude du Nouveau Testament, 2$^e$ partie, Critique Textuelle II, La Critique Rationnelle*, 2$^e$ éd., Paris, Gabalda, 1935, 685p.

_____, « Le Sens de Luc 1.1 d'après les papyrus », *Bulletin d'ancienne littérature et d'archéologie chrétiennes* 2, 1912, p. 96-100.

LAING, R. D., PHILLIPSON, H. et LEE, A. R., *Interpersonal Perception : A Theory and a Method of Research*, New York, Tavistock Publications Ltd. 1966, 180p.

LAMPE, G.W.H., « The Holy Spirit in the Writings of St. Luke », *Studies in the Gospels. Essays in Memory of R.H. Lightfoot*, éd. D.E. Nineham, Oxford, Basil Blackwell, 1957, p. 159-200.

LEDERLE, H. I., *Treasures Old and New : Interpretations of "Spirit-Baptism" in the Charismatic Renewal Movement*, Peabody, MA, Hendrickson Publishers, 1998, XX-264p.

LEGASSE, Simon, *Stephanos : histoire et discours d'Etienne dans les Actes des apôtres*, Lectio Divina 147, Paris, Éditions du Cerf, 1992, 262p.

LEMCIO, Eugene E., « Luke », *The Past of Jesus in the Gospels*, SNTS Monograph Series 68, Cambridge, Cambridge University Press, 1991, p. 74-90.

LOHSE, Eduard, *Umwelt des Neuen Testaments*, Göttingen, Vandenhoeck & Ruprecht, 1975, XIV-308.

LONGMAN III, Tremper, *Literary Approaches to Biblical Interpretation*, Foundations of Contemporary Interpretation, Vol. 3, éd. Moïsés Silva, Grand Rapids, Zondervan Publishing House, 1987, 164p.

LOVERING, Eugene H., éd., *Society of Biblical Literature 1992 Seminar Papers*, Atlanta, Scholars Press, 1992, 706p.

LUCIAN, « How to Write History », Loeb Classical Library, éd. G. P. Goold, *Lucian VI*, trad. par K. Kilburn, Cambridge/Londres, Harvard University Press, 1990, p. 1-73.

ISER, Wolfgang, *The Act of Reading : A Theory of Aesthetic Response*, Baltimore/Londres, Johns Hopkins University Press, 1978, XII-239.

JANE, Thomas L., *Luke and the Gentile Mission : Gospel anticipates Acts*, Publications Universitaires Européennes, Série 23, Théologie, vol. 571, Frankfurt am Main, Peter Lang, 1996, 240p.

JERVELL, Jacob, « Sons of the Prophets : The Holy Spirit in the Acts of the Apostles », *The Unknown Paul : Essays on Luke-Acts and Early Christianity*, Minneapolis, Augsburg Publishing House, 1984, p. 96-121.

JOHNSON, Luke Timothy, *The Acts of the Apostles*, Sacra Pagina 5, éd. Daniel J. Harrington, Liturgical Press, Collegeville, Minnesota, 1992, 568p.

_____, *The Gospel of Luke*, Sacra Pagina 3, éd. Daniel J. Harrington, Collegeville, MN, The Liturgical Press, 1991, 466p.

_____, *The Literary Function of Possessions in Luke-Acts*, SBL Dissertation Series 39, ed. Howard C. Kee et Douglas A. Knight, Missoula, MT, Scholars Press, 1977, 241p.

_____, « Luke-Acts », *The Writings of the New Testament : An Interpretation*, Minneapolis, Fortress Press, 1999, p. 213-57.

JUEL, Donald, *Luke-Acts : The Promise of History*, Atlanta, John Knox Press, 1983, 138p.

KECK, L. E., « The Spirit and the Dove », *New Testament Studies* 17, 1970-71, p. 41-67.

KECK, Leander E. et MARTYN, J. Louis, éd., *Studies in Luke-Acts, Essays Presented in Honor of Paul Schubert*, Londres, SPCK, 1966, 316p.

KEE, Howard Clark, *Good News to the End of the Earth : The Theology of Acts*, Londres, SCM Press, 1990, 122p.

KEENER, Craig S., *Gift and Giver : The Holy Spirit for Today*, Grand Rapids, Baker Academic, 2001, 224p.

_____, *The Spirit in the Gospels and Acts: Divine Purity and Power*, Peabody, MA, Hendrickson Publishers, 1997, 282p.

_____, *3 Crucial Questions about the Holy Spirit*, Grand Rapids, Baker Book House, 1996, 214p.

KENYON, F. G., *The Text of the Greek Bible*, 3ᵉ éd., rév. par A. W. Adams, Old Woking, Surrey, England, The Gresham Press, 1975, IX-275.

KINGSBURY, Jack Dean, *Conflict in Luke : Jesus, Authorities, Disciples*, Minneapolis, Fortress Press, 1991, 180p.

_____, éd., *Gospel Interpretation : Narrative-Critical & Social-Scientific Approaches*, Harrisburg, PA, Trinity Press International, 1997, 307p.

KLIJN, A. F. J., « In Search of the Original Text of Acts », *Studies in Luke-Acts*, éd. Leander E. Keck et J. Louis Martyn, Philadelphia, Fortress Press, 1980, p. 103-110.

KREMER, J., éd., *Les Actes des Apôtres : Traditions, rédaction, théologie*, Bibliotheca Ephermeridum Theologicarum Lovaniensium 48, Gembloux, Belgique, Éditions J. Duculot et Leuven University Press, 1979, 590p.

_____, *The Theology of the Gospel of Luke*, Cambridge, Cambridge University Press, 1995, 170p.

GREENLEE, J. Harold, *Introduction to New Testament Textual Criticism*, Peabody MA., Hendrickson Publishers, 1995, 160p.

GROS LOUIS, Kenneth R. R., « Some Methodological Considerations », *Literary Interpretations of Biblical Narratives II*, éd. Kenneth R. R. Gros Louis et James S. Ackerman, Nashville, Abingdon Press, 1982, p. 13-24.

GUERET, Agnès, *L'engendrement d'un récit : l'évangile de l'enfance selon Saint Luc*, Lectio Divina 113, Cerf, Paris, 1983, 319p.

GUNKEL, Hermann, *The Influence of the Holy Spirit, The Popular View of the Apostolic Age and the Teaching of the Apostle Paul*, trad. par Roy A. Harrisville et Philip A. Quanbeck II, Philadelphia, Fortress Press, 1979, 133p.

_____, *Die Wirkungen des heiligen Geistes nach der populären Anschauung der apostolischen Zeit und der Lehr des Apostels Paulus*, Göttingen, Vandenhoeck et Ruprecht, 1988, 110p.

HAENCHEN, Earnst, *The Acts of the Apostles : A Commentary*, trad. par Bernard Noble et Gerald Shinn [14[e] éd. en allemand (1965)], Westminster Press, Philadelphia, 1971, 737p.

_____, *Die Apostelgeschichte*, Kritische-eregetischer Kommentar über das Neue Testament 14, éd. Heinrich August et Wilhelm Meyer, Göttingen, Dandenhoed & Ruprecht, 1965, 694p.

HANSON, R. P. C., *The Acts in the Revised Standard Version with Introduction and Commentary*, Oxford, Clarendon Press, 1967, 362p.

HARRISON, Randy, « La plénitude de l'Esprit », *Les cahiers de l'école pastorale* 33, sept. 1999, p. 8-10.

HASTINGS, Adrian, *Prophet and Witness in Jerusalem* : *A Study of the Teaching of Saint Luke*, Baltimore, Helican Press, 1958, 200p.

HAYA-PRATS, Gonzalo, *L'Esprit force de L'église : Sa nature et son activité d'après les Actes des Apôtres*, Lectio Divina 81, trad. par José J. Romero et Hubert Faes, Paris, Éditions du Cerf, 1975, 293p.

HILL, David, *Greek Words and Hebrew Meanings : Studies in the Semantics of Soteriological Terms*, Society for NT Studies, Monograph Series 5, éd. Matthew Black, Cambridge, Cambridge University Press, 1967, XVI-334.

HORSLEY, R.A., « 'Like One of the Prophets of Old': Two Types of Popular Prophets at the Time of Jesus », *Catholic Biblical Quarterly* 47, 1985, p. 435-63.

HORT, F. J. A., *The Christian Ecclesia : A Course of Lectures on the Early History and Early Conceptions of the Ecclesia and One Sermon*, Londres, Macmillan, 1914, 258p.

HORTON, Stanley M., *Acts : A Logion Press Commentary*, Springfield, MI, Logion Press, 2001, 464p.

HUI, Archie, « The Spirit of Prophecy and Pauline Pneumatology », *Tyndale Bulletin*, 50.1, 1999, p. 93-115.

HULL, J. H. E., *The Holy Spirit in the Acts of the Apostles*, Cleveland/New York, World Publishing, 1967, 202p.

HUR, Ju, *A Dynamic Reading of the Holy Spirit in Luke-Acts*, JSNT Supplemental Series 211, Sheffield, Sheffield Academic Press, 2001, 372p.

FREIN, Brigid Curtin, « Narrative Predictions, Old Testament Prophecies and Luke's Sense of Fulfilment », *New Testament Studies* 40, 1994, p. 22-37.

FRYE, Northrup, *Anatomy of Criticism : Four Essays*, Princeton, Princeton University Press, 1973, 383p.

GABUS, Jean-Paul, *Dans le vent de l'Esprit*, Paris, Les Bergers et les Mages, 1992, 178p.

GARRETT, Susan R., *The Demise of the Devil : Magic and the Demonic in Luke's Writings*, Minneapolis, Fortress Press, 1989, 179p.

GASQUE, W., « A Fruitful Field : Recent Study of the Acts of the Apostles », *Interpretation* 42, 1988, p. 117-31.

_____, *A History of the Criticism of the Acts of the Apostles*, Beiträge zur Geschichte der biblixchen Exegese 17, Tübingue, J. C. B. Mohr /Paul Siebeck, 1975, 324p.

GAVENTA, Beverly Roberts, « Toward a Theology of Acts : Reading and Rereading », *Interpretation* 42, 1988, p. 146-57.

GENETTE, Gérard, « Discours du récit : essaie de méthode », *Figures III*, Paris, Éditions du Seuil, 1972, p. 65-282.

GEORGE, A., « L'Esprit Saint dans l'œuvre de Luc, » *Revue Biblique* 85, 1978, p. 500-542.

_____, *Études sur l'œuvre de Luc*, Sources bibliques, Gabalda, Paris, 1978, 487p.

_____, « Le parallèle entre Jean-Baptiste et Jésus en Luc 1-2 », *Mélanges Bibliques en Hommage au R. P. Béda Rigaux*, éd. A. Descamps et R. P. A. Halleux, éd., Duculot, 1970, p. 147-71.

GERHARDSSON, Birger, *The Testing of God's Son (Matt 4.1-11& par) An Analysis of an Early Christian Midrash*, Coniectanea Biblica New Testament Series 2, Lund, Gleerup, 1966, 83p.

GILS, Félix, *Jésus prophète d'après les évangiles synoptiques*, Orientalia et biblica lovaniensia 2, Louvain, Université de Louvain, 1957, 192p.

GOODMAN, P., *The Structure of Literature*, Chicago, University of Chicago Press, 1954, VII-282.

GOULDER, Michael D., *Luke : A New Paradigm*, Vol. 1, JSNT Supplement Series 20, Sheffield, Sheffield Academic Press, 1989, 452p.

_____, *Type and History in Acts*, Londres, SPCK, 1964, 252p.

GOWLER, David B., « Characterization in Luke : A Socio-Narratological Approach », *Biblical Theology Bulletin* 19, 1989, p. 54-62.

GREEN, Joel B., « Good News to Whom ? Jesus and the 'Poor' in the Gospel of Luke », *Jesus of Nazareth : Lord and Christ, Essays on the Historical Jesus and New Testament Christology*, éd. Joel B. Green et Max Turner, Grand Rapids/Carlilisle UK, Eerdmans/Paternoster Press, 1994, p. 59-74.

_____, *The Gospel of Luke*, The New International Commentary on the New Testament, éd. Ned B. Stonehouse, F.F. Bruce et Gordon D. Fee, Grand Rapids, Eerdmans, 1997, xcii-928.

_____, « Internal repetition in Luke-Acts : contemporary narratology and Lucan historiography », *History, Literature, and Society in the Book of Acts*, éd. Ben Witherington, III, Cambridge, Cambridge University Press, 1996, p. 283-99.

TALBERT, Charles H. *Literary Patterns, Theological Themes and the Genre of Luke-Acts,* SBL Monograph Series 20, Missoula MT, Scholars Press, 1974, 159p.

_____, éd., *Perspectives on Luke-Acts*, Perspectives in Religious Studies, Special Studies Series No. 5, Edimbourg, T. & T. Clark, 1978, 269p.

_____, « Promise and Fulfillment in Lukan Theology », *Luke-Acts : New Perspectives from the Society of Biblical Literature Seminar*, éd. Charles H. Talbert, New York, The Crossroad Publishing Company, 1984, p. 91-103.

_____, *Reading Acts : A Literary and Theological Commentary on the Acts of the Apostles*, New York, Crossroad Publishing Company, 1997, 269p.

_____, *Reading Luke : A Literary and Theological Commentary on the Third Gospel*, New York, Crossroad Publishing Company, 1982, 246p.

_____, « Succession in Luke-Acts and in the Lukan Milieu », *Reading Luke-Acts in its Mediterranean Milieu*, Supplements to Novum Testamentum 107, éd. M. M. Mitchell et D. P. Moessner, Leyde/Boston, Brill, 2003, p. 19-55.

_____, *What is a Gospel? The Genre of the Canonical Gospels*, Philadelphia, Fortress Press, 1977, 147p.

TANNEHILL, Robert C., « The Composition of Acts 3-5 : Narrative Development and Echo Effect », SBL Seminar Papers 23, éd. Kent Harold Richards, Chico CA, Scholars Press, 1984, p. 217-40.

_____, « Israel in Luke-Acts : A Tragic Story », *Journal of Bibilical Literature* 104, 1985, p. 69-85.

_____, « The Mission of Jesus according to Luke IV 16-30 », *Jesus in Nazareth,* Beiheft zur Zeitschrift für neutestamentliche Wissenschaft 40, éd. W. Eltester, Berlin, Walter de Gruyter, 1972, p. 51-75.

_____, *The Narrative Unity of Luke-Acts : A Literary Interpretation*, Volume one : The Gospel according to Luke, Philadelphia, Fortress Press, 1991, 334p.

_____, *The Narrative Unity of Luke-Acts : A Literary Interpretation*, Volume two : The Acts of the Apostles, Minneapolis, Fortress Press, 1994, 398p.

TAVARDON, Paul, *Le texte alexandrin et le texte occidental des Actes des Apôtres. Doublets et variantes de structure*, Cahiers de la revue biblique 37, Paris, Gabalda, 1997, 201p.

TEEPLE, H. M., *The Mosaic Eschatological Prophet*, JBL Monograph Series 10, Philadelphia, SBL, 1957, 122p.

THOMAS, John Christopher, « Max Turner's The Holy Spirit and Spiritual Gifts : Then and Now (Carlisle : Paternoster Press, 1996) : An Appreciation and Critique », *Journal of Pentecostal Theology* 12, 1998, p. 3-21.

THOMPSON, G. H. P., « Called—Proved—Obedient: A Study in the Baptism and Temptation Narratives of Matthew and Luke », *The Journal of Theological Studies*, n.s. avril 1960, p. 1-12.

TIEDE, David L., *Prophecy and History in Luke-Acts*, Philadelphia, Fortress Press, 1980, 166p.

TODOROV, Tzvetan, « Les catégories du récit littéraire », *Communications 8, L'analyse structurale du récit*, Paris, Editions du Seuil, 1981, p. 131-157.

TOOLAN, Michael J., *Narrative: A Critical Linguistic Introduction*, Londres, Routledge, 1991, p. XVIII-282.

TRAINA, Robert A., *Methodical Bible Study : A New Approach to Hermeneutics*, Grand Rapids, Francis Asbury Press, 1985, 269p.

TROCMÉ, E., « Le Saint-Esprit et l'Église d'après le livre des Actes », *L'Esprit Saint et l'Église : l'avenir de l'Église et de l'œcuménisme*, Académie Internationale des Sciences Religieuses, Paris, Fayard, 1969, p. 19-44.

TUCKETT, C. M., *Luke's Literary Achievement : Collected Essays*, JSNT Supplement Series 116, Sheffield, Sheffield Academic Press, 1995, 232p.

_____, *The Scriptures in the Gospels*, Bibliotheca Ephermeridum Theologicarum Lovaniensium 131, Leuven, Leuven University Press, 1997, XIV-721.

TURNER, Max, *Baptism in the Holy Spirit*, Cambridge, Grove Books, 2000, 24p.

_____, *The Holy Spirit and Spiritual Gifts in the New Testament Church and Today*, éd. révisée, Peabody, MA, Hendrickson Publishers, 1998, 400p.

_____, *Power from on High: The Spirit in Israel's Restoration and Witness in Luke-Acts*, Journal of Pentecostal Theology Supplement Series 9, éd. John Christopher Thomas, Rickie D. Moore et Steven J. Land, Sheffield, Sheffield Academic Press, 1996, 511p.

_____, « Readings and Paradigms : A Response to John Christopher Thomas » *Journal of Pentecostal Theology* 12, 1998, p. 24-26.

_____, « The Significance of Receiving the Spirit in Luke-Acts: A Survey of Modern Scholarship », *Trinity Journal* 2 NS, 1981, p. 131-158.

_____, « The Spirit of Prophecy and the Ethical/Religious Life of the Christian Community », *Spirit and Renewal : Essays in Honor of J. Rodman Williams*, éd. Mark W. Wilson, JPTSup 5, Sheffield, Sheffield Academic Press, 1994, p. 166-190.

_____, « Spirit Endowment in Luke-Acts : Some Linguistic Considerations », *Vox Evangelica* 12, 1981, p. 45-63.

TYSON, Joseph B., *Images of Judaism in Luke-Acts*, Columbia SC, University of South Carolina Press, 1992, 218p.

UNNIK, W. C. van, « Once more St. Luke's Prologue », *Neotestamentica* 7, *Essays on the Gospel of Luke and Acts*, Pretoria South Africa, La Société du Nouveau Testament, 1973, p. 7-26.

VERHEYDEN, J., éd., *The Unity of Luke-Acts*, Leuven, Leuven University Press, 1999, 828p.

WALLACE, Daniel B., *Greek Grammar Beyond the Basics : An Exegetical Syntax of the New Testament*, Grand Rapids, Zondervan, 1996, 764p.

WEBB, R. L., *John the Baptizer and Prophet : A Sociohistorical Study*, Sheffield, JSOT Press, 1991, 446p.

WENK, Matthias, *Community-Forming Power : The Socio-Ethical Role of the Spirit in Luke-Acts*, Journal of Pentecostal Theology Supplemental Series 19, éd. John Christopher Thomas, Rickie D. Moore et Steven J. Land, Sheffield, Sheffield Academic Press, 2000, 368p.

WESTCOTT, B. F. et HORT, F. J. A., *Introduction to the New Testament in the Original Greek*, Peabody MA, Hendrickson Publishers, 1988, 324p.

WILLIAMS, Benjamin E., *Miracle Stories in the Biblical Book Acts of the Apostles*, Queenston, Ontario, Mellen Biblical Press, 2001, 223p.

WINK, Walter, « John the Baptist in the Gospel of Luke », *John the Baptist in the Gospel Tradition*, Cambridge, Cambridge University Press, 1968, p. 42-86.

WINTER, Bruce W. et CLARKE, Andrew D., éd., *The Book of Acts in Its First Century Setting*, vol. 1 *Ancient Literary Setting*, Grand Rapids, Eerdmans, 1993, 479p.

WITHERINGTON III, Ben, *The Acts of the Apostles : A Socio-Rhetorical Commentary*, Grand Rapids/ Cambridge, Eerdmans/ Paternoster Press, 1998, XLVIII-874.

YORK, John O., *The Last Shall Be First : The Rhetoric of Reversal in Luke*, JSNT Supplement Series 46, Sheffield, Sheffield Academic Press, 1991, 209p.

ZEHNLE, Richard E., *Peter's Pentecost Discourse : Tradition and Lucan Reinterpretation in Peter's Speeches in Acts 2 and 3*, SBL Monograph Series 15, éd. Robert A. Kraft, New York, Abingdon Press, 1971, 144p.

_____, « The Salvific Character of Jesus' Death in Lukan Soteriology », *Theological Studies* 30, 1969, p. 420-44.

ZWIEP, A. W., « The Text of the Ascension Narratives (Luke 24.50-3 ; Acts 1.1-2, 9-11) », *New Testament Studies* 42, 1996, p. 219-44.

www.ingramcontent.com/pod-product-compliance
Lightning Source LLC
Chambersburg PA
CBHW080533300426
44111CB00017B/2701